ALFONS RIEDL

DIE KIRCHLICHE LEHRAUTORITÄT IN FRAGEN DER MORAL NACH DEN AUSSAGEN DES ERSTEN VATIKANISCHEN KONZILS

FREIBURGER
THEOLOGISCHE STUDIEN

Unter Mitwirkung
der Professoren der Theologischen Fakultät
herausgegeben von

Remigius Bäumer, Alfons Deissler, Helmut Riedlinger

Hundertsiebzehnter Band

Die kirchliche Lehrautorität in Fragen der Moral
nach den Aussagen des Ersten Vatikanischen Konzils

ALFONS RIEDL

Die kirchliche Lehrautorität in Fragen der Moral nach den Aussagen des Ersten Vatikanischen Konzils

HERDER

FREIBURG · BASEL · WIEN

Imprimatur. – Freiburg im Breisgau, den 12. Februar 1979
Der Generalvikar: Dr. Schlund
Druck und Einband: Freiburger Graphische Betriebe 1979
ISBN 3-451-18449-4

V O R W O R T

Vorliegende Arbeit wurde zu Beginn des Wintersemesters 1978/79 von der Katholisch-Theologischen Fakultät der Rheinischen Friedrich-Wilhelms-Universität Bonn als Dissertation angenommen. Mit ihrer Veröffentlichung verbinde ich zugleich einen aufrichtigen Dank an alle, die diese Arbeit ermöglicht und gefördert haben. Ganz besonders gilt dieser Dank meinem Bonner Lehrer in der Moraltheologie, Herrn Professor Dr. Franz Böckle, der diese Untersuchung angeregt, mit seinem Interesse begleitet und mit seinem Rat wohlwollend betreut hat. Ebenso danke ich meinem Diözesanbischof, dem Hochwürdigsten Herrn Dr. Alois Brems, sowie seinem Vorgänger, Kurienkardinal DDr. Joseph Schröffer, für die Freistellung zum Weiterstudium, dazu dem Bischöflichen Ordinariat Eichstätt für die Gewährung eines grosszügigen Druckkostenzuschusses. Den Herausgebern der "Freiburger theologischen Studien" danke ich für die bereitwillige Aufnahme dieser Arbeit in die Freiburger Reihe. Nicht vergessen sei die mir gewährte Arbeitsmöglichkeit im Archivio Segreto Vaticano, im Collegium Vinzentinum in Brixen sowie in einer Reihe von Bibliotheken, von denen - stellvertretend für andere - die Erzbischöfliche Diözesanbibliothek Köln genannt sei.

Bei der Beschäftigung mit dem fundamentalen, in den letzten Jahren vieldiskutierten Thema der kirchlichen Lehrautorität in Fragen der Moral, die sich vor allem den lehramtlichen Aussagen des 1. Vatikanischen Konzils zuzuwenden hatte, legte sich auch eine weiterführende theologiegeschichtliche Untersuchung des Lehramtsbezuges von Moral und Moraltheologie nahe, die mit jener des 1. Vatikanums zu verbinden den vorgesehenen Rahmen jedoch weit überschritten hätte. Sie soll deshalb der vorliegenden Arbeit, die sich auf das 1. Vatikanum beschränkt, als eigene Darstellung folgen.

Eichstätt, im Dezember 1978 Alfons Riedl

INHALT

E I N L E I T U N G

I. DER ORT DER FRAGE

1. Die aktuelle moraltheologische Grundlagenreflexion

Über das Anliegen der Bischöfe auf dem 2. Vatikanischen Konzil hinaus, es solle besondere Sorge auf die Vervollkommnung der Moraltheologie verwendet werden[1], hat letztere in dieser Zeit eine Herausforderung erfahren, die sie nicht nur mit der "Infragestellung tradierter Normbestände"[2], sondern mit der Problematik der Normengrundlage selbst befasst. Im Gesamt des heutigen Bemühens der ethischen Wissenschaft weiss sie sich durch die aus der Krise und dem Kairos der Gegenwart heraus gestellte Erwartung rational-kommunikabler und geschichtlich-prospektiver Handlungsbestimmungen, welche als genuin christliche[3], die wesenhafte kirchliche Tradition nicht verratend, zugleich "die Probe aufs Humane"[4] bestehen, auf eine fundamentale Reflexion verwiesen[5]. Innerhalb derselben ist bei der Krise der Autorität, einschliesslich der kirchlich-sittlichen[6], nicht zuletzt das Thema der Normierung durch das kirchliche Lehramt in den Vordergrund gerückt[7]. Ein Spezifikum katholischer Theologie allgemein, das hier jedoch nicht eigens zu erörtern ist[8], gehört diese Normierung auch zur Grundbestimmung katholischer Moraltheologie, die sich ihrerseits als kirchliche Disziplin versteht und als solche im (theologisch-)ethischen Erkenntnisprozess generell das (sittliche) Glaubensbewusstsein der Kirche und darin speziell das kirchliche Lehramt und seine (bezüglich der Verbindlichkeit allerdings zu differenzierenden) Aussagen zum vor- bzw. übergeordneten "theologischen Ort" hat, zur ersten unter noch anderen Erkenntnisquellen bzw. auch - aufgrund der Interdependenz von Lehramt und Theologie - zur letzten Instanz[9]. Sie betrifft den einzelnen selbst, den, sofern er nicht eine exzessive Autonomie des Individuums oder auch der pluralen Moralen prätendiert, sein Gewissen im letzten auf den sich in der geschöpflichen Natur und in der übernatürlichen Offenbarung, zentral und personal in Jesus Christus erschliessenden Willen Gottes verweist, der dem Umgang mit der strukturierten und zugleich offenen Wirklichkeit der Welt und des menschlichen Lebens einen unablösbaren, erlösenden An-spruch und eine letzte Unbeliebigkeit bezeichnet, und für dessen Vermittlung - mit dem hermeneutischen und traditionskritischen Aufweis im einzelnen hat die Moraltheologie zu dienen[10] - entscheidend die Kirche mit ihrer Verwirklichung und (lehramtlichen) Verkündigung des auch auf das praktische Leben anzuwendenden Glaubens (fides credenda et moribus applicanda[11]) steht[12]. In besonderem Masse hat, zumal nach der Enzyklika Papst PAULS VI. "Humanae vitae" vom 25. Juli 1968[13], die Diskussion um die Antikonzeption, deren Verbot mit dem natürlichen Sittengesetz begründet wird[14], diese der (Moral-)Theologie immer schon aufgegebene und von ihr (in einer eigens darzustellenden Weise) auch behandelte[15] Frage nach der kirchlichen Lehrautorität auf dem Gebiete der Moral und speziell des natürlichen Sittengesetzes oder Naturrechtes[16] - neben der bereits vieldiskutierten anderen nach eben diesem Naturgesetz[17] - aktualisiert und intensiviert[18].

2. Theologische Grenzziehungen um unfehlbare Lehramtsaussagen in der Moral

Zu diesem Thema wird schon insbesondere von A. MÜLLER in seiner Untersuchung zur kirchlichen Gehorsamsproblematik geltend gemacht, dass nur unfehlbare Aussagen, die also mit Sicherheit ein göttliches Gebot verkünden, auch unbedingte Zustimmung (als Gehorsam gegen Gott selbst) zu verlangen vermögen[19], und verkündete "Gesetze, welche nicht einfach die lex divina sind", sondern "Schlussfolgerungen aus dem göttlichen Gesetz" (unter Einschluss des Naturrechtes), verpflichten "gleich dem göttlichen Gesetz in dem Mass der Gewissheit, dass es sich um eine echte und notwendige Schlussfolgerung handelt"[20]. Unbeschadet dessen, dass die kirchliche Lehrautorität weiter reicht als ihre Unfehlbarkeit (und die Pflicht "göttlichen Gehorsams"), indem auch fehlbare Aussagen der jeweiligen Erkenntnis entsprechend zur Zustimmung verpflichten[21], und jede sittlich relevante Handlung auch in die Zuständigkeit der kirchlichen Autorität fällt[22], liegt demnach, wie F. BÖCKLE reflektiert, "das Problem ... einzig in der Sicherung, dass wir es wirklich mit Gottes Gebot zu tun haben"[23], wobei "der göttliche Gebotscharakter aus innerer oder äusserer Evidenz für den Gläubigen gesichert" sein kann[24]. Dabei heisst es zum natürlichen Sittengesetz, "dass der notwendige Sicherheitsgrad doch nur bei den ersten Prinzipien und den allgemeinsten unmittelbaren Folgerungen daraus gegeben" sei, was sich auch zu bestätigen scheine, wenn man die Frage stelle, "wo und wann in der Geschichte der Moral entferntere Schlussfolgerungen aus den ersten Prämissen des Naturrechtes von der Kirche lehramtlich definitiv als göttliches Gebot erklärt worden seien", könne doch die Kirche "selbst eine solche Erklärung nur wagen, wenn sie zur sicheren Erkenntnis der Wahrheit gelangt ist, dass es sich um eine klare, allgemeine göttliche Forderung an den Menschen handelt"[25]. Zudem bemerkt J. DAVID zur gemischt-konsultativen Vorbereitung der päpstlichen Entscheidung der aus dem 2. Vatikanum zurückbehaltenen Frage der Antikonzeption[26], es habe sich hier "gezeigt, dass die kirchliche Autorität selbst nicht sieht, wie sie diese Frage mit rein theologischen Mitteln lösen könnte"[27]. Die Sinn- und Gestaltungsfragen menschlichen Handelns auf dem Wege eines solchen Dialogs zu lösen, liegt freilich durchaus im Sinne des 2. Vatikanums, wonach die Kirche mit der (autonomen) profanen Sachkenntnis das Licht des Evangeliums bzw. Glaubens zu verbinden sucht[28]. Die Frage ist nur, was dies für die Qualifizierung der betreffenden kirchlichen Aussagen bedeutet[29]. "Die Lehrautorität der Kirche", betont DAVID (auf die Begründung ist noch zurückzukommen), bezieht sich unmittelbar auf die Weitergabe, Auslegung, Bewahrung, Abgrenzung und Verteidigung der göttlichen Offenbarung"[30]. Bei aller der Kirche in Sachen Naturrecht zustehenden Befugnis - wie er unterscheidet, vielfach "in Funktion nicht ihres Lehramtes, sondern ihres Hirtenamtes"[31] - sei es "nicht zu sehen, wie hier das Lehramt eine positive verbindliche Lehre auferlegen"[32], "in Fragen des reinen Naturrechtes ..., die ... durch die Offenbarung nicht einmal indirekt gedeckt sind, zu unfehlbaren Aussagen gelangen könnte"[33]. Desgleichen schliesst J.M. REUSS die Möglichkeit einer unfehlbaren Lehrentscheidung obiger Frage aus, da zu dieser das Offenbarungsgut auch nicht implizit etwas aussage[34]. Auch nach BÖCKLE gilt "die Unfehlbarkeitsgarantie des kirchlichen Lehramtes", die sich auch auf die geoffenbarten sittlichen Wahrheiten bezieht", "nicht für die Ausformung natürlicher Erkenntnisse als solcher", deren Aussage immer fehlbar und wandelbar bleibe[35].

3. Das Autoritätsargument der Enzyklika "Humanae vitae"

Trotz solcher zurückhaltender Vorstellungen und Erwartungen[36], wie sie gegen andere, besonders auf die kirchliche Lehrtradition abstellende Stimmen[37] noch die päpstliche Studienkommission vertreten hat[38], hält "Humanae vitae", selber vom Gewicht dieser Lehrtradition geleitet, wenn nicht entscheidend bestimmt[39], an der bisherigen Ablehnung der Antikonzeption fest. Dabei mahnt die Enzyklika nicht nur (und zwar vornehmlich die Moraltheologen!) zu einem beispielgebenden aufrichtigen Gehorsam, wie er dem kirchlichen Lehramt gegenüber - bekanntlich nicht so sehr wegen der angeführten Begründungen als wegen des insbesondere den Hirten der Kirche in der Darlegung der Wahrheit zukommenden Lichtes des Heiligen Geistes - zu leisten sei (exemplum sinceri obsequii ..., quod interius exteriusque ecclesiastico Magisterio tribuendum est), und erinnert daran, was es im Hinblick auf die Gläubigen und die Kirche bedeute, ihm in einer Moral- wie in einer dogmatischen Angelegenheit einmütig zu gehorchen[40]; sie vertritt zudem ausdrücklich - zitiert werden dafür vorwiegend wiederum päpstliche Enzykliken und Ansprachen aus den letzten 130 Jahren[41] - die Zuständigkeit des kirchlichen Lehramtes auch für die Auslegung des natürlichen Sittengesetzes[42].

Vor solchem Hintergrund stellt sich die Frage nach der Autorität sowohl der einzelnen lehramtlichen Aussagen zur Antikonzeption als auch der diesbezüglichen Tradition des Lehramtes als ganzer. Erstere[43], zumal je für sich betrachtet, bereiten hier offenbar weniger Schwierigkeiten; dass "Humanae vitae" unbeschadet ihrer betonten, Enzykliken generell eignenden[44] Verbindlichkeit selbst keine (unfehlbare) Ex-cathedra-Entscheidung bzw. keine irreformable, wiewohl authentische Lehraussage darstellt, wird soviel wie ausnahmslos zugegeben[45], war man auch mit diesem Urteil seinerzeit bei "Casti connubii" zurückhaltender[46]. Durch eine solche Feststellung ist nun aber die Autoritätsfrage nicht schon erledigt. Wie nämlich bereits bei "Casti connubii" zu beobachten[47], verlagert sie sich prinzipiell auch in einem Fall wie "Humanae vitae" auf die Bewertung der erklärtermassen allgemeinen und durchgängigen Lehre der Kirche, ihres unter bestimmten Bedingungen gleichfalls unfehlbaren ordentlichen Lehramtes im ganzen[48]. Was diese Kriterien betrifft, deren Kenntnis für die Würdigung des Traditionsstandes natürlich vorauszusetzen ist, so wird jedenfalls die Auffassung einzelner Theologen seit dem 1. Vatikanum, dass auch dem ordentlichen Lehramt der Päpste in ihren entsprechend häufig wiederholten und nachdrücklichen Aussagen Unfehlbarkeit zuzuerkennen sei, vielfach ausdrücklich zurückgewiesen[49]. Wie bereits deutlich gemacht, rührt nun aber der zuletzt mit "Humanae vitae" angeregte Fragenkomplex über die formalen, auch bei dogmatischen Gegenständen zu stellenden Fragen hinaus an den Aussageinhalt selbst und beschlägt grundsätzlich die Autorität und Unfehlbarkeit des durch welches Subjekt und in welchem Modus auch immer ausgeübten kirchlichen Lehramtes auf dem Gebiete der Moral.

II. DER REKURS AUF DAS 1. VATIKANUM

1. Der methodologische Primat der Doctrina Ecclesiae

Ihrerseits nach streng theologischer Methode vorrangig an die Lehre der Kirche verwiesen, kennt diese Frage, so gesehen, unter den zahlreichen ausdrücklichen Stellungnahmen, die das Lehramt (etwa in päpstlichen Enzykliken) dazu abgegeben hat[50], keine qualifiziertere Antwort als die einschlägige lehramtliche Selbstdarstellung eines allgemeinen Konzils, wie sie mit dem 1. Vatikanischen Konzil vorliegt, dem selbst Unfehlbarkeit zuerkannt wird[51], und das, wie bekannt, in seiner berühmtesten Entscheidung als geoffenbarten Glaubenssatz auch für eine "doctrina de ... moribus", eine "Sittenlehre" des Papstes bzw. der Kirche (bei gegebenen sonstigen Voraussetzungen) Unfehlbarkeit aussagt[52]. Nicht nur spielt es darum auch in der genannten konkreten Problematik eine besondere Rolle[53], es hat überhaupt die seit dem frühen 19. Jahrhundert datierende und - freilich unter Ausnahmen - bis in unsere Zeit hereinreichende Aufwertung des Papsttums und seiner Autorität im katholischen Bewusstsein und Schrifttum entscheidend geprägt[54]. Das 2. Vatikanum, das sich ebenfalls, wiewohl weniger originär und dezidiert zum Thema "Lehramt und Moral" äussert[55], nimmt seinerseits mehrfach und ausdrücklich auf Konzilstexte und einzelne Aktenstücke dieses seines unmittelbaren Vorgängers Bezug und demonstriert mit dieser autoritativen und zugleich komplementierenden Reaffirmation[56] dessen fortdauernde Gültigkeit auch für die Auslegung der erwähnten übrigen Lehramtsaussagen.

2. Die moraltheologische Würdigung

a. Die nachvatikanischen Lehrbücher

In Anbetracht der konstatierten moraltheologischen Relevanz, zu der sich die Fundamentaltheologie bzw. Dogmatik nur wenig verbreitet[57], ist der Rekurs selbst der Morallehrbücher auf das 1. Vatikanum auffallend gering. Nicht selten lassen die Register das betreffende Stichwort überhaupt vermissen[58]. Wird auch in verschiedenem Zusammenhang, u.a. bei der kirchlichen Lehre, den päpstlichen Ex-cathedra-Aussagen in Sachen des Glaubens und der Sitten, sowie dem ordentlichen Lehramt der Kirche wiederholt das 1. Vatikanum erwähnt[59], so liegen doch bezeichnenderweise alle Stellen, an denen es bei F. TILLMANN, MAUSBACH-ERMECKE und B. HÄRING angezogen wird, ausserhalb des die moraltheologische Disziplin grundlegenden Einleitungsteiles. Sie finden sich in den Abschnitten "Gesetz"[60], "Glaube"[61] und "Kirche"[62], wobei die genannte Unfehlbarkeitsdefinition mit der zugehörigen Konzilskonstitution über die Kirche weder im Vordergrund steht noch mit einer Erläuterung bedacht wird[63]. Schon in den unmittelbar nach dem 1. Vatikanum erschienenen Morallehrbüchern bzw. - besonders bemerkenswert - in den nachkonziliären Auflagen früherer Werke findet das Konzil verhältnismässig wenig Resonanz, wobei eine besondere Bedeutung für die Erkenntnis- und Quellenfrage nicht sichtbar wird[64]. In der Geschichte der Moraltheologie stellt es im Unterschied sowohl zum Tridentinum, das indirekt die Herausbildung einer selbständigen moraltheologischen Disziplin angeregt hat[65], als auch zum 2. Vatikanum[66] kein hervorzuhebendes Datum dar[67].

b. Das neuerwachte Interesse (Problemlage)

Zumal aus dem letzten Jahrzehnt ist nun aber ausserhalb der Handbücher sowohl im Zusammenhang mit dem aufgewerteten Thema der kirchlichen Lehrautorität in Fragen der Moral als auch in einer ansehnlichen Reihe spezieller Untersuchungen zum 1. Vatikanum, auf das gegen sein Zentenarium zu offenbar erst die Einberufung des 2. Vatikanischen Konzils so recht den Blick gelenkt hat, eine beachtliche, inzwischen aber auch fällig gewordene Würdigung jenes bislang am nächsten liegenden Konzils zu verzeichnen. Neben Darstellungen seiner zeit-, kirchen- und theologiegeschichtlichen Zusammenhänge und seiner eigenen Geschichte im ganzen und in einzelnen Gestalten bzw. unter bestimmten Gesichtspunkten[68], was über die Edition mehrerer Konzilstagebücher[69] hinaus die Quellenlage weiter verbessert hat, stehen eigene Untersuchungen zu seinen Aussagen und Arbeiten. Hiervon haben bereits sämtliche grossen Dokumente eine stattliche monographische Darstellung gefunden : die Konstitution über den katholischen Glauben "Dei Filius" - nach einem zurückliegenden Ansatz von J.M.A. VACANT[70] - durch H.J. POTTMEYER[71], die (1.) Konstitution über die Kirche "Pastor aeternus" durch U. BETTI[72], sowie das (vorbereitete) Schema "De ecclesia" durch F. VAN DER HORST[73]. Das Unfehlbarkeitsthema selbst, das - nach verschiedenen Arbeiten darüber, u.a. von G. THILS[74] - in den letzten Jahren namentlich H. KÜNG radikal zur Diskussion gestellt[75] und so zu einer breiten Reflexion[76] gebracht hat, haben extensiv A.W.J. HOUTEPEN[77] und wiederum POTTMEYER[78] aufgenommen. Auch das Primatsthema wurde nicht vergessen[79]. Zahlreiche kleinere Beiträge bezeugen ihrerseits das lebendige Interesse an jenem Konzil. Ein Teil von ihnen bringt auch schon die moraltheologische Fragestellung ein, mit der sich die vorliegende Untersuchung seiner annimmt[80]. Eine bemerkenswerte argumentative Reflexion und eine umfangreiche Bibliographie haben sich vor und neben ihrer Ausarbeitung aufgetan[81], denen sie sich in ihrer eigenen Art und Weise anschliesst.

Das schon genannte Hauptargument aus dem 1. Vatikanum, die nicht allein den Glauben, sondern auch das Handeln betreffende Definition der lehramtlichen Unfehlbarkeit, lässt - um nun die gegenwärtige Problemlage aufzuzeigen - zwei Seiten erkennen und mündet in eine zweifache Fragestellung, indem es dabei sowohl der Sache nach um den Bereich der Unfehlbarkeit und hier um deren Erstreckung auf die Moral, als auch in terminologischer Hinsicht um das entsprechende Verständnis von "mores" geht.

aa. Die Sachfrage

Was das erstere, die (sachliche) Erstreckung der (unfehlbaren) Lehrautorität auf die Moral betrifft, so weiss sich J. DAVID mit seiner oben wiedergegebenen These[82] in Übereinstimmung nicht nur mit den Dogmatikern[83], sondern auch mit dem 1. Vatikanum. Wie er bei näherer Betrachtung der in der Konstitution "Pastor aeternus" auch für die Sittenlehre definierten Unfehlbarkeit urteilt, "scheint es sich bei dieser regula morum immer nur um Fälle zu handeln, die auch in der Offenbarung festgelegt sind". Er erblickt in der Definitionsformel eine Bezugnahme auf die Aussage des Tridentinums, die Apostel sollten das Evangelium "als Quelle aller heilbringenden Wahrheit und sittlichen Ordnung" (tamquam fontem omnis et salutaris veritatis et morum disciplinae) verkündigen, welche Wahrheit und Ordnung in der Schrift und in der überkommenen apostolischen Tradition enthalten sei[84]. Auch nach der auf dem 1. Vatikanum vom Fürstbischof von Brixen, Vinzenz GASSER, vorgetragenen offiziellen Erklärung beziehe sich die Unfehlbarkeit auf "den Glaubens- (Offenbarungs-) Schatz und was unmittelbar damit zusammenhängt", wie DAVID folgert, "auf Sittenlehren, soweit sie geoffenbart sind", jedoch "nicht auf Fragen des reinen Naturrechtes und der natürlichen Sittlichkeit"[85]. - Dem hält nun allerdings H. SCHAUF anhand der selbst mit Traditionszeugnissen reich belegten Ansprache PIUS' XII. vom 2. November 1954 sowie einer Reihe von Theologen auf und neben dem 1. Vatikanum - F. HETTINGER, G. PERRONE, C. SCHRADER, J.B. FRANZELIN, M.J. SCHEEBEN, R. CERCIA - entgegen, dass die Kirche unter dem Aspekt des sittlich Guten oder Schlechten für den ganzen Umfang des Naturgesetzes und alle Handlungen des Christen zuständig und "in a l l e n die Moral betreffenden Fragen" zu - notfalls auch definitiven - lehramtlichen Entscheidungen befugt sei[86]. Als Begründungen dafür erscheinen in den angeführten Texten die Unfehlbarkeit in Glaubenssachen, die Heiligkeit der Kirche, der Zusammenhang mit der das Naturgesetz voraussetzenden Offenbarung, besonders aber die Aufgabe der Kirche, die Menschen auch auf dem Wege der Beobachtung des sittlichen Naturgesetzes zum übernatürlichen Ziel zu führen[87]. "Es handelt sich", erklärt SCHAUF, "um eine Lehre des Ersten Vatikanischen Konzils, das so verstanden worden ist". "Die These DAVIDS steht" nach ihm "mit der katholischen Auffassung vom Objekt der lehramtlichen Tätigkeit der Kirche nicht im Einklang"[88].

Demgegenüber rekurriert nun DAVID noch einmal auf GASSERS Erklärung auf dem 1. Vatikanum, die Unfehlbarkeit sei "versprochen worden zur Bewahrung und Entfaltung der gesamten Glaubenshinterlage ...", und zitiert seinerseits wiederum die Dogmatik[89] dafür, dass sich das Objekt des kirchlichen Lehramtes auf den

Zusammenhang mit dem Offenbarungsdepositum beschränke. An SCHAUFS Autoritätsbeweisen gibt er ihr theologisches Gewicht, ihre Aussageabsicht bzw. ihren historisch-partiellen Charakter näher zu bedenken. Keiner der modernen Dogmatiker würde "ausdrücklich das Naturrecht in die verbindliche Lehrkompetenz der Kirche einschliessen", die moraltheologischen Lehrbücher aber hätten "die erkenntnismässigen Voraussetzungen ihrer Wissenschaft, die theologische Erkenntnislehre, noch sehr wenig reflex durchdacht"[90]. - In seiner Stellungnahme dazu bemerkt SCHAUF, DAVID denke bei dem gewiss ausschliesslichen Zusammenhang von kirchlicher Lehrautorität und Glaubensdepositum wohl nur an das geoffenbarte Wort; aber "ist nicht auch das christlich-sittliche Leben zur Zeit der Konstitution der Kirche, insofern es als der Lehre Christi konform anerkannt wurde, in der Glaubenshinterlage enthalten, in lebendiger Überlieferung auf uns gekommen und in der Kirche unserer Tage greifbar ?" DAVID sehe auch nicht den "finalen Zusammenhang mit der Glaubenshinterlage und der offenbarungsgemässen Aufgabe der Kirche", sondern scheine eben "ausschliesslich auf das geoffenbarte W o r t, seine l o g i s c h e Voraussetzung und l o g i s c h e Folgerung" zu blicken. Zwar müssten nach der angezogenen Erklärung auf dem Vatikanum die Glaubens- und Sittenlehren (als Gegenstand der Unfehlbarkeit) "irgendeinen Zusammenhang mit der Glaubenshinterlage aufweisen", doch sei damit noch nichts über Umfang und Art des Zusammenhangs, den die natürlichen Sittengesetze damit haben, gesagt. Nach anderen Quellen stehe es aber fest, dass die Kirche (von der Offenbarung her) über das Heilsnotwendige und das an sich Gute oder Böse aufgrund ihrer Aufgabe und ihrer Heiligkeit sicher zu urteilen vermöge[91]. SCHAUF verweist dabei zunächst auf zwei Aktenstücke des Konzils, das Gutachten von G. CARDONI über die Unfehlbarkeit des Papstes und die Diskussion darüber in der theologischen Vorbereitungskommission, sowie das von J. KLEUTGEN reformierte und kommentierte Schema über die Kirche, sodann neben der Moraltheologie[92], dem 2. Vatikanum und PAUL VI. auf die damaligen, dieses Thema aufmerksam reflektierenden Theologen[93].

Auch ausserhalb dieser von anderen kritisch beobachteten[94] Kontroverse greift man in der Frage "Lehramt und Moral bzw. Naturrecht" auf das 1. Vatikanum zurück. Hauptsächlich auf die beiden Vatikanischen Konzilien gestützt, stimmt dabei J.M.

REUSS mit DAVID darin überein, dass die Kirche (nur) unfehlbar sei "in Glaubens- und Sittenlehren, wenn und insofern sie zum Glaubensinhalt gehören", m.a.W. "zum Offenbarungsgut", worunter nicht die natürliche Offenbarung in der Schöpfung, sondern "eindeutig ... das übernatürliche göttliche Offenbarungsgut" - Objekt der Glaubenszustimmung - zu verstehen sei, enthalten und hinterlegt in Schrift und apostolischer Tradition. Allein darin wenigstens implizit enthaltene, nämlich durch einen nur erklärenden, nicht erweiternden Schluss aufzuweisende Glaubens- und Sittenlehren könnten unfehlbar verkündet werden. "Nur aus dem Naturgesetz zu begründende Aussagen können", wie REUSS sagt, "nicht Gegenstand einer unfehlbaren kirchlichen Lehrentscheidung sein"[95]. - Nach A. GÜNTHÖR, der DAVIDS Einschränkung zurückweist[96], "besitzt auch REUSS' Theorie nicht jene Sicherheit, die er ihr geben möchte". Dafür, dass das Lehramt "zweifelsohne auch für naturrechtliche Fragen zuständig" sei, sieht er "eine Stütze in den Aussagen des II. Vatikanischen Konzils und in der Gegenwartstheologie"[97]. Auf das betreffende Argument aus dem 1. Vatikanum geht er dabei, abgesehen von der gegen REUSS gerichteten Bemerkung, dass "selbst auf den beiden Vatikanischen Konzilien Umfang und Gegenstand der Unfehlbarkeit des Lehramtes noch nicht fest umrissen wurden", so dass man aus diesen Aussagen "das Objekt des Lehramtes ... scharf abgrenzen" könnte[98], nicht im einzelnen ein.

Angesichts kritischer Äusserungen wie der von DAVID stellt M. ZALBA die Frage nach der Zuständigkeit des kirchlichen Lehramtes für die authentische Vor- und Auslegung des Naturrechtes, speziell für in die in der Offenbarung nicht eigens dargestellten menschlichen Handlungsbestimmungen (mores humani, in Revelatione secundam propriam figuram non descripti)[99]. Auch er beruft sich neben anderen, vor allem päpstlichen Zeugnissen auf verschiedene Aktenstücke des 1. Vatikanums. Er nennt dabei die Forderung der Unterwerfung unter den Papst in Glaubens- und Sittensachen, die Definitionsformel, die auch die Sittenlehren (doctrinae morales) unter die Unfehlbarkeit fasse, ferner aus der Konstitution "Dei Filius" die Aussage über die kirchliche Schriftinterpretation in Glaubens- und Sittensachen sowie Recht und Pflicht der Kirche, dem Glauben entgegengesetzte wissenschaftliche Ansichten zu verurteilen[100]. Wiederum werden auch GASSER, KLEUTGEN und die theologische

Vorbereitungskommission zitiert[101]. - In diesen Zusammenhang gehört auch der Artikel von J. COLLANTES "Magisterio de la Iglesia y ley natural". Darin heisst es, ebenfalls unter Verweis auf das 1. Vatikanum, dass sich das eigentliche Gebiet des Lehramtes der Kirche, welche die Offenbarung heilig zu hüten, aber auch treu auszulegen habe, unter der Formel "Glaube und Sitten" nur auf diese Offenbarung mit ihren logischen Folgerungen - (primär) das formell und (sekundär) das virtuell Geoffenbarte - erstrecke, dass (nach GASSER) die Unfehlbarkeit im primären Bereich Glaubenssatz, in der Definition des mit der Offenbarung notwendig Verbundenen theologisch sicher und dass der Mensch (ohne Offenbarung) zur rechten Erkenntnis der natürlichen Forderungen moralisch nicht imstande sei[102]. - Gerade der Konzilsaussage, welche die übernatürliche Offenbarung von der Vernunft an sich nicht unzugänglichen, de facto aber schwer erreichbaren Wahrheiten für moralisch notwendig erklärt[103], kommt zusammen mit jenen anderen vom Wesen des (vernunftbezogenen) Glaubens, von der zweifachen Erkenntnisordnung und von der fördernden Beziehung der Kirche zu den ausserhalb der Glaubensgrenzen selbständigen Wissenschaft und Kultur[104] besondere Bedeutung zu. Auf das Sittliche hin expliziert, bezeichnet sie schon in "Casti connubii" die Aufgabe der Kirche, auch für die natürlichen sittlichen, durch die Offenbarung bestätigten Wahrheiten einzutreten[105]. Auf dieser Linie des 1. Vatikanums liegt nach K. HÖRMANN auch die Lehre PIUS' XII. von der Zuständigkeit der Kirche für das Naturrecht, weil "auch für die in die Offenbarung eingeschlossene natürliche sittliche Erkenntnis", nach den Worten des Konzils für "den Glauben und die Sitten"[106]. Überhaupt werden für diese vom 1.Vatikanum doch nur implizit bejahte Zuständigkeit vorwiegend päpstliche Enzykliken und Ansprachen der neueren Zeit sowie das 2. Vatikanum angerufen.

Auf das 1. Vatikanum wiederum geht auch der Artikel von D. MAGUIRE "Morality and Magisterium" ein. Danach habe das Konzil, dessen Akten zu studieren seien und das - nicht zu verwundern - den verschiedenen Problemen des Morallehramtes keine besondere Aufmerksamkeit schenke, die Unfehlbarkeit wenigstens auf die Inhalte des Glaubensdepositums ausgedehnt, ohne, laut GASSER, das zu seiner Wahrung Notwendige auszuschliessen. Was nun auch seitens der Moral - konkrete Handlungen ohnedies ausgenommen - unter letzteres fallen möge, so erstrecke sich doch die Lehrautorität der Kirche irgendwie auf die Moral, wobei zur Ausübung nichts Näheres verlaute. Der unklare Ausdruck "Sitten" werde später, namentlich bei PIUS XII., als auf die allgemeinen und speziellen Fragen des natürlichen Sittengesetzes bezogen verstanden[107]. Mit dem bereits auf dem Vatikanum kritisierten Ausdruck "unfehlbar" möchte freilich MAGUIRE dieses Lehramt, selbst wenn es von anderer Seite so geschieht, nicht belegen, lasse sich doch schwer ein Beispiel für eine unfehlbare Aussage auf dem Gebiet des natürlichen Sittengesetzes finden. Auch sei unsere stets unvollkommene Erkenntnis nie völlig irrtumsfrei[108]. - Unter dem Thema "Infallibility in Morals" befasst sich sodann im Blick auf KÜNGS Rede von a priori unfehlbaren Sätzen G.J. HUGHES mit der Unfehlbarkeitsdefinition des 1. Vatikanums. Daran stellt er zunächst die terminologische Scheidung von unfehlbaren Personen (Papst, Kirche) und irreformablen Lehren heraus, um dann darzulegen, dass sich nach dem Konzil Lehren unfehlbarer Personen nicht auf notwendige und (im strengeren Sinne) zeitlose Wahrheiten beschränkten[109]. Mit Betonung des Unterschieds zwischen der Unfehlbarkeit im Glauben und jener in den Sitten deutet er bezüglich letzterer die auch auf die sittlichen Wahrheiten zutreffende Irreformabilität und Zeitlosigkeit in einem abgeschwächten Sinne, da aufgrund unserer unvollständigen Erkenntnis das (synthetische) sittliche Urteil stets zeitgebunden und inadäquat und darum seiner Natur nach nicht völlig irreformabel sei[110]. - Dazu stellt allerdings B. TIERNEY nicht nur fest, dass HUGHES KÜNG missverstanden habe, sondern auch, dass sich seine Position, der Papst könne in der Moral keine irreformablen Definitionen erlassen, jedenfalls - die zentrale Aussage will er nicht zurückweisen - mit dem 1. Vatikanum nicht vereinbaren lasse[111].

bb. Der Ausdruck "(fides et) mores"

Der Sachfrage nach dem Umfang der Unfehlbarkeit hinsichtlich der Moral, bei der man sich auch sonst häufig auf das 1. Vatikanum bezieht[112], gesellt sich sodann eine zweite, wiederum kontrovertierte terminologische hinzu, die Frage nach dem Verständnis des Ausdrucks "mores", der vor allem in der vatikanischen Definition zusammen mit "fides" in der Formulierung "doctrina de fide vel moribus" das Unfehlbarkeitsobjekt bezeichnet. Aber auch an anderen Stellen greift das Konzil dieses in der Theologie längst heimische, bis in die Patristik (vgl. AUGUSTINUS) zurückreichende[113] und in kirchlichen Dokumenten, insbesondere vom Tridentinum mehrfach gebrauchte[114] Binom "fides et mores" auf, so in der Erneuerung des tridentinischen Dekretes über die Schriftauslegung und im Rahmen der Objektsangabe der gehorsamen Unterordnung unter die päpstliche Primatsgewalt[115]. Einhellig lauten die deutschen Übersetzungen "Glaube und Sitten" bzw. "Glaubens- und Sittenlehre"[116], wobei die letztere, durchweg auf die Moral hin ausgelegt, bisweilen auch zu "Sittlichkeit" oder "Moral" verdeutlicht wird[117]. Eine besondere Frage scheint sich mit dem Ausdruck nicht gestellt zu haben, den nur einige wenige theologische Lexika, worunter sogar die grössten fehlen, als Stichwort führen[118]. Er bezeichnet nach J. M. SCHEEBEN den Gegenstand der unfehlbaren religiös-sittlichen Regelung durch das kirchliche Lehramt, und zwar die geoffenbarten Lehren selbst und - darum die Hervorhebung der in der materia fidei an sich schon implizierten materia morum - "die ganze praktische Lehre" entsprechend der "Heiligkeit der Kirche" und der "sichere(n) Führung der Gläubigen auf dem Wege des Heils", wobei die Integrität des Glaubens auch "die Erklärung des mit dem geoffenbarten Gesetze parallel laufenden und von ihm vorausgesetzten Naturgesetzes auch in den Punkten, von welchen die Offenbarung selbst nicht redet (z.B. Duell)", einschliesst[119]. Eine andere Erklärung macht den Bezug auf die Glaubenswahrheiten und die sittlichen Verhaltensbestimmungen - in der Offenbarung enthalten oder notwendig zu ihr gehörend, das natürliche Gesetz nicht ausgeschlossen - noch deutlicher[120].

Nun hat 1959 J. MURPHY einen vielbeachteten Exkurs über den Bedeutungsgehalt von "fides et mores" auf dem Tridentinum vorgelegt[121], der auch für das 1. Vatikanum, das jedenfalls an einer Stelle, bei der Frage der Schriftinterpretation, ganz unzweifelhaft diese Formel im tridentinischen Sinne übernimmt[122], von Wichtigkeit ist. MURPHY gibt die vom Tridentinum der Heiligen Schrift an die Seite gestellten (Glaubens- und Sitten-)Traditionen (traditiones ipsas, tum ad fidem, tum ad mores pertinentes) apostolischer Provenienz[123] als Glaubens- oder als dogmatische (oder Lehr-)Traditionen bzw. als disziplinäre oder liturgische Traditionen (oder Praxis) zu verstehen[124], weshalb "mores" weit mehr bezeichne als Sittlichkeit und Sittenlehre, wie es denn auch die Konzilsväter nachweislich nie auf irgendwelche sittlichen Prinzipien im heutigen Sinne bezögen[125]. Er bringt diese Unterscheidung von

Wahrheit (truth) und Praxis (morals) in Verbindung sowohl mit der Aussage von dem als Quelle aller Heilswahrheit und Sittenordnung (tamquam fontem omnis et salutaris veritatis et morum disciplinae) zu verkündenden Evangelium als auch mit der zweifachen Aufgabe des zur Bekräftigung der Dogmen und zur Erneuerung der Sitten in der Kirche (in confirmandis dogmatibus et instaurandis in ecclesia moribus) angetretenen Trienter Konzils[126]. - Dazu gibt, ohne das Ergebnis zu bestreiten, Y. CONGAR allerdings zu bedenken, "dass 'fides et mores' bei den Kanonisten und Theologen des zwölften und dreizehnten Jahrhunderts ein klassischer Ausdruck ist ... ; bei ihnen ... kommt es dem, was wir heute unter 'Glaube und Sitte' verstehen, wohl recht nahe. Man müsste", fügt er hinzu, "diese Frage näher untersuchen"[127]. Diesem Anliegen schliesst sich auch U. BETTI an, nach welchem die in Rede stehende Formel die ganze spekulative und praktische christliche Lehre bezeichne, den Glauben und das der göttlichen Offenbarung gemässe Handeln des Menschen[128]. Hierbei erwähnt er die Unsicherheit in der Interpretation des Wortes "mores", die bereits auf dem Konzil Gegenstand einer Frage gewesen und mit Änderungen bedacht worden sei, und worunter man dort ohne Zweifel die das Verhalten betreffenden geoffenbarten (und also ihrerseits zu "glaubenden") Gegenstände verstanden habe[129].

Weitere Untersuchungen, wie sie hier angeregt werden, sind inzwischen auch in Angriff genommen worden. In erster Linie dem tridentinischen Bedeutungsgehalt der Formel nachgehend, greifen sie doch auch in die Theologiegeschichte zurück und beziehen die beiden vatikanischen Konzile mit ein. Den Anfang macht M. BEVENOT, der seinen 1962 veröffentlichten Artikel " 'Faith and Morals' in the Councils of Trent and Vatican" auch auf das 1. Vatikanum ausdehnt. Er deutet darin einen Bedeutungswandel des Binoms "fides et mores" an, das allerdings beide Konzilien mit keiner besonderen Aufmerksamkeit bedacht und ob seiner Allgemeinverständlichkeit einer Definierung nicht für bedürftig erachtet hätten[130]. Bezeichnend ist nach ihm, der MURPHYS Arbeit offenbar nicht kennt, der unterschiedliche Sprachgebrauch von "disciplina". Während sich nach dem Tridentinum das Evangelium in die "salutaris veritas" und die "morum disciplina" auslege, und sich entsprechend die apostolischen Traditionen auf "fides" und "mores" bezögen, worin begrifflich auch "disciplina" eingeschlossen sei, mache das 1. Vatikanum zwischen beiden eine deutliche Zäsur, indem es von der (festzuhaltenden) Lehre des Glaubens und der Sitten die Disziplin als die praktischen Anordnungen und Einrichtungen abhebe[131]. Zusammen mit dem Begriff "fides", auf den BEVENOT näher eingeht, scheine - die Zurückhaltung ist unverkennbar - sich auch "mores", das auf dem Tridentinum die Disziplin, nämlich die (heilsnotwendigen) Verhaltensweisen des katholischen Lebens eingeschlossen habe, eingeengt zu haben[132]. - Auf BEVENOT verweist später auch P. HARRIS, der im übrigen, ohne auf Geschichte und Sprachgebrauch von "fides et mores" einzugehen, gegen die Aufteilung der Offenbarung in theoretische (Tatsachen) und moralische Wahrheiten (Gebote) - "mores" wird fraglos als sittliches Verhalten verstanden - Bedenken erhebt und die damit zusammenhängende Kluft zwischen der Zustimmung zur Offenbarungswahrheit und dem von ihr selbst geforderten ganzheitlich responsorischen Vollzug überwinden will[133]. Daneben macht J.P. MACKEY auf die Verschiedenartigkeit der Bereiche des Glaubens und der (stärker durch Vernunft und Entwicklung geprägten) Moral aufmerksam[134].

Bedauernswerterweise ist die Dissertation von O. BERNARDI, "De formula 'fides et mores' in Conciliis oecumenicis" (1965) nicht bekannt geworden[135]. Doch nehmen sich noch andere der Deutung dieser Formel an, wiederum mit Blick auf das Tridentinum oder in einem weiter gesteckten Rahmen. An Untersuchungen ersterer Art ist zunächst eine Spezialstudie von J. DOMINGUEZ aus dem Jahre 1968 über die "traditiones ad mores pertinentes" auf dem Konzil von Trient[136] zu nennen, deren Ergebnis der Verfasser auch in der Einleitung zu seiner (ebenfalls ungedruckten) Dissertation vom Jahre 1969, "La moral y el objeto de la infalibilidad del Papa y de la Iglesia en el Concilio Vaticano I"[137], referiert. Die Frage, ob es sich bei den genannten um tradierte geoffenbarte Morallehren oder vielmehr um zeremonielle und disziplinäre Traditionen apostolischen Ursprungs handele, beantwortet er in letzterem Sinne, ergänzt jedoch, dass nach der Theologie jener Zeit in den "Glaubenstraditionen" ohne eine Unterscheidung und überhaupt ohne besondere Erwähnung auch die Lehrtraditionen der Moral eingeschlossen seien, wie denn auch das Konzil das Evangelium in Beziehung sehe zum praktischen sittlichen und religiösen Leben des Christen[138]. - Dem Bedeutungsgehalt von "fides et mores" auf dem Tridentinum geht 1973 in einem Artikel T. LOPEZ RODRIGUEZ nach, wobei er sich gegenüber den von MURPHY, BEVENOT, J.R. GEISELMANN[139] und J. BEUMER[140] vertretenen neueren Auslegung der "traditiones ... ad mores pertinentes" im Sinne (neben dem Wesentlichen des Glaubens stehender, mit der Offenbarung nur indirekt verbundener) disziplinärer und liturgischer Praxis[141] wieder auf die "traditionelle Interpretation" im Sinne von Glaube und Moral als doppeltem Aspekt der Lehre[142] verlegt. Der Rückgriff auf die mittelalterliche Theologie verdeutlicht ihm die aus den Akten allein nicht sicher zu gewinnende Auffassung des Konzils; ungeachtet der umfassenderen Bedeutung von "traditiones" und "mores" an sich, habe es hier, auf die Reinheit des Evangeliums abstellend, die zur Offenbarung, zum Evangelium, zum Glauben (im umfassenden Sinne) gehörenden, den Glauben (im theoretischen Sinne) und das entsprechende praktische christliche Leben betreffenden Traditionen im Auge, die es, weil es auch die "mores" als wesentlich auf die Offenbarung bezogen verstehe, der Schrift gleichachte[143]. - Nach der Untersuchung, die ebenfalls 1973 M. ZALBA im Anschluss an die verschiedenen Interpretationen des Terminus "mores" auf dem Tridentinum[144] vorlegt, betreffen die zum Evangelium gehörenden Traditionen den Glauben und die sittliche Ordnung, im letzteren Falle als Bestimmungen sittlichen Verhaltens oder als Anordnungen der praktischen Frömmigkeit, des Kultes, des christlichen Lebens im allgemeinen, und all dies in Entsprechung zum Evangelium, der Quelle aller Sittenordnung wie aller Heilswahrheit[145]. Wie mehrfach betont wird, geht es hier bei "mores" - ähnlich wie auf dem Vatikanum - um Lehrtraditionen in der Moral, um die theoretisch-praktische Ordnung des sittlich-religiösen Lebens unter Einschluss der Beobachtung der religiösen, kultischen und sozialen Disziplin, anders formuliert, um Wesentliches im christlichen Verhalten, zumindest aber nicht ausdrücklich und vornehmlich um die zeremonielle oder liturgische Praxis[146].

Über das Tridentinum hinaus führt sodann der 1969 erschienene Artikel von P. FRANSEN "'Geloof en zeden': notitie over een veelgebruikte formule". Danach ist es fraglich, ob sich bei AUGUSTINUS "mores" mit unseren "Sitten" deckt[147]. Bei den mittelalterlichen Kanonisten könne es wohl die Gebote (die Moral) bedeuten, beziehe sich jedoch viel häufiger auf liturgische und disziplinäre Gebräuche der Kirche[148]. Auch für das Tridentinum ist nach FRANSEN, der hier die Arbeiten von MURPHY, BEVENOT und DOMINGUEZ zusammenfasst, die Bedeutung von "Sitten" nicht generell auszuschliessen, doch gäben die Konzilsväter darunter zum öffentlichen Leben der Kirche gehörende liturgische, zeremonielle und disziplinäre Traditionen zu verstehen[149]. Für das 1. Vatikanum schliesslich konstatiert er die schon erwähnte Begriffsverengung in der vom tridentinischen Sprachgebrauch abweichenden Unterscheidung von "fides et mores" und "disciplina et regimen ecclesiae" im Sinne von Lehramt und Jurisdiktionsgewalt (entsprechend dem tridentinischen "fides et mores"). Gleichwohl vermag er in den zahlreichen, von GASSER referierten Änderungsanträgen zum Unfehlbarkeitskapitel, das diese Formel wieder aufnimmt, der auf die Unfehlbarkeit des Papstes als solchem gerichteten Fragestellung der Konzilsväter zufolge über die Bedeutung von "mores" nur weniges zu finden. Unter anderem erwähnt er den Vorschlag, "res morum" durch "principia morum" zu präzisieren, dazu das ablehnende Urteil GASSERS, der sich für die Beibehaltung der unter den Theologen allgemein bekannten Formel "res (oder "doctrina) fidei et morum" ausspricht und - nach FRANSEN für die Interpretation wohl zu bedenken - die genannten Moralprinzipien an der Zugehörigkeit zum Glaubensdepositum misst[150]. - Weiter legt 1970 auch J. BEUMER eine Untersuchung vor: "Res fidei et morum. Die Entwicklung eines theologischen Begriffs in den Dekreten der drei letzten Ökumenischen Konzilien". Bezüglich des Tridentinums vertritt er, dass dort "an keiner Stelle ... unter 'mores' eine Vorschrift des christlichen Sittengesetzes, ein Moralprinzip oder dergleichen verstanden" werde, sondern die " 'traditiones ad mores pertinentes' apostolische Disziplinar- oder Realtraditionen, die zu den Glaubensüberlieferungen als eigene Gruppe hinzukommen", bedeuteten, und der Komplex der "res fidei et morum" über die Glaubenshinterlage hinausgehe[151]. Für die Zeit bis zum Vatikanum stellt er dann eine nicht ganz einheitliche Bedeutung von "mores" sowie einen Wandel des Begriffes fest, welcher im Zuge der Interessenverlagerung auf die dogmatischen oder Glaubenstraditionen zunehmend, besonders seit der zweiten Hälfte des 18. Jahrhunderts, nicht mehr die apostolischen Realtraditionen, sondern - unterschieden von der Disziplin - die Moral bezeichne[152]. Dem entspricht, wenn J. FUCHS unter Verzicht auf eine Erforschung der Begriffsgeschichte in "fides et mores" "eine gewisse Parallele zur Unterscheidung zwischen Dogmatik und Moraltheologie" vermutet, wobei er unter "mores" "das sittliche Verhalten gemäss Offenbarung und

Glaube" versteht, eingeschlossen wenigstens die Grundprinzipien des natürlichen Sittengesetzes[153]. Für das 1. Vatikanum führt auch BEUMER die bereits erwähnten Bemerkungen an[154]. Wie er abschliessend sagt, bedeutet die vom Konzil vertretene Zuständigkeit der kirchlichen Lehrgewalt "auf dem Gebiet der Glaubens- und Sittenlehre oder auf dem der göttlichen Offenbarung schlechthin" praktisch keine Einschränkung bezüglich der zusätzlichen apostolischen Realtraditionen des Tridentinums, da auch das in indirekter Beziehung zur Offenbarung Stehende (übrigens wenigstens unter dieser Rücksicht auch das Naturrecht) zum Lehramtsgegenstand gerechnet würde[155]. Gleichwohl verlangt nach ihm der offensichtliche Bedeutungswandel Vorsicht im Gebrauch dieses vom 2. Vatikanum aus (und gemäss) den beiden vorherigen Konzilien übernommenen Ausdrucks[156]. - Wenig später stellt, MURPHYS Ergebnis aufgreifend, J. DAVID in einem Beitrag mit dem Titel : "Glaube und Sitten : Eine missverständliche Formel" die moralische Bedeutung von "mores" in Frage, womit das Tridentinum nur die apostolisch begründeten "'Sitten und Gebräuche' oder 'die Praxis der Kirche'" und nicht direkt Naturrecht und Sittenlehre bezeichnet habe. Ohne besondere Aufmerksamkeit auf den zwischenzeitlichen Bedeutungswandel hätten die vatikanischen Konzilien bei ihrer Bezeichnung des kirchlichen Lehrgegenstandes "einfach die tridentinische Formel übernommen", weshalb sich aus ihnen "eine theologisch verbindliche Lehrkompetenz der Kirche in Fragen des natürlichen Sittengesetzes nicht nachweisen" lasse[157]. A. GÜNTHÖR meldet sogleich Bedenken an dagegen, aufgrund der äusseren Identität der Formeln auch die Übereinstimmung der Aussage anzunehmen, namentlich in Bezug auf das 2. Vatikanum "die Akten zu rasch zu schliessen", den Ursprung der Formel im Tridentinum zu sehen, sowie die tridentinische Bedeutung von "fides" im Sinne von (nicht allein dogmatischen) lehrhaften Aussagen zu übergehen[158]. In seiner Antwort darauf stellt DAVID hauptsächlich auf die theologische Verbindlichkeit ab, die dem Lehramt nur in Offenbarungs- und Glaubensaussagen und gegen Thesen, die dem Menschenbild der Offenbarung widersprächen, zukomme. Die gewiss schon vortridentinische Formel "fides et mores" sei auf den vatikanischen Konzilien nicht reflektiert worden und würde, gepresst, "den anderen, sehr bewussten Aussagen, dass das kirchliche Lehramt das 'Depositum fidei' ... darzulegen und zu interpretieren habe", widerstreiten[159].

Diese die Sachkontroverse aufgreifenden und ergänzenden Begriffsstudien[160], die bereits auf bedeutsame Entwicklungen aufmerksam machen und nicht zuletzt ihrerseits aus dem 1. Vatikanum viel einschlägiges Material vorlegen, beantworten die Frage doch nicht ohne merkliche Zurückhaltung und bringen selbst wiederholt den Wunsch nach einer eingehenderen Untersuchung zum Ausdruck[161]. Er hat sich, aufs Ganze gesehen, trotz mehrerer grundlegender Beiträge nicht schon erledigt. Allerdings beschränkt sich die folgende Untersuchung, deren Konzeption nun noch aufzuzeigen ist, auch darin, dass sie die Frage nach "fides et mores" nicht auf die ganze Bedeutungsgeschichte dieser Formel ausdehnt.

III. DIE KONZEPTION DIESER UNTERSUCHUNG

1. Das Thema, seine Eingrenzung und Rechtfertigung

Die vorliegende Arbeit, welche keineswegs den ganzen Problemkreis von kirchlicher Lehrautorität in Fragen der Moral anzugehen sich vermisst, will in Absehung sowohl von der spekulativen als auch von der theologiegeschichtlichen Seite der Frage[162] allein das mit der lehramtlichen Selbstaussage des 1. Vatikanischen Konzils gegebene Autoritätsargument dazu offenlegen. Aus dem ganzen Bereich der Beziehungen zwischen Autorität und Moral, Kirche und Moral und selbst zwischen kirchlicher Autorität und Moral untersucht sie, die Existenz eines (wie auch immer genauer zu bestimmenden) authentischen und unfehlbaren Lehramtes (innerhalb) der Kirche voraussetzend, allein die Erstreckung desselben auf die Moral. Ohne eine minimalistische, rabulistische oder gar eversive Tendenz, aber auch einer naiv-optimistischen und pseudo-devoten, die Gewissen wie die Autorität selbst belastenden Auffassung[163] abhold, fragt sie näherhin, inwieweit nach den Aussagen des 1. Vatikanums die Kirche durch ihr Amt, abgesehen von ihrer pädagogisch-paränetischen und ordnend-befehlenden Autorität, welcher – im Unterschied zur erkenntnis- oder zustimmungsbezogenen Wahrheitsautorität – die ethische Kategorie des Gehorsams korrespondiert[164], Fragen der Moral oder Sittenlehren, zumal solche des natürlichen Sittengesetzes oder Naturrechtes, auch doktrinell autoritativ, nämlich mit der im Zeugnis- und Sendungscharakter des authentischen

Lehramtes[165] gründenden Forderung der inneren Zustimmung seitens der dem kirchlichen Lehramt Verpflichteten - dies meint hier "kirchliche Lehrautorität"[166] - zu entscheiden vermag. Die Aufmerksamkeit, die man dabei vornehmlich dem markantesten Wahrheits- und Verbindlichkeitskriterium solcher Entscheidungen, nämlich ihrer Unfehlbarkeit[167] zuwendet (die wiederum doch nur auf ganz seltene Fälle - für den Papst zuletzt auf die Definitionen von 1854 und 1950 - einzuschränken irenisch-apologetisches Bemühen sich beeilt[168]), setzt auch bei dieser im Grunde historischen Untersuchung einen besonderen Akzent. Methodisch gilt dabei ihr Interesse der Intention des Konzils hinsichtlich seiner in Rede stehenden Lehre, nämlich in welcher Weise es sich mit ihr befasst (Ort) und wie es sie, was den Lehrgegenstand Moral ausmacht, genauer bestimmt (Inhalt). Dieser zu untersuchende Tatbestand geht unabdingbar ein in die hermeneutische Frage, w a s das Konzil hier - unter dem "Einsatz" seiner Unfehlbarkeit - tatsächlich und bleibend gültig (wiewohl noch offen für die Zukunft) ausgesagt hat[169].

Bei solcher prinzipiell fundamental-moraltheologischer und speziell auf die Objektsfrage konzentrierter Zielsetzung bleiben allerdings eine ganze Reihe anderer, für das Gesamtverständnis des Problems und der vatikanischen Aussagen auch unter ökumenischem Aspekt[170] gewiss unverzichtbarer Fragen ausser Betracht, so jene nach Notwendigkeit, Wesen und Findung der moralischen Normen, nach Naturbegriff und Naturrecht, nach dem Verständnis von Autorität gerade im Hinblick auf die Moral, nach Charisma und Potestas in der Kirche, nach Ort (Träger), Funktion, Zuständigkeit und Verbindlichkeit des kirchlichen Lehramtes, aber auch nach dem Verständnis der Unfehlbarkeit (im allgemeinen und der vatikanischen Definition selbst und der darin bezeichneten Entscheidungen im besonderen). Auch was das Konzil selbst über Träger (Subjekt) und Ausübung (Modus) kirchlicher Lehrautorität sagt und was es an formalen Kriterien einer unfehlbaren Aussage aufstellt, liegt als unmittelbar in der Ekklesiologie zu behandelndes Thema ausserhalb des Aufgabenbereiches dieser Untersuchung, die darum nicht als geschlossener Kommentar zu den wiewohl indirekt immer auch das Moral-Objekt betreffenden Lehramtsaussagen des Konzils[171] anzusehen ist.

Selbst bei der Objektsfrage sind die Erwartungen gedämpft durch den Hinweis von A. LANG, dass "im einzelnen ... der Bereich der Unfehlbarkeit durch die Kirche" - also auch durch das 1. Vatikanum - "noch nicht klar aufgeteilt oder scharf abgegrenzt worden" sei[172]. Dem fügt A. GÜNTHÖR speziell hinzu, "dass sich die Lehre der Kirche über ihre Zuständigkeit für das Naturrecht noch in der Entwicklung befindet", "der Grund und Umfang dieser Kompetenz weder lehramtlich noch theologisch bis ins letzte festgelegt sind"[173]. Darüber hinaus bedarf die gewählte Fassung des Themas, das (unter der Rücksicht der Moral) vom Objekt her die kirchliche Lehrautorität näher zu bestimmen sucht, noch einer rechtfertigenden Klarstellung. Wie nämlich A. LANG bemerkt, "kann und darf das Objekt nicht zu einem Kriterium der kirchlichen Unfehlbarkeit gemacht werden", da erst das Lehramt über die Tatsache einer Glaubenswahrheit befinde, und eine wenn immer vom rechtmässigen Träger der Unfehlbarkeit als endgültig und allgemein verpflichtend vorgetragene, geoffenbarte oder von solcher abgeleitete Lehre in ihrer Wahrheit verbürgt sei[174]. Müsste man sich also auch hinsichtlich der Moral vielmehr auf die subjektiven und formalen Kriterien verlegen und fragen, wann, ob und in welcher Gestalt eine lehramtliche Aussage der Kirche gegeben ist und welchen Autoritätsgrad sie besitzt? Nun hat bereits, unbeschadet der beim kirchlichen Lehramt liegenden "Kompetenz der Kompetenz", die es nicht erlaubt, eine nach allen anderen Bedingungen unfehlbare Lehre vom Objekt her in Frage zu stellen, nicht nur die Theologie, sondern auch das Vatikanum (wie man sehen wird) das Objekt unfehlbarer Lehrautorität thematisiert und unter die wiewohl im letzten kohärenten Bedingungen, die alle zu deren Aktuierung erforderlich sind, eingereiht. Zudem begegnen zahlreiche kirchliche Aussagen ethischer Relevanz, deren Lehramtscharakter und deren Verpflichtungsgrad und -art nicht sicher und einhellig feststehen, weshalb auch der Darlegung dessen, was von der Moral als Gegenstand kirchlicher Lehrautorität zu gelten hat, klärende Funktion zukommt. Schliesslich aber geht es dieser Untersuchung nicht darum, dem Lehramt Grenzen zu ziehen, sondern die von diesem selbst auf dem 1. Vatikanum erklärte Kompetenz und ihre Grenze aufzuzeigen.

2. Die Quellen

Als Quellen, die Verlauf und Inhalt der Verhandlungen des 1. Vatikanums dokumentieren, kommen für diese Untersuchung naturgemäss - es verdriesse das nicht[175] - in der Hauptsache die Akten des Konzils in Betracht, vor allem deren Publikation im 49. bis 53. Band der Konzilssammlung von MANSI[176], welche zwar die frühere Edition im 7. Band der "Collectio Lacensis"[177] bedeutend ergänzt, jedoch ihrerseits eine empfindliche Lücke aufweist, indem darin die Voten und Entwürfe zu den späteren Konzilsvorlagen nicht aufgenommen sind[178]. Sie konnten jedoch vom Verfasser im Archivio Segreto Vaticano[179] eingesehen und für diese Arbeit verwertet werden. Eine Teilveröffentlichung der bereits mehrfach exzerpierten[180] Dokumente bieten H.J. POTTMEYER[181], Th. FREUDENBERGER[182] und in grossem Umfang J.M.G. GOMEZ-HERAS[183]. Zugänglich gemacht wurde dem Verfasser ferner der hier erstmals herangezogene handschriftliche Nachlass von Bischof GASSER[184], von dem zumal jene bleibend bedeutsame offizielle Erläuterung der Unfehlbarkeitsaussage auf dem Konzil selbst stammt, weshalb ihm für ihre Auslegung ein besonderer Platz einzuräumen ist[185]. Zusammen mit ihm sind die übrigen Konzilsväter und Konzilstheologen und hier wiederum in erster Linie die Autoren, Redaktoren, Relatoren und Kommentatoren der Texte - man denke etwa an G. PERRONE, C. SCHRADER, J. KLEUTGEN, K. MARTIN, F.M. ZINELLI und den Konzilssekretär J. FESSLER - deren berufene Interpreten. Bei der schwerlich mehr überschaubaren Literatur zum 1. Vatikanum gebührt ihrem Schrifttum, insbesondere ihren Erklärungen zu den Konzilsaussagen, vorrangige Beachtung. GASSER selbst gibt den schon zitierten Hinweis, der Ausdruck "res (oder "doctrina) fidei et morum" sei jedem Theologen verständlich[186]. Damit steht ausser Zweifel, dass das Konzil diese wichtige Formel ohne irgendeine spezielle Deutung ganz in Anlehnung an das theologische Verständnis seiner Zeit gebraucht. Die Interpretation, die in diesem Punkt offiziell darauf verwiesen wird, ist grundsätzlich dem kirchen- und theologiegeschichtlichen Kontext eines Konzils verpflichtet, das doch aus der jeweiligen Zeit Anlass, Thematik, Prägung und Sprachgestalt bezieht. Auch das markante "Konzil des neunzehnten Jahrhunderts"[187] ist auf diesem seinem geschichtlichen Hintergrund zu sehen[188].

3. Der Aufbau

In ihrem Aufbau folgt die vorliegende Untersuchung - ihrer Zielsetzung entsprechend, das Konzilsthema von Lehrautorität und Moral darzustellen - der entwicklungsgeschichtlichen Ausprägung, die dasselbe auf dem 1. Vatikanum gefunden hat. Dabei ist zunächst die Lehramts- und Moralthematik im Gesamt der Konzilsintention und -vorbereitung auszumachen (1. Kapitel), um ihr dann innerhalb der Textgeschichte der beiden promulgierten Konstitutionen des Konzils, in denen seine eigentlichen, wenngleich partiellen Aussagen niedergelegt sind, nachzugehen, in der Entwicklung der Konstitution "Dei Filius" vom 24. April 1870 (2. Kapitel), und "Pastor aeternus" vom 18. Juli 1870, der "ersten Konstitution über die Kirche Christi" (4. Kapitel). Wie im Titel angedeutet, stellt letztere den allein noch verabschiedeten Teil eines ursprünglich sehr viel umfassenderen Schemas "De ecclesia" dar, aus dem darum noch eine zweite, schon zu einem Gutteil vorbereitete Kirchenkonstitution - auch mit einem eigenen Kapitel über die Unfehlbarkeit bzw. das Lehramt der Kirche - der vorausgegangenen folgen sollte. Ohne als formelle Konzilsaussage gelten zu können, gewährt sie doch einen für deren Interpretation äusserst wertvollen Einblick in das dahinterstehende Denken des Konzils und verdient deshalb durchaus eine besondere Darstellung[189], die darum auch vor jene der Konstitution "Pastor aeternus", des Schlusspunktes des Konzils und Schwerpunktes dieser seiner Untersuchung, plaziert wird (3. Kapitel).

1. KAPITEL

DER HORIZONT DES KONZILS

Sind trotz der angesprochenen und dieser Untersuchung zugrunde liegenden moraltheologischen Relevanz die Aussagen des 1. Vatikanischen Konzils bei ihrem vordergründig fundamentaltheologisch-dogmatischen Charakter offenbar wenig dazu angetan, den Ethiker auf den Plan zu rufen, so ist doch seine Sache in Zielsetzung und Programm des Konzils weitaus stärker vertreten, als es schliesslich den Anschein erweckt. Als nach über dreihundert Jahren, dem längsten Interstitium in der Geschichte der allgemeinen Konzilien, das Vatikanum dem Konzil von Trient folgte, hatte es letzteres nach der ekklesiologischen Seite hin zu ergänzen[1], vor allem aber sich mit einer neuen Situation der Kirche, nämlich ihrer Konfrontation hauptsächlich mit dem die Vernunft auch in Sachen der Religion und Moral autonom setzenden und damit das Verhältnis von Wissenschaft und kirchlicher Lehrautorität belastenden neuzeitlichen Rationalismus und seinen Derivaten zu befassen, einschliesslich der vielbeklagten moralischen Misere naturalistisch-liberalistischer Provenienz. Diese Phänomene der mit der Aufklärung sich vollziehenden geistesgeschichtlichen Umwälzung und im Zusammenhang damit die kirchenpolitischen Verhältnisse, insbesondere die Bedrohung des Kirchenstaates, provozieren bereits in den Jahrzehnten vor dem Konzil eine entschiedene Selbstbehauptung der Kirche, welche sich zur Defensive formiert und in ihrer Autorität profiliert. Nach einer gewissen Dezentralisierung in verschiedenen theologischen Versuchen und kirchlichen Verselbständigungstendenzen, die noch weit in das 19. Jahrhundert hineinreichen, gilt es jetzt im eigenen Lager alle Kräfte auf dem Boden der überlieferten kirchlichen Lehre und um den Papst zu sammeln. Was die Lehre betrifft, so führen die theologischen Auseinandersetzungen mit dem Rationalismus, sowohl die Entgegnung durch den Traditionalismus als auch die Vermittlungsversuche namentlich von G. HERMES, A. GÜNTHER und J. FROHSCHAMMER, die als semirationalistisch gelten, wiederholt zu einem verurteilenden Eingreifen Roms. Auch die neuscholastische Restauration der Theologie im Blick auf die "Vorzeit" und zugleich damit in erklärter römisch-kirchlicher Gesinnung erhebt sich gegen derartige Konzeptionen. Zudem lassen die Erschütterungen der gesellschaftlichen Lage und der staatskirchlichen, nationalkirchlichen und episkopalistischen Auffassungen durch Revolution und Säkularisation "ultra montes", im Papst, die notwendige und umfassende Autorität und die Sicherung der kirchlichen Freiheit erblicken. Rückhalt bietend, bedarf er aber auch seinerseits der Solidarität der Kirche in der Verteidigung seiner Rechte und seiner Freiheit in seiner weltlichen Souveränität. Auf vielfache Weise - so etwa in den Piusvereinen und in den grossen Bischofsversammlungen in Rom (1854, 1862, 1867) - und nicht ohne übertriebene Formen artikulieren sich die freilich nicht von allen gleichermassen geteilten Empfindungen für den Papst, dem man sich aufgrund seiner Primatsgewalt und Unfehlbarkeit in Disziplin und Lehre verpflichtet weiss[2].

Beide hier anvisierten Themenkreise, die Ekklesiologie und die den Zeitirrtümern gegenüber zu verteidigende kirchliche Lehre, bilden den Gegenstand der beiden Konzilskonstitutionen über die Kirche bzw. über den katholischen Glauben, die nicht in allem mit ihrem jeweiligen Vorentwurf übereinstimmen und auch zum Teil ineinandergreifen, indem die Glaubenskonstitution auch vom Lehramt und die Kirchenkonstitution auch vom Lehramt "de fide vel moribus" handelt. Nicht ohne diese Verbindung und eine gewisse gegenseitige Bedingung treten sie bereits während der letzten Jahrzehnte vor dem Konzil in kirchlichen Dokumenten und theologischen Äusserungen immer stärker hervor. Die in diesem Kapitel gestellte Frage, in welcher Weise dem Konzil an seinem Beginn das Lehramtsthema, und zwar speziell im Hinblick auf die Moral präsent ist, holt darum mit gutem Grund zunächst in diese weitere Vorgeschichte aus, die als unmittelbarer H i n t e r g r u n d des Konzils (I.) zu diesem in dreifacher Hinsicht eine besondere Beziehung erlangt, nämlich durch die am 8. Dezember 1854 von PIUS IX. selbst (ohne Konzil) vorgenommene feierliche Verkündigung eines (geoffenbarten) Glaubenssatzes, die dogmatische Definition der unbefleckten Empfängnis Mariens (1.), durch die um die Jahrhundertmitte vielerorts abgehaltenen Provinzialkonzilien (2.), die sich sehr wohl auch der grossen allgemeinen Themen und Anliegen der Kirche annehmen, und durch die einschneidenden päpstlichen

Verlautbarungen vom 8. Dezember 1864 (3.), zumal den zusammen mit der Enzyklika "Quanta cura" veröffentlichten "Syllabus errorum", welcher geradezu zum Fanal des vorkonziliären Rom geworden ist und den Konzilsgedanken selbst, über den in eben diesen Tagen bereits insgeheim Gutachten erstellt werden, in nicht geringem Masse präjudiziert hat. Von besonderer Bedeutung ist sodann, welche Vorstellungen mit dem Konzilsvorhaben verbunden werden (II.), und zwar von seiten des Papstes selbst und der von ihm konsultierten Kardinäle und Bischöfe (1.), wie auch all derer, die sonst ihre Hoffnungen oder auch Befürchtungen zum Konzil äussern (2.), endlich, was davon tatsächlich in das Programm des Konzils Eingang findet, für das seit 1865, insbesondere seit 1867 eine reichhaltige und vielfältige Thematik vorbereitet wird (3.).

I. DER LEHRAMTLICHE HINTERGRUND DES KONZILS

1. Die dogmatische Definition vom 8. Dezember 1854

Neben dem Vatikanischen Konzil sind noch zwei lehramtliche Ereignisse aus dem Pontifikat PIUS' IX. unvergessen und von bleibender Bedeutung, die Immaculatadefinition vom 8. Dezember 1854 und die auf den Tag genau zehn Jahre später erscheinende Enzyklika mit dem Syllabus. Hoch- und höchstrangige Daten der Lehrgeschichte, haben sie selber die Lehrentwicklung in den Dogmatisierungen von 1870 und 1950 beeinflusst und die theologische Reflexion ausserordentlich gefördert. In gewiss unterschiedlichem Masse veranschaulichen und thematisieren sie in ihrer Vorbereitung und Aussage die Frage der kirchlichen Lehrautorität, die aus eben diesem Anlass auch die Theologie, sowohl mehr im allgemeinen als auch unter dem speziellen Aspekt der Autorität dieser Entscheidungen, vielfach erörtert. Für die dogmatische Definition von 1854 trifft dies freilich nur mit Einschränkungen zu. Die feierliche päpstliche Entscheidung, dass die Lehre von der unbefleckten Empfängnis Mariens "von Gott geoffenbart und deshalb von allen Gläubigen fest und beständig zu glauben sei"[3], wobei auf diese innere Zustimmung anschliessend noch eigens und strengstens verpflichtet wird[4], ist ausgezeichnet durch den hohen Anspruch einer Aussage der göttlichen Offenbarung selbst und durch ein ausserordentliches Gewicht kirchlicher, speziell päpstlicher Autorität. Ihr Gegenstand jedoch lässt eine Bezugnahme auf das

Thema der kirchlichen Lehrautorität in Fragen der Moral nicht erwarten, legt auch die Bulle "Ineffabilis Deus" gerade auf das autoritative Zeugnis der Kirche Gewicht[5]. Zudem ist weder eine negative Reaktion auf die Dogmatisierung in dem Masse der Ablehnung der vatikanischen Entscheidung noch eine sich anschliessende stärkere theologische Reflexion auf die kirchliche Lehrautorität zu verzeichnen, wird doch nicht bezweifelt, dass es sich bei diesem Akt der Dogmatisierung, sofern er als solcher anzuerkennen ist, um eine unfehlbare Aussage handelt. Gleichwohl scheint es im Hinblick auf das vatikanische Dogma der päpstlichen Unfehlbarkeit angezeigt, auf die Vorbereitungsarbeiten zu dieser konkreten unfehlbaren päpstlichen Definition und auf die nachfolgenden Stellungnahmen dazu einen kurzen Blick zu werfen, mag sich auch ein Gutteil der Diskussionen auf die besondere Form dieser Dogmatisierung als einer durch keine Häresie veranlassten und insonderheit durch den Papst vollzogenen beziehen.

a. Der Weg zur Definition

Ist das 1. Vatikanum als "Konzil des 19. Jahrhunderts ... wesentlich charakterisiert"[6], so erweckt die Dogmatisierung der unbefleckten Empfängnis Mariens diesen Eindruck nicht. Dennoch ist es nicht ohne Grund und Bedeutung, dass dieses nach Anlass und Inhalt scheinbar ganz zeitunabhängige, rein theologische Ereignis, dessen Wurzeln hinter das Tridentinum zurückreichen, um die Mitte des 19. Jahrhunderts tatsächlich zur Verwirklichung kommt. Seine engere Geschichte lässt sich so skizzieren: 1) Seit langer Zeit gelangen in wachsender Zahl Bitten um die Definierung der betreffenden Lehre nach Rom, ohne dass ihnen bisher stattgegeben worden wäre.
2) PIUS IX. nimmt nun die Definierung in Angriff, indem er 1848 eine (mehrmals erweiterte) Theologenkommission mit der Frage der Definibilität der Lehre betraut und in der Enzyklika "Ubi primum" vom 2. Februar 1849 (aus Gaeta !) die Auffassung aller Bischöfe über den diesbezüglichen Glauben ihrer Kirchen und deren Verlangen, "diese Sache vom Apostolischen Stuhl entschieden zu sehen", einholt[7].
3) Nicht nur bejahen die Konsultoren im grossen und ganzen die Definibilität, wiewohl nicht ebenso die Opportunität, auch die Bischöfe sprechen sich in ihren Stellungnahmen[8] zu neunzig Prozent für die Definition aus. 4) Vom März 1851 an be-

schäftigt sich der Papst mit der Vorbereitung einer Bulle. Nach den Konsultorengutachten über das Schema von PERRONE sowie nach einem anderen von C. PASSAGLIA wird am 10. Mai 1852 eine Sonderkommission unter den Konsultoren zur Vorbereitung der Bulle gebildet, deren Arbeiten die "Breve Esposizione degli Atti della Commissione speciale" zusammenfasst. Auf diesen Diskussionen ruht das dritte Schema, von dem sich die folgenden fünf nur mehr wenig unterscheiden. Neben den Theologenversammlungen, in denen die Vorlagen der Sonderkommission behandelt werden, wird am 22. März 1854 noch eine "Congregazione consultativa per la redazione della Bolla" von 21 Kardinälen errichtet. Im November befassen sich die zu Beratungen über die Bulle eingeladenen Bischöfe in vier Sitzungen zusammen mit den Theologen mit dem achten Schema. Im geheimen Konsistorium am 1. Dezember 1854 befragt der Papst die Kardinäle nach ihrem Plazet. In seinem Auftrag und unter seinem Vorsitz versammelt sich wenige Tage später eine Gruppe von sieben Kardinälen, von denen vier (mit Sekretär) vom Papst zur Endredaktion beauftragt werden, sich jedoch nur einmal versammeln, da der Papst hierauf die Sache an sich zieht und ihr das endgültige Gepräge gibt. 5) Am 8. Dezember 1854 erlässt er schliesslich die feierliche Definition, an der die übrige Kirche in ihren Bischöfen und Theologen sehr wohl ihren Teil hat[9]. - Insofern es bei der Vorbereitung der Definition darum geht, dass der ganzen Kirche durch den Papst eine Lehre zu glauben streng und endgültig auferlegt wird, lässt sich im konkreten Fall der nicht ausnahmslosen Evidenz des Offenbarungscharakters neben der Frage nach dem Propositionsmodus und (übrigens sehr bemerkenswert !) der Opportunität vor allem jene nach der notwendigen Grundlage eines Glaubenssatzes nicht abweisen. So erbittet sich der Münchener Erzbischof K.A. v. REISACH ein Gutachten der theologischen Fakultät darüber, "I. utrum pia sententia tanquam dogma definiri possit, necne ? II. quo modo haec definitio facienda sit; III. utrum ejusmodi definitio in praesentibus ecclesiae circumstantiis consulenda sit ?"[10]. In der Hauptsache freilich beschränken sich die Überlegungen auf die erste und dritte Frage. Hinsichtlich der primären Frage der Definibilität der immer wieder so bezeichneten "pia sententia" von der unbefleckten Empfängnis Mariens ist vorab festzustellen, dass es nicht um irgendwelche Entscheidung darüber durch den Apostolischen Stuhl, sondern fast ausnahmslos um die Dogmatisierung, d.h. die Erklärung zum Glaubenssatz bzw. zur Offenbarungswahrheit geht. Die Auffassung, die Lehre könne zwar nicht als Glaubenssatz, jedoch als sichere Lehre definiert werden, findet keinen Anklang[11]. Ungeachtet einer Unfehlbarkeit päpstlicher Aussagen, die keinen Glaubensartikel ausmachen, stellt man nicht auf eine unfehlbare Entscheidung einfachhin, sondern zugleich auf den Dogmencharakter ab[12]. Die ganze Erörterung vollzieht sich etwa in vier Schritten : in entfernteren Reflexionen, in den Voten der Konsultoren, in den Antworten der befragten Bischöfe und dem Urteil der Theologen sowie in den Kommissionsverhandlungen.

Noch vor der Vorbereitung der Immaculatadefinition begegnen Überlegungen zu ihrem dogmatischen Fundament[13], die von grundsätzlicher Bedeutung sind. Eine besondere Rolle spielt hier einmal die bekannte Regel des VINZENZ VON LERIN[14]. Bereits 1833 wendet sich der Verfasser einer dogmatischen Erörterung "Über die Würde der seligsten Jungfrau Maria" gegen den "Beweis ... aus dem fast allgemeinen Glauben der Christen an die unbefleckte Empfängnis Mariens, der sich als solcher nicht belegen lasse[15]. Dagegen sieht J. SCHEILL in seiner Kritik an dieser Erörterung das Entscheidende in der Haltung der Kirche, ihrer Liturgie, Disziplin und Lehre[16] und stellt damit den Kernpunkt der späteren Diskussionen heraus, "die Bedeutung und Funktion der Kirche bei der Explikation der Offenbarungswahrheiten"[17]. Auch der "Katholik" bemerkt, der Theologe müsse "seine Zuflucht nehmen zu den göttlichen Erkenntnisquellen ..., zur Autorität der Kirche und zu dem Sinn der Gläubigen"[18]. Wiederum ist nach A. GENGLER die vinzentinische Regel durch das in ihr nur unvollständig entwickelte katholische Prinzip zu ergänzen, im innerkirchlichen Meinungsstreit sich "immer der Leitung der in der Kirche konstituirten legitimen Auktorität (zu) unterwerfen", dem vom Geist geleiteten und eine neue Entwicklung verbürgenden Bewusstsein des gegenwärtigen Episkopates[19]. Darauf Bezug nehmend, sieht auch der "Katholik" das Entscheidende in der "consensio", wobei es genüge, "sie für irgend einen Zeitmoment in der Geschichte des kirchl. Lebens nachzuweisen"[20]. - Bereits in engerer Beziehung zur Definition stehen einige Schriften aus den Jahren 1843 bis 1847. Dabei argumentiert Kardinal A. LAMBRUSCHINI in seiner "Polemische(n) Dissertation über die unbefleckte Empfängnis Mariä" mit dem Konsens, indem nach AUGUSTINUS "eine Sache als wahr angesehen werden darf, sobald sie durch die allgemeine Zustimmung der Gläubigen als wahr anerkannt und bekräftigt wird". "Ist es wohl glaubwürdig", fragt er, "dass Gott sollte zugelassen haben, dass fast die ganze weit verbreitete Kirche sich in einer so wichtigen Sache sollte geirrt haben ?"[21] - Auch G. PERRONE bejaht seine Titelfrage "Ist die unbefleckte Empfängniss der seligsten Jungfrau Maria dogmatisch definirbar?" aufgrund des seit langem einhelligen Bewusstseins der Kirche[22]. Dieselbe könne nichts als Glaubenssatz aufstellen, das im Worte Gottes nicht enthalten wäre, habe aber ein darin Enthaltenes möglicherweise nicht ausdrücklich als Glaubenssache bezeichnet[23]. Sich selbst gleichbleibend, könne sie auch nicht jetzt etwas ihrem früheren Glauben Entgegengesetztes lehren, sondern entfalte nur die Tradition, aus der heraus sie auch einen implizit geoffenbarten Gegenstand zu entscheiden vermöge[24]. - Schliesslich spricht sich J.H. NEWMAN in seiner Schrift "Über die Entwicklung der christlichen Lehre" für die Existenz einer äusseren Autorität zur Entscheidung über die wahren Lehrentwicklungen aus und sieht hierin die Infallibilität der Kirche, nämlich in der "Gewalt, zu unterscheiden, ob diess, jenes oder ein drittes oder irgendeine Anzahl theologischer oder moralischer Sätze wahr seye"[25]. Wie in der Ordnung der Natur dem Gewissen, müsse man, heisst es, in jener der Offenbarung dem Papst, er mag irren können oder nicht, gehorchen, ist dies doch förderlich "sogar dann, wenn er etwas anordnen, was extrem oder unpassend, oder etwas lehren sollte, was über sein legitimes Bereich hinausgeht"[26].

Allen Ernstes stellen sich sodann die unmittelbar angesprochenen römischen Konsultoren die Frage der Definibilität. Gewiss wird sie in den meisten der Voten[27] bejaht, namentlich aufgrund des impliziten Geoffenbartseins der Lehre und der Auffassung und Praxis der Kirche[28], deren "sensus" als überragendes Argument zählt[29], die als heilige in solch wichtiger Sache nicht fehlgehen konnte[30], die ferner fragliche Schriftstellen zu interpretieren vermöge und tatsächlich schon in der Schrift nicht Festgelegtes definiert habe[31]. Daneben aber werden auch Bedenken laut, zumal gegen das von PERRONE angeführte implizite Geoffenbartsein, das, wie auch ein positiver Konsens, sogar verneint wird[32]; auch die frühere Zurückhaltung des Lehramtes wird als Problem empfunden[33]. Doch werden sie durchwegs umgangen, indem man auf die erfolgten Definitionen von nur wahrscheinlich Geoffenbartem verweist[34], vor allem aber, indem man gehorsamsbereit das Urteil dem Papst anheimstellt[35]. Diese Rückgabe der Frage durch die Theologen an das Lehramt, dem eine höhere Erkenntnis zuerkannt wird[36], ist auffallend; sie bedeutet in der Tat eine Aufwertung der päpstlichen Autorität[37], bekundet aber zugleich die Grenzen wissenschaftlicher Theologie.

Dass ferner nach und neben den Konsultoren in Rom und Gaeta der ganze Episkopat und dabei indirekt auch die Diözesen und Theologen mit dem Definitionsvorhaben befasst werden, ist formell hochbedeutsam - man mag von einem schriftlichen Konzil sprechen[39] - und sachlich sehr aufschlussreich. Was die Bischöfe in ihren Antworten[40] vorbringen, sind wiederum die beiden nicht eigentlich voneinander getrennten Argumente, die Grundlage der Lehre in den Offenbarungsquellen und ihre Stütze in der Tradition und im "sensus" der Kirche. Wiederholt werden die Definibilitätsprinzipien ausdrücklich aufgegriffen, wobei auch an ein latentes Geoffenbartsein gedacht ist[41]. Der Offenbarungsbezug gilt aber als in Sitte und Lehre der Kirche (mos doctrinaque ecclesiae) bzw. in ihrem allgemeinen Glaubenssinn eingeschlossen, in dem man die entscheidende Norm erblickt[42]. Dabei wird auch auf die Unwandelbarkeit der Kirche, die ihre Lehre nur entfalte, nicht aber ändere[43], sowie ihre auch den Heiligenkult betreffende Unfehlbarkeit in den allgemein festgehaltenen religiösen Angelegenheiten (in rebus religiosis, quas generaliter tenet) verwiesen[44]. Es heisst, dass Heiligkeit und Unfehlbarkeit der Kirche in Sachen des Glaubens und der Sitten unter Einbeziehung von Frömmigkeit und Kult die Duldung eines irrigen Kultes ausschliesse[45], gehöre doch die Reinheit des Kultes zu der von der Kirche zu hütenden Reinheit der Religion[46]. Speziell die Unfehlbarkeit in der Sittenordnung (in morum regulis designandis), worunter ohne Zweifel die Sorge für den richtigen Heiligenkult falle (extra dubium positum extet, cultum Sanctis debitum tribuere, et superstitiosum aut indebitum avertere et damnare de regulis morum esse), bürge für diese Lehre[47]. Wiederum finden sich aber auch Bedenken hinsichtlich der Herleitung aus dem Depositum und negative Urteile selbst über die Definibilität[48]. Zudem wird die Grenze der Unfehlbarkeit angesprochen, innerhalb derer zwar noch die theologischen Konklusionen gesehen werden, nicht aber Wahrheiten, die das Religiöse (religionis oeconomiam) oder Dogma und Sittenregel nicht berühren (doctrina, quae respectu vel dogmatis vel morum regulae prorsus indifferens est)[49]. Bezeichnend ist der Vorschlag einer nur indirekten Definition, dass nämlich die Kirche in dieser Lehre nicht irre[50]. - Auch Theologen[51] sprechen sich mehrfach gegen die Definibilität aus, so die schon genannte Münchener Fakultät, die sich mit PERRONES Begriff des impliziten Geoffenbartseins und seinem Argument aus dem Zeugnis der Kirche nicht begnügt[52], ferner ein Speyerer Gutachten, das auch auf die Petitionen hin, hinter denen zu wenig Sachkenntnis stehe, keine Definitionsmöglichkeit sieht[53], sodann der Kreis um A. GÜNTHER[54] sowie ein Schreiben an die Bischöfe vom Oktober 1854, in dem es auch heisst, dass die Unfehlbarkeit der eigentlich nur päpstlichen Entscheidung nicht glaubenspflichtig sei[55]. Auch I.v. DÖLLINGER rechnet in einem Sendschreiben vom Jahre 1843 die Immaculatalehre unter die disputablen, durch Offenbarung und Überlieferung nicht beantworteten Fragen; Traditionsbeweis und vinzentinische Regel sprechen nach ihm gegen eine Definition[56]. Gleichwohl scheint ihn diese selbst - zunächst - nicht entscheidend bewegt zu haben[57]. Schliesslich wollen J.H. OSWALD und F. MICHELIS dem Ungenügen des traditionellen Beweises mit einer spekulativen Begründung begegnen[58].

Nochmals und nunmehr entscheidend geht es in den unmittelbaren Vorbereitungsverhandlungen[59] um den Offenbarungscharakter der Immaculatalehre, wie er in PERRONES Schema bestimmt und bezeugt wird[60], während sich das Schema PASSAGLIAS ganz auf die Tradition und das Glaubensbewusstsein der Kirche verlegt[61]. Als notwendige Kriterien einer Glaubensdefinition ganz allgemein werden die göttliche Tradition, und zwar eine wenigstens virtuelle und mittelbare Offenbarung (nicht eine theologische Konklusion), und die wenigstens zu einem Zeitpunkt oder gegenwärtig übereinstimmende Verkündigung der Kirche herausgestellt[62], mit der Bemerkung jedoch, dass es bei der Praxis der Kirche auf das entsprechende Offenbarungsbewusstsein ankomme[63]. Wird nun auch in allen Schemata das Geoffenbartsein der Immaculatalehre, auf die dann diese Kriterien angewandt werden[64], ausgesagt[65], so tritt doch schliesslich das Argument des gegenwärtigen Glaubens der Kirche in ihrem Lehramt und in ihren Gläubigen, des "fatto della Chiesa" (PIUS IX.), in den Vordergrund und führt zu einer Umstellung der Bulle[66], ohne dass allerdings die Verkündigung der Kirche als für sich bereits genügendes Argument genommen und ihres notwendigen Bezuges auf Schrift und Tradition enthoben würde[67]. - Der Modus propositionis der Immaculatadefinition, die wie kaum ein zweiter Fall das vatikanische Unfehlbarkeitsdogma zu exemplifizieren scheint, erfährt übrigens eine bemerkenswert geringe Aufmerksamkeit. Gleich PERRONE sehen auch die Konsultoren praktisch nur eine Kathedralentscheidung des Papstes ohne Konzil vor[68], lediglich einer äussert gewisse Bedenken, ohne jedoch ein allgemeines Konzil zur Bedingung zu machen[69]. Ähnlich erscheint es in den Antworten der Bischöfe durchweg wie selbstverständlich, dass der Papst, dem Unfehlbarkeit zuerkannt wird[70], die Definitionsgewalt besitzt, um das erwartete authentische, irreformable und infallible[71] Urteil "ex cathedra"[72] zu erlassen. Immerhin ist man dabei mit Rücksicht auf die Frage der päpstlichen Unfehlbarkeit nicht ganz ohne Befürchtungen[73] und denkt auch an ein Konzil[74], doch beteuert man immer wieder die Ergebenheit gegen den Papst und seine Entscheidung[75], wobei sich in Anbetracht des Glaubenskonsenses - "dic tu aliquando, quod omnes credunt"[76] - die Frage der päpstlichen Unfehlbarkeit, obgleich sie nicht unbeachtet bleibt[77], nicht ernstlich stellt[78].

b. Die Wirkung der Definition

Erwartungsgemäss findet die feierliche Definition die breite Zustimmung der katholischen Kirche mit ihren Bischöfen[79]. Die Offenbarungs- und Traditionsgrundlage, die Überzeugung des Volkes und der manifeste Konsens des Episkopats in der Immaculatalehre, aber auch der ganze Modus procedendi mit der vorherigen Anfrage des Papstes, der intensiven Vorbereitungsarbeit und der Mitwirkung und Assistenz der Bischöfe bei der Dogmatisierung, die darum, so sehr sie einerseits als Akt des päpstlichen Lehramtes gilt[80], andererseits doch wieder konziliäre, "gesamtkirchliche" Züge trägt[81], haben dazu den Weg gebahnt[82]. Allerdings antwortet man auf die Definition auch mit Zurückhaltung[83] und sogar mit schärfster Kritik, in der bereits Töne der späteren Vatikanumskritik anklingen. Es ist hier die Rede von einem gewaltigen Umsturz in der Kirche, nachdem der Papst unter Missachtung der Offenbarung und der alten (!) Tradition, gewissen Afterfrommen zuliebe und sich damit selbst ausserhalb der Kirche stellend, dieses neue, falsche Dogma definiert habe[84], das gerade gegen seine Unfehlbarkeit spreche[85], die man habe mitdefinieren wollen[86]. Syllabus und Vatikanum werden dieser Kritik, die trotz ihrer Radikalität keine grössere Verbreitung findet[87], neuen Auftrieb geben[88]. Im übrigen bietet die Definition keinen Anlass, nun die Unfehlbarkeit des Papstes zu proklamieren[89] oder auch nur stärker zu reflektieren. Dennoch ist ein Zusammenhang nicht zu leugnen. Hat man die Immaculatadefinition schon vorher zur päpstlichen Unfehlbarkeit in Beziehung gesetzt und post factum als einen Fall derselben betrachtet[90], so übt sie als tatsächliche unfehlbare Entscheidung des Papstes und durch die Aufwertung seines Lehramtes auch ihren Einfluss auf das spätere nominelle Infallibilitätsdogma aus, das mit dem Immaculatadogma in einen inneren Zusammenhang gebracht wird[91]. Die Möglichkeiten und Grenzen päpstlicher und überhaupt kirchlicher Lehrautorität und Unfehlbarkeit legt das konkrete Ereignis von 1854 nicht offen, weshalb mit seiner Annahme diese Frage nicht schon entschieden ist. Doch nicht erst 1870 wird man sie vornehmen.

2. Die Provinzialkonzilien

Das vom Tridentinum erneuerte Institut der Provinzialkonzilien zur Ordnung der Sitten (pro moderandis moribus), Bereinigung der Übertretungen und Beilegung der Kontroversen[92] erfährt um die Mitte des 19. Jahrhunderts eine besondere Belebung[93]. Nicht nur machen sie das synodale Element der Kirche neu bewusst, sie befassen sich auch mit allgemeinen theologischen und nicht zuletzt ekklesiologischen Themen und zeigen so in ihren Dekreten den Stand der Fragen kurz vor dem 1. Vatikanum, auf dem diese partikulären Synoden nicht unerwähnt bleiben und manchem Konzilsteilnehmer noch in persönlicher Erinnerung sein werden. Für die vorliegende Untersuchung interessieren sie hinsichtlich ihrer Aussagen zur kirchlichen Lehrautorität und ihrer Nähe zu Fragen der Moral.

a. Die kirchliche Lehrautorität

Auf die ekklesiologischen Aussagen der Provinzial- oder Plenarkonzilien jener Zeit ist bereits mehrfach hingewiesen worden[94]. Nicht immer werden sie thematisiert, wie sie auch keineswegs nur vom Lehramt handeln. Die Würzburger Bischofskonferenz von 1848 betrachtet das letztere von seiner praktischen Seite, wenn es von seiner freien

Ausübung zum Wohle der Gesellschaft im allgemeinen und bei der schulischen Erziehung der Jugend im besonderen spricht[95]. Schon das Provinzialkonzil von Paris (1849) aber eröffnet seine Dekrete mit einem eigenen Kapitel über die Autorität des Apostolischen Stuhles, das sich für die Annahme aller seit dem Tridentinum erlassenen dogmatischen wie auch die gesamtkirchliche Disziplin betreffenden päpstlichen Konstitutionen als "Norm des Glaubens und Regel des Gewissens" ausspricht[96]. Ähnlich verfassen die nachfolgenden Konzilien fast durchweg auch eigene Kapitel über die Kirche und vor allem über den Papst oder über die kirchliche und päpstliche Autorität und den dieser geschuldeten Gehorsam[97]. Immer wieder wird hierbei, aber auch in anderen Aktenstücken, die Übereinstimmung mit dem Papst betont und bekundet[98], wozu insbesondere die Briefe an ihn, mit denen ihm ordnungsgemäss die Dekrete zur Bestätigung unterbreitet werden, Anlass bieten[99]. Um in dem Dunkel der vielen Irrtümer, sagt das Konzil von Sens (1850), den Gläubigen den sicheren Weg der Wahrheit zu zeigen, weise es sie vor allem an die auf Petrus gegründete Kirche, ihre Lehren und Vorschriften (docentem - praecipientem)[100]. Nichts scheint auch dem Konzil von Toulouse (1850) nach dessen eigenen Worten in diesen gefahrvollen Zeiten notwendiger, als die rechte Lehre über Papst und Bischöfe vorzutragen[101]. Bei der wiederholt beklagten Ablehnung aller Autorität[102] rückt die Lehr- und Leitungsautorität der Kirche und ihrer Hierarchie verstärkt ins Bewusstsein. Während immer wieder und zum Teil mit deutlicher Akzentsetzung die Disziplinargewalt zur Sprache kommt[103], sind auch die Aussagen über das Lehramt nicht wenig zahlreich und nachdrücklich. Dies entspricht schon der rationalistischen, die kirchliche Lehrautorität (ecclesiae catholicae doctoralem auctoritatem) verwerfende Erhebung der freien Vernunft zum letzten Wahrheitskriterium sowie zur ausschliesslichen Glaubens- und Handlungsnorm[104]. Die vielberufenen Irrtümer der Zeit fordern ihrerseits eine entsprechende Darlegung und Verteidigung des rechten Glaubens heraus, die nach Ausweis der Dekrete nicht allein durch entsprechende Erklärungen der eigentlichen Lehramtsträger[105], sondern auch und in hohem Masse durch die pastorale Glaubensverkündigung und -sicherung vor allem in Predigt und Schule geschieht[106]. Zur Orientierung dienen ganz besonders die neueren päpstlichen Stellungnahmen, nach "Auctorem fidei" PIUS' VI. und "Mirari vos" GREGORS XVI. vorzugsweise die Aussagen PIUS' IX.[107]. Darüber hinaus wird in Spoleto (1849) unter Hinweis auf das herkömmliche Vorgehen des Apostolischen Stuhles (id moris sanctae sedis apostolicae fuit) eine eigene päpstliche Konstitution angeregt, in der die zahlreichen Irrtümer der Zeit in betreff der Grundlagen der Religion sowie des Gehorsams und der weltlichen Herrschaft des Papstes namentlich aufgeführt und speziell zensuriert werden sollten[108].

Über den Gegenstand des (unfehlbaren) kirchlichen und päpstlichen Lehramtes findet sich in den Dekreten nirgends eine systematische und umfassende Darstellung. Dennoch lässt sich aus der Vielzahl der Einzeläusserungen zu diesem Thema ein Bild zusammenstellen, das zwar mit Unschärfen behaftet ist und auch nicht eigentlich Neues bietet, aber doch Akzentsetzungen und Problempunkte zu erkennen gibt. Zwei Bezeichnungen des Lehrobjektes erweisen sich hier als dominierend, einmal das Glaubensdepositum bzw. die Glaubenslehre oder die Glaubensdinge[109], zum anderen Glaube und Sitten oder Glaubens- und Sittensachen (res fidei et morum)[110], bzw. auch, wiederum in anderen Formulierungen, Fragen über Glauben und Sittenregeln (de fide morumve regulis quaestiones)[111] oder Glaube und Sittenordnung (vera fides et morum disciplina)[112]. Die in diesen Doppelausdrücken namhaft gemachte praktische Seite wird auch von den päpstlichen Konstitutionen ausgesagt, die mit ihren Glaubenswahrheiten und Handlungsvorschriften (credenda - facienda) als Glaubensnorm und Handlungsregel (norma credendorum et agendorum regula) gelten[113]. Daneben ist von der katholischen Lehre oder überhaupt der Lehre, dem Definierten, dem "catholica fide", "fide divina" oder einfachhin zu glauben und festzuhalten Vorgelegten und dem Verurteilten[114] sowie von der Wahrheit und Heiligkeit und aller (Heils-)Wahrheit[115] die Rede. Oft geht es aber mehr um die kirchliche Gewalt oder die dem Papst geschuldete Folgeleistung im allgemeinen, ohne deutliche Ausgrenzung des Unfehlbarkeits- und überhaupt des Lehrobjektes. So statuiert man die Verpflichtung, sich der römischen Kirche im Glauben anzuschliessen, aber auch den schuldigen Gehorsam zu leisten in dem, was sie zu tun befehle (servandi debitam obedientiam in iis quae facienda iubet)[116]. Ferner werden die Kontroversen über Dinge des Glaubens und der Sitten oder der kirchlichen Disziplin in die Entscheidungsgewalt des Papstes gestellt[117].

Drei Synoden, die Provinzialkonzilien von Köln (1860) und Utrecht (1865), dazu das 2. Plenarkonzil von Baltimore (1866), nehmen ausführlicher zum kirchlichen Lehramt Stellung. Die Kölner Dekrete sprechen davon, dass der Glaube die Vernunft von vielen Irrtümern befreie und ihr, obschon sie auch ohne Offenbarung einige moralische Wahrheiten sicher aufweisen könne, doch noch grössere Sicherheit verleihe[118]. Wie es weiter heisst, darf die Vernunft nicht von der bisherigen Lehre der Kirche absehen, um ihre eigenen Lehren und Systeme erst nach erfolgter kirchlicher Verurteilung aufzugeben, vielmehr dürfe man etwas der bisherigen kirchlichen Lehre Entgegengesetztes gar nicht in Angriff nehmen. Dieser Grundsatz wird dann auch hinsichtlich der Philosophie geltend gemacht, da der Kirche, obgleich sie keine Profanwissenschaften lehre, als der Hüterin der geoffenbarten Wahrheit dennoch das Recht zukomme, der geoffenbarten Lehre widersprechende oder den Glauben der Menschen gefährdende philosophische Lehren zu verurteilen, woraus gefolgert wird, dass philosophische Lehren, wo sie irgendwie die geoffenbarte Wahrheit berühren, nach der Lehre und dem Verständnis der Kirche auszurichten seien[119]. Die zuvor ausgesprochene Beziehung der Offenbarung bzw. des Glaubens zur Moral geht unzweifelhaft auf die Kirche über, der die Offenbarung in Schrift und Tradition anvertraut ist[120], und bleibt damit auch bei den in einem eigenen Kapitel über das unfehlbare Lehramt der Kirche gemachten Aussagen mitzubedenken. Darin wird der Geistbeistand auf das Depositum, die wahre Lehre Christi und die Glaubenskontroversen bezogen und für Glaubensfragen (in fidei quaestionibus), aber auch für das, was Glauben und Sitten betrifft (quae ad fidem moresque spectant), oder für Glaubens- und Sittensachen (in rebus fidei et morum) Unfehlbarkeit ausgesagt[121]. Im nachfolgenden Kapitel wird noch die bereits in "Auctorem fidei" zensurierte Behauptung, die vom Geist Gottes geleitete Kirche könne ihre Leitungsgewalt zur Aufstellung einer gefährlichen oder schädlichen Disziplin missbrauchen, zurückgewiesen[122]. - Das Provinzialkonzil von Utrecht geht ebenfalls davon aus, dass nach der Verkündigung der Heilslehre und -disziplin (salutaris vitae doctrina ac disciplina) durch Christus selbst die Fülle der Offenbarung der Kirche anvertraut ist, in der sich die authentische Sendung der Apostel zur Weitergabe der Lehre und Disziplin des Evangeliums (ad doctrinam ac disciplinam evangelicam tradendam) fortsetze[123]. Daran anknüpfend spricht das Kapitel über das unfehlbare Lehramt der Kirche zunächst vom authentischen Lehramt, das die Glaubensdinge (quae credenda sunt) vorlege und zu Glaubensgehorsam verpflichte, sowie als unfehlbarer Hüter und Interpret von Schrift und göttlicher Tradition in Glaubens- und Sittensachen die Schriftauslegung normiere[124]. Eingesetzt zur Reinbewahrung der gesamten Offenbarungswahrheit, werde das unfehlbare Lehramt auch ausgeübt in Urteilen über die mit der Bewahrung des Glaubensdepositums verbundenen Dinge, namentlich in der Festsetzung bestimmter Ausdrücke und im Ausschluss des dem Glauben Entgegenstehenden oder dem Seelenheil irgendwie Abträglichen[125]. Dazu wird noch hervorgehoben, dass sich die Verbindlichkeit nicht auf die definierten Glaubensdogmen beschränke, sondern auch das in minder feierlichen Akten vom ordentlichen Lehramt als geoffenbart Vorgetragene umfasse[126]. Spätere Kapitel sehen das Objekt des unfehlbaren Lehramtes, das hier fast nur mit den Termini von Offenbarung und Glaube wiedergegeben wird, auch im Bezug zu Glaube und Sitten (in iis, quae ad fidem moresque spectant)[127] und in der Lehre des Glaubens und des ewigen Lebens[128]. - Das Plenarkonzil von Baltimore, das seinerseits die Kirche als unfehlbare Bewahrerin der Offenbarung, der Wahrheiten, Einrichtungen und Gebote Christi zum Heil der Menschen herausstellt[129], spricht sich in seinem Kapitel über den Papst wiederum und unter ausführlicher Bezugnahme auf den Brief PIUS' IX. an den Münchener Erzbischof (1863)[130] gegen die Einschränkung der Verbindlichkeit auf die (feierlichen) Glaubensdefinitionen aus[131]. Das nächste Kapitel über Lehre und Leitung der Hierarchie gibt dann die Autorität der Kirche als Dienst am Heil zu verstehen und betont ihren göttlichen Charakter in der Entscheidung und Anordnung alles dessen, was Glauben, Sitten sowie Leitung und Disziplin der Kirche betreffe (in omnibus illis definiendis moderandisque quae fidem, mores ecclesiaeque ipsius regimen ac disciplinam respiciunt)[132]. Neben der dem Papst verliehenen vollen Lehr-, Richter- und Leitungsgewalt ist die Rede von der Irrtumslosigkeit der Bischöfe, aufgrund deren sie weder vom Glauben abfallen noch etwas gegen die geoffenbarte Lehre definieren könnten, es würden sonst die Menschen, und zwar durch die Bestimmung Christi selbst, aller Sicherheit im Glauben entbehren und ihr Heil gefährden[133]. Auch macht sich das Konzil die Worte PIUS' IX. zu eigen, dass Gott in der Kirche eine lebendige Autorität eingesetzt habe, den wahren Sinn seiner Offenbarung zu lehren und alle Kontroversen in Glaubens- und

Sittensachen durch unfehlbares Urteil zu entscheiden, und dass besonders der Lehrstuhl Petri in Rom, den von Christus überlieferten Glauben stets treu bewahrend, allen den Heilsweg und die wahre Lehre aufzeige[134]. Der anschliessende Hirtenbrief spricht in seinem Abschnitt über die kirchliche Autorität ausdrücklich auch vom Verhalten (conduct) und von der Moral (morality, christian morals). Er sieht in der Preisgabe einer einigenden obersten Autorität einen Angriff auf die Prinzipien der Sittlichkeit, die ihre Wirksamkeit aus der Offenbarung nähmen, zu der sie gehörten, und bezieht die Gehorsamspflicht nicht nur auf Definitionen von Glaubenswahrheiten und Entscheidungen in entsprechenden Kontroversen, sondern auch auf Warnungen gegenüber Verletzungen der Reinheit der christlichen Moral und auf notwendige Zurechtweisungen im Falle von Missbräuchen[135]. - Bereits im Blick auf das Vatikanische Konzil legt das 2. Provinzialkonzil von Quito (Anfang 1869) ein ausdrückliches Votum für die Definition der Unfehlbarkeit des Papstes, wenn er ex cathedra Glaubens- und Sittendogmen (fidei morumque dogmata) definiert[136], oder nach anderer Formulierung: in dem, was zu Glauben und Sitten gehört (in iis, quae ad fidem ac mores pertinent), vor[137]. Wie man dabei argumentiert, wäre die höchste Gewalt, die Glaubensdinge zu lehren und in bezug auf Sitten und Disziplin zu befehligen (docendi ea, quae credenda sunt ac quae ad mores et disciplinam spectant, iubendi), unnütz und gefährlich, falls sie irren könnte; daher müsse das Oberhaupt der Kirche in der Glaubenslehre und in der Gesetzgebung bezüglich Sitten und Disziplin (in tradenda credendi doctrina nec non in legibus ferendis, quae ad mores et disciplinam pertinent) unfehlbar sein[138].

Während die kirchliche Lehrautorität durchgängig und unbedingt auf das Offenbarungsdepositum und auf Glaubensfragen bezogen wird, öffnet sich ihr damit doch ein einigermassen weiter Bereich, der wiederum nicht nur die vielgenannten Sitten umfasst, sondern überdies alles, was die Sorge der Kirche um Offenbarung und Heil erfordert. Neben den bereits erwähnten philosophischen Fragen kommen dabei auch politische in den Blick. Soweit diese, heisst es, das Religiöse berührten, hätten die katholischen Schriftsteller die kirchlichen und päpstlichen Dokumente, zumal "Mirari vos", zur Norm zu nehmen[139]. Demnach ist das Gebiet der Politik nicht schlechthin von der kirchlichen Lehrkompetenz auszuklammern. In diese Richtung weist auch eine andere Stelle, an der den Verkündigern des Gotteswortes zwar die Behandlung politischer Dinge untersagt wird, sie jedoch gleichzeitig dazu angehalten werden, glaubensfeindlichen Systemen entgegenzutreten und den Gläubigen die betreffenden besonderes angegriffenen dogmatischen und moralischen Wahrheiten einzuschärfen[140]. Unter dem religiösen und moralischen Aspekt, indes auch nur so und damit ohne eine Vereinnahmung des Staates gilt die Kirche als für die Ordnung der Gesellschaft ebenso zuständig wie nützlich[141].

b. Fragen der Moral

Sowohl die Konstitution "Auctorem fidei" als auch die Enzyklika "Mirari vos" handeln von bedrängenden Irrtümern und bringen sie in Beziehung auch zur Moral. Erstere verurteilt 85 Sätze, darunter die vorgebliche Verdunkelung gewichtiger, die Religion betreffender und den Glauben und die Sittenlehre Christi grundlegender Wahrheiten (veritates gravioris momenti, spectantes ad religionem, et quae sunt basis fidei et moralis doctrinae Iesu Christi), die Einengung der kirchlichen Autorität auf die Grenzen der Lehre und der Sitten unter Ausschluss der äusseren Disziplin, schliesslich die Inanspruchnahme der Irrtumslosigkeit in Glaubens- und Sittenfragen für das Nationalkonzil[142]. "Mirari vos" beklagt die zahlreichen Irrtümer und Übel der Zeit, darunter den Indifferentismus, nach welchem man in jedem Glauben das ewige Heil erlangen könne, sofern man ein sittliches Leben führe (si mores ad recti honestique normam exigantur)[143]. Das Wort von den die Kirche und die Gesellschaft auch hinsichtlich der "mores" betreffenden Übeln und Gefahren, insbesondere aber massiven Irrtümern, kehrt in den Dekreten der Provinzialkonzilien immer wieder und füllt darin ganze Kapitel, die sich mit dieser herausfordernden Situation befassen[144]. Man erblickt in den Irrtümern einen Angriff auf die Grundlagen der Religion und der Gesellschaft überhaupt[145]. Mit der dadurch auferlegten besonderen Sorge um den Glauben verbindet sich nun auch eine besondere Berücksichtigung der Moral, von deren Zustand ein weithin negatives Bild gezeichnet wird. "Wir sehen", schreiben die in Würzburg versammelten Bischöfe im Anschluss an das Wort vom fundamentalen Unglauben, "in seinem Gefolge jene entsetzliche Unsittlichkeit, die das Ebenbild Gottes im Menschen zerstört und den Geist von Neuem zur Knechtschaft des

Fleisches herabwürdigt. Wir sehen das Schwinden der Wahrheit und Gerechtigkeit unter den Menschen ..."[146]. Zu den zahlreichen konkreten Misständen, die in den Dekreten genannt werden und zugleich die entsprechenden Aufgaben bezeichnen, gehören rein diesseitige Einstellung, ungezügelte Begierde, Überheblichkeit, Blasphemie, Aberglaube, Entheiligung der Sonn- und Feiertage, Ungehorsam, Unzucht, Ehebruch, Verlangen nach fremdem Besitz, Betrug, Wucher, Trunksucht, Luxus, Duell, Selbstmord, Vernachlässigung der Erziehung, der Sakramente und des Fastens, nicht zuletzt schlechte, verführerische Schriften und Darstellungen[147]. Die Problematik des Zinsverbotes wird allerdings gesehen; man bittet ausdrücklich um eine Klärung dieser so sehr schwierigen Moralfrage, zu der vom unfehlbaren päpstlichen Lehrstuhl bereits zahlreiche Antworten ergangen seien, oder hält sich wenigstens für eine kirchliche Entscheidung offen[148].

Die Irrtümer selbst sind nicht ohne Bezug zur Moral. Dieser ist bereits gegeben, wo man etwa Freiheit, Erbsünde und übernatürliche Bestimmung leugnet, sich ungeachtet göttlicher und kirchlicher Autorität allein von der eigenen Auffassung leiten lässt oder eine wesentliche Weiterentwicklung der Religion selbst annimmt (Naturalismus, Materialismus, Rationalismus, Fortschrittstheorie)[149], wobei an dieser letztgenannten Auffassung kritisiert wird, dass sie jeden Unterschied zwischen gut und böse, gerecht und ungerecht, Tugend und Laster aufhebe[150]. Sehr bemerkenswert sind die Ausführungen zum Irrtum des Indifferentismus, der nach den Worten PIUS' IX. unter Aufhebung jedes Unterschiedes zwischen Tugend und Laster, Wahrheit und Irrtum, Sittlichkeit und Unsittlichkeit (honestatis et turpitudinis) in jedweder Religion die Möglichkeit des ewigen Heiles gegeben sieht[151] und dasselbe, wie schon GREGOR XVI. hervorhob, allein auf das sittliche Leben zurückführt (solum operum et morum merito), auf die Befolgung der Gebote des Dekalogs oder der Inhalte des Naturgesetzes[152]. Demgegenüber wird sowohl die Heilsbedeutung des Glaubens betont[153], als auch die Moral eng an den Glauben und damit an die Kirche gebunden. "Die Sitte", heisst es in Würzburg, "das im Leben sich ausprägende Gewissen des Menschen, wird vom Glauben regiert, welchen die Kirche lehrt. Die Kirche ist darum die Hüterin der Sitte ..."[154]. Ähnlich wenden sich 1849 die Bischöfe in Wien gegen das von der Aufklärung herrührende Interesse des Staates allein an der Moral; denn "nur in der

Überzeugung von Gott und der ewigen Bestimmung des Menschen findet" nach ihnen "das sittliche Gefühl einen Anker, welcher es in jedem Sturme der Leidenschaften und Gelüste aufrecht erhält"[155]. Die dogmatischen Wahrheiten bilden, wie es auch an anderer Stelle heisst, die Grundlage und Bestimmung der Moral (mores christianos fide regulari; mores ad fidei normam aptantur)[156]. Besonders eingehend befasst sich das Provinzialkonzil von Poitiers (1868) in einem umfangreichen Kapitel mit der wahren, christlichen Sittenregel (De vera eademque christiana morum regula). Gegenüber einer bewussten Säkularisierung der Moral, welche man ganz aus der Religion und dem göttlichen Gesetz herausnehmen möchte, um sie so unter Aufhebung der Disziplin des Evangeliums und der christlichen Sitten einzig und allein im Raum des Menschlichen und Irdischen anzusiedeln (normam vitae mere humanam planeque terrestrem condere)[157], verteidigt es deren im natürlichen und übernatürlichen Gesetz liegende, dem Menschen selbst zugute kommende Beziehung zu Gott[158] und verurteilt abschliessend das Lehrsystem, die Moralwissenschaft und -disziplin wie die sittliche Rechtschaffenheit und Vollkommenheit erlaubten und verlangten das gänzliche Absehen von Gott, seiner Autorität, seinem Gesetz und seiner Wirksamkeit (morum humanorum scientiam atque disciplinam institui, necnon moralem rectitudinem atque perfectionem obtineri ab hominibus posse ac debere secluso omnino Deo ...)[159]. - Von Irrtümern wird die Moral jedoch nicht nur in fundamentaler[160], sondern auch in konkreter Hinsicht angegriffen. Das Provinzialkonzil von Paris spricht in diesem Zusammenhang von einer Zerstörung der Grundlagen der Gerechtigkeit und der Liebe[161], und in Rennes (ebenfalls 1849) zählt man zu den grossen Irrtümern der Zeit die optimistische, freizügige Auffassung von der Natur und ihren Trieben, womit die Erbsünde geleugnet, der Sittenlehre des Evangeliums widersprochen und den Leidenschaften freier Lauf gelassen werde[162]. Auch die Dekrete von Smyrna (1869) verzeichnen unter den Irrtümern dieses dem Evangelium zuwiderlaufende Freiheitsverständnis und die radikale Vorstellung von einer Änderung der Gesellschaft[163]. Wiederholt erklären sich die Konzilien zum Sozialismus und Kommunismus, die nach ihnen mit ihren dem Evangelium entgegengesetzten und sich zu Unrecht auf das Urchristentum berufenden Angriffen auf Familie, Eigentum und Gesellschaft deren notwendige sittliche Prinzipien (quibus innititur ac regitur humana societas morum principia), das natürliche Sittengesetz und jedes sittliche Empfinden (legem naturalem omnemque moralem sensum) und überhaupt die gesamten Grundlagen der Religion wie der Sittenlehre (universa tum religionis, tum etiam doctrinae moralis principia) umstürzen[164].

Obschon die bisherigen Feststellungen sehr wohl die Moraltheologie angehen, ist es nicht so, dass ihr selbst in den Dekreten der Provinzialkonzilien ein breiterer Raum oder ein besonders starkes Gewicht gegeben würde. Den Vorrang unter den theologischen Disziplinen und Materien behält - bei einer Akzentuierung der Religionsbegründung und vornehmlich der Ekklesiologie[165] - die Dogmatik, allerdings in engster Verbindung mit der Moraltheologie[166], deren in einzelnen Bemerkungen eigens gedacht wird. Nach diesen hat sich der Lehrer der Moraltheologie an die Vernunft und die Autorität zu halten, wissend, dass ebenso durch zu grosse Strenge wie durch Laxheit die Sitten verdorben werden[167]. Wie es an anderer Stelle heisst, soll die die philosophische Ethik der Quelle und dem Umfang nach überragende Moraltheologie wahrhaft katholisch sein, umfassend auf dem Dogma aufgebaut und auf die Heiligung und den Seelsorgsdienst ausgerichtet[168]. Im Hinblick auf die Bedeutung für die Pastoral erhält ihr Studium für den Theologen wie für den Priester sogar einen besonderen Nachdruck[169], den die Einrichtung der Moralkonferenzen noch unterstreicht[170]. Im übrigen kommt es um die Mitte des 19. Jahrhunderts in der Moraltheologie selbst zu einer Erneuerung, die, vor allem was den deutschsprachigen Raum betrifft, durch eine Reihe neuer Lehrbücher - darunter das "Lehrbuch der katholischen (!) Moral" von K. MARTIN (in fünf Auflagen von 1850 bis 1865) - gekennzeichnet ist, die, unmittelbarer auf die Zwecke des Studiums und der Pastoral zugeschnitten, bewusst an die kirchliche Moraltradition anknüpfen und sich ausdrücklich und grundsätzlich zur Normierung durch die Kirche und ihr Lehramt bekennen[171]. PIUS IX. selbst dringt in einem Brief an die österreichischen Bischöfe (1856) auf eine aus Schrift, Vätertradition und unfehlbarer kirchlicher Autorität schöpfende Dogmatik und Moraltheologie[172].

Im Rahmen der Frage nach der Moral bleibt schliesslich noch der Ausdruck "mores" selbst näher zu untersuchen, den die Dekrete der Provinzialkonzilien ausserordentlich häufig verwenden, so dass gerade von ihnen ein wichtiger Aufschluss über seinen Bedeutungsgehalt unmittelbar vor dem Vatikanum zu erwarten ist. Der vergleichsweise selten gebrauchte Singular "mos" bezeichnet darin eine bestimmte, für jemanden gewohnte, typische Art des Verhaltens (wie die Art der Römischen Kirche, der Welt, der Tagelöhner)[173], eine bestimmte Verfahrensweise in einer Sache (wie die in Rom eingeführte Art der Promulgation kirchlicher Gesetze)[174], vor allem aber eine konkrete kirchliche Gepflogenheit (wie die schon genannte päpstliche Verurteilung auftretender Irrtümer, der Gebrauch der lateinischen Sprache bei den theologischen Vorlesungen oder die besondere Marienverehrung im Monat Mai) und sogar eine ganz profane Gewohnheit (wie das Tabakrauchen)[175]. Der Plural "mores", bei dem gewiss zunächst einmal an eine Mehrzahl oder die Gesamtheit derartiger Gewohnheiten zu denken ist, weist nun aber, wie die Durchsicht der betreffenden Stellen ergibt, unzweifelhaft und nahezu auf der ganzen Linie über den Bereich des freien, von anderen zu tolerierenden Gestaltens, des Variablen und Äusserlichen, das eher Gegenstand der Beschreibung als der Beurteilung ist, hinaus. Wohl findet sich der Ausdruck in dieser vormoralischen Bedeutung, wenn es heisst, dass die Kirche die nach Sitten (moribus), Sprache, Klima und Lebensweise so sehr verschiedenen Völker in einem gemeinsamen Glauben und frommen Leben verbinde[176], oder dass die Priester in ihrem Wohnstil den Prunk der Laien (fastuosos laicorum mores) nicht nachahmen sollen[177]. Dennoch hat der Ausdruck wenigstens in der Mahnung, die Priester sollten heilig sein, "gekreuzigt der Welt und den Sitten der Laien" (mundo et moribus laicorum) [178], einen moralischen Einschlag. Überhaupt interessieren die mores nicht als blosse Gewohnheiten im formalen Sinne und zu rein deskriptiven Zwecken; durchweg verbinden die Konzilien mit diesem Ausdruck ein Anliegen und eine Wertung. Sie reden von den mores als von solchen, die der Gestaltung, Ordnung und Ausrichtung, wie auch, da der Verderbnis ausgesetzt, der Bewahrung und Besserung (mores informare, moderare, regulare, servare, ad honestatem formare, ad recti honestique normam exigere, ad fidei regulam - ad evangelii doctrinas componere, depravare, corrumpere, reformare, provehere) bedürfen[179], die durch Schlechtigkeit und Verkehrtheit (pravitas, perversitas) oder durch Würde, Reinheit, Integrität, Heiligkeit und "Sittlichkeit" (gravitas, puritas, integritas, sanctimonia, honestas morum)[180], als gute, lautere, "sittliche", fromme und christliche oder schlechte (boni, casti, honesti, pii, christiani, mali mores) qualifiziert sind[181]. Dass bei "mores" an ein zu Normierendes und zu Beherrschendes gedacht ist, macht auch der Doppelausdruck "morum disciplina"[182] deutlich.

Ganz besonders aufschlussreich sind jene Kapitel, in denen es expressis verbis um die mores - des Volkes oder des Klerus - geht. Sie demonstrieren und illustrieren ein ausgeprägt moralisches Verständnis dieses Ausdrucks. So handeln die Bischöfe in Spoleto unter einem Titel "Erneuerung der Sitten" (De restitutione morum) von den bereits erwähnten Misständen wie Gewinnsucht, Ausschweifungen (die man sogar rechtfertigen möchte), Prostitution und Konkubinat[183]. Die Unzucht (Konkubinat und Prostitution) und der abergläubische, die guten Sitten verderbende Magnetismus sind es, gegen die sich das Konzil von Urbino unter dem Thema der Sittlichkeit (De morum honestate) wendet[184]. Sodann bezeichnet das Konzil von Venedig (ebenfalls 1859) als "Übel, welche die guten Sitten verderben", Blasphemie, Ungerechtigkeit bei Verträgen, Wucher, Konkubinat, Prostitution, Zweikampf und schlechte Schauspiele[185]. Das Kapitel des Konzils von Gran (1858) "über die Sitten des Volkes" erwähnt zuerst den Glauben und die Liebe vieler Gläubiger, die Erziehung der Jugend zum Glauben, zur Tugend und Sittlichkeit (ad virtutem morumque honestatem), die Liebe zu Gott und den Gehorsam gegen seine Gebote, ferner Kirchenbesuch, Sonntagsheiligung, Mitfeier des Gottesdienstes, Empfang des Bussakramentes und der Eucharistie, Marienverehrung, Wallfahrten, fromme Vereine, Beteiligung an Volksmissionen und gegenseitige Liebe[186]. Dennoch beklagt man dort einen vielfachen Mangel an Werken der Frömmigkeit und im Sakramentenempfang sowie ein Abweichen von der Sittlichkeit und christlichen Lebensweise (a morum honestate christianaeque disciplina vitae disciplina deflectere). Im einzelnen werden neben anderem Indifferentismus, Selbstmord, Blasphemie, Unzucht, Trunksucht, Entheiligung der Feiertage, Wucher, Meineid, Betrug und Luxus genannt[187]. Damit stimmt der entsprechende Titel der Dekrete von Kalocsa (1863) über die Besserung der Sitten im Volke (De provehendis populi moribus) vor allem in seinem ersten Kapitel über die gegenwärtigen Übel weitgehend überein. Wiederum nimmt man hier zunächst die positiven Erscheinungen in den Blick : Gottesverehrung, Treue zu Kirche und Papst, Liebe zum Wort Gottes, Sakramentenempfang, Marien- und Heiligenverehrung, Bruderschaften, Fasten, Almosen, Unterordnung unter die Obrigkeit, Befolgung der Gesetze, Friedfertigkeit und Liebe[188]. Ihnen werden andere gegenübergestellt : der Ungehorsam, die Ablehnung einer für die Gesellschaft und das christliche Leben notwendigen Unterordnung, der Mangel an Frömmigkeit, wie er sich in der Einstellung zu den Feiertagen, den Sakramenten und den kirchlichen Gesetzen äussert, der Luxus, die Nachgiebigkeit der Eltern hinsichtlich des Umganges ihrer heranwachsenden Söhne und Töchter, der Glaubensabfall aus Gründen einer Heirat, ferner Ehebruch und Konkubinat (hier erstrebt man die alte Sittlichkeit und Heiligkeit : prisca morum puritas et sanctimonia), Übergriffe auf fremdes Eigentum, Selbstmord und Duell[189]. In den folgenden Kapiteln geht es noch um Blasphemie, häusliche Frömmigkeit, christliche Unterweisung und Schule[190]. In diesen Zusammenhang gehört auch das Kapitel über die Sittenverderbnis durch schlechte Bücher und Darstellungen, das diese Produkte als Gegensatz zur Moral und Religion (moralitati ac religioni), zu den Dogmen und zur Lauterkeit (castisque moribus) sowie als Gefahr für die Frömmigkeit und Sittlichkeit (sincerae pietati et morum integritati) insbesondere der Jugend betrachtet[191]. Eindeutig moralischer Natur ist, was das Konzil von Utrecht unter dem Obertitel "Christliche Frömmigkeit und Liebe" über die sittliche Heiligung (De morum sanctimonia promovenda in populo) ausführt. Die biblische Weisung vor Augen, besonnen, gerecht und fromm zu leben und mit Eifer das Gute zu wirken (Tit 2,11-15), sollen nach seinen Worten die Seelsorger den Lastern im Volke wehren und dasselbe zur christlichen Tugend anhalten. Ihr Einsatz für die Sittlichkeit und das christliche Leben (in honestate morum christianaeque vitae disciplina promovenda) betrifft namentlich die Übel der Blasphemie und der weltlichen Gesinnung, d.h. der Gier nach Reichtum und Genuss, mit Folgen wie Betrug, Trunkenheit oder Unzucht. Die Mahnungen zielen auf den "neuen Menschen" (Eph 4,24), auf Bescheidenheit, Geduld, gute Werke, echte Frömmigkeit und Liebe; auch auf die sittliche Kraft des guten Beispiels der Eltern wird hingewiesen[192]. Die Konzilien von Port of Spain (1854, 1867) verlegen sich für die Formung der öffentlichen Sitten (De publicis moribus informandis) stärker auf äussere Massnahmen im Bereich der Presse (Approbation), Schule und Liturgie; sie dringen auf die Verantwortung der Eltern, auf die Einhaltung der Bestimmungen über den Wucher und auf eine die Situation der Katholiken berücksichtigende Neuregelung der Wochenfeiertage[193]. Auch das Konzil von Smyrna denkt bei der Erneuerung der öffentlichen Sitten (De publicis moribus reformandis) an konkrete Aufgaben, betreffend die Schulerziehung der Katholiken, die Beichte in Knabeninstituten sowie verschiedene pastorale Bemühungen, darunter solche in der Krankenseelsorge, in Sachen des Fastens und des Wuchers[194]. Von dem bezeichnenden Moralkapitel des Konzils von Poitiers war bereits die Rede[195]. - Die Kapitel über den Lebenswandel oder die Disziplin des Klerus - die Formulierungen wechseln (De vita et moribus, de moribus et conversatione, de vita et honestate, de disciplina clericorum)[196] - enthalten neben den verschiedenen Standesverpflichtungen auch die (bereits vom Tridentinum erhobene) Forderung nach einer sittlichen Lebensführung (vitam moresque suos omnes componere) als einer faktischen Moralverkündigung an die Gläubigen[197]. Auf die mores der Priester und Priesteramtskandidaten, aber auch des Personals in klerikalen Häusern richtet sich ein besonderes Augenmerk[198].- Die sich hieraus nahelegende Bedeutung von "mores" als eigentlich sittliches oder doch sittlich relevantes, d.h. zum Guten oder Schlechten disponierendes Verhalten, einschliesslich der religiösen Praxis, die, wie etwa der häufige Empfang der Sakramente, Ausdruck des Glaubens und Hilfe zum sittlichen Leben ist, drängt sich im pastoralen Kontext, in dem dieser Ausdruck zumeist begegnet, förmlich auf. In erster Linie um die Moral geht es nämlich bei den mores, die, wie an vielen Stellen gesagt wird, neben dem Glauben die Aufmerksamkeit der Seelsorger erfordern, Bezugspunkt der Predigt und Unterweisung sind, durch schlechte Bücher und Darstellungen angegriffen werden und nicht zuletzt, was die Sitten der jungen Menschen in Schule und Erziehung betrifft, der entsprechenden sittlichen Qualifikation der Lehrer (suorum morum honestate) wie auch der ganzen Verantwortung der Eltern und der Kirche bedürfen, welch letztere hier - so wörtlich die in Freising versammelten Bischöfe (1850) - ihre "Fürsorge für das gesammte Schul- und Erziehungswesen nach seiner religiösen und sittlichen (!) Seite" und ihre Zuständigkeit "innerhalb der das Gebiet der Religion und Sittlichkeit (!) umfassenden Schranken"[199] - der lateinische Ausdruck "moralitas" findet sich dagegen nur vereinzelt[200] - anmeldet[201]. Dass daneben die mores das Objekt der Moraltheologie (morum theologia) bilden[202], sei lediglich am Rande erwähnt.

Schliesslich ist die Bedeutung des Ausdrucks "mores" noch durch Abgrenzung von anderen Ausdrücken, mit denen er immer wieder verbunden wird, zu bestimmen. Als solche finden sich in unterschiedlicher Häufigkeit und Zusammenstellung: Glaube, Glaubensdepositum, Religion, Wahrheit, Lehre, Tugend, Laster, Rechtschaffenheit, Gehorsam, Leben, Frömmigkeit, Kult, Ritus, Disziplin (des Klerus), kirchliche Angelegenheiten, Kirchenleitung, (Wohl der) Gesellschaft, Begabung, Wissen, Klugheit. Teilweise treten diese Ausdrücke bei der Umschreibung der Zielsetzung der Provinzialkonzilien gehäuft auf; vielfach aber gliedert man hier etwa in die Trias Glaube - Sitten - Disziplin oder einfach in Glaube und Sitten, wobei sich der Ausdruck "mores" als besonders konstant erweist[203]. Ähnlich wird auch das Objekt der kirchlichen Autorität durchweg mit Hilfe dieser drei bzw. zwei Begriffe ausgedrückt[204], während es bei der Pastoral (Verkündigung, Schule, Erziehung, gefährliche Literatur) fast immer um den Glauben und die Sitten geht[205]. Abgesehen davon, dass man bei den letzteren auch auf das tatsächliche Verhalten achtet, das einer an den Tag legt[206], und ohne den vielfältigen Sprachgebrauch darauf einzuschränken, ist der Bezug der mores zur Lehre, der sie von der kirchlichen Disziplin (im engeren Sinne) abgrenzt und mit dem Glauben zur Glaubens- und Sittenlehre (doctrina fidei et morum) verbindet[207], unverkennbar. Diese sachliche Grenzziehung zwischen den mores als Lehrobjekt und dem durch gesetzliche Anordnungen zu regelnden disziplinären Bereich, die auf jene zwischen den Glaubens- und Handlungsverpflichtungen (credenda - agenda, facienda) nicht unbesehen zu übertragen ist[208], wird auch terminologisch nicht streng durchgehalten, indem "disciplina" sowohl neben als auch über "mores" steht und die äussere kirchliche Ordnung ("Disziplin") wie auch die praktische Seite des Evangeliums oder der christlichen Lehre und die Klerus und Volk der Kirche zugedachte, die eigene Natur und die Sitten in Zucht nehmende Lebensführung einschliesslich des Gehorsams gegenüber den göttlichen und kirchlichen Geboten bezeichnet[209]. Dennoch und obwohl auch disziplinäre Massnahmen die Sitten im Auge haben, sind die mores, von denen die Provinzialkonzilien sprechen, vor allem Sache der Lehre (auch der Irrlehre), der Unterweisung und des Lehramtes, was den bereits oben festgestellten moralischen Bedeutungsgehalt dieses Ausdrucks erneut unterstreicht; zudem werden kirchliche Gebräuche eher mit dem Terminus "usus" belegt[210]. Damit ist ein bedeutsames Ergebnis gefunden, auch wenn die Provinzialkonzilien selbst trotz ihres offenkundigen Interesses an der Moral auf die Frage der entsprechenden kirchlichen Lehrautorität, die sie durchaus bejahen, nicht näher eingehen; man wird sich weiter mit ihr beschäftigen.

3. Enzyklika und Syllabus vom 8. Dezember 1864

Eine Entgegnung auf den glaubensbedrohenden und kirchenfeindlichen Zeitgeist, wie sie die Provinzialkonzilien unternommen haben, und wie sie zum Teil auch in der Definition von 1854 gesehen wurde[211], unternimmt der Papst seinerseits in zahlreichen Rundschreiben, Briefen und Ansprachen, zusammengefasst und erneut eingeschärft in dem der Enzyklika "Quanta cura" vom 8. Dezember 1864 beigegebenen Syllabus von achtzig bereits verurteilten Irrtümern, dessen Entwicklungsgeschichte mit jener der Immaculatadefinition sogar ein Stück weit gemeinsam verläuft.

Schon Ende 1849 wird, wie erwähnt, dem Papst eine zusammenfassende und spezielle Zensurierung der einzelnen Irrtümer angetragen[212]. 1851 spricht sich ein Buch über den Sozialismus für eine Verurteilung der auf kurze und klare Formeln gebrachten sozialistischen Theorien durch unfehlbaren Spruch des Papstes aus. Die "Civiltà" greift diesen Gedanken auf, der auch in die Sammlung der bischöflichen Stellungnahmen zur Immaculatadefinition Eingang findet. Es wird vorgeschlagen, die Vorbereitungskommission zu erweitern und eine gemischte Konstitution vorzubereiten, die mit der Immaculatadefinition ein Bekenntnis gegen den Irrglauben verbindet. Während PASSAGLIAS Definitionsschema tatsächlich einen zweiten Teil mit einer Darstellung und Verurteilung der Zeitirrtümer enthält, stellt die im Mai 1852 konstituierte Sonderkommission die zweite Aufgabe, die Zusammenstellung der modernen Irrtümer, zurück; dafür wendet sich ihr Präsident mit einem entsprechenden Befragungsschema an verschiedene Persönlichkeiten, wobei zum erstenmal die Bezeichnung "Syllabus" auftritt. Doch wird noch vor der Definition eine Spezialkommission für jene andere Aufgabe gebildet[213]. Die nähere Entwicklung des Syllabus beginnt 1859, als der Papst die Absicht einer Verurteilung der Irrtümer und einer entsprechenden Befragung der Bischöfe bekundet und einzelne Stellungnahmen - so von L. PIE und P. GUERANGER - eingeholt werden[214]. Die zweite Periode (1860 - 1862) leitet eine Pastoralinstruktion des Bischofs von Perpignan, Ph. GERBET, ein. Darin ist die Rede von einer Erneuerung, Ausweitung und Radikalisierung der früher vertretenen Prinzipien. Wie man aber, heisst es, nicht nur Todesgefahren fliehe, so müssten die Katholiken neben Häresien jeden irgendwie den Glauben bedrohenden Irrtum meiden und darum auch dem nicht unfehlbaren Lehramt gehorchen. Gegenüber einer Verwerfung der Irrlehren bevorzugt GERBET eine für den Klerus bestimmte authentische und präzise Angabe der zu vermeidenden Abirrungen, wofür er eine provisorische Auswahl von 85 bereits verurteilten Sätzen folgen lässt[215]. Mitte 1861 erstellt daraus eine Kommission von drei Theologen (darunter PERRONE) einen Syllabus von 70 Propositionen; um neun Mitglieder (darunter CARDONI) erweitert, legt sie im Februar 1862 einen Text vor, der in zwei Spalten 61 Thesen bzw. Zensuren enthält[216]. Wiederum werden die Bischöfe um Stellungnahme zu der geplanten Konstitution des Papstes angegangen. Sie äussern sich, wie sich anlässlich der Kanonisationsfeierlichkeiten im Sommer 1862 zeigt[217], ganz allgemein zustimmend, nur in den Zensuren und hinsichtlich der Opportunität gibt es Divergenzen. Das vorzeitige Bekanntwerden der Sache zusammen mit der Publikation der Sätze führt zu einer scharfen Pressekampagne[218]. Schliesslich verlegt man sich in der dritten Periode (1863 - 64) auf einen Kompromiss in der Form einer Zusammenfassung der Irrtümer in einer Enzyklika und einer gegliederten Auswahl ohne theologische Noten. Während ein Teil der Katholiken die Verurteilung wünscht, ein anderer sie zu verhindern sucht, stellt eine neue Kommission aus den päpstlichen Dokumenten 84 verurteilte Sätze zusammen, von denen zuletzt noch vier getilgt werden[219]. In fünf Kommissionen und sechs Textformen erarbeitet, gehen sie[220] zugleich mit der Enzyklika "Quanta cura"[221] den Bischöfen zu. Sie formieren einen massiven und profilierten Komplex von Auffassungen, die aus zurückliegenden päpstlichen Verurteilungen stammen und nun, nur thematisch, nicht (mehr) jedoch nach Zensuren gegliedert, ohne unmittelbare Erläuterung und sogar ohne ausdrückliche Vorlegung durch den Papst, der in "Quanta cura" den Syllabus als solchen nicht erwähnt[222], insgesamt als verurteilt und von den Gläubigen dementsprechend abzulehnen präsentiert werden. In Anbetracht der bereits offenbar gewordenen unterschiedlichen Beurteilung in der Sache liegt es auf der Hand, dass man gerade bei diesem so besonders charakterisierten Dokument die Frage nach seiner eigenen Autorität stellen und sich dazu überhaupt mehr mit der Frage der kirchlichen

Lehrautorität befassen wird, die der Syllabus, der zudem vielfach die Praxis betrifft, auch inhaltlich anspricht. Neben den dem Vatikanischen Konzil bereits unmittelbar vorausgehenden ekklesiologischen Aussagen der Enzyklika und des Syllabus verdient darum auch die Beurteilung der Autorität dieser Verlautbarungen Beachtung.

a. Die Aussagen und ihr Hintergrund

Schon der Name der Enzyklika, die "grosse Sorge" der Päpste, dem Gottesvolk die Heilslehre zu verkünden und es von verderblichen Wegen fernzuhalten[223], bezeichnet ein Programm. PIUS IX. stellt sich seinerseits in die Reihe seiner Vorgänger, die, wie er sagt, die gegen den Glauben, die Lehre der Kirche, die Sittlichkeit (morum honestati) und das ewige Heil gerichteten, Kirche und Staat angreifenden Häresien und Irrtümer aufgedeckt und verurteilt hätten[224], und erinnert an die von ihm selbst bereits 1846, 1854 und 1862 ausgesprochenen Verurteilungen der hauptsächlichsten, der Lehre und den Rechten der Kirche, aber auch dem ewigen Naturgesetz und der rechten Vernunft entgegenstehenden Zeitirrtümer[225]. Nunmehr wendet er sich gegen die aus diesen hervorgehenden Auffassungen über das Verhältnis von Kirche und Staat, die neben anderem das völlige Absehen des Staates von der Religion und eine jedermann einzuräumende Freiheit des Gewissens, des Kultes und der Meinungsäusserung vertreten sowie in der öffentlichen Sicherheit den alleinigen Strafgrund und im Willen des Volkes das oberste, von menschlichem und göttlichem Recht unabhängige Gesetz erblicken[226]. Auch weist der Papst die Behauptung zurück, jenen päpstlichen Urteilen und Dekreten, die erklärtermassen das allgemeine Wohl der Kirche, ihre Rechte und ihre Disziplin beträfen, nicht aber Glaubens- und Sittendogmen berührten (quorum obiectum ad bonum generale ecclesiae eiusdemque iura ac disciplinam spectare declaratur, dummodo fidei morumque dogmata non attingat), könne man ohne Sünde und ohne Verlust des katholischen Glaubens Zustimmung und Gehorsam versagen[227]. Schliesslich fordert er alle Katholiken auf, die in diesem seinem Schreiben im einzelnen erwähnten und von ihm autoritativ verurteilten verkehrten Meinungen und Lehren gleichfalls als verurteilt zu betrachten[228].

Verweist schon "Quanta cura" auf frühere Verlautbarungen des Papstes, so deckt insbesondere der Syllabus diese seine Grundlagen auf. Seine Dokumentation, die mehr als 30 Aktenstücke aus nahezu zwei Jahrzehnten päpstlicher Lehrtätigkeit umfasst, erinnert an bemerkenswerte Namen und Ereignisse. Einschlägig ist hier bereits das erste Lehrdokument PIUS' IX., die Enzyklika "Qui pluribus" vom 9. November 1846, die (wie auch spätere) in den Dekreten der Provinzialkonzilien einen vielfachen Niederschlag gefunden hat. Sie beklagt die Angriffe auf die Kirche und die Gesellschaft, die ungeheueren Irrtümer, die Anschläge gegen Frömmigkeit, Gerechtigkeit und Sittlichkeit (omne pietatis, iustitiae, honestatis studium restinguere, mores corrumpere); sie spricht von der Erleuchtung der Vernunft durch den Glauben, der Interpretation der Offenbarung durch die in Glaubens- und Sittensachen unfehlbare Autorität der (römischen) Kirche, vom nivellierenden System des Indifferentismus und von der Sitten und Religion schädigenden schrankenlosen Freiheit der Meinungsäusserung[229]. Den Bischöfen wird die Mahnung an das Volk aufgetragen, das dem Glauben, der Religion und der Sittenreinheit (morum integritati) Entgegengesetzte zu meiden, dazu die Sorge auch um die Sitten des Klerus, durch dessen Nachlässigkeit, wie angemerkt wird, die Moral der Menschen Schaden nähme[230]. Auch in den späteren Enzykliken und Ansprachen ist von der bedrohten Lage der Religion und der Moral die Rede, wobei die schon bekannten Klagen und Anliegen (betreffend Rationalismus, Indifferentismus, Blasphemie, Konkubinat, Feiertage, freie Meinungsäusserung, schlechtes Schrifttum, Schule, Klerus) zum Ausdruck gebracht werden[231]. Die Ansprache "Maxima quidem" vom 9. Juni 1862 bietet dafür ein besonderes Beispiel[232]. Sie gehört zugleich zu jenen Verlautbarungen, die bedeutsame Aussagen zur kirchlichen Lehrautorität, der auch an anderen Stellen Erwähnung geschieht[233], beinhalten.

Bereits die 1851 ausgesprochene Verurteilung des Buches von F.G. VIGIL gründet sich unter anderem auf dessen Behauptung, die Päpste hätten ihre Gewalt überschritten und auch in der Definition von Glaubens- und Sittensachen geirrt[234]. In der genannten Ansprache sodann wendet sich der Papst gegen eine ganze Reihe von Auffassungen, die sowohl das Lehramt als auch die Moral betreffen, nämlich : Philosophie und Ethik (philosophicarum rerum, morumque scientia) sowie die bürgerlichen Gesetze könnten und müssten von der göttlichen Offenbarung und der Autorität der Kirche absehen; die Staatsgewalt könne sich in Dinge einmischen, welche zur Religion, zu den Sitten und zur geistlichen Leitung gehören; die Sittengesetze bedürften keiner göttlichen Sanktion; ein göttliches Gesetz gebe es nicht; ohne eine Bezugnahme auf Gott entscheide allein die menschliche Vernunft - sich selbst Gesetz - über wahr und falsch, gut und böse; schliesslich (in Ablehnung der Autorität und Umkehrung der Sittenordnung): dem faktischen Geschehen komme Rechtskraft zu[235]. - Hat der Papst schon in seiner Ansprache vom 9. Dezember 1854 die Überschätzung der Vernunft und die Anpassung der Theologie an die Philosophie apostrophiert[236], so steht sein Brief "Gravissimas inter" vom 11. Dezember 1862 an den Münchener Erzbischof ganz unter dem Thema des Verhältnisses der Philosophie zum Glauben und ebenso zur kirchlichen Lehrautorität. In dieser zweifachen Hinsicht verurteilt er die von J. FROHSCHAMMER vertretene Übersteigerung sowohl der Kräfte der Vernunft gegenüber dem Glauben und seinen Geheimnissen als auch ihrer Freiheit gegenüber der Autorität der Kirche[237]. Gegen FROHSCHAMMERS Unterscheidung, dass sich wohl der Philosoph, nicht aber die Philosophie der Autorität zu unterwerfen habe, darf nach den Worten des Papstes auch die Philosophie weder der Lehre der Offenbarung und der Kirche widersprechen noch etwas daraus in Zweifel ziehen noch das Urteil der Kirche über eine bisher offene philosophische Schlussfolgerung ablehnen. Auch sei es nicht der Philosophie zu überlassen, ihre Irrtümer zu korrigieren, vielmehr habe die Kirche die Aufgabe, alles dem Glauben oder dem Heil irgendwie Abträgliche abzuweisen, und somit Recht und Pflicht, alle Irrtümer zu verurteilen, soweit die Glaubensreinheit und das Seelenheil dies erforderten; die Philosophie jedoch dürfe dem Urteil der Kirche nicht widersprechen[238]. - Ein zweiter Brief "Tuas libenter" vom 21. Dezember 1863 bezieht sich auf die Ende September 1863 in München abgehaltene Versammlung katholischer Gelehrter. Trotz erklärter Kirchlichkeit von Anfang an dem Verdacht ausgesetzt, es sollte damit eine neue Autorität in der Kirche errichtet werden[239], erhält sie durch DÖLLINGERS Rede "über Vergangenheit und Gegenwart der katholischen Theologie" eine besondere Note. Danach hat der "zwischen Freiheit und Gebundenheit" stehende, zu kritischer Prüfung verpflichtete Theologe zwar den dogmatischen Irrtum abzulegen, den rein theologischen aber wissenschaftlich auszutragen[240]. Im weiteren Verlauf - die Rede selbst bleibt nicht ohne Einspruch[241] - werden über das Verhältnis von wissenschaftlicher

Freiheit und kirchlicher Lehrautorität drei Thesen formuliert, die auf die Offenbarung und auf die "dogmatischen Aussprüche" der unfehlbaren kirchlichen Autorität verpflichten und "ein unbefangenes Studium der großen Tradition christlicher Philosophie" empfehlen[242]. Die Diskussion aber kommt zu keinem Abschluss[243]. Die nächste Versammlung soll nach DÖLLINGER, der abschliessend noch einmal die nachlassende Eintracht und das eilfertige Denunzieren, Zensurieren und Verdächtigen beklagt, "die Frage von der vollberechtigten Freiheit der Wissenschaft innerhalb des ihr zustehenden Gebietes und unbeschadet der von Allen anerkannten Auctorität der Kirche" einer guten Lösung zuführen[244]. Eine zweite Versammlung kommt indes nicht mehr zustande[245]. Der Papst selbst, wiewohl im positiven Sinne informiert[246], verhehlt seine ursprünglichen Bedenken nicht[247], baut nun aber darauf, dass sich die Versammlung sehr wohl zur notwendigen Bindung des katholischen Wissenschaftlers an die Offenbarung und an die dogmatischen Dekrete der unfehlbaren Kirche bekennt. Er versteht dies so, dass man die den katholischen Professoren und Autoren auferlegte Bindung nicht auf die durch unfehlbares kirchliches Urteil definierten Glaubensdogmen (quae ab infallibili ecclesiae iudicio veluti fidei dogmata ab omnibus credenda proponuntur) sowie den vollkommenen Anschluss an die Offenbarungswahrheiten nicht auf den Glaubensgehorsam gegenüber den ausdrücklich definierten Dogmen beschränkt. Nach den Worten des Papstes ist nämlich weder die eigentliche Glaubenspflicht (subiectio fidei divinae actu praestanda) auf die Definitionen der allgemeinen Konzilien oder der Päpste einzuengen, sondern auch auf das durch das ordentliche Lehramt der ganzen Kirche als Offenbarungswahrheit und von den Theologen einmütig als Glaubenssache (ad fidem pertinere) Vorgetragene auszudehnen, noch ist von der Gewissensverpflichtung der katholischen Geisteswissenschaftler die Unterwerfung unter die Lehrentscheidungen der päpstlichen Kongregationen und die einmütig vertretenen theologischen Wahrheiten und Schlussfolgerungen, deren Leugnung immerhin eine theologische Zensur verdiente, ausgenommen[248].

In der Negativform der Bezeichnung der Irrtümer kehren diese Aussagen nun im Syllabus wieder, in dem darüber hinaus ekklesiologische und ethische Themen einen breiten Raum einnehmen. Unter Ausklammerung der einzelnen Sachfragen, wie etwa der Unauflöslichkeit der Ehe[249], kommen für die prinzipielle Frage nach der kirchlichen

Lehrautorität auf dem Gebiete der Moral hauptsächlich die Paragraphen 5 bis 7 in Betracht. Daneben verdienen noch einzelne andere Sätze Beachtung, in denen gesagt wird, dass die Vernunft ganz aus sich selbst über wahr und falsch, gut und böse entscheide (Satz 3) bzw. dass die Freiheit der Meinungsäusserung nicht die Sittenverderbnis fördere (ad populorum mores animosque facilius corrumpendos; Satz 79)[250]. Insbesondere verzeichnet der Paragraph 2 (über den gemässigten Rationalismus) die Anpassung der Theologie an die Philosophie (Satz 8), von der es dann heisst, dass sie selbst sich keiner Autorität zu unterwerfen (Satz 10), ohne Eingreifen der Kirche (die dazu nicht berechtigt sei) ihre Irrtümer auszutragen (Satz 11) sowie auf die Offenbarung keine Rücksicht zu nehmen habe (Satz 14)[251]. - Paragraph 5 (Irrtümer über die Kirche und ihre Rechte) enthält einmal die der Stellungnahme zur Münchener Gelehrtenversammlung entnommene These, welche die Verpflichtung gegenüber der kirchlichen Autorität auf die unfehlbare Vorlage von Glaubensdogmen beschränkt (Satz 22)[252], zum anderen die gegenüber VIGIL verurteilte, hier leicht erweiterte Behauptung, Päpste und Ökumenische Konzilien hätten die Grenzen ihrer Gewalt überschritten, sich die Rechte der Fürsten angemasst und auch in der Definition von Glaubens- und Sittensachen (in rebus fidei et morum definiendis) geirrt (Satz 23)[253]. Zeitgenössischen Erklärungen zufolge ist dabei die Zurückweisung dieses Satzes nur auf die allgemeinen und bindenden kirchlichen Akte zu beziehen, die unmittelbar nur historisch dimensionierte Aussage jedoch als Prinzip zu verstehen, so dass mit ihrer Verurteilung nicht nur die bisherige Irrtumslosigkeit, sondern die grundsätzliche Unfehlbarkeit festgestellt wird[254]. - Paragraph 6 (über den Staat und seine Beziehungen zur Kirche), der die Unabhängigkeit des Staates von einem ausserhalb seiner selbst geltenden Recht verneint (Satz 39), vertritt umgekehrt die Unabhängigkeit der Kirche auch im sittlichen Bereich, wenn verurteilt wird, die staatliche Autorität könne sich in die Dinge der Religion, der Sitten und der geistlichen Leitung einmischen (Satz 44)[255]. Danach ist es dem Staat verwehrt, "etwas als religiös und sittlich zu erklären, was die Kirche für unsittlich und sündhaft erkennen muss oder umgekehrt". Ungeachtet ihrer rein natürlichen Erkennbarkeit gelten die Sittengesetze sämtlich als "ausdrücklich oder stillschweigend in das Christenthum einbezogen", weshalb "die Lehrmittheilung und die Zucht zu allem Sittlichen ..." sowie "die unfehlbare Behandlung aller Fragen über Moral" unter die Aufgaben bzw. unter die Privilegien der Kirche gerechnet wird[256].

Paragraph 7 (Irrtümer über die natürliche und christliche Ethik) deutet bereits in seinem Titel an, dass der Papst nicht nur die der Kirche Christi zukommende Autorität über die christliche Ethik, sondern auch "die Befugniss der Kirche zu Entscheidungen über die ethica naturalis" beansprucht[257]. Begründet wird diese Befugnis mit dem Bezug der Moral zur Religion und zum ewigen Heil, wenn gesagt wird, dass die "Moralpflichten ... in das religiöse Leben eingreifen und in dieser Beziehung der Lehr- und Regierungsgewalt der Kirche unterliegen"[258], und wiederum, dass "alle Handlungen des Christen ... hinsichtlich ihrer moralischen Bedeutsamkeit und ihres Einflusses auf das ewige Leben der Jurisdiktion der Kirche unterstehen"[259]. Die kirchliche Entscheidungsgewalt wird dabei sowohl auf die Grundsätze als auch auf die (daraus abgeleiteten) einzelnen Sittenlehren bezogen mit dem Hinweis, die Kirche müsse auch bei den letzteren "kraft ihrer göttlichen Erleuchtung die objektive Harmonie oder Disharmonie derselben mit ihrer alten Hinterlage der Glaubens- und Sittenlehre zu erfassen und die Menschen in jenen Gedankenformen zu belehren im Stande sein, welche dem augenblicklichen Standpunkte der Kultur entsprechen". Doch wird "eine produktive Kombination von christlicher Offenbarung und natürlichen Wahrheiten" theologisch niedriger denn als ein "dogma morum", das sich nach dem Gesagten ganz im Offenbarungsbereich bewegt, qualifiziert[260]. – Im einzelnen verzeichnet der Paragraph vor allem den Irrtum, der Philosophie und Ethik sowie die bürgerlichen Gesetze von der göttlichen und kirchlichen Autorität ausnimmt (Satz 57)[261]. Ins Positive gewendet, erscheinen hier die göttliche Autorität als "für Philosophie, Sittengesetz und Staatsgesetz massgebend" und Offenbarung und kirchliche Autorität als "Korrektiv", wobei letztere als allein zuständig gilt, wo es sich nicht um philosophische Ethik, sondern um christliche Moral handelt[262]. Ausserdem wird verurteilt, dass die Sittengesetze keiner göttlichen Sanktion und die menschlichen Gesetze keiner naturrechtlichen oder göttlichen Bestätigung bedürften (Satz 56), und dass das Gewicht der Tatsachen Rechtskraft und Autorität begründe (Sätze 59 und 60)[263]. Die übrigen Sätze betreffen konkrete Fragen[264].

b. Die Frage nach der Verbindlichkeit

Der Syllabus, der damit ausdrücklich für die (unfehlbare) kirchliche Lehrautorität auch in Sittendefinitionen und in der Sittenlehre eintritt und dabei "mores" im Sinne von "Moral" verstehen lässt, löst innerhalb des lebhaften und keineswegs nur zustimmenden Echos, das er hervorruft und das wiederum von der strengeren oder milderen Auslegung abhängt, mit der man die Intention des Papstes wiederzugeben sucht[265], die Frage nach dem Charakter seiner eigenen Verbindlichkeit (einschliesslich jener der Enzyklika "Quanta cura") aus. Die Antwort darauf, die an der Schwelle zum Vatikanum das Verständnis päpstlicher und überhaupt kirchlicher Lehrautorität aufdeckt, ist durchaus unterschiedlich. Unter denen, die, wie der Erzbischof von Westminster, H.E. MANNING, sowohl in der Enzyklika als auch im Syllabus unfehlbare Aussagen erblicken[266], während andere, so KLEUTGEN, nur die erstere für unfehlbar halten[267], ist vor allem der Kommentar der "Stimmen aus Maria Laach" zu nennen, den F. RIESS mit "eine(r) Vorfrage über die Verpflichtung" eröffnet, um darin die Unfehlbarkeit eingehend zu begründen, worin sich ihm G. SCHNEEMANN in seinem Heft "Die kirchliche Lehrgewalt" ausdrücklich anschliesst[268]. Nach einer grundsätzlichen Darlegung der Verpflichtung gegenüber der lehrenden Kirche und speziell gegenüber dem Papst in seinen unfehlbaren Ex-cathedra-Urteilen, worunter verstanden wird, dass er "in seiner amtlichen Stellung als oberster Lehrer der Kirche die Gläubigen zur Annahme einer von ihm ausgesprochenen Wahrheit strenge verpflichtet"[269] und dabei "eine Glaubenswahrheit oder eine Sittenvorschrift genauer bestimmt"[270], unternimmt RIESS den Nachweis, dass tatsächlich die oberste Lehrautorität der Kirche in der Enzyklika und im Syllabus PIUS' IX. gesprochen habe. Dazu heisst es, dass sich der Papst (auch im Syllabus) als Oberhaupt der Kirche und Statthalter Christi, und zwar "als allgemeiner, unfehlbarer Lehrer" (und nicht nur mit einer disziplinären Vorschrift) an die Gesamtkirche gewandt habe in der Absicht, dass diese die von ihm in Anwendung der Offenbarung verurteilten theoretischen und praktischen Irrtümer gegen die kirchliche Lehre ihrerseits verwerfe[271]. Alle Bedingungen eines (unfehlbaren) Ex-cathedra-Urteils seien erfüllt, mit der allgemeinen Annahme durch die Bischöfe, welche die geschuldete unbedingte Zustimmung 1867 ihrerseits zum Ausdruck bringen[272], sogar jene der Gallikaner[273]. Als entscheidend gilt dabei "die moralische Gewissheit, dass der Papst die Absicht gehabt hat, die gesammte Kirche zur Annahme seiner Lehrentscheidung zu verpflichten"[274]. Wie dazu wiederum bemerkt wird, sind die in der Enzyklika und im Syllabus verurteilten Sätze zwar unfehlbar irrig, nicht notwendig aber häretisch[275]. Auch auf die Gliederung in "Irrthümer im Glauben und Irrthümer in Betreff der Sitten" wird hingewiesen, wobei die letzteren dem entgegenstünden, "was nach den Grundsätzen des Glaubens selber, oder den aus ihm abgeleiteten, auf dem sittlichen Gebiete zu thun oder zu lassen" sei[276]. Wie bei der Glaubenslehre spricht man auch von "Häresien in der Sittenlehre", wo etwa Stehlen oder Lügen für erlaubt gehalten würde[277].

Für den Syllabus stellt sich vor allem im Hinblick auf seinen historischen Bezug und auf den nur mittelbaren päpstlichen Charakter die Frage nach seiner Unfehlbarkeit, die auch nach RIESS weniger klar bezeugt ist als im Falle der Enzyklika[278], noch eigens. Aufgrund seiner Verbindung mit "Quanta cura", seiner Bestätigung durch den Papst, der ihn als "Enzyklika" bezeichnet, ferner der gesamtkirchlichen Normierung, die seine zensurierten Sätze darstellen, sowie der ausdrücklichen Zustimmung der Bischöfe wird sie auch ausserhalb der "Stimmen aus Maria Laach" von nicht wenigen bejaht[279]. Auf den Einwand, die Sätze beträfen die bürgerliche Gesellschaft, antwortet RIESS, dass "nicht alle politischen Grundsätze ... gleichgültig für den Glauben" seien[280]. Ein anderer Einwand wird ernster genommen: "Verurtheilt nicht die Kirche Lehren, in denen die natürliche Vernunft, die natürliche Sittenlehre (Paragraph 7), z.B. die Metaphysik (Paragraph 1) und so auch die Rechtswissenschaft (Paragraphen 7, 5), die Geschichtskunde (Paragraph 8) allein zuständig sind? Hat also nicht die unfehlbare Lehrautorität über das Glaubensgebiet hinaus in das profan-wissenschaftliche Gebiet übergegriffen ?" RIESS widerlegt dagegen mit Berufung auf die Hl. Schrift die Vorstellung, dass "Gegenstände der natürlichen Erkenntnis nicht zur geoffenbarten Lehre gehören können", verneint aber zugleich, dass sich nach Willkür "jede Wahrheit, jedes Gesetz und jede Einrichtung vor das oberste Gericht der Kirche" ziehen lasse; der Papst verfahre hier nach anerkannten Regeln[281]. Wird so bei der Anwendung des Glaubens auf neue praktische Fragen "ein richtiges Urtheil über Thatsachen neben der vollkommenen Erkenntniss der Grundsätze" angenommen[282] sowie die Unfehlbarkeit über das Dogma und die

Zustimmung über den Glaubensassens hinaus ausgedehnt[283], was wiederum die praktische Bedeutung einer speziellen Zensur relativiert[284], so hält man doch an dieser Bedingung oder vielmehr Voraussetzung fest, "dass die Unwahrheit der condemnirten Thesen aus dem Worte oder den Consequenzen der Offenbarung hervorgeht, der Irrthum also ein religiöser, religionsschädlicher gewesen ist", da die Korrektur von Unwahrheiten der natürlichen Erkenntnisordnung nicht Aufgabe der Kirche sei[285].

Gegen eine Unfehlbarkeit des Syllabus sprechen sich in erster Linie jene aus, die in sachlicher Distanz zu ihm stehen. Zugleich zeigt sich die restriktive oder negative Sicht der päpstlichen Unfehlbarkeit. So wendet sich das Bonner "Theologische Literaturblatt" dagegen, dass die "Stimmen aus Maria Laach" den Syllabus unter die unfehlbaren Ex-cathedra-Entscheidungen rechnen[286], was dort wiederum verteidigt wird[287]. FROHSCHAMMER, der in der Abschwächung zu einer "nur theologische(n) oder 'dogmatische(n)' Bedeutung" gerade einen noch zwingenderen Anspruch erblickt und die päpstliche Gewalt "auch auf solches, was nicht zur Glaubens- und Sittenlehre gehört", ausgedehnt sieht[288], verwirft überhaupt den "Anspruch auf göttliche Unfehlbarkeit (des Papstes) und die daraus entspringende absolutistische Tyrannisirung des geistigen Lebens der Menschheit", unfähig, Zweifel und Ungewissheit zu beheben, da die päpstliche Autorität am ehesten Gegenstand des Zweifels sei und, in ihre eigenen unabänderlichen Entscheidungen sich verstrickend, dem Christentum verhängnisvoll werde[289].

Nun möchte man jedenfalls von der Unfehlbarkeitsdefinition des Vatikanums, die den Syllabus erneut in den Blick rückt, nach welcher Seite hin auch immer eine Entscheidung dieser Kontroverse erwarten. Dennoch ist - bedeutsam und ernüchternd - festzustellen, dass es auch dadurch nicht ohne weiteres zu einem einheitlichen Urteil der Theologen kommt. Wie der Konzilssekretär FESSLER in seiner vom Papst empfohlenen Schrift "Die wahre und die falsche Unfehlbarkeit der Päpste" bemerkt, zweifeln viele Theologen am Ex-cathedra-Charakter des Syllabus, den auch er nicht gegeben sieht[290]. Demgegenüber werden mit Berufung darauf, dass nach dem vatikanischen Unfehlbarkeitsdogma alle päpstlichen Erklärungen "unfehlbare göttliche Offenbarungen" seien, auch für den Syllabus solche unfehlbare Entscheidungen angenommen, dabei aber "viele von ihnen als unvernünftig, oder unwahr, oder unchristlich" betrachtet; in der Konsequenz soll die Unfehlbarkeit des Papstes als staatsgefährlich erscheinen[291]. Streng ausgelegt und in der Verbindlichkeit hoch veranschlagt, finden so Enzyklika und Syllabus in W.E. GLADSTONE einen entschiedenen Gegner. "Die Sätze", insinuiert er im Hinblick auf die allseitige Bestätigung der Gehorsamspflicht, "können noch so falsch wie heidnisch sein, doch sie werden dadurch gerechtfertigt, dass der Papst sie verurteilt ..."[292]. Dagegen wendet sich NEWMAN, der für eine gerechte Auslegung der Enzyklika eintritt[293], im Unterschied zu dieser jedoch dem Syllabus als einem nicht unmittelbaren, nach den Quellen zu interpretierenden päpstlichen Dokument, unbeschadet der Gehorsamspflicht und der Möglichkeit einer entsprechenden Aufwertung keine dogmatische Autorität zuerkennt[294]. - Noch von anderer Seite wird FESSLERS Auslegung zurückgewiesen. Zu Unrecht, kritisiert H. DUMAS, verlange jener zu einer unfehlbaren Kathedralaussage die ausdrückliche Erklärung des Papstes, dass die betreffende Lehre integrierender Teil der Offenbarungswahrheit sei (was die vatikanische Definition restriktiv interpoliere), sowie die ausgesprochene Definitionsabsicht in der Klarheit und Feierlichkeit von 1854 und 1870 (als käme es auf bestimmte Termini an)[295]. Zum erstgenannten Kriterium findet sich dabei eine für die Fragestellung an das Vatikanum höchst bemerkenswerte Auslassung. Unfehlbar, heisst es, seien nach dem Konzil die päpstlichen Entscheidungen, welche alle Gläubigen auf eine den Glauben o d e r d i e S i t t e n betreffende Lehre verpflichten, also auch auf eine Lehre über die Sitten in Unterscheidung vom Glauben und in Beziehung zur natürlichen Ordnung; das die Kirche und den Papst leitende Licht von oben verbürge auch Urteile über untergeordnete Dinge, sofern diese einen Bezug haben zum ewigen Heil des Menschen[296]. Darauf, dass die Moralgesetze selbst Teil der Offenbarung seien, antwortet DUMAS, dass nicht alles - höchstens keimhaft und prinzipiell - überliefert sei, und die praktischen Lösungen keinen integrierenden Bestandteil der geoffenbarten Wahrheit bildeten. Mit unmittelbarer Lehrautorität auch in Sittenfragen ausgestattet, könne der Papst nach Massgabe des Seelenheiles hierin nicht irren; einer Bezugnahme auf die Glaubensquellen oder das Depositum bedürfe es dabei nicht[297]. Auch auf die Theologie stützt der Verfasser schliesslich sein Urteil, der Konzilssekretär habe hier geirrt[298]. - Nach VACANT ist der Syllabus das regulative Resümee der wiederholt vorgetragenen Lehren des Papstes, ein Ausdruck seines unfehlbaren ordentlichen Lehramtes[299]. Nicht den Syllabus als solchen, wohl aber die einzelnen darin aufgenommenen Verurteilungen betrachtet C.G. RINALDI als unfehlbar[300]. - Noch einmal geht es dann kurz vor dem den Modernismus verurteilenden "neuen Syllabus" PIUS' X. vom Jahre 1907[301] um das berühmte Dokument vom 8. Dezember 1864. Während von gegnerischer Seite seine Autorität besonders hoch veranschlagt wird[302], hält F. HEINER den Syllabus selbst (im Unterschied zu "Quanta cura") nicht für unfehlbar, wenngleich nach ihm auch er - Kathedralentscheidung oder nicht - zur Zustimmung verpflichtet[303]. Auch nach L. CHOUPIN ist er, wenn auch nicht sicher eine Ex-cathedra-Definition und in allen seinen Teilen durch Unfehlbarkeit verbürgt, dennoch eine autoritative Lehrentscheidung des Papstes[304]. "Seinem Ursprunge nach (also) nicht unfehlbar", hat er für A. MICHELITSCH durch die einstimmige Annahme der Bischöfe, des unfehlbaren ordentlichen Lehramtes der Kirche, unfehlbares Ansehen erlangt, und ist aufgrund der auch den Schutz der Glaubenssätze umfassenden Unfehlbarkeit jeder Satz "dogmatisch" oder "(rein) kirchlich unfehlbar"[305].

Der mangelhafte Konsens in der Frage der Autorität[306] gründet somit vor allem in der Eigenart des Syllabus, zum Teil auch darin, dass es dabei nicht allein auf den Propositionsakt, sondern auch auf die Intensität und Rezeption der Aussagen ankommt. Offensichtlich ist aber auch die vatikanische Definition aus sich heraus nicht völlig eindeutig. In bezug auf den Inhalt der Aussagen, der neben der formalen Seite durchaus berücksichtigt wird, stellt sich in der Hauptsache die Frage nach der Ausdehnung der Unfehlbarkeit nicht auf die Moral selbst, sondern über den eigentlichen Glaubensbereich oder die Glaubens- und Sittenlehre hinaus auf das kirchenpolitische Gebiet und überhaupt auf alles, was an geistiger und praktischer Wirklichkeit mit Offenbarung, Glauben, Sittlichkeit und Heil zu tun hat. Unter denen, die diesen Bereich eingehend zur Darstellung bringen, sind besonders G. SCHNEEMANN, P. MURRAY, Th.F. KNOX und W.G. WARD zu nennen[307], der mit seiner ausgesprochen extensiven Auffassung von der kirchlichen Lehrautorität bei NEWMAN und H.I.D. RYDER entschiedene Kritik hervorruft[308]. Wenige Jahre zuvor hat der Bischof von Mainz, W.E. Frhr. von KETTELER, in seinem mehrmals aufgelegten Buch "Freiheit, Autorität und Kirche" gegen den Vorwurf von der Unfreiheit und Unselbständigkeit der Katholiken - "ihr dürfet nicht denken, nur gehorchen"[309] - auf die festen Grenzen der kirchlichen Lehrautorität und Hirtengewalt hingewiesen. Erstere, heisst es, beziehe sich "ausschliesslich nur auf die Lehre Christi und der Apostel" und könne "in Bezug auf die Lehre Christi nicht irren"; darüber hinaus sei alles der "freiesten Forschung überlassen"[310]. Um die rechte Grenze geht es auch in zwei Briefen des Bischofs von Birmingham, W. ULLATHORNE, an seinen Klerus (1862 und 1863), in denen er den "Rambler" (unter dem neuen Titel "The Home and Foreign Review") kritisiert, der trotz seines Bekenntnisses zur Autorität und Unfehlbarkeit der Kirche eine ungebührliche Trennung der sittlichen und geistigen Dinge von der geistlichen Aufgabe der Kirche und dabei eine strenge Eigengesetzlichkeit von Politik und Wissenschaft vertrete[311]. Zur Lehrautorität - neben der Hirtenautorität - sagt der Bischof, dass sie das Glaubensdepositum bewahre und unfehlbar Glauben und Sitten (faith and morals) lehre[312]. - Die Frage nach dieser (unfehlbaren) Lehrautorität, deren Objekt gemeinhin mit "Glaube und Sitten" angegeben wird, ist also in der Theologie durchaus lebendig, als wenige Jahre nach dem Syllabus das angekündigte allgemeine Konzil die Aufmerksamkeit auf sich lenkt.

II. DIE VORSTELLUNGEN VOM KONZIL

1. Die Sicht des Papstes, der Kardinäle und der Bischöfe

a. Die Ankündigung des Konzils

Hinter dem Plan, ein allgemeines Konzil einzuberufen, den PIUS IX. am 6. Dezember 1864, zwei Tage vor dem Erscheinen der Enzyklika "Quanta cura" und des Syllabus, den Kardinälen der Ritenkongregation zur Begutachtung vorträgt[313], stehen ohne Zweifel jene Anliegen, welche auch die genannten Verlautbarungen vertreten. Dieser Zusammenhang zeigt sich in der Ansprache "Singulari quidem" vom 26. Juni 1867 an die in Rom versammelten Bischöfe, in welcher der Papst sein Konzilsvorhaben öffentlich kundgibt, noch deutlicher. Er beklagt und verurteilt aufs neue die

Irrlehren und will mit dem Mittel des ökumenischen Konzils den vielen die Kirche bedrängenden Übeln abhelfen[314]. Die Bischöfe stellen sich in ihrer Grussadresse auch in diesem Punkt hinter den Papst[315], der in seiner Antwort noch einmal auf das Konzil hinweist[316].

Die Intention, die sich mit diesem verbindet, kommt ganz besonders in der Bulle "Aeterni Patris" vom 29. Juni 1868[317] zum Ausdruck, mit der das Konzil auf den 8. Dezember 1869 in den Vatikan einberufen wird. Ausgehend von Christus, der die himmlische Lehre und Lebensordnung (doctrinam, ac vivendi disciplinam e caelo delatam) geoffenbart habe, und der von Petrus geleiteten Kirche, die Hort der Wahrheit sei und allen den Heilsweg und die wahre Lehre aufzeige, erinnert der Papst - es interessieren hier und in den folgenden Dokumenten nur die für das Thema dieser Untersuchung einschlägigen Stellen - an die entsprechende Sorge seiner Vorgänger für das Glaubensgut, den Klerus, die Ehe, die Jugenderziehung wie auch für die Förderung von Religion, Frömmigkeit und Moral (populorum religionem, pietatem, morumque honestatem fovere) ... Auch hätten sie Konzilien einberufen, um Glaubensdogmen zu definieren, die herrschenden Irrtümer abzuwehren, die katholische Lehre zu erhellen, die kirchliche Disziplin zu festigen und die verdorbenen Sitten zu bessern (ad corruptos populorum mores corrigendos)[318]. Schwer getroffen, heisst es dann, seien nunmehr Kirche und Gesellschaft, so sehr hätten sich Gottlosigkeit und Sittenverderbnis (impietas, morumque corruptio), Zügellosigkeit, verkehrte Meinungen und Laster und die Verletzung göttlicher und menschlicher Gesetze überall ausgebreitet. Von Anfang an darin tätig, die Sache der Kirche zu verteidigen und falsche Lehren zu verurteilen, wolle so der Papst ein allgemeines Konzil versammeln, zu beraten und zu beschliessen, was gerade in diesen schweren Zeiten am meisten der Glaubensreinheit, der Gottesverehrung, dem Heil der Menschen, der Disziplin des Klerus und der Besserung der Sitten ... diene[319].

Auch in dem Schreiben an die Nichtkatholiken vom 13. September 1868 ist die Rede von der Gewalt der Kirche, das Glaubensgut unversehrt zu bewahren - dazu sei ihr der Geistbeistand versprochen - und es alle zu lehren. Andere Konfessionen, heisst es, entbehrten jener gottgegebenen Autorität, welche die Menschen vornehmlich die Glaubensdinge und die Sittenordnung (res fidei morumque disciplinam) lehre und sie in allem zum ewigen Heil Gehörenden leite. Die Folgen der Leugnung der von Gott zur Leitung der Überzeugungen und der privaten und gesellschaftlichen Handlungen (ad humani intellectus persuasiones regendas, atque ad hominum tum in privata, tum in sociali vita actiones dirigendas) eingesetzten Autorität stünden vor Augen[320]. - Nach dem Statut "Multiplices inter" vom 27. November 1869[321] soll das Konzil die gegenwärtigen Irrtümer ausrotten, die Übel beseitigen, die Sitten bessern und die Disziplin des Klerus erneuern[322]. Noch einmal nennt dann der Papst in der Sessio I am 8. Dezember 1869 Begründung und Zielsetzung des Vatikanums[323].

b. Die Themenvorschläge[324]

aa. Die Gutachten der Kardinäle

Das von M. SPADA im Februar 1865 erstellte "Summarium" über die bis dahin eingegangenen 15 der insgesamt 25 Gutachten der befragten Kardinäle zum Konzilsvorhaben[325], die sich zugleich zur Thematik äussern, nennt als Gründe für ein Konzil die zahlreichen schwerwiegenden Irrtümer der Gegenwart, die eine erschrekkende Verderbnis in den Prinzipien des Glaubens und der Moral (principj della fede, e della morale) verursachten, Naturalismus, Pantheismus, Kommunismus, Atheismus, Spiritismus und geheime Gesellschaften. Ferner diene das Konzil sehr der Hebung der päpstlichen Autorität, wobei die offenkundige Einheit des Episkopates mit seinem Haupt den Katholiken, denen es schwerfalle, sich den Entscheidungen des Hl. Stuhles zu fügen, jede Ausflucht nähme[326]. Trotz zu erwartender Schwierigkeiten, heisst es weiter, dürfe die Kirche nicht unterlassen, die Wahrheiten des Glaubens und der Sitten (le verità della fede, e dei costumi) aufzuzeigen[327]. Befassen müsse sich sodann das Konzil mit der Verurteilung der Zeitirrtümer, mit der Herausstellung der Prinzipien der Religion und der Sittlichkeit (moralità) sowie mit noch nicht definierten Gegenständen, insbesondere mit der Definierung der Unfehlbarkeit des Papstes in seinen Ex-cathedra-Aussagen ...[328].

Die einzelnen Gutachten[329] zeigen dies noch deutlicher. Vor Augen steht vor allem die durch Irrtümer, Angriffe und Schäden gekennzeichnete Situation von Glaube und Moral[330]. In bezug auf die sittliche Lage ist nicht nur im allgemeinen von Angriffen, verkehrten Prinzipien und Misständen die Rede, sondern auch konkret von schlechter Literatur, von Ablehnung kirchlicher Gesetze, von Gewissensfreiheit, Gotteslästerung, unsittlichen Reden, von Irrtümern bezüglich der natürlichen und sozialen Ordnung sowie von dem Irrtum, die kirchliche Autorität nur für die einzelnen, nicht aber für die Gesellschaft anzuerkennen[331]. Als Grundirrtum erscheint der Naturalismus[332], als Hauptphänomen der Wille zur Unabhängigkeit von aller Autorität, nicht allein von der der Kirche und des Papstes[333]. So wird dem Konzil die Aufgabe zugedacht, auch die Moral zu erneuern, worin die Erneuerung der Disziplin und die Reform des Klerus eingeschlossen werden[334]. Wiederholt ist die Rede von der Unfehlbarkeit des Papstes und der Kirche[335]. Hierbei gibt man, wie bereits erwähnt, der Hoffnung Ausdruck, dass die Unfehlbarkeit des Papstes in der Glaubens- und Sittenlehre (in fidei ac morum doctrina) endlich definiert werde, aufgrund dessen dann jeder neuen Häresie der Weg durch den Spruch des Papstes abgeschnitten würde und ein Konzil schwerlich mehr nötig wäre[336]. - Das Gutachten, das P. GIANNELLI in der ersten Sitzung der vom Papst ernannten besonderen (später : "dirigierenden") Kardinalskommission am 9. März 1865 vorträgt, erwähnt seinerseits die grosse Masse philosophischer Irrtümer, welche den Glauben und die christliche Moral (la fede e la morale cristiana), aber auch die menschliche Gesellschaft bedrohten, soweit sie sich tatsächlich der Religion in Dogma und Moral widersetzten, befasst sich indes mit der Konzilsthematik nur kurz und im allgemeinen[337].

bb. Die Antworten der Bischöfe

Um Themenvorschläge wird sodann eine Reihe von Bischöfen des lateinischen und orientalischen Ritus angegangen. Erstere werden mit Brief vom 20. April 1865 von der Absicht des Papstes unterrichtet, angesichts der religiösen und gesellschaftlichen Bedrängnis ein Konzil abzuhalten als anerkannt geeignetstes Mittel zur Wahrung und Förderung der Glaubensreinheit, der Sittlichkeit (honestas morum) und des Wohles der Kirche[338]. Ganz ähnlich gehalten sind die beiden anderen (gleichlautenden) Briefe vom 22. Februar und 10. März 1866[339]. Die eingegangenen Antworten[340] fasst das dieselben ausgiebig zitierende "Summarium" von L. JACOBINI zusammen[341]. Danach verteilen sich die Themen auf dogmatische und disziplinäre Fragen sowie solche um das Verhältnis von Kirche und Staat und bezüglich der Orientalen. Nahezu einstimmig, heisst es einleitend, betrachte man das Konzil als Siegel und Krone des Wirkens des Papstes zum Schutze des Glaubens und der Sittlichkeit (a tutela della santità della fede, della onestà dei costumi ...). Die Tatsache, dass fast alle Prinzipien der natürlichen Wahrheit und geradezu alle übernatürlichen Dogmen geleugnet würden, stelle die Aufgabe der Erneuerung der menschlichen Gesellschaft durch die katholische Wahrheit[342]. Der Abschnitt über die dogmatischen Fragen spricht von einer ungemein schädlichen Flut von Irrlehren, die das Konzil feierlich zu verurteilen habe, nicht spezielle Häresien, wohl aber Angriffe auf die Grundlage der Religion und des sittlichen Bewusstseins selbst (ipsum religionis sensusque moralis fundamentum), ohne jeden Sinn für Wahrheit und Recht; als ihr Inbegriff erscheinen der Materialismus, der Pantheismus und vor allem der Rationalismus[343]. Entsprechend fundamentaler Natur sind die nach Ansicht der Bischöfe zu behandelnden Themen und vorzunehmenden Verurteilungen. Den Schwerpunkt bilden die Grundwahrheiten der Offenbarung[344]. Auch der Glaubensbegriff, die Glaubensregel und die übernatürliche Ordnung und ihre Beziehung zur natürlichen, einschliesslich der Frage der wahren Freiheit und Autonomie der Wissenschaft, werden erwähnt[345]. Bezüglich der Hl. Schrift sollten die Gegenstände göttlicher Einwirkung erklärt, die Erstreckung der Inspiration auf Glaube, Sitten, historische und andere Wahrheiten (ad fidem, mores, historias, sive ad omnes veritates, conceptus, et res etiam ... aliunde notas) deklariert sowie die Glaube, Sitten und andere Wahrheiten der Schrift verkehrenden Auslegungsregeln verurteilt werden[346]. Zu verurteilen sei ebenfalls die Lehre von der unumschränkten Gewissensfreiheit und von der Ausklammerung der äusseren Dinge von jeder religiösen Normierung (de subtraendis vitae exterioris negotiis a quacumque religionis regula ac disciplina)[347].

Ein Thema, für das immer wieder und mit Nachdruck votiert wird, ist die Kirche, ihre Lehrfreiheit und ihr göttliches Recht, die Sittenordnung des Evangeliums (leges moralis evangelicae) autoritativ zu lehren, zu schützen und zu verteidigen, wie auch zu erklären, was der Religion gut oder zuwider sei[348], ferner ihre Gesetzgebungsgewalt (gegen eine Beschränkung - wie es heisst - des Lehramtes auf das Dogma)[349] und ihr Verhältnis zum Staat[350]. Auch von der Pflicht der Gläubigen zur Unterwerfung unter die Entscheidungen der Kirche ist die Rede, so dass man nicht mehr verteidigen dürfe, was sie verworfen habe[351]. Neben dem Spezialaspekt der Autorität der römischen Kongregationen[352] wird wiederholt die Unfehlbarkeit der Kirche genannt, mit der, wie gesagt wird, auch die übrigen Wahrheiten fallen würden[353]. In diesem Rahmen gilt schliesslich eine ganz besondere Aufmerksamkeit (zusammen mit dem Primat) der Unfehlbarkeit des Papstes[354], deren Definition mehrfach ausdrücklich gewünscht wird, da diese Frage entscheidungsreif und die Entscheidung selbst der Kirche von grossem Nutzen sei[355]. Dabei geht es um die Unfehlbarkeit "ex cathedra" und in bezug auf Glauben, Sitten sowie dogmatische Tatsachen oder auf Wahrheiten im Zusammenhang mit Glaubens- und Sittenfragen (circa fidem, mores, vel facta ut audiunt dogmatica, seu circa veritates fidei morumque quaestionibus circumstantes)[356].

Damit, dass die Bischöfe dem Konzil die Aufgabe einer massiven Verurteilung zudenken, verkennen sie allerdings nicht, dass die in Betracht kommenden Irrtümer seit dem Tridentinum und ganz besonders durch PIUS IX. in "Quanta cura" und im Syllabus autoritativ verurteilt wurden; letzterer bezeichnet nach ihnen sogar den Weg, dem das Konzil, das diesen Verurteilungen feierlichen Nachdruck (nicht aber eine grössere Autorität) verleihe, zu folgen habe[357]. Dabei sollen aus den betreffenden Irrtümern die eigentlich häretischen (oder die dem Glauben entgegenstehenden) und die übrigen kenntlich gemacht und (wie in "Auctorem fidei") mit der entsprechenden Zensur verurteilt bzw. missbilligt werden[358]. Zudem will man nach dem Vorbild des Tridentinums den Verurteilungen eine Darlegung der katholischen Lehre voranstellen[359].

Unter den disziplinären Fragen wird auch von der Erneuerung des katholischen Volkes gesprochen, wobei das Konzil gegen Luxus, unziemliche Vergnügungen, Bereicherung durch Spekulation, Vernachlässigung der Familie, Entweihung der Ehe, Entheiligung der Sonn- und Feiertage sowie gegen den Wucher seine Stimme erheben solle[360]. Sodann geht es bei den für besonders wichtig erachteten Fragen um das Verhältnis von Kirche und Staat, um die Unabhängigkeit und Autonomie der kirchlichen Gewalt, die Rechte der Lehre und die gottgewollte Unterordnung des sozialen Bereiches gegenüber der geoffenbarten Religion[361]. Schliesslich ist im Abschnitt über die Belange der Ostkirchen noch von der Abneigung gegen die kirchliche Autorität, vom Schaden für Glauben und Sittlichkeit (danno della fede e della morale) sowie von deren Reinhaltung (sostenere la purità della fede e dei costumi) die Rede[362].

Keineswegs nur am Rande ist damit dem Konzil der thematische Bezug zur Moral und zur kirchlichen Lehrautorität vorgezeichnet. Eines umfassenden Aufweises auch aus den bischöflichen Schreiben im einzelnen bedarf es nicht. Im übrigen erinnern ihr Sprachgebrauch von "mores" und ihre Moralthematik lebhaft an die Provinzialkonzilien[363]. So finden sich auch hier die mores unter den Aufgaben des Konzils[364], als ein Gebiet der Misstände und Irrtümer[365] sowie (im Unterschied zur disciplina) als ein Objekt kirchlicher Lehrautorität und Unfehlbarkeit[366], wenngleich andererseits auch als Sache der Disziplin[367]. Was sodann namentlich unter der Rubrik "Moralfragen" (questions morales) und "Sitten" (circa mores) vorgestellt wird, sind Auswirkungen naturalistischer Theorien, die das Konzil zu einer Stellungnahme gegen Luxus, unziemliche Vergnügungen usw. herausfordern[368], bzw. der Wunsch nach einer förmlichen Definition über den Wucher oder wenigstens einschränkenden Bestimmungen als Massnahme gegen den Geiz und die durch ihn hervorgerufenen Ärgernisse[369]. Auch ausserhalb dieser Thematisierungen lässt die Rede von Materialismus, Kommunismus, Sozialismus, schrankenloser Freiheit der Meinungsäusserung und Ausschweifung das Interesse an der Moral erkennen[370]. Man wird sehen, in welcher Weise sich dessen die Versammlung der Hüter des Glaubens und der Sitten (verae fidei morumque bonorum custodes)[371], welche die feste und sichere Glaubens- und Handlungsnorm (credendorum, agendorumque norma) aufzuzeigen hat[372], annimmt.

cc. Spätere Postulate

Auch in den später eingebrachten Voten an das Konzil hat die Moral wie die kirchliche Lehrautorität ihren Platz. Die Moral ist darin vertreten einmal durch spezielle Postulate insbesondere in Sachen Wucher[373], Völkerrecht sowie Militär und Krieg[374]. Letzteres Votum spricht von der Aufgabe des unfehlbaren Lehramtes, die Gerechtigkeit und das Moralgesetz des Evangeliums zu lehren. Rom, heisst es, solle mit unfehlbarer Lehrautorität das Völkerrecht verkünden, die verkehrten Prinzipien verurteilen, den wahren Inhalt des Tötungsverbotes - für seine Interpretation zuständig - darlegen, das Mordwesen ungerechter Kriege anprangern und die Bedingungen eines gerechten Krieges aufzeigen[375]. Zu erwähnen ist hier noch eine französische "Dissertatio" vom Dezember 1869, die dem Konzil eine positive kirchliche Stellungnahme zur Empfängnisverhütung, einer - wie es heisst - weder speziell studierten noch formell definierten Frage, nahelegt[376]. - Zum anderen erscheint die Moral auch innerhalb der systematischen Thematik, so in dem umfangreichen Postulat von 37 neapolitanischen Bischöfen, das in seinem ersten, die Lehre betreffenden Teil - der zweite betrifft die Disziplin - nach dem Kapitel über das Dogma ein zweites über die Sitten (De iis, quae ad mores spectant) enthält[377]. Darin ist nach allgemeinen Aussagen zur katholischen Moral, dass nämlich der Mensch, von Gott geschaffen und übernatürlich erhöht, dem natürlichen und geoffenbarten Gesetz unterliege, die Rede von der Pflicht des Gehorsams gegenüber der Kirche, der dieses doppelte Gesetz anvertraut sei, das sie, die Hüterin des Offenbarungsdepositums, unfehlbar und verbindlich vorlege und interpretiere. Was sie darum als in der Offenbarung enthalten oder ihr entgegenstehend erkläre, fordere innere Zustimmung[378]. Unter Berufung darauf, dass die Gerechtigkeit und natürliche Sittlichkeit, worauf die leitenden Prinzipien des (zwischen)staatlichen Lebens ruhten, geoffenbart sei, werden alle diese Prinzipien hinsichtlich ihrer Sittlichkeit (de illorum iustitia aut iniustitia, bonitate aut malitia, ut omnia paucis, de illorum moralitate) dem Urteil der Kirche und des Papstes unterstellt, eine Entscheidung derselben etwa über die Freiheit der Presse, des Gewissens, des Kultes und der Kirche darum durchaus ihrer Kompetenz zugerechnet. In allen Gewissensfragen (wie Eid, Gelübde, Vertrag) gelten die von der Kirche aufgestellten Normen, in denen die Offenbarung auf die menschlichen Verhältnisse angewandt wird, als verbindlich[379]. Die Gesetzgebungsgewalt der Kirche aufgrund ihrer Aufgabe, die Menschen in Glaube, Sittlichkeit (morum disciplina) und Frömmigkeit zu ihrem Ziel zu führen, die Ordnung der Familie, die religiöse Unterweisung zur Überwindung des durch die schlechte Presse verbreiteten Indifferentismus, die Ehegesetzgebung, der Magnetismus, Duell und Pressefreiheit sind weitere Themen dieses bemerkenswerten Votums[380].

Von der kirchlichen Lehrautorität selbst sagt dieses Postulat, dass sie die Lehre und das Gesetz Christi zu bewahren und darzulegen habe[381]. Ferner entnimmt es dem

Florentinum, dass der Papst als Lehrer der Gesamtkirche Hüter und Interpret der Offenbarung und aller damit irgendwie zusammenhängenden Dinge (omniumque rerum, quae cum ea utcumque cohaerent) sei [382]. Der Verweis auf das Mores-Kapitel [383] unterstreicht dabei den Bezug zur Moral. Andere Stellen sprechen von Unfehlbarkeit in Glaubensdingen, in Glaubenswahrheiten, in Glaubensdogmen, in der Wahrung des Glaubensdepositums und in Glaubens- und Sittenfragen [384].

2. Die Relevanz der päpstlichen Unfehlbarkeit

Ganz natürlich wendet sich nach der Ankündigung eines allgemeinen Konzils diesem erhabenen und seltenen Institut der Kirche eine besondere Aufmerksamkeit zu. Die in einer Vielzahl von Publikationen dokumentierte Reflexion auf seine Geschichte im allgemeinen und das Tridentinum im besonderen sowie auf sein Wesen, seine Aufgabe und seine Autorität prägt zugleich die Wertschätzung und Ergebenheit, mit der man allenthalben dem Vatikanum begegnet. Mit dem Papst setzen viele grosse Hoffnungen in das säkulare Ereignis und knüpfen eine Reihe spezieller Erwartungen daran [385]. Dass dabei neben den dogmatischen und disziplinären Aufgabengebieten eines Konzils eigens auch auf die Sorge um die Moral hingewiesen wird [386], stellt dennoch das Vatikanum nicht unter ein moraltheologisches Vorzeichen. Weniger die angeregten Aussagen des Konzils in Sachen der Moral und die Grundsatzfrage nach seiner diesbezüglichen Autorität als vielmehr das Thema vor allem der päpstlichen Unfehlbarkeit und die Frage nach ihrer Reichweite beziehen in nicht geringem Masse die Moral in das Interesse am Vatikanum und in die Deutung seiner Lehre ein.

a. Die Frage nach der Autorität des Papstes

Wird auch nach der Konzilsankündigung das im Zusammenhang mit dem Syllabus neubelebte, in der Adresse der Bischöfe vom 1. Juli 1867 allerdings noch nicht artikulierte Thema der päpstlichen Unfehlbarkeit [387] zunächst nur wenig berührt [388], so datiert doch bereits vom Juni desselben Jahres der Aufruf des Mitbegründers der "Civiltà" M. LIBERATORE, sich durch ein Gelübde auf das unerschütterliche Bekenntnis zur Unfehlbarkeit des Papstes - bei Ex-cathedra-Definitionen in Sachen des Glaubens und der Sitten (in materia di fede e di costumi) - zu verpflichten[389]. Wie zur vollen Einlösung dieses "neuen Tributes an den heiligen Petrus" (so der Titel jenes Aufrufs) provoziert dieselbe Zeitschrift die Öffentlichkeit am 6. Februar 1869 durch eine "Korrespondenz aus Frankreich", nach der die eigentlichen Katholiken (im Unterschied zu den liberalen) vom Konzil die Bestätigung des Syllabus in der Form positiver Glaubenslehren sowie die akklamatorische Definition der päpstlichen Unfehlbarkeit erwarteten[390]. Um letztere kreist ablehnend und warnend, zustimmend und vermittelnd die nun mächtig anschwellende Konzilsliteratur. Dabei betrifft die Auseinandersetzung keineswegs nur die Opportunität dieser Dogmatisierung und die Art und Weise ihres Zustandekommens, sondern vielmehr die Sache selbst, ihren Glaubens- und Offenbarungscharakter und damit ihre Definibilität. Damit wiederum ist unlösbar die Frage verbunden, in welchem Sinne von der Unfehlbarkeit des Papstes gesprochen wird und gesprochen werden kann, anders ausgedrückt, in welchem Verhältnis zur Gesamtkirche und unter welchen Bedingungen der P a p s t Träger (Subjekt) kirchlicher Unfehlbarkeit ist. Gegen den (auch durch Übertreibungen und mangelnde Präzisierungen ultramontaner Kreise genährten) Vorwurf einer Änderung der kirchlichen Verfassung durch die Konzentration der kirchlichen Autorität im Papst betonen die Vertreter einer eigentlichen Unfehlbarkeit des Papstes immer wieder dessen unabdingbare Bindung an die göttliche Offenbarung und damit an die Kirche, ihren Glauben und ihre Tradition, ohne allerdings - hier liegt der Angelpunkt der Kontroverse - irgendeine formelle Mitwirkung der Kirche (über das gewissenhafte Bemühen des Papstes um die rechte Erkenntnis hinaus) zur äusseren Bedingung zu erheben. Sie vermögen die Opposition mit dem Unfehlbarkeitsdogma letztlich nicht zu versöhnen[391].

Obgleich nirgends angenommen wird, die Unfehlbarkeit des Papstes umfasse ein grösseres Gebiet als die der Kirche, weshalb die Frage nach dem Objekt weit hinter jene nach dem Subjekt und den formalen Kriterien einer Ex-cathedra-Aussage zurücktreten kann, spielt dennoch die O b j e k t s b e s t i m m u n g in der Polemik um das vatikanische Dogma eine bedeutsame Rolle. Der Gedanke, dass die unfehlbare Entscheidung, dem sichernden Urteil und schützenden Zugriff des kollektiven Lehramtes entzogen, allein dem Papst anheimgestellt werde, erweckt nicht nur die Vorstellung eines die Konzilien ausschaltenden eigenmächtigen Diktats aus Rom, sondern - vor dem Hintergrund des Syllabus - auch und noch mehr die Angst vor Definitionen, die in der Sache als eine Zumutung und Kompetenzüberschreitung erscheinen. Eine solcherart absolutistische, arbiträre und monströse Unfehlbarkeit bedroht Glauben und Gewissen, Wissenschaft und Staat. "Der Ultramontanismus", erklärt DÖLLINGERS "Janus", der die Opposition anführt, "geht davon aus, dass der Papst in allen lehrhaften Entscheidungen nicht bloss über die Glaubens-Fragen, sondern auch im ethischen Gebiete, über die Beziehungen der Religion zur Gesellschaft, der Kirche zum Staat, ja auch über Staatsinstitutionen unfehlbar sei ... Für ihn ist Rom ein kirchliches Anfrage- und Adressbureau, oder vielmehr ein ständiges Orakel ..., welches für jeden Zweifel, für jedes wissenschaftliche oder praktische Bedenken eine unfehlbare Lösung zur Hand hat"[392]. Die persönliche Unfehlbarkeit des Papstes nötige "zur unbedingten Unterwerfung unter jeden päpstlichen Ausspruch im Gebiete der Religion, der Sitte, der Politik, der Socialwissenschaften", ohne dass man von einem Übergreifen in fremdes Gebiet werde reden können, da der unfehlbare Papst selbst die Grenzen bestimme[393]. Der Einwand, die päpstliche Unfehlbarkeit entbehre der dogmatischen Grundlage in Schrift und Tradition und werde zudem durch historische Irrtümer der Päpste widerlegt, wird ergänzt und verschärft durch die Politisierung, zu der man immer wieder greift[394], um die Definition zu verhindern bzw. später zu inkriminieren. "Als Christ, als Theologe, als Geschichtskundiger, als Bürger", motiviert DÖLLINGER seine entscheidende Absage, könne er dem Papstdogma nicht zustimmen[395]. Vor allem die politische Betrachtung desselben bezieht nun ausdrücklich auch die M o r a l in die Frage und Argumentation mit ein.

aa. Die politischen Aktivitäten

In der theologisch und kirchenpolitisch gespannten Atmosphäre der sechziger Jahre vermochte die gedankliche Verbindung des Konzilsvorhabens mit dem Syllabus und dazu mit der Unfehlbarkeit des Papstes unschwer politische Reaktionen hervorzurufen, die das Konzil über anhalten und im Anschluss an die Konstitution "Pastor aeternus" noch einmal mit Vehemenz aufbrechen sollten.

Ein erster Anstoss knüpft sich an den Namen des bayerischen Ministerpräsidenten, Fürst Ch.v. HOHENLOHE. Während seine besorgte Zirkulardepesche vom 9. April 1869 bei den europäischen Regierungen nur geringen Widerhall findet[396], gibt er wenig später den theologischen und juristischen Fakultäten in München und Würzburg fünf Fragen zu beantworten, unter anderem wie (1.) durch die Dogmatisierung des Syllabus und der päpstlichen Unfehlbarkeit die Lehre von den Beziehungen zwischen Staat und Kirche verändert würde, ob (2.) die Professoren der Dogmatik und des Kirchenrechtes gehalten wären, die Gläubigen auf die Lehre von der gottgegebenen (direkten oder indirekten) Herrschaft des Papstes über die Regierungen zu verpflichten, (4.) ob und welche allgemein anerkannten Kriterien es gebe, um eine Ex-cathedra-Aussage sicher festzustellen[397]. Die darüber angefertigten Gutachten vermögen die divergierenden Auffassungen der Befragten nicht zu integrieren. Eine Minorität der Münchener theologischen Fakultät lässt dem Majoritätsgutachten[398] ein eigenes folgen[399], und auch in den beiden juristischen Fakultäten kommt es zu Separatvoten[400]. Grössere Geschlossenheit zeigen die Würzburger Theologen, deren Gutachten[401] ein Votum von H. DENZINGER benützt[402]. Die insbesondere in München befürchteten Veränderungen werden von anderen auch mit der Begründung in Abrede gestellt, die Unfehlbarkeit des Papstes würde dieselben Grenzen haben wie die der Kirche, "sich also nur auf das Dogma und die Moral und das damit in notwendigem Zusammenhange Stehende erstrecken, nicht auf das Gebiet des Staates und die zeitlichen Dinge als solche"[403]. Bei aller differenzierten Würdigung der in Betracht kommenden historischen Fakten einschliesslich des Syllabus verleugnet man weder die Aufgabe des Staates in bezug auf die Sittlichkeit und die Religion noch die Autorität des Papstes, wo immer das Heil, der Glaube und das Sittengesetz angegriffen würden, so dass gegebenenfalls die Gläubigen gegen ein dem göttlichen Gesetz zuwiderlaufendes staatliches Gesetz ihrem Gewissen und der Kirche zu folgen hätten[404]. Dennoch verhehlen die Anfang September 1869 in Fulda versammelten deutschen Bischöfe ihre Bedenken gegen eine Definition der Unfehlbarkeit des Papstes nicht[405], weshalb sich ihre Regierungen zunächst mit allgemeinen Warnungen begnügen[406]. Auch in anderen Ländern ist das Konzil bereits vor seiner Eröffnung zu einem Politikum geworden[407].

Dieser Opposition geben das am 21. Januar 1870 ausgeteilte "Schema über die Kirche" und erst recht die in das Konzilsprogramm aufgenommene Unfehlbarkeitsvorlage neuen Auftrieb. Seitens der französischen Regierung ergeht unter dem 20. Februar eine Denkschrift an den Kardinalstaatssekretär ANTONELLI [408], der in seiner Antwort vom 19. März die Vorstellung von einer absoluten Macht der Kirche zurückweist, ohne jedoch deren Öffentlichkeitsanspruch zu negieren. Aufgrund ihrer Aufgabe, die Menschen zum ewigen Heil zu führen, habe sie "die Macht und die Pflicht, über die Moralität und Gerechtigkeit aller Handlungen, innerer wie äusserer, in ihrem Verhältniss zu den natürlichen und göttlichen Gesetzen zu richten". Dass unter diesem sittlichen Aspekt jede angeordnete wie frei gesetzte Handlung dem Urteil der Kirche unterliege, bedeute keine wirkliche Einmischung in politische Angelegenheiten [409].

Die kritische und keineswegs untätige, wiewohl zum Teil auch eher zurückhaltende Beobachtung des Konzils [410] steht nach der Verabschiedung der Konstitution "Pastor aeternus" vor einer Entscheidung. Österreich kündigt sogleich, da mit dem 18. Juli der Vertragspartner ein anderer geworden sei, das Konkordat [411]. Bayern verweigert - ohne Erfolg - den Bischöfen das (allerdings nur von einem einzigen erbetene) Plazet zur Publikation, da es sich hier nicht um einen rein geistlichen, das weltliche Gebiet nicht berührenden Gegenstand handele, sondern "eine wesentliche Alternation der Beziehungen zwischen Staat und Kirche und eine Gefahr für die politischen und sozialen Grundlagen des Staates" gegeben sei [412]. Erneut werden am 9. August den theologischen und juristischen Fakultäten in München und Würzburg elf Fragen über die Gültigkeit und die politische Relevanz der Konzilsaussagen vorgelegt [413], nach dem Erscheinen des Fuldaer Hirtenbriefes im September 1870 [414] jedoch zurückgezogen. Die nachvatikanische Protestbewegung, die sich in den Erklärungen von Königswinter und Nürnberg (August 1870) [415] ankündigt, in den ersten Altkatholikenkongressen [416] organisiert und sich bald als eigene altkatholische Kirche behauptet [417], hält mit dem Argument von der Staatsgefährlichkeit der vatikanischen Dekrete [418], denen man selber die theologische Verbindlichkeit abspricht, die politisch motivierte Aversion gegen dieses Konzil wach [419], die sich schliesslich in den Auseinandersetzungen des Kulturkampfes entlädt [420].

Wiederholt, so in ihrem Hirtenwort vom Mai 1871, machen die deutschen Bischöfe mit Nachdruck geltend, dass das Vatikanum keine neue, den Staat bedrohende Lehre aufgestellt habe[421]. Nach der Veröffentlichung der Zirkulardepesche BISMARCKS am 29. Dezember 1874 treten sie Anfang 1875 in einer Kollektiverklärung der Missdeutung der Konzilsaussagen entgegen[422]. Der Papst bestätigt ihre Interpretation[423]; mehrmals hat er selbst Überzeichnungen des Unfehlbarkeitsdogmas zurückgewiesen[424]. In England korrigiert NEWMAN die von W.E. GLADSTONE vertretene politische Bedeutung[425].

bb. Die Argumentation

Alle Polemik und alle politischen Agitationen gegen das Vatikanum können indes nicht leugnen, dass in der Theologie vor dem Konzil wie in der Verteidigung seiner Aussagen eine absolutistische, unumschränkte und ganz nach Willkür zu handhabende Primatsgewalt und Unfehlbarkeit des Papstes nicht nur keinen Ort hat, sondern sogar ausdrücklich verneint wird. Zur Auferbauung der Kirche, nicht zu ihrer Verwüstung ist dem Papst diese Gewalt verliehen, und die Behauptung, dass er, wenn die Not es erfordere, alles könne, gilt "natürlich immer mit Ausschluss dessen, was göttlicher Ordnung ist"[426]. Dass sich seine Lehrunfehlbarkeit - nicht anders als die der Kirche überhaupt - einzig und allein auf die Hinterlage der göttlichen Offenbarung bezieht, ist (in dieser allgemeinen Formulierung) gänzlich unbestritten. Diese bildet den Grund und die Grenze, die von niemandem in Abrede gestellt wird. Mit der Frage, ob und wieweit die Unfehlbarkeit über diesen Offenbarungsbezug hinausreicht, erübrigt sich allerdings nicht jene andere, wie eng oder wie weit dieser zu fassen ist und was er konkret einschliesst (und was nicht). Den Staat interessieren dabei kaum irgendwelche möglicherweise sehr entfernte Konklusionen spekulativer Natur, von denen manche Theologen und Philosophen eine Einengung ihrer wissenschaftlichen Arbeit befürchten[427], wohl aber die Gläubigen im Gewissen bindende inappellable Auslegungen im praktischen Bereich von Moral, Gesetzgebung und Politik, mögen sie erst zu einem späteren Zeitpunkt erfolgen oder nunmehr im Lichte des Infallibilitätsdogmas retrospektiv als unabdingbare Lehren anzunehmen und festzuhalten sein.

Im einzelnen sind es - abgesehen von der Primatsdefinition, in der man die Verpflichtung zu einem unbedingten und umfassenden Gehorsam gegen den Willen des Papstes ausgesprochen sieht, - hauptsächlich drei Elemente an der Objektsbestimmung der päpstlichen Unfehlbarkeit, mit denen man (über die theologisch-kirchliche Neuerung hinaus) die Staatsgefährlichkeit des vatikanischen Infallibilitätsdogmas behauptet.

1. Mit dem (ausschliesslichen) Bezug der Unfehlbarkeit auf das Offenbarungsdepositum wird diese doch keineswegs auf das per se Geoffenbarte oder material im Depositum Enthaltene eingeschränkt, sondern auch auf das im Rahmen der kirchlichen Aufgabe damit Zusammenhängende ausgedehnt. Bei der unabsehbaren Vielfalt möglicher Implikationen oder Konklusionen sei daher eine wirkliche und klare Eingrenzung nicht gegeben[428].

2. Verschärfend kommt hinzu, dass darüber, was in diesen Bereich fällt, wiederum der Papst selbst - unfehlbar - zu entscheiden hat, so dass man niemals von einem fehlenden Offenbarungsbezug und damit von einer Kompetenzüberschreitung werde reden können[429]. Nach DÖLLINGER hat der Christ im Papst "einen unumschränkten Oberherrn und Gebieter in allem was seinen religiösen Glauben sowie sein sittliches Thun und Lassen betrifft". Denn "durch die neuen Decrete erhebt der Papst nicht nur den Anspruch: das ganze Gebiet der Moral zu beherrschen, er bestimmt auch allein und mit unfehlbarer Lehrautorität, was zu diesem Gebiete gehöre, was göttliches Recht sei, wie dasselbe auszulegen und in Einzelfällen anzuwenden sei"[430].

3. Die Unfehlbarkeit des Papstes erstreckt sich, wie soeben betont wurde, sowohl auf den Glauben als auch auf die Moral und erfasst im Zusammenhang mit dieser das private und öffentliche, gesellschaftlich-kulturelle und politische Leben. Auf dieses massiv vorgetragene Argument ist näher einzugehen.

Vorab ist hier festzustellen, dass die traditionelle Objektsbestimmung "fides et mores" geradezu selbstverständlich mit "Glaube und Moral" wiedergegeben, unter "mores" also sittliches Verhalten verstanden wird[431]. Diese Terminologie als solche wird übrigens auch von den Vertretern der Unfehlbarkeitsdefinition nicht kritisiert[432]. Sämtliche Fragen der Moral sind in dieser Sicht möglicher Gegenstand unfehlbarer Entscheidungen, der Offenbarungsbezug stellt bei der (unter 1. und 2.) erwähnten extensiven Konzeption kein zusätzliches Kriterium dar. Da alles menschliche Handeln unter die sittliche Normierung falle, wird der ganze weite Bereich des praktischen Lebens, insbesondere das Verhalten der einzelnen untereinander und dem Staat gegenüber, dessen gesetzgeberische Massnahmen sowie der gesamte im Sittlichen gründende Rechtsbereich zum Unfehlbarkeitsobjekt erhoben und damit dem Papst die Befugnis zugedacht, unter dem moralischen Aspekt oder "ratione peccati" etwas für verbindlich oder erlaubt, für verwerflich oder nicht verpflichtend zu erklären[433]. J.F. v. SCHULTE, der darauf besonders insistiert, erläutert das Unfehlbarkeitsobjekt, den Glauben und die Sitten, indem er bezüglich des Glaubens auf die Katechismen und die Lehrbücher der Dogmatik verweist, bezüglich der Sitten die Traktate des Kompendiums der Moraltheologie von J.-P. GURY anführt[434], um auf diese Weise die Totalität des Anspruches zu demonstrieren: "die Sitten umfassen das ganze Gebiet des Lebens der Individuen als solcher". Aus dem Rechtsbereich lediglich das Prozess-, Staats- und Völkerrecht ausgenommen, "kann das unfehlbare kirchliche Lehramt sich über alle Gegenstände und Gebiete erstrecken, welche für die sittliche Handlungsweise des Menschen eine Bedeutung haben"[435]. Demnach "gibt es ... nicht viel, das nicht zum Glauben oder der Moral gehörte"[436].

Auch hier erinnert man wieder an die historische Dimension solcher Unfehlbarkeit, würde sie doch nach den Worten DÖLLINGERS ausschliessen, "dass ein Papst jemals einen vom sittlichen Standpunkt aus verwerflichen Grundsatz aufgestellt, eine unmoralische Entscheidung erlassen, ein den Regeln der christlichen Ethik widersprechendes Verfahren angeordnet habe"[437]. Denkt man dabei an die Einstellung der Päpste zur Inquisition, zur Unterdrückung Andersgläubiger, zur Eidestreue, zum Zins und anderes mehr, "dann greift alles dies, durch den Schild päpstlicher auch auf das ethische Gebiet sich erstreckender Infallibilität gedeckt, tief in das Lehrgebäude der theologischen Moral ein"; "wie die dogmatischen, so werden künftig auch die moralischen Hand- und Lehrbücher umgearbeitet werden müssen"[438]. Die durch das Konzil geschaffene bleibende Verbindlichkeit derartiger (wie man behauptet) Kathedralentscheidungen lasse sich nicht bestreiten, wenigstens könnte sie jederzeit aktualisiert werden. Zusammen mit den gleichfalls aufgewerteten Verlautbarungen, die sich wie die berühmte Bulle BONIFAZ' VIII. "Unam sanctam"[439] thematisch mit dem Verhältnis von Kirche und Staat befassen, entsteht so das Bild einer päpstlichen Vollgewalt, die zur Staatsautorität in bedrohliche Konkurrenz tritt. - Kann diese bezeichnenderweise auch nach dem Konzil propagierte Auffassung, der ganz entschieden widersprochen wird[440], vor jenem Verständnis von der Reichweite der Unfehlbarkeit, wie es sich in der theologischen Tradition des Vatikanums findet und von diesem selbst autoritativ erklärt wird, bestehen?

b. Die Reichweite der Unfehlbarkeit

aa. Das Unfehlbarkeitsobjekt im allgemeinen

Aussagen über das Unfehlbarkeitsobjekt haben stets eine materiale und eine gnoseologische Seite; es ist jeweils zu bedenken, mit welcher Gewissheitsqualität sich die Unfehlbarkeit auf ein bestimmtes Gebiet erstreckt (diese Differenz hat das Vatikanum keineswegs aufgehoben). Für die Theologie zur Zeit des Konzils lässt sich dazu folgendes feststellen:

Prinzipiell hat die Unfehlbarkeit der Kirche (und des Papstes) jenen und nur jenen Inhalt und Umfang, mit dem C h r i s t u s sie seiner Kirche verliehen und für den er ihr den Beistand des Geistes zugesichert hat[441]. Dies bedeutet wiederum, dass die Kirche in dem Masse unfehlbar ist, als ihr Z w e c k, auf den hin sie gegründet ist, dies verlangt, nämlich die göttliche O f f e n b a r u n g, das in Schrift und Tradition hinterlegte Glaubensgut oder die Lehre Christi den Menschen zu vermitteln und diese so den Weg des ewigen H e i l e s zu führen[442]. Das Objekt der Unfehlbarkeit lässt sich demnach unter verschiedenen Aspekten betrachten und bezeichnen: fundamental gesehen, ist es das Offenbarungsdepositum (in Schrift und Tradition)[443]; funktional ist es das kirchliche Lehramt in seinem Dienst an dieser Offenbarung, am Glauben und am Heil[444]; material ist es primär das Wort der Offenbarung selbst, sekundär aber auch das, was seine Vermittlung (als Bewahrung, Auslegung, Verteidigung) bedingt[445]; kategorial sind es die Dinge des Glaubens oder, wie es immer wieder heisst, die Glaubens- und Sittensachen oder Glaubens- und Sittenlehren (auch die Glaubens- und Sittenlehre, als Komplex dieser Lehren oder als die geoffenbarte Lehre selbst verstanden)[446]. Der Brauch, das Unfehlbarkeitsobjekt mit diesem Binom zu bezeichnen und neben dem Glauben ausdrücklich die Sitten zu nennen, will keine adäquate Unterscheidung insinuieren; die Sitten sind Unfehlbarkeitsgegenstand als Spezies oder doch Implikation des Glaubens, weshalb sich "fides et mores" unbedenklich durch "fides" substituieren lässt[447].

Wird die Unfehlbarkeit in dem genannten Sinne ohne Frage ausschliesslich auf die Offenbarung bezogen und wird dabei durchwegs zwischen einem direkten und einem indirekten Offenbarungsbezug unterschieden, so erweist sich doch die genaue Eingrenzung des sekundären Unfehlbarkeitsobjektes als Problem. Einerseits wird es als das definiert, was, obschon selbst nicht geoffenbart, mit den geoffenbarten Wahrheiten derart eng zusammenhängt, dass diese ohne dasselbe nicht bewahrt, erklärt und verteidigt werden kann, während dafür nach anderen Formulierungen bereits "irgendein" Zusammenhang genügt[448]. Es kommt hier jedoch nur etwas in Frage, das "in einer wesentlichen und nahen Beziehung, nicht blos in einer zufälligen und entfernten" zur Offenbarung steht; die Kirche wäre sonst "in allem Möglichen unfehlbar"[449]. Im einzelnen werden darunter gerechnet die logischen Voraussetzungen und Folgerungen der Offenbarungswahrheiten, die dogmatischen Tatsachen (im engeren und weiteren Sinne), die allgemeine Disziplin (jedoch nur so, dass die Gesetze nicht gegen Glauben und Sitten verstossen), die Approbation von Ordensregeln (im gleichen Sinne) und die Kanonisation von Heiligen[450].

Von Einzelfragen abgesehen, denen hier nicht nachzugehen ist, ist aufschlussreich, wie man negativ die Grenze des Unfehlbarkeitsbereiches bestimmt. Ausgeschlossen werden davon ohnehin abseits liegende Gebiete wie die Mathematik, im übrigen generell alle "rein" profanen, wissenschaftlichen und politischen Dinge, unter dem Vorbehalt also, soweit sie auch nicht indirekt mit der Offenbarung in Beziehung stehen[451].

bb. Die Unfehlbarkeit in der Moral

Die Frage nach der Unfehlbarkeit im Bereich der Moral findet im theologischen Kontext des 1. Vatikanums rasch eine Antwort. Einmal unterliegt es keinem Zweifel, dass die Moral - gemeint ist die Sittenlehre, weder Urteile über sittliche Tatbestände[452] noch die moralische Integrität der Lehramtsträger[453] - einen Teil des Unfehlbarkeitsobjektes ausmacht. Zum anderen wird in eben diesem Sinne die gebräuchliche Formel "fides et mores" verstanden und interpretiert; es ist die Moral, an die man bei dem Unfehlbarkeitsobjekt "Sitten" (mores) spontan denkt[454]. Eine terminologische Kontroverse darüber gibt es nicht, dennoch wird keine begriffliche Kongruenz von "mores" und "Moral" definiert. Wenn also für das Tridentinum neuerdings die Bedeutung "Sitten und Gebräuche der Kirche" festgestellt wird, so mögen diese auch zur Zeit des Vatikanums ebenfalls noch unter "mores" mitbegriffen sein. Manche Formulierungen scheinen dieses aus der Tradition wohlbekannte Verständnis offenzuhalten[455], auch wenn die Frage nach der Irreformabilität solcher mores nicht mehr akut ist. Dass die Moral einen Gegenstand der Unfehlbarkeit bildet, wird auch von den Gegnern der Infallibilitätsdefinition (es sei denn, die kirchliche Unfehlbarkeit selbst wird in Frage gestellt[456]) nicht bestritten, indem sie für ihren Widerstand auch moralische Irrtümer der Päpste geltend machen[457].

Unfehlbarkeitsgegenstand aber ist die Moral dadurch, dass sie einen Teil des Offenbarungsdepositums oder der Glaubenswahrheiten bildet, dass sie über ihre geoffenbarten Inhalte hinaus in der Offenbarung eingeschlossen ist, dass sie eine Forderung auf dem Weg zum ewigen Heil darstellt und es der Heilsaufgabe und der Heiligkeit der Kirche widerspräche, könnte diese Unsittliches vorschreiben oder von sittlich Gutem abhalten[458]. Alles in allem hat die Unfehlbarkeit in der Moral ihren Grund, ihr Mass und ihre Grenze in der Beziehung der Unfehlbarkeit allein auf die Offenbarung. Dieses Prinzip ist gültig und bedeutsam, auch wenn die vorvatikanische Theologie seine - unmittelbar interessierende - Applikation auf Einzelfragen nicht eigentlich reflektiert. Man wird sehen, wie das Konzil dieses Thema aufgreift.

3. Das Programm des Konzils

a. Die Vorbereitung

Die kurialen Absichten und die vom Episkopat gegebenen Anregungen finden zunächst ihren Niederschlag in den Arbeiten von fünf zur unmittelbaren Vorbereitung der Konzilsvorlagen eingerichteten Kommissionen, die sich, der "dirigierenden Kommission" unterstellt[459], im einzelnen mit den theologisch-dogmatischen, den disziplinären und den kirchenpolitischen Fragen sowie mit jenen der religiösen Orden[460] und der orientalischen Kirchen und der Missionen[461] befassen. Eine weitere Kommission für die Zeremonien beim Konzil kommt hinzu[462]. Aus der Tätigkeit der kirchenpolitischen Kommission, der 26 Konsultoren angehören[463], ist das von ihrem Vorsitzenden, dem am 16. Dezember 1869 verstorbenen Kardinal K. A.v. REISACH entworfene Programm hervorzuheben, das unter anderem ausführlich vom Lehramt der Kirche handelt[464]. Zu Konzilsvorlagen kommt es nicht mehr. Einen reichen Ertrag bringt die Arbeit der Kommission für die Angelegenheiten der kirchlichen Disziplin, die zusammen mit ihrem Vorsitzenden, Kardinal P. CATERINI, 20 Mitglieder zählt[465]. Vier der insgesamt 28 vorbereiteten Schemata[466] gehen in die Konzilsverhandlungen ein, ohne jedoch verabschiedet zu werden.

Die für die spätere Konzilsthematik wie auch für die vorliegende Untersuchung wichtigste theologisch-dogmatische Kommission unter Kardinal A. BILIO zählt 24 Konsultoren: G.CARDONI, R. MONACO LA VALLETTA, M. SPADA, H. DE FERRARI, A.M. ADRAGNA, G. PERRONE, T. MARTINELLI, C. SANTORI (Sekretär), P. PETACCI, B. MURA, Gius. PECCI (Bruder des späteren LEO XIII.), J.B. FRANZELIN, F. COSSA, C. SCHRADER, J. SCHWETZ, F. HETTINGER, J. JACQUENET, Ch. GAY, J. ALZOG, J. CORCORAN, S. MORENO LABRADOR, W. WEATHERS, G.T. TOSA, A. GUIDI[467]. Ihre 57 Versammlungen datieren vom 24. September 1867 bis zum 30. Dezember 1869[468]. Zusätzlich werden zwei von BILIO ernannte Spezialkommissionen tätig, eine, die am 27. September 1867 den Modus procedendi festlegt, und eine andere und ständige, welche die stilistische Redaktion der Texte zu besorgen hat und der neben dem Verfasser des jeweiligen Votums FRANZELIN, SCHRADER, PETACCI (später TOSA) und SANTORI angehören[469].

In Anbetracht der gestellten Aufgabe, über die nach dem Tridentinum entstandenen Irrtümer Kanones zu formulieren und die zugehörige katholische Lehre in Kapiteln darzulegen[470], hat die Kommission zunächst methodische Klärungen vorzunehmen, die ihres hermeneutischen Gewichtes wegen hier Erwähnung verdienen. Die erste Versammlung am 24. September 1867, in der sich übrigens ein Konsultor für die Definition der päpstlichen Unfehlbarkeit ausspricht, führt zu folgenden Ergebnissen: Es sollen neben den eigentlichen Glaubensinhalten (Gegensätzen zu Häresien) auch die Wahrheiten der katholischen Lehre dargelegt werden; bereits durch den Apostolischen Stuhl erfolgten Verurteilungen ist ohne Prüfung der verhängten Zensur beizustimmen; auch gefährliche theologische, philosophische und soziale Ansichten unter den Katholiken sollen nicht unbehelligt bleiben; die Grundsätze für die Zusammenstellung und Formulierung der Irrtümer soll der Präsident festlegen[471].

Die zu diesem Zweck gebildete (bereits erwähnte) Spezialkommission mit COSSA, PECCI, FRANZELIN, PERRONE und SANTORI wählt am 27. September 1867 zur Arbeitsgrundlage den Syllabus, dessen einzelne Paragraphen zur Ausarbeitung eines thematischen Votums verteilt werden, und zwar an PECCI (Paragraph 1), FRANZELIN (Par. 2), PETACCI (Par. 3), DE FERRARI (Par. 4: Sozialismus, Kommunismus, geheime Gesellschaften), MARTINELLI (Bibel), SCHRADER (klerikal-liberale Gesellschaften, dazu die Paragraphen 6, 7 und 10), PERRONE (Par. 5: Kirche, allgemein), COSSA (Papst), CARDONI (Unfehlbarkeit des Papstes), SANTORI (Par. 8) und ADRAGNA (Par. 9)[472].

Die Voten, die jeweils den Irrtümern die katholische Lehre entgegenstellen, umspannen eine breite Thematik: Kirche, Kirche und Staat, Glaube und Wissen, Güntherianismus, Rationalismus, Indifferentismus und Latitudinarismus, Primat sowie Unfehlbarkeit und weltliche Herrschaft des Papstes, Hl. Schrift, Gnade, Ehe, Gewissensfreiheit, geheime Gesellschaften, Sozialismus und Kommunismus, Spiritismus, Wucher[473]. Dennoch gehen aus den Kommissionsverhandlungen nur vier Schemata hervor: 1) über die katholische Lehre in Abwehr der rationalistischen Irrtümer (De doctrina catholica contra multiplices errores ex rationalismo derivatos), 2) über die Kirche (De ecclesia Christi), 3) über den Papst (De Romano pontifice), 4) über die christliche Ehe (De matrimonio christiano)[474]. Davon gelangen wiederum nur die ersten drei bzw. zwei (nach Vereinigung des Papstschemas mit dem Kirchenschema) in die Konzilsverhandlungen und kommen wenigstens zu einem Teil auch zur Verabschiedung. Vieles von der ursprünglichen, mehr oder minder auch die Moral betreffenden Thematik bleibt im Stadium von Postulaten und Entwürfen.

In der 23. Versammlung am 3. Dezember 1868 wird eine Verfahrensordnung mitgeteilt (Methodus servanda ...), welche bestimmt: 1) Gemäss der Gepflogenheit (mos) des Tridentinums soll den Kanones eine Darlegung der katholischen Lehre vorangestellt werden; 2) neben den Häresien sollen auch andere, den Glauben und die guten Sitten gefährdende Irrtümer aufgegriffen und 3) in den Lehrkapiteln, wie in den Kanones die Häresien, verurteilt werden; vorausgegangene Verurteilungen sind lediglich zu bekräftigen; 4) eine kleine Gruppe von Konsultoren soll jeweils die Arbeit der Versammlungen vorbereiten, 5) gedruckte Vorlagen an die Hand geben und diese im Sinne der Kommission überarbeiten[475].

Zu den letzten wichtigen Vorbereitungen zum Konzil gehören die Berufung des Konzilssekretärs, des Bischofs von St. Pölten, J. FESSLER[476], sowie der fünf Konzilspräsidenten (in Vertretung des Papstes), der Kardinäle REISACH (ersetzt durch DE ANGELIS), DE LUCA, BILIO, CAPALTI und BIZZARRI[477], dazu die Ausarbeitung der Geschäftsordnung "Multiplices inter" vom 27. November 1869, die durch das Dekret "Apostolicis litteris" vom 20. Februar 1870 (unter nachhaltigen Protesten) revidiert wird[478].

b. Der Verlauf

Als das "Sacrosanctum generale et oecumenicum concilium Vaticanum"[479] nach einer präsynodalen Sessio vom 2. Dezember[480] am 8. Dezember 1869 zusammentritt[481], kann es sich aufgrund der geleisteten Vorarbeit, die freilich auch eine gewisse Vorentscheidung bedeutet, nahezu unverzüglich den Sachfragen zuwenden.

Dies geschieht hauptsächlich in den drei Einrichtungen der Deputationen, Generalkongregationen und öffentlichen Sitzungen.

Die bewährte Aufgliederung in verschiedene Sachbereiche wird beibehalten, jedoch werden die je 24 Mitglieder der vier neuen Deputationen von den Konzilsvätern gewählt; einzig die bisherige kirchenpolitische Kommission wird nicht fortgeführt[482]. Zusätzlich wird eine Kommission zur Annahme der Postulate ernannt[483]. In die (wiederum wichtigste) Glaubensdeputation (Deputatio pro rebus ad fidem pertinentibus) werden gewählt: B. D'AVANZO, Bischof von Calvi und Teano; F.E. CUGINI, Erzbischof von Modena; F.M. ZINELLI, Bischof von Treviso; G. CARDONI, Titularerzbischof von Edessa; L. PIE, Bischof von Poitiers; R.F. REGNIER, Erzbischof von Cambrai; E. GARCIA GIL, Erzbischof von Saragossa; A. MONESCILLO, Bischof von Jaen; I.v. SENESTREY, Bischof von Regensburg; K. MARTIN, Bischof von Paderborn; M.J. SPALDING, Erzbischof von Baltimore; J.S. ALEMANY, Erzbischof von San Francisco; A.I. SCHAEPMAN, Erzbischof von Utrecht; W. STEINS, Titularerzbischof von Bostra, Apostolischer Vikar von Kalkutta; P. LEAHY, Erzbischof von Cashel; H.E. MANNING, Erzbischof von Westminster; J. SIMOR, Erzbischof von Gran; M. LEDOCHOWSKI, Erzbischof von Gnesen-Posen; V.A. DECHAMPS, Erzbischof von Mecheln; P.J. DE PREUX, Bischof von Sitten; V. GASSER, Bischof von Brixen; S. DIAS LARANGEIRA, Bischof von S. Pedro (Brasilien); R.V. VALDIVIESO, Bischof von Santiago de Chile; A. HASSUN, armenischer Patriarch von Cilicien. Präsident der Deputation wird wiederum BILIO, ihr Sekretär SCHWETZ[484]. Die Reihe ihrer 58 Versammlungen beginnt am 7. Januar und endet am 14. Juli 1870[485]. Insgesamt fünf Mitglieder werden mit der Aufgabe betraut, in der Konzilsaula die Auffassung der Deputation zu einer Textvorlage oder zu Änderungsanträgen wiederzugeben. Einer solchen Erklärung (Relatio) kommt für die Interpretation eine herausragende Bedeutung zu. Ein grosser Teil der Text- und Redaktionsarbeit liegt in den Händen der Theologen, die bereits als Konsultoren an der Vorbereitung der Schemata mitgewirkt haben oder nun von einzelnen Bischöfen in den Dienst genommen werden. Neben SCHRADER und FRANZELIN sind hier besonders KLEUTGEN und W.A. MAIER, der Theologe SENESTREYS, zu nennen.

Die Debatten der 89 Generalkongregationen haben neben den dogmatischen auch einzelne disziplinäre Schemata zum Gegenstand. Den Anfang bildet das Schema "De doctrina catholica", das von der 4. bis zur 9. Generalkongregation, vom 28. Dezember 1869 bis zum 10. Januar 1870 diskutiert und zur Revision überwiesen wird. Die 10. bis 29. Generalkongregation vom 14. Januar bis 22. Februar gehören den Vorlagen über die Bischöfe und die bischöfliche Sedisvakanz, die Lebensführung der Geistlichen und den kleinen Katechismus. Von der 30. bis zur 46. Generalkongregation, vom 18. März bis zum 19. April, wird das revidierte Schema "Dei Filius" behandelt und abgeschlossen. In der 47. bis 50. Generalkongregation vom 29. April bis zum 13. Mai geht es dann noch einmal um den kleinen Katechismus. Ohne dass es darüber zu einer Schlussabstimmung kommt, setzt noch in der 50. Generalkongregation die zum Zwecke der Unfehlbarkeitsdefinition vorgezogene Debatte des Konstitutionsschemas "Pastor aeternus" ein, die sich bis zur 86. Generalkongregation am 16. Juli 1870 erstreckt. Erneut greifen die nach dem 18. Juli in Rom verbliebenen Väter am 13. August das Schema über die Sedisvakanz auf, um die Arbeit mit dem 1. September einzustellen. Das nach der Einnahme Roms vom Papst am 20. Oktober 1870 auf unbestimmte Zeit vertagte Konzil sollte trotz mehrfacher Ansätze dazu nicht wieder aufgenommen werden[486]. Immerhin hat das 1. Vatikanum in der dritten Sessio publica am 24. April 1870 die Konstitution "Dei Filius" und in der vierten am 18. Juli 1870 die Konstitution "Pastor aeternus" erlassen[487]. Bevor darauf einzugehen ist, mag es dienlich sein, den in den Blick genommenen Horizont des Konzils, den dargestellten lehramts- und theologiegeschichtlichen Kontext der Konzilsaussagen, in seinen für die nachfolgende Untersuchung einschlägigen Punkten zusammenzufassen.

Zusammenfassung

1. Die in den ersten Jahrzehnten des 19. Jahrhunderts einsetzende restaurative Bewegung, deren Höhepunkt das Vatikanum darstellt, ist gekennzeichnet durch einen hohen Einsatz für die Verkündigung gerade der Grundwahrheiten der christli-

chen Lehre gegenüber den rationalistischen Strömungen der Zeit. Dies wiederum erfordert eine Straffung auch der Lehrdisziplin, insbesondere aber eine Stärkung der kirchlichen Autorität sowohl durch ihre Konzentration im Primat des Papstes als auch zugleich durch ihre Kulminierung und Immunisierung in seiner Unfehlbarkeit. Beides, eine Erklärung über den katholischen Glauben und die Definierung der päpstlichen Primatsgewalt und Unfehlbarkeit, wird dem Vatikanum, dem so viele Vorhaben versagt bleiben, gelingen.

2. Wenn das Vatikanum im Zeichen der Autorität die vom kirchlichen Lehramt geltende Unfehlbarkeit für den Papst aussagt, hat es sich lediglich für diese (personale) Applikation der dogmatischen Grundlage zu versichern und braucht dazu weder den Begriff "Unfehlbarkeit" (und in diesem Zusammenhang das Verhältnis von Irreformabilität und Dogmenentwicklung und -interpretation) zu reflektieren, ohne dass es diese Reflexion überflüssig macht oder gar verbietet, noch die tatsächlich ergangenen Ex-cathedra-Entscheidungen festzustellen oder sich generell zur Häufigkeit solcher Akte zu äussern, so bedeutsam dies für die Praxis auch sein mag. Allein die Tatsache, dass dem Papst Unfehlbarkeit zukommt, fördert und steigert die Verbindlichkeit auch solcher Aussagen, die nicht oder nicht mehr - die heutigen Theologen sind hier zweifellos zurückhaltender als die damaligen Verfechter der Infallibilitätsdefinition - für unfehlbar zu erachten sind. Tatsächlich hat das Konzil die päpstliche Autorität aufgewertet, auch wenn erst nach achtzig Jahren wiederum wie 1854 eine manifeste Kathedralentscheidung erfolgen sollte; es hat dennoch die - wiewohl jeweils zu verneinende - Frage nach unfehlbaren Aussagen wachgehalten.

3. Wie schwierig diese Frage zu beantworten sein kann, zeigt sich ganz besonders am Fall der Enzyklika und des Syllabus vom 8. Dezember 1864. Nicht einmal die später vom Konzil angegebenen Kriterien einer Kathedralentscheidung vermögen, wie die Erfahrung zeigt, Kontroversen auszuschliessen. Allerdings haben mit der zeitlichen Distanz zur Unfehlbarkeitsdefinition die Versuche, ihre Aktualisierung aufzuweisen, nachgelassen, womit das Dogma nur "relativiert", nicht negiert wird. Zudem tritt can. 1323,3. des Codex Iuris Canonici einer vorschnellen Infallibilisierung entgegen[488].

4. Dogmatische Definitionen selbst stellen nach den Erfahrungen von 1854 und noch mehr von 1870 an die Beteiligten einen nicht leicht zu erfüllenden Anspruch. Auch unfehlbare Moralaussagen wären von solchen Schwierigkeiten nicht ausgenommen.

5. Die Frage nach dem Unfehlbarkeitsobjekt bekommt im Zusammenhang mit der Unfehlbarkeit des Papstes ein neues Gewicht. Die Vorstellung eines von der Kirche unabhängig definierenden Papstes erschreckt ja durch zu erwartende materiale Übergriffe. Muss dabei auch zur Kenntnis genommen werden, dass von einem Anspruch auf Unfehlbarkeit ausserhalb ihres Bezuges zur Offenbarung keine Rede ist, so erweist sich doch die genauere Bestimmung und Abgrenzung dieser Beziehung, die, wie allgemein angenommen wird, nicht einfach auf das formell Geoffenbarte einzuschränken ist, als schwierig. Dass auch über das Gegebensein dieses Zusammenhanges der Papst zu befinden hat, verschärft in den Augen der Opposition das Problem, das ein Problem der kirchlichen Unfehlbarkeit überhaupt darstellt.

6. Dies trifft ebenso für die in der Theologie vor dem Vatikanum zur Bezeichnung des Gegenstandes kirchlicher Lehrautorität und Unfehlbarkeit längst allgemein gebräuchliche Formel "fides et mores" zu, die für "Glaubensdinge" steht. Die Frage ist auch hier, wie weit sich die Unfehlbarkeit über die (formell) geoffenbarten Glaubens- und Sittenwahrheiten hinaus erstreckt und in diesem weiteren Sinne Glaubens- und Sittensachen umfasst. Der Sprachgebrauch selbst, das Unfehlbarkeitsobjekt mit diesem Doppelausdruck zu bezeichnen und "fides" (als selbstverständliches und umfassendes Objekt) durch "mores" zu ergänzen, bleibt unbeanstandet. Die zahlreichen Angriffe gegen die Unfehlbarkeit namentlich "in den Sitten" richten sich nicht grundsätzlich gegen diese Relation, sondern gegen einen allzu weitgefassten Offenbarungszusammenhang.

7. Auch über den Begriff "mores" oder "Sitten" gibt es keine Kontroverse. Ohne Bedenken wird er, was für die vorliegende Untersuchung von besonderer Wichtigkeit ist, durchweg - daran ist kein Zweifel - im Sinne von "Moral" verstanden. Die Moral wird von der Unfehlbarkeit nicht ausgenommen, als beschränkte sich

dieselbe allein auf die theoretischen Offenbarungs- und Glaubenswahrheiten, und dies wiederum sieht man in "fides et mores", "Glaube und Sitten" ausgedrückt. Damit ist nicht schon eine adäquate Definition von "mores" gegeben, das auch die in der Offenbarung gründenden Strukturen und Elemente der kirchlichen Praxis einschliessen mag; zu einer intensiveren Reflexion darüber besteht offensichtlich kein Anlass. Es wird sich zeigen, in welcher Weise zu diesen Fragen das 1. Vatikanum als solches in seinen Dekreten und Debatten Stellung nimmt, dem sich die Untersuchung nunmehr unmittelbar zuzuwenden hat.

2. KAPITEL

DIE KONSTITUTION "DEI FILIUS"

Am Anfang der Arbeiten und Aussagen des 1. Vatikanums steht erwartungs- und ordnungsgemäss[1] eine dogmatische Konstitution, die in der Sessio III am 24. April 1870 verabschiedete Konstitution über den katholischen Glauben "Dei Filius"[2], die unter Darlegung fundamentaler Lehren über den Schöpfergott und die Offenbarung, über den Glauben und sein Verhältnis zur Vernunft die entsprechenden Zeitirrtümer verurteilt. Innerhalb dieser Themenkreise, die für sich keinen Gegenstand dieser Untersuchung bilden, finden sich bedeutsame Aussagen über das kirchliche Lehramt und über die Moral, denen in diesem Kapitel nach einem Überblick über Geschichte und Inhalt von "Dei Filius" (I.) im einzelnen nachgegangen werden soll (II.). Dabei lässt die Konstitution schon auf den ersten Blick vier qualitativ verschiedene Teile erkennen: ein längeres Vorwort, vier Lehrkapitel, achtzehn diesen zugeordnete Kanones und einen kurzen Epilog, eine Absichtserklärung also, eine Lehraussage, eine detaillierte und strikte Grenzziehung und eine Mahnung. Eine zutreffende Auslegung der Einzelinhalte hat darum deren jeweiligen Ort und Aussagecharakter zu berücksichtigen[3].

I. GESCHICHTE UND INHALT

1. Die Entwicklungsgeschichte

a. Die Vorbereitung der Konzilsvorlage

Die Anfänge der späteren Konzilskonstitution[4] bilden die nach der Aufteilung vom 27. September 1867 ausgearbeiteten Konsultorenvoten, die in der theologischen Kommission diskutiert werden. Darunter sind die Voten von SCHWETZ in bezug auf die Irrtümer GÜNTHERS (Aktenstücke A-5a bis e) sowie über die göttliche Gnade (A-10a bis b)[5], ferner die Voten von FRANZELIN über die Irrtümer hinsichtlich

Wissen und Glauben (De erroribus nonnullis circa cognitionem naturalem et supernaturalem seu circa habitudinem inter scientiam ac fidem qui nostra aetate scholis catholicis periculum crearunt; A-6a)[6], von T.M. MARTINELLI über die Irrtümer in bezug auf die Heilige Schrift (A-9a bis b)[7] und von G. PECCI über den Pantheismus, Rationalismus und Naturalismus (De erroribus qui in primo Syllabi capite recensentur A-11a) nebst einem Fragebogen (De pantheismo, rationalismo et naturalismo quaestiones A-11b)[8]. Die Diskussion dieser Vorlagen erstreckt sich bis in den Sommer 1869[9]. Daraufhin erhält FRANZELIN den Auftrag, ein Schema vorzubereiten. Sein anhand der Vorarbeiten erstellter Entwurf vom Juli 1869 "Definitio doctrinae catholicae contra multiplices errores ex impio rationalismo derivatos vel contra multiplices absoluti ac temperati rationalismi errores" (A-6b)[10], im folgenden mit POTTMEYER als Schema I bezeichnet, wird sowohl in der Kommission selbst als auch in ihrem Redaktionsausschuss besprochen[11] und erhält im Oktober 1869 eine zweite Form, in der er dann, durch erläuternde Anmerkungen ergänzt, als Konzilsvorlage bereitliegt (Schema II): "Decretum de doctrina catholica contra multiplices errores ex rationalismo derivatos" (A-6c)[12].

b. Die Konzilsverhandlungen

Bereits am 10. Dezember 1869 wird dieses "Schema einer dogmatischen Konstitution über die katholische Lehre gegen die vielfältigen aus dem Rationalismus hergeleiteten Irrtümer" den Konzilsvätern ausgehändigt[13]. Es besteht aus achtzehn Kapiteln, eingerahmt von einem kurzen Vorwort und 43 ausführlichen Anmerkungen. Wie darin gesagt wird, gliedert sich die Konstitution in drei Teile: Zuerst (Kapitel 1 und 2) verurteilt sie den absoluten Rationalismus in der Gestalt des Materialismus, Pantheismus und Vulgärrationalismus; im zweiten (Kapitel 3 bis 11) und dritten Teil (Kapitel 12 bis 18), dem "corpus decreti", geht es um den Semirationalismus, und zwar hinsichtlich sowohl seiner Formalprinzipien, betreffend die Glaubenserkenntnis und ihr Verhältnis zur Vernunft, als auch spezieller Irrtümer, betreffend einzelne Glaubenswahrheiten, insbesondere das Verhältnis von Natur und Übernatur[14]. Mit diesem Schema befassen sich die 4. bis 9. Generalkongregation des Konzils vom 28. Dezember 1869 bis zum 10. Januar 1870[15]. – Die Kritik am Schema führt die Deputation dazu, es unter Wahrung seiner Substanz doch der Form nach zu ändern, wobei einem Sonderausschuss aus DECHAMPS (als Vorsitzenden), MARTIN (mit KLEUTGEN) und PIE (mit Ch. GAY) die Neugestaltung des Schemas übertragen, und auch FRANZELIN, der Verfasser der Konzilsvorlage, zu einer Stellungnahme eingeladen wird[16]. Am 1. März 1870 bringt dann MARTIN das reformierte Schema (Schema III) in der Glaubensdeputation ein[17]. Der nunmehr zweiteilige Entwurf umfasst in seinem ersten Teil neben einem längeren Vorwort nur mehr vier Kapitel: De Deo et mundi creatione - De revelatione - De fide - De fide et ratione, worauf die diesen jeweils zugeordneten Kanones folgen. Der zweite Teil beginnt unmittelbar mit Kapitel 5 "De SS. Trinitate", gefolgt von vier weiteren über Erschaffung und Natur des Menschen, dessen Erhebung und Fall, über Inkarnation und Erlösungsgnade; daran schliessen sich wiederum die entsprechenden Kanones. Den Schluss bildet ein Monitum in zwei Sätzen. Das Vorwort und die ersten vier Kapitel zusammen mit ihren Kanones werden in den Sitzungen der Glaubensdeputation vom 1. bis 11. März 1870 diskutiert und revidiert und, während der zweite Teil zur Besprechung kommt[18], mit Beschluss vom 11. März 1870 zu einer eigenständigen Konstitution erhoben[19]. Im einzelnen wird das Vorwort am 1. und 2. März diskutiert[20], am 4. März Kapitel 1 (mit den Kanones)[21], das am folgenden Tag in verbesserter Form vorgestellt und begutachtet wird[22]. Am 4. und 5. März wird ausserdem Kapitel 2 zusammen mit den zugehörigen Kanones vorgenommen[23]; über die geänderte Fassung wird am 6. März befunden[24]. Kapitel 3 mit den zugehörigen Kanones, am 5. bzw. 6. März besprochen[25], liegt am 8. März in reformierter Gestalt vor[26]. Der von SENESTREY am 9. März nach seinem vergeblichen Vorstoss in dieser Richtung am 5. März[27] vorgeschlagene Zusatz über die Glaubensverpflichtung auch aufgrund der ordentlichen kirchlichen Lehrverkündigung und ein entsprechender Kanon werden auf die spätere Behandlung der Unfehlbarkeit der Kirche verwiesen[28]. In derselben Sitzung werden noch die Kanones zu dem am 8. März diskutierten Kapitel 4 besprochen[29], die revidierte Fassung am 11. März unterbreitet[30].

Damit ist die Konzilsvorlage fertiggestellt, die am 14. März zusammen mit einer Erläuterung der Umarbeitung (Ratio in priori schemate dogmatico emendando a patribus deputatis servata) an die Konzilsväter ausgegeben wird (Schema IV)[31]. Es trägt mit seinem Vorwort, den vier Kapiteln : De Deo rerum omnium creatore - De revelatione - De fide - De fide et ratione, den nachfolgenden kapitelweise gegliederten Kanones sowie den abschliessenden Ermahnungen, die ursprünglich am Ende des zweiten Teiles und der gesamten Konstitution ihren Platz hatten, schon ganz die Gestalt der definitiven Konzilskonstitution "Dei Filius". Die Anlage beider stimmt bereits im einzelnen nahezu völlig überein. Was, abgesehen von Umformulierungen und Erweiterungen innerhalb der jeweiligen Absätze, als Unterschied ins Auge fällt, ist neben einem Zusatz in Kapitel 1 der Wegfall sowohl des Monitums nach dem 4. Kanon zu diesem Kapitel, vor den zudem ein neuer (als vierter) eingeschoben wird, als auch des 3. Kanons zu Kapitel 4, so dass der vierte schliesslich als dritter zählt. Gleichwohl durchläuft das dritte Stadium der Entwicklung der Konzilskonstitution, das mit Schema IV anhebt, wiederum mehrere Stadien. Zunächst wird die Vorlage in der 30. Generalkongregation am 18. März 1870 durch SIMORS Relatio[32] eingeführt und diskutiert, zuerst im allgemeinen[33], hierauf vom 22. März bis 1. April in ihren einzelnen Teilen[34]. Die Glaubensdeputation - die Einzeldaten folgen später - sammelt die dabei ausgesprochenen Verbesserungsvorschläge, zu denen noch schriftlich eingereichte hinzukommen, und begutachtet sie; dementsprechend referiert dann ein Sprecher in der Generalkongregation über diese den Vätern gedruckt vorliegenden "Emendationes", worüber anschliessend abgestimmt wird. In diesem Sinne verbessert, wird der betreffende Teil selbst noch einmal zur Abstimmung vorgelegt. In der 45. Generalkongregation am 12. April kann man schliesslich über ein in allen Teilen revidiertes und approbiertes Schema (S c h e m a V)[35] im ganzen abstimmen, und zwar mit "Placet", "Non placet" oder "Placet iuxta modum"[36]. Dabei werden aus den 83 (von insgesamt 598) bedingten Placet-Stimmen noch 148 "Exceptiones"[37] verzeichnet, in der Deputation am 16. April besprochen[38] und durch GASSER in der 46. Generalkongregation am 19. April gewürdigt[39]. Mit der Abstimmung darüber ist die in der öffentlichen Sitzung am 24. April verkündete Textgestalt (Form VI) bis auf zusätzliche stilistische Verbesserungen, welche die Deputation am 20. April noch vornimmt, festgelegt[40].

Im einzelnen befasst sich das Konzil speziell mit dem V o r w o r t in Schema IV[41] am 22. und 23. März 1870[42]. Die am folgenden Tag verteilten Emendationes, zu-

züglich der schriftlich eingereichten, bedürfen offenbar keiner eingehenden Besprechung in der Glaubensdeputation[43]. Am 26. März referiert ihr Sprecher SIMOR darüber vor der Generalkongregation, wobei die vorgesehene Abstimmung zuletzt gegenstandslos wird[44]. Die Deputation diskutiert und approbiert den vorgelegten neuen Text, über den die Väter am 29. März abstimmen[45]. Mit stilistischen Änderungen durch die Deputation geht er in das revidierte Schema (V) ein[46]. - Das 1. Kapitel[47] ist Gegenstand der Spezialdebatte am 23. und 24. März[48]. Die Emendationes[49] legt GASSER den Vätern zur Abstimmung vor[50], worauf die Deputation den Text revidiert[51].
Das 2. Kapitel[52] der Konzilsvorlage wird in den Generalkongregationen am 24., 26. und 28. März diskutiert[53]. Die Emendationes[54] behandelt die Deputation am 30. und 31. März[55], ihr Sprecher am 4. und 5. April ist wiederum GASSER. Auf die einzelnen Abschnitte seiner Relatio folgt jeweils die Abstimmung[56]. Erneut befasst sich die Deputation am 3., 5. und 6. April mit dem Text, den sie nach der Abstimmung am 8. April noch einmal vornimmt[57].

Über das 3. Kapitel[58] debattiert das Konzil am 30. und 31. März[59]. Die Emendationes dazu[60] beschäftigen die Deputation am 3. und 4. April[61]; ihr diesbezüglicher Berichterstatter am 6. und 7. April ist MARTIN[62]. Bei der Abstimmung findet allerdings der 5. Kanon nicht die Zustimmung der Väter, sondern wird erst am 8. April nach einer Revision durch die Deputation angenommen[63]. Die Abstimmung über das revidierte Kapitel als ganzes erfolgt am 12. April, dem Tag der Abstimmung über das Gesamtschema[64]. - Die Spezialdebatte über das 4. Kapitel[65] beschränkt sich auf den 1. April 1870[66]. Die Emendationes[67] werden von der Deputation am 5. und 6. April besprochen[68]. PIE referiert darüber am 8. April[69]. Das nach den Abstimmungen revidierte Kapitel wird am folgenden Tag von der Deputation weiter modifiziert[70]. Auch darüber stimmen die Väter am 12. April zuerst noch einmal separat ab[71].

Die Schlussermahnung, die ohne Überschrift auf die Kanones zum 4. Kapitel folgenden beiden Sätze[72], wird in diesem Zusammenhang am 1. April diskutiert[73]. Über die betreffenden Emendationes 48 bis 50[74] fällt jedoch die Deputation am 6.

April den Entscheid, die "conclusio" (wiederum) an den Schluss der gesamten zweiteiligen Konstitution zu setzen[75]. In diesem Sinne nimmt am 8. April auch PIE von der Behandlung der diesbezüglichen Emendationes ausdrücklich Abstand, und fast alle Väter stimmen der Zurückstellung zu[76]. Gleichwohl erheben sich tags darauf in der Deputation Bedenken gegen die Weglassung, die als Ablehnung missdeutet werden könnte. Man will darum das Monitum doch noch der Generalkongregation unterbreiten, damit diese es bereits jetzt approbieren und auch über seine Plazierung entscheiden könne[77]. Nicht ohne Kritik nehmen die Väter die Ankündigung der nachträglichen Behandlung des Monitums auf[78]. Am 12. April führt PIE darin ein und beleuchtet die drei Emendationes[79]. Mit der Entscheidung der Väter gegen die das Monitum abweisende Emendatio 48 gilt es als in dem von PIE vorgetragenen Sinn der Glaubensdeputation angenommen[80], während es in der anschliessenden Abstimmung über das Gesamtschema noch mit zahlreichen Einwänden bedacht wird und damit bis zuletzt einen Gegenstand besonderen Interesses, wenn auch nicht mehr einer eigenen Abstimmung bildet.

Übersicht :

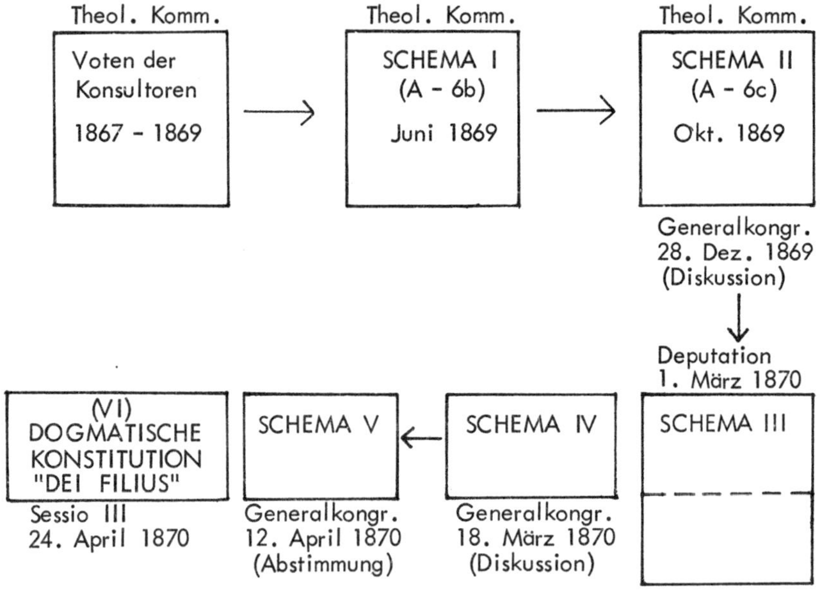

2. Die inhaltlichen Ansätze

a. Allgemeiner Überblick

Vielfachen Irrtümern rationalistischer Provenienz zu begegnen, ist von Anfang an das erklärte Ziel der Konstitution, die in ihrem allein verabschiedeten fundamentaltheologischen Part die traditionelle apologetische Trias der Demonstratio religiosa, christiana und catholica widerspiegelt[81]. Sie handelt vom Schöpfergott, von der Offenbarung, vom Glauben, vom Glaubensverständnis und von der (Autorität der) Kirche. Ihr vierteiliger äusserer Aufbau (Vorwort, Kapitel, Kanones, Epilog) ist in sich noch weiter gegliedert, insbesondere sind die einzelnen Kapitel in mehrere "Paragraphen" unterteilt, deren auf dem Konzil selbst vorgenommene Zählung in den Ausgaben nicht immer klar zu erkennen ist.

aa. Das Vorwort

Schon die Tatsache, dass das Schema III das Vorwort von Schema II nicht nur nicht gestrichen, sondern sogar auf das Vierfache ausgedehnt hat, wie auch die Dauer und der Ernst seiner Behandlung in der Generalkongregation - der berühmte Vorfall um STROSSMAYER[82] ereignet sich in diesem Zusammenhang - zeigen, dass das Konzil die Einleitung zur Konstitution nicht als belanglose Äusserung betrachtet. In ihr soll, wie die "Ratio" zu Schema IV bemerkt, die Zielsetzung des Konzils im ganzen wie auch jene der dogmatischen Konstitutionen - die notwendige Entgegnung auf die Zeitirrtümer - angegeben werden[83]. Ohne nach den Worten des Deputationssprechers zum Glauben und zur Lehre zu gehören und darum auch auf andere Weise abzufassen[84], haben damit diese Sätze, mit denen das 1. Vatikanum gleichsam seinen Mund auftut, eine Bedeutung für das Verständnis seiner selbst und dieser seiner Konstitution "Dei Filius". Sie schildern den Segen des Tridentinums, die bedrängenden Übel der Zeit und die Gegenmassnahme des Konzils.

In ihrer bezeichnenden Namensgebung beginnt die Konstitution unmittelbar mit der Person Jesu Christi, der folgenden Glaubensthematik als "Gottes Sohn" - parallel dazu der Kirchenkonstitution als "ewiger Hirte" - vorangestellt[85], des näheren mit seinem Bleiben bei der Kirche[86]. Diese seine Vorsehung erkennt es gerade in den Früchten der Konzilien, namentlich des Tridentinums mit seinem Wirken für die Dogmen, die kirchliche Disziplin und (durch bessere Unterweisung und häufigeren Empfang der Sakramente) die sittliche Erneuerung des Volkes (christiani populi mores ... instaurati)[87]. Hauptsächlich auf die vielfache Ablehnung der Autorität und Nichtbeachtung der Dekrete des Tridentinums werden die schweren Übel der Zeit zurückgeführt. Aus den dort verurteilten Irrlehren, heisst es, hätten sich bei der Verwerfung des kirchlichen Lehramtes und der Überstellung der religiösen Dinge an das Privaturteil zahlreiche Sekten gebildet, deren Uneinigkeit und Streit zuletzt den Christusglauben bei vielen erschüttert habe; sogar der Bibel spreche man bereits die göttliche Autorität ab. Die weitverbreitete Lehre des Rationalismus oder Naturalismus sodann stehe ganz im Gegensatz zur christlichen Religion als übernatürlicher Institution, wolle Christus aus dem Denken und öffentlichen Leben entfernen (Christo ... a mentibus humanis, a vita et moribus populorum excluso), um ein Reich allein der Vernunft oder Natur zu errichten. Aufgrund der Ablehnung der christlichen Religion und der Leugnung Gottes seien viele in den Abgrund des Pantheismus, Materialismus und Atheismus gestürzt, leugneten selbst die Vernunftnatur und jede Norm eines rechten Handelns (omnem iusti rectique normam) und suchten so die tiefsten Grundlagen der menschlichen Gesellschaft zu zerstören. Bei der um sich greifenden Gottlosigkeit, heisst es weiter, seien auch Söhne der katholischen Kirche vom Weg der Frömmigkeit abgeirrt und hätten die katholische Gesinnung mehr und mehr eingebüsst; durch verschiedenartige und fremde Lehren fehlgeleitet, vermengten sie Natur und Gnade, Wissen und Glauben, verfälschten den von der Kirche festgehaltenen genuinen Sinn der Dogmen und gefährdeten die Reinheit des Glaubens[88]. Angesichts dieser düsteren und zutiefst bewegenden nachtridentinischen Entwicklung will die Kirche auf dem Konzil ihre Massnahme treffen, weiss sie sich doch als die von Gott bestellte Mutter und Lehrerin der Völker allen verpflichtet, um so allezeit die Heilswahrheit Gottes zu bezeugen und zu verkünden, eingedenk dessen, dass Gottes Geist und Worte aus ihrem Munde niemals weichen sollen (Jes 59,21)[89]. Auf der Linie seines bisherigen Eintretens für die katholische Wahrheit will darum der Papst zusammen mit den Konzilsvätern, gestützt auf das von der Kirche bewahrte und ausgelegte geschriebene und überlieferte Wort Gottes, allen Menschen die Heilslehre Christi vortragen und die entgegengesetzten Irrtümer verurteilen[90].

bb. Die Kapitel mit den Kanones

Das 1. Kapitel über Gott, den Schöpfer aller Dinge, handelt von Gottes Wesen, Schöpfungstat und Vorsehung. Es kann mit seinen Kanones[91] - als einziges - im folgenden ausser Betracht bleiben. Das 2. Kapitel über die Offenbarung gliedert sich in vier Paragraphen, welche die Tatsache, die Notwendigkeit und die Quellen der Offenbarung sowie ihre Auslegung zum Gegenstand haben. Obwohl Gott, so sagt der 1. Paragraph, aus den geschaffenen Dingen sicher erkannt werden könne, was der 1. Kanon noch einmal aufgreift[92], habe es ihm doch gefallen, auf einem anderen, übernatürlichen Weg sich selbst und seine ewigen Ratschlüsse zu offenbaren[93]. Möglichkeit und Wert dieser übernatürlichen Offenbarung stellt auch der 2. Kanon heraus, während der 3. gegen den von ihr absehenden Fortschrittsglauben gerichtet ist[94]. Der 2. Paragraph würdigt sodann die Bedeutung dieser tatsächlich ergangenen Offenbarung und konstatiert ihre Notwendigkeit: Sei es auch der Offenbarung gewiss zu verdanken, dass das an den göttlichen Dingen der Vernunft an sich nicht Unzugängliche auch jetzt alle leicht, sicher und irrtumsfrei erkennen könnten, so sei sie dennoch absolut notwendig nicht deswegen, sondern aufgrund der Bestimmung des Menschen zu einem übernatürlichen Ziel, zur Teilnahme an göttlichen, menschliches Verständnis ganz und gar übersteigenden Gütern[95]. Der 3. Paragraph bezeichnet mit dem Tridentinum die depositarischen Quellen dieser Offenbarung, die Heilige Schrift und die auf uns gekommenen apostolischen Traditionen, und begründet die Kanonizität der ersteren - von den Traditionen ist nicht mehr die Rede - mit ihrer göttlichen Inspiration[96]. Auf diesen Satz kommt der 4. Kanon zurück[97]. Hinsichtlich der Interpretation der Schrift erläutert schliesslich der 4. Paragraph den Sinn des in seiner negativen Formulierung missdeuteten (disziplinären) tridentinischen Dekretes dergestalt, dass in Glaubens- und Sittensachen (in rebus fidei et morum ad aedificationem doctrinae christianae pertinentium) der von der Kirche als der zuständigen Schriftauslegerin festgehaltene Sinn als der wahre anzunehmen sei, weshalb auch niemand gegen diesen Sinn oder den einmütigen Konsens der Väter die Schrift auslegen dürfe[98].
Das 3. Kapitel über den Glauben handelt in seinen sechs Paragraphen vom We-

sen, von der Vernunftgemässheit, dem Gnadencharakter, dem Gegenstand und der Heilsnotwendigkeit des von der Kirche getragenen, unerschütterlich festzuhaltenden Glaubens. Dem sich offenbarenden Gott, so beginnt der 1. Paragraph, und so wiederholt der 1. Kanon[99], habe der seinem Schöpfer und Herrn unterworfene Mensch durch den Glauben den vollen Gehorsam des Verstandes und des Willens zu leisten. Sodann wird dieser Glaube zu verstehen gegeben als übernatürliche Tugend, in der mit Gottes Gnade das Geoffenbarte für wahr gehalten werde, nicht aufgrund seiner mit dem natürlichen Licht der Vernunft durchschauten inneren Wahrheit der Sache, sondern aufgrund der Autorität des offenbarenden unfehlbaren Gottes[100]. Auch der 2. Kanon wendet sich dagegen, dass sich der göttliche Glaube vom natürlichen Wissen über Gott und die sittlichen Dinge (a naturali de Deo et rebus moralibus scientia) nicht unterscheide und keine Annahme auf Gottes Autorität hin sei[101]. Dennoch ist, wie der 2. Paragraph fortfährt, dieser Glaubensgehorsam ein "obsequium rationi consentaneum", gestützt auf äussere Beweise der Offenbarung Gottes, von denen auch der 3. und 4. Kanon handeln[102]. Dabei ist nach Aussage des 3. Paragraphen und des 5. Kanons die Glaubenszustimmung dennoch ein freier und von der göttlichen Gnade getragener Akt[103]. Als Gegenstand des göttlichen und katholischen Glaubens erklärt darauf der 4. Paragraph alles, was im geschriebenen oder überlieferten Gotteswort enthalten sei und vom Lehramt der Kirche als von Gott geoffenbart zu glauben vorgelegt werde[104]. Ausgehend von der Heilsnotwendigkeit des Glaubens und des Festhaltens an ihm zeigt weiter der 5. Paragraph, dass eben dazu die Kirche gegründet und durch deutliche Glaubwürdigkeitsmerkmale als Hüterin und Lehrerin des Offenbarungswortes ausgewiesen sei[105]. Wie der 6. Paragraph hinzufügt, werde dieses Zeugnis unterstützt durch die göttliche Gnade, weshalb es - dies drückt auch der 6. Kanon aus - nach Annahme des Glaubens durch das Lehramt der Kirche keinen berechtigten Grund mehr gebe, ihn zu wechseln oder in Zweifel zu ziehen[106].

In den fünf Paragraphen des 4. Kapitels geht es um die Tatsache der Glaubensgeheimnisse, das mögliche Glaubensverständnis, die Widerspruchsfreiheit von Glauben und Wissen, das Verhältnis der Kirche zur Wissenschaft und um den rechten Fortschritt der Glaubenserkenntnis. Der 1. Paragraph unterscheidet eine nach Prinzip und Objekt zweifache Erkenntnisordnung, basierend auf der Vernunft bzw. dem Glauben, der Vernunft zugängliche (religiöse) Wahrheiten und - dafür tritt auch der 1. Kanon ein - in Gott verborgene (eigentliche) Mysterien, von denen allein die Offenbarung Kenntnis gebe[107]. Dass der vom Glauben erleuchteten Vernunft gleichwohl eine gewisse Einsicht in die Glaubensgeheimnisse möglich ist, legt der 2. Paragraph dar[108]. Von Gott her als dem Schöpfer und Offenbarer kann es nach Aussage des 3. Paragraphen auch keinen wirklichen Widerspruch zwischen Glauben und Vernunft geben. Jede im Gegensatz zu einer Glaubenswahrheit des erleuchteten Glaubens stehende Behauptung, heisst es, sei darum einfach falsch. Als Hüterin des Depositums habe dabei die Kirche Recht und Pflicht, eine fälschlich so genannte Wissenschaft zu brandmarken, und die Gläubigen müssten solche der Glaubenslehre entgegengesetzten Meinungen für Irrtümer erachten[109]. Im 4. Paragraphen sodann geht es um die gegenseitige Förderung von Glauben und Vernunft sowie um das positive Verhältnis der Kirche zur Wissenschaft und Kultur, wobei allerdings die Kirche darüber wache, dass die in ihrer berechtigten Freiheit anerkannte Wissenschaft nicht durch den Gegensatz zur göttlichen Lehre irre oder, ihre Grenzen überschreitend, den Glauben angreife[110]. Zusammenfassend wendet sich der 2. Kanon gegen einen Anspruch auf Freiheit der Wissenschaften, als könnten selbst ihre der Offenbarungslehre widersprechenden Aussagen als wahr angenommen und von der Kirche nicht verurteilt werden[111]. Nicht erst noch durch den menschlichen Geist zu vervollkommnen ist schliesslich nach dem 5. Paragraphen die geoffenbarte Glaubenslehre, sondern als göttliches Depositum der Kirche zur treuen Bewahrung und unfehlbaren Erklärung übergeben. Deshalb müsse man, wie auch der 3. Kanon betont, an dem von der Kirche einmal dargelegten Sinn der Dogmen beständig festhalten und dürfe nicht im Sinne eines tieferen Verständnisses davon abweichen[112].

cc. Der Epilog

Die abschliessende zweifache Ermahnung bezieht sich einmal auf die in dieser Konstitution getroffene Lehrfeststellung, legt aber zum anderen auch eine weiterreichende Verpflichtung auf. Zuerst werden alle Gläubigen und besonders die Amts- und Lehrpersonen nachdrücklich aufgefordert, sich um die Abwendung der zuvor erwähnten Irrtümer von der Kirche und um die Unversehrtheit des Glaubens zu mühen[113].

Da es nicht genüge, die Häresie zu meiden, ohne die ihr mehr oder minder nahekommenden Irrtümer zu fliehen, werden ausserdem alle an die Pflicht gemahnt, auch die Konstitutionen und Dekrete zu beobachten, in denen solche verkehrten, hier nicht im einzelnen aufgeführten Meinungen durch den Heiligen Stuhl verurteilt worden seien[114].

b. Sondierung der Texte

Obwohl die Konstitution, wie sich gezeigt hat, häufig auf die Kirche und ihr Lehramt zu sprechen kommt und auch die Moral nicht ausser acht lässt (der Ausdruck "mores" bzw. "moralis" kommt viermal vor[115]), dabei in Anlehnung an das Tridentinum ausdrücklich die Normativität der kirchlichen Schriftinterpretation "in rebus fidei et morum ..." statuiert, ist ihr Beitrag zum Thema der vorliegenden Untersuchung vor allem auf indirektem Wege zu erheben, nämlich über die Beziehung der kirchlichen Lehrautorität zur Offenbarung oder (anders betrachtet) zum Glauben, die beide wiederum zur Moral in Beziehung stehen und damit das verbindende Dritte darstellen. Insoweit - dies ist der leitende Gedanke - die Moral zur Offenbarung und zum Glauben als dem Aufgabengebiet des Lehramtes gehört, fällt sie selbstredend unter dessen Autorität. Gerade dieses Verhältnis von Offenbarung und Moral in der Sicht der Väter von "Dei Filius" verdient besondere Aufmerksamkeit; der Offenbarungsbezug des Lehramtes, der eines grundsätzlichen Nachweises hier nicht bedarf, lenkt seinerseits das Interesse darauf, wie eng oder wie weit diese Aufgabe der Kirche des näheren gefasst wird.

Diese erste und allgemeine Beziehung des kirchlichen Lehramtes zur Offenbarung und zum Glauben durchzieht die Konstitution vom Vorwort bis zum Epilog. Die Kirche ist es, welche die Offenbarung vorlegend und unfehlbar auslegend vermittelt (vgl. Vorwort, 3. Kap./5. Par., 4. Kap./3. Par.). Dies gilt namentlich für die Hl. Schrift (vgl. 2. Kap./4. Par.) und für den Glauben, dessen Gegenstand sie verkündet (vgl. 3. Kap./4. Par.), auf dessen wahre Erkenntnis hin sie sogar gegründet ist (vgl. 3. Kap./5. Par.), den sie zu wahren und zu entscheiden (vgl. 4. Kap./5. Par.) wie auch durch verbindliche Verurteilung entgegengesetzter Behauptungen - bereits im Vorfeld der Häresie (vgl. Epilog) - zu verteidigen hat (vgl. 4. Kap./3. u. 4. Par.).

Abgesehen von der im Wortlaut der Konstitution selbst nicht (mehr ?) explizierten ethischen Seite der geoffenbarten Glaubenslehre ist die besondere Beziehung von Moral und Offenbarung (Glaube) in doppelter Hinsicht zu untersuchen. Einmal kommt hierfür die Aussage in Betracht, dass die übernatürliche Offenbarung die natürliche Erkenntnis der göttlichen Dinge einschliesslich der "res morales" (vgl. 2. Kap./1. Par., 3. Kap./2. Kanon) erleichtere, sichere und läutere (vgl. 2. Kap./2. Par.). Zum anderen ist darauf zu achten, ob und inwiefern sich - in Fortführung der parallelisierenden Distinktion der natürlichen Gottes- und Moralerkenntnis und der (dementsprechend zweigestaltigen) übernatürlichen Offenbarung bis hin zur Ebene der Mysterien - mit der durch die übernatürliche Bestimmung des Menschen bedingten übernatürlichen Offenbarung Gottes und seiner ewigen Ratschlüsse Moralaussagen auch solcher Qualifikation und Dimension verbinden.

Diese Texte und Überlegungen bestimmen den Gang der folgenden Untersuchung von "Dei Filius". In einem ersten Schritt soll der Bezug des Lehramtes zur Offenbarungs- und Glaubenslehre dargestellt werden (1.), und zwar hauptsächlich in zweifacher Hinsicht, insofern neben den (positiven) Offenbarungsinhalten und Glaubenslehren selbst (a.) auch Aussagen profanwissenschaftlicher Herkunft, sofern sie gegen die Glaubenslehre gerichtet sind, als Gegenstand des Lehramtes erscheinen (b.). Daran schliesst sich die Frage, inwieweit nach "Dei Filius" die Offenbarung (der Glaube) die Moral in sich begreift (2.), speziell das natürliche (a.) und ganz allgemein das göttliche Sittengesetz (b.).

II. LEHRAMT - OFFENBARUNG (GLAUBE) - MORAL

1. Lehramt - Offenbarung (Glaube)

Bereits das Vorwort von Schema III stellt nach den entsprechenden Ansätzen seiner beiden Vorformen [116] die Kirche als Hüterin und Auslegerin des Offenbarungswortes deutlich heraus [117]. Dabei ist die apostrophierte Kompetenz in religiösen Dingen (nach anderem Textvorschlag : in den Wahrheiten des katholischen Glaubens und in der dogmatischen Schriftinterpretation [118]) nicht supranaturalistisch zu verengen; auch die Wissenschaft und Philosophie weist die Kirche auf dem Konzil in die Grenzen ihrer Lehre[119] und weiss sich für die Grundwahrheiten der Vernunft einzutreten als "unverrückbarer Fels auch aller natürlichen Ordnung" aufgerufen[120]. Unter einem positiven und einem negativen Aspekt ist so in "Dei Filius" vom Objekt kirchlicher Lehre einschliesslich der "mores" die Rede, von der Offenbarung und Glaubenslehre selbst sowie von den Aussagen, die zu ihr mehr oder weniger in Gegensatz stehen.

a. Die Vermittlung der Offenbarung und Glaubenslehre

aa. Die Kirche als Norm der Schriftauslegung
(2. Kapitel, 4. Paragraph)

Wie das 2. Kapitel in seinem 3. Paragraphen im Anschluss an das Tridentinum lehrt, ist die übernatürliche Offenbarung in den heiligen Schriften und in den ungeschriebenen, von Christus selbst stammenden oder vom Hl. Geist den Aposteln eingegebenen und auf uns gekommenen Traditionen enthalten und - obzwar das nur für die inspirierten Bücher ausgesprochen wird - der Kirche übergeben worden[121]. Ihr ist, wie es an späterer Stelle heisst, die geoffenbarte Glaubenslehre als ein Depositum anvertraut[122]. Von Anfang an gehört darum im besonderen die Hl. Schrift und ihre rechte Auslegung zu den Anliegen des Konzils[123]. Den Ansatz von Schema I aufgreifend[124] enthält Schema II ein eigenes (3.) Kapitel über die Quellen der Offenbarung, das in einem zweiten Abschnitt von der kirchlich gebundenen Schriftauslegung handelt[125] und viel Beachtung findet[126]. Terminologisch bemerkenswert ist hier die Kritik des Bischofs von Châlons-sur-Marne, MEIGNAN, dass die undifferenzierte Aussage, die Schrift sei in allem geschriebenes Wort Gottes im wahren und eigentlichen Sinne, hinsichtlich des weder zum Glauben noch zu den Sitten Gehörenden, anders formuliert: der weder die Lehre noch die Sitten noch die Förderung der Frömmigkeit (pietatis aedificationem) berührenden, den dogmatischen und moralischen Dingen nicht gleichzustellenden zeitgebundenen profanwissenschaftlichen Angaben grosse Schwierigkeiten nach sich ziehe[127]. Auch später bringt die Inspirationsdebatte den zur Substanz gehörenden moralischen Gehalt der Schrift ("in qua revelationem mysterii temporibus aeternis taciti, ac legem mandatorum notam nobis facit", sc. Deus)[128] zur Sprache. Gegen die Formulierung, die vom Hl. Geist belehrte Kirche habe die inspirierten Schriften als solche erkannt[129], erklärt der Sprecher der Glaubensdeputation, dass der Hl. Geist der Kirche nicht Glaubenswahrheiten offenbare, sondern ihr nur beistehe, dass sie in der Vorlage derselben nicht irre[130]. Ihr "unfehlbares Wissen" in dieser Sache[131] ist ihr also nicht durch Offenbarung mitgeteilt. - Zusammenfassend lässt sich damit der (hier nicht näher darzustellenden) Diskussion über die Offenbarungsquellen ein Dreifaches entnehmen: 1. Als von Gott geoffenbart kann nur gelten, was in den bezeichneten Schriften und Traditionen enthalten ist. 2. Der Wort-Gottes-Charakter der Hl. Schrift verwehrt nicht, zwischen dem Bereich des Glaubens und der Sitten (im Sinne von Moral) und profanwissenschaftlichen Angaben zu differenzieren. 3. Die geistgewirkte Unfehlbarkeit der Kirche bezieht sich allein auf die einmal ergangene, nicht auf eine aktuelle Offenbarung.

In bezug auf die erstgenannte Quelle dieser Offenbarung - die Traditionen werden auch vom Vatikanum nicht weiter expliziert - macht sodann wiederum unter Berufung auf das Tridentinum der 4. Paragraph dieses Kapitels eine wichtige Aussage. Danach hat die Auslegung der Hl. Schrift im Sinn und Urteil der dafür kompetenten Kirche ihre Norm, dergestalt dass "in Sachen des Glaubens und der Sitten, die zum Aufbau christlicher Lehre gehören (in rebus fidei et morum ad aedificationem doctrinae christianae pertinentium), der als der wahre Sinn der Schrift anzunehmen ist, den die heilige Mutter Kirche, der das Urteil über den wahren Sinn und die Auslegung der heiligen Schriften zusteht, festhielt und festhält", weshalb man nicht gegen diesen Sinn oder den einmütigen Väterkonsens verstossen darf[132]. Hatte das Tridentinum vor einer Schriftauslegung gegen den von der Kirche festgehaltenen Sinn gewarnt, und zwar in bezug auf die genannten "res fidei et morum ..." und mit dem Hinweis auf die Kompetenz der Kirche[133], so deckt nun aus gegebenem Anlass das Vatikanum, das diese beiden Formulierungen unverändert übernimmt, nach Aussage der Glaubensdeputation den dogmatischen Gehalt jenes an sich disziplinären Dekretes auf und erklärt die dogmatische Interpretation einer Schriftstelle durch die Kirche (und nicht nur das Dogma selbst) für wahr und verbindlich[134].

Auch diese Aussage hat eine lange und bewegte Geschichte. Wiewohl in Schema I noch nicht aufgenommen, ist sie bereits in den Konsultorenvoten intendiert[135]. Der entsprechende Abschnitt in Schema II kehrt das tridentinische Verbot ins Positive, wenn er formuliert, dass in Sachen des Glaubens und der Sitten ... der von der Kirche, der unfehlbaren Hüterin und Auslegerin des Wortes Gottes, oder durch den einmütigen Konsens der Väter festgelegte Schriftsinn als der wahre zu gelten habe[136]. Adnotatio 9 erläutert, dass das Tridentinum eine Norm aufgestellt habe, die sich vom Dogma der kirchlichen Unfehlbarkeit in der Auslegung des Wortes Gottes mit notwendiger Konsequenz allen Gläubigen als Verpflichtung auferlege; der (ebenfalls zur Norm erklärte) Väterkonsens über eine Schriftstelle "in rebus fidei et morum" (sic !) sei dabei der Konsens der Kirche selbst. Das tridentinische Dekret werde nun aber missdeutet, indem man es als rein disziplinäres und zeitgebundenes bezeichne oder das Verbot einer Auslegung gegen den kirchlichen Sinn so verstehe, dass man dabei nur kein definiertes Dogma leugnen dürfe[137]. Über die Objektsbestimmung "in rebus fidei et morum ..." verlautet nichts. Auch die Konzilsdebatte geht darauf nicht ein[138].

Die Revision des Abschnittes in Schema III überrascht durch ihre Kürze; sie definiert als Sinn des tridentinischen Dekretes, "ut in rebus fidei et morum, is pro vero Scripturae sensu habendus sit, quem tenuit et tenet sancta mater ecclesia, aut quem sanctorum patrum consensus unanimis attestatur"[139] (ein Kanon hierzu fehlt). Weggelassen sind also die Appositionen zu "mores" und zu "ecclesia". Nach Streichung auch des Väterkonsenses durch die Glaubensdeputation[140] statuiert der 4. Paragraph in Schema IV nur mehr, "ut in rebus fidei et morum is pro vero Scripturae sensu habendus sit, quem tenuit ac tenet sancta mater ecclesia"[141]. Die beigegebene "Ratio" verweist dazu auf die Kompetenz der Kirche und das tridentinische Glaubensbekenntnis und rechtfertigt die Übergehung des Väterkonsenses damit, dass dieser selbst den Sinn der Kirche bezeuge, die sich ihrerseits zu den Vätern bekenne[142]. Auch in der positiven Fassung und ohne die Erwähnung der Väter versteht sich der Paragraph nur als Klarstellung der tridentinischen Bestimmung[143]. – Gleichwohl wird dieser Text in der vorgelegten Form nicht beibehalten. Vor allem fordert man in der Debatte immer wieder die Treue zum Tridentinum. Man will dessen negative Fassung der Interpretationsnorm beibehalten[144] und die dort belassene

Freiheit wahren[145] oder doch auf die ausführlicheren Formulierungen bei "mores" und "ecclesia", nicht zuletzt aber auf den Väterkonsens zurückkommen[146]. Ferner werden Subjekt und Modus des kirchlichen Urteils über die Schrift in Betracht gezogen[147]. Schliesslich werden entsprechende Kanones erwogen, nachdem bereits zu Schema III in der Glaubensdeputation der Vorschlag gemacht worden war, den Kanon bezüglich der heiligen Schriften so zu erweitern : "aut ecclesiam errare circa eorumdem sensum, aut licere cuilibet illos interpretari contra unanimem sanctorum patrum sententiam"[148]. Die Meinungen sind geteilt, die Formulierungen verschieden[149]; doch nur im Text des Paragraphen ergänzt die Deputation die Zusätze zu "mores" und "ecclesia", sowie das Verbot, gegen den einmütigen Konsens der Väter (und den Sinn der Kirche) die Schrift auszulegen[150].

Gleich dem Tridentinum und mit den nämlichen Worten spricht das Vatikanum von der Kirche als (positiver) Norm der Schriftauslegung ausdrücklich in bezug auf ein bestimmtes Objekt, nämlich "in rebus fidei et morum, ad aedificationem doctrinae christianae pertinentium". Bei der Frage nach dem Verständnis dieser Worte verdienen zunächst zwei Kritiken Erwähnung, die sich, obzwar nicht direkt, so doch in bemerkenswerter Weise mit damit befassen. So wünscht der Patriarch von Alexandrien, BALLERINI, dass in Übereinstimmung mit dem Tridentinum und dem Glaubensbekenntnis PIUS' IV. die Aussage (... quem tenuit ac tenet ... ecclesia) durch "in quantum etiam ex unanimi constet sanctorum patrum consensione circa huiusmodi supernaturalia morumque obiecta" ergänzt werde. Dabei soll die angefügte Objektsangabe gleich dem vorsorglichen "in rebus fidei et morum" des Tridentinums der möglichen Auffassung begegnen, dass, nachdem die Väter bisweilen in Schriftauslegungen übereinstimmten, die wie in der Frage der Erdbewegung und der Antipoden durch den Fortschritt der Wissenschaft als falsch erwiesen würden, von ihrem Konsens besser nicht die Rede sei[151]. Die Erwähnung des Väterkonsenses will also BALLERINI zugleich nach der Objektseite hin anpassen, indem er hier die (als Eingrenzung verstandene) Objektsbestimmung "in rebus fidei et morum", etwas abgewandelt, wiederholt: Die Übereinstimmung der Väter in der Schriftauslegung ist verbindlich, wo es sich um ebensolche (wie beim Sinn der Kirche) übernatürliche und "moralische" Gegenstände handelt. Es ist hier nur der Ausdruck "res fidei" durch (obiecta) "supernaturalia" ersetzt, während der Ausdruck "morum" unverändert bleibt. Sachlich gesehen, erscheinen die neben die übernatürlichen Gegenstände gestellten "obiecta morum" als nicht selbst von übernatürlicher Art, sondern als Verhaltensbestimmungen, die sich nicht erst und notwendig aus der übernatürlichen Offenbarung herleiten. Auch der Sprecher der Glaubensdeputation gibt nur den Tenor dieser nach ihm unbefriedigenden Emendatio (39) wieder[152]. – In diesen Zusammenhang gehört sodann die Formulierung, in der der Bischof von Orléans, DUPANLOUP, die betreffende Stelle ausdrückt. Er will den zu unbestimmten Ausdruck "tenuit ac tenet" durch "definivit" ersetzen, aber auch die Rede vom normativen Väterkonsens einschränkend verdeutlichen, so dass es heisst, es sei für wahr zu halten der Sinn, den die Kirche definiert habe, oder auch, den als "de fide" zu glauben der Väterkonsens bezeuge[153]. Dem "definivit ... ut de fide credendus" (sc. sensus), wie er die kirchliche Normgebung bezüglich der Hl. Schrift versteht (damit nicht Schriftdeutungen, die nicht sicher "de fide" sind, als Glaubensdogmen verpflichtend gemacht werden[154]), entspricht auf der anderen Seite, dass auch nur jener Väterkonsens, der einen Schriftsinn als glaubenspflichtig vorstellt, dogmatisch verbindlich ist. Man möge nach DUPANLOUP, zu dessen privater Emendatio keine Stellungnahme vorliegt, bei dem neuen Dekret nur an die Frage des Zinsnehmens denken[155].

Noch ist das Problem nicht gelöst, das gerade jetzt die Setzung eines Objektsbestimmung impliziert. Als solche, nicht direkt in ihrem Inhalt, steht sie zur Debatte. Zwar scheint es nur richtig, dass das Vaticanum auch diese Angabe des tridentinischen Dekretes übernimmt, das es ja nicht eigentlich erweitern will; wird es aber nicht sogar eingeschränkt dadurch, dass die von ihm zum Schutz gezogene äussere Grenze nunmehr als innere Grenze der verbürgten Wahrheit kirchlicher Schriftauslegung erscheint? Dies ist das Problem, das die Angabe "in rebus ..." für einige Konzilsväter aufwirft. Ihre Begriffe werden nicht erörtert, doch lässt sich den grundsätzlichen Einwänden mancher Hinweis dazu entnehmen. Auch die mehrfach gebrauchte Verkürzung zu "in rebus fidei et morum", in der Schema IV die tridentinische Bestimmung wiedergibt, wird nicht erläutert; die Apposition ist offensichtlich zum Verständnis nicht mehr notwendig und wird nur der exakten Zitierung wegen beibehalten.

Einmal ist es der Erzbischof von Sorrent, APUZZO, der sich (in einer privat eingereichten Emendatio) zu dem genannten Problem äussert. Nach ihm würde "in rebus fidei et morum" das Unfehlbarkeitsobjekt der Kirche im Gegensatz zum Tridentinum und zudem im Widerspruch zum 9. Kapitel des Schemas über die Kirche beschränken, wogegen diese über das Glaubensdepositum und damit über die ganze Hl. Schrift (auch in den nicht zu Glaube und Sitten gehörenden Dingen) unfehlbar urteilen könne. Das Tridentinum spreche neben seinem gewiss begrenzten Verbot ohne Einschränkung von der Zuständigkeit der Kirche, über Sinn und Auslegung der Schrift zu urteilen, und nach dem Kirchenschema umfasse die Unfehlbarkeit das ganze geoffenbarte Wort Gottes[156]. Diese Kritik überrascht, und es ist durchaus zu fragen, ob sie ihrerseits dem Tridentinum und dem erwähnten Unfehlbarkeitskapitel (worauf noch einzugehen ist) gerecht wird, wenn sie unmissverständlich erklärt, dass sich die "res fidei et morum", die nicht den Gesamtinhalt der Hl. Schrift einschliesslich etwa der historischen oder geographischen Angaben bilden, nicht mit dem Glaubensdepositum oder dem ganzen göttlichen Offenbarungswort decken und (somit) keine adäquate Bezeichnung des Bereiches der kirchlichen Unfehlbarkeit darstellen. – Ebenfalls unter den privat eingereichten Emendationes findet sich sodann eine höchst bemerkenswerte singuläre Kritik an der (später wieder aufgenommenen) tridentinischen Formulierung der Objektsbestimmung selbst. Der Bischof von Langres, GUERRIN, spricht sich nämlich für eine Vereinfachung der nach ihm unklaren Ausdrucksweise aus. "Sehr dunkel" ist nach ihm die Bedeutung von "aedificationem doctrinae", noch dunkler aber die Formulierung "morum ad aedificationem doctrinae christianae pertinentium", da sich sogleich die nicht beantwortete Frage stelle, um welche besonderen "mores" es sich denn bei den zur Lehre gehörenden Sitten handle. Man sage dafür wohl besser: "in allen Dingen, welche zur christlichen Lehre gehören"[157]. Nicht der Umfang, sondern die Bedeutung der Objektsbestimmung ist hier das Problem. Der im Vergleich zur gängigen Redeweise "res fidei et morum" gewiss etwas schwerfällige tridentinische Ausdruck wird nicht mehr schlechthin verstanden. Dabei legt GUERRIN auf "aedificatio" offenbar wenig Gewicht, da er einfach von den "mores" spricht, welche zur (christlichen) Lehre gehören. Aber selbst diese bereits verständlichere Spezifikation der "mores" ist ihm noch nicht klar genug. Ohne eine solche ausdrücklich zu bestreiten und uneingeschränkt von "mores" zu reden, stellt er unter Preisgabe des Binoms "fides et mores" allein das Kriterium der Zugehörigkeit zur christlichen Lehre auf. Seine Setzung impliziert, dass es bei der Schriftauslegung Dinge gibt, die zur christlichen Lehre nicht gehören und darum auch von dem betreffenden Dekret nicht betroffen werden; seine allgemein gehaltene Formulierung wiederum scheint geeignet, die Bedenken einer unzulässigen Restriktion zu zerstreuen, wenn sich auch die bezüglich der "mores" erhobene Quaestio facti nicht schon erledigt hat. Leider fehlt auch zu dieser Emendatio eine dokumentierte Stellungnahme der Glaubensdeputation. - In die Konzilsdebatte selbst kommt die Objektsbestimmung "in rebus fidei et morum" durch den Bischof von Guastalla, ROTA, der in der 34. Generalkongregation am 26. März seine Bedenken gegen diese Klausel ausspricht und für ihre ersatzlose Streichung votiert. Nach seiner Darstellung könnte sie dazu führen, vieles, das scheinbar nicht zu Glaube und Sitten gehöre, gegen die Wahrheit auszulegen, oder auch Anlass geben, die Kirche durch Vorwürfe historischer oder philosophischer Irrtümer ungehindert zu schmähen[158]. ROTA befürchtet, dass die Einschränkung "in rebus fidei et morum" - in zweifacher Hinsicht - gegen die Kirche ausgespielt werde, und will ohne Objektsangabe, nämlich ohne eine ausdrückliche Grenzziehung, die Wahrheitsverbindlichkeit des kirchlichen Schriftverständnisses definiert wissen. Die grundsätzlichen Einwände APUZZOS gegen die Übernahme dieser tridentinischen Angabe scheint ROTA nicht zu teilen, er erwägt nur ihren möglichen Missbrauch durch weniger kirchlich Gesinnte, die sich allzu leicht darauf berufen, etwas gehöre nicht zu dem bezeichneten Gebiet, während sie mit ihren Vorwürfen diese von ihnen möglichst eng gezogene Grenze gerade nicht entsprechend respektieren.

Keine der drei Kritiken wird von der Glaubensdeputation angenommen, indem sie sich für eine Fassung des betreffenden Paragraphen entscheidet, welche die tridentinische Klausel wörtlich übernimmt[159]. Man könne, bemerkt Relator GASSER zu Emendatio 37, keinen hinreichenden Grund für eine Streichung erkennen, zumal so oft der Wunsch laut geworden sei, Konzils- und Schrifttexte vollständig anzuführen[160]. Tatsächlich wird der Antrag mit der Annahme der vorgelegten neuen Textfassung auch noch eigens und fast ohne Gegenstimmen abgelehnt[161]. Die genaue

Bedeutung der Formulierung "in rebus ..." lässt sich allerdings aus GASSERS Worten nicht erkennen; im Zuge der notwendigen und getreuen Explikation des tridentinischen Dekretes wird sie einfach beibehalten und ist darum auch ganz nach dem Verständnis des Tridentinums zu interpretieren. Dennoch zeigt die Abstimmung über das ganze revidierte Schema (V), dass man sich mit ihr noch nicht vollends abgefunden hat. Nun ist es der Altbischof von Lipari, ATTANASIO, der - wie unter Nr. 60 der Exceptiones verzeichnet - an ihr Anstoss nimmt und ihre Streichung beantragt. Er sieht in dieser Angabe als solcher eine für die Unfehlbarkeit der Kirche unzutreffende, dem Inbegriff der Hl. Schrift unzuträgliche und dem Tridentinum nicht gerecht werdende Einschränkung. Dagegen sei einmal die Kirche ohne jede Ausnahme die unfehlbare Auslegerin der ganzen in Schrift und Tradition enthaltenen göttlichen Offenbarung, während man hier von dieser Prärogative einiges auszunehmen scheine. Dem Einwand, dass diese Worte nicht exklusiv zu verstehen seien, begegnet er mit der Vorhaltung, dass sie, auch wenn sie lediglich eine Spezifikation darstellten, an den Ausschluss anderer Dinge zumindest denken liessen. Wollte man aber sagen, dass sich alles in der Schrift Enthaltene auf den Glauben oder die Sitten beziehe, so würde dies selbst das Überflüssige dieser Angabe bestätigen. Sodann würde jedwedem der Vorwand gegeben, ausserhalb der "res fidei et morum", etwa in historischen Dingen, das Gotteswort ganz nach Belieben auszulegen, und das in dieser stürmischen Zeit, in der man vielfach fast die ganze Hl. Schrift in den Bereich der Fabel verweise. Wiederum stellt sich ATTANASIO einem möglichen Einwand, dass sich nämlich die Unfehlbarkeit der Kirche auf die Dinge des Glaubens und der Sitten beschränke, weshalb man nur darin der kirchlichen Interpretation zu folgen habe, in anderen Dingen dagegen frei sei. Er entgegnet darauf, dass die ganze Offenbarung als Wort Gottes Gegenstand des Glaubens sei und so in ihrem ganzen Umfang dem Urteil der Kirche unterstehe, wie auch nach 2 Tim 2,16 jede Schrift nützlich sei zur Belehrung ... Schliesslich beruft sich ATTANASIO darauf, dass das tridentinische Dekret die betreffenden Worte nicht im Zusammenhang mit der kirchlichen Vollmacht der Schriftinterpretation gebraucht habe, um hier der Unfehlbarkeit Schranken zu setzen, sondern zur Angabe der Materie, in der schwerwiegende Angriffe gegen das Wort Gottes erfolgt seien[162]. - "In Glaubens- und Sittensachen" die Schriftauslegung an die Kirche binden ist demnach unzulässig oder doch - ein nicht exklusives Verständnis vorausgesetzt - missverständlich und gefährlich. Es ist unzulässig, dass die Unfehlbarkeit der Kirche in der Schriftauslegung so auf einen Bereich bezogen wird, dass dabei andere Dinge ausgeschlossen werden, erstreckt sie sich doch, weil auf die ganze Offenbarung, so auch auf den gesamten Inhalt der Schrift. Dass die "res fidei et morum", anstatt nur einen Teil des Schriftinhaltes zu erfassen, diesen in seiner Gesamtheit nur spezifizieren, wird terminologisch nicht grundsätzlich ausgeschlossen, ist aber nicht das naheliegende Verständnis. Jedenfalls deutet die Konzession, dass man den ganzen Schriftinhalt unter die "res fidei et morum" fassen könne, ja dies sogar müsse, weil das ganze Offenbarungswort Glaubenssache sei, auf eine bemerkenswerte Unbestimmtheit im Sprachgebrauch der in Rede stehenden Formel. ATTANASIO rechnet damit, dass die Angabe "in rebus fidei et morum" unter Absehung von dem umfassenden formalen Charakter der "res fidei" rein material und dazu noch partiell verstanden wird und in dieser Weise die kirchliche Schriftautorität einengt. Eine Entgegnung hat sich dementsprechend zwei Fragen zu stellen, eine terminologische und eine ekklesiologische, nämlich nach der Mehrdeutigkeit des Ausdrucks "res fidei et morum" und nach der dogmatischen Vertretbarkeit dieser Beschränkung. Da, wie zu sehen ist, die Formulierung des Paragraphen nicht mehr geändert wird, interessiert die Stellungnahme, die diese in der Sache gewiss ernste Kritik erfährt. - Das Protokoll der Glaubensdeputation fasst sich hier wiederum kurz. Wie in der Sitzung vom 16. April entschieden wird, ist Exceptio 60 unnötig, da die befürchtete Einschränkung nicht wirklich gegeben sei und der Sinn des Textes vom Tridentinum keineswegs abweiche[163]. Ausführlich geht GASSER in seiner Relatio auf diesen Änderungsantrag "maioris momenti" ein, ist doch der darin kritisierte Text nur mündlich vorgelegt worden. Entscheidend für die Beibehaltung der Angabe "in rebus fidei et morum ad aedificationem doctrinae christianae pertinentium" ist nach ihm das Tridentinum; doch setzt er sich auch mit den vorgebrachten Einwänden auseinander. Er stimmt ihnen darin zu, dass die Kirche über den wahren Schriftsinn zu urteilen habe nicht nur in den Dingen des Glaubens und der Sitten, sondern auch in Sachen etwa der historischen Wahrheit (in rebus fidei, id est in dogmatibus, ut ita dicam, speculativis, et in rebus quae ad mores spectant; sed etiam in rebus quae ad historicam veritatem etc. pertinent), bestreitet jedoch die daraus gezogene Konsequenz. Richteten sich nämlich die Interpretationen dieser letztgenannten Dinge nicht gegen das Dogma von der Inspiration der Schrift und ihrer einzelnen Teile, so könne man darüber frei disputieren; im anderen Fall gehöre ja eine das Dogma der Inspiration verletzende Interpretation einer historischen Wahrheit zu den "res fidei" und falle unter die Kompetenz der Kirche[164]. GASSER fasst also die Schriftinhalte unter "res fidei", "res morum" und einen dritten Bereich, den er mit "veritates historicae" anspricht. Nach seinen Worten schliesst jedoch die für die beiden ersten Bereiche ausgesagte Schriftautorität der Kirche den dritten nicht einfach aus, da dieser über das Inspirationsdogma mit den Glaubensdingen und so mit der kirchlichen Autorität verbunden ist. Die zugegebenermassen einschränkende Objektsangabe ist demnach doch hinreichend weit. Bemerkenswert ist auch die Verdeutlichung der "res fidei" als die spekulativen Dogmen, während das zweite Glied des Ausdrucks, nach dem an einer Stelle doch eigens gefragt wird, lediglich umformuliert wird als "die Dinge, die sich auf die Sitten beziehen". Diese bestimmen sich durch die Abgrenzung von den spekulativen Dingen - weiter reicht die Erklärung nicht - als unmittelbar handlungsbezogene Aussagen, bei denen gewiss an sittliche Verhaltensregeln zu denken ist.

Namentlich an die Moral scheinen bei den der Lehrautorität der Kirche unterstehenden "res morum ..." auch die Kommentare zu dieser Aussage des Vatikanums zu denken, doch lassen sie die wünschenswerte Klarheit hierüber durchweg vermissen. Ihre Aufmerksamkeit konzentriert sich auf die Objektsangabe als solche und als ganze und hierbei wieder auf die Bindung des Exegeten durch das (in verschiedener Weise sich ausdrückende) kirchliche Schrifturteil. Die Formel "res fidei et morum ..." ist ja weder neu noch auf dem Konzil selbst näher erklärt worden. Um welche Dinge es sich hier handelt, kann nach GRANDERATH mangels genügender Anhaltspunkte in der Geschichte des Vatikanums wie des Tridentinums "positiv wohl nicht entschieden werden", doch habe man darunter umfassend, aber auch ausschliesslich "die ihrer Natur nach religiösen Dinge" (res religionis christianae) im Unterschied zu den (rein) profanen zu verstehen[165]. Nur beiläufig äussert er sich zu den Termini der Formel, in deren Wortlaut er "keine Schwierigkeit" erblickt[166], wobei er "mores" ("Sitten") als "Moral" verdeutlicht[167]. Diese Auffassung lassen auch andere erkennen, die gleichfalls eine begriffliche Klärung offensichtlich nicht für nötig erachten [168]. VACANT etwa, der die Klausel als eine Beschränkung nicht auf bestimmte Schriftinhalte, sondern auf entsprechende kirchliche Interpretationen, nämlich - im Unterschied zu den wissenschaftlichen - auf die zur Lehre gehörenden, dogmatischen und moralischen, deutet, versteht sie ganz im Sinne des Unfehlbarkeitsobjektes, der doctrina de fide vel moribus (tenenda) [169]. Der Schlüssel zum Verständnis dieser vom Vatikanum rezipierten Klausel ist eindeutig in ihrer tridentinischen Vorlage zu suchen (was nicht ohne weiteres auch für den übrigen Gebrauch der Formel "fides et mores" gilt). Die Bedeutung, die hier auf jeden Fall dem Tridentinum zukommt, rechtfertigt es, an dieser Stelle näher darauf einzugehen.

Exkurs I: "Fides et mores ..." auf dem Tridentinum

Das zweite (=Reform-)Dekret der Sessio IV des Konzils von Trient vom 8. April 1546 - das erste (dogmatische) rezipierte die Hl. Schrift und die apostolischen Traditionen - bestimmt, dass niemand "in rebus fidei et morum, ad aedificationem doctrinae christianae pertinentium" die Hl. Schrift gegen den von der Kirche als der zuständigen Instanz festgehaltenen Sinn oder auch gegen den einmütigen Konsens der Väter auslegen dürfe [170]. Nach H. KÜMMERINGER ist bei den "res fidei et morum" - die Apposition bleibt unerwähnt - etwa an "dogmatische Formulierungen und die alte gottesdienstliche Ordnung der Kirche", anders gesagt, an "(konziliare) Glaubenssätze und entscheidende Lebensvollzüge der Kirche" zu denken. Hierfür erinnert er daran, dass C. JAJUS (LEJAY) seinen Satz von den vielen in der Hl. Schrift nicht ausdrücklich enthaltenen Wahrheiten in bezug zum Glauben wie zu den Sitten (veritates tum ad fidem tum ad mores pertinentes) im Sinne von "Aussagen der Konzilien (fides) und Überlieferungen des Gottesdienstes und des Frömmigkeitslebens (mores = caeremonialia)" exemplifiziere und sich diese seine Formulierung "fides - mores" im gleichzeitig veröffentlichten Traditionsdekret finde [171].

Wie die Konzilsakten zeigen, durchzieht die in Rede stehende Objektsbestimmung die ganze Geschichte des Dekretes, ohne indes je Gegenstand der Erörterung zu werden. Immerhin ist es aufschlussreich, wenn am Beginn der Reformberatung in den Partikularkongregationen am 1. März 1546 unter den Missbräuchen mit der Hl. Schrift von der

Verdrehung ihres Sinnes zugunsten der Kommunion unter beiden Gestalten, der Priester- und Bischofsehe sowie gegen Fasten und Abstinenz, ferner in bezug auf Messritus, Eucharistie, Ordensgelübde "et alia pleraque" die Rede ist[172]. Die in der Generalkongregation vom 17. März vorgelegte Zusammenstellung von vier Missbräuchen und den entsprechenden Abhilfen, eine Vorstufe des endgültigen Dekretes, nennt als dritten Missbrauch, dass man "in rebus fidei et morum ad aedificationem doctrinae christianae pertinentium" die Schrift gegen den Sinn der Kirche auslege. Auch in die Angabe des zugehörigen "remedium" ist diese Objektsbestimmung voll und ganz übernommen[173], an der, wie gesagt, bis zum Schluss nicht mehr gerührt wird. Hierher gehört auch noch eine Bemerkung zur beabsichtigten Authentizitätserklärung der Vulgata ohne Verwerfung der übrigen Ausgaben, man möge "quoad mores et dogmata" der Gegner wegen die anderen ausdrücklich und namentlich verwerfen[174]. Von der Vulgata selbst heisst es, ihr hafteten immerhin keine substantiellen Inkorrektheiten an[175]. Was das Konzil hier interessiert, ist der Komplex der Lehre und Lebensformen der Kirche, der nicht durch eine abweichende Schriftauslegung angegriffen werden darf. Hätte es nun aber dazu nicht genügt, das entsprechende Verbot etwa "quoad mores et dogmata" auszusprechen oder einfach und in gewohnter Weise "in rebus fidei et morum" zu sagen[176]? Welche Intention verfolgt der Zusatz "ad aedificationem doctrinae christianae pertinentium", will er begründen ("da sie ...") oder begrenzen ("soweit sie ...")? Was sind sein Bezugspunkt und sein Inhalt? Hat er, nach seiner Thematisierung zu urteilen, doch nicht das Gewicht, das man ihm für die nähere Bestimmung der "mores" auf den ersten Blick zuerkennen möchte? Ausgehend davon, dass grammatikalisch ein Bezug nur zu den beiden Genitiven "fidei et morum" oder zu "morum" allein, nicht jedoch zu den "res ..." in Frage kommt (es heisst nicht: "...pertinentibus"! Die deutsche Übersetzung, die das Partizip durch einen Relativsatz wiedergibt, lässt die verschiedenen Möglichkeiten offen), wäre die Objektsbestimmung einmal dahin auszulegen, als sollte unter Berufung darauf, dass sich aus dem Glauben und den Sitten die christliche Lehre aufbaue, in den entsprechenden Dingen (also "in rebus fidei et morum") eine die kirchliche Interpretation angreifende Schriftauslegung untersagt werden. Hier nur von "Glaubens- und Sittensachen" zu reden, ändert dann nicht den Sinn, da der Zusatz lediglich den Lehrbezug beider Objekte feststellt. Dieser interessiert hauptsächlich im Falle der "mores"; dass nämlich der Glaubensbereich zur christlichen Lehre gehört, bedarf keiner Erwähnung (und erlaubt keine Einschränkung). Die Frage ist jedoch, ob dies - nach dem Verständnis des Tridentinums - auch von den "mores" ganz allgemein gilt oder nur von bestimmten, in dem Sinne, dass man in Sachen ... der(jenigen) Sitten, die (insoweit sie) in die christliche Lehre eingehen, nicht gegen die kirchliche Schriftauslegung verstossen dürfe. Entscheidend geht es um das, was den Aufbau der christlichen Lehre (Genitivus obiectivus !), das christliche Lehrgebäude, ausmacht und darin aufgenommen wird[177], wobei noch offenbleibt, wie eng oder weit dieser Bereich bzw. diese Zugehörigkeit zu fassen ist. Was das Konzil näherhin unter den "mores" versteht, die es als zur christlichen Lehre gehörend bezeichnet oder (im Sinne einer "differentia specifica") dafür in Betracht zieht, lässt sich dieser seiner Aussage nicht entnehmen. Eine Beantwortung dieser Frage muss weiter ausholen.

In erster Linie ist hierzu das schon erwähnte (dogmatische) Schrift- und Traditionsdekret der Sessio IV heranzuziehen. Darin nimmt unter der Zielsetzung, "die Irrtümer auszurotten und die Reinheit des Evangeliums in der Kirche zu wahren", welches nach Jesus selbst von den Aposteln "als Quelle aller heilbringenden Wahrheit und sittlichen Ordnung" (tamquam fontem omnis et salutaris veritatis et morum disciplinae) allen verkündet werden sollte, und in der Erkenntnis, dass "diese Wahrheit und Ordnung" (hanc veritatem et disciplinam) in den Schriften und ungeschriebenen apostolischen Traditionen enthalten ist, das Konzil die (von Gott stammenden) Bücher des Alten und Neuen Testamentes sowie die (von Christus selbst oder vom Hl. Geist der Kirche übergebenen) "Überlieferungen, die Glaube und Sitte betreffen" (traditiones ipsas, tum ad fidem, tum ad mores pertinentes, tamquam vel oretenus a Christo, vel a Spiritu Sancto dictatas et continua successione in Ecclesia catholica conservatas), mit der gleichen frommen Gesinnung und Ehrerbietung (pari pietatis affectu ac reverentia) auf[178]. Der komplexe Satz zeigt unabhängig von dem hauptsächlich zweigestaltigen Niederschlag des einen Evangeliums in den Schriften und den ungeschriebenen Traditionen auch eine inhaltliche Zweidimensionalität desselben auf, die darum einen zweifachen Bezug der Traditionen - aber auch, wie sinngemäss zu ergänzen ist, der

Hl. Schrift[179] - begründet :

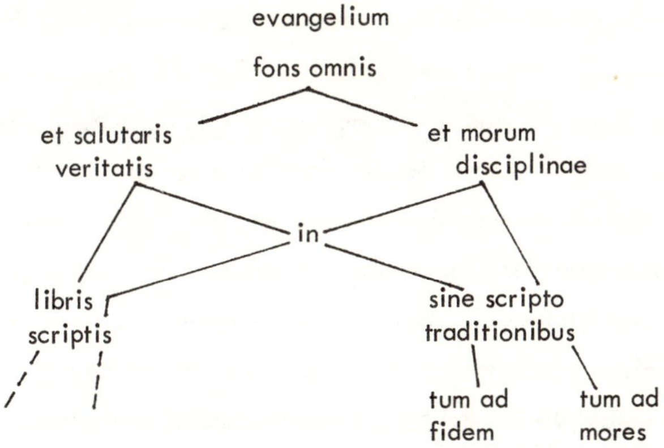

"Morum disciplina", hier der "salutaris veritas" gegenübergestellt, ist dabei nicht von vornherein mit "Moral" gleichzusetzen, sondern bedeutet zunächst einmal ganz allgemein die Lebensordnung der Kirche (als Ausfluss des Evangeliums). Ebenso sind die "traditiones ad mores pertinentes" nicht einfach als Moraltraditionen, sondern als überkommene Lebensformen der Kirche zu verstehen, wenigstens unter Einschluss, wenn nicht, wie neuerdings hervorgehoben wird[180], im Sinne der disziplinären und liturgischen Praxis. Darüber soll nun die Entwicklungsgeschichte dieses Dekretes selbst zu Wort kommen.

Wie die Diskussionen erkennen lassen, geht es bei der Reinbewahrung des Evangeliums nicht allein um spekulative Themen, sondern auch und gerade um Fragen des praktischen kirchlichen Lebens, wie sie die Reformatoren provoziert haben. Recht verstanden soll das Evangelium gewahrt werden, aber auch recht gelebt. Es liegt darum nicht fern, wenn der Dekretentwurf vom 22. März 1546 "tamquam fontem omnis et salutaris veritatis et morum disciplinae"[181] und der endgültige Text noch "(hanc veritatem) et disciplinam" ergänzen. Die Rezeption der Traditionen stellt das Konzil allerdings vor besondere Probleme. Kaum einen Dissens gibt es darüber, dass das Evangelium auch ausserhalb der Schrift begegnet, in zahlreichen anderen Dingen, die zum Glauben gehören und die im Rahmen der Rezeption in Betracht zu ziehen sind, die kirchlichen und apostolischen Traditionen wie die Sakramente, die Gewohnheiten, die

Konzilien und die päpstlichen Dekrete[182]. Die Frage ist, was davon und in welchem Verhältnis zur Schrift es erwähnt und rezipiert werden soll. Das Dekret sagt zuerst, das Evangelium sei (mit)enthalten in den den Aposteln von Christus selbst oder durch den Hl. Geist eingegebenen und bis heute in der Kirche weitergegebenen Traditionen, und antwortet dann mit der (im Verhältnis zur Hl. Schrift unterschiedslosen) Rezeption der Glaubens- und Sittentraditionen, die als von Christus selbst oder durch den Hl. Geist eingegeben (die Apostel werden hier nicht mehr erwähnt) und in der Kirche kontinuierlich festgehalten verstanden werden[183]. Im Unterschied zur Anführung der kanonischen Schriften fehlt hier eine inhaltliche Bestimmung oder gar eine Aufzählung, obwohl dies zumal für die Handhabung des Anathems wiederholt gewünscht wird[184]. Dennoch geben die Konzilsverhandlungen darüber einigen Aufschluss.

Es ist eine Vielfalt von Traditionen, die die Konzilsväter zur Sprache bringen. Genannt werden unter anderem der Glaubensartikel vom descensus ad inferos, die bleibende Jungfräulichkeit Mariens, die Feier des Sonntags statt des Sabbats, die Gestaltung der Fastenzeit, das Beten nach Osten hin, das Stehen beim Gebet zwischen Ostern und Himmelfahrt, die Enthaltung von Blut und Ersticktem, die Form der Taufe, der Chrisam, die eingestaltige Kommunion, die Vermischung von Wasser und Wein bei der Messe, die Ohrenbeichte, die Erlaubtheit der Ehe mit Ungläubigen und der Priesterzölibat[185]. Weitere Zeugnisse sowohl aus einschlägigen theologischen Traktaten jener Zeit[186] als auch aus späteren tridentinischen Dekreten, worin sich das Konzil für die Kindertaufe, den "mos", dass die Laien die Kommunion vom Priester empfangen, für die Krankensalbung und für die Messfeier für die Verstorbenen ausdrücklich auf apostolische Tradition beruft[187], runden dieses Bild ab. Eindeutig liegt das Gewicht auf der disziplinären und liturgischen Praxis der Kirche[188], rein dogmatische Traditionen finden sich nur wenige, Moraltraditionen fehlen nahezu ganz. Ohne Zweifel hat das Konzil hier Differenzierungen anzubringen. Dies geschieht einmal durch die Rede von den apostolischen Traditionen[189], neben denen aber die kirchlichen durchaus eine Rolle spielen[190]. Einen anderen Unterschied hinsichtlich der Rezeption macht JAJUS, Prokurator des Bischofs von Augsburg, und zwar zwischen Glaubenstraditionen von der Autorität des Evangeliums und "zeremonialen", nachdem sich letztere wie im Falle der Zweitehe oder des Blutgenusses vielfach gewandelt hätten[191]. Gegen den Antrag, die Rezeption der apostolischen Traditionen überhaupt fallenzulassen, da alles zum Heil Gehörende in der Schrift enthalten sei[192], verlautet, letzteres treffe auf das zum Heilsglauben Notwendige (ad fidem Christi accipiendam, ut salvi fiamus) zu, wogegen in bezug auf die Sitten und die christliche Lebensgestaltung (ad mores et christianam vitam instituendam) gewiss nicht alles geschrieben sei[193]. Gerade für das konkrete kirchliche und christliche Leben sind demnach die Traditionen von Bedeutung. Bereits im Entwurf vom 22. März werden sie rezipiert, nicht etwa als Glaubenstraditionen im Sinne der von JAJUS gemachten Unterscheidung, sondern insoweit sie auf Christus selbst oder den Hl. Geist zurückgehen und in der Kirche ununterbrochen bewahrt wurden[194]. Bis auf den Einschub "tum ad fidem, tum ad mores pertinentes" wird diese Stelle nicht mehr geändert werden.

Dennoch erheben sich Einwände. So wird (aus der allerdings überraschenden Befürchtung heraus, es würden auch die aufgegebenen Traditionen in die Rezeption eingeschlossen) der Wunsch ausgesprochen, die wirklich apostolischen Traditionen zu explizieren[195]. Redakteure des Textes halten dem entgegen, dass man bezüglich der allgemeinen Anführung der Traditionen dem 7. Konzil gefolgt sei und mit den Worten "quae successive usque ad nos pervenerunt" die ausser Gebrauch gekommenen Traditionen eigens ausgeschlossen habe; eine Aufzählung im einzelnen sei nicht notwendig und wäre auch zu umfangreich[196]. Ferner wendet man sich gegen die Gleichstellung der wandelbaren und der Verfügungsgewalt der Kirche unterstellten (innerhalb der Gesamtkirche auch unterschiedlichen) Traditionen mit der unwandelbaren und unaufhebbaren Hl. Schrift[197]. Den "grossen Unterschied" (maximum discrimen) vermag dabei auch das Kriterium der Konstanz ("... ad nos usque pervenerunt") nicht zu beheben, das einfach vom faktischen Bestand ausgeht und also, wie man bemängelt, den möglichen Vorwurf eines willkürlichen Verfahrens nicht beantwortet[198]. Seitens der Redaktion wird das "pari pietatis affectu" mit Berufung auf den göttlichen Ursprung der Schrift wie der Traditionen verteidigt; doch hätten die Apostel nicht nur beständige Verpflichtungen überliefert, wie die Glaubensdinge (aliqua quidem perpetua, ut quae ad fidem pertinent), sondern manches auf Zeit (aliqua temporaria, ut de sanguine et suffocato) oder als Rat[199]. Mit der Beschränkung auf die überkommenen Traditionen - erwähnt werden davon die Glaubenstraditionen als überzeitliche - macht man sich demnach keiner Unterlassung schuldig. In anderer Weise trägt JAJUS dem Wandel der Traditionen (quia multa mutantur) Rechnung: wohl mit der Hl. Schrift, nicht aber mit dem Evangelium will er sie auf eine Stufe stellen[200]. - Aus den verschiedenen vorgebrachten Auffassungen werden schliesslich Fragen formuliert und am 29. März zur Entscheidung vorgelegt. Bei der achten geht es nun darum, ob im Falle der Beibehaltung von "pari pietatis affectu" die Aussage in dem Sinne modifiziert werden solle, dass von den Traditionen und den Aussagen der Hl. Schrift einmal die dogmatischen und zum anderen die zu den Sitten gehörenden (je für sich also, ohne Rücksicht auf die Überlieferungs g e s t a l t) gleichzuachten seien[201]:

Entwurf vom 22. März: | Alternative vom 29. März:

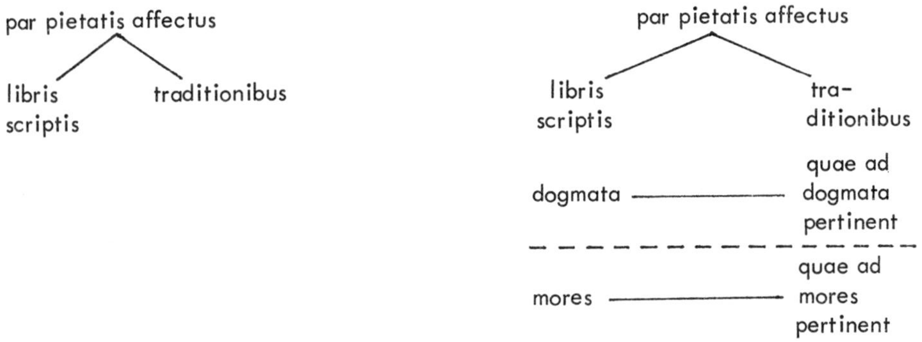

Mit dieser inhaltlichen Unterscheidung und Parallelisierung will man offensichtlich die Auffassung unterbinden, als würden Sittentraditionen (in ihrer ganzen durch die angegebenen Kriterien der Apostolizität und der Konstanz noch offengelassenen Vielfalt) den dogmatischen Schriftinhalten gleichgestellt. Dennoch wird mit 13 gegen 11 Stimmen - "alii non curarunt" - eine "distinctio traditionum" abgelehnt[202]. Im einzelnen begegnet dabei neben der einfachen Zurückweisung eines explizierenden Zusatzes zu "traditiones" auch eine restriktive Tendenz, indem sich einzelne für eine Rezeption (duabus cum conditionibus), für eine ausführlichere Formulierung von "pari pietatis affectu", für den Zusatz "de necessariis ad salutem" hierzu und für einen solchen zum Anathem, nämlich "in his, quae pertinent ad fidem", aussprechen[203]. Andere greifen die beiden Termini "dogmata" und "mores" auf und votieren für eine Rezeption der Traditionen "quoad fidem et mores", wenn auch zum Teil nur mit einem "simili pietatis affectu"[204].

Der nächstfolgende, am 5. April vorgelegte Dekretentwurf hat nun, wie sich aus der Debatte darüber schliessen lässt, sowohl "pari pietatis affectu" als auch eine Apposition zu "traditiones", den bereits endgültigen Einschub "tum ad fidem tum ad mores pertinentes"[205]. Was will dieser Zusatz, der die bisher nur formale Bestimmung der zu rezipierenden Traditionen durch den inhaltlichen Aspekt ergänzt, ausdrücken? Will er mit "fides" und "mores" die Rezeption auf die wesentlichen und unwandelbaren, das Evangelium enthaltenden Traditionen eingrenzen, um so den in Anbetracht ihrer Heterogenität[206] geäusserten Bedenken zu begegnen ? Will er aus dem gleichen Grund einen gewissen Unterschied der verschiedenen Sitten- und der Glaubenstraditionen wenigstens andeuten ? Oder will er vielmehr erstere nachdrücklich einbeziehen ? Die erste dieser möglichen Deutungen wird nicht ohne gute Gründe vertreten[207], doch weist vor allem die Geschichte dieses eine Formulierung von JAJUS aufgreifenden Zusatzes nicht in diese Richtung. Die Abstimmung vom 29. März hatte die Bereitschaft erkennen lassen, ohne ausdrückliche Unterscheidung die (apostolischen ...) Traditionen "quoad mores" wie jene "quoad dogmata" zusammen mit der Hl. Schrift zu rezipieren. Eine nachträgliche Beschränkung auf das Dogmatische war also nicht zwingend, auch würde sie durch die Verwendung des Terminus "mores", der eben noch von "dogmata" abgehoben wurde, nicht deutlich zum Ausdruck gebracht. Insbesondere steht dagegen, dass dieser Zusatz die Bedenken gegen "pari" nicht zu zerstreuen vermag. Ihm gilt nämlich auch weiterhin ein Gutteil der Kritik[208], die immerhin noch so beeindruckend ist, dass der nochmals geänderte Entwurf vom 6. April "pari" durch "simili" ersetzt[209], um danach doch wieder zu "pari" zurückzukehren. Die Stellungnahmen zum Zusatz "tum ad fidem, tum ad mores pertinentes" selbst fallen gering aus, begegnen nur in der Generalkongregation vom 5. April und bleiben ohne Wirkung auf die endgültige Textgestalt. Ein einziges deutliches Plazet "de traditionibus tum ad fidem tum ad mores" verzeichnen die Akten, wobei allerdings "tum - tum" durch "et" ersetzt werden sollte[210]. Aufschlussreich für das Verständnis des Zusatzes ist die Kritik, dass man bei den Traditionen anders als bei der Schrift eine Unterscheidung vornehme[211]. Auch der

Wunsch nach einer Erklärung von "pari pietatis affectu" wird ausgesprochen[212]. Es werden also die Sittentraditionen ausdrücklich in die Rezeption einbezogen, nicht unter Beschränkung auf jene von dogmatischem (und, wie man hinzufügen darf, moralischem) Charakter, die nicht in Frage stehen, aber auch nicht ohne die Andeutung einer Unterscheidung zwischen den den Glauben und den die Praxis des christlichen Lebens betreffenden Überlieferungen[213].

Der Sprachgebrauch von "mores", der nach dem Bisherigen nicht das sittliche Verhalten direkt und im eigentlichen Sinne, sondern die Äusserungen des religiösen und kirchlichen Lebens in den Vordergrund rückt, ist dennoch nicht ohne eine deutliche Affinität zur Moral. Dafür sind nunmehr noch die Bezeichnung der Aufgabengebiete des Tridentinums[214] sowie die Klassifizierung seiner Dekrete in solche, die das Dogma oder die Reform (der "mores") betreffen, in Betracht zu ziehen, das also, wie die angestrebte "reformatio morum" näher beschrieben wird, und was den Inhalt der entsprechenden Reformdekrete ausmacht. Das Thema der Misstände, das am 7. Januar 1546 die päpstlichen Legaten ansprechen (lapsorum morum disciplinam et abusus ut vocant)[215], greift auch der Prediger des Tages auf, um hier von dem denkbar schlimmsten Verfall der "Sitten und Disziplin (mores et disciplina) des christlichen Volkes" zu reden. Geiz, Grausamkeit, Schwelgerei, Raub, Sakrileg, Giftmischerei, Gewalttätigkeit, Mord, Betrug, Würfelspiel und Trunksucht sind die konkreten Inhalte seiner Schilderung, die den Klerus ob seines schlechten Beispiels (nostri mores vitaque) schwer belastet. Die Rettung, heisst es, liege allein in der Rückkehr zu den von Christus gegebenen Prinzipien, zur Rechtschaffenheit, Bescheidenheit, Armut und Liebe, zu einem Leben nach dem Beispiel der Apostel und der Väter, von deren Verhalten (mores) man sich so weit entfernt habe[216]. – Auch der Diskussion um die Präferenz von Dogma oder Reform in den Konzilsverhandlungen lässt sich etwas über das Verständnis von "mores" entnehmen. Hier setzt sich der Gedanke durch, dass man bei der Ungewissheit darüber, ob, wie einer für die Bevorzugung der Reform argumentiert, die schlechten Sitten und die Missbräuche zu den verkehrten reformatorischen Dogmen geführt, oder aber die verkehrten Dogmen die Sitten depraviert hätten, von beiden gleichzeitig handeln solle, von den Glaubensdingen (res fidei) und der Reform (politia et mores reformandi), "simul de fide et moribus", "simul de dogmatibus et reformatione"[217]. Wie einer der Präsidenten sagt, lassen sich auch die "mores" gar nicht getrennt von der sie tragenden Religion behandeln. Gott selbst habe Mose zwei Tafeln gegeben, deren erste und wichtigste den Glauben und die Religion, die zweite aber die Sitten zum Inhalt habe. Auch habe Christus die Apostel ausdrücklich zur Verkündigung des Evangeliums, nicht so zur Unterweisung in den Sitten ausgesandt (non dixit : in moribus instituendis), wohl wissend, dass dort, wo die Religion unversehrt sei, schwerlich schlechte Sitten Platz hätten. Dabei sei die Reform der "mores" nicht so zu verstehen, als solle der König sich durch Fasten und Bussgewand quälen, der Reiche seine gesamte Habe den Armen geben, der Bischof sich einfach kleiden und täglich den Gottesdienst mitfeiern, so wertvoll dies auch sei; vielmehr solle der König seine Untertanen gerade mit brüderlicher Liebe umgeben, der Reiche in christlicher Weise für seine Hausgemeinschaft sorgen, der Bischof seinem Volk das Wort Gottes verkünden, der Inhaber mehrerer Ämter die ihm nicht zustehenden abtreten[218]. - Das Anliegen der "reformatio morum" zeigt sich dabei von zwei Seiten : Pastorales Ziel ist eine religiös-sittliche Erneuerung der Kirche, konziliäres Mittel dazu ist eine disziplinäre Neuordnung. Die Reformdekrete sind denn auch keine Darlegung oder Einschärfung der Sittenlehre selbst. Sie befassen sich - neben den Inhalten des schon in Betracht gezogenen zweiten Dekretes der Sessio IV sowie des zugehörigen über Lesung und Predigt[219] - unter anderem mit der Residenzpflicht der Bischöfe, den persönlichen Voraussetzungen für ihr Amt, mit ihrer Amtsführung, mit dem Klerus, der Ehe und der Verehrung der Heiligen[220].

Offenbar kennt das Tridentinum den traditionellen Terminus "mores", den es in den genannten Zusammenhängen schwerlich unterschlagen konnte, grundsätzlich in einem weiten Sinn, so dass man ihm weder mit der Festlegung auf die Moral noch auch auf die liturgisch-disziplinäre Praxis der Kirche völlig gerecht wird. Aus dem Zusammenhang ist jeweils zu ersehen, welche Seite der Handlungswirklichkeit des Glaubens und der Kirche in Rede steht. Hat so das Thema der Sittenreform durchaus einen moralischen Einschlag, ist es dennoch dem Konzil in seiner Auseinandersetzung mit der Reformation bei der Frage der Rezeption von Traditionen vordergründig nicht um moralische Wahrheiten und Forderungen, die es gewiss einschliesst, sondern um die Ausdrucksformen des Glaubens und der Frömmigkeit auf liturgisch-disziplinärem Gebiet zu tun, zu denen es sich ausdrücklich bekennt. Dem 1. Vatikanum, dem die Problematik des Tridentinums nicht mehr in gleichem Masse gegenwärtig ist, bleibt es unbenommen, "mores" auf seine Weise zu akzentuieren.

bb. Die Kirche als Lehrerin und Hüterin des Glaubens

Wie die Aussage über die Kirche als Norm der Schriftinterpretation in der Offenbarungs- und Schriftthematik gründet, ist auch eine weitere Aussagengruppe, welche die Kirche als Lehrerin und Hüterin des Glaubens vorstellt, von einzelnen Sachfragen, nicht aber vom Plan einer ekklesiologischen Systematik eingegeben. Einmal ist es im Zusammenhang mit dem Glaubensbegriff die Frage nach dem Gegenstand des Glaubens, die zur Kirche als "norma proxima" führt. Sodann erscheint die Kirche als das von Gott dargebotene Mittel, den wahren Glauben anzunehmen und zu bewahren. Ihr kommt es auch zu, die geoffenbarte Glaubenslehre zu hüten und unfehlbar auszulegen, weshalb von ihrem einmal erklärten Dogmensinn nicht abgegangen werden darf.

Die kirchliche Offenbarungsvorlage als Glaubensgegenstand
(3. Kapitel, 1. und 4. Paragraph)

Wie nahe der Kirchenthematik bereits der 1. Paragraph des 3. Kapitels[221], ohne von ihr zu reden, steht, zeigt ein Blick in seine Geschichte. Im Zusammenhang mit der Verurteilung des Rationalismus, nach welchem es sich verbietet, dass die Vernunft, selbst Quelle aller Wahrheit, einer äusseren Autorität, einem äusseren Gesetz oder einem Dogma gehorche[222], stellt das Konzil von Anfang an den Unterschied von Glauben und Wissen heraus[223]. Aus der Debatte über Schema II, das davon im 6. Kapitel handelt[224], ist die Äusserung des Bischofs von Urgel, CAIXAL Y ESTRADE, bemerkenswert, der am Glaubensthema das "Allerwichtigste" vermisst und ergänzt haben will, "nämlich die unfehlbare Autorität der Kathedra Petri"[225]. Die "Synopsis analytica orationum" nimmt dieses Votum allerdings nicht auf. In Schema III beginnt das 3. Kapitel unmittelbar mit dem Begriff des Glaubens als Annahme des Geoffenbarten (revelata) aufgrund der Autorität Gottes[226], der, wie auf Vorschlag hinzugefügt wird, "nicht täuschen und nicht getäuscht werden kann"[227]. Damit und durch die Voranstellung des Satzes von der Glaubensverpflichtung der Vernunft aus dem 2. Kapitel hat der Paragraph in Schema IV nahezu seine endgültige Gestalt.

Ein zweiter Zusatz, es sei zu glauben, was von Gott geoffenbart "und als solches von der Kirche zu glauben vorgelegt sei" (et ut talia ab ecclesia credenda sunt proposita), wird, obwohl von anderer Seite unterstützt[228], darin nicht aufgenommen. Auch CAIXALS später wiederholter Vorstoss, in die Formulierung des Glaubensbegriffes das unfehlbare päpstliche Lehramt einzubringen, bleibt ohne Erfolg[229].

Dafür sagt nun aber bereits in Schema IV der 4. Paragraph über das Materialobjekt des Glaubens, dass "fide divina et catholica ea omnia credenda sunt, quae in verbo Dei scripto vel tradito continentur, et ab ecclesia sive solemni iudicio sive ordinario magisterio credenda proponuntur"[230]. Im Vergleich zum endgültigen Text fehlen nur noch die beiden Einschübe "et universali" (iudicio) und "tamquam divinitus revelata" (credenda proponuntur). Erklärtermassen richtet sich die Aussage gegen eine Beschränkung der Glaubenspflicht auf Konzilsdefinitionen, ohne Einschluss der einmütigen Offenbarungsverkündigung durch die nicht versammelte lehrende Kirche[231]. Unverkennbar hat hier der zuerst abgewiesene Vorschlag SENESTREYS vom 5. bzw. 9. März doch noch einen Niederschlag gefunden. Danach sollte ja das 3. Kapitel den Satz aufnehmen, dass die Pflicht des (göttlichen und katholischen) Glaubens alles umfasse, was explizit oder implizit in einer der Offenbarungsquellen enthalten sei und vom Lehramt der Kirche - oder, anders formuliert, was von der Kirche in dogmatischen Entscheidungen oder in der ordentlichen und allgemeinen Lehrverkündigung als im geschriebenen oder überlieferten Wort Gottes enthalten - vorgelegt werde[232]. Zusätzlich sollte ein Kanon verurteilen, dass mit göttlichem Glauben nur Wahrheiten zu glauben seien, die im Gegensatz zur Häresie stünden, oder wiederum nach der zweiten Fassung, dass man das, was nicht von der Kirche als Glaubensartikel oder Dogma erklärt sei, nur mit einem menschlichen Glauben festhalten könne oder müsse[233].

Die Bedenken der Deputation hinsichtlich der Aufnahme dieser ekklesiologischen Aussage in "Dei Filius" - der Kanon geht ohnehin nicht in das Schema IV ein - kehren in der Konzilsdebatte über diesen Paragraphen wieder[234]. Inhaltlich wird besonders die Formulierung von der Vorlegung durch die Kirche angegriffen. So wird eingewandt, dass in die hier ausgesprochene Glaubenspflicht wohl auch nur mittelbar Geoffenbartes, das kein Dogma ergebe, eingeschlossen werde, während dafür nur in Betracht komme, was unmittelbar im Worte Gottes enthalten sei und von der Kirche nicht einfachhin durch das ordentliche Lehramt, sondern als von Gott geoffenbart "de fide" zu glauben vorgelegt werde[235]. Auch zeigt sich eine Unsicherheit über den Begriff des "magisterium ordinarium" der Kirche, dessen Gleichsetzung mit dem ordentlichen (unfehlbaren) Lehramt des Papstes[236] entschiedenen Widerspruch erfährt. Dabei wird nicht nur das ordentliche Lehramt auf die allgemeine Verkündigung der Hirten ausgedehnt (und in diesem Sinne verdeutlicht), es heisst zugleich, dass es nicht angehe, mit der vorgebrachten Textänderung die Hauptfrage des ganzen Konzils nebenbei und ohne Diskussion zu entscheiden[237]. Die Deputation bestätigt daraufhin die Auffassung vom "ordentlichen Lehramt" als dem der Ecclesia dispersa und verneint, man habe hier direkt oder indirekt die Frage der päpstlichen Unfehlbarkeit berühren wollen. Sie akzeptiert die beiden erwähnten Einschübe zur Klarstellung der Aussage über die Glaubensverbindlichkeit der Offenbarungsvorlage auch durch das ordentliche und universale Lehramt, will jedoch auf einen entsprechenden Kanon verzichten[238]. Damit steht der 4. Paragraph fest[239]. Er bestimmt als Gegenstand des göttlichen und katholischen Glaubens alles, aber auch nur das, was Inhalt der Offenbarung ist und als solcher von der Kirche (nicht nur in Konzilsdefinitionen) vorgelegt wird. Wenn dabei in der zweiten Bedingung, ohne dass einem Lehramtspositivismus das Wort geredet würde, die erste als erfüllt zu denken ist, so liegt darin ein Hinweis auf die Unfehlbarkeit in der Vorlage der "fide divina" zu glaubenden Offenbarungsinhalte; eine direkte und umfassende Antwort auf die Frage nach dem Unfehlbarkeitsobjekt gibt der Paragraph jedoch nicht.

Die Kirche im Dienste des wahren Glaubens
(3. Kapitel, 5. und 6. Paragraph)

Mit dem 4. Paragraphen stehen die beiden folgenden in engem Zusammenhang. Die darin ausgesprochene Verpflichtung, den wahren Glauben anzunehmen und zu bewahren, verweist auf die Kirche als das dafür von Gott eingesetzte und deutlich ausgewiesene Mittel. Diese erscheint hier als "custos et magistra verbi revelati", und zwar, was der 6. Kanon unterstreicht, in einer Sicherheit und Gewissheit, die bei jenen, die "sub Ecclesiae magisterio" den Glauben angenommen haben, eine auch nur prüfungshalber suspendierende Revozierung der Glaubensentscheidung nicht mehr zulässt[240]. Von dieser Festigkeit des Glaubens handelt im Anschluss an das Votum

FRANZELINS[241] das 7. Kapitel von Schema I[242], das, inhaltlich erweitert, in Schema II als 9. Kapitel (De necessitate et supernaturali firmitate fidei) wiederkehrt[243]. In der Debatte darüber wird auch die Rolle der Kirche als unfehlbarer Autorität zur Bezeugung und Erklärung der Offenbarung sowie die Bedeutung des obersten Lehramtes als des entscheidenden Locus theologicus hervorgehoben[244]. Der 4. Paragraph des 3. Kapitels, der diese Thematik in Schema III einbringt[245] und, wieder erweitert, in Schema IV den 5. und 6. Paragraphen bildet (der Kanon wird unwesentlich verändert)[246], unterscheidet sich nur mehr wenig vom endgültigen Wortlaut. Auch auf die Konzilsdebatte darüber braucht nicht weiter eingegangen zu werden.

Die Kirche als unfehlbare Vermittlerin der Offenbarung
(4. Kapitel, 5. Paragraph)

Die Aussage des letzten Paragraphen des 4. Kapitels mit dem zugehörigen 3. Kanon, dass die geoffenbarte Glaubenslehre ein von der Kirche treu zu hütendes und unfehlbar zu erklärendes Depositum sei, weshalb man den von der Kirche erklärten Dogmensinn nicht wie einen korrekturbedürftigen philosophischen Gedanken verlassen dürfe[247], ist durch das Vorausgehende längst vorbereitet, wo sowohl von der Verfälschung und Verfehlung des wahren Dogmensinnes als auch von der treuen und verbindlichen kirchlichen Auslegung des Gotteswortes die Rede war[248]. Nunmehr fällt auch (zum erstenmal in den Vatikanischen Dekreten) das Wort von der Unfehlbarkeit der Kirche, die hier auf das Offenbarungsdepositum beziehungsweise die geoffenbarte Glaubenslehre bezogen wird (fidei doctrina, quam Deus revelavit, ... tamquam divinum depositum Christi Sponsae tradita, fideliter custodienda et infallibiliter declaranda). Nur dieser Zusammenhang, nicht die formalen Fragen nach den entsprechenden Modi einer kirchlichen Dogmenerklärung oder nach dem Verständnis legitimer Dogmenentwicklung, obwohl all dies auch für "dogmata morum" Bedeutung hat, sollen dabei ins Auge gefasst werden.

Die Textgeschichte dieses bereits in FRANZELINS Votum grundgelegten[249] Paragraphen beginnt mit Schema I, dessen einschlägiges 10. Kapitel über die Irrtümer hinsichtlich der Unabhängigkeit der Wissenschaft[250] nahezu unverändert in Schema II eingeht, in welchem es als 11. Kapitel "De incommutabili veritate illius dogmatum sensus, quem tenuit et tenet Ecclesia" den Konzilsvätern vorgelegt wird. Gegen eine eigenwillige, einen anderen als den kirchlichen Sinn unterschiebende Dogmeninterpretation wird verwiesen auf das "Depositum, dessen Wahrung, Auslegung und Definierung unter dem Beistand des Geistes der Wahrheit der unfehlbaren Kirche anvertraut" sei[251]. Dabei beinhaltet nach Adnotatio 24 diese Unfehlbarkeit mehr als dies, dass die jeweils geeigneteste Auffassung bevorzugt wird, die trotz eines Wahrheitsgehaltes überholbar bleibt[252]. In Schema III nimmt die Aussage von der bleibenden Gültigkeit der unfehlbaren Lehramtsvorlagen (quae infallibili ecclesiae magisterio stabilita sunt) schon ihren Platz am Ende des 4. Kapitels und der Kanones ein[253]. In Schema IV bildet sie den 5. Paragraphen (zusammen mit dem 4. Kanon)[254], wobei der Satz vom depositarischen Charakter der der Kirche zur (unfehlbaren) Erklärung anvertrauten Glaubenslehre fehlt. Mit Schema V liegt dann bereits die endgültige Textfassung des Paragraphen und des (nunmehr 3.) Kanons vor[255]; die Änderungsanträge dazu sind hier ohne Belang.

b. Der Schutz der Offenbarung und Glaubenslehre

aa. Die Verurteilung der Gegensätze zur katholischen Lehre
(4. Kapitel, 3. und 4. Paragraph, 2. Kanon)

Aufgabe und Kompetenz des kirchlichen Lehramtes hinsichtlich der Offenbarung und Glaubenslehre haben auch eine negative Dimension, die Verurteilung glaubenswidriger und glaubensgefährdender Lehren. Auch profanwissenschaftliche Aussagen gehören damit, wenn auch nur in dieser Beziehung, zum kirchlichen Lehrobjekt. So erklärt der 3. Paragraph des 4. Kapitels unter Berufung darauf, dass es zwischen Glaube und Vernunft keinen tatsächlichen Widerspruch geben könne, mit den Worten des Lateranense V jede der Glaubenswahrheit entgegenstehende Behauptung für ganz und gar falsch, hebt Recht und Pflicht der mit der Wahrung des Depositums betrauten Kirche hervor, eine fälschlich so genannte Wissenschaft (falsi nominis scientia, 1 Tim 6,20) zu verurteilen, und verpflichtet demzufolge die Gläubigen, solche der Glaubenslehre widersprechenden Ansichten (huiusmodi opiniones, quae fidei doctrinae contrariae esse cognoscuntur) - erst recht nach erfolgter kirchlicher Verurteilung -

als in Wirklichkeit irrig zu erachten[256]. Auch der 2. Kanon zu diesem Kapitel verwahrt sich gegen eine derartige Freiheit in den wissenschaftlichen Disziplinen, als ob "earum assertiones, etsi doctrinae revelatae adversentur, tamquam verae retineri neque ab Ecclesia proscribi possint"[257].

Mit dem Thema der Unabhängigkeit der Vernunft und der Freiheit der Wissenschaft wird sozusagen der Nerv des Konzils berührt, das gerade der Verselbständigung und Bevorzugung der Vernunft gegenüber dem Glauben oder (in gemässigter Form) innerhalb der Glaubenslehre gegenüber Aussagen der Offenbarung und des kirchlichen Lehramtes zu begegnen hat, einem Autonomiepostulat also, das natürlich auch sachliche Gegensätze zur katholischen Lehre nach sich zieht. Schon PECCI sagt in seinem Votum zu diesem theologischen Rationalismus, dass es keine Freiheit zum Irrtum und zum Bösen gebe (als gehörte die Möglichkeit des Sündigens dazu), sondern alles Recht nur aus Wahrheit und Sittlichkeit komme. Dem Prinzip von der Unabhängigkeit der Vernunft widerspreche die Geschöpflichkeit des Menschen, weshalb auch die Forderung nach einer unbegrenzten, das Recht auf Irrtum implizierenden Denk-, Publikations- und Kultfreiheit verurteilt wird[258]. FRANZELINS Votum führt dann die Kritik dieses rationalistischen Grundprinzips, das eine Behandlung der Wissenschaft, namentlich der Philosophie, unter Absehung von Glaube und Kirche postuliert[259], weiter. Es erklärt alles dem Glauben Widersprechende für notwendig falsch[260] und setzt sich in seinem 5. Kapitel "De relatione inter fidem et scientiam" mit der von FROHSCHAMMER und GÜNTHER vertretenen Freiheit der Wissenschaft auseinander, die eine Unterwerfung unter eine äussere Autorität nicht zulasse[261]. Als besonderer Konfliktstoff erscheinen die zahlreichen sowohl der Vernunft einsichtigen und wissenschaftlich nachweisbaren als auch zugleich explizit oder implizit in der Offenbarung enthaltenen Wahrheiten etwa aus dem theologischen oder ethischen Bereich. Dabei stellt FRANZELIN klar, dass "die Kirche über Gegenstände der Profanwissenschaften nur aus den geoffenbarten Prinzipien und unter dem formalen Aspekt ihrer Übereinstimmung oder Nichtübereinstimmung mit der geoffenbarten Glaubens- und Sittenlehre (revelata doctrina fidei ac morum) urteilt"[262]. Doch kann man nach ihm die genannte Autonomieforderung nur unter Preisgabe der unfehlbaren Wahrheit der Offenbarungslehre und der Unfehlbarkeit der Kirche in der Wahrung und Erklärung des Glaubensdepositums erheben[263]. Schema I deckt daraufhin in Abschnitt IX den Irrtum auf, als sei wenigstens in allen Natur- und Geisteswissenschaften die Vernunft vom göttlichen Glauben und von der Autorität der mit der Wahrung und unfehlbaren Auslegung der ganzen Offenbarungswahrheit betrauten Kirche völlig unabhängig[264]. Den Aposteln und ihren Nachfolgern im unfehlbaren Lehramt, heisst es dagegen, sei mit dem Apostolat auch die Gewalt gegeben, jeden Verstand unter den Gehorsam Christi zu bringen (2 Kor 10,4 f); sie hätten auch die Gläubigen gegen Täuschung zu bestärken und eine fälschlich so genannte Wissenschaft zu verurteilen. Könne erfahrungsgemäss die fehlbare und schwache Vernunft zu Lehren kommen, welche der Offenbarungswahrheit und der unfehlbaren Lehre der Kirche widersprechen, so seien die Gläubigen verpflichtet, der katholischen Lehre entgegenstehende Sätze nicht als legitime Ergebnisse der Wissenschaft, sondern als Irrtümer zu betrachten, so wie sie von der Kirche verurteilt seien, und sich auch gegen mögliche Verirrungen zu wappnen, wenn sie sich in der Gefahr eines Gegensatzes zur geoffenbarten oder unfehlbar definierten Wahrheit wüssten. Abschliessend wird dann noch eigens verworfen, es würden wissenschaftliche Aufstellungen, auch wenn sie der katholischen Lehre widerstreiten, dem Urteil und der authentischen Verurteilung durch die Kirche nicht unterliegen, und die Wissenschaften hätten die Offenbarung ausser acht zu lassen[265].

Etwas gekürzt, jedoch weithin im Wortlaut beibehalten, findet sich dieser Text als 10. Kapitel (De recto ordine inter scientiam humanam et fidem divinam) von Schema II[266]. Die zugehörigen Anmerkungen 21 bis 23 erläutern diese Gedanken, wobei in der Hauptsache die Ausführungen in FRANZELINS Votum wiedergegeben werden. Zur Verurteilungssentenz, dass die Wissenschaft nicht "etiam sub discrimine errandi contra fidem et doctrinam catholicam" von der Offenbarung abzusehen habe, heisst es dabei, dass es sehr wohl häretisch sei, zu sagen, man dürfe einer (nicht so dem Glauben als vielmehr) der katholischen Lehre entgegengesetzten Auffassung folgen, obschon ein Gegensatz zu dieser nicht schon selbst immer Häresie sei[267]. Von den Konzilsvätern befasst sich besonders der Bischof von Savannah, VEROT, mit diesem 10. Kapitel, dessen Ton, wenn auch nicht dessen Lehre er kritisiert. Er erinnert hier einmal an die Missbilligung des Vorhabens von Columbus sowie an die Antipoden, die es trotz Leugnens der Theologen und päpstlicher Verurteilung gebe. Sodann bringt er mit dem Namen Galilei ein - wie er sagt - schmerzliches Beispiel, wo das Vorgehen der Theologen (auch in Rom) der Religion, der Kirche und dem Papst soviel Schmach eingebracht habe. Schliesslich erwähnt er die Geologie, deren Entwicklungslehre dem Sechs-Tage-Bericht der Bibel zu widersprechen scheine, glücklicherweise aber wohl nicht verurteilt worden sei. Er votiert daher für eine entsprechende Anfügung, in welcher die genannten Fälle von der Verurteilung ausdrücklich ausgenommen werden und Galilei rehabilitiert wird[268].

Schema III bringt die in Rede stehende Aussage kürzer in das 4. Kapitel ein, gibt ihr aber noch drei Kanones (4. bis 6.) bei[269]. Der Wortlaut des betreffenden Abschnittes unterscheidet sich nur mehr wenig von der endgültigen Fassung. Manches wird noch bei der Besprechung innerhalb der Glaubensdeputation geändert. So will ZINELLI die Stelle, Meinungen, die als der Glaubenslehre entgegengesetzt erkannt würden, "maxime si ab ecclesia, quacumque nota, proscriptae fuerint", seien für Irrtümer zu halten, ändern in "... maxime, si ab ecclesia tanquam falsae etc., quacumque ratione hoc fiat"[270], während sich GASSER für eine Streichung von "quacumque nota" ausspricht, die in Schema IV auch vorgenommen ist[271]. Eine Begründung nennt das Protokoll nicht. Die Kanones verurteilen die Sätze, die Wissenschaften dürften selbst auf die Gefahr eines Irrtums gegen den Glauben hin von der Offenbarung absehen, ihre Schlussfolgerungen unterlägen auch bei einem Gegensatz zur katholischen Lehre nicht dem Urteil und der Verurteilung durch die Kirche, und man dürfe Meinungen lehren und festhalten, die von der Kirche - allerdings nicht als häretisch - verurteilt seien[272]. In der Deputation wünscht man teils eine Streichung des einen oder anderen Kanons, teils eine Kontraktion[273]. Tatsächlich sind in Schema IV der 4. und 5. Kanon (als 2.) zusammengefasst, aber auch der 6. (als 3.) beibehalten[274]. Nicht nur von einer erklärten "propositio haeretica" und, wie die Relatio vom 19. März ergänzt, nicht nur von Gegensätzen zu feierlichen Glaubensdefinitionen, sondern auch von solchen zur ordentlichen Glaubensverkündigung der Kirche muss Abstand genommen werden[275].

Was zunächst die in den beiden Paragraphen enthaltene Aussage zum Verhältnis von Kirche (Lehramt) und Wissenschaft betrifft, so votiert hier der Bischof von

Autun, MARGUERYE, dafür, den ganzen Absatz über die kirchlichen Verurteilungen ("Porro Ecclesia ...") an das Lehramtskapitel des Kirchenschemas zu überweisen (Emendatio 16)[276]. Andere schlagen sachliche Änderungen oder Ergänzungen vor, so GANDOLFI, Bischof von Corneto, der die Erkenntnis eines Widerspruches zum Glauben nur durch die unfehlbare Autorität der Kirche gesichert sieht und daher die Formulierung auf "quae tanquam fidei doctrina contraria ab ecclesia reprobata fuerit" beschränkt (Emendatio 18)[277]. - Die meiste Aufmerksamkeit verdient die Stellungnahme des Bischofs von Grenoble, GINOULHIAC, dem es hier um die Freiheit der Wissenschaft, eine "res maximi momenti", zu tun ist. In formaler und materialer Hinsicht lassen sich nach ihm das Objekt des Glaubens und das der Wissenschaft im eigentlichen Sinne, auf welche die Stelle 1 Tim 6,20 nicht zutreffe, vergleichen. Erstens, führt er aus, unterscheide man das Formalobjekt beider, so dass die Wissenschaft innerhalb ihrer Grenzen, die sie nicht überschreiten dürfe, ihr eigenes Gebiet, ihre eigenen Gesetze und ihre eigene Methode habe. Zweitens gebe es eine Anzahl von Wissenschaften, die, wie die mathematisch-naturkundlichen, auch material nichts mit dem Objekt des Glaubens und der katholischen Lehre gemein hätten und davon gänzlich unabhängig seien. Drittens gebe es solche, die in manchem mit dem Glaubensobjekt nichts zu tun hätten, zum grösseren Teil jedoch ihm nahestünden und auch das Objekt mit ihm teilten, so die Anthropologie und besonders die Philosophie. Seien sie auch hier nicht berechtigt, eine der (absolut wahren) katholischen Lehre entgegengesetzte Lehre vorzutragen und festzuhalten, so könnten sie doch im übrigen frei nach ihren Gesetzen verfahren. Aus dem Gesagten zieht GINOULHIAC dann drei Folgerungen, die für eine das Ansehen der Kirche in hohem Masse fördernde differenziertere und darum positiver gehaltene Aussage des Konzils zur Freiheit der Wissenschaft sprechen[278]. In diesem Sinne will er konkret den Abschnitt "Porro ecclesia ..." ändern, so dass darin also die Unabhängigkeit der Wissenschaft vom Offenbarungsdepositum und ihre Berührung mit dem Glaubensobjekt unterschieden wird und für den letzteren Fall die der Glaubenslehre mit Gewissheit ("... certo cognoscuntur") entgegengesetzten Meinungen unter Berufung ("enim") auf das Recht der Kirche, solche Einwendungen zu verurteilen, als abzulehnende Irrtümer erklärt werden (Emendatio 17)[279].

Von dieser Kritik bleibt auch der 2. Kanon - der dritte soll gesondert behandelt werden - nicht verschont. GINOULHIAC selbst legt zwei neue Fassungen desselben vor, die seiner restriktiven Verhältnisbestimmung von Wissenschaft und Glaubenslehre angepasst sind (Emendatio 36)[280]. Doch schon bei der Eröffnung der Debatte über das 4. Kapitel der Konstitution wird dieser Kanon angegriffen. Nach der Ansicht des Erzbischofs von Avignon, DUBREIL, ist er zu beseitigen oder wenigstens zu verbessern, und zwar in seinem ersten und seinem zweiten Teil. Der erste Teil, dass nämlich die Wissenschaften nicht von der Offenbarung absehen dürften, widerspreche der Aussage von der natürlichen Gotteserkenntnis, beschneide ihren rechtmässigen Bewegungsraum und beeinträchtige das wissenschaftliche Bemühen. Dabei sei die grosse Hilfe, die die Offenbarung biete, nicht ausser acht zu lassen. Der letzteren entgegengesetzte Lehren würden wohl von einzelnen Wissenschaftlern, nicht aber von der echten Wissenschaft aufgestellt (Emendatio 35)[281]. Die Änderungsanträge der Bischöfe von Patti, San Francisco, Pinerolo und Autun, CELESIA, ALEMANY, RENALDI und MARGUERYE, gehen dahin, die Berücksichtigung der Offenbarung nicht von den Wissenschaften ganz allgemein zu fordern, sondern nur insoweit, als - wie bei der Philosophie - eine Beziehung dazu besteht (Emendatio 37, 38, 39 und 40)[282]. Auch CAIXAL Y ESTRADE und GANDOLFI äussern sich in diesem Sinne[283]. - Daneben findet der Kanon in der vorliegenden Form auch Verteidiger. So müssten nach GASTALDI, dem Bischof von Saluzzo, alle Wissenschaften und Künste verchristlicht werden (fiant undequaque christianae), wolle doch Christus alles an sich ziehen (Joh 12,31), alle menschliche Wissenschaft und Kunst (homines et quaecumque homines scire et excolere possunt). Angesichts der glaubensbedrohenden Situation an den Universitäten bedürfe es der Mahnung, bei aller wissenschaftlichen Tätigkeit die übernatürlichen Wahrheiten nicht zu vergessen. Damit richte sich der Kanon nicht gegen die Wissenschaft, von der auch GASTALDI sagt, dass nicht eigentlich von ihr, wohl aber von einzelnen Wissenschaftlern Folgerungen gezogen würden, die der Glaubenslehre widersprächen (Emendatio 41)[284]. Auch Bischof MERMILLOD von Genf sieht in dem Kanon keinen Angriff auf die Freiheit der Wissenschaft. Die Einbeziehung auch der Naturwissenschaften begründet er damit, dass wie Christus (1 Kor 15,25), so auch die Kirche in allem - in

Schule, Familie und Gesellschaft - herrschen müsse. Der modernen Wissenschaft gegenüber habe man die Vernunft wie den Glauben zu verteidigen. Dabei fördere die Kirche gerade die Wissenschaft, und der Glaube schütze ihre Freiheit (Joh 8,32)[285].

Einschneidende Änderungen in den Paragraphen und im Kanon werden auch nicht mehr vorgenommen. In seiner Relatio fasst PIE noch einmal zusammen, dass es zwischen Vernunft und Glaube, zwischen Offenbarung und Wissenschaft keinen wirklichen Dissens geben könne, weshalb denn "quaelibet assertiones veritati revelatae certo adversantes" als illegitime Folgerungen der Wissenschaft zu gelten hätten und von der Kirche zu Recht verurteilt würden. Darüber hinaus spreche der 4. Paragraph auch von einer gegenseitigen Hilfe zwischen Vernunft und Glaube, doch verbinde sich mit der Behauptung einer berechtigten Freiheit der Wissenschaft die Warnung vor Missbräuchen und Überschreitungen[286]. Im einzelnen wird dann die Verlegung von "Porro ecclesia ..." in das Lehramtskapitel (Emendatio 16) unter Berufung auf das von GASSER und MARTIN Dargelegte nicht mehr diskutiert; schon im Zusammenhang mit dem 2. und 3. Kapitel war ja eine Ausklammerung ekklesiologischer Aussagen abgewiesen worden. Auch die Beschränkung auf kirchliche Verurteilungen (Emendatio 18) wird nicht angenommen. Hingegen findet die Kritik GINOULHIACS weitgehend Berücksichtigung, indem das Zitat 1 Tim 6,20 durch Kol 2,8 ersetzt und im 4. Paragraphen Bedeutung und Freiheit von Kunst und Wissenschaft stärker hervorgehoben werden. Feierlich die absolute Unabhängigkeit bestimmter Wissenschaften vom Glauben und damit von der Kirche zu verkünden, habe die Deputation jedoch, wie PIE ergänzt, nicht für richtig erachtet[287]. - Auch die Emendationes zum 2. Kanon werden von ihr abgelehnt, dafür wird aber eine Formel von GARCIA GIL angenommen, die die Auffassung verurteilt, es seien die Wissenschaften mit solcher Freiheit zu betreiben (disciplinas humanas ea cum libertate tractandas esse), dass selbst ihre der geoffenbarten Lehre widerstreitenden Behauptungen für wahr gehalten und von der Kirche nicht verurteilt werden könnten[288]. Die beanstandete Aussage von der prinzipiellen Rücksichtnahme auf die Offenbarung ist damit umgangen. Wie PIE referiert, sollte die Formulierung "... ea cum libertate ..." allen gegen den ersten Teil des Kanons vorgebrachten Einwänden Rechnung tragen; nachdem so der zweite Teil des Kanons den Sinn des ersten bestimme, würden alle Mehrdeutigkeiten beseitigt[289]. - Mit der Annahme durch die Konzilsväter ist über die beiden Paragraphen und den Kanon entschieden. Die wenigen Exceptiones, die überhaupt hierauf Bezug nehmen, können ausser Betracht bleiben[290].

bb. Das Vorfeld der Häresie

Obwohl schliesslich nur der Epilog von "Dei Filius" ausdrücklich von den den Häresien mehr oder minder nahekommenden Irrtümern spricht, die zu meiden und deren Verurteilungsdekrete zu beobachten seien, war doch neben dieser Mahnung noch ein eigener Kanon vorgesehen und wurde diskutiert, der es verwehrte, an einer von der Kirche - wiewohl nicht als Häresie - verurteilten Meinung festzuhalten.

Der 3. Kanon zum 4. Kapitel von Schema IV

Mit der revidierten Konzilsvorlage vom 18. März (Schema IV) wird zum 4. Kapitel ein dritter Kanon vorgelegt, der von der kirchlichen Lehrautorität handelt und offensichtlich mit dem vorausgehenden zweiten[291] zusammenhängt. Seine Verurteilung der Auffassung, dass es "licitum esse tenere vel tradere opiniones ab ecclesia damnatas, dummodo ne sint damnatae tanquam haereticae"[292], ist sowohl eine Ergänzung zu anderen Aussagen in "Dei Filius" als auch ein Vorgriff auf die Kirchenkonstitution. Dies erklärt seine Aufnahme in das Glaubensschema wie auch die Reserve, mit der man ihm hier begegnet. Er findet sich noch nicht einmal in Schema III. Selbst als bei der Besprechung desselben SENESTREY einen derartigen Kanon vorschlägt, äussert sich die Deputation zurückhaltend[293]. Dennoch enthält die Konzilsvorlage die genannte Erweiterung, wonach also die Kirche auch in Verurteilungen, die nicht die Zensur der Häresie verhängen, zur Zustimmung (tenere !) verpflichtet.

Die Konzilsväter haben an diesem Kanon einiges auszusetzen. Nach MARGUERYE soll er wegfallen, da die in ihm vorgetragene Lehre hinreichend im Epilog ausgedrückt werde (Emendatio 43 a)[294]. Auch nach RENALDI kann er unterbleiben, da er aus dem vorhergehenden folge, bei dem es um Glauben und Sitten gehe (cum loquatur de fide et moribus). Anderenfalls sei diese Objektsangabe einzufügen, nachdem Verurteilungen von "Meinungen" (so allgemein gesprochen) später bisweilen überholt würden. Hier würde die Verdeutlichung, dass man "quoad fidem et mores" von der Kirche verurteilte Meinungen nicht festhalten dürfe, alle Zweideutigkeit beheben[295]. Die entsprechende Emendatio 43b erinnert bei dem Hinweis auf nicht durchgehaltene kirchliche Verurteilungen an die Frage der Erdbewegung (Galilei) und der Antipoden[296]. Ähnlich spricht sich CAIXAL Y ESTRADE gegen den Kanon aus, wenigstens sollte eine Verdeutlichung möglichen Vorwürfen wegen der Verurteilung der Lehre Galileis vorbeugen[297]. Die beiden von ihm vorgeschlagenen Kanones halten darum fest, dass der in Sachen des Glaubens und der Sitten der kirchlichen Autorität geschuldete Glaubensgehorsam Vernunft und Wissenschaftlichkeit nicht beeinträchtige (Emendatio 45), und dass von der Kirche als falsch und irrig, wiewohl nicht als häretisch verurteilte Sätze nicht als wahr verteidigt werden könnten (Emendatio 46)[298]. Diese Einschränkung innerhalb des infra-häresialen Bereichs kehrt nun aber GASTALDI um, indem er den Kanon ausdrücklich auf Verurteilungen unter jedweder Zensur, die "propositio scandalosa" oder "piarum aurium offensiva" eingeschlossen, ausdehnt und dabei die Massnahme der Kirche verteidigt: "Si quis dixerit, propositiones ab ecclesia sub aliqua nota damnatas licitum esse tenere vel defendere, tanquam notis illis configi non mereantur, anathema sit" (Emendatio 44)[299].

Angesichts dieser zweifachen Kritik, dass der Kanon unterbleiben könne, anderenfalls aber noch einer Präzisierung bedürfe, überrascht es nicht, dass ihn die Deputation, an eine frühere Entscheidung anknüpfend, an dieser Stelle wieder zurückzieht und dem Dekret über die Kirche zuweist[300]. PIE, der diesen Beschluss den Vätern darlegt, hebt dabei hervor, dass die Deputation den im Kanon ausgesprochenen Grundsatz selbst für sehr nützlich und notwendig erachte. Mit dem Zugeständnis nämlich, dass Lehrurteile der Kirche mit einer Zensur unterhalb von Häresie im Gewissen nicht bindend seien, falle fast die ganze Lehrautorität und werde eine Ausübung hierarchischer Leitung unmöglich. Das Wort Christi, wer die Kirche nicht höre, gelte wie ein Heide und Zöllner, meine die Kirche nicht nur, wo sie eine Häresie verurteile. Dennoch, fährt PIE fort, und gerade wegen der sachlichen Bedeutung habe man es, da die entsprechende Lehre im Kapitel nicht hinreichend dargelegt sei, für besser erachtet, dass diese wichtige Aussage ausdrücklicher und klarer in der anderen Konstitution, wo direkt und thematisch von der kirchlichen Lehrgewalt die Rede sei, zum Ausdruck gebracht würde[301]. Der Wegfall des Kanons in

"Dei Filius" erfolgt also keineswegs aus Zurückhaltung gegenüber seiner Aussagerichtung, vielmehr soll dieser Gedanke an anderer Stelle ausgebaut und verdeutlicht werden. Fast alle Väter stimmen der Verlegung zu[302], die auch bei der Abstimmung über Schema V nicht mehr angefochten wird. Zudem nimmt sich ein anderer Abschnitt, der Epilog, dieses Anliegens an.

Der Epilog (2. Paragraph)

In seiner eigenen Art, nämlich als abschliessende Ermahnung, bringt der Epilog in seinem zweiten Paragraphen die kirchliche Lehrautorität zur Sprache. Mit der Begründung, dass man auch die den Häresien mehr oder minder nahekommenden Irrtümer fliehen müsse, werden alle an ihre Pflicht gemahnt, auch die päpstlichen Konstitutionen und Dekrete zu beobachten (servare), in denen derartige, hier nicht näher bezeichnete irrige Meinungen verurteilt seien (quibus pravae eiusmodi opiniones, quae isthic diserte non enumerantur, ab hac Sancta Sede proscriptae et prohibitae sunt)[303]. Danach ist die der kirchlichen Autorität geschuldete Folgeleistung nicht auf die hier eigens zur Sprache gebrachten Irrtümer zu beschränken, als beginne jenseits dieser Grenze der Raum der freien Meinungen; auch die übrigen päpstlichen Verurteilungen von Auffassungen im Vorfeld der Häresie haben verpflichtende Kraft.

Diese Schlussermahnung, die erst mit Schema IV vor das Konzil kommt und in der Konstitution "Pastor aeternus" keine Parallele hat, ist bereits in Schema III enthalten. Sie bildet dort eine imperativische Ergänzung ("Itaque ...") zur dogmatischen Aussage der Kanones und hat auch schon nahezu ihren endgültigen Wortlaut[304]. Mit der Entscheidung der Glaubensdeputation, aus den ersten vier Kapiteln ein eigenes Schema zu bilden, stellt sich die Frage nach der Position dieses Monitums, das sich natürlich auch auf den ersten Teil bezieht. Obwohl seine Diskussion erst im Zusammenhang mit den Kanones zum 9. Kapitel fällig wird und hier tatsächlich am 20. März stattfindet (wenngleich nur wenig dazu verlautet), steht es unverändert auch schon am Ende der Konzilsvorlage vom 18. März. Nehmen auch weder die "Ratio" noch SIMORS Relatio dazu Stellung, so schenken ihm doch die Konzilsväter einige Aufmerksamkeit.

Für eine Streichung dieses Epilogs votiert RENALDI, der hier im Hinblick auf die weiteren Konzilstexte einen Präzedenzfall vermeiden will (Emendatio 48)[305]. Andere wünschen nur eine textliche Änderung, so MARGUERYE, der zur Verdeutlichung die Verpflichtung ausdrücklich auch auf die Dekrete allgemeiner Konzilien und auf künftige Verurteilungen ausdehnt (Emendatio 50)[306]. - Dennoch wird das abschliessende Monitum weder geändert noch gestrichen, ja im Gegensatz zu einer bereits gefällten Entscheidung nicht einmal mehr verschoben. Um jedes Missverständnis auszuschliessen, als hätte sich das Konzil sachlich von ihm distanziert, glaubt man, darauf - gegen Emendatio 48 - nicht länger verzichten zu können[307]. Dabei entspricht die in Emendatio 50 vorgeschlagene Texterweiterung nach PIE nicht seiner Zielsetzung. Um einerseits in den Kapiteln und Kanones nur Glaubensaussagen beziehungsweise Glaubensgegensätze zur Sprache zu bringen, andererseits die einschlägigen aktuellen Verurteilungen durch den Papst nicht mit einem missverständlichen Schweigen zu übergehen, wolle man damit die Verpflichtung ausdrücken, auch diese päpstlichen Entscheidungen gewissenhaft (sollicite ac religiose) zu beobachten[308]. Eine umfassende Aussage über die Verpflichtung gegenüber kirchlichen Lehrentscheidungen steht hier also nicht an.

Während das revidierte 4. Kapitel einschliesslich der Kanones und des Epilogs nahezu einstimmig gebilligt wird[309], entfällt bei der Abstimmung über das ganze Schema V gerade auf den letzteren ein unerwartet grosser Teil der Exceptiones (Nr. 111 bis 148)[310]. Viele Väter wünschen, dass man den Schluss ganz weglasse, einzelne auch, dass man ihn verlege oder ändere. DUPANLOUP kritisiert Form und Wortlaut (Exceptio 120 $\frac{1}{2}$). PLACE, Bischof von Marseille, beruft sich auf die Abweisung durch die Generalkongregation und bezeichnet die Lehre selbst als zu unbestimmt und allgemein (nimis indeterminata et generalis; Exceptio 122). Der Bischof von St. Brieuc, A. DAVID, befürchtet grosse Nachteile (Exceptio 128). Ähnlich sieht der Bischof von Metz, DUPONT DES LOGES, aufgrund des dunklen und unbestimmten Sinnes des (zweiten) Satzes Schwierigkeiten voraus (Exceptio 131). Auch MEIGNAN scheint er ungenau (ambigua, iustis limitibus non consistens; Exceptio 132)[311]. Besonders ausführlich begründet der Erzbischof von Reims, LANDRIOT, seine Ablehnung. In ihrer Unbestimmtheit (nimis vagi) würden nach ihm die Sätze Gewissensängste hervorrufen. Wie liessen sich denn, fragt er, die dem

Irrtum mehr oder minder nahekommenden Meinungen ausmachen, und um welche bestimmten Dekrete handele es sich ? Würden nicht manche folgern, etwa auch das Dekret über Galilei, bei dem es doch um die Schriftinterpretation gehe, verpflichte im Gewissen (Exceptio 133)[312] ? Auch CALLOT, Bischof von Oran, nimmt den Epilog aus seinem Plazet aus, da die (modo absoluto) zustimmungspflichtigen Dekrete nicht einmal in den Anmerkungen bezeichnet würden (Exceptio 136)[313]. Am Modus der Einbringung dieses Textes üben die Bischöfe von Clifton und Nizza, CLIFFORD und SOLA, Kritik. Sie verweisen auf die irreguläre Art und Weise der Vorlegung (Exceptio 142) und auf den unzureichenden Diskussions- und Erkenntnisstand (Exceptio 146)[314]. Noch am 18. April ersuchen 44 Väter die Konzilspräsidenten, den einen einstimmigen Konsens vielleicht gefährdenden Schluss zu ändern oder wegzulassen[315].

Für die Glaubensdeputation ist allerdings die Sache bereits entschieden[316]. Wiederholt, so verteidigt am 19. April ihr Sprecher GASSER den Epilog, habe sich die Deputation mit dieser Schlussermahnung befasst und sie stets für durchaus notwendig erachtet. Der zu erwartenden Folgerung, es dürfe über alles, was nicht in den Kapiteln und Kanones dieser Konstitution enthalten sei, in den Schulen (ganz) frei disputiert werden, wisse man nicht anders zu begegnen als durch eine solche Klausel. Lediglich in bezug auf ihren Platz und Zeitpunkt habe man ein einziges Mal gezögert; die jetzige Entscheidung sei in der letzten Relatio begründet worden. Hinsichtlich des dogmatischen Wertes der päpstlichen Dekrete, der in ihnen ausgesprochenen Zensur, ergebe sich daraus selbstverständlich keine Veränderung[317]. Noch zeigen sich Konzilsväter über den Epilog, der nicht mehr zur Abstimmung vorgelegt wird, beunruhigt. Am 23. April formulieren acht von ihnen Bedingungen für die Zustimmung und wenden sich gegen die vielfachen Anatheme und gegen den Epilog, der ihnen trotz der in der Relatio dargelegten Einschränkungen noch zu allgemein und unbestimmt erscheint. Obwohl diese Erklärung erst am 25. April eingeht, stimmen die sieben davon anwesenden Väter in der Sessio III mit "Placet"[318].

Die erklärtermassen bedeutsame kirchliche Lehrautorität ausserhalb der Verurteilung von Häresien wird durch den Epilog zurückhaltender vertreten als durch den zurückgestellten Kanon. Es werden auch die päpstlichen Dekrete nicht aufgewertet, sondern nur in ihrer Verbindlichkeit bewusst gemacht. Gerade diese aber scheint noch nicht genügend präzisiert; insbesondere im Blick auf den Fall Galilei will man eine ungebührliche Ausdehnung vermeiden. Immer aber, dies jedenfalls wird durch das Bisherige einmal mehr bestätigt, hat es die kirchliche Lehrautorität ausschliesslich mit der Offenbarung und der Glaubenslehre zu tun, in diesem Rahmen allerdings, wie sich dabei gezeigt hat, auch mit den "mores", mit Moral. Speziell dieser Zusammenhang ist nun noch eigens darzustellen.

2. Offenbarung (Glaube) - Moral

a. Die (material) natürlichen Inhalte der Offenbarung

aa. Die Möglichkeit ihrer natürlichen Erkenntnis (2. Kapitel, 1. Paragraph, 1. Kanon)

Gegenüber Rationalismus, Pantheismus und (materialistischem) Naturalismus, aber auch gegenüber dem Traditionalismus behaupten der 1. Paragraph und der 1. Kanon des 2. Kapitels die Möglichkeit sicherer Gotteserkenntnis aus der Schöpfung, näherhin, dass Gott, Ursprung und Ziel aller Dinge, (im Kanon) der eine und wahre Gott, unser Schöpfer und Herr, aus den geschaffenen Dingen durch das Licht der natürlichen Vernunft sicher erkannt werden könne, habe es ihm auch gefallen, sich auf übernatürliche Weise zu offenbaren[319]. Wenn nun im 2. Kanon zum 3. Kapitel der Glaube von dem natürlichen Wissen über Gott und die sittlichen (!) Dinge abgehoben wird[320], so deutet dies auf einen Begriff der möglichen natürlichen Erkenntnis hin, der auch sittliche Dinge in sich schliesst und insofern hier einige Aufmerksamkeit verdient.

Schon das Votum FRANZELINS hat ein Kapitel über die natürliche Gotteserkenntnis. Es wendet sich gegen den Traditionalismus, wonach die Offenbarung über Gott und das Sittengesetz Bedingung der religiösen und sittlichen Erkenntnis sei, da alle Sicherheit aus dem Glauben komme, oder (in milderer Form) die Vernunft aufgrund ihrer Schwäche mit absoluter Notwendigkeit der Offenbarung und Tradition "ad cognitionem existentiae Dei et ordinis moralis" bedürfe[321]. Im vorgeschlagenen Lehrkapitel und Kanon ist allerdings ebenso wie in Schema I und II nur von der

Gotteserkenntnis die Rede[322]. Dafür bringt die Konzilsdebatte bei der Frage des gemässigten Traditionalismus wiederum auch die sittlichen Wahrheiten zur Sprache. Es gehe hier, wie Bischof SALZANO distinguiert, um die notwendigen Mittel zur Erlangung des Vernunftgebrauches und zur Erfassung der sittlichen und religiösen Wahrheiten (ad veritates morales atque religiosas capessendas). Während nun manche zur Erkenntnis Gottes und der ersten sittlichen Wahrheiten (primasque et obvias veritates morales adipisci) die Offenbarung für nötig hielten, verlangten andere ein anregendes äusseres Wort, "ut intellectus actu fieret intelligens, actu veritates aliquas morales apprehenderet, ac praecipue Dei existentiam" - eine Auffassung, die nicht zu verurteilen sei[323]. Auch in der zweiten Debatte, wenngleich wiederum nicht in der revidierten Fassung der Aussage (Schema IV), die schon fast ganz den endgültigen Wortlaut trägt[324], findet die Moral Erwähnung. So tritt Bischof FILIPPI von Aquila trotz der Ablehnung des fideistischen Traditionalismus dafür ein, dass die Vernunft nur mittels gesellschaftlicher Überlieferung und Unterweisung Gott und die sittlichen Wahrheiten (veritatum moralium principia, veritates morales) und überhaupt die metaphysisch-moralische natürliche Ordnung (caeteras naturalis ordinis potissimas veritates metaphysicas et morales) zu erkennen vermöge[325]. Der Bischof von Galtelli-Nuoro, DEMARTIS, verteidigt die theologische Auffassung, dass es zur Erkenntnis aller metaphysischen und moralischen Wahrheiten - diese Wendung gebraucht er ähnlich noch zweimal - irgendwelcher Vermittlung bedürfe[326]. Auch nach MARTINEZ, dem Bischof von Havanna, hat der Mensch ein Licht von Gott empfangen, um ihn und die ersten, grundlegenden Wahrheiten (primas veritates, in quibus fundata est humana societas) zu erkennen[327]. Andere schätzen die Potenz der Vernunft (wiederum auch in bezug auf die Moral) höher ein. CAIXAL Y ESTRADE verweist dafür auf die Gottebenbildlichkeit des Menschen (Gen 1,26), die die Befähigung, Gott zu erkennen und zu verehren, einschliesse (Emendatio 1 und 50)[328]. Ausdrücklich wünscht der Bischof von Nocera, PETTINARI, dass im Zusammenhang mit der Gotteserkenntnis auch von der Erkenntnis anderer Dinge, die den Kult, die sittlichen Prinzipien, die Geistigkeit, Freiheit und Unsterblichkeit der Seele beträfen (plura alia quae cultum saltem in genere, moralitatis principia, spiritualitatem, libertatem et immortalitatem animi respiciunt) gehandelt werde. Die Möglichkeit, auch die wichtigsten Pflichten gegen Gott (etiam principaliora erga Deum officia) zu erkennen, sieht er in Röm 1,20f angedeutet, wonach jene unentschuldbar seien, die Gott erkennen, jedoch nicht verehren (Emendatio 11)[329]. Auch Bischof FAICT von Brügge bringt den Moralbezug zum Ausdruck, indem er den Traditionalismus mit seiner Abwertung der Vernunft hinsichtlich der Erkenntnis Gottes und der natürlichen sittlichen Wahrheiten (veritatum moralium ordinis naturalis) als eine Gefahr für den Glauben und die guten Sitten betrachtet[330]. Schliesslich erscheint MARET und DUPANLOUP die Angabe des Erkenntnisgrundes - "die geschaffenen Dinge" - zu eng, da Gott auch mit metaphysischen, kosmologischen und moralischen Argumenten erkannt werden könne (Emendatio 7)[331]. Neben der Auffassung, dass die Gotteserkenntnis auch eine praktische sei, wird hier die sittliche Erkenntnis als ein möglicher Weg der Gotteserkenntnis bezeichnet. Umgekehrt will DUPANLOUP wie auch FILIPPI die Inhaltsangabe über das Objekt sicherer Gotteserkenntnis (Gott als Grund und Ziel aller Dinge ...) reduzieren[332].

Wie nun der Sprecher der Glaubensdeputation ausführt, geht es in diesem Paragraphen um die Tatsache einer zur natürlichen Gotteserkenntnis hinzugegebenen positiven übernatürlichen Offenbarung. Zur ersteren sagt GASSER, dass der Mensch ein aktives Vermögen und die hinreichenden Mittel zu dieser sicheren Erkenntnis besitze. Dem Traditionalismus sei ein sicheres Prinzip entgegenzustellen, durch das seine strengere Form unmittelbar verurteilt, zwangsläufig aber auch die nicht ungefährliche mildere berührt (wiewohl nicht direkt entschieden) werde. Von der sittlichen Erkenntnis eigens zu reden (Emendatio 11) hält GASSER für überflüssig, da in der Erkenntnis Gottes als des Ursprungs und Zieles aller Dinge selbstverständlich auch die der wichtigsten sittlichen Pflichten ausgesagt werde[333]. Trotz der Ablehnung dieser Änderungsanträge[334] sprechen sich bei der Abstimmung über das ganze Schema DUPANLOUP und andere erneut gegen die behauptete Sicherheit und Reichweite der Gotteserkenntnis aus, ohne jedoch noch eine Textänderung zu erwirken[335]. Ist nun nach der die Äusserungen mehrerer Konzilsväter bestätigenden Erklärung der Deputation bei der natürlichen Gotteserkenntnis auch an die Erkenntnis religiös-sittlicher Wahrheiten zu denken, so liegt es auf der Hand, dass die übernatürliche Offenbarung, die dem gefallenen Menschen entgegenkommt, auch seiner sittlichen Erkenntnis aufhilft.

bb. Das Entgegenkommen der übernatürlichen Offenbarung
(2. Kapitel, 2. Paragraph)

Dass Gott sich über die natürliche Manifestation hinaus "alia eaque supernaturali via" hat offenbaren wollen, bringt es nach Aussage des 2. Paragraphen mit sich, "ut ea, quae in rebus divinis humanae rationi per se impervia non sunt, in praesenti quoque generis humani conditione ab omnibus expedite, firma certitudine et nullo admixto errore cognosci possint"[336]. Im Mittelpunkt des Paragraphen steht die absolute Notwendigkeit der Offenbarung; sie bezieht sich nicht auf das natürlicherweise Erkennbare, wenngleich auch hier die Offenbarung eine relative, moralische Notwendigkeit bedeutet.

Von der Konvenienz der Offenbarung auch natürlicher religiöser und sittlicher Wahrheiten ist schon bei PECCI die Rede (convenientia ut veritates etiam naturales quae ad Deum et mores spectant per revelationem innotescerent)[337]. FRANZELINS Votum drückt sich noch deutlicher aus. Die Offenbarung enthalte, heisst es dort unter Verweis auf 1 Kor 2, natürliche und übervernünftige Wahrheiten. Es gebe vieles in bezug auf Gott, das Naturgesetz und überhaupt die Religion, was geoffenbart und zugleich durch die Vernunft erkennbar sei, wogegen andere Wahrheiten, wenn überhaupt, erst nach Offenbarung erfasst würden. Auch zur Erkenntnis der nicht übervernünftigen Wahrheiten (etiam earum veritatum ad religionem ac doctrinam moralem pertinentium, quae per se vires rationis non transscendunt) sei die Offenbarung dienlich (aufgrund des Zusammenhanges dieser Wahrheiten mit den Mysterien) und sogar notwendig[338]. Von dieser moralischen Notwendigkeit - auch im Hinblick auf die natürliche sittliche Erkenntnis ("in iis etiam, quae de Deo et de lege naturali humanae rationi per se impervia non sunt") - spricht sodann Schema I[339] und nahezu gleichlautend Schema II[340], das diese Formulierung wörtlich übernimmt und auch in Adnotatio 11 die sittlichen Wahrheiten eigens erwähnt ("veritates religiosas et morales", "veritates ad Deum et ad legem naturalem spectantes")[341]. Die entsprechende Aussage in Schema III, die mit "in rebus divinis" die bisherige Objektangabe durch eine allgemeinere ersetzt[342], unterscheidet sich kaum mehr von der endgültigen Fassung, die bereits in Schema IV vorliegt[343].

Die Debatte darüber zeigt, dass man hier nicht nur, wie Bischof FILIPPI, an religiöse und sittliche Wahrheiten denkt[344], sondern eine solche detaillierte Formulierung in das Schema selbst einbringen will. So erwähnt MARTINEZ' Textvorschlag Gottes Existenz und Eigenschaften, die Geistigkeit und Unsterblichkeit der Seele sowie die ersten und für die menschliche Gesellschaft grundlegenden Prinzipien der Sittlichkeit (primaque moralitatis principia, in quibus humana societas fundatur), die durch die Offenbarung besser erkannt würden (Emendatio 17)[345]. GASTALDI, der in der Offenbarung auch der natürlichen Wahrheiten die Zuständigkeit der Kirche für das Gebiet der Philosophie begründet sieht, wendet sich dagegen, diese Offenbarung nicht als absolut notwendig zu bezeichnen. Ohne sie lasse sich nämlich keine vollkommene Zusammenfassung aller Pflichten einschliesslich der zum Naturgesetz gehörenden finden. So sei das römische Reich in bezug auf die Wahrheiten der natürlichen Ordnung blind gewesen. Ein göttliches Lehramt sei notwendig, damit die Kinder von frühauf über alle natürlichen Pflichten, auch über alle der Vernunft nicht zugänglichen Pflichten der Sittenlehre sichere Erkenntnis besässen. Diesen moralischen Gehalt der Offenbarung unterstreicht sein Antrag, die Angabe "in rebus divinis" in "de religione et de officiis moralitatis" oder, wie Emendatio 18 $\frac{1}{2}$ festhält, in "de religione erga Deum et morum officiis" zu ändern[346]. Auch FAICT zieht dem Ausdruck "in rebus divinis" jenen von Schema II, "de Deo et de lege naturali", vor (Emendatio 19)[347]. Den nämlichen Antrag stellt (privat) der Bischof von Montalto, ARONNE, mit der Begründung, dass dadurch die Art und die Reichweite der bereits der Vernunft zugänglichen Wahrheiten klarer herausgestellt würde[348].

Von der Beurteilung dieser Emendationes durch die Glaubensdeputation sagt das Protokoll nur summarisch, dass man einstimmig für die Beibehaltung des Textes war, mit Ausnahme eines Mitgliedes, das eine Verneinung der absoluten Notwendigkeit der Offenbarung für die natürlichen Wahrheiten insgesamt (ad veritates naturalis ordinis simul sumptas) ausschliessen wollte, sowie eines anderen, nach welchem deutlich gesagt werden sollte, dass die Offenbarung bezüglich der Wahrheiten der natürlichen Ordnung moralisch notwendig sei[349]. Wie Berichterstatter GASSER ausführt, geht es in diesem Paragraphen um die Notwendigkeit der Offenbarung, und zwar unter der doppelten Rücksicht der natürlichen Gotteserkenntnis und der übernatürlichen Ordnung. Bezüglich des ersteren sei die Offenbarung nicht absolut, jedoch eben relativ oder moralisch notwendig, nicht des Objektes, sondern des Subjektes wegen, des Menschen in seiner gegenwärtigen Lage. Auch gehe es nicht um das Erkenntnisvermögen, sondern um die tatsächliche rasche, sichere und irrtumfreie Gotteserkenntnis. Zu Emendatio 19, die dann auch von fast allen Vätern abgelehnt wird, bemerkt GASSER, dass man mit Absicht den umfassenderen Ausdruck "in rebus divinis" gewählt habe[350]. Der Text wird nicht mehr geändert, die entsprechenden Exceptiones - sie betreffen nicht mehr die Objektsangabe - werden abgewiesen[351].

Mit dem Satz von der Bedeutung und moralischen Notwendigkeit der Offenbarung für die Erkenntnis der religiösen und, wie sich gezeigt hat, auch ethischer Wahrheiten, die der Vernunft an sich nicht unzugänglich sind, ist dennoch das Entscheidende an der übernatürlichen Offenbarung noch nicht gesagt. Diese enthält ja vielmehr auch und in erster Linie Dinge, die der Vernunft grundsätzlich unzugänglich sind, und hinsichtlich derer sie wegen der übernatürlichen Bestimmung des Menschen absolut notwendig ist. Die an die Aussage von der Offenbarung natürlicher Wahrheiten mit Erfolg gestellte Frage nach der Moral hat sich damit nicht schon erledigt, sondern bleibt weiterzuverfolgen auch bei dem, was über den material übernatürlichen Inhalt der Offenbarung gesagt wird.

b. Die material übernatürliche Offenbarung

aa. Die übernatürlichen Inhalte im allgemeinen

Die Berufung zum Heil
(2. Kapitel, 1. und 2. Paragraph, 2. und 3. Kanon)

An die Aussage von der natürlichen Gotteserkenntnis und -offenbarung knüpft der 1. Paragraph des 2. Kapitels die andere, dass Gott gleichwohl noch auf übernatürliche Weise "se ipsum ac aeterna voluntatis suae decreta" habe offenbaren wollen[352]. In Schema I und II ist das Offenbarungsobjekt mit "se ipsum investigabilesque divitias suas ac dispensationem sacramenti a saeculis absconditi" wiedergegeben, was Schema III und IV zu "se ipsum et voluntatis suae aeterna decreta" verkürzen[353]. Von den in der Debatte darüber beiläufig auftauchenden Textvarianten sei nur die von ROTA stammende Formulierung erwähnt, die zwischen den göttlichen Geheimnissen und Willensentschlüssen unterscheidet (... investigabilia sapientiae suae secreta revelare, et voluntates suas ... notas facere)[354], was die moralische Seite der Offenbarung anzudeuten scheint.

Der 2. Paragraph, der die Notwendigkeit der übernatürlichen Offenbarung zum Thema hat, sagt dabei zugleich etwas über ihren Inhalt, einmal, dass sie auch natürliche Wahrheiten enthält, zum anderen, dass sie der übernatürlichen Bestimmung des Menschen (quia Deus ... ordinavit hominem ad finem supernaturalem, ad participanda scilicet bona divina, quae humanae mentis intelligentiam omnino superant) entspricht[355].

Die gegen den Rationalismus gerichtete Aussage über die Tatsache und Notwendigkeit der übernatürlichen Offenbarung findet sich schon in den ersten Arbeiten zum Konzil, in den Voten von PECCI und FRANZELIN. Hier sei deshalb in Kürze auf die einschlägigen Stellen hingewiesen, an denen zugleich die Verbindung zur Moral deutlich wird. Nach PECCI betrachtet der Rationalismus die autonome Vernunft als die einzige Quelle und den legitimen Richter aller menschlichen Gedanken, auch derer, welche Religion und Sitten betreffen. Dennoch ist auch von einem gemässigten Rationalismus die Rede, der, ohne den Schöpfer, das Sittengesetz und den Unterschied von gut und böse zu leugnen, doch die Unabhängigkeit der Vernunft betont, die selbst alle Wahrheit der natürlichen Religion und der sittlichen Ordnung aufdecke. Dem hat nach PECCI das Konzil die übernatürliche Erhebung des Menschen und die Notwendigkeit einer entsprechenden Offenbarung entgegenzustellen und die absolute Unabhängigkeit der Vernunft und des Willens zu verurteilen[356]. Bemerkenswert ist auch der Gedanke, KANT mache die Theologie zur Magd der Philosophie, da nach ihm die Dogmen nur sittliche Wahrheiten bedeuteten, Gott nur als sittlicher Gesetzgeber erkannt werden könne und die wahre Religion in der Sittlichkeit bestehe. Ein eigener Kanon ist gegen die Moralisierung der Religion und der Dogmen (veram Religionem non differre a doctrina morali, et dogmata ac facta supernaturalia in sensu veritatum quarumdem moralium esse explicanda) vorgesehen[357]. Auch FRANZELINS Votum erwähnt einleitend das rationalistische Prinzip der absoluten Vernunftautonomie unabhängig von jeder äusseren Autorität sowie die Auffassung, die Offenbarung diene nur der besseren Vernunfterkenntnis von Religion und Sittlichkeit. Ausdrücklich verweist es sodann auf die Notwendigkeit der Offenbarung hinsichtlich der übernatürlichen Wahrheiten und der eigentlichen Mysterien[358], was ein Kanon noch unterstreicht[359]. Im Anschluss an Schema I[360] lehrt Schema II, dass sich die Vernunft, die nicht selbst Quelle alles Wahren und Guten sei, Gott und seiner Offenbarung zu unterwerfen habe, und dass letztere aufgrund der übernatürlichen Erhebung des Menschen unbedingt notwendig sei[361]. Diese Notwendigkeit ist nach DEL VALLE, dem Bischof von Huanuco, tiefer zu begründen mit der Verpflichtung des Menschen zu einem Gott entsprechenden Kult und damit zur Unterwerfung des Verstandes und des Willens unter Gottes Wort und Gebot[362].

Schema III handelt von der Notwendigkeit der übernatürlichen Offenbarung im 3. Paragraphen des 2. Kapitels, der nach der Transferierung des vorausgehenden Paragraphen über den Gott geschuldeten vollen Gehorsam des Verstandes und des Willens auf den endgültigen Platz vorrückt. Auch zum endgültigen Text ist die Divergenz nur mehr gering[363]. Die innerhalb der Glaubensdeputation von ZINELLI vorgeschlagene Änderung, dass mit dem die Vernunfterkenntnis übersteigenden Ziel des Menschen auch die dazu notwendigen Mittel zu offenbaren waren[364], geht nicht in Schema IV ein[365]. Wohl findet sich ein Verweis auf einschlägige Stellen bei THOMAS, wo auch gesagt wird, dass dem Menschen das übernatürliche Ziel geoffenbart werden musste, nach dem er sein Streben und Handeln auszurichten habe[366]. In Schema V unterbleibt die ganze Referenz. Natürlich wird damit nicht geleugnet, dass die durch die übernatürliche Bestimmung bedingte Offenbarung einen Anspruch an den Menschen darstellt, der eine entsprechende Antwort verlangt und - im weitesten Sinne jedenfalls - auch moralische Forderungen einschliesst. Dies verdeutlicht eine Reihe von Textänderungen, die in der Debatte über Schema IV vorgebracht werden, nachdem schon die zitierte Schriftstelle 1 Kor 2,9 die Verheissung an die Liebe zu Gott knüpft. So macht nach Kardinal RIARIO SFORZA von Neapel nicht eigentlich die Bestimmung des Menschen zur Anschauung Gottes die Offenbarung notwendig, sondern der Glaube (zusammen mit den übrigen theologischen

Tugenden) als Forderung zur Teilhabe an der göttlichen Gnade[367]. Von Glaube und Gnade ("ut nempe per fidem et gratiam divinae efficiamur consortes naturae") spricht auch MARTINEZ (Emendatio 17)[368]. GANDOLFI stellt die Bedeutung für das praktische Leben ("ad gubernationem propriam et aliorum") heraus (Emendatio 23)[369], während ROTA (Emendatio 18) und DUPANLOUP ganz allgemein von der Offenbarung der zur Erreichung dieses Zieles erforderlichen Mittel sprechen[370]. Zwar hält die Deputation am Text der Vorlage fest[371], aber auch ihr Sprecher GASSER anerkennt im Sinne der Emendatio 23, die allerdings aus sprachlichen Gründen nicht angenommen wird, die erforderliche Kenntnis der mit der übernatürlichen Bestimmung zusammenhängenden Wahrheiten und Forderungen als - entfernteren - Grund für die absolute Notwendigkeit der Offenbarung[372].

Auch in den Kanones wird das Thema der Moral angeschlagen. So verurteilt der 2. Kanon zum 2. Kapitel die Auffassung, es sei nicht möglich oder tunlich (expedire), dass der Mensch durch eine göttliche Offenbarung über Gott und die Gottesverehrung (de Deo cultuque ei exhibendo) belehrt werde[373]. Dieser erstmals in Schema III auftauchende Kanon, der hier bis auf "adhibendo" bereits seinen endgültigen Wortlaut hat[374], steht dem nachfolgenden, der die Unabhängigkeit der Vernunft gegenüber einer Glaubenspflicht verurteilt, nahe[375]. Der von LEAHY gemachte Vorschlag, "Kult" durch "Gehorsam" (obsequio ei praestando) zu ersetzen[376], findet, wie Schema IV zeigt, keinen Anklang[377]. Auch die Konzilsdebatte führt keine Änderung mehr herbei[378].

Der 3. Kanon sodann verurteilt in der Form eines Parallelismus, dass der Mensch zu einer übernatürlichen Erkenntnis und Vollkommenheit nicht erhoben werden könne, sondern von selbst zu allem Wahren und Guten vorzudringen habe (ad omnis tandem veri et boni possessionem iugi profectu pertingere posse et debere)[379]. Ins Positive gewendet statuiert dieser Kanon das notwendige Entgegenkommen der Offenbarung hinsichtlich des Wahren und Guten.

Eine Vorform desselben bildet der sechste der gegen den Rationalismus gerichteten Kanones im Votum von PECCI, der verurteilt, dass die natürliche Vernunft ohne Offenbarung genüge, um alle sittlichen und religiösen Wahrheiten zu erkennen und das letzte Ziel zu erreichen[380]. Schema III enthält dann schon fast vollständig den endgültigen Kanon, jedoch als vierten von den zum 2. Kapitel gehörenden[381]. In Schema IV rückt dieser lediglich auf die dritte Stelle vor[382]. Wiederholte Äusserungen von Konzilsvätern[383] führen schliesslich dazu, dass seine erste Satzhälfte, die noch in Schema V nur von übernatürlicher Erkenntnis sprach, durch den zusätzlichen Begriff "Vollkommenheit" an den Ausdruck "Besitz des Wahren und G u t e n" angeglichen wird, leugneten doch die Progressisten, wie GASSER kommentiert, nicht nur ein übernatürliches Erkenntnisprinzip, sondern auch eine übernatürliche Vollkommenheit[384]. Das "Gute", dessen der Mensch hier teilhaft werden soll, ist damit als physisches, nicht als moralisches Gut zu verstehen ; die Aneignung sittlicher Wahrheiten, von denen bei PECCI die Rede war, ist in der (übernatürlich vermittelten) Erkenntnis des "Wahren" eingeschlossen zu denken.

Der Gegenstand des Glaubens
(3. Kapitel, 2. Kanon)

Im Vergleich zu diesen Aussagen über den Inhalt der Offenbarung begnügt sich das 3. Kapitel damit, den Glaubensgegenstand als das geoffenbarte Wort Gottes (revelata, verbum revelatum) zu bezeichnen. Wie bereits bekannt, wird eine materiale Explikation dieses Objekts nicht unternommen. Immerhin schliesst die im Glauben vollzogene "volle Unterwerfung des Verstandes und des Willens" die Annahme auch des gebietenden Gotteswortes auf die nämliche Autorität Gottes hin ein[385]. Dieses Glaubensmotiv, die Annahme der Wahrheit "propter auctoritatem Dei revelantis", unterstreicht nun auch der 2. Kanon zum 3. Kapitel, der gerade darin den Unterschied zwischen dem göttlichen Glauben und dem natürlichen Wissen über Gott und die sittlichen Dinge begründet sieht : "Si quis dixerit, fidem divinam a naturali de Deo et rebus moralibus scientia non distingui, ac propterea ad fidem divinam non requiri, ut revelata veritas propter auctoritatem Dei revelantis credatur : anathema sit"[386]. Was hier daran interessiert, ist nicht das Glaubensmotiv selbst, sondern der Glaubensinhalt, und zwar nach seiner moralischen Seite hin. Darf der Glaube (im eigentlichen Sinne) nicht mit jener Art von "Glaube" gleichgesetzt werden, die das natürliche religiöse und moralische Wissen darstellt, so handelt es sich doch bei ihm, wie man folgern möchte, gleichfalls um eine - wenn eben auch qualitativ andere - Erkenntnis und Bejahung religiöser und wiederum sittlicher Inhalte.

Die Leugnung des besonderen Formalobjektes des Glaubens ist schon in der Einleitung von FRANZELINS Votum im Zusammenhang mit HERMES, GÜNTHER und FROHSCHAMMER erwähnt. Später folgt eine ausführliche Stellungnahme zu diesem Irrtum der Gleichsetzung von Glaube und Wissen oder der Anerkennung eines nur natürlichen religiösen "Glaubens", nicht als einer Zustimmung auf Autorität hin, sondern als notwendiger Überzeugung aus zwingenden Gründen. Bestimmt sich nach FRANZELIN das Wissen aus der Einsicht in die Sache, so der Glaube aus dem Gehorsam gegen (Gottes) Autorität[387]. Dementsprechend verurteilt der erste der die Glaubensirrtümer betreffenden Kanones, dass sich der göttliche Glaube "a scientia, quae veritatem religiosam pro obiecto habeat", nicht unterscheide ...[388]. Schema I handelt im 4. Kapitel vom Unterschied zwischen göttlichem Glauben und menschlichem Wissen. Danach ist der Glaube das Für-wahr-halten des von Gott Geoffenbarten, nicht aber eine nur natürliche religiöse Überzeugung (de veritatibus ad Deum et ad religionem spectantibus). Dabei wird - nun mit Erwähnung der Moral - verurteilt, dass sich der göttliche Glaube "a scientia rationali, quae veritatem moralem aut religiosam pro obiecto habeat", nicht unterscheide ...[389]. Den Inhalt dieses Kapitels bietet dann, etwas gekürzt, Schema II im 6. Kapitel. Wiederum schliesst dieses mit der genannten Verurteilung, nur ist "rationali" durch "naturali" ersetzt[390]. In Schema III findet sie sich dann als erster Kanon zum 3. Kapitel, lediglich die Adjektive "moralem" und "religiosam" sind umgestellt[391]. So liegt er auch in Schema IV - jetzt an zweiter Stelle - den Konzilsvätern vor[392].

Drei von ihnen sprechen sich für eine Änderung der in Rede stehenden Formulierung aus. So komprimiert der Kölner Erzbischof MELCHERS den ganzen Kanon folgendermassen : "Si quis dixerit fidem divinam a scientia rationali in rebus divinis et moralibus non esse diversam neque Dei revelantis auctoritati inniti; anathema sit" (Emendatio 99)[393]. CAIXAL Y ESTRADE will den nach seiner Meinung unklaren Kanon allgemeiner fassen : "Si quis dixerit,... eam (sc. fidem divinam) non distingui natura sua a scientia quacumque, solo lumine naturali rationis adquisita; illamque idcirco aequalis esse dignitatis ac certitudinis cum scientia naturali religionis; anathema sit" (Emendatio 100)[394]. Die von der Deputation schliesslich angenommene Formulierung stammt von DUPANLOUP : "Si quis dixerit fidem divinam a naturali de Deo et rebus moralibus scientia non distingui ..." (Emendatio 101)[395]. Dieser Umschreibung des abzulehnenden "Glaubensbegriffes" mit seiner moralischen Dimension folgt also entgegen der zu Anfang gehegten Erwartung keine nähere Angabe über das Objekt des eigentlichen christlichen Glaubens.

bb. Die Mysterien
(4. Kapitel, 1. Paragraph, 1. Kanon)

Der Gegenstand der Offenbarung ist grundsätzlich zweigeteilt, in Wahrheiten, die der Vernunft nicht unzugänglich sind, und andere, eigentlich übernatürliche, die jenseits dieser Zugänglichkeit liegen. Das bedeutet zunächst nicht, dass das, was allein durch göttliche Offenbarung kund wird, seinem Inhalt nach nicht zu begreifen ist, mit grossem Nachdruck sagt jedoch das Konzil in "Dei Filius", dass die Offenbarung Mysterien enthält, die der Vernunft auch nachher im letzten uneinsichtig bleiben. Wie der 1. Paragraph des 4. Kapitels lehrt, gibt es eine doppelte Erkenntnisordnung, verschieden im Prinzip und im Objekt, nämlich die Erkenntnis "naturali ratione" oder "fide divina" bzw. "ea, ad quae naturalis ratio pertingere potest", oder "mysteria in Deo abscondita, quae nisi revelata divinitus, innotescere non possunt"[396]. Entsprechend verurteilt der 1. Kanon die Auffassung, dass es in der Offenbarung keine wirklichen Mysterien gebe und alle Glaubensdogmen durch die Vernunft aus natürlichen Prinzipien eingesehen und bewiesen werden könnten[397]. Trotz eines gewissen Verständnisses, ergänzt dann der 2. Paragraph, sei der Vernunft ein Verständnis gleich dem ihres eigenen Objekts nicht möglich, denn die Mysterien überragten den Verstand so, dass sie auch nach der Offenbarung irgendwie verhüllt blieben[398]. Um wie viele und welche Mysterien es sich handelt, ist hier nicht gesagt. Für den zweiten Teil der Konstitution sind als Themen vorgesehen : die Trinität Gottes ("mysteriorum, quae fide illuminati profitemur, omnium supremum"), die Erhebung des Menschen ("magnum ... quoddam divinae pietatis arcanum") sowie (im Kapitel über die Erlösungsgnade) seine Erneuerung durch das menschgewordene Wort ("illud ... mysterium a saeculis absconditum, quo Deus, quem in primo Adam mirabiliter condiderat, mirabilius in secundo reformavit")[399]. Hier wird auch der Bezug zur Moral sichtbar, wenn es heisst, dass die durch Christus geschenkte, die verlorene Gerechtigkeit und Heiligkeit wiederbringende Gnade nicht nur die Kräfte der Natur wiederherstellt, so dass wir mit ihrer (der Gnade) Hilfe ein sittliches Leben zu führen (ad honestatis normam mores et actus nostros componere) vermögen, sondern dass sie uns über die Natur hinaus in das Bild Christi umgestaltet und zu einem neuen Leben führt (ultra naturae terminos ad caelestis hominis i.e. Christi imaginem nos transformat in novamque vitam regenerat)[400].

Gegen den theologischen Rationalismus, der die christlichen Dogmen in die Grenzen der Vernunft zwängt, erklärt bereits PECCI, dass Gott auch den Glauben an ein Mysterium gebieten könne und die Dogmen nicht als natürliche Wahrheiten zu interpretieren seien[401]. Auch FRANZELINS Votum kritisiert die Leugnung von Mysterien, als sei die Theologie wie die Philosophie zu betreiben und als seien sämtliche Dogmen der Vernunft einsichtig[402]. Dies wird dann in drei Kapiteln näher ausgeführt, wobei wiederum die übernatürliche Erhebung des Menschen und seine übernatürliche Verbindung mit Gott im Mittelpunkt stehen. Im Hinblick auf dieses Ziel enthalte, wie der erste der drei zugehörigen Kanones unterstreicht, die Offenbarung auch der natürlichen Vernunft nicht einsichtige "dogmata ac instituta"[403]. Daran sich anlehnend lehrt das 8. Kapitel die Existenz eigentlicher Geheimnisse innerhalb der Offenbarungswahrheiten sowie die Bindung der Theologie an Offenbarung und Kirche[404]. Diese Aussagen finden sich wieder im 5. Kapitel von Schema II "De mysteriis fidei in divina revelatione propositis", wobei die abschliessende Verurteilung nur die Ausdehnung der Vernunfteinsicht auf alle Offenbarungswahrheiten und deren Vereinnahmung als Objekt der Philosophie betrifft[405]. Schema III gibt dann der Aussage von der Übervernünftigkeit der geoffenbarten Mysterien den Platz und die Gestalt, die sie in der Konstitution schliesslich haben wird. Die ersten beiden Paragraphen des 4. Kapitels "De fide et ratione" bieten weitgehend den endgültigen Text, wie auch der spätere 1. Kanon dazu nur eine Zusammenfassung der ersten beiden aus diesem Schema darstellt[406]. In Schema IV haben der Kanon bereits ganz, der 1. und 2. Paragraph bis auf geringfügige Abweichungen den endgültigen Wortlaut[407].

Auf weitere Einzelheiten ist hier nicht einzugehen, die Moral kommt dabei nicht mehr ins Gespräch. Ihr Zusammenhang mit den Mysterien ist in dem zu sehen, was die Offenbarung der übernatürlichen Bestimmung des Menschen und der Glaube an diese neue Lebenswirklichkeit an entsprechenden praktischen Forderungen einschliesst, die sich damit in erster Linie in diesem "Kontext" stellen und insofern übernatürlich charakterisiert sind. Davon, dass die Mysterien selbst solche sittlichen Wahrheiten und Forderungen darstellten, kann erwartungsgemäss auch nach der Konstitution "Dei Filius", die sehr wohl die Moral mit der Offenbarung und so auch mit dem kirchlichen Lehramt verbunden sieht, nicht die Rede sein. Über diesen Lehramtsbezug macht nun das Konzil noch ganz besondere Aussagen.

3. KAPITEL

DAS SCHEMA ÜBER DIE KIRCHE

Jene Aussage des 1. Vatikanums, auf die sich die Lehre von der unfehlbaren Lehrautorität der Kirche in Fragen der Moral in erster Linie stützt, ist die Unfehlbarkeitsdefinition der Konstitution über die Kirche "Pastor aeternus", nach welcher der Papst wie die Kirche - der Vergleichspunkt liegt hier tatsächlich im Unfehlbarkeitsobjekt - "in definienda doctrina de ... moribus" unfehlbar sind. Über das, was vor allem anderen diese Definition ergänzen und verdeutlichen konnte und sollte, nämlich die thematische Aussage über die Unfehlbarkeit der Kirche, ist eine Konzilsaussage nicht mehr zustandegekommen. Die revidierte Fassung des Schemas (einer zweiten Konstitution) über die Kirche ist den Konzilsvätern nicht einmal mehr vorgelegt, geschweige denn von ihnen wenigstens informell bereits verabschiedet worden. Welchen Weg anderenfalls zumal die Unfehlbarkeitsaussage genommen hätte, lässt sich nicht sagen. Darf sie darum auch nicht gleich einer Konzilsaussage zur Auslegung von "Pastor aeternus" herangezogen werden, lassen sich doch diese vorbereitenden und begleitenden ekklesiologischen Texte und Stellungnahmen nicht verleugnen oder verdrängen. Sie bilden den Kontext der Konstitution selbst, der ihre Aussagen trägt und umgrenzt. Die Darstellung des Schemas über die Kirche, das in diesem Sinne in Betracht gezogen wird[1], folgt seiner Textentwicklung von der erstmaligen Konzilsvorlage (I.) bis zur Revision (II.).

I. DAS ERSTE SCHEMA UND SEINE KRITIK

1. Die Konzilsvorlage

a. Die Vorbereitung

Das aus einem Vorwort und 15 Kapiteln sowie 21 Kanones bestehende und von 70 Adnotationes begleitete Schema einer Konstitution über die Kirche, wie es am 21.

Januar 1870 an die Konzilsväter ausgegeben[2] (und wenig später noch um ein Zusatzkapitel über die Unfehlbarkeit des Papstes erweitert) wird, ist aus mehreren Teilen zusammengewachsen, aus denen dann wieder das Kapitel über den Primat (mit jenem über die Unfehlbarkeit) des Papstes verselbständigt wird, und von denen die letzten vier Kapitel - über die weltliche Herrschaft des Papstes (12.), die Eintracht zwischen Kirche und bürgerlicher Gesellschaft (13.), über Recht und Gebrauch der bürgerlichen Gewalt (14.) und die Rechte der Kirche in der Gesellschaft (15.) - ohne Weiterbehandlung bleiben. Auch das revidierte Schema beschränkt sich auf die Materie der ersten zehn Kapitel, die vom Wesen und den Eigenschaften der Kirche handeln und diese darstellen als geheimnisvollen Leib Christi (1.) und Hort der christlichen Religion (2.), als vollkommene (3.) und sichtbare Gesellschaft (4.), einig (5.), heilsnotwendig (6. und 7.), indefektibel (8.), infallibel (9.) und hierarchisch strukturiert (10.).

Diese bereits in den Vorschlägen zum Konzil angeregte Thematik[3] greift als erstes das Votum von PERRONE "De ecclesia eiusque iuribus" (Aktenstück A-2a) auf, mit dem die theologisch-dogmatische Kommission sowie die ständige Redaktionsdeputation ihre Arbeit beginnen[4]. Es umfasst fünf die hauptsächlichen Kontroversen betreffende Kapitel, nämlich "De ecclesiae institutione et natura" (1.), "De ecclesiae constitutione" (2.), "De ecclesiae proprietatibus et notis" (3.), "De ecclesiae dotibus", in die drei Paragraphen "De ecclesiae indefectibilitate", "De ecclesiae infallibilitate" und "De ecclesiae auctoritate" gegliedert (4.), schliesslich "De ecclesiae iuribus" (5.)[5]. Nach seiner Besprechung in vier Versammlungen der Kommission vom 28. November bis 30. Dezember 1867[6] wird die Redaktionsdeputation mit der Ausarbeitung entsprechender Kapitel und Kanones betraut, was in ihrem Auftrag SCHRADER unternimmt[7]. Dieser Schema-Entwurf "De ecclesia Christi. Expositio doctrinae et errorum ..." (A-2b) beginnt mit einer kurzen Einleitung ("Cum Deus ac Salvator noster ..."), auf die neun am Rande bezifferte Abschnitte folgen, von denen die letzten vier die Indefektibilität, Infallibilität und hierarchische Ordnung betreffen, und schliesst mit zehn Kanones[8]. Die Kommission diskutiert den Entwurf wiederum in vier Versammlungen vom 5. März bis 2. April 1868, wonach ihn die Redaktionsdeputation am 20. April und 4. Mai überarbeitet, so dass er in der Kommissionsversammlung am 7. Mai fast auf keinen Einwand mehr stösst[9]. Am 4. Juni 1868 wird eine letzte korrigierte Fassung "De ecclesia Christi. Capita doctrinae et canones" (A-2c) an die Konsultoren ausgegeben[10]. Von dem noch fehlenden Kapitel "Extra ecclesiam salvari neminem posse" abgesehen, hat sie mit ihrem Vorwort, den neun Kapiteln, von denen die letzten drei die Indefektibilität (7.), Infallibilität (8.), und Gewalt der Kirche (9.) zum Gegenstand haben, sowie den zehn Kanones schon ganz die Gestalt und fast auch den Wortlaut der späteren Konzilsvorlage (in dem betreffenden Part). Allein bei den Kanones zeigt sich besonders in der Anordnung noch einige Verschiedenheit : es entspricht hier jeweils

der Kanon	1	2	3	4	5	6	7	8	9	10
dem Kanon	1	3	2	7	9	8	4	10	11	12

der Konzilsvorlage. Die Umordnung der Kanones, die durch die Hereinnahme des genannten Kapitels[11] um drei (5, 6 und 13) vermehrt werden, wie auch die durch dieses eingefügte Kapitel (7.) bedingte neue Zählung der Kapitel über Indefektibilität (8.), Infallibilität (9.) und Gewalt der Kirche (10.) weist die Schlussfassung "Decretum et canones de ecclesia Christi" vom Oktober 1869 (A-3g)[12] aus.

Zugleich ist darin das engere Schema über die Kirche (mit seinen 10 Kapiteln und 13 Kanones) - noch vor der Eingliederung der beiden Kapitel des Dekretes über den Papst (den späteren Kapiteln 11 und 12 mit den Kanones 14 bis 16)[13] - um einen Part über Kirche und Staat, die umfangreichen Kapitel 11 bis 13 (später 13 bis 15) mit den Kanones 14 bis 18 (später 17 bis 21), erweitert. Das diesem zunächst zugrundeliegende Votum von SCHRADER "De societate civili tum in se tum in suis ad ecclesiam relationibus spectata" vom März 1868 (A-3a)[14] bespricht die theologische Kommission in drei Versammlungen vom 2. bis 30. April 1868[15]. Der daraufhin von SCHRADER angefertigte Dekret-Entwurf "De relatione inter ecclesiam et societatem civilem" vom November 1868 (A-3b) umfasst ein Prooemium, fünf Kapitel und 23 Kanones[16]. Die Kommission befasst sich damit in vier Versammlungen vom 3. bis 23. Dezember 1868[17], worauf SCHRADER den Entwurf revidiert. Der neue Text "De relatione inter ecclesiam et societatem civilem" (A-3c) weist neben dem Prooemium nur mehr drei Kapitel und 19 Kanones auf[18]. Daneben erstellt auch CORCORAN im Mai 1869 ein neues, ebenfalls nur mehr drei Kapitel und sieben Kanones umfassendes Schema (A-3d)[19]. Beide Schemata werden am 19. Mai 1869 in der Redaktionsdeputation vorgelegt, jedoch wird wegen der Schwierigkeiten desjenigen von SCHRADER in dieser und auch in der nächsten Versammlung am 12. Juni 1869 das Schema CORCORANS behandelt[20]. Dort wird dann wiederum - es war dies ausdrücklich freigestellt[21] - von FRANZELIN ein neuer Vorschlag "Ad decretum de ecclesia, post capite IX de ecclesiae potestate" (A-3e) unterbreitet, bei dem es sich um drei (nicht bezifferte) Kapitel handelt, um die das bisherige Schema über die Kirche erweitert werden soll und deren Überschriften bereits deutlich an die Kapitel 13 bis 15 der Konzilsvorlage anklingen[22]. Die vorgesehene Besprechung findet am folgenden Tag statt[23]. In revidierter Fassung "Addenda decreto de Ecclesia post cap. IX de Ecclesiae potestate" (A-3f) ist dieses Schema mit seinen drei Kapiteln und fünf Kanones[24] am 1. und 8. Juli Diskussionsgegenstand der theologischen Kommission[25]. Das damit in seinen zwei (von später drei) Teilen fertiggestellte Schema über die Kirche in sich selbst und in ihrer Beziehung zum Staat betrachtet, wie es die von der dirigierenden Kommission verlangte kurze Darstellung der vorgesehenen Konzilsvorlagen (A-16a) inhaltlich zusammenfasst und übersichtlich gliedert[26], wird dieser Kommission am 20. Oktober 1869 auch als Ganzes ausgehändigt[27]. Es ist das, was drei Monate später - unter Einschub eines weiteren Teiles über den Papst - die Konzilsväter in die Hand bekommen werden.

b. Die inhaltlichen Ansätze

Einer vollständigen Inhaltsangabe dieses Schemas über die Kirche, das offensichtlich nur an einzelnen Stellen das Thema der vorliegenden Untersuchung berührt, bedarf es nicht, ein erster Überblick hat lediglich die einschlägigen Aussagen - auch ausserhalb des Unfehlbarkeitskapitels - zusammenzutragen. Folgendes Bild lässt sich entwerfen : Die Kirche , in die Gott die ganze Heilswahrheit und den Reichtum der Heilsmittel (totius salutiferae doctrinae veritatem, et mediorum salutis thesauros, quasi in depositorium dives) gelegt hat (Vorwort), den mystischen Leib Christi (1. Kapitel), sollten die Apostel und ihre Nachfolger immerfort zusammenführen, lehren und leiten als ein heiliges, wohlgefälliges, nach guten Werken strebendes Volk (2. Kapitel). Von Christus hat sie ihre Daseinsform und ihre Verfassung (3. Kapitel).

Dabei ist sie auch eine sichtbare Gesellschaft mit einem sichtbaren Lehramt (visibile magisterium, a quo credenda ... fides publice proponitur), Priester- und Hirtenamt (visibile regimen, quod membrorum inter se communionem ordinat, externamque omnem et publicam fidelium in ecclesia vitam disponit ac dirigit) und erleuchtet die Welt mit dem Licht ihrer Wahrheit (4. Kapitel). Nicht getrennt von ihrem Glauben und ihrer Gemeinschaft (a fidei unitate vel a communione huius corporis) hat man Anteil an der Wahrheit und am ewigen Leben (5. und 6. Kapitel), als könnte man, ohne Wahrheit und Irrtum zu unterscheiden, in jeder Religion das Heil erlangen oder als gäbe es über die Wahrheit der Religion keine Sicherheit, sondern nur Wahrscheinlichkeit (7. Kapitel). Als die alleinige Heilsgemeinschaft bleibt die Kirche bis zum Ende der Welt trotz aller (äusseren) Veränderungen in ihrer Verfassung unwandelbar bestehen. Diese Indefektibilität (8. Kapitel) und Heilsbedeutung verlöre sie jedoch, könnte sie von der heilbringenden Wahrheit des Glaubens und der Sitten abirren ... (a salutari fidei morumque veritate aberrare ...) (9. Kapitel). Schliesslich ist sie keine Gesellschaft von Gleichen, sondern es gibt in ihr eine von Gott eingesetzte Gewalt der einen "ad sanctificandum, docendum et regendum", welcher andere unterworfen sind ... (10. Kapitel). - Zur freien Ausübungen der Primatsgewalt (11. Kapitel) hat die Vorsehung dem Papst die weltliche Herrschaft gegeben, darum werden verurteilt sowohl die häretische Lehre, sie würde dem göttlichen Recht widerstreiten, als auch die irrige Auffassung, die Kirche könne in dieser Sache keine bindende Entscheidung treffen (ecclesiae non esse, de huius principatus civilis ad generale christianae reipublicae bonum relatione quidpiam cum auctoritate constituere, adeoque licere catholicis hominibus, ab illius decisionibus hac de re editis recedere aliterque sentire) (12. Kapitel).

Die Kirche vereinigt in sich Völker verschiedener Lebensart (indole ac moribus inter se diversae) und verschiedener Gesellschaftsformen. Beide von Gott gegründet, widerstreiten Kirche und Staat einander nicht, vielmehr bildet die Kirche mit tugendhaften und frommen Menschen zugleich gute Bürger und stärkt die staatliche Autorität. Sie redet aber auch den Regierenden ins Gewissen, sind doch alle im privaten wie im öffentlichen Leben und die Gesellschaft selbst der wahren Religion verpflichtet und ihren Gesetzen unterstellt, wie sie die Kirche zu hüten hat (quae verae religionis doctrinam et leges et iura ex divino mandato custodit ac tuetur) (13. Kapitel). Es ist nicht so, als sei der Staat die Quelle aller Autorität und allen Rechtes, als seien sein Gesetz, die Majorität oder die öffentliche Meinung oberste Norm des Gewissens und aller Handlungen oder als hebe der glückliche Ausgang ein moralisches Unrecht auf (id quod ex lege morali esset iniustum, si felicem habeat exitum, eo ipso in publicis rebus ac negotiis ex lege politica iustum evadere et honestum, quasi vero lex moralis ad sociales et politicos actus non aeque ac ad privatos sese porrigeret). Auch die Regierenden haben bei der Ausübung ihrer Gewalt der Norm des göttlichen Gesetzes zu folgen, da das natürliche wie übernatürliche Sittengesetz (lex moralis sive lumine rationis sive per supernaturalem revelationem manifestata) auch für den öffentlichen Bereich Geltung hat. Nicht in der Nützlichkeit oder im Willen der Mehrheit liegt die "norma agendi", wenn dabei das Gesetz Gottes verletzt wird, vielmehr ist dieses die unumgängliche, alle Menschen verpflichtende und richtende Handlungsregel (necessaria morum regula ... est lex Dei iubentis aut vetantis). Das Urteil über die sittliche Erlaubtheit einer Handlung steht aber auch für den öffentlichen Bereich dem obersten Lehramt der Kirche zu (de ipsa autem agendi norma iudicium, quatenus de morum honestate, de licito vel illicito statuendum est, pro civili etiam societate publicisque negotiis ad supremum ecclesiae magisterium pertinet), die Gott für alle als Führerin und Lehrerin auf dem Weg des Heiles eingesetzt hat (14. Kapitel). Unter allem verderbenbringenden Unrecht (violationes, quae nostra aetate ad nationes erroribus inficiendas corrumpendosque in eis mores christianos perpetrantur) steht an der Spitze die Laizisierung der Schulen. Dagegen (contra huiusmodi sanae doctrinae morumque corruptelas) hat die Kirche, die den Menschen "per salutarem fidem ac disciplinam docendo regendoque" zum ewigen Leben zu führen hat, Recht und Pflicht, über die rechte Unterweisung der katholischen Jugend "in primis vera fide et sanctis moribus" zu wachen (15. Kapitel).

Von den Kanones, in denen einige der erwähnten Aussagen wiederkehren (vgl. 2, 4 und 20), sind insbesondere jene zum Indefektibilitäts- und Infallibilitätskapitel zu erwähnen. Dabei wird verurteilt, die Kirche könne, von Finsternis oder Schlechtigkeit befallen, von der Glaubens- und Sittenwahrheit (a salutari fidei morumque veritate) abirren, ihre ursprüngliche Verfassung verlassen oder an Verderbnis zugrunde gehen (Kanon 7). Eine andere Aussage richtet sich gegen eine Beschränkung des Unfehlbarkeitsobjektes auf das in der Offenbarung Enthaltene unter Ausschluss der notwendigerweise dazugehörigen Wahrheiten (Kanon 9).

Aus all diesen Texten über kirchliche Lehrautorität und Unfehlbarkeit auch im Bereich der "mores" und der Moral zeichnen sich für die folgende Darstellung zwei Schwerpunkte ab. An erster Stelle ist den Aussagen über Inhalt und Ausdehnung des kirchlichen Lehr- und Unfehlbarkeitsobjektes nachzugehen, wie sie sich konzentriert in den Kapiteln und Kanones über die Indefektibilität und Infallibilität der Kirche finden (c.). Im Anschluss daran ist der ausdrücklich erhobene Anspruch des Lehramtes speziell auf verbindliche sittliche Weisungen näher zu beleuchten (d.).

c. Die Indefektibilität und Unfehlbarkeit der Kirche

aa. Die Indefektibilität (8. Kapitel, 7. Kanon)

An die Aussage von der Heilsnotwendigkeit schliesst sich im Kirchenschema jene über die Kirche als unvergänglicher, verfassungsmässig unveränderlicher und endgültiger Gesellschaft. Da, wie das 8. Kapitel "De ecclesiae indefectibilitate" argumentiert, bis zum Ende der Welt die Menschen durch Christus gerettet werden sollen, beharre die Kirche als ausschliessliche Heilsgemeinschaft bei allem Wachstum in Glaube und Liebe und bei ihrer je verschiedenen zeitbedingten Gestalt doch unwandelbar in der ihr von Christus gegebenen Konstitution und könne ihre Wesenseigenschaften und Gaben, ihr Lehr-, Priester- und Leitungsamt niemals verlieren[28]. In der unersetzlichen Heilsbedeutung der Kirche liegt also ihre Perennität und zugleich Indefektibilität (Immutabilität der Konstitution) begründet. Nicht irgendwie wird nach Adnotatio 13 die Kirche fortdauern, sondern als sichtbare allezeit jene sein, als die sie von Christus gegründet ist, oder, mit Adnotatio 14 gesprochen, nicht nur ihr äusserer Untergang (desitio), sondern auch eine innere Veränderung (mutatio), ein Irrenkönnen "in rebus fidei" sind auszuschliessen[29]. Diesen Aspekt bringt noch einmal Kanon 7 zum Ausdruck, der verurteilt, dass "Christi ecclesiam posse offundi tenebris, aut infici malis, quibus a salutari fidei morumque veritate aberret, ab originali sua institutione deviet, aut depravata et corrupta tandem desinat esse"[30]. Damit wird, wie Adnotatio 56 erläutert, ein Zweifaches verneint, einmal die Möglichkeit von Verdunkelungen dergestalt, dass die Kirche von ihrer ursprünglichen Verfassung "circa fidem et mores" abirre, zum anderen eine zum Untergang führende Verderbnis. So hätten nach dem Vorgang der alten Häretiker die Reformatoren die ursprüngliche Reinheit der Kirche im Unterschied zu ihrer papistischen Verkehrung erstrebt. Auch finde sich die Meinung, die Kirche habe nicht nur in Disziplin und Moral, sondern auch in der rechten Lehre versagt (non in disciplinae solum et morum integritate, sed et in doctrinae sinceritate defecisse). Bezüglich der "mores" wird ARNAULD angeführt, nach welchem die Kirche "corrumpi posse in moribus" und der "morum et disciplinae prolapsionem" beklage, sowie der weiter ausholende Satz von Pistoia von der allgemeinen Verdunkelung in wichtigen und grundlegenden Wahrheiten der christlichen Religion und Moral (veritates gravioris momenti, spectantes ad religionem, et quae sunt basis fidei et moralis doctrinae Iesu Christi)[31].

Schon PERRONES Votum (A-2a) handelt in einem eigenen Abschnitt von der Indefektibilität der Kirche in dem Sinn, dass diese nicht die Konstitution, die ihr Christus gegeben habe, verlieren und sich nicht "sive in existendo, sive in docendo, sive in regendo" wandeln könne. Darauf folgen mehrere Verurteilungen, die einen (möglichen) allgemeinen kirchlichen Verfall in Abrede stellen[32]. Der folgende Entwurf eines Schemas (A-2b) stimmt dann in seinem 6. Abschnitt schon grösstenteils mit der Konzilsvorlage überein, auch die entsprechenden Kanones 4 und 6 haben fast ganz den späteren Wortlaut[33]. Auf die weiteren Textstufen braucht deshalb nicht mehr eingegangen zu werden[34]. Ohnedies wird die vor allem in den Adnotationes 14 und 56 aufgedeckte moralische und doktrinelle Seite der Indefektibilität erst im Rahmen des Unfehlbarkeitskapitels näher erörtert[35].

bb. Die Unfehlbarkeit (9. Kapitel, 9. Kanon)

Nach der Erklärung der Adnotatio 16 geht es bei dieser Aussage über die Unfehlbarkeit der Kirche speziell um ihren Offenbarungscharakter, um Natur und Begriff der Unfehlbarkeit, ihre Wirkung, ihren Gegenstand (worauf sich der zugehörige Kanon bezieht), ihren Zweck und ihr Subjekt (wobei vom Papst nicht die Rede ist)[36]. Die Aussagen zu diesen sechs Aspekten stehen nicht sämtlich in der angegebenen Reihenfolge, so dass fast in jedem Fall das ganze Kapitel in Betracht zu ziehen ist. Auch bestehen untereinander Zusammenhänge, weshalb man bei der hier interessierenden

Frage nach dem Objekt der Unfehlbarkeit nicht von dem absehen kann, was über ihren Begriff, ihre Wirkung und ihren Zweck gesagt wird; insbesondere bilden die Stellen aus dem Neuen Testament, auf das sich das Kapitel grundsätzlich, wiederholt und ausführlich beruft, und überhaupt die Begründung der Unfehlbarkeitslehre durchgängig eine wichtige Verständnisgrundlage. Was den Aufbau betrifft, so lassen sich zwei Teile oder vier Punkte unterscheiden. Auf einen kompakten einleitenden Satz über die Unfehlbarkeit der Kirche folgt die detaillierte Lehre des Konzils über ihren Begriff, ihr Objekt und ihr Subjekt. Mit Blick auf das Objekt soll der Text zunächst selbst dargestellt und anschliessend von seiner Geschichte her ergänzt werden.

Der Text

Der erste Satz des Kapitels stellt die Unfehlbarkeit der Kirche nach Art eines Syllogismus dar, näher besehen wird sie jedoch, wie auch Adnotatio 15 zu verstehen gibt, auf einem zweifachen Weg begründet, indirekt aus der wesentlichen Indefektibilität der Kirche und positiv aus der Hl. Schrift[37]. Die Kirche, so knüpft einmal Kapitel 9 an das vorhergehende an, würde ihre Unwandelbarkeit und Würde verlieren und aufhören, die Gesellschaft des Lebens und das notwendige Mittel zum Heil zu sein, könnte sie von der heilbringenden Wahrheit des Glaubens und der Sitten abirren und in der Verkündigung und Auslegung derselben irren (si eadem a salutari fidei morumque veritate aberrare, ac in ea praedicanda atque exponenda falli vel fallere posset)[38]. Die Indefektibilität der Kirche schliesst also die Infallibilität ein: ohne diese wäre die Kirche nicht mehr unwandelbar; nun ist sie aber indefektibel, folglich auch unfehlbar. Zugleich ist hier eine erste und wichtige Aussage über das Objekt dieser notwendigen Unfehlbarkeit gemacht, die an die von Christus der Kirche gegebene Heilsbedeutung gebunden ist und damit die "salutaris fidei morumque veritas" irrtumsfrei zu bewahren und zu vermitteln hat. Das andere Argument bietet das Schriftwort von der Kirche als "Säule und Grundfeste der Wahrheit" (columna et firmamentum veritatis; 1 Tim 3,15)[39]. Bewusst und autoritativ wird nach Adnotatio 15 diese Stelle in eben diesem Sinn ausgelegt. Zudem werde damit die Lehre besonders der Kalvinisten ausgeschlossen, wonach die Gesamtkirche allein hypothetisch unfehlbar sei, wenn sie sich nämlich des (geschriebenen) Wortes Gottes bediene, und zwar nur in den zum Heil notwendigen Dingen. Dagegen zitiert die Adnotatio

BELLARMINS Auffassung, dass die Kirche absolut - weder in den absolut notwendigen Dingen noch in den anderen Glaubens- und Handlungsweisungen, sie seien ausdrücklich in der Schrift enthalten oder nicht (nec in rebus absolute necessariis, nec in aliis quae credenda vel facienda nobis proponit, sive habeantur expresse in Scripturis sive non) - nicht irren könne, und dass das, was alle Gläubigen "tanquam de fide" festhielten wie auch alle Bischöfe "tanquam ad fidem pertinens" lehrten, notwendigerweise wahr und "de fide" sei[40]. Der hypothetischen, auf die Schrift und das Heilsnotwendige beschränkten Unfehlbarkeit wird hier eine absolute entgegengestellt, die sich über das absolut Heilsnotwendige und das ausdrücklich in der Schrift Enthaltene hinaus erstreckt und (ohne diese Kriterien) der Kirche für die von ihr vorgelegten "credenda" und "facienda" zukommt. Bereits das Glaubensbewusstsein der Kirche und die Glaubenslehre ihrer Bischöfe signalisieren eine Glaubenspflicht. Damit sind zum Unfehlbarkeitsobjekt wichtige Angaben gemacht : Es bestimmt sich gemäss der Heilsfunktion der Kirche als Heilswahrheit, die einmal auch den Handlungsbereich einbezieht (mores, facienda), zum anderen nicht zu eng gefasst werden darf.

Im einzelnen stellt das Kapitel dann Begriff, Objekt und Subjekt der Unfehlbarkeit dar. Wie sie zu verstehen ist, zeigt vor allem der Zweck, um den es bei ihr geht, die treue Bewahrung des Wortes Gottes (collatam ad hoc esse, ut verbum Dei sive id scriptum sive traditum sit, in universali Christi ecclesia integrum et a quavis novitatis immutationisque corruptela immune asseratur et custodiatur), wofür die beiden Schriftstellen 1 Tim 6,20 und 2 Tim 1,13f angeführt werden. In Nebensätzen stehen noch drei Einzelaussagen : dass die Unfehlbarkeit geoffenbart sei, dass sie nicht mit dem Charisma der Inspiration verwechselt werden dürfe und dass sie keine neuen Offenbarungen bringe (neque eo spectat, ut ecclesia novis revelationibus ditescat). Das zu bewahrende Wort Gottes ist das der Schrift wie das der Überlieferung. Zudem sprechen die genannten Schriftstellen von der Wahrung des Depositums, der Vermeidung profaner Neuerungen und den Glauben gefährdender fälschlich-wissenschaftlicher Gegensätze sowie vom Festhalten an den überkommenen gesunden Worten[41]. Adnotatio 16 erläutert die einzelnen Punkte. Dabei wird für den Begriff der als beständige Prärogative der Kirche geoffenbarten Unfehlbarkeit im Unterschied zur Inspiration auf "Dei Filius" verwiesen. Ihre Wirkung erscheint sowohl negativ als positiv, indem sie einmal betont von neuen Offenbarungen unterschieden, zum anderen nach dem klaren Zeugnis der Schrift in die Bewahrung des Offenbarungswortes nach seinem ganzen Umfang (in tutela ac custodia verbi divinitus revelati, quam id late patet) verlegt wird. Ähnlich beschreibt die Adnotatio auch den Zweck der Unfehlbarkeit, die Bewahrung der Glaubens- und Sittenlehre und die entsprechende Festigung des christlichen Volkes (ut doctrina fidei et morum "in sua sinceritate integra ... et illibata permaneat, et ne populus christianus omni vento doctrinae circumferatur")[42]. Erneut ist in diesem Abschnitt eine wichtige Aussage über das Unfehlbarkeitsobjekt gemacht und die nachfolgende spezielle Darstellung bereits weitgehend vorweggenommen. Die Unfehlbarkeit, in der es nicht wie bei der Inspiration um die irrtumsfreie Vorlage neuer Offenbarungen geht, dient (nur) der Bewahrung des (bereits ergangenen) in Schrift und Tradition geoffenbarten Wortes Gottes oder des Depositums, und zwar in seinem ganzen Umfang. Synonym für dieses Offenbarungsdepositum steht die (zu bewahrende) "doctrina fidei et morum". Diese Bewahrung aber geschieht nicht einfach in einer materialen Konservierung, sondern zugleich in der Abwehr verschiedener Gefahren und Angriffe.

Die eigentliche Aussage über das Unfehlbarkeitsobjekt, die an das bisherige anknüpft, ist in zweifacher Hinsicht zweigestaltig, indem sie erst kurz und im allgemeinen und dann eingehend und konkret jeweils ein doppeltes Objekt bezeichnet. Die Ausdehnung des Unfehlbarkeitsobjektes, sagt Adnotatio 16, werde nach den vorausgehenden Worten des Apostels zuerst im allgemeinen (generatim) bestimmt dergestalt, dass es dem Glaubensgut und dem, was die Aufgabe seiner Bewahrung fordere, gleichkomme (adaequet), sodann im besonderen (speciatim), dass es einen doppelten Gegenstand umfasse, einen hauptsächlichen und unmittelbaren, auf den sich um seiner selbst willen die Unfehlbarkeit beziehe, der dem Glaubensdepositum entspreche und das ganze geoffenbarte Wort Gottes darstelle, sowie einen sekundären und mittelbaren, auf den sie sich jenes anderen wegen erstrecke, und der der Aufgabe, das Depositum zu schützen, entspreche ...[43]. Das 9. Kapitel lehrt so, dass das Unfehlbarkeitsobjekt "tantum patere ..., quantum fidei patet depositum, et cuius custodiendi officium postulat". Daher umfasse die Unfehlbarkeit das ganze geoffenbarte Wort Gottes, aber auch alles, ohne das - obschon nicht selbst geoffenbart - jenes nicht sicher bewahrt, bestimmt gelehrt und ausgelegt oder gegen pseudowissenschaftliche Angriffe gültig verteidigt werden könne (tum universum Dei verbum revelatum, tum id omne, quod licet in se revelatum non sit, est tamen eiusmodi, sine quo illud tuto conservari, certo ac definitive ad credendum proponi et explicari, aut contra errores hominum ac falsi nominis scientiae oppositiones valide asseri defendique non possit)[44]. Zur Wahrung des hinterlegten Wortes Gottes gehört Unfehlbarkeit nicht nur in der Vorlage des Depositums selbst, sondern auch Unfehlbarkeit in Aussagen, die, obwohl nicht in sich geoffenbart, damit unabdingbar zusammenhängen. Nach Adnotatio 16 besteht dieser Schutz des Depositums in einem Dreifachen : in der sicheren Bewahrung des göttlichen Wortes, in seiner zuverlässigen und die Fragen lösenden Vorlage und Auslegung sowie in seiner gültigen Behauptung und Verteidigung gegen jeden Irrtum; auf all das, heisst es, erstrecke sich die Unfehlbarkeit. Diese ganz allgemeine Formel schliesse nichts, was für das Unfehlbarkeitsobjekt in Frage kommt, aus, sie sei durchaus wahr und dürfte jeder Schwierigkeit entgehen[45]. Die Aussage, dass die Unfehlbarkeit auch das umfasst, was als wahr behauptet oder als irrig verurteilt werden muss, um die treue Bewahrung des Wortes Gottes selbst sicherzustellen, ist bewusst so allgemein formuliert und geht nicht auf Einzelobjekte ein, wie sie die Theologie, der diese Zweiteilung des Unfehlbarkeitsobjektes längst geläufig ist, anführt. Es ist das Kriterium angegeben, nach dem sie in jedem Falle zu bestimmen und zu beurteilen sind.

Was der zum Unfehlbarkeitskapitel gehörende Kanon unterstreicht, ist gerade diese Ausdehnung der Unfehlbarkeit über das in der Offenbarung Enthaltene hinaus, auf die für den Schutz des Depositums notwendigen Wahrheiten : "Si quis dixerit, ecclesiae infallibilitatem ad ea tantum restringi, quae divina revelatione continentur, nec ad alias etiam veritates extendi, quae necessario requiruntur, ut revelationis depositum integrum custodiatur; anathema sit"[46]. Nach Adnotatio 58 macht dieser Kanon drei Aussagen : Er setzt ganz klar das Dogma von der Unfehlbarkeit der Kirche voraus, bezeichnet das eigentliche und unmittelbare Unfehlbarkeitsobjekt mit dem geoffenbarten Wort Gottes oder mit dem in der Offenbarung Enthaltenen und lehrt direkt und nachdrücklich, dass sich das mittelbare Unfehlbarkeitsobjekt auf alles zum Schutz des Gotteswortes Notwendige erstreckt (proprii quidem sed mediati sui obiecti ambitum non finiri, nisi necessariis ad ipsum Dei verbum custodiendum praesidiis ac conditionibus)[47]. Es ist dem Konzil offenbar wichtig, einer Eingrenzung der kirchlichen Unfehlbarkeit auf das in der Offenbarung Enthaltene (einschliesslich des häretischen Gegensatzes) entgegenzutreten und sie auch für das zu seinem Schutz Notwendige zu behaupten. Wiederum bleibt es bei diesem allgemeinen Prinzip und Kriterium.

Zuletzt handelt das 9. Kapitel vom Subjekt der Unfehlbarkeit. Seine wiederum das Objekt berührende Aussage ist, dass diese Unfehlbarkeit, deren Zweck die "fidelium societatis in doctrina fidei et morum intemerata veritas" sei, dem Lehramt innewohne, das Christus für immer in seiner Kirche eingerichtet habe, wofür Mt 28,19-20 und Joh 14,16-17 mit 16,13 zitiert werden[48]. Wie Adnotatio 16 präzisiert, ist dieses apostolische Lehramt, von dem her der ganzen Kirche die Glaubensunfehlbarkeit zukommt (per cuius doctrinam infallibilem infallitas fidei in universam ecclesiam dimanet), der eigentliche und primäre Träger der Unfehlbarkeit (subiectum infallibilitatis proprium, cui primo ac per se inest). Gerade dies werde von den Neuerern, nach denen selbst Konzilien irren könnten, geleugnet. Dagegen wird die Lehre BELLARMINS angeführt, dass die vom Papst bestätigten allgemeinen Konzilien nicht irren könnten "nec in fide nec in moribus". Es folgt ein Zitat von PETAVIUS, dass weder die Kirche noch die Konzilien irren könnten "in fide, neque in iis, quae ad mores pertinent", insofern hier nichts Unwahres, Unheiliges und Unbilliges oder zu Recht Tadelnswertes entschieden würde; es würde sonst die ganze Kirche zusammenstürzen, da nichts Sicheres am Glauben bliebe; nun aber sei sie "Säule und Grundfeste der Wahrheit", und zwar einer zweifachen Wahrheit, einer rein theoretischen und einfach zu glaubenden (wie die Glaubensartikel und die Mysterien) und einer praktischen und unsere Handlungen normierenden (altera practica, quae pertinet ad actionum nostrarum regimen ac moderationem), der Weisungen für unsere Lebensführung auf dem Weg der Tugend und Heiligkeit (praecepta et instituta omnia, quae ad dirigendam vitam pertinent, nosque in via virtutis et sanctimoniae continendos)[49]. Noch einmal ist also in dem Abschnitt über das Subjekt der Unfehlbarkeit auch ihr Objekt angesprochen, und zwar unter dem Aspekt ihres Zweckes, der "in doctrina fidei et morum intemerata veritas" der Gläubigen. Zweimal nennt das Kapitel ausdrücklich auch die "mores", die darum, was die Adnotationes vollends bestätigen, auch in den übrigen Bezeichnungen des Unfehlbarkeitsobjektes - die Wahrheit des geoffenbarten und der Kirche anvertrauten Wortes Gottes - eingeschlossen zu denken sind.

Die Textgeschichte

Schon im Votum von PERRONE (A-2a) folgt auf den Paragraphen über die Indefektibilität der Kirche ein weiterer "De Ecclesiae infallibilitate", der sich in einen einleitenden begründenden Abschnitt, eine positive Lehraussage und eine Anzahl von Verurteilungen gliedert. Der Text beginnt damit, dass Christus die Irrtumslosigkeit der Kirche in Glaube, Sitten, Disziplin und Kult (Ecclesiam ab omni prorsus errore circa fidem, et mores, disciplinam essentialem et cultum immunem fore) mehr als einmal versprochen habe, wobei die Schriftstellen vom Bleiben Christi bei den Aposteln, von der Unüberwindlichkeit der Kirche, vom Geist, der alle Wahrheit lehrt, sowie von der Kirche als Säule und Grundfeste der Wahrheit erwähnt werden, ergänzt durch den Konsens der Väter. Über das Unfehlbarkeitsobjekt, das hier in einer beachtenswerten Viergliedrigkeit ausgedrückt wird, verbreitet sich dann die folgende Lehraussage. Danach ist die Kirche unfehlbar in allem, was sich auf das ewige Heil der Menschen bezieht (in iis omnibus, quae fideles tuto ad ultimum finem suum, seu ad aeternam salutem obtinendam perducunt). Diese Unfehlbarkeit, heisst es weiter, komme der Kirche zu als Zeugin der von Christus und den Aposteln empfangenen Wahrheiten, als Richterin "in fidei morumque controversiis dirimendis" wie auch als Lehrerin "in theoretico, et practico continenti suo magisterio iugiter vivente". Sie habe ausserdem zum Gegenstand den Sinn von Schriften hinsichtlich der Rechtgläubigkeit von Sätzen oder in den "facta dogmatica", sonst könnte sie ihre Aufgabe nicht erfüllen "de arcendis fidelibus a venenatis fontibus in iis quae ad fidem et mores pertinent". In den anschliessenden Verurteilungen wird unter anderem verworfen, dass die Kirche "a deposito fidei defecisse" und ihre Autorität in der Wahrung und Auslegung des Depositums (Ecclesiae fidei depositum custodientis et interpretantis) eine menschliche Erfindung sei[50]. - Die Besprechung dieses Paragraphen in der theologischen Kommission sieht bezüglich der Natur der Unfehlbarkeit, des Objektes, des Subjektes und der Unterwerfungspflicht eine grössere Klarheit vor. Angegeben werden soll der Unterschied zwischen Inspiration und einfachem Beistand. Mehr weiss das Protokoll von der Diskussion über das (in dem positiven Lehrabschnitt dargelegte) Unfehlbarkeitsobjekt zu sagen. Darüber, berichtet es, habe man vieles vorgebracht und dazu bemerkt, man solle nicht sagen, die Unfehlbarkeit erstrecke sich nicht über das Depositum hinaus, sondern sie reiche nicht weiter als die Aufgabe, es zu schützen (dicendum potius non se porrigit ultra officium custodiendi depositum). Verhandelt worden sei besonders die Unfehlbarkeit der Kirche "in factis aut textibus dogmaticis" (nach einer anderen Protokollversion in den Zensuren unterhalb der Häresie) und im Urteil über die Notwendigkeit der weltlichen Herrschaft des Apostolischen Stuhles. Manche Konsultoren, fährt das Protokoll fort, hätten über die Ausdehnung der Unfehlbarkeit neue und ausführlichere Studien gewünscht, doch habe man dies der Spezialdeputation überlassen wollen, welche das Schema nötigenfalls mit besonderen Anmerkungen illustrieren würde[51].

In dem daraufhin erstellten Entwurf des Kirchenschemas (A-2b) sind es der 7. Abschnitt und der 5. Kanon, die die Unfehlbarkeit zum Thema haben. Der Lehrabschnitt[52] stimmt schon grossenteils mit dem späteren 9. Kapitel der Konzilsvorlage überein. Die wenigen bemerkenswerten Unterschiede, die er aufweist, finden sich bis auf die zusätzliche Aussage von der Unfehlbarkeit der Gesamtkirche in der Lehre über das Unfehlbarkeitsobjekt. Hier stehen nicht nur 1 Tim 6,20 und 2 Tim 1,13f in umgekehrter Reihenfolge und wird die Unfehlbarkeit ausschliesslich auf den Schutz des Offenbarungswortes bezogen (ad hoc unice referri, ut divinum revelationis apostolicae verbum, sive id scriptum, sive traditum sit ... custodiatur). Auffallend ist vielmehr ein Satz, der die Aussage von der Unfehlbarkeit im ganzen geoffenbarten Wort Gottes und in dem nicht-geoffenbarten, ohne das jenes nicht ... verteidigt werden könne, ergänzt. Er lautet : "Et ideo fit ut quoties infallibilis Ecclesiae auctoritas circa priorem obiecti rationem definiendo declarandoque versatur infallibilia fidei dogmata stabiliantur; si vero circa alterum, infallibiles veritatum articuli statuantur"[53]. Damit werden primäres und sekundäres Unfehlbarkeitsobjekt weiter unterschieden; bei ersterem kommt es zu unfehlbaren Glaubensdogmen, bei letzterem zu ebenfalls unfehlbaren, jedoch nicht ebenso qualifizierten Wahrheitsaussagen. Nur die theologische Qualifikation der Aussagen und die Zustimmungsqualität zu diesen sind unterschiedlich, nicht etwa die Unfehlbarkeit oder ihre Lehr- und Gewissheitsqualität. Ausführlicher als in der Konzilsvorlage stellt auch der 5. Kanon das sekundäre Unfehlbarkeitsobjekt heraus, der hier die natürlichen und rationalen Wahrheiten nennt, die zum Schutz des Depositums oder zu seiner rechten Verkündigung, Definition, Auslegung und Verteidigung notwendig seien (... ad veritates naturales ac rationales extendi quae ... necessario tamen requiruntur, ut revelationis depositum integrum custodiatur seu rite predicari et definiri, explicari et defendi ab Ecclesiae pastoribus et doctoribus possit)[54]. - Die Besprechung dieses Entwurfes am 12. März 1868 führt zu dem Beschluss, dass die "Lehraussage" des Kapitels allein das Unfehlbarkeitsobjekt betreffen solle. Eine längere Debatte entspannt sich nach Auskunft des Protokolls über Träger, Gegenstand und Ausdehnung der Unfehlbarkeit, wobei zu letzterem vier Konsultoren eine genauere Formel gewünscht, alle jedoch es für notwendig erachtet hätten, dass einer über die Unfehlbarkeit der Kirche ein Schriftstück abfasse, damit man von der dargelegten Lehre leichter Rechenschaft geben könne. Bis dahin wolle man auch die Besprechung des Kanons aufschieben[55]. Die Spezialdeputation revidiert daraufhin den (8.) Paragraphen über die Unfehlbarkeit der Kirche (geoffenbart, verschieden von Inspiration, keine neuen Offenbarungen ...). Der Satz "Et ideo fit ..." wird gestrichen, auch die in Aussicht genommenen Studien hält man nun nach Beseitigung der Auslegungsschwierigkeiten nicht mehr für notwendig. Ebenso erhält der Kanon grossenteils seine spätere Gestalt, wobei es jetzt einfach heisst, dass sich die Unfehlbarkeit auch auf andere notwendige ... Wahrheiten erstrecke (ad alias etiam veritates extendi quae necessario requiruntur ...)[56]. Kanon wie Kapitel, von der theologischen Kommission am 7. Mai approbiert[57], stimmen in der folgenden Schemafassung (A-2c) fast ganz mit der Konzilsvorlage überein. Geringfügige Formulierungsunterschiede zeigen sich unter anderem beim Zweck der Unfehlbarkeit, der Bewahrung des "divinum evangelicae revelationis depositum" (später "verbum Dei ..."), und ihrer Reichweite, "quantum et fidei depositum, et illud custodiendi officium patet" (später "quantum fidei patet depositum, et eius custodiendi officium postulat"). Kanon 5 enthält noch die Explikation "... custodiatur, seu rite praedicari ... possit"[58]. Sie fällt in der letzten präkonziliären Fassung (A-3g) fort, so dass der dortige (9.) Kanon ganz dem der Konzilsvorlage gleicht. Das (ebenfalls 9.) Kapitel formuliert noch die Ausdehnung des Unfehlbarkeitsobjektes mit "quantum patet et fidei depositum, et illud custodiendi officium postulat"[59]. Die zugehörigen Adnotationes 14, 15 und 32 haben bis auf einige stilistische Abweichungen den endgültigen Wortlaut[60]. - Die "Brevis expositio" (A-16a) schliesslich resümiert über das Unfehlbarkeitsobjekt, dass es das Glaubensdepositum und die dem Lehramt übertragene Aufgabe, den Glauben zu schützen, umfasse (tantum patet, quantum fidei depositum, et custodiendae fidei, magisterio commissum, officium), und dass der entsprechende Kanon die Auffassung der Jansenisten und der neueren Verfechter einer freien Wissenschaft verurteile, welche die Unfehlbarkeit nur für den Bereich des Offenbarungswortes selbst annähmen (qui infallibilitatem ambitu solius verbi divinitus revelati circumscribunt)[61].

Diese Restriktion also wird negiert und positiv die Erstreckung der Unfehlbarkeit ganz allgemein (auch) auf den Schutz des Depositums (und was dieser einschliesst) gelehrt, ohne dass über "fides" und "mores" hinaus einzelne dafür in Frage kommende Gebiete genannt werden. Der Verzicht auf solche Konkretisierung erspart der Kommission die Aufgabe, die verschiedenen Sachfragen, etwa die der Unfehlbarkeit in der Heiligsprechung, zu klären, und vermeidet das mögliche Missverständnis der Adressaten, die genannten Bereiche entweder zu selbständigen Objekten der Unfehlbarkeit aufzuwerten oder als deren ausschliessliches Gebiet zu betrachten. Indem man sich so nicht auf eine materiale, sondern funktionale Objektsbestimmung, die Notwendigkeit für den Schutz des Depositums, verlegt, wird konkret nichts entschieden, aber auch nichts direkt und von vornherein ausgeschlossen. Zweifellos lässt diese Darstellungsweise noch Fragen offen. Die theologische Kommission selbst hat gerade dieser Punkt, der Umfang der Unfehlbarkeit, auffallend stark beschäftigt. Für die "doctrina (fidei et) morum" bedurfte es dabei offensichtlich keiner weiteren Worte. Über den Bezug der Moral zur Kirche und ihrem Lehramt spricht sich jedoch das Kirchenschema selbst noch an anderen Stellen aus.

d. Der Anspruch der Kirche auf die Moral

Das Augenmerk der Kirche richtet sich, wie das Schema deutlich erkennen lässt, keineswegs nur auf die Dinge des Glaubens im engeren Sinn des Wortes, sie bringt auch ihre Sorge um die (christliche) Moral zum Ausdruck und erhebt auf die sittliche

Normierung ihren besonderen Anspruch. Ihn bekunden und begründen insbesondere die letzten drei Kapitel des Schemas, vor allem das 14. Kapitel, deren Aussagen die Textgeschichte - sie wurde bereits skizziert[62] - näher beleuchtet.

aa. Die Bekundung dieses Anspruches

Zuerst und ganz allgemein erscheint der Anspruch der Kirche auf die Moral in der Gestalt einer sie bewegenden ernsten Sorge. Wiederholt finden sich hier die bereits von früheren Schilderungen her bekannten Klagen über die Unterdrückung des christlichen und kirchlichen Einflusses im öffentlichen Leben, zumal im Bereich der Schule, und die damit zusammenhängende Gefahr des Irrtums und der Sittenverderbnis (iurium violationes ad nationes erroribus inficiendas corrumpendosque in eis mores christianos; sanae doctrinae morumque corruptelae; gravissimum fidei morumque detrimentum; tam a publicis quam a domesticis institutionibus sanctissimam Christi fidem ac religionem cum ipsa salutari morum disciplina amovere ...)[63]. Dementsprechend liegen die Schwerpunkte der sittlichen Verantwortung der Kirche, wie sie dem Papst seinerseits auferlegt ist[64], auf der Erziehung der Jugend und dem öffentlichen Leben. Zur ersten Aufgabe heisst es, die Kirche habe Recht und Pflicht, darauf zu sehen, dass die katholische Jugend gläubig und sittlich erzogen werde (vera fide et sanctis moribus rite instituatur; in catholica fide ac disciplina morum instituatur et educetur; ut illis recta morum principia tradantur absit, quidquid (sc. pastores ecclesiae) iudicaverint fidei morumque honestati obesse ...; ne quid sanae doctrinae aut bonis moribus contrarium in scholas quocumque praetextu inducatur). Bei der Beschäftigung mit den profanen Wissenschaften dürften nicht der Glaube oder die Sitten Schaden nehmen. Die Kirche habe Sorge zu tragen, dass dabei ihre Lehre nicht angegriffen werde (neque in explicandis scientiarum disciplinis quidquam admittatur, quod aut fidei aut morum aut aliis ecclesiae doctrinis sive revelatis sive non revelatis contrarium sit). Trotz fehlender Sachautorität habe sie das Recht und die Pflicht "prospiciendi fidei et christianis moribus"[65]. Darüber hinaus erfasst diese Aufgabe der Kirche, die nicht nur den einzelnen und sein privates Tun im Auge hat, auch die Regierungen, den Staat, die Gesellschaft und ihre Institutionen, das politische Handeln und das öffentliche Leben. Alles soll daran christlich ausgerichtet sein, nichts gegen das göttliche, kirchliche oder natürliche Gesetz verstossen, nichts den Glauben und die Moral (morum honestas) zu Fall bringen[66].

Hinter der Sorge der Kirche für die Moral steht der ausdrückliche Anspruch, dass sie in ihrem Lehramt für den privaten wie öffentlichen Bereich die Sittenregel für das Handeln mit göttlicher Autorität aufzeige. Der Kirche habe der Staat bei seinen Gesetzen und Einrichtungen (in ferendis legibus, probandisque institutis ac moribus societatis) Rechnung zu tragen und einem Widerspruch zur kirchlichen Auffassung (quod legibus, decretis et moribus ecclesiae adversetur) zu wehren[67]. Allein in das Lehramt der Kirche wird direkt das höchste Urteil über die öffentliche und gesellschaftliche Norm des göttlichen Kultes, des Glaubensbekenntnisses und der Sittlichkeit (morumque honestatis) verlegt. Als seine Sache gilt nicht nur die Auslegung der geoffenbarten Glaubens- und Sittenlehre (revelatam fidei et morum doctrinam exponere), sondern auch das moralische Urteil in jedweder privaten und gesellschaftlichen Gewissens- und Heilsfrage (supremum ferre iudicium de iusto ac iniusto, licito ac illicito, honesto ac inhonesto, deque omni re ad conscientiam aeternamque hominum salutem spectante)[68]. Ein Kanon unterstreicht diese lehramtliche Kompetenz für den Bereich des Glaubens und des Kultes wie auch für die Moral des öffentlichen Lebens (morum et honestatis in omni vita fidelium sociali ac publica)[69]. Damit fallen auch die öffentlichen Dinge unter die kirchliche Lehrautorität und ihr verbindliches sittliches Urteil (de iusto aut iniusto ...)[70]. Nicht in der staatlichen Gesetzgebung oder in der öffentlichen Meinung liegt, mit anderen Worten, die Norm für Recht und Unrecht, sondern in der Kirche, die das auch die Regierung bindende Gesetz Gottes hütet und auslegt[71]. Das Argument, das hinter diesem Anspruch hier bereits sichtbar wird, ist nun weiter aufzudecken.

bb. Die Begründung

Die Kirche, so lässt sich das erste und hauptsächliche Argument wiedergeben, ist die Lehrerin und Interpretin der göttlichen Gesetze, die die Gewissensnorm für das Handeln abgeben. Diese Norm ist, wie negativ gesagt wird, nicht der Staat, das staatliche Gesetz, der Nutzen oder einfachhin der Wille der Mehrheit[72]; die "necessaria morum regula" ist, positiv gesprochen, das Gesetz des gebietenden oder verbietenden Gottes[73]. Es wird dieses näher beschrieben als ewiges, unwandelbares, für das private und öffentliche Leben und Handeln geltendes und auch von den Regierungen zu beobachtendes Gesetz[74], durch Vernunft oder Offenbarung kundgegeben[75], wobei letztere auch als Bestätigung der naturrechtlichen Prinzipien verstanden wird (ex revelatione divina non ea tantum constare, quae sunt iuris publici divini, sed per illam et ea confirmari, quae sunt fundamenta atque principia communis iuris naturae)[76]. Hüterin und Auslegerin dieses Gesetzes ist aber die Kirche[77], die damit ohne Grenzüberschreitung die nächste Norm auch für das öffentliche Handeln darstellt, nicht unter dem Aspekt der rein zeitlichen und bürgerlichen Vor- oder Nachteile, sondern der Moralität (quatenus de morum honestate, de licito vel illicito statuendum est; quid in illis rerum ordinibus secundum aeternas ac immutabiles sive revelationis ac fidei, sive rationis ac naturae leges licitum vel illicitum, iustum vel iniustum, honestum vel inhonestum sit)[78]. Die Lehrautorität der Kirche - ihre Leitungsgewalt[79] (regimen) kommt noch hinzu - umfasst nicht nur die Religion und ihre Glaubensdinge (credenda fides), sondern die "res fidei et morum", also auch die göttlichen Gesetze und die christliche Sittenlehre[80].

Ein anderes Argument ist weniger explizit ausgesprochen, die Rolle der Kirche als Führerin zum ewigen Heil, das wiederum auch die Moral einschliesst. Beide Prämissen kommen wiederholt zum Ausdruck und stehen ausser Frage, einmal, dass das ewige Heil auch ein entsprechendes sittliches Leben verlangt, zum Bekenntnis des Glaubens hinzu auch das Handeln nach diesem, den Gehorsam gegen Gott (und die Kirche), die Erfüllung der von Christus gegebenen Gebote[81], zum anderen, dass die Kirche zur alleinigen und sicheren Führerin zum Heil bestellt ist (ut homines per salutarem fidem ac disciplinam docendo regendoque ad vitam aeternam adducat)[82]. Da jedoch die ganze Heilslehre in der Kirche hinterlegt ist[83], geht dieses zweite Argument auf das erste - die Kirche als Interpretin der göttlichen (geoffenbarten) Sittengesetze - zurück.

Die Moral ist damit ein wesentlicher, unveräusserlicher Teil des kirchlichen Lehrgegenstandes. Dem entspricht, dass die Einheit der Kirche "in fide" auch Einheit in der Moral in sich schliesst, und es neben der dogmatischen Intoleranz eine moralische gibt. Nicht nur trägt die Kirche überall die nämlichen Glaubens- und Sittenvorschriften (eadem praecepta morum et fidei) vor[84], sie verwirft auch - ohne ausdrückliche Erwähnung zwar - den moralischen Indifferentismus (indifferentismus moralis, id est, spectans ad mores, quos pariter liberos volunt), die Aufhebung des Unterschiedes von Tugend und Laster, gut (honestas) und schlecht (turpitudo), als könne es je Gemeinschaft geben von Gerechtigkeit und Schlechtigkeit (iniquitas)[85].

Dieser Durchblick erlaubt schliesslich über den Ausdruck "mores" selbst etwas auszusagen. Kommt er auch - er findet sich fast nur als Plural[86] - in der (neutralen) Bedeutung von Gewohnheit oder Gewohnheitsrecht vor, dessen Verschiedenheit konstatiert wird, jedoch unangetastet bleibt[87], bezeichnet er doch durchweg das sittliche Verhalten, das nach seiner Qualität beurteilt wird (boni - pravi mores; honestas, integritas - corruptio morum), das einer Regelung bedarf (mores componendi; morum disciplina, ordo, principia, regula, praecepta, doctrina) und keinen Indifferentismus duldet[88]. Es kann keine Frage sein, dass die Moral (Sittenlehre) in dem mit "doctrina fidei et morum" angegebenen Objekt der kirchlichen Unfehlbarkeit enthalten ist. Zu dem Ganzen sind nun aber noch die Konzilsväter zu hören.

2. Die Kritik der Konzilsväter

Die schriftlichen "Observationes" der Konzilsväter zu den zusammengehörenden ersten zehn Kapiteln und dreizehn Kanones des Schemas über die Kirche, wie sie zwischen dem 20. Februar und 4. März einzureichen waren[89] und in einer "Synopsis analytica"[90] vorliegen, greifen bereits durch ihre erneuten Postulate für eine Aussage über die Unfehlbarkeit des Papstes, die das Schema noch vermissen liess, auf die Konstitution "Pastor aeternus" vor. Andererseits kann für die vorliegende Untersuchung wiederum vieles ausser Betracht bleiben. Die Darstellung der einschlägigen Bemerkungen folgt der vorausgehenden Gliederung.

a. Die Bemerkungen zur Indefektibilität und Unfehlbarkeit

aa. Zur Indefektibilität

Trotz gelegentlicher Abänderung der Überschrift[91] findet die Aussage des 8. Kapitels in den Bemerkungen der Konzilsväter durchaus eine Bestätigung. Auch sie bekennen sich zur Fortdauer der Kirche in ihrer substantiellen Selbigkeit, bei unwandelbarem Bleiben in der ursprünglichen Verfassung und im selben Glauben (Glaubensdepositum), wiewohl unter akzidentellen Veränderungen und Verschiedenheiten[92]. Von der Moral ist hier somit nur einschlussweise die Rede. Die auf sie Bezug nehmenden Bemerkungen betreffen Kanon 7, der gewiss auch beibehalten und in der Sache gebilligt wird[93]. Die Kritik an ihm betrifft einmal das Verhältnis von Verdunkelung, Verderbnis, Abfall und Untergang der Kirche. Grösserer Klarheit dienen soll hier die Formulierung, dass die Kirche (nicht) "ita posse offundi tenebris aut infici malis, ut a salutari fidei morumque veritate aberret, atque vera et sancta Christi ecclesia tandem desinat esse"[94]. Dunkel und Schlechtigkeit können, wie bedeutet wird, nicht so weit (!) gehen, dass es zu einem Abirren von der Wahrheit und der ursprünglichen Verfassung, zu einer selbstzerstörenden Verderbnis kommt[95]. Wird damit festgehalten, dass die Kirche immerhin nicht von der Wahrheit oder in der Lehre abirren kann, findet sich doch die Formulierung des Schemas "a salutari fidei morumque veritate" verschiedentlich abgeändert (a veritatis divinae tramite; a divinitus revelata fidei et morum doctrina; a fidei morumque veritate; a veritate doctrinae; a veritate doctrinae a Christo traditae)[96], wobei zugleich ein tatsächlicher Irrtum in der Lehre oder in den Glaubens- und Sittendogmen (ecclesiam catholicam a puritate doctrinae deviasse aliquando, vel errasse in fidei, morumque dogmatibus, quae successu temporis explicite credenda proposuit) negiert wird[97]. Diese Änderungen sind, wie zwei Einwände zeigen, nicht ohne Grund. Diese wollen den Ausdruck "a morum veritate" (aberrare) durch den zutreffenderen "a veritatis divinae tramite" beziehungsweise "morum sanctitate" ersetzen[98]. Dahinter steht offenbar nur der Gedanke, dass es bei den "mores" nicht eigentlich um Wahrheiten, sondern um Forderungen und Normierungen geht.

bb. Zur Unfehlbarkeit

Gibt es auch Stimmen, die das ganze Kapitel über die kirchliche Unfehlbarkeit, mehr aber noch den zugehörigen Kanon überhaupt streichen wollen, steht doch die Unfehlbarkeitsaussage selbst trotz vielfacher Kritik im allgemeinen nicht in Frage. Gegen das Kapitel wird unter anderem eingewandt, dass - so SIMOR - auch frühere Konzile über die Unfehlbarkeit nichts definiert hätten[99]. Was die Ablehnung des Kanons betrifft, ist hier die grundsätzliche Kritik an den zahlreichen anathematisierenden Kanones, an denen zum Teil Milde und Klarheit vermisst werden[100], mitzubedenken. Tatsächlich wird davon gerade Kanon 9 betroffen. Sollte nach TARNOCSY von Salzburg die Unfehlbarkeitslehre selbst besser nicht in einen Kanon gefasst werden, so werde dort das Unfehlbarkeitsobjekt allzu ungenau (vagis tantum et ambiguis terminis) umschrieben; wo eine genauere Bestimmung nicht möglich sei, solle man keinen Kanon machen[101]. SIMOR will ihn ebenfalls streichen[102], was CONNOLLY von Halifax damit begründet, dass der Kanon nicht wahr sei (Canonem IX totum eradendum, praecise quia non verum)[103]. Mängel, die man am Unfehlbarkeitskapitel kritisiert, sind das Fehlen einer Aussage über die Natur der Unfehlbarkeit und eine unzulängliche Darstellung des Subjektes. Im Schema, heisst es, gehe es ganz um das Objekt, während fast nichts über die Natur und das Wesen der Unfehlbarkeit verlaute[104]. Auch über das Subjekt, das Lehramt, wünscht man eine deutlichere Aussage, dass nämlich die Unfehlbarkeit dem "magisterium Petro-Apostolicum" zukomme, den Bischöfen (mit dem Papst), zerstreut oder versammelt[105]. Andere wollen hier neben den Bischöfen den Papst selbst nennen und bekennen sich vielfach ausdrücklich zu seiner Unfehlbarkeit[106]. Angemerkt sei schliesslich noch die Kritik an der Latinität und Novität des Terminus "infallibilitas" selbst, der besser durch andere, gleichbedeutende Ausdrücke wie "magisterium ab omni errore immune" oder "erroris immunitas" ersetzt würde[107]. Der offensichtlichen Bedeutung der Aussage über das Unfehlbarkeitsobjekt entspricht auch eine Vielzahl von Observationes, die sich speziell damit befassen.

Zum Kapitel

Es liegt in der Natur der "Observationes", dass die Zustimmung[108] hinter der Kritik zurücksteht. Gegen die Aussage über das Unfehlbarkeitsobjekt wird - ganz allgemein - vorgebracht, dass sie, weil inhaltlich fragwürdig, zu streichen sei, dass das Objekt unzutreffend und unklar (non recte neque clare definitum), neu, zu weitgefasst und vage sei und klarer und kürzer ausgedrückt werden solle[109]. In der Begründung der Unfehlbarkeitslehre, die ihrerseits das Objekt bezeichnet, folgt man im allgemeinen dem Schema, das sie vor allem aus der Unwandelbarkeit, Würde und

Heilsbedeutung der Kirche herleitet. Zu den dort zitierten Schriftstellen hinzu werden neben anderen Jes 59,21; Joh 14,16.26; 16,13; Eph 4,14 und 6,11-14 angeführt [110]. Aus der Indefektibilität wird gefolgert, dass die Kirche "in custodiendo revelationis deposito falli prorsus non posse", da es um jene Prärogative geschehen wäre, könnte sie die Lehre Christi verfehlen oder irrtümlich etwas für ein Glaubensdogma halten [111], "in docendo et praedicando doctrinam fidei et morum" irren [112] oder - ähnlich dem Schema - "a vera fidei morumque doctrina" oder "a divina fidei morumque veritate aberrare" [113]. Säule und Grundfeste der Wahrheit, gilt sie als irrtumsfrei "in integra inviolataque servanda veritate, quam Christus mundo attulit" [114]. Schliesslich wird ausdrücklicher als im Schema der Zweck der Kirche selbst, das Heil der Menschen, angesprochen, dem sie nicht genügen könne, würde sie "in rebus fidei et morum a doctrina divinitus ipsi revelata" [115] oder "in conservanda proponenda et definienda revelata doctrina et in his, sine quibus fidei depositum integrum custodiri et finis obtineri nequit", irren [116]. Was den Zweck und die Natur der Unfehlbarkeit betrifft, wird die im Schema angesprochene Unterscheidung von Assistenz und Inspiration unterstrichen [117]. Ausser Kritik steht jener Hinweis, dass die Unfehlbarkeit nicht auf neue Offenbarungen ausgehe. Die positive Formulierung, dass sie zur Bewahrung des Wortes Gottes gegeben sei, wird, leicht verändert, noch ergänzt durch den Blick auf die Kirche selbst. Durch die Unfehlbarkeit, heisst es, soll das Wort Gottes unverändert (integrum et a quavis novitate ac immutatione immune) bewahrt und jede Verderbnis des Glaubens und der Sitten ausgeschlossen werden (nihilque ipsa (sc. ecclesia) in se admittat, quod vel leviter fidei morumque corruptionem secum ferat) [118]. Ähnlich dem Schema, das in einem Nebensatz noch einmal den "finis" der Unfehlbarkeit angibt, findet sich dafür die Formulierung "fidei morumque doctrinam in fidelium societate intemeratam custodire" [119] oder - unter Verzicht auf "fidei morumque" - "doctrina veritatis divinitus revelata intemerata" [120]. Dieser ausschliessliche Bezug auf die Offenbarung, der ausser Frage steht, bedarf aber noch einer näheren Umschreibung, und eben auf seine Reichweite konzentrieren sich die Observationes mit ihren sehr wohl divergierenden Kritiken und Vorschlägen.

Selbstverständlich stimmen die Konzilsväter dem Schema darin zu, dass das Objekt der Unfehlbarkeit (zunächst oder primär) so weit reiche wie das Glaubens- oder Offenbarungsdepositum, mit anderen Worten, wie das "universum Dei verbum revelatum"[121], das Gotteswort der Schrift wie auch alles, was, obzwar dort nicht geoffenbart, dennoch aus der Tradition und Praxis der Kirche als von Gott geoffenbart erkannt werde[122]. Dies wird verschiedentlich noch erweitert, indem hier (neben dem indirekt Geoffenbarten) auch von "fides et mores" und von den "agenda" die Rede ist. So lautet ein Vorschlag von CELESIA, dass die Unfehlbarkeit der Kirche "tum quoad res fidei tum quoad res morum ambitu suo complecti ea omnia, quae sive expresse sive implicite, directe seu indirecte continentur in verbo Dei revelato, quaeque ecclesia facto ipso sive credenda sive agenda proponit"[123]. Damit bilden "fides et mores" sowohl den materialen Gegenstand als auch die Kategorien, unter denen der gesamte Offenbarungsinhalt, und zwar als etwas, das zu glauben oder zu tun ist, unfehlbar vorgelegt wird.

Ein Teil der Konzilsväter will es dabei bewenden lassen, dass sich die Unfehlbarkeit der Kirche auf die Bewahrung des Offenbarungsdepositums erstreckt. "Ecclesiae infallibilitas", äussert DUBREIL, "ad ea, quae in revelatione sunt, est restringenda"[124]. Einige votieren für eine Streichung der detaillierten (sekundären) Objektsbestimmung, um einfach an der gebräuchlichen Formel "in rebus fidei et morum" festzuhalten[125]. Im einzelnen wird die Aussage des Schemas "et cuius (sc. depositi) custodiendi officii postulat" zum Teil beibehalten, variiert und erläutert, aber auch eingeschränkt und sogar in Frage gestellt. Bemerkenswert ist hier die Formulierung, dass das Unfehlbarkeitsobjekt so weit reiche, "quantum fidei depositum bonosque mores custodiendi officium postulat" (RIARIO und andere)[126], wobei die "mores" eigens neben dem Glaubensdepositum genannt werden, wie immer sie mit diesem zusammenhängen mögen. Weiter wird "postulat" durch "directe et necessario" verschärft[127], ohne dass damit eine Beschränkung auf das in sich und explizit Geoffenbarte vorgenommen wird oder die Facta dogmatica sowie die Zensuren unterhalb der Häresie ausgeschlossen werden[128]. Nach anderen soll die Unfehlbarkeit in den Facta dogmatica ausdrücklich erwähnt werden[129]. Doch hält GINOULHIAC, unbeschadet der Pflicht der Kirche, das Depositum autoritativ und mit allen notwendigen Mitteln zu schützen und zu verteidigen, hierin eine Unfehlbarkeit nicht für völlig sicher. Die sie in den Facta dogmatica leugneten, begründet er seine Kritik, seien nicht zensuriert worden, und dass die Unfehlbarkeit auch natürliche, nicht zum Glauben gehörende Dinge (veritates naturales, facta naturalia quae non pertinent ad materiam fidei) umfasse, verneinten unter anderen VERONIUS und BELLARMIN. Gehöre nämlich zur theologischen Materie das mit dem Geoffenbarten (nicht nur evident Verknüpfte, sondern auch) irgendwie mit den Glaubensdingen (dienlich) Verbundene, so bilde dies bei aller schuldigen Reverenz doch keinen Gegenstand der Unfehlbarkeit. Auch die entsprechende andere Stelle des Schemas (dass das Unfehlbarkeitsobjekt auch das zur Bewahrung, Vorlegung und Verteidigung des Offenbarungswortes unumgänglich Erforderliche, wiewohl in sich nicht Geoffenbarte umfasse) soll gestrichen werden, da die Ausdehnung der Unfehlbarkeit auf alles, ohne das das Depositum gegen Irrtümer nicht verteidigt werden könne, nicht nur nicht sicher, sondern nicht wahr sei. Es könne die Kirche auf andere Weise das Depositum wirksam verteidigen, anderenfalls würde ihre Unfehlbarkeit die gesamte Philosophie und alle natürlichen Wissenschaften umfassen[130]. "Auch wenn es in sich nicht geoffenbart ist ...", formuliert das Schema, und während sich ihm die einen anschliessen und daran festhalten, dass die Kirche (notfalls) auch über nicht geoffenbarte Dinge unfehlbar lehre[131], sprechen andere wieder nur von dem, was "in se directum" oder "explicite et diserte" nicht geoffenbart sei[132]. Neben der Zurückhaltung, dass nicht alle Theologen zugäben, dass die Kirche in der Offenbarung nicht Enthaltenes definieren könne, jedoch darin übereinstimmten, dass sie "aliquid docere posse, quod e revelatione directe aut indirecte eruitur"[133], steht die Kritik, im Schema scheine das Unfehlbarkeitsobjekt "ultra debitos limites, ad res non revelatas", ausgedehnt[134]. In bezug auf die theologische Qualifikation von Definitionen wird zwischen geoffenbarten und natürlichen Wahrheiten ebenfalls unterschieden:"quatenus nimirum veritates mediate vel immediate revelatae definiantur tanquam de fide, et errores oppositi inurantur nota haereseos; veritates autem ordinis naturalis definiantur certitudine morali, et errores oppositi inurantur nota falsitatis, erroneitatis aut temeritatis"[135].

Nun geht es im Schema aber nicht einfach und eigentlich um eine Ausdehnung der

Unfehlbarkeit über die Offenbarung, sondern nur über das "in se revelatum" hinaus, und hier wiederum nur insoweit, als anders eine sichere Bewahrung, eine definitive Vor- und Auslegung sowie eine wirksame Verteidigung des Offenbarungswortes gegen Irrtümer seitens der Wissenschaft nicht möglich ist. Auch diese Aussage wird von den einen mehr oder weniger wörtlich beibehalten, die Bedingung nämlich, dass sonst, ohne die unfehlbare Vorlegung "natürlicher" Wahrheiten, das Offenbarungsdepositum nicht bewahrt werden kann[136]. Danach umfasst die Unfehlbarkeit auch alles, was die Wahrung der guten Sitten und des Glaubens verlangt (omne ... tam arcte cum fide bonisque moribus coniunctum, ut sine illo vel mores corrumpi vel ipsa fides tuto conservari ... defendique non possit)[137]. Andere sprechen nur von der notwendigen Beziehung zur Offenbarung[138]. Bischof MORENO von Ivrea fasst unter die Unfehlbarkeit namentlich auch das göttliche Recht und die Heiligkeit der Kirche (id omne quod ad declarandum ius divinum positivum pertinet, conservandaeque sanctitati ecclesiae omnino necessarium est)[139], Erzbischof YUSTO von Burgos die Wahrheiten des natürlichen Sittengesetzes (veritates ad legem naturae moralis spectantes)[140].

Nicht nur jene, welche die Bestimmung des sekundären Unfehlbarkeitsobjektes als zu weit betrachten, melden Bedenken an. Man will sich mit der Aussage begnügen, dass die Kirche "in definitionibus fidei et morum" unfehlbar sei und den Theologen die Facta dogmatica, die Kanonisation der Heiligen und die übrigen Unfehlbarkeitsobjekte überlassen, deren umfassende Festlegung sehr schwierig sei[141]. Auch MEIRIEU von Digne fürchtet den späteren Einwand, diese oder jene Lehrentscheidung gehöre nicht notwendig zur Bewahrung des Glaubensdepositums, wogegen der unfehlbaren Kirche zugeschrieben werden müsse "tanta obiecti extensio, quantam ipsa sibi tribuit". Ein Zusatz soll diese Urteilskompetenz festhalten : "Porro sit ecclesiae decernere, quid sit necessarium ad explicandum vel defendendum verbum Dei revelatum, ita ut de his omnibus, de quibus iudicat, semper infallibiliter iudicet"[142]. Auch andere sprechen sich für eine derartige globale Bestimmung aus ("quidquid ex infallibilitatis suae praerogativa definiendum iudicaverit (sc. ecclesia), quin unquam opponi possit eam terminos infallibilitatis suae praetergressam fuisse"), die dennoch nicht Willkür oder Universalherrschaft der Kirche bedeute[143].

Daneben werden nicht nur die Worte "et explicari ... defendique" als gefährliche Ausweitung des sekundären Unfehlbarkeitsobjektes empfunden[144], diese ganze Aussage selbst stösst, wie bereits angedeutet, auf heftige Kritik. Einmal wird ihre Gewissheit bezweifelt, insofern damit bedeutet würde, das Depositum Christi enthalte nicht alles Notwendige und bedürfe daher wissenschaftlicher Ergänzung (depositum a Christo traditum ecclesiae non continere omnia, quae necessario inserviunt scopo sibi proposito, cum hanc revelationem ecclesiae custodiae consignaret ...)[145]. Nicht auf wissenschaftlicher Basis, sondern allein von der Offenbarung her verurteile die Kirche Einwände gegen die göttliche Wahrheit. Auch ihre Unfehlbarkeit in den Facta dogmatica sei nur in der Glaubensvorlage eingeschlossen[146]. Zu unbestimmt und zu weit erscheint diese Objektsangabe des Schemas[147], da, wie gesagt wird, der eine dieses, der andere jenes für "notwendig" erachten könne[148]. Diese Bedingung lasse die verschiedensten Auslegungen zu, ohne dass die Adnotationes Klarheit brächten[149]. Nicht mehr gerecht werden dürfte dem Schema die Vorhaltung, die hier angegebene Glaubensnorm lasse in weitem Umfang neue, mit der Offenbarung (nur) irgendwie zusammenhängende Dogmen zu (tam vaga et late patens exhibetur credendi norma, ut novis, in Scriptura et traditione apostolico-ecclesiastica non contentis, sed cum his in aliquo nexu cohaerentibus dogmatibus condendis viam latam aperiat)[150]. MARET erblickt in dem Satz von den nicht geoffenbarten, zum Schutze des Depositums notwendigen Wahrheiten eine Ausdehnung des Unfehlbarkeitsobjektes "in infinitum", da es demnach alle Wissenschaften umfasse (in ambitu suo latissimo omnes scientias, philosophicas, metaphysicas, morales, physicas, historicas, politicas, aestheticas amplectitur). Was aber sei gefährlicher und mit der allgemeinen theologischen Lehre mehr im Widerstreit ? In den Humanwissenschaften habe die Kirche aufgrund ihrer anderen Zielsetzung kein Lehramt. Genüge zum Schutz des Depositums nicht, dass sie eben die geoffenbarten Wahrheiten darlege und die Irrtümer gegen den Glauben verurteile ? Diese unselige Ausdehnung schade derkirchlichen Autorität. Man begnüge sich deshalb mit der Erklärung, Unfehlbarkeitsobjekt sei das geoffenbarte Wort Gottes, und die Unfehlbarkeit der lehrenden Kirche bestehe in der Vorlegung, Erklärung, Definierung und Verteidigung der geoffenbarten Wahrheiten[151].

Zur Objektsbestimmung im ganzen ist noch zu erwähnen, dass die Väter mit der Frage der Unfehlbarkeit in den sich auf das Heil beziehenden praktischen Vorschriften der Kirche befasst werden sollten (ut quaerant an obiectum infallibilitatis praeter fidem et mores respiciat ea etiam salutis practica media cunctis fidelibus praescripta), sei es, dass es sich dabei um notwendige oder um geeignete Mittel zum Heil handele (eo nimirum sensu quod ecclesia errare nequeat in mediis praescribendis veluti per se ad salutem necessariis, vel opportunis, quasi esse absolute possent neque necessaria, neque opportuna). Zwar beziehe sich die Unfehlbarkeit immer auf eine Wahrheit, doch sei eine solche auch in den Handlungsvorschriften der Kirche impliziert. Gegebenenfalls sei das Kapitel dementsprechend zu ergänzen[152]. An diesem Text ist mehreres zu beachten, einmal, dass die das Handeln betreffenden Vorschriften zum Heil nicht zu "fides et mores" zählen, sodann die Implikation von Wahrheitsaussage in einer solchen Handlungsvorschrift, schliesslich die Nichtbeschränkung auf das Heilsnotwendige.

Obwohl die "mores" nicht immer mitgenannt werden, gehören sie auch nach den Konzilsvätern wie selbstverständlich mit und neben "fides" zum Gegenstand des Lehramtes und der Unfehlbarkeit der Kirche, die, wie sich gezeigt hat, immer wieder auf das Offenbarungsdepositum ebenso wie auf "fides et mores" bezogen wird. Das Unfehlbarkeitsobjekt erscheint damit unter einem zweifachen Aspekt, indem es nach seiner theologisch-geschichtlichen Natur, nämlich als Geoffenbartes und der Kirche Anvertrautes, oder eher nach seinem Inhalt, als Glaubens- und Handlungsaussagen bezeichnet wird. "Fides" und "mores" ihrerseits erscheinen als die beiden Bereiche des Offenbarungsdepositums (doctrina fidei et morum, fidei morumque veritas, depositum fidei morumque), von dem die Kirche nicht abirren kann, aber auch als die beiden entscheidenden Kategorien von Aussagen, in denen sie (von der Offenbarungslehre als dem notwendigen Bezugspunkt ihrer Aussagen nicht abweichen kann und) unfehlbar ist (in rebus, in causis fidei et morum). Neben der Dualität von Depositum und Glaubens- und Sittenlehre sind dies die zwei (komplementären) Bezeichnungen des Unfehlbarkeitsobjektes, die sich nicht immer klar entscheiden lassen, nämlich die (Offenbarungs- oder Glaubens- und Sitten-)Lehre, die die Kirche in ihrer Lehrtätigkeit zu tradieren hat, und diese Lehren (Aussagen), mit denen die

Kirche jene Wahrheiten vorlegt, expliziert und verteidigt. Als Problem erweist sich ganz besonders die Divergenz zwischen der Darlegung der Offenbarungslehre selbst und den kirchlichen Aussagen, die sich nur mehr oder weniger mit ihr berühren. Hier wollen mehrere Väter, neben anderen, die auf eine genügende Ausdehnung sehen, die Unfehlbarkeit deutlicher an die depositarische Lehre (und entsprechende kirchliche Lehren) binden, um sie nicht auf kirchliche Glaubens- und Sittenlehren im weitesten Sinne, das heisst ohne engeren Bezug zum Glaubens- und Sittendepositum, auszudehnen. Hinsichtlich der "mores" ist hier, abgesehen von dem, was dieser Terminus ausdrücken will, zu fragen, ob die Kirche in der Verkündigung der geoffenbarten "veritas morum" oder in einer Sittenlehre als solcher (kategorial) unfehlbar ist und in welchem Zusammenhang beide stehen. Doch nicht den "mores", sondern den Dingen des sekundären Unfehlbarkeitsobjektes gehört die Aufmerksamkeit der Konzilsväter. Dies zeigt noch einmal ihre Stellungnahme zum 9. Kanon.

Zum Kanon

Von diversen Änderungs- und Ergänzungsvorschlägen abgesehen, die die Objektsaussage selbst nicht betreffen[153], ist neben geringfügigen Änderungen doch eine vielfache und ernste Kritik an Kanon 9 festzustellen, die ihn verschiedentlich bedeutsam abändert, ihn um andere Kanones erweitert - auch die Unfehlbarkeit des Papstes ist darunter[154] - oder ersatzlos streicht. Auch hier fehlt es im einzelnen nicht an Vätern, die die Objektbestimmung des Kanons mehr oder weniger wörtlich beibehalten[155]. Andere hinwiederum wollen ihn als unwahr, unnötig, unklar und zu weit ausgedehnt streichen oder doch klarer formulieren[156]. Auf der einen Seite will man dem Vorwurf vorbeugen, es könne nach dem Schema etwas, das nicht direkt oder indirekt, explizit oder implizit geoffenbartes Gotteswort sei, Glaubensgegenstand sein, und dementsprechend anders formulieren (quae divina revelatione explicite et directe continentur; ad ea omnia quae cum veritatibus directe revelatis ita connexa sunt, ut indirecte in verbo Dei contineri dici debeant, cum sine illis revelationis depositum integrum custodiri nequeat)[157]. Sodann statuieren zwei Vorschläge die Unfehlbarkeit dafür, dass die Kirche etwas als geoffenbart oder aus der Offenbarung abgeleitet zu glauben (anzunehmen) definiert[158]. Andere legen dafür zwei Kanones vor, dass es in der Kirche ein Lehramt zum Schutze des Depositums, zur Belehrung der Menschen in der Offenbarung und zur Verwerfung der ihr entgegenstehenden Irrtümer gebe, und dass die Kirche in Ausübung dieses Lehramtes unfehlbar sei[159]. Ohne von Nicht-Geoffenbartem als Unfehlbarkeitsobjekt zu reden, verurteilt ein anderer Kanon, dass das Lehramt der Kirche nicht unfehlbar sei in der Vorlage von Glaubens- und Sittenlehren wie in der Wahrung und Verteidigung des Depositums (tam in fidei, et morum articulis proponendis, quam in revelationis deposito integre custodiendo)[160]. Ferner ist die Rede von der absoluten Unfehlbarkeit der Kirche "in definiendis dogmatibus revelatis, et morum disciplina stabilienda, aut in damnandis erroribus revelationi divinae oppositis"[161].

Auf der anderen Seite wird die Objektsaussage in Kanon 9 auch erweitert und aufgeschlüsselt. Es wird wiederum eine Ergänzung angeregt "circa directionem fidelium in ordine ad salutem"[162]. Ein anderer Vorschlag will die Komplexität dieses Kanoninhaltes durch vier eigene Kanones auflösen. Grund dafür sind die vielfachen Irrtümer bezüglich der Unfehlbarkeitsobjekte und die besondere Art der Unfehlbarkeit, die notwendige Unterscheidung zwischen der Leugnung der Unfehlbarkeit bezüglich des geschriebenen oder überlieferten Wortes Gottes und in den Facta dogmatica. Im einzelnen wird dann verurteilt, dass sich die Unfehlbarkeit nicht auf alles explizit oder implizit in der geschriebenen oder überlieferten göttlichen Offenbarung Enthaltene erstrecke, dass die Kirche irren könne in der Verhängung (auch) einer (globalen) Zensur (in varia propositionum damnatorum censura, aut etiam quando propositiones damnat in globo), dass Entscheidungen über Facta dogmatica keine innere Zustimmung forderten, schliesslich, dass die Kirche irren könne in der Zurückweisung von Gegensätzen zum Wort Gottes (quando iudicat de his omnibus, quae ad scientias etiam humanas pertinent, utpote contrarias directe vel indirecte verbo Dei ...), so dass die Gläubigen diese Definitionen abweisen dürften[163]. Auf alle Aufzählung verzichtend und auf die Kompetenz der Kirche abstellend, verurteilt zuletzt ein weiterer Vorschlag, die Kirche sei nicht unfehlbar "in definitionibus fidei et morum, et in omnibus circa quae sibi attribuit infallibilitatem"[164].

Im Unterschied zum Schema wird so in einer Reihe von Formulierungen das Unfehlbarkeitsobjekt auch mit "fides et mores" bezeichnet. Wiederum steht dabei dieser Doppelausdruck für das geoffenbarte Wort Gottes, das also auch "dogmata morum" begründet. Daneben erscheinen "fides et mores" wieder eher als Kategorien unfehlbarer kirchlicher Aussagen, wenn von Unfehlbarkeit in Urteilen "de rebus fidei et morum", "in definitionibus fidei et morum" oder "in definiendis dogmatibus revelatis, et morum disciplina stabilienda" die Rede ist.

b. Ergänzende Bemerkungen

Am Schema über die Kirche als ganzem heben die Konzilsväter seine Notwendigkeit und fundamentale Bedeutung hervor. Es sollte den Ausgangspunkt aller Konzilsdekrete bilden, das bereits diskutierte erste dogmatische Schema (über die katholische Lehre) ihm untergeordnet werden[165]. Natürlich hält man es für verbesserungsbedürftig, will es kürzen, die Kanones verringern, die Disposition ändern und Ergänzungen anbringen[166]. Auch sollte nach KETTELER mit der Lehre über die Kirche jene über den Glauben verbunden werden, wie dies sein vielbeachteter neuer Schema-Entwurf unternimmt[167], neben dem noch eine ganze Reihe von Neuentwürfen eingebracht wird[168]. Dennoch sind aus den Bemerkungen zu den übrigen Teilen des Schemas, dessen einschlägige Kapitel 13 bis 15 nicht zur Erörterung stehen, nur noch einzelne Äusserungen zum Thema der kirchlichen Lehrautorität zu erwarten. Die Bemerkungen über die Kirchengewalt (10. Kapitel), deren Natur und Objekt näher dargelegt werden sollten[169], gehen auf die Lehrgewalt nicht weiter ein[170]. Die Aussage über die Jurisdiktionsgewalt "nec solum in iis, quae fidem et mores ... respiciunt" wird im wesentlichen beibehalten[171], doch heisst es auch "quae immediate fidem et mores, cultum et sanctificationem respiciunt" neben dem, was irgendwie die Disziplin und Verwaltung der Kirche betrifft[172]. Im übrigen erscheint die Jurisdiktion von der Lehrautorität eher abgehoben und auf die Leitung im engeren Sinne (regimen) bezogen[173], während auch der Lehramtsbegriff weiter gefasst wird, wenn von der Einsetzung der Apostel "cum divino magisterio docendi, gubernandi, solvendi, ac ligandi ..." die Rede ist[174]. Weiter wird von der Autorität im Namen Christi (Luk 10, 16) und vom inneren Gehorsam (nach 2 Kor 5,4) gesprochen[175] und der Kirche die eigene Kompetenz über ihre Rechte und deren Grenzen zuerkannt[176]. Es heisst, dass die Kirche etwas durch das göttliche Gesetz nicht Vorgeschriebenes unter schwerer Sünde anordnen[177] und auch rein opportune (nicht nur notwendige) Gesetze erlassen könne[178]. Andere wollen dagegen bei den Rechten der Kirche nur vom göttlichen Recht und dem für die Sendung der Kirche Notwendigen reden oder verwahren sich doch gegen die Vorstellung von einer absoluten, in alles sich einmischenden Leitungsgewalt[179], weshalb zur besseren Interpretation jener Stelle aus dem 4. Kapitel (regimen, quod ... omnem ... fidelium ... vitam ... dirigit) der Zusatz "in rebus ad salutem spectantibus" vorgeschlagen wird[180].

Über das Objekt des (unfehlbaren) Lehramtes finden sich in Ergänzung zu den bereits dargestellten direkten Aussagen weitere positive Angaben sowie eigentliche Bestimmungen, auf die nunmehr einzugehen ist. Als Gegenstand der Gewalt der Kirche, der "incorrupta et casta fidelium magistra"[181], und ihres Lehramtes erscheint natürlich der Glaube selbst (fides, credenda)[182], die Offenbarung[183] sowie das "Gesetz und Wort des Herrn"[184], der, wie es heisst, durch die Kirche alle Menschen durch heilsame Anordnungen zur Heiligkeit rufe (salutaribus legibus ac disciplinis ad vitae sanctitatem invitat)[185] und den Aposteln das "magisterium edocendi, et praecipiendi" gegeben habe[186]. Diese hätten überall den Glauben und das Gesetz Christi verkündet, Glaubensentscheidungen (decisiones de fide) gefällt (Apg 15,28), Vorschriften über die Sitten (de moribus praescriptiones) erlassen (Kol 3,18.22; Eph 5,22.25; 1 Kor 7) sowie Anordnungen über Kult und Ritus getroffen (de disciplina cultum et ritus disponendo (1 Tim 2,1)[187]. Entsprechend heisst es vom kirchlichen Lehramt, dass es "omnia quae ex Dei praecepto credenda sunt et agenda proponit"[188]. Auch Handlungsnormen sind also Gegenstand des kirchlichen Lehramtes.

Eine grundsätzliche Bestimmung des Gegenstandes der kirchlichen Lehrgewalt ergibt sich aus dem Zweck der Kirche[189], der in der Bewahrung der Lehre Christi und in der Erlangung des Heiles gesehen wird[190]. Gerade die Hinordnung der Kirche auf das Heil kommt zum Ausdruck[191], die ihr von Christus gegebene Sendung, alle Menschen "per fidem et legem suam, per sacramenta et gratiarum Spiritus sancti diffusionem" zum ewigen Leben zu führen[192]. Die hier angedeutete Relevanz des Handelns, dass zum Heil mit dem Glauben auch ein entsprechendes Tun gefordert ist, wird wiederholt ausgesprochen. Die Heilsbestimmung impliziert, dass die Menschen den Glauben der Kirche bekennen, ihr Gesetz beobachten und ihrer Leitung gehorchen[193], nach Christi Lehre und Geboten leben, Gott ein wohlgefälliges Opfer bringen und in der Kirche "secundum divinas leges" ausharren[194]. Nach den Worten Christi sollten alle, die sein Gesetz treu befolgen (qui divinam a se traditam legem fideliter custodirent), das ewige Leben erlangen[195], und nur die Befolger der Gebote (nisi servantes mandata)[196]. Wie man ohne Glauben Gott nicht gefallen könne, so würden auch nur die Vollbringer und nicht schon die Hörer des Gesetzes gerechtfertigt[197]. Wiederum sollten die Apostel auch alles von Christus Gebotene halten lehren. Auch Gebote gehören demnach zur christlichen Religion[198]. Mit diesen letzten Zitaten wird die Verbindung sichtbar zwischen der Offenbarungs- und Heilsaufgabe der Kirche. Das Offenbarungswort Christi verkünden und annehmen heisst zugleich die Gebote Christi weitergeben und befolgen, und dies wiederum ist eine Forderung der Rechtfertigung und des Heiles. Muss aber die Kirche eine ebenso hinreichende wie notwendige Führerin zum Heil sein, so bleibt doch die Aussage des Vorwortes von der Hinterlegung (!) aller Heilswahrheit und Heilsmittel in der Kirche bestehen[199]. - Die im 6. Kapitel des Schemas ausgesprochene und in mehreren Observationes noch stärker hervorgehobene Heiligkeit der Kirche wird mit den diese auszeichnenden objektiven Gegebenheiten beschrieben, der Heiligkeit ihres Gesetzes (lex immaculata et sancta), ihrer Sakramente, ihres Opfers und ihres heiligen Hauptes, das Heiligkeit gebiete, mit der Reinheit ihres Glaubens zumal und der Heiligkeit ihrer Lehre[200]. Nicht näher gesagt ist, wieweit diese Heiligkeit die von der Kirche vertretenen Handlungsnormen und erlassenen Gesetze verbürgt.

Wie man sieht, konzentriert sich in der Frage des Unfehlbarkeitsobjektes die Kritik der Konzilsväter auf die Bestimmung des sekundären Gegenstandes, die man - die Sache selbst findet schon keine ungeteilte Zustimmung - für (restriktiv) missverständlich, mehr aber noch für gefährlich exzessiv hält. Auch ohne die Absicht einer Beschränkung auf das direkt Geoffenbarte macht sich Zurückhaltung bemerkbar bezüglich dessen, was noch als zur Darlegung und Verteidigung des geoffenbarten Wortes notwendig zur Unfehlbarkeit zu rechnen ist. Den vorgesehenen konkreten Benennungen der Facta dogmatica, der niederen Zensuren, des natürlichen Sittengesetzes und der praktischen Mittel zum Heil gegenüber steht der Gedanke, auf eine solche Aufzählung möglichst zu verzichten und auf die der Kirche selbst zustehende Kompetenz in dieser Frage zu verweisen. Eine wichtige Rolle spielt neben den Schriftbeweisen der Zweck der Kirche als der Hüterin der Offenbarung und der Führerin zum Heil, ohne dass man freilich zu verstehen gäbe, die Unfehlbarkeit reiche im eigentlichen Sinne über den Offenbarungsbereich hinaus oder es gehe bei ihr nicht einzig um die geschehene Offenbarung. Mehrfach werden auch die "agenda" oder "fides et mores" ausdrücklich erwähnt. Eine eigentliche Erklärung oder Exemplifizierung dieser Termini erfolgt nicht. Es bleibt dabei, dass sich das Offenbarungsdepositum (primäres Objekt) in "fides" und "mores" auslegt, und dass die Kirche in Aussagen dieser Kategorien, in ihren Glaubens- und Sittenlehren also (einschliesslich des sekundären Objektes), nicht (von jenem Depositum ab-)irren kann. Es wird sich zeigen, wie die Revision des Schemas den Observationes Rechnung trägt und sich zum Lehr- und Unfehlbarkeitsobjekt äussert.

II. DAS ZWEITE SCHEMA UND SEINE ERLÄUTERUNG

Was Anfang März 1870 die Glaubensdeputation und das Konzil selbst beschäftigt, ist nicht dieser Teil des Kirchenschemas. Behandelt wird der inzwischen revidierte Entwurf der Glaubenskonstitution, während die Väter auch noch zum neuen Kapitel über die Unfehlbarkeit des Papstes zusammen mit dem elften des Kirchenschemas ihre Bemerkungen einreichen, die schon bald für den Entwurf von "Pastor aeternus" Bedeutung erlangen sollen. Gleichwohl werden auch die Observationes zu den ersten zehn Kapiteln des Kirchenschemas in einer Übersicht gedruckt und zu einer Revision der Konzilsvorlage - nunmehr für eine zweite Kirchenkonstitution - herangezogen. Diese Arbeit unternimmt etwa ab Mai 1870 KLEUTGEN, der seinem Text noch eine Relatio beifügt. Beides kann nur mehr zu den Akten gegeben werden[201]. Dennoch lässt es den nächsten Schritt der Verhandlung und - vorbehaltlich möglicher Änderungen durch die Deputation - die Gestalt erkennen, in der dieser Teil des Kirchenschemas den Vätern erneut vorgelegt worden wäre.

1. Das Schema einer zweiten Kirchenkonstitution

a. Die inhaltlichen Ansätze

Das "Schema constitutionis dogmaticae secundae de ecclesia Christi secundum reverendissimorum patrum animadversiones reformatum"[202] hat, wie man auf den ersten Blick sieht, nicht nur die Kanones auf 16 erweitert, sondern auch die Kapitel - neben einem Vorwort nach wie vor zehn - umdisponiert. Zudem ist es fast doppelt so umfangreich wie sein Vorgänger. Es geht aus von der gegenwärtigen Verkennung und Verachtung, Anfeindung und Unterdrückung der Kirche, der "certa salutis arca", um angesichts dessen im Anschluss an die Aussagen über den Papst - gemeint ist "Pastor aeternus" - nunmehr in bezug auf den übrigen Leib der Kirche die katholische Glaubenslehre darzustellen (Vorwort).

In einer heilsgeschichtlichen Rückschau zeigt es zunächst die Gründung der Kirche auf, die durch Christus mit ganz bestimmter Verfassung (certa lege et forma) konstituiert worden sei. Es spricht von einem der ewigen Seligkeit würdigen Leben, wie auch davon, dass Gott dem Volk des Alten Bundes Lehre und Gesetz gegeben habe (et eloquia divina credidit et legem statuit) (1. Kapitel). Sodann erscheint die Kirche als Gemeinschaft der Gläubigen, die diese zu ihrem Heil in Gott führt (ad summum et aeternum bonum, Dei ipsius fruitionem, disponit, atque ... dirigit ...) (2. Kapitel). Wie es weiter heisst, gibt es in der Kirche eine von Gott eingesetzte geistliche Gewalt zur Heiligung, Lehre und Leitung (sanctificandi, docendi et regendi), die einzelnen im Unterschied zu den übrigen verliehen ist (3. Kapitel). Von den Unterschieden innerhalb dieser Gewalt selbst handelt das folgende Kapitel "De ecclesiastica hierarchia". Danach entscheiden allein die Bischöfe (einzeln oder auf Synoden) über Lehre und Disziplin (de doctrina et disciplina), erlassen Gesetze und fällen Urteile ... und haben (nach Mt 18,18) teil am obersten Lehr- und Leitungsamt über die Gesamtkirche. Im Primat gründet die Obergewalt des Papstes, dessen Sache es ist, die allgemeinen Konzilien zu bestätigen, wiewohl die Bischöfe als wahre Richter Glaubensdekrete und Disziplinargesetze erlassen (4. Kapitel). Ferner ist die Rede von dem in der Kirche eingesetzten "magisterium, quo quae corde credenda et ore confitenda sunt, populis proponuntur", "ministerium" und "regimen" (quo fideles salutari disciplina continentur) und so von der Sichtbarkeit des Leibes der Kirche, der alle umfasse, die "eiusdem fidei eorundemque sacrorum communione" verbunden und dem Papst untergeben seien, und der die Verheissung des Geistbeistandes und der immerwährenden Fortdauer für sich habe (5. Kapitel). Als Gemeinschaft der Gläubigen in derselben Lehre, mit denselben Sakramenten und unter dem einen Haupt gebe es nur eine wahre Kirche, die sich nicht in verschiedene, wenigstens an den Hauptartikeln der christlichen Lehre festhaltende Gemeinschaften aufgliedere. Ihr müsse man sich darum zur Erlangung des Heiles anschliessen. In diesem Zusammenhang wird die Meinung verurteilt, es lasse sich bei einem rechtschaffenen Lebenswandel (dummodo quis mores suos ad recti iustique normam composuerit) in jedwedem Glaubensbekenntnis das ewige Heil wirken oder es könne keine Sicherheit darüber geben, welches unter allen das genuine Bekenntnis des christlichen Glaubens sei. Von dem Satz, dass ausserhalb der einen Kirche Christi kein Heil zu erhoffen sei, werden aber jene ausgenommen, die in schuldloser Unkenntnis der Kirche dem von Gott in ihr Herz geschriebenen Gesetz ganz und bereitwillig folgen und so geistigerweise zur Kirche gehören (6. Kapitel).

Augenscheinlich kommt in der Lehramtsfrage dem 7. Kapitel "De ecclesiastico magisterio" die überragende Bedeutung zu, so dass sich wegen der eigens anzustellenden Untersuchung die Textübersicht hier kurz fassen kann. Nach Christi Willen - dies ist der Gedankengang - sollte in der Kirche das Zeugnis, die Erkenntnis und das Bekenntnis der Wahrheit niemals aufhören. Die Kirche aber ist "Säule und Grundfeste der Wahrheit" dadurch, dass Gläubige und Lehrer nicht irren können, weshalb auch das "in rebus fidei et morum" als sicher Vorgetragene für wahr zu halten ist. Auch hat die Kirche eine Gewalt über das Innere, nachdem man ihr so wie Christus glauben und vertrauen muss. Dem entspricht das Vorgehen der Kirche gegen jene, die ihr Wort ablehnen. Bei der Unfehlbarkeit aber geht es darum, dass die Kirche das hinterlegte Gut bewahrt und gegen Neuerung und Verderbnis schützt und verteidigt. So weit wie ihr oberstes Lehramt reicht ihre Unfehlbarkeit, weshalb man ihr auch dort, wo es sich um per se nicht im Offenbarungsdepositum Enthaltenes oder um nicht als Offenbarungsdogma Deklariertes handelt, die innere Zustimmung nicht verweigern darf.

Nicht ohne den Hinweis, dass nach Wort und Beispiel Christi alle Autorität in der Kirche ein Dienst und zum Nutzen der Gläubigen gegeben sei, stellt das folgende Kapitel "De ecclesiastica iurisdictione" die den kirchlichen Vorgesetzten verliehene (nicht vom Volke übertragene) wahre (Jurisdiktions-)Gewalt gegenüber den Gläubigen dar. Zur Begründung wird auf den Ausdruck "Hirte", auf die Worte Christi (Mt 18,18), auf die tatsächliche Ausübung durch die Apostel sowie auf die Väter und die Hl. Schrift verwiesen, wonach die kirchliche Hierarchie von Gott selbst eingesetzt und mit der Gewalt "sanctificandi et docendi" wie auch "regendi" ausgestattet sei (Joh 20,21; 2 Kor 5,20; Eph 6,20; Apg 20,28; 2 Kor 13,10). Von dieser Weihe- und Jurisdiktionsgewalt wird dann definiert, dass sie die höchste und allein ihrem Urheber (Mt 28,18) verpflichtet sei, dass sie keine anderen Grenzen habe als das göttliche Gesetz und den Heilsbezug (neque aliis limitibus circumscribi, nisi quos divina lex, atque ipsius salutaris ordinis ratio et finis ponunt), und dass ihr alle Getauften unterstellt seien. Schliesslich wird verteidigt, dass die kirchliche Leitungsgewalt (regimen) nicht nur im inneren und sakramentalen, sondern auch im äusseren und öffentlichen Bereich gelte und volle Gewalt sei, sowohl um mit Rat und Überzeugung zu leiten als auch durch Gesetz zu befehlen und die Übertreter zu richten und zu strafen. Stets sei diese Gewalt "cum in definiendis iis, quae fidem et mores, divinum cultum et sanctificationem fidelium respiciunt, tum in disciplina externa constituenda et sancienda" ausgeübt worden (8. Kapitel). - Die Kirche, heisst es weiter, sei das wahre Reich Christi auf Erden, das durch Christus und seine Hirten regiert und zum sicheren Ziel, der Förderung der göttlichen Herrlichkeit und des menschlichen Heiles, geleitet werde. Als vollkommene Gesellschaft, die mit eigenen Mitteln ihrem Ziel zustrebe, habe Christus sie gegründet und ihr eine feste Gestalt gegeben, und zwar durch die Glaubens- und Lebensregel (credendi et vivendi norma) wie durch die Einrichtung des Opfers, der Sakramente und der Hirtengewalt mit ihren unwandelbaren Gesetzen. Trotz Anpassung in der Disziplin und Wandel in den Mitteln beharre sie unverändert in ihrer von Christus empfangenen Konstitution und bleibe bis zum Ende der Zeit (9. Kapitel). - Als diese zum Heil der Menschheit auf Erden errichtete Kirche wird zuletzt die römische Kirche bezeichnet, die allein die Merkmale der wahren Kirche an sich trage und allein die "eiusdem fidei eorumque sacrorum communione" verbundenen Gläubigen umfasse, allein die Geheimnisse Gottes ausspende und das Gesetz des Herrn lehre (huius solius doctrinae lex Domini immaculata)... (10. Kapitel).

Direkt vom Lehramt handeln die Kanones 9 und 10, auf die noch gesondert einzugehen sein wird. Hier wird verurteilt, dass die Kirche vom wahren Glauben abfallen könne oder mit Sicherheit nur in dem per se im Wort Gottes Enthaltenen unfehlbar sei (Kanon 9), ferner, dass man über eine von der Kirche verurteilte Meinung entgegen der kirchlichen Bestimmung lehren und denken dürfe, oder (nach anderer Fassung), dass die Kirche irren könne, wenn sie mit einer geringeren Zensur als der der Häresie oder ohne eine bestimmte Note verkehrte Meinungen verurteilt (Kanon 10). Die übrigen Kanones unterstreichen weitere Aussagen der Kapitel, etwa, dass die Kirche nicht ohne bestimmtes Gesetz und unwandelbare Form von Christus gegründet sei und nicht verdorben werden (depravari) könne, so dass sie einmal aufhörte oder von ihrer ursprünglichen Verfassung abfiele (Kanon 14). Sie sind hier nicht von Belang. Die einschlägigen Aussagen des Schemas werden im folgenden wiederum in zwei Schritten dargestellt, in der Hauptsache jene des Kapitels und der Kanones über das kirchliche Lehramt (b.), ergänzt durch einige weitere aus dem Kontext (c.).

b. Kapitel und Kanones über das kirchliche Lehramt

aa. Das 7. Kapitel "De ecclesiastico magisterio"

Wie die Textübersicht gezeigt hat, steht das 7. Kapitel "über das kirchliche Lehramt" für das frühere neunte "über die Unfehlbarkeit der Kirche". Annähernd hat es auch seine Stellung in der zweiten Hälfte des Schemas zwischen den Kapiteln über die heilsnotwendige Zugehörigkeit zur Kirche und über die Jurisdiktionsgewalt behalten, wobei jedoch auf die frühere Aussage von der Indefektibilität, an die jene von der Unfehlbarkeit anknüpfte, nunmehr das 9. Kapitel Bezug nimmt. Darüber hinaus geht es im neuen Kapitel um die Unfehlbarkeit innerhalb des grösseren Rahmens des kirchlichen Lehramtes und hier nach wie vor mit ziemlicher Ausführlichkeit zumal in der Frage des Objektes (dieser Ausdruck wird zwar nicht mehr gebraucht) und ohne Preisgabe des Terminus "infallibilitas". Von den vier Abschnitten des Kapitels -

Einsetzung des (unfehlbaren) Lehramtes, Träger und Ausübung, autoritativer Charakter, Gegenstand - kommt natürlich dem letztgenannten die entscheidende Bedeutung zu, ohne dass zu dieser Frage die anderen zu übergehen wären.

Das unfehlbare Lehramt im allgemeinen

Der erste Abschnitt beinhaltet die Einsetzung des beständigen Lehramtes als Fortführung der Sendung Christi im Dienste der Wahrheit. Selbst gekommen, heisst es, um der Wahrheit Zeugnis zu geben, habe Christus gewollt und bewirkt, dass in seiner Kirche das Zeugnis, die Erkenntnis und das Bekenntnis der Wahrheit niemals aufhörten. Daher habe er bei der Übergabe jenes bleibenden Lehramtes an die Apostel und ihre Nachfolger seine fortdauernde Gegenwart zugesagt (Mt 28,20) und den verheissenen Hl. Geist gesandt, den Geist der Wahrheit, welcher beständig bei ihnen bleiben sollte, um sie an alles von Christus Gesagte zu erinnern und sie alle Wahrheit zu lehren (Joh 14,16f.26; 16,13). Auch seien die Hirten und Lehrer dazu gegeben, dass wir nicht mehr Unmündige sind, umhergetrieben von jedem Wind von Lehre unter der Arglist der Menschen und der täuschenden Verführung zum Irrtum (Eph 4,14)[203]. Über das von Christus eingesetzte Lehramt ist somit ein Zweifaches gesagt, etwas über sein Objekt, indem es in ihm um die Erhaltung der von Christus bezeugten Wahrheit, des von ihm Gesagten und um die durch den Hl. Geist eröffnete Wahrheit geht. Zum anderen bleiben diesem Lehramt und seinen Trägern Christus selbst und der Geist gegenwärtig, so dass es Sicherheit bietet vor den vielfältigen Gefahren des Irrtums.

Diese Gedanken weiterführend spricht dann der zweite Abschnitt unter Zugrundelegung und in Erläuterung der Schriftstelle von der Kirche als der "Säule und Grundfeste der Wahrheit" (1 Tim 3,15) zunächst im allgemeinen und ausdrücklich (definimus) von dem Nicht-irren-können aller Gläubigen in ihrem Glauben (credendo) wie auch der Träger der gesamtkirchlichen Lehrgewalt in der Ausübung dieses Amtes. Diese lehramtliche Unfehlbarkeit wird daraufhin im zweiten Satz expliziert dergestalt, dass alles, was in Sachen des Glaubens und der Sitten überall im Einvernehmen mit den dem Papst anhangenden Bischöfen als unzweifelhaft festgehalten oder gelehrt, wie auch, was von den Bischöfen selbst (mit päpstlicher Bestätigung) oder ex cathedra vom Papst als von allen festzuhalten und zu lehren definiert werde, für unfehlbar wahr zu halten sei (Quaecumque igitur in rebus fidei et morum ubique locorum ... tanquam indubitata tenentur vel traduntur, necnon quae sive ab iisdem episcopis ... sive ab ipso Romano pontifice ex cathedra loquente ab omnibus tenenda et tradenda definiuntur, ea pro infallibiliter veris habenda sunt)[204]. Diese Stelle, die auch in der Konstitution des 2. Vatikanums über die Kirche angeführt wird[205], verdient besondere Beachtung. Sie gibt an, was als unfehlbar zu gelten hat und dementsprechend zur Zustimmung verpflichtet, wobei nur von "unfehlbar wahr" die Rede ist, ohne besondere Qualifikation der unfehlbaren Aussage oder der Zustimmung (als Glaubensdogma bzw. als eigentlicher Glaubensassens). Im übrigen will die etwas pleonastische Ausdrucksweise "pro infallibiliter veris habenda" offenbar hervorheben, dass das (entsprechend) Vorgetragene und Anzunehmende auch tatsächlich und sicher wahr ist als eine durch Unfehlbarkeit verbürgte Aussage, die darum eine entsprechend notwendige und feste Zustimmung begründet.

Das, worum es sich bei dem "für unfehlbar wahr zu Haltenden" im einzelnen handelt, sind drei Modi kirchlicher Lehrtätigkeit oder Typen kirchlicher Lehren: die allgemein-bischöfliche Lehre, (vom Papst bestätigte) Definitionen der Bischöfe sowie Ex-cathedra-Definitionen des Papstes selbst. Unfehlbar ist dabei einmal, was "in rebus fidei et morum" überall als unbezweifelt festgehalten oder gelehrt wird. Daran ist verschiedenes beachtenswert. Es muss sich (von den anderen Bedingungen einmal abgesehen) handeln um "res fidei et morum" und hier wiederum um ein zweifelsfreies Festhalten oder Lehren. Die "res fidei et morum" bezeichnen den Objektsbereich. Was nicht zu den Dingen des Glaubens und der Sitten gehört, scheidet somit für die Unfehlbarkeit von vornherein aus. Weiter genügt nicht irgendein Festhalten oder Lehren, sondern es muss dies geschehen in dem Bewusstsein, dass es sich hier um etwas handelt, das ausser Zweifel steht. Wo dieses Moment oder diese Sicherheit fehlt, ist von Unfehlbarkeit nicht zu reden. Nicht zur Bedingung gemacht ist hier, dass etwas als geoffenbart festgehalten, "de fide" geglaubt oder als Dogma gelehrt wird. Dennoch ist dieser Satz, dass in den "res fidei et morum" die Kirche (als ganze, wenn sie sich sicher weiss) nicht irren kann, in Verbindung mit der fundamentalen Objektsangabe des ersten Abschnittes auszulegen. Die beiden anderen Lehrformen bilden sodann die Definitionen der Bischöfe und des Papstes. Der Ausdruck "Definitionen" lässt an die ausserordentliche Lehrtätigkeit auf Konzilien und in päpstlichen Ex-cathedra-Entscheidungen denken. Rechnet also auch das, was so als von allen festzuhalten und zu lehren definiert wird, zum Unfehlbaren, darf man wiederum die "res fidei et morum" als Objektsbedingung einschliessen. Wiederum ist aber wichtig, dass hier Definitionen genannt werden, die alle einfach zur Zustimmung und Lehre verpflichten, ohne den ausdrücklichen Hinweis auf Offenbarung oder Glaubenspflicht. Unfehlbarkeit ist somit (immer unter Einschluss der übrigen Bedingungen) nicht in Abrede zu stellen, wo eine Wahrheit nicht als geoffenbart oder als glaubenspflichtig vorgelegt wird oder gar nicht vorgelegt werden kann. Man wird dies noch explizieren.

Den grundlegenden ersten beiden Abschnitten - nachstehende Übersicht fasst sie noch einmal zusammen - fügt der dritte Abschnitt den Gedanken vom autoritativen Charakter des kirchlichen Lehramtes hinzu. "Imperium in mentes", geistige Herrschaft, welche das Innere erfasst, ist hier das Schlüsselwort, das offenbar einem blossen "Dienstcharakter" der Kirche und ihres Lehramtes entgegentreten will. So heisst es, Gott habe der Kirche als der treuen Lehrerin der Wahrheit diese geistige Herrschaft gegeben, nachdem man ihr nicht anders als ihm selbst den Glauben entgegenbringen soll, wie die angeführten Schriftstellen Lk 10,16 ("Wer euch hört, hört mich ..."); Mk 16,16 ("Wer nicht glaubt, wird verdammt werden") und 2 Kor 10,4f ("Arma militiae nostrae non carnalia sunt, sed potentia Deo ad destructionem munitionum, consilia destruentes, et omnem altitudinem extollentem se adversus scientiam Dei, et in captivitatem redigentes omnem intellectum in obsequium Christi") zeigen. In dem Bewusstsein des ihr von Gott Gegebenen habe die Kirche zu aller Zeit jeden vom Leib ihrer Einheit abgetrennt, der sie "sive vera proponentem sive falsa damnantem" nicht hören wollte, damit er für alle wie ein Heide oder Zöllner sei[206]. Dass Gott die Kirche zur treuen Lehrerin der Wahrheit gemacht hat, dass die Kirche in der göttlichen Autorität Christi lehrt, und dass verdammt wird, wer ihren Glauben nicht annimmt, zeigt die unabdingbare Verbindlichkeit, die "Gewalt" der kirchlichen Lehre, deren zwingenden und ent-scheidenden Charakter schon Paulus bezeugt und die ständige Praxis der Kirche gegenüber den Unfolgsamen erweist.

Zu S. 193:

Quemadmodum Dei Filius in mundum ipse venit, ut testimonium perhiberet veritati,

ita voluit et effecit, ut in ecclesia sua veritatis testificatio,
agnitio et
confessio nunquam deficeret.

Itaque ... inquit ... (Mt 28,20);
et ... Spiritum sanctum ... misit ... (Joh 14,16f. 26; 16,13).
Quare Apostolus ... testatur ... (Eph 4,14).

Iam vero praecelsum hoc donum, quo ecclesia Dei vivi columna
et firmamentum veritatis est (1 Tim 3,15),

in eo positum esse d e f i n i m u s, ut

neque fideles universi credendo,
nec ii, qui potestate docendi totam ecclesiam praediti sunt, cum hoc munere funguntur,
in errorem labi possint.

Quaecumque i g i t u r

in rebus fidei et morum

ubique ...
tanquam indubitata tenentur vel traduntur,
necnon quae
sive
ab ... episcopis ...,
sive
ab ipso Romano pontifice ex cathedra loquente
ab omnibus tenenda et tradenda definiuntur,
ea pro infallibiliter veris habenda sunt.

Das Unfehlbarkeitsobjekt im besonderen

Der vierte und letzte Abschnitt des Kapitels - auch er sei nachfolgend in einer Textübersicht wiedergegeben (S. 196) - ist in der Hauptsache dem Gegenstand der Unfehlbarkeit gewidmet. Der erste Satz bezieht dieselbe ganz auf den Schutz des Depositums oder der geoffenbarten "doctrina fidei et morum". Die erhabene Gabe der Unfehlbarkeit, heisst es dort, die der Kirche durch den Beistand des göttlichen Geistes verliehen werde und vom Charisma der Inspiration zu unterscheiden sei, richte sich ganz darauf, dass die Kirche nach der Mahnung des Apostels (1 Tim 1,13) das Depositum hüte (bonum depositum custodiat) und damit die geoffenbarte Glaubens- und Sittenlehre (fidei scilicet et morum doctrinam divinitus traditam) vor jeder profanen Neuerung (1 Tim 6,20) und Verderbnis schütze, nach Opportunität genauer und besser erkläre (accuratius uberiusque declaret) und gegen die pseudowissenschaftlichen Einwände verteidige[207]. Diese Aussage ist bereits aus dem ersten Schema bekannt. Unfehlbarkeit gründet demnach im göttlichen Beistand und bedeutet keine Inspiration (Mitteilung neuer Offenbarungen). Es geht in ihr (allgemein gesprochen) um die Bewahrung des hinterlegten Gutes, im einzelnen einmal um den Schutz der geoffenbarten Glaubens- und Sittenlehre vor Neuerung und Verderbnis, zum anderen um ihre genauere und reichere Darlegung, schliesslich um ihre Verteidigung gegenüber der "Wissenschaft". Immer aber geht es um das Depositum, das hier gleichbedeutend erscheint mit der geoffenbarten Glaubens- und Sittenlehre. Gleichwohl tut dann der nächste Satz noch einen weiteren Schritt. Wenn sich nämlich das kirchliche Lehramt auch "proprie et maxime" auf dem Gebiet des geschriebenen und überlieferten Wortes Gottes selbst bewege, sei es dennoch notwendig, dass es sich auch auf alles das erstrecke, ohne das der Schutz des Depositums nicht gewährleistet werden kann (de quibus, nisi sententia feratur, illa divini depositi custodia exerceri non potest). Das zuvor Gesagte, die Beziehung auf das Offenbarungsdepositum, ist also nicht so exklusiv zu verstehen, dass darin nicht auch noch die zum Schutz des Depositums unabdingbar notwendigen Urteile eingeschlossen wären, Urteile also über Dinge, welche nicht selbst zum Wort Gottes gehören. Die Formulierung weitet das Lehramt nicht auf positivem Wege aus, etwa auf irgendwelche engere oder weitere Zusammenhänge und Folgerungen, sondern deckt die logische

Zu S. 195:

Porro eximia infallibilitatis dos,
quae ecclesiae divini Spiritus assistentia tribuitur, et
quae ab inspirationis charismate distinguenda est,

tota eo spectat, ut ecclesia ... (2 Tim 1,13)

bonum depositum		custodiat,	
	scilicet		
fidei et morum doctrinam divinitus revelatam	a profana omni novi- tate et corruptela tueatur,	pro opportu- nitate accu- ratius ube- riusque de- claret,	necnon ad- versus oppo- sitiones falsi nominis scientiae defendat.

Licet	nihilominus
igitur ecclesiasticum magisterium proprie et maxime in ipso verbo Dei scripto et tradito versetur;	ad ea quoque omnia porrigatur necesse est, de quibus, nisi sententia feratur, illa divini depositi custodia exerceri non potest.

Quam late autem patet ecclesiae munus docendi supremum,
tam late extenditur divinum donum, quod docentem fallere non sinit.

Quamobrem damnanda est eorum opinio,
qui nonnullis ecclesiae definitionibus
mentis assensum non deberi affirmant,
propterea quod

de rebus statuant, quae per se ipsae in revelationis deposito non continentur,	aut	sententiam tenendam quidem pro auctoritate edicant, non tamen divinitus revelatum dogma esse declarent.

Kehrseite auf, indem sie auf das abstellt, ohne das der anerkanntermassen zu leistende Schutz des Depositums nicht geleistet werden kann. Dennoch ist sie recht allgemein gehalten. Woran hier im einzelnen zu denken ist, erhellt aus einer Fussnote, die folgenden konkretisierenden Zusatz über Aussagen des Naturrechtes und der Wissenschaft sowie über den Sinn bestimmter Bücher in Erwägung zieht : "Qualia imprimis sunt nonnulla iuris naturalis aliarumque humanarum disciplinarum theoremata, necnon librorum, de quibus quaeritur, genuinus et proprius sensus"[208]. Auch diese Angaben sind nicht eigentlich neu, schon in den Observationes war vom sittlichen Naturgesetz die Rede, und der Hinweis darauf wurde als zeitgemäss betrachtet[209]. Wenn sie zunächst nur in dieser Anmerkung stehen, soll vielleicht, nachdem kaum sachliche Bedenken vorliegen, die Darstellung nicht durch solche Konkretionen erweitert werden. Immerhin wird damit der Satz exemplifiziert. Hervorgehoben werden (imprimis) zwei Dinge : einmal manche (also nicht alle) Theoreme des Naturrechtes und anderer Humanwissenschaften, zum anderen der genuine und eigentliche Sinn von Büchern, um die es geht (konkrete Facta dogmatica). Nur einzelne solcher Aussagen beziehungsweise Fälle, sofern sie zum Schutz des Depositums unerlässlich sind, kommen demnach für die Unfehlbarkeit der Kirche in Betracht, nicht etwa die Wissenschaft als solche und ganze. Gleichviel aber, ob man sich für oder gegen diese ausdrückliche Nennung einzelner Objekte entscheidet, erklärt die folgende Aussage des Schemas den ganzen Bereich des obersten kirchlichen Lehramtes zum Gegenstandsbereich auch der Unfehlbarkeit : "Quam late autem patet ecclesiae munus docendi supremum, tam late extenditur divinum donum, quod docentem fallere non sinit"[210]. Nichts fehlt also aufgrund dieser Koinzidenz dem Lehramt bei seiner Aufgabe hinsichtlich des Depositums.

Den sekundären Bereich, auch in KLEUTGENS Schema das eigentliche Objektproblem, erhellt noch einmal der letzte Satz des vierten Abschnitts, mit dem eine zweifache Verweigerung der Zustimmung zurückgewiesen wird, die Ansicht, dass manchen Definitionen der Kirche ein innerer Assens (mentis assensum) nicht geschuldet sei, da sie nicht eigentliche Offenbarungsinhalte zum Gegenstand hätten oder kein ausdrückliches Offenbarungsdogma statuierten (propterea quod de rebus statuant, quae per se ipsae in revelationis deposito non continentur, aut sententiam tenendam quidem

pro auctoritate edicant, non tamen divinitus revelatum dogma esse declarent)[211].
Die Verpflichtung, kirchlichen Definitionen innerlich zuzustimmen, setzt also nicht voraus, dass diese gegenständlich im Depositum enthalten sind oder sich als geoffenbartes Dogma ausgeben; bereits die autoritative Verpflichtung zur Annahme genügt. Aufgrund dessen, dass das oberste Lehramt auch in dem unabdingbar zur Wahrung des Depositums Notwendigen (zum Wort Gottes selbst nicht Gehörenden) unfehlbar ist (Beispiele nannte die Fussnote), ist auch solchen Definitionen innere Zustimmung zu leisten. Zu beachten ist, dass wie schon im ersten Schema nicht von Dingen die Rede ist, die schlechthin nicht, das heisst auch nicht mittelbar, im Offenbarungsdepositum enthalten sind. Ebenso heisst es nicht, solchen Definitionen aus dem Bereich des sekundären Objektes, dem kein eigentlicher Offenbarungscharakter eignet, sei Glaubenszustimmung geschuldet. Zurückgewiesen wird die Verweigerung innerer Zustimmung überhaupt, die nach dem Schema auch Definitionen gebührt, die eine Lehre (nur) als festzuhalten (sententiam tenendam) bezeichnen. Die Verpflichtung, (auch) einer solchen Definition zuzustimmen, impliziert, dass es sich dabei tatsächlich um eine in bezug auf das Depositum unabdingbare Aussage handelt. Unter Einschluss der Kompetenz der Kirche darüber, dass etwas (sekundär) zu ihrem obersten Lehramt gehört, und der faktischen Nichtüberschreitung dieses durch die Unfehlbarkeit abgedeckten Gebietes, ist für die lehramtliche Unfehlbarkeit und die entsprechende Zustimmungspflicht nur mehr entscheidend, dass e i n e L e h r e als f e s t z u h a l t e n vom Lehramt d e f i n i e r t wird.

bb. Der 9. und 10. Kanon

Der erste der beiden zum 7. Kapitel gehörenden Kanones (K a n o n 9) bringt eine knappe Zusammenfassung der Lehre des Kapitels gerade auch in bezug auf das Unfehlbarkeitsobjekt, indem er verurteilt, einmal, dass die Kirche im Glauben oder in der Lehre vom wahren Glauben abfallen könne, wie auch, dass sie sicher in nichts anderem als in dem per se im Wort Gottes Enthaltenen von Irrtum frei sei: "Si quis dixerit, Christi ecclesiam sive credendo sive docendo a vera fide deficere posse, aut certe in aliis nullis, quam in iis, quae per se ipsa in verbo Dei continentur, ab errore immune esse; anathema sit"[212]. Hier sind, ohne dass die Termini selbst gebraucht werden, das primäre und sekundäre Unfehlbarkeitsobjekt angesprochen. Die

Kirche, die stets im wahren Glauben bleibt, ist nicht allein in dem unfehlbar, was per se im Wort Gottes enthalten ist. Ohne nähere Angaben über die Ausdehnung der Unfehlbarkeit wird hier eine Beschränkung derselben auf das direkt Geoffenbarte ausgeschlossen.

Ergänzend dazu verteidigt der in zwei Fassungen vorliegende andere Kanon (Kanon 10) in seiner ersten Fassung direkt die innere Verbindlichkeit jedweder kirchlichen Verurteilung, indem er verwirft, man dürfe über eine von der Kirche verurteilte Meinung im Gegensatz zu dieser Entscheidung der Kirche lehren oder denken: "Si quis dixerit, licitum esse de opinione ulla ab ecclesia proscripta docere vel sentire, contra quem ab ecclesia statutum sit; anathema sit"[213]. Eine angehängte zweite Fassung verdeutlicht das Gesagte im Hinblick auf die Unfehlbarkeit der Kirche in der Verurteilung verkehrter Meinungen mit einer unterhalb der Häresie liegenden Zensur oder überhaupt ohne eine bestimmte Zensur: "Si quis dixerit, ecclesiam falli posse, cum pravas opiniones censura haeresis minore aut nulla definita nota proscribit; anathema sit"[214]. Wiederum wendet sich hier das Schema gegen eine Distinktion oder Kondition, von der die Annahme kirchlicher Entscheidungen, nunmehr von Verurteilungen statt von (positiven) Definitionen, abhängig gemacht wird. Wo immer die Kirche eine Meinung (ulla opinio) - gleichviel ob mit einer bestimmten Zensur und mit welcher - verurteilt, ist sie unfehlbar. Auch wenn eine Meinung nicht als Häresie verurteilt wird (und werden kann), darf sie selbst innerlich nicht mehr festgehalten werden. Entscheidend ist wiederum, dass die Kirche eine Meinung verurteilt hat.

c. Ergänzende Aussagen

Auf das Thema der kirchlichen Lehrautorität hin untersucht, ergeben die übrigen Kapitel und Kanones im wesentlichen das bereits von dem ersten Schema (ohne den Inhalt der Kapitel 13 bis 15) und den diesbezüglichen Bemerkungen der Konzilsväter her bekannte Bild. Danach beharrt die Kirche, mit einer festen Verfassung und einer unwandelbaren Form gegründet[215], bei allem disziplinären und äusseren Wandel doch in ihrer ursprünglichen von Christus empfangenen Konstitution, in der ihr von ihm gegebenen Norm des Glaubens, des Lebens und der Lehre[216]. Diese Konsistenz betrifft darum gerade auch das (bischöfliche) Lehramt oder die Lehrgewalt (neben jener der Heiligung und der Leitung), die die "credenda" vorlegt[217], unter dem Beistand des Hl. Geistes steht[218] und entsprechend autoritative (Konzils-)Entscheidungen trifft[219]. Wiederum ist die Einheit der Kirche eine solche des Glaubens und der Gemeinschaft[220], und zwar eine Einheit nicht nur in den fundamentalen christlichen Lehren[221]. Weiter ist die Zugehörigkeit zur wahren Kirche Christi notwendig zur Erlangung des Heiles[222]. Dazu genügt es nicht, dass man (ungeachtet des Glaubensbekenntnisses) nach Recht und Gerechtigkeit lebt (mores suos ad recti iustique normam composuerit)[223], obwohl auch das rechte Verhalten, die Befolgung (wenigstens) des (ins Herz geschriebenen) Gesetzes Gottes zum Heilsweg gehört[224]. Zum Heil zu führen, ist aber eine wesentliche Aufgabe der Kirche[225]. Die Grenzen ihrer Gewalt, die sich auf "fides" und "mores", den Kult und die Heiligung, aber auch auf die äussere Disziplin erstreckt[226], werden allein durch das göttliche Gesetz und den Heilsbezug bestimmt[227]. Bei der zuletzt erwähnten Objektsangabe bilden nach wie vor "fides" und "mores" eine Einheit. Die andere Stelle, in der "mores" (ebenfalls in Relation zu "fides") erscheint, gebraucht diesen Ausdruck eindeutig im moralischen Sinn, den man ihm auch in der zuvor genannten zuerkennen möchte, zumal er dort von "Kult und Heiligung" abgehoben ist und man bei "Heiligung" wohl an die Sakramente und die übrigen Dinge des praktischen religiösen Lebens zu denken hat.

Ein Vergleich des revidierten Schemas mit der früheren Konzilsvorlage führt, was das Lehramts- und Unfehlbarkeitsobjekt betrifft[228], zu folgenden Feststellungen: In beiden Dokumenten wird das Lehramt wie die Unfehlbarkeit (ausschliesslich) auf die Bewahrung des Offenbarungsdepositums bezogen, wobei der Einbeziehung dessen, worüber ein Urteil zur Bewahrung des Depositums unabdingbar ist, besondere Bedeutung zukommt. Unfehlbar im ganzen Umfang ihres obersten Lehramtes, verlangt nach KLEUTGEN die Kirche innere Zustimmung auch dort, wo sie nicht ausdrücklich und eigentlich einen Offenbarungsinhalt definiert oder eine Häresie verurteilt. Solche Distinktionen hinsichtlich der Lehrqualität und der Zensur erlauben nicht eine Verweigerung der inneren Zustimmung. Diese ist auch einer Definition oder Verurteilungssentenz im Bereich des sekundären Objektes, ja jeder Entscheidung des obersten

-unfehlbaren - Lehramtes geschuldet. Damit ist weitaus deutlicher als im ersten Schema von der (unfehlbaren) Lehrautorität und der Verpflichtung zu innerer Zustimmung die Rede. Der in den Observationes ausgesprochene Gedanke der Eigenkompetenz der Kirche in der Objektfrage und der Unfehlbarkeit in der Einhaltung ihrer Grenzen geht auch in das zweite Schema nicht als direkte Aussage ein, darf aber als der Sache nach in ihm enthalten angesehen werden. Auch hierzu soll KLEUTGENS Erläuterung des revidierten Schemas befragt werden.

2. Die Erläuterung (KLEUTGENS Relatio)

Die für das Verständnis der Schemarevision wichtige und auch in der Kirchenkonstitution des 2. Vatikanums vielbeachtete[229] Relatio KLEUTGENS[230] gliedert sich in einen allgemeinen und einen speziellen Teil, welch letzterer der Reihe nach die einzelnen Kapitel (einschliesslich ihrer Kanones) vornimmt. Zwei davon treten durch ihren grösseren Umfang hervor. Von den fünfzehn Spalten, die die ganze Relatio bei MANSI füllen, entfallen volle zwei auf das 4. Kapitel über die Hierarchie und gar volle sechs auf jenes über das Lehramt. Dieser Proporz, dass die Ausführungen zum 7. Kapitel allein fast so lang sind wie die zu den übrigen Kapiteln zusammen, macht die Bedeutung gerade dieses Themas offenkundig.

Was KLEUTGEN im allgemeinen Teil zur Sprache bringt, ist zuerst die vorgenommene Erweiterung der Kapitel, die aber - dem Konzilsbrauch gemäss - über die Entgegnung auf die Irrtümer hinaus keine Darstellung der ganzen Lehre von der Kirche verfolgt, in der auch innerkatholische Kontroversen entschieden würden[231]. Sodann sollte jenen Observationes Rechnung getragen werden, die sich gegen die Zugrundelegung des Begriffs von der Gesellschaft und gegen die Behandlung der Irrtümer innerhalb der Kapitel sowie für eine Zusammenlegung einzelner Kapitel und einen weniger scholastischen Stil ausgesprochen hatten, obwohl nach KLEUTGEN aus guten Gründen auch von der Kirche als wahrer und vollkommener Gesellschaft und bereits innerhalb der Kapitel von den Irrtümern zu reden sei[232]. - Wiederum sollen unter Zurückstellung der Erläuterungen zu den übrigen Kapiteln (b.) zunächst jene wichtigen zum 7. Kapitel über das kirchliche Lehramt (a.) in Betracht gezogen werden.

a. Das kirchliche Lehramt

aa. Das Kapitel

Das primäre und sekundäre Objekt

Das sich in vier Textabschnitten darbietende 7. Kapitel über das kirchliche Lehramt gliedert sich nach KLEUTGEN in drei Teile[233], von denen der erste die ersten beiden Abschnitte umfasst. Bei diesem macht KLEUTGEN darauf aufmerksam, dass er den Observationes folgend den Beweis für die Unfehlbarkeit vorangestellt, Glaubens- und Lehrunfehlbarkeit sowie das ständige und das ausserordentliche Lehramt unterschieden und dessen zweifaches Subjekt, den Episkopat (mit dem Papst) und den ex cathedra sprechenden Papst allein, angegeben habe. Das Objekt aber werde an dieser Stelle mit der Formel "in rebus fidei et morum" bezeichnet[234]. Der zweite Teil - der dritte Textabschnitt - zeigt nach KLEUTGEN aus Schrift und kirchlicher Praxis die Pflicht der Gläubigen auf, die Kirche zu hören. Gerechtfertigt wird dieser in der ersten Vorlage nicht enthaltene Abschnitt mit zwei Argumenten. Einmal sei derzeit nichts den Gläubigen mehr einzuschärfen als der Gehorsam im allgemeinen und namentlich der Verstandesgehorsam (intellectus obsequium), zum anderen bestätigten die diesen Gehorsam statuierenden Schriftzeugnisse bestens die Lehre vom unfehlbaren Lehramt der Kirche, vor allem, indem sie ernst und deutlich die Lehre der Kirche als Lehre Gottes zu verstehen gäben[235]. Entsprechend dem vierten Textabschnitt handelt schliesslich der dritte Teil vom Umfang oder Gegenstand der Unfehlbarkeit, die aus ihrem Zweck und ihrer Natur genauer bestimmt werden. Über die betreffende Vorlage (im ersten Schema) findet sich nach KLEUTGEN in den Observationes der Väter eine dreifache Ansicht. Einige nämlich wünschten ausser der gewohnten Formel "in rebus fidei et morum" nichts auszusagen, weil das übrige ungewiss oder falsch oder weil hierüber eine genaue Aussage zu machen sehr schwierig sei. Dagegen sprächen sich andere für eine eingehendere Darstellung und eine deutliche Erwähnung wenigstens des Factum dogmaticum und der "lex moralis" aus. Endlich wollten manche die Lehre des Schemas beibehalten, jedoch einfacher und klarer darlegen[236].

Dieser dritten Gruppe[237] will KLEUTGEN folgen. Doch wird nach ihm auch der zweiten Gruppe insoweit Genüge getan, als in der Erklärung des Depositums, das die Kirche zu wahren hat, gleich zu Anfang die "morum doctrina" erwähnt wird, auf die sich dann auch das Folgende bezieht. Um darüber hinaus das Factum dogmaticum und die Humanwissenschaften ausdrücklich zu erwähnen, könne dem Text die dortige Anmerkung eingefügt werden[238]. Die Auffassung der ersten Gruppe nimmt KLEUTGEN wunder. Bezüglich der Facta dogmatica spreche die Sache für sich, und längst sei dieser erbärmlichen Ausflucht der Jansenisten durch das Urteil des Hl. Stuhles (die Bulle "Vineam Domini KLEMENS' XI.) ein Ende gemacht. Recht und Pflicht der Kirche, über Konklusionen der Philosophie und anderer Wissenschaften zu urteilen, stünden aber durch das Pauluswort (1 Tim 6,20) fest und seien in der ersten Glaubenskonstitution definiert worden[239]. Die zusätzliche Aussage des Schemas, die Unfehlbarkeit reiche so weit wie die oberste Lehrautorität der Kirche, erhelle leicht aus der Sache selbst und vollends aus den anschliessenden Ausführungen. Damit werde bereits festgehalten, dass die Kirche nicht nur über das, was per se im Worte Gottes enthalten ist, sondern auch über menschliche Behauptungen, die den göttlichen direkt oder indirekt entgegenstehen, unfehlbar urteile[240].

Tatsächlich stellt die Aussage des Schemas, dass sich das (unfehlbare) Lehramt auch noch auf das für die Wahrung des Depositums Unabdingbare erstreckt, eine Beschränkung auf das Wesentliche dar, ist jedoch als formale Objektsbestimmung inhaltlich aufzufüllen. Der ersten Gruppe hält KLEUTGEN entgegen, dass die Unfehlbarkeit jedenfalls nicht auf die "res fidei et morum" beschränkt sei, wofür er an die Facta dogmatica erinnert, deren Unfehlbarkeitszugehörigkeit er wiederum mit der päpstlichen Entscheidung gegen die Jansenisten belegt, die natürlich ihrerseits als unfehlbar zu denken ist (davon wird noch zu reden sein). Auf eine prägnante Aussage über das (sekundäre) Unfehlbarkeitsobjekt bedacht, kommt er zugleich jenen entgegen, denen - es ist die zweite Gruppe - an einer Konkretisierung derselben gelegen ist, indem er einmal bei dem zu schützenden Depositum auch von der "doctrina morum" spricht, die im folgenden stets mitgemeint ist und zum anderen den Einschub über Naturrecht, Humanwissenschaften und Facta dogmatica vorsieht. Wichtig ist hier, dass nach KLEUTGEN dem Wunsch nach Erwähnung der "lex moralis" als Unfehlbarkeitsgegenstand[241] durch "doctrina morum" (in der Formulierung "fidei et morum doctrina") entsprochen wird, was die "doctrina morum" klar als Sittenlehre zu verstehen gibt, die - in diesem Zusammenhang - Teil des von der Kirche zu wahrenden Depositums ist und damit zum primären Unfehlbarkeitsobjekt gehört. Bemerkenswerterweise ist es das Sittengesetz, das erwähnt wird, mag man anderes wie die Facta dogmatica ebenfalls namhaft machen oder nicht.

Die Definitionen und Verurteilungen niederen Grades

Wie KLEUTGEN bemerkt, hat er das frühere Schema ergänzt durch die in seinem Schema das Lehramtskapitel abschliessende Aussage von der inneren Verbindlichkeit kirchlicher Entscheidungen, die auf eine Lehre verpflichten, ohne dieselbe als Glaubensdogma zu deklarieren, oder eine verkehrte Meinung verurteilen, ohne die Zensur der Häresie zu verhängen. Darauf - gemeint ist der Satz "Quamobrem ..."[242] - will er noch näher eingehen[243]. Tatsächlich folgt nach einer kurzen Darlegung der betreffenden Aussage selbst eine breite und gewichtige Argumentation für eine weitreichende Unfehlbarkeit der Kirche, bei der ausdrücklich auch von der Moral die Rede ist.

Zur Erläuterung der Aussage erinnert KLEUTGEN an jenen Kanon, der, ursprünglich im Schema (IV) der Glaubenskonstitution enthalten, vom Konzil - in revidierter Gestalt - in die Konstitution über die Kirche verwiesen wurde, wobei zugleich in das Kapitel etwas über diesen Punkt eingefügt werden sollte. Es handelt sich um den Kanon, der verwirft, dass man eine von der Kirche verurteilte Meinung lehren oder festhalten dürfe, solange diese nur nicht als häretisch verurteilt sei. Die Erläuterung der Umarbeitung des Kanons zurückstellend, will KLEUTGEN zunächst auf den Zusatz zum Lehrkapitel zu sprechen kommen[244].

Nach KLEUTGEN sagt dieser Zusatz an sich nur, dass man den ebengenannten Definitionen die innere Zustimmung (mentis assensum) nicht verweigern dürfe. Die Unfehlbarkeit der Kirche in solchen Definitionen werde daher nicht direkt, wohl aber "oblique" behauptet. Dass die Meinung, nach der diese Definitionen zu solcher Zustimmung nicht verpflichten, zu verwerfen sei, ergebe sich daraus, dass die Kirche nicht nur in dem per se Geoffenbarten, sondern auch in dem damit irgendwie (aliquo modo) Zusammenhängenden unfehlbar sei. Ausserdem spreche die Unfehlbarkeitsdefinition bewusst von "tenenda et tradenda" und nicht von "fide divina tenenda et tradenda". Nun sei zwar, wie KLEUTGEN konzediert, diese Ausdrucksweise vielleicht nicht so deutlich und dezidiert, dass man bereits als vom Konzil definiert bezeichnen könnte, die Kirche sei unfehlbar, wann immer sie in Glaubens- und Sittensachen etwas autoritativ festlege (quoties aliquid in rebus fidei et morum pro auctoritate statuat), auch ohne dabei ein Glaubensdogma zu definieren. Dennoch könne dies aus den am Schluss des Kapitels Gesagten hinreichend deutlich erschlossen werden und würde daher vom Konzil wenigstens indirekt behauptet[245].

An dieser Darlegung ist mehreres zu bedenken. Ist auch direkt nur von der Pflicht zur inneren Zustimmung zu Definitionen, die kein Glaubensdogma sind, die Rede, so geht es doch dabei zugleich um die Unfehlbarkeit der Kirche, ohne die - das darf man unterstellen - auf einen inneren Assens nicht verpflichtet werden kann. Die zweifache Begründung, die KLEUTGEN folgen lässt, betrifft denn auch weniger diese so ziemlich austauschbare Ausdrucksweise als vielmehr die gemeinsame Sache selbst, die Zustimmungspflicht aufgrund von Unfehlbarkeit. Zustimmen muss man nämlich den über das Geoffenbarte hinausgreifenden Definitionen, weil die Kirche auch in dem mit dem Geoffenbarten Zusammenhängenden unfehlbar ist. Einmal überrascht hier diese letzte Formulierung, die sich von jener des Schemas ("worüber die Kirche zur Wahrung des Depositums ein Urteil fällen muss") merklich abhebt, zumal sie nicht einmal von notwendigen Zusammenhängen spricht. Doch ist damit noch nicht geleugnet, dass es sich nur um Zusammenhänge dieser Art handelt. Zum anderen ist hierin impliziert, dass jene zustimmungspflichtigen Definitionen eben in Zusammenhang mit der Offenbarung stehen und also keine kirchliche Definition den Offenbarungsbezug überschreitet, ausserhalb dessen sie nicht mehr zustimmungspflichtig wäre. KLEUTGEN verweist noch auf jenen Satz, mit dem das, was von allen "tanquam indubitata tenentur vel traduntur" oder als von allen "tenenda et tradenda" definiert wird, für unfehlbar erklärt wird, ohne dass dabei die spezifische Glaubensqualität einer solchen allgemeinen kirchlichen Lehre bzw. Definition oder die Verpflichtung zu göttlichem Glauben oder überhaupt eine bestimmte Qualifizierung der Zustimmungsforderung zur Bedingung gemacht wird. Auf dieses bewusst gebrauchte unspezifische Verbum "tenere" greift der Kapitelschluss zurück, wenn er die (unfehlbarkeitsbegründete) Zustimmungspflicht über das Geoffenbarte hinaus auch für eine (blosse) "sententia tenenda" behauptet. Natürlich ist damit kein unbegrenzter Bereich eröffnet, denn es geht um eine festzuhaltende Lehre "in rebus fidei et morum" oder um den Offenbarungsbezug. Beide Angaben decken sich. Wenn an anderer Stelle von der Wahrung des Depositums als von der Wahrung der geoffenbarten "fidei et morum doctrina" gesprochen wird, ist diese "doctrina", das Offenbarungswort Gottes in seiner Doppelgestalt als Glaubens- und Sittenlehre, das primäre Unfehlbarkeitsobjekt, das sekundär auch die Zusammenhänge mit dem Geoffenbarten oder, wie man ebenfalls sagen kann, mit der geoffenbarten Glaubens- und Sittenlehre umfasst, also auch solche "Dinge", die nicht selbst diese "Lehre" bilden, alles in allem eben die "res (in diesem weiten, unspezifischen Sinn des Wortes) fidei et morum".

Die Begründung, die KLEUTGEN mit Rücksicht auf die geäusserten Zweifel an der Konzilsreife dieser Lehre anschliesst, umfasst sieben Argumente. Nachdem er mit den ersten beiden indirekten und uneigentlichen Argumenten aus der Aufgabe der Kirche (1.) und dem ihr zugesagten Geistbeistand (2.) die Unfehlbarkeit der Kirche auch in den mit der Offenbarung zusammenhängenden Dingen aufgezeigt hat, begründet er direkt und eigentlich ihre Unfehlbarkeit auch in Verurteilungen unterhalb der Zensur der Häresie aus der Notwendigkeit, Häresien vorzubeugen (3.), aus den Entscheidungen von Sittenfragen (4.), aus der sittlichen Bedeutsamkeit der Entscheidungen (5.), aus dem Anspruch auf Verbindlichkeit (6.) sowie insbesondere aus der Tatsache globaler Verurteilungen (7.).

1. Mit der Sendung der Apostel und der Kirche, denen Christus sein Bleiben versprochen habe, habe er, wie KLEUTGEN zunächst indirekt argumentiert, befohlen, die Gläubiggewordenen und Getauften alles von ihm Gebotene halten zu lehren (Mt 28, 19f). Daher habe die Kirche ihre Aufgabe nicht erfüllt, wenn sie die Gläubigen nicht darin unterweist, das ganze Leben nach den Geboten Christi zu gestalten (ut ad Christi praecepta vitam universam componere sciant), was wiederum nicht geschehen könne, ohne dass sie gelehrt werden, über viele nicht geoffenbarte Dinge aus der Offenbarung heraus zu urteilen (nisi doceantur de plurimis, quae revelata non sunt, ex revelatis iudicare). Wie es zwischen der übernatürlichen und der natürlichen Ord-

nung eine vielfache Verbindung (multiplex nexus) gebe, seien auch die geoffenbarten Dogmen, zumal die praktischen, vielfach mit der natürlichen Erkenntnis verbunden (revelata dogmata tum speculativa tum maxime practica cum iis, quae naturali ratione et experientia cognoscuntur, multis modis connexa et conserta sunt). Wenn es jedoch zur Aufgabe der Kirche gehöre, bei diesem Urteil die Gläubigen zu leiten (in his iudicandis fideles dirigere), werde sie bei der Ausübung dieses Aufgabenfeldes nicht anders als in den übrigen durch die Gegenwart des Erlösers vor Irrtum geschützt[246].

Weil also die Aufgabe der Kirche, alles von Christus Gebotene halten zu lehren, notwendig über das Geoffenbarte selbst hinausgreift, ist die Kirche auch hierin vor Irrtum geschützt. Das "docere eos servare omnia, quaecumque mandavi vobis" besteht nach dem hier Gesagten nicht (nur) in einer Weitergabe und Einschärfung von Geboten Christi, sondern in einer Unterweisung und Anleitung, dieselben in der Vielfalt des Lebens zu verwirklichen. Der Lebenswirklichkeit zunächst gegenüberstehend, müssen sie auf die einzelnen Dinge darin ausgewertet werden. Das bringt eine vielfache Auseinandersetzung mit Nichtgeoffenbartem mit sich, über das eben von den geoffenbarten Geboten her ein Urteil zu fällen ist. Bei den Zusammenhängen zwischen der natürlichen und übernatürlichen Ordnung überhaupt haben zumal die praktischen (geoffenbarten) Dogmen eine vielfache Verbindung mit dem aus natürlicher Vernunft und Erfahrung Erkannten, so dass hierüber dementsprechend (positive und negative) Entscheidungen von der Offenbarung her anstehen. Die Kirche hat bei diesen Urteilen die Gläubigen zu leiten und wird daher bei dieser ihrer Aufgabe vor Irrtum geschützt. Bemerkenswert an diesem Gedankengang ist die Hervorhebung der praktischen Dogmen. Die Begründung dafür dürfte hauptsächlich sein, dass gerade sie Dinge beinhalten, die auch natürlicherweise erkennbar sind, dass sie ein weites Gebiet der natürlichen Ethik neben sich haben, ja, dass die Offenbarungsmoral - sie ist mit den "praktischen Dogmen" gemeint - über ihre (nicht alles abdeckenden) Inhalte hinaus grundsätzlich an die natürliche Ethik verweist. Die Kirche, die über das Geoffenbarte hinaus unfehlbar ist, was damit bewiesen werden sollte, ist es hier namentlich in den Urteilen über die (nichtgeoffenbarten) Dinge des Lebens oder die ethischen Fragen, in denen man sich an den Geboten Christi (aus der Offenbarung) zu orientieren hat. Auch in diesem "moralischen" Part des kirchlichen Lehramtes, in welchem dieses vielfach - allerdings von der Offenbarung her - über Nichtgeoffenbartes (insbesondere die natürliche Ethik) befindet, ist es, wie gesagt, unfehlbar.

2. Was man nach KLEUTGEN aus der Aufgabe der Kirche selbst ersieht, erhellt auch aus den den Beistand des göttlichen Geistes verheissenden Worten Christi, dass nämlich jener sie "docebit omnia" (Joh 14,26) und "omnem veritatem" (Joh 16,13). Zwar seien diese Worte nicht so zu pressen, als sollte auch in den Dingen ohne jeden Bezug zum Heil (in iis quoque rebus, quae ad salutem aeternam nihil pertinent), die Kirche vom Hl. Geist gelehrt werden (erudiri), aber auch wieder nicht so restriktiv zu nehmen, als würde sie nur in geoffenbarten Aussagen von ihm geleitet. Erfasst, fragt KLEUTGEN, diese weitreichende (ampla) Verheissung nicht alles das, was zur Verwirklichung der Lehre Christi zu wissen notwendig ist (quae ad Christi doctrinam fructuose intelligendam et in universa vita nostra exequendam cognitu sunt necessaria) ? Zur vollen Sicherheit der diesbezüglichen Urteile der Kirche sei jedoch nicht gefordert, dass der Hl. Geist ihr Neues offenbare, sondern nur, dass er sie im Verständnis des göttlichen Wortes und im Gebrauch der Vernunft leite. Während wir dem Irrtum ausgesetzt blieben, wenn wir "de multis, quae revelata non sunt, ex revelatis quotidie iudicamus, et iudicare debemus", sei die Kirche in jenen öffentlichen Urteilen von dieser Gefahr durch den Geistbeistand frei[247].

KLEUTGENS zweites Argument für die Unfehlbarkeit der Kirche über das Geoffenbarte hinaus basiert auf dem Wort vom Geistbeistand in aller Wahrheit, das so ausgelegt wird, dass es auch das zum fruchtbaren Verständnis und zur umfassenden Verwirklichung im Leben Notwendige einschliesse. Wiederum geht es darum, dass die Lehre Christi, das geoffenbarte göttliche Wort, keinen "erratischen Block" darstellt, nicht als etwas rein Statisches zu nehmen und weiterzugeben ist, sondern in einem Beziehungsfeld steht und in das praktische Leben umgesetzt werden will, wozu es aber eines rechten Offenbarungsverständnisses und eines rechten Vernunftgebrauches bedarf. Der Geistbeistand der Kirche erstreckt sich nun auch auf diese weiterführenden, applikativen Urteile, in denen also der einzelne Gläubige nicht alleingelassen werden soll. Die Bemerkung, dass es für die betreffenden unfehlbaren Urteile der Kirche keine neue Offenbarung, sondern nur den göttlichen Beistand in bezug auf

Offenbarung und Vernunft brauche, erinnert noch einmal daran, dass es bei der Unfehlbarkeit nicht um neue Offenbarungen, sondern nur um die rechte Wahrung des hinterlegten Offenbarungsgutes, um Urteile von der Offenbarung her (oder auf diese hin) geht. Wichtiger erscheint aber seine andere Bemerkung, mit der KLEUTGEN die Auffassung von "omnem veritatem" zwischen zwei extreme Interpretationen plaziert. Dabei verwahrt er sich gegen den Gedanken, dass "omnem" nur die geoffenbarten Lehren meine, in denen allein die Kirche vom Hl. Geist geleitet werde, aber auch gegen den anderen, "omnem" würde - dieses verbietet sich allerdings schon vom biblischen Kontext her - als schlechthin unbegrenzt verstanden, so dass die Kirche auf jedem Gebiet unfehlbar wäre, selbst in nicht zum ewigen Heil gehörenden Dingen. Damit ist eine neue Grenze der Unfehlbarkeit markiert, die (irgendwie) zum Heil gehörenden Dinge (im Unterschied zu denen, welche damit nichts zu tun haben). Anstelle dieses Aspektes vom Heilsbezug hätte man mit Rücksicht auf das Folgende eher die Formulierung erwartet, dass "omnem" nicht auch Dinge meine, welche ohne (jeden) Bezug zur Offenbarung seien. Doch wird KLEUTGEN auf dieses andere Kriterium noch zurückkommen. Zuvor fasst er an dieser Stelle das Bisherige dahingehend zusammen, dass sich daraus zunächst zwar nur ergebe, dass die Kirche in der Definierung des per se nicht Geoffenbarten, aber mit diesem Verbundenen (connexa) nicht irren könne. Doch werde mit Recht daraus abgeleitet, worum es eigentlich gehe, denn das nicht als häretisch, sondern als irrig, skandalös usw. Verurteilte sei zumeist von dieser Art. Dafür aber will KLEUTGEN nun direkte und eigentliche Argumente bringen[248]. Das besondere Anliegen ist ja - man denke an den obenerwähnten Kanon - die Unfehlbarkeit der Kirche, aufgrund deren man an einer (wiewohl nicht als häretisch) verurteilten Meinung nicht mehr festhalten dürfe. Erstreckt sich die Aufgabe und Unfehlbarkeit der Kirche über das Geoffenbarte hinaus auf das, was mit diesem zusammenhängt, bedeutet dieses zugleich, dass die Kirche nicht nur dort, wo sie eigentliche Gegensätze zur Offenbarung (Häresien) verurteilt, unfehlbar ist; zumeist, heisst es, gehe es nämlich bei solchen Verurteilungen niedrigeren Grades um derartige Zusammenhänge mit der Offenbarung.

3. Bei seiner speziellen Argumentation erinnert KLEUTGEN zunächst daran, dass Irrtümer, die, ohne selbst Häresien zu sein, diesen mehr oder minder nahekommen,

den Glauben angreifen (corrumpunt), wiewohl nicht aufheben (tollunt). Er illustriert dies mit zwei von M. CANO bzw. J. DE LUGO gebrauchten Vergleichen, dass nämlich viele an sich nicht tödliche Krankheiten dennoch die Gesundheit schwer beeinträchtigen und allmählich zum Tode führen, und dass - nach DE LUGO - die in Rede stehenden Urteile der Kirche gleich Vormauern (antemuralia) die Glaubenslehre schützen. Würde die Kirche in diesen Urteilen irren, könnte sie dann noch, fragt KLEUTGEN, die Säule und Grundfeste der Wahrheit heissen oder brächte sie nicht ihrerseits durch irrige Urteile den Glauben ins Wanken ? Zudem würde sie sicherlich nicht das Amt des guten Hirten ausüben und heilsame Nahrung spenden, sondern die Herde auf todbringende Weiden führen und von den heilbringenden abhalten[249].

Weil also, argumentiert KLEUTGEN, die nicht-häretischen Irrtümer den Glauben immerhin gefährden, wäre ohne Unfehlbarkeit in diesen Urteilen die Kirche nicht mehr Säule und Grundfeste der Wahrheit, brächte selbst den Glauben in Gefahr und handelte als schlechter Hirte. Man erinnert sich an die im Epilog von "Dei Filius" ausgesprochene Mahnung, auch das Vorfeld der Häresie zu meiden und entsprechende kirchliche Verurteilungen zu beobachten[250]. Nunmehr geht es darum, zu sagen, dass die Kirche hier tatsächlich nicht irren kann. Die Begründung ist, dass die Kirche als Säule und Grundfeste der Wahrheit und als guter Hirte, der sie ist, nicht durch solche glaubensrelevanten Urteile zur Gefahr für den Glauben und die Gläubigen werden kann. Unverkennbar ist es eine weitreichende Unfehlbarkeit (nicht nur Lehrautorität !), die hier aus der bekannten Stelle 1 Tim 3,15, aus der Glaubenssorge und Hirtenaufgabe der Kirche abgeleitet wird. Die Ausdehnung auf Irrtümer, die der Häresie, dem Glaubenswiderspruch, mehr oder weniger (!) nahekommen, eröffnet ein weites Feld, dessen äusserste Grenze schwer auszumachen ist. Dass dieses Vorfeld der Häresie in sich gestuft ist, insofern man gewiss zwischen fast häretischen Meinungen und solchen, die nur sehr entfernt und mittelbar dahin weisen, zu unterscheiden hat, bleibt unberücksichtigt.

4. KLEUTGENS viertes Argument, die Entscheidungen von Sittenfragen durch die Kirche, ist zusammen mit dem folgenden für die vorliegende Unter-

suchung von besonderer Bedeutung. Das über die Glaubenslehre im allgemeinen Gesagte ist nach KLEUTGEN vornehmlich "in morum disciplina" zu erwägen. So verschieden und vielfältig sei die Situation des menschlichen Lebens, dass sich hinsichtlich der Sitten (de moribus) zahllose Fragen ergäben, auf die man in der Offenbarung selbst keine Antwort finde. Dennoch habe die Kirche sehr viele von ihnen durch ihr Urteil entschieden, indem sie verkehrte Meinungen mit (niedrigeren) Zensuren (als Häresie) belegte. Wäre sie aber, würde sie in diesen Urteilen irren, noch heilig, nachdem sie uns durch ihre Lehre und Autorität vom Guten abhielte und zum Bösen verführte (ab honestis averteret, ad turpia induceret) ? Die Reichweite dieses Argumentes (ratio) ersehe man an den verurteilten Propositionen von ECKHART, WYCLIF und HUS, besonders an den durch ALEXANDER VII., ALEXANDER VIII. und INNOZENZ XI. verurteilten Meinungen[251].

Dieses für die Frage der kirchlichen Lehrautorität auf dem Gebiete der Moral ausserordentlich einschlägige Argument stützt sich auf die Heiligkeit der Kirche und besagt : Wenn die Kirche viele in der Offenbarung selbst nicht beantwortete Sittenfragen (durch Zensurierung irriger Ansichten, wie in den genannten sechs Fällen) entschieden hat, verlangt ihre Heiligkeit, dass sie dabei unfehlbar über gut und böse urteilt. Dies ist nun ein eindeutiges Bekenntnis zur Unfehlbarkeit der Kirche in Fragen der Moral in dem weiten Sinn, dass sie, wo immer es um Sittliches und Unsittliches geht, irrtumsfrei entscheidet. Die Frage nach dem Zusammenhang der betreffenden Sache mit dem Offenbarungswort ist dabei unerheblich; das Argument bewegt sich ja gerade ausserhalb des Bereiches der eigentlichen Offenbarungsaussagen, nach der Terminologie des Schemas "in rebus morum", die nicht selbst die geoffenbarte "doctrina morum" bilden[252].

Aufschlussreich sind auch die erwähnten Beispiele solcher Entscheidungen, die, ohne erschöpfend sein zu wollen, doch einen eindrucksvollen Begriff des zuvor Dargelegten vermitteln. Da KLEUTGEN noch mehrmals auf diese Dokumente zu sprechen kommt, sollen sie, um den Gedankengang seiner Argumentation nicht zu unterbrechen, später noch näher ins Auge gefasst werden. Hier genügt es festzuhalten, dass es sich bei ihnen nach KLEUTGEN um unfehlbare kirchliche (konziliäre und päpstliche) Entscheidungen handelt, die zugleich eine reichhaltige Antwort auf die Frage nach historischen unfehlbaren Lehrentscheidungen in der Moral geben. Der Blick auf den Inhalt wird zeigen, dass dort "mores" nicht nur das sittliche Verhalten im engeren Sinn, sondern auch die rechte kirchliche Praxis bezeichnet, so dass die Heiligkeit der Kirche auch hier über das, was nach Gottes Ordnung zu tun oder zu lassen ist, irrtumslos befindet.

5. Das fünfte Argument, die moralische Relevanz dieser Entscheidungen, führt das vorhergehende weiter und appliziert es auf die niederen Verurteilungen im allgemeinen. KLEUTGEN geht davon aus, dass die Kirche in der Sittenlehre (in doctrina morum) nicht irren kann, dergestalt dass sie nicht Sittliches (honestum) für unsittlich (turpe) oder Unsittliches für sittlich erklärt. Eine Meinung als temerär, irrig, skandalös, seditiös usw. verurteilen, heisst aber nach ihm zugleich erklären, es sei unerlaubt und unsittlich, sie in Schutz zu nehmen und zu verteidigen[253].

Das Argument der "moralischen" Unfehlbarkeit der Kirche wird hier zur übergreifenden Begründung ihrer Lehrunfehlbarkeit in dem Sinne, dass die Kirche, die eine Meinung verurteilt und damit untersagt an ihr festzuhalten, dabei unmöglich eine unsittliche Folgeleistung, wie sie die Annahme einer irrigen Entscheidung bedeutete, verlangt. Anders ausgedrückt : Kann die Kirche aufgrund ihrer Heiligkeit nicht (unsittlich) auf eine irrige Entscheidung verpflichten, muss sie in den Entscheidungen, auf die sie verpflichtet, unfehlbar sein.

6. Das sechste Argument knüpft insofern an das vorhergehende an, als nun ausdrücklich gesagt wird, dass die Kirche die betreffenden Urteile mit dem Nachdruck der Verbindlichkeit (gravitate et severitate maxima) zu erlassen pflege, was das Gesagte noch einmal bekräftige. Könnte nämlich die Kirche in der Verurteilung von Meinungen irren, hätte das nach KLEUTGEN zur Folge, dass möglicherweise alle Gläubigen von der durch Gott zur Mutter und Lehrerin bestellten Kirche in einem strengen Erlass und unter Androhung der Exkommunikation gezwungen würden, Glaube und Sitten verderbende Irrtümer (errores, qui fidem et mores corrumpunt) anzunehmen[254].

Ist also der Kirche als der Mutter und Lehrerin der Gläubigen ohnehin zu folgen, so stehen bei der oftmals ausdrücklich und in höchstem Masse betonten Verbindlichkeit der Entscheidungen Zustimmungspflicht und Gehorsam vollends ausser Frage. Wäre die Kirche hier nicht unfehlbar, würde sie Irrtümer gegen Glaube und Sitten geradezu aufzwingen. Nur Unfehlbarkeit rechtfertigt einen solchen Anspruch. Auch dieses ist ein weittragendes Argument von grundsätzlicher Bedeutung. Doch weiss KLEUTGEN noch ein weiteres und ganz entscheidendes anzuführen.

7. Dieses letzte und ausführlichste Argument, die globalen Verurteilungen, ist für KLEUTGEN so deutlich und kräftig, dass es allein genügen könne. In vielen Konstitutionen, sagt er, in denen Irrtümer verurteilt würden, seien die Zensuren nicht jeweils den einzelnen Meinungen beigegeben, sondern den aufgeführten Meinungen zusammenfassend angefügt, nicht in dem Sinne, als würden jeder einzelnen alle zukommen, sondern so, dass auf jede wenigstens eine zutrifft, was man als Verurteilung "in globo" bezeichne. Ist nun nach KLEUTGEN die Kirche in der Beilegung aller Zensuren unfehlbar, ist der Nachteil nicht schwer, wenn der Erörterung der Theologen überlassen wird, welche Zensur einer jeden Meinung beizulegen ist, nachdem feststeht, dass es unter den verurteilten Meinungen keine gibt, die nicht irgendeine Zensur verdiente und nicht zu verwerfen wäre. Wenn indes die Kirche nur in der Zensur der Häresie nicht irren könnte, wäre - dieser Satz ist im Druck hervorgehoben - dieses ganze Urteil ohne Kraft und Wirksamkeit. Dann nämlich stünde fest, dass zum Beispiel von den vielen Meinungen WYCLIFS einige häretisch und daher sicher zu verwerfen sind; weil jedoch nicht feststeht, um welche es sich handelt, steht auch nicht fest, welche durch unfehlbares Urteil verurteilt sind. Es erwäge der Leser, bemerkt KLEUTGEN, "quam hoc argumentum sit vastum, quot res gravissimas involvat". Auf dieselbe Weise wie die Irrtümer von WYCLIF und HUS durch das Konzil von Konstanz, des LUTHER durch LEO X., des BAJUS durch den hl. (!) PIUS V. sowie des MOLINOS durch INNOZENZ XI., seien die 31 Sätze der Jansenisten durch ALEXANDER VIII. und die Ansichten des QUESNEL durch KLEMENS XI. in der Bulle "Unigenitus" verurteilt worden. Wenn die Kirche nur in der Zensur der Häresie unfehlbar wäre, müssten wir eben von allen diesen Irrtümern gestehen, dass die Verkehrtheit keines einzigen durch das Urteil der Kirche

feststehe. Diese Auffassung könne nicht wahr und zu tolerieren sein, die so vielen von der katholischen Welt als Glaubensregel verehrten Konstitutionen jede Kraft nehme[255].

Punctum saliens dieses schon wegen der Bedeutung, die KLEUTGEN ihm beimisst, besonders beachtenswerten Argumentes ist also, dass kirchliche Verurteilungen "in globo" nicht ohne Verbindlichkeit sein dürfen, wobei sie jedoch praktisch illusorisch werden, wenn die allein (aufgrund der Unfehlbarkeit) zu verwerfende Meinung (die Häresie) nicht gekennzeichnet ist und man sie darum nicht verwerfen kann (während man die anderen nicht zu verwerfen braucht). Zwar gibt es auch Verurteilungslisten mit singulärer Zensurierung[256], dergegenüber jedoch das globale Verfahren, bei dem man jede Zensur nur einmal anzugeben braucht, zweifellos kürzer ist und lediglich den Nachteil hat, dass der Einzelbezug der Zensuren noch aufzudecken ist. Wie man aus KLEUTGENS Worten folgern darf, konnte das Lehramt diesen Nachteil immer wieder in Kauf nehmen, weil er in Wirklichkeit gering ist, ja, weil es für die Praxis, in der sämtliche Sätze als - unfehlbar - verurteilt abzulehnen sind, unerheblich ist, welche Zensur nun dem einzelnen Satz speziell zukommt. Werden aber mit dieser rigorosen Position, nach der keine der globalen Verurteilungen verbindlich ist, wenn nicht alle unfehlbar sind, die Zensuren nicht zu sehr nivelliert und die unleugbaren Unterschiede der verurteilten Sätze, die sämtlich unter die Unfehlbarkeit subsumiert werden, nicht zu wenig berücksichtigt ? KLEUTGEN selbst hält es offenbar für notwendig seine Argumentation zu verteidigen.

Der erste der beiden Einwände, mit denen sich KLEUTGEN auseinandersetzt, besagt, die Theologen stimmten darüber unter sich nicht überein und die meisten behaupteten im Zusammenhang mit der Unfehlbarkeit des Papstes dieselbe nur für Dekrete, in denen Glaubensdogmen vorgelegt würden[257]. Die alten Theologen, entgegnet KLEUTGEN, behandelten diese Kontroverse überhaupt nicht, sprächen aber vom unverbrüchlichen Urteil der Kirche und namentlich des Papstes in dem Sinne, dass sie dieses nicht allein auf Dogmen, sondern auf jede irgendwie den Glauben und die Sitten berührende Lehre (ad omnem prorsus doctrinam, quae aliquo modo fidem et mores attingit) ausdehnen, was besonders durch die Heiligen (!) THOMAS, BONAVENTURA und ANTONIN belegt werde. Vom 16. Jahrhundert an hätten dann die Theologen angefangen, diese Frage zu behandeln, aber nicht ein Theologe von gutem Ruf finde sich unter den vielen, die darüber geschrieben, der nicht als ganz sicher verteidigte, dass die Kirche in der Auferlegung von "censurae minores" nicht anders als in der Verurteilung einer Häresie von Irrtum frei sei. Nur insofern unterschieden sie sich, als die einen das Gegenteil als häretisch, die anderen als irrig oder dem Irrtum nahe (errori proximum) bezeichneten. Bezüglich der Unfehlbarkeit des Papstes, fährt KLEUTGEN fort, würden die alten Theologen sie, wie gesagt, "ad omnem doctrinam fidei et morum generalissimis verbis" ausdehnen, von den neueren nicht wenige die in Frage stehenden Dekrete ausdrücklich einschliessen. Viele andere sprächen zwar dort, wo sie von der Autorität des Papstes handelten, die These von der Unfehlbarkeit so aus, dass sie nur die Glaubensdogmen darunter fassen, doch behandelten die meisten von ihnen diese Frage an anderer Stelle, im Zusammenhang mit der Häresie, und dort stimmten sie bezüglich der Sicherheit der hier vertretenen Auffassung überein[258].

Als zweiten Einwand führt nun aber KLEUTGEN an, dass laut jüngst erschienener Schriften der Papst nach der sententia communis der Theologen nur dann ex cathedra spreche, wenn er ein fide divina zu glaubendes Dogma vorlege[259]. Damit wird natürlich auch seine immer wieder nur für Ex-cathedra-Aussagen behauptete Unfehlbarkeit auf eigentliche Glaubensdogmen eingeschränkt. Steht also doch die weitere Ausdehnung mit der allgemeinen theologischen Lehre im Widerspruch ? Allein was den Wortlaut betrifft, gibt KLEUTGEN die genannte Einschränkung für nicht wenige neuere Theologen zu, stellt aber doch entschieden in Abrede, dass dies die sententia communis der Theologen sei. Alle alten und die meisten neueren gäben, wie er sagt, die Worte "ex cathedra loqui" etwa wieder mit "iudicialiter" oder "in iudicio determinare, pro potestate decernere, cum auctoritate apostolica" oder "ut papam loqui" usw., so dass sich eine Ex-cathedra-Aussage von einer anderen durch den Modus der Lehre, nicht durch die Sache oder die Zensur unterscheide. Auch die zugunsten einer anderslautenden "interpretatio communis" angeführten Theologen wie BALLERINI oder SARDAGNA scheinen nach KLEUTGEN nichts anderes bezeichnen zu wollen; sie sagten ja nicht, eine Ex-cathedra-Aussage liege nicht vor, wenn der Papst eine Meinung nur mit einer niedrigeren Zensur belegt, sondern wenn er lediglich seine Ansicht (quid sibi videatur) zum Ausdruck bringt oder einen Rat erteilt (suadeat), ohne etwas in Vollmacht (pro potestate) zu entscheiden. Ihre Rede von "Glaubensdogma" mache nur einen Unterschied zwischen einer mit apostolischer Autorität definierten Lehre und einer solchen des privaten Lehrers, nicht aber zwischen der Verurteilung einer Häresie und eines minder zensurierten Irrtums[260]. Damit kann KLEUTGEN - die Belege aus der Theologiegeschichte seien wiederum zurückgestellt - die "sententia communis" für seine Auffassung in Anspruch nehmen, dass sich die Unfehlbarkeit auch auf Zensurierungen unterhalb der Häresie erstreckt oder dass auch solche unter die (unfehlbaren) Ex-cathedra-Aussagen des Papstes fallen.

bb. Der 9. und 10. Kanon

Bei der Erläuterung des 9. Kanons kann sich KLEUTGEN kurz fassen. Hier geht es nur um das allgemeine Prinzip, dass die Kirche nicht allein in dem per se Geoffenbarten unfehlbar ist. Die Sicherheit, dass dieses in einem Kanon festgelegt werden kann, ergibt sich nach KLEUTGEN einmal aus den bekannten Schriftstellen, zum anderen daraus, dass sonst die Kirche auch in den Kanones der ökumenischen Konzilien nicht unfehlbar wäre. KLEUTGEN nennt hier die Kanones des Tridentinums über Eucharistie, Messopfer und Ehe, in denen gewiss vieles definiert werde, was man nicht als per se geoffenbart bezeichnen könne. Die Opportunität des Kanons liegt für ihn darin, dass sich die Jansenisten und andere Neuerer dieses Irrtums ständig bedienten, um damit ihren Ungehorsam zu verteidigen[261]. Der Hinweis auf die tridentinischen Kanones enthält ein weiteres Argument, das sich positiv so darstellen lässt: Diese Kanones sind unfehlbar; sie beschränken sich aber nicht auf direkt Geoffenbartes, also ist die Kirche auch darüber hinaus unfehlbar.

Beim 10. Kanon handelt es sich, wie KLEUTGEN zunächst noch einmal in Erinnerung ruft, um jenen zuerst für die Glaubenskonstitution vorgesehenen und nunmehr im Sinne der Konzilsväter revidierten Kanon. In seiner früheren Fassung habe er, genau genommen, nur verurteilt, man dürfe an irgendwie, wenn nur nicht als häretisch zensurierten (quacumque censura) Auffassungen festhalten. Um ihn zu umgehen genüge es, neben der Häresie nur noch eine einzige Zensur auszunehmen und zum Beispiel zu sagen, man dürfe zwar nicht an als häretisch oder "haeresi proxima" verurteilten Auffassungen festhalten, jedoch die nur als irrig, temerär, skandalös usw. verurteilten frei verteidigen (Tatsächlich wird hier nicht mehr behauptet, man dürfe - generell - an den von der Kirche nicht als häretisch verurteilten Meinungen festhalten; bereits eine einzige Ausnahme bedingt die kontradiktorische Negation der durch den Kanon verurteilten Auffassung). Eine Änderung des Kanons in dem Sinne, als dürfte an sämtlichen von der Kirche verurteilten Meinungen nicht mehr festgehalten werden, wäre jedoch nach KLEUTGEN manchen zu streng erschienen. Es gebe Theologen, nach denen (gegen die sententia communior) eine mit bestimmten einzelnen Zensuren - etwa als temerär - verurteilte Meinung nicht notwendig falsch sei. Nach dieser Auffassung seien wir nur gehalten, über die verurteilten Meinungen so zu urteilen, wie dies die Kirche getan habe, beispielsweise eine "propositio scandalosa" oder "temeraria" zwar als skandalös bzw. temerär, nicht aber (zugleich) als falsch zu betrachten[262]. Durch den Kanon zu verwerfen, man dürfe noch an irgendeiner zensurierten Meinung festhalten, ist also wiederum nicht ohne Schwierigkeit. Man kann nämlich an einer kirchlichen Verurteilung ein Zweifaches unterscheiden: die Ablehnung und das spezifische negative Urteil, anders gesagt: dass eine Meinung nicht mehr "frei" ist und dass von ihr dieses und jenes zu halten ist. Was das Letztere betrifft, lauten die Zensuren keineswegs alle dahin, dass eine Meinung für irrig oder falsch zu halten sei, wodurch sie an sich verurteilt würde, sondern etwa auch so, dass sie temerär oder fromme Ohren verletzend und als ebensolche zu betrachten und zu behandeln sei, was nicht unbedingt die Lehre an sich, wohl aber hinsichtlich ihrer Umstände und Wirkungen trifft, die sich auch einmal ändern können. Damit ist die aus der Verurteilung resultierende Verpflichtung nicht auf den äusseren Gehorsam reduziert, da es immer darum geht, dass eine Meinung etwa für temerär zu halten und hierin dem Urteilsspruch der Kirche zuzustimmen ist. Dass es diesen Unterschied - zwischen dem Falschen und dem (nur) Gefährlichen - gibt, ist nach KLEUTGEN nicht die sententia communior. Danach ist ein nur als temerär oder noch schwächer zensurierter Satz zugleich (und nicht nur hinsichtlich seiner "Opportunität") falsch.

Dennoch nimmt der neue Kanon davon Abstand, die Kontroverse zugunsten dieser

Sentenz zu entscheiden, indem er, wie KLEUTGEN sagt, nicht definiert, man dürfe eine verurteilte Meinung nicht lehren oder an ihr festhalten, sondern man dürfe darüber nicht anders lehren oder denken, als die Kirche festgelegt habe - eine Emendatio, die bereits bei der Behandlung dieses Kanons durch das Konzil von einem der Väter vorgeschlagen worden sei[263]. Auch in dieser Fassung geht es um die Zustimmung zu dem betreffenden Urteil der Kirche, um die äussere sowohl (docere) wie auch um die innere (sentire), die KLEUTGEN zum Schluss seiner Ausführungen noch besonders herausstellt. Gewiss, fährt er fort, sei es Häresie zu sagen, wir wären nicht gehalten, die Kirche in ihrem feierlichen Urteil zu hören. Allein den Beweis könne man noch fordern, dass die Kirche für ihre Verurteilungen stets innere Zustimmung verlange. Die Zweifel darüber zerstreut KLEUTGEN mit dem Hinweis, dass auch die Konzilskanones formulieren : "Wenn einer sagt ..., nicht bekennt ...", nicht aber : "Wenn einer denkt ..., nicht glaubt ...", da die Kirche nur über äussere Akte urteile, unter solchen Wendungen jedoch entsprechende innere Akte verbiete oder vorschreibe[264]. Ein feierliches Urteil der Kirche verpflichtet also zu innerer Annahme. Das ist die Intention der Kirche, selbst wenn sie verbaliter etwa nur jene anathematisiert, die ihr w i d e r s p r e c h e n . Wie KLEUTGEN im folgenden darlegt, kommt es auf eine (zusätzliche) äussere Vorschrift oder Strafandrohung (im Grunde selbst auf eine eigentliche Definition) nicht an. Sodann müsse man, sagt er, das Verbot oder Gebot von der Definition (dem Urteil über eine Lehre) unterscheiden. Zuerst definiere die Kirche, dass bestimmte Meinungen schlecht seien, darauf verbiete sie diese als solche (schlechte) und setze Strafen für die Ungehorsamen fest. Da uns Gott die Kirche "in omnibus, quae ad religionem pietatemque pertinent", zur Mutter und Lehrerin gegeben habe, seien wir gehalten ihre Lehre zu hören. Sobald wir daher über Sinn und Lehre der ganzen Kirche, selbst wenn sie nichts definiere, Gewissheit hätten (constat), müssten wir ihr zustimmen, wieviel mehr also, wenn wir diese Sicherheit aufgrund einer öffentlichen Definition besässen ! Ausserdem sei, wer über seine Sünde gegen seinen Bruder das Urteil der Kirche nicht höre, nach dem Wort des Herrn wie ein Heide und Zöllner zu betrachten. Was also, fragt KLEUTGEN, sollten wir von dem sagen, der das feierliche Urteil der Kirche, bei dem es um das umfassende und bleibende Gute geht, zu verachten wagt ?[265] Das entsprechende Gebot oder Verbot sowie die Strafandrohung im Zusammenhang mit der Verurteilung einer Meinung sind also sekundär und fussen auf dem Lehrurteil der Definition, dem die innere Zustimmung (mentis obsequium) gebührt. KLEUTGEN begründet dies damit, dass Gott uns die Kirche in allen Religion und Frömmigkeit betreffenden Dingen zur Mutter und Lehrerin gegeben habe. Ein Zweifaches ist an dieser seiner Argumentation bemerkenswert : Einmal fasst er auch die nicht eigentlich definierte Auffassung und Lehre der Kirche unter die Zustimmungspflicht (und die Unfehlbarkeit), zum anderen bringt er in diesem Zusammenhang noch einmal deren Objekt zum Ausdruck durch den Einschub, dass die Kirche "in omnibus, quae ad religionem pietatemque pertinent" verbindliche Lehrerin sei. Schliesslich gibt es, worauf KLEUTGEN aufmerksam macht, auch Dekrete, in denen die innere Zustimmung mit deutlichen Worten vorgeschrieben wird, so die Verurteilung der Irrtümer des MOLINOS, die Konstitutionen "Vineam Domini", "Unigenitus" und "Auctorem fidei", besonders aber das Konzil von Konstanz, bei dem im Interrogatorium über WYCLIF und HUS die Frage gestellt wird, ob der Betreffende glaube (credat), dass das Konzilsurteil über die Artikel der beiden wahr und katholisch sei. Was aber für diese Dekrete authentisch erklärt ist, hat ohne Zweifel auch für die übrigen zu gelten[266].

Dass die Zustimmungspflicht die Unfehlbarkeit zur Voraussetzung hat, erhellt aus dem, was KLEUTGEN in bezug auf diesen 10. Kanon noch anfügt, dass nämlich diesem ersatzweise ein zweiter beigegeben worden sei, weil einige es für besser hielten, dass nicht nur der geschuldete Gehorsam, sondern auch die Unfehlbarkeit der Kirche in diesen Zensuren selbst definiert würde[267]. Der einzige Unterschied der beiden Fassungen ist also, dass die eine vom Gehorsam (als innerer Zustimmung), die andere von der Unfehlbarkeit spricht und man zu wählen hat, welche unmittelbare Aussage man bevorzugen will. KLEUTGEN selbst neigt offenbar der ersten Fassung zu, von der er sagt, dass der Kanon in der nun vorliegenden Form keine Schwierigkeit mehr haben dürfte[268].

Exkurs II : Der Beitrag der Lehramts- und Theologiegeschichte

Die im Schema vorgesehene Konzilsaussage über die Ausdehnung der Unfehlbarkeit auf den Umfang des obersten Lehramtes, namentlich auch auf das, was mit der Offenbarung (nur) zusammenhängt, ja einfach auf alles, worauf die Kirche in einer Lehre oder Definition, insbesondere in der Verurteilung einer Meinung verpflichtet, versteht sich bei aller Aktualität dennoch nicht als neu oder singulär. Ausdrücklich kommt in der dogmatischen Begründung, die die Relatio unternimmt, neben den positiven (biblischen) und theologischen Argumenten auch die Lehramts- und Theologiegeschichte zu Wort. Ihr Beitrag soll - nicht thematisch und umfassend[269], sondern nur nach den Referenzen in KLEUTGENS Relatio - noch eigens skizziert werden.

Das kirchliche Lehramt

In den Ausführungen zum Unfehlbarkeitsobjekt spielt die Praxis des kirchlichen Lehramtes eine wichtige Rolle. Dabei geht es fast nur und wiederholt um eine Anzahl hauptsächlich päpstlicher Verurteilungen ganzer Reihen von Propositionen aus dem 14. bis zum 18. Jahrhundert, beginnend mit Meister ECKHART bis hin zur Synode von Pistoia (der Syllabus wird nicht erwähnt). Sie sollen die Tatsache kirchlicher Verurteilungen mit Zensuren unterhalb der Häresie belegen und beleuchten und hier die Unfehlbarkeit der Kirche konkretisieren und illustrieren, die (aufgrund der geforderten inneren Zustimmung) aus der Heiligkeit der Kirche sowie der notwendigen Wirksamkeit einer "damnatio in globo" gefolgert wird. Gemeinsam ist den in Rede stehenden Sätzen, dass sie nicht nur als häretisch, sondern auch mit geringeren Zensuren verurteilt sind. Ferner geht es bei ihnen, aufs Ganze gesehen, nicht nur um dogmatische, sondern auch und weithin um ethische Themen. Zugleich markieren sie immerhin ein beachtliches Stück der Geschichte lehramtlicher Aktivität auf moraltheologischem Gebiet.

1. In der Bulle JOHANNES' XXII. "In agro dominico" vom 27. März 1329 werden 26 (28) Sätze ECKHARTS verurteilt. Nach der angeschlossenen Zensur sind die ersten fünfzehn (sowie die beiden angehängten) häretisch, die übrigen elf "male sonantes", temerär und der Häresie verdächtig (wenn auch möglicherweise in katholischem Sinne deutbar)[270]. Für die Moral kommen davon etwa die Sätze 4 bis 9, 14 bis 19 und 25 in Betracht, in denen es besonders auch um das Verhältnis von Gesinnung und äusserem Werk (zugunsten der ersteren) geht[271].

2. Nach mehreren Verurteilungen der Lehren J. WYCLIFS vom Jahre 1377 an[272] folgt schliesslich 1415 die Verurteilung von 45 Irrtümern durch das Konzil von Konstanz[273], die in die Bulle MARTINS V. "Inter cunctas" vom 22. Februar 1418 aufgenommen ist. Die global verhängte Zensur - die Sätze 24 und 41 haben eine eigene bei sich - erscheint auch in der Propositio 25 von HUS, die in Abrede stellt, es sei keiner (der 45 Artikel WYCLIFS) katholisch, sondern jeder entweder häretisch oder irrig oder skandalös[274], sowie in Frage 11 des Interrogatoriums, in der es um den häretischen, irrigen, temerären, skandalösen und fromme Ohren verletzenden Charakter der Sätze von WYCLIF und HUS geht[275]. Der Inhalt der 45 "Konstanzer" Sätze betrifft weithin das praktische Leben der Kirche wie auch die Moral, so das Gebet, das Bussakrament, den kirchlichen Besitz, das Ordensleben, den Eid und die Willensfreiheit. Die Autorität der Kirche wird ebenfalls berührt[276].

3. Auch von J. HUS verurteilt das Konzil von Konstanz, dessen Lehrautorität er unter Bevorzugung der Hl. Schrift ablehnt, dreissig Sätze[277]. Ihre Zensur ist wiederum dem Interrogatorium zu entnehmen[278]. Vorwiegend ekklesiologischen Inhalts und hier wieder besonders auf die Hierarchie und den Papst bezogen, berühren sie zugleich die Moral[279]. In ihnen findet sich auch der Ausdruck "mores"[280], den das diese Thematik noch einmal aufdeckende Interrogatorium[281], und zwar in der Formulierung "fidei vel bonis moribus contrarium", ebenfalls gebraucht[282].

4. Hundert Jahre später werden in der Bulle LEOS X. "Exsurge Domini" vom 15. Juni 1520 einundvierzig Sätze M. LUTHERS mit einer globalen Zensur verurteilt[283]. Unter anderem geht es darin um Sakramente und Ablass, kirchliche Autorität, Häretikerverbrennung, gute Werke, Sünde, Fürbittgebet für die Seelen im Fegefeuer und Bettelorden[284]. Herausgegriffen sei Satz 27, es liege nicht in der Hand des Papstes oder der Kirche, Glaubensartikel oder auch "leges morum seu bonorum operum" aufzustellen[285].

5. Unmittelbar nach dem Tridentinum werden im Anschluss an entsprechende Massnahmen der Theologen durch PIUS V. in der Bulle "Ex omnibus afflictionibus" vom 1. Oktober 1567 76 (79) Sätze von M. BAJUS mit einer globalen Zensur verurteilt[286]. Wiederum berührt die dogmatische Thematik dieser Sätze (Urzustand, Sün-

denfall, Rechtfertigung) durchaus die Moraltheologie, etwa in der Frage von Sünde und freiem Willen, Rechtfertigung und Gesetzeserfüllung, Liebe und Busse[287].

6. Nach den Konstitutionen gegen den Jansenismus mit seiner Ausflucht in die "quaestio facti"[288] nimmt ALEXANDER VII. auch gegen zu weit gehende Moralisten Stellung, indem er durch Dekrete des Hl. Offiziums vom 24. September 1665 sowie vom 18. März 1666 achtundzwanzig bzw. siebzehn Sätze laxistischer Moral zusammenfassend "ut minimum scandalosae" zensuriert[289]. Den Werken zahlreicher Theologen[290] entnommen, betreffen sie (der Häufigkeit nach) folgende Themen: Fragen der Absolution, des Beichtbekenntnisses und der Bussleistung, Messtipendien und Benefizien, Fastengebot und Offizium, Tötungsrecht, Sexualmoral, Sollizitation, Bücherzensur, Privilegien und Ablässe, ferner Akte der göttlichen Tugenden, Duell, Denunziation, Bestechungsgeld, Gehorsam gegen die Staatsgesetze, Zins und Zensuren[291].

7. INNOZENZ XI. verurteilt mit Dekret des Hl. Offiziums vom 2. März 1679 65 Sätze laxistischer Moral[292]. Nach der wiederum summarischen Zensur werden sie in dieser Form (sicut iacent) "ut minimum tamquam scandalosae et in praxi perniciosae" verurteilt und verboten[293]. Die Themenkreise der verurteilten, verschiedenen Quellen entnommenen[294] Sätze sind Glaube und Liebe, Liturgie und Sakramente (Verwaltung und Empfang der Sakramente, Sonntag und Feste, Brevier), das Verhältnis zum Nächsten (Falschanklage, Tötung), Güterethik (Diebstahl, Restitution, Wucher), Leibesethik (Ehe, Sexualität, Abtreibung, Nahrung), öffentliches Leben (Gericht, Eid, kirchlicher Dienst) und Fundamentalethisches (Entscheidung und Verpflichtung, Gelegenheit zur Sünde)[295].

8. Ebenfalls INNOZENZ XI. verurteilt mit Dekret des Hl. Offiziums vom 28. August 1687 und darauf in der Konstitution "Caelestis Pastor" vom 20. November 1687 68 Sätze des extremen Quietismus des M. DE MOLINOS. Die (beidemal) nur global verhängten Zensuren sind durch die Theologen des Hl. Offiziums aufgeschlüsselt[296].

9. Bald nach seiner Ablehnung der gallikanischen Artikel[297] verurteilt ALEXANDER VIII. mit Dekret des Hl. Offiziums vom 7. Dezember 1690, wiederum "in glo-

bo", auch 31 jansenistische Irrtümer[298]. Inhaltlich lassen sich diese Sätze verschiedener Theologen[299] etwa in folgende Themenkreise oder Stichworte gliedern: Erlösung, Gnade, Maria, Gottesdarstellung, Themen des sittlichen Lebens (Sünde, Probabilismus, Gottesliebe, Ungläubige, natürliche Motive, Attritio, Busse), Sakramente[300], päpstliche Autorität. Zu letzterer sagt Satz 29, die Behauptung von der Autorität des Papstes über das ökumenische Konzil und seiner Unfehlbarkeit in der Entscheidung von Glaubensfragen (in fidei quaestionibus decernendis) sei nichtig und völlig verkehrt[301].

10. Nachdem KLEMENS XI. in der Konstitution "Vineam Domini Sabaoth" vom 16. Juli 1705 das "silentium obsequiosum" der Jansenisten als ungenügend zurückgewiesen und innere Zustimmung zu den Apostolischen Konstitutionen - auch im Falle eines Factum dogmaticum - verlangt hat[302], verurteilt er in der Konstitution "Unigenitus Dei Filius" vom 8. September 1713, ebenfalls "in globo", 101 Sätze von P. QUESNEL[303]. In diesen geht es um drei grosse Themenkreise : Gnade, Moral (hier unter anderem um die Liebe und gegen ein blosses Furchtmotiv) sowie die Kirche und ihre Autorität[304]. Zu letzterer heisst es auch, es sollten die Feinde der Kirche nicht sehen, dass diese eine Herrschaft über den Glauben der Gläubigen ausübe und auf Spaltungen bestehe "propter res, quae nec fidem laedunt nec mores"[305].

11. Schliesslich nimmt unter den ausser- und innerkirchlichen Abwehrkämpfen, mit denen im späten 18. Jahrhundert der Pontifikat PIUS' VI. befasst wird, die Verurteilung von 85 Sätzen der Synode von Pistoia durch die Konstitution "Auctorem fidei" vom 28. August 1794[306] einen besonderen Platz ein. An die im einzelnen und ausführlich zensurierten Sätze knüpft die Konstitution noch Vorschriften und Sanktionen, so die Mahnung, über die Sätze nicht im Gegensatz zur Erklärung der Konstitution zu denken (sentire), zu lehren und zu verkündigen (einschliesslich des privaten Disputierens)[307]. Zudem will die ausdrückliche Verurteilung nicht besagen, dass das übrige der Synodaldekrete damit gebilligt sei; es fänden sich darunter mehrere Sätze, die den verurteilten verwandt seien oder eine Verachtung der allgemeinen und gebilligten Lehre und Disziplin und vor allem eine feindliche Einstellung gegen den Papst in sich trügen[308]. Ferner wird die erneute Aufnahme der gallikanischen Artikel in das Glaubensdekret entschieden verworfen[309]. Inhaltlich

handelt es sich bei den zensurierten Sätzen um Irrtümer über die Verfassung und Autorität der Kirche, den natürlichen und übernatürlichen Stand des Menschen, die Sakramente, den Kult, die Ordensreform und das Nationalkonzil[310]. Zu erwähnen ist hiervon einmal die bereits bekanntgewordene häretische Propositio 1 über die Verdunkelung religiöser und sittlicher Grundwahrheiten[311]. Sodann wird der ebenfalls häretischen Propositio 4, man dehne missbräuchlich die Autorität der Kirche über Lehre und Sitten hinaus auf äussere Dinge aus ... (transferendo illam ultra limites doctrinae ac morum, et eam extendendo ad res exteriores ...), die apostolische Vollmacht "in disciplina exteriore constituenda et sancienda" entgegengestellt[312]. Weiter ist für den Sprachgebrauch die Zensur bemerkenswert, die Ablehnung der Trinitätsdarstellungen sei "pio per ecclesiam frequentato mori contraria"[313]. Schliesslich wird Propositio 85, ein Nationalkonzil würde die religiösen Kontroversen beenden, in dem Sinne verurteilt, als könnten damit "controversiae ad fidem et mores spectantes" durch unverbrüchliches Urteil (nämlich aufgrund einer "inerrantia in fidei et morum quaestionibus") entschieden werden[314].

Die Theologen

An drei Stellen seiner Relatio zur Unfehlbarkeit kommt KLEUTGEN ausdrücklich auf die Theologen zu sprechen. Sieben Namen aus einem Zeitraum von fünf Jahrhunderten sind es, die er zu Zeugen der im Schema vertretenen Lehre anruft, einmal für die Relevanz des Vorfeldes der Häresie (CANO, DE LUGO), dann für die Unfehlbarkeit in diesem weiten Bereich (THOMAS, BONAVENTURA, ANTONIN), schliesslich für einen dementsprechend weitreichenden Begriff der "locutio ex cathedra" (BALLERINI, SARDAGNA). Damit wird natürlich weder ein vollständiger Theologenbeweis vorgelegt noch eine Theologiegeschichte der Unfehlbarkeit konzipiert. Immerhin aber sind in diesen Ansätzen, die im folgenden nicht weitergeführt, sondern nur dargestellt werden sollen, theologiegeschichtliche Daten und theologische Argumente namhaft gemacht, an denen man bei dieser Frage nicht vorübergehen kann.

Die Grundvoraussetzung des Ganzen, die Relevanz auch des Vorfeldes der Häresie, illustriert KLEUTGEN durch den anschaulichen Vergleich mit den Krankheiten und den Vormauern[315]. Ersteren gebraucht M. CANO innerhalb seiner "Loci theologici" am Ende des 4. Kapitels (über die theologischen Fragen oder Konklusionen) des 12. Buches. Hier spricht er von einer Zweigestalt der Glaubensfrage, insofern etwas unmittelbar (das Geoffenbarte) oder mittelbar (die Konklusionen) zum Glauben gehöre. Doch könne man, wie er meint, vielleicht ebenfalls als Glaubensfragen bezeichnen, was mit der Lehre der Kirche eng verbunden sei und einen Anhang zum Glauben darstelle (quae vehementer ad ecclesiae doctrinam pertinent, fideique sunt propter affinitatem appendices), weil davon zwar nicht der Glaube selbst, aber sein Befinden abhänge (quod affecta aegraque sit, si harum rerum veritas labefiat, quae illi haerent et adiunguntur). Entsprechende Irrtümer verdunkelten und schwächten den Glauben, wie Krankheiten, die, auch ohne tödlich zu sein, doch die Gesundheit angreifen und damit das Leben schädigen[316]. Im 5. (und 9.) Kapitel kommt CANO noch einmal darauf zurück. Neben der zweifachen Glaubenswahrheit, dem unmittelbar oder mittelbar (die Konklusionen) zum Glauben Gehörenden, betrachtet er die "appendices fidei" wohl irgendwie, aber nicht einfachhin und unlösbar als Glaubenssache. "Aegrotat sane", wiederholt er, "ut ita dicam, in earum errore fides, non perit"[317]. Zwischen der Glaubenswahrheit, unter die er auch die Konklusionen fasst, und dem profanen Wissen liegen nach CANO noch die "appendices fidei" (wie die Kanonisation von Heiligen), für den Glauben nicht unerhebliche Inhalte christlicher Lehre[318]. Zur Unfehlbarkeit selbst äussert sich CANO an früherer Stelle. Dort bezieht er sie auf die Glaubenswahrheiten und damit nicht auch auf die "appendices fidei", wodurch er sie zugleich für die Zensuren unterhalb der Häresie auszuschliessen scheint, da er die "propositio erronea" und andere als Gegensatz nicht zu einer Wahrheit des Glaubens, sondern einer der Lehre (in entfernterer Beziehung zum Glauben) bestimmt[319].

J. DE LUGOS Vergleich findet sich in dem Abschnitt seines Glaubenstraktates über die Zensuren unterhalb der Häresie, genauer in den Ausführungen zur "propositio temeraria", die sich nach ihm auch nicht indirekt und verdachtsweise gegen das Glaubensobjekt (oder eine Konklusion) richtet, wohl aber in nicht geoffenbarten, gleichwohl zur Theologie und Frömmigkeit (und zum Heil) gehörenden Dingen ohne Grundlage dem allgemeinen Sinn der Theologen und Gläubigen entgegensteht. Ihm misst DE LUGO eine grosse Bedeutung bei und erblickt in der Ungebundenheit in diesem Bereich die Gefahr eines allmählichen Übergreifens auf dem Glauben näherliegende Dinge; sie alle seien nämlich wie Vormauern, ohne die man leichter den Glauben und seine Dogmen selbst angreife und die wegen einer gewissen, wiewohl nicht unbedingten Verbindung mit dem Glauben besondere Achtung verlangten[320]. Auch DE LUGO äussert sich zur Unfehlbarkeit in anderem Zusammenhang[321].

Dem Einwand von einem Dissens der Theologen in der Unfehlbarkeit bei den niederen Zensuren, speziell von einem anderslautenden Begriff der Ex-cathedra-Aussage stellt KLEUTGEN , zwischen den alten und den neuen, die Frage ausdrücklich behandelnden Theologen unterscheidend, einen umfassenden Konsens entgegen, den er zunächst anhand der ersteren aufweist. Spreche auch THOMAS , sagt er in der Anmerkung, bei der Frage der Festlegung des Glaubenssymbolums nur "de fidei articulis", antworte er doch auf die Frage nach den Unfehlbarkeitsobjekten mit "in his quae ad fidem pertinent", wobei nach ihm etwas "directe et principaliter" zum Glauben gehören könne, wie die Glaubensartikel, aber auch "indirecte et secundario, sicut ea, ex quibus negatis, sequitur corruptio alicuius articuli"[322]. Dazu sei angemerkt, dass es hiernach wohl eine einigermassen enge Verbindung ist, die das sekundäre Unfehlbarkeitsobjekt konstituiert, wie denn auch THOMAS in dem zitierten Quodlibet-Artikel (ob sämtliche von der Kirche Kanonisierten in der Seligkeit sind) immerhin die Kanonisation nicht eigentlich unter die zum Glauben gehörenden Dinge rechnet[323].

Aus den Werken BONAVENTURAS führt KLEUTGEN einmal an, man müsse der Definition des mit der Vollgewalt ausgestatteten Papstes "in fide et moribus" gehorchen, da, wie die Stelle im Original lautet, es ein grosses und keineswegs zu tolerierendes Übel sei, "in fide vel moribus eius definitioni dogmatizare contrarium, approbando quod ipse reprobat, reaedificando quod ipse destruit, defensando quod damnat"[324]. Weiter sagt BONAVENTURA von den Entscheidungen des Papstes in bezug auf die Orden, man dürfe sich seiner Definition keineswegs widersetzen (contraire)[325]. Zum anderen fasst KLEUTGEN zusammen, dass es geradezu häretisch (prorsus illicitum, impium, haereticum) sei, über die Regeln des hl. Franz, die Lebensweise der Brüder und ihre Rechte anders zu denken, als vom Hl. Stuhl festgelegt sei. Unter Eingebung des Hl. Geistes, sagt BONAVENTURA, habe der Papst diese bestimmte Lebensweise approbiert, weshalb niemandem Gegenteiliges zu denken (sentire) erlaubt sei[326]. Der hinsichtlich Frömmigkeit und Sittlichkeit vom Papst bestätigten Regel dürfe man sich nicht verweigern, als enthalte sie etwas Schlechtes[327].

Die schliesslich der "Summa theologica" ANTONINS entnommene Lehre, allein der Papst habe die Gewalt, "dubia circa quaecumque ad fidem, ad ius naturale et divinum pertinentia" mit Autorität und für alle Gläubigen verbindlich zu erklären, steht dort im Kapitel über die siebenfache Schlüsselgewalt Petri. Bezüglich der Jurisdiktionsgewalt des Papstes "in declarando dubia circa ius divinum vel naturale", kommt nach ANTONIN die autoritative, als wahr und fest verpflichtende Erklärung, die nicht mehr am Gegenteil festzuhalten (tenere vel opinari) zulässt, allein dem Papst zu. Es müsse in der Kirche um der Glaubenseinheit willen ein Haupt geben, das die spekulativen und praktischen Glaubenszweifel zu entscheiden hat (ad quod pertineat declarare illa, quae sunt dubia circa quaecumque ad fidem pertinentia, sive sint speculativa sive agibilia). Wenn auch - dies gegen den Einwand von der Irrtumsmöglichkeit und damit Unverbindlichkeit - der Papst als Einzelperson und aus eigenem Antrieb irren könne, so doch nicht "utens consilio et requirens adjutorium universalis ecclesiae, Deo ordinante ..."[328]. Speziell wegen dieser Formulierung ist die Unfehlbarkeitslehre ANTONINS für das 1. Vatikanum berühmt geworden[329].

Bei der durchgängigen Beschränkung der Unfehlbarkeit des Papstes auf Ex-cathedra-Aussagen kommt dem Begriff derselben ohne Zweifel entscheidende Bedeutung zu. Dass die Theologen gemeinhin darunter ausschliesslich eine Dogmatisierung verstünden, bestreitet KLEUTGEN. Auch bei solchen, die - wie BALLERINI und SARDAGNA - in diesem Sinne gedeutet würden, unterscheidet nach ihm "ex cathedra" nicht das primäre Objekt vom sekundären, sondern die papst-amtlichen Aussagen von den privaten. Belegstellen nennt er hier nicht. Auch relativiert die Tatsache, dass das Vatikanum in "Pastor aeternus" die "locutio ex cathedra" eigens beschrieben hat, die Frage nach ihrem Verständnis bei einzelnen Theologen. Über die beiden von KLEUTGEN erwähnten genügt deshalb eine kurze Notiz. Die antifebronianischen Arbeiten von P. BALLERINI, die gegen Mitte des 19. Jahrhunderts neu herausgegeben werden, bieten keine systematische Behandlung des Unfehlbarkeitsobjektes. Während "De potestate ecclesiastica summorum pontificum et conciliorum generalium" das Verhältnis von Papst und Konzil und die päpstliche Disziplinargewalt behandelt, stellt "De vi ac ratione Primatus" den Primat in seiner Funktion für die Einheit vor allem im Glauben dar[330]. Der Appendix über die Unfehlbarkeit der Päpste in Glaubensdefinitionen bestimmt die päpstliche Autorität entsprechend ihrem Zweck[331]. Unter betontem Einschluss der "mores" ist stets nur von Unfehlbarkeit "in definitionibus fidei" die Rede[332]. Der Zeitgenosse BALLERINIS, der Jesuit K. SARDAGNA, der die Unfehlbarkeit der Kirche "in materia fidei et morum", dazu in den (engeren) Facta dogmatica bejaht, behauptet sie auch für Ex-cathedra-Aussagen des Papstes "in quaestionibus fidei et morum"[333].

b. Ergänzende Ausführungen

Von den Ausführungen KLEUTGENS zu den übrigen Kapiteln und Kanones ist hauptsächlich die Erläuterung des zweiten Abschnittes des 4. Kapitels, der gesamtkirchlichen Gewalt der Bischöfe (und des Papstes)[334], von grösserer Bedeutung. Hier stellt er heraus, dass sowohl die Bischöfe, die als wahre Richter und Definitoren Dekrete erliessen, "in docenda et gubernanda universa ecclesia" Anteil hätten, als auch der Papst nach der Definition des 3. Kanons von "Pastor aeternus" die Vollgewalt besitze, so dass diese Gewalt ein dopppeltes Subjekt habe, den Episkopat (mit dem Papst) und den Papst allein. Ein die kirchliche Einheit zerstörender Dissens beider sei jedoch nicht zu befürchten; einmal stehe kein (nur bischöfliches) "Konzil" über dem Papst, zum anderen könnten die Bischöfe zerstreut nicht (nahezu) alle "in iis quidem rebus, in quibus ecclesia errare et deficere nequit", vom Papst abweichen. KLEUTGEN gibt dafür eine dreifache Begründung. Zuerst verweist er auf die göttliche Vorsehung, dass die Kirche fortdauern und nicht als Leib ohne Haupt untergehen werde. Sodann würde die Verheissung des göttlichen Beistandes an Petrus und an die Apostel trügen, könnte der Papst "ex cathedra" irren oder die Gesamtheit der Bischöfe in Irrtum fallen. Schliesslich könne das, was gegen die Wahrheit oder die Gerechtigkeit festgelegt würde, nicht im Himmel gebunden sein, weshalb nach Mt 18,18 nicht geschehen könne, dass alle Bischöfe "sive in docendo a veritate sive in gubernando a iustitia et sanctitate aberrent"[335]. Recht verstanden führt so die Dualität im Subjekt der obersten kirchlichen Gewalt zu keinem Konflikt. Der dem Papst (in Petrus) und ebenso den Bischöfen (in den Aposteln) zugesagte göttliche Beistand sichert die Harmonie und verhindert einen trennenden Irrtum - wie im dritten Argument gesagt wird - gegen die Wahrheit, die Gerechtigkeit und die Heiligkeit. Bemerkenswert ist hier, dass diese Unfehlbarkeit, in der noch einmal die "mores" angesprochen sind, als Unfehlbarkeit nicht allein auf die Lehre, sondern darüber hinaus auf die Leitung bezogen wird dergestalt, dass durch die oberste Gewalt der Kirche nichts gegen die Gerechtigkeit und die Heiligkeit verfügt werden kann. Die Kirche ist, wie an anderer Stelle gesagt wird, eine moralisch gebundene Gemeinschaft (multitudo hominum ad certum finem vinculis moralibus (iuribus et legibus) coniuncta)[336], die durch Kult und Heiligkeit dem ewigen Heil zustrebt[337]. Diese Bestimmung gilt natürlich auch für die dreifache Gewalt der Heiligung, der Lehre und der Leitung, die nach KLEUTGENS Erklärung das 3. Kapitel grundlegend und im allgemeinen aussagt, und die dann das 7. und 8. Kapitel speziell in bezug auf das Lehramt bzw. die Jurisdiktion darstellen[338]. Im Zusammenhang mit letzterer rechtfertigt KLEUTGEN die Aussage von der auch Strafe und Zwang einschliessenden vollen Leitungsgewalt insbesondere mit dem Hinweis, hier seien die Worte der päpstlichen Konstitutionen aufgenommen worden. Das Konzil könne nämlich nicht weniger behaupten, als durch das feierliche Urteil der Kirche (so in "Auctorem fidei") bereits definiert sei[339]. Die Bemerkungen über die Einheit und Heilsnotwendigkeit der Kirche, den Indifferentismus und die (verfassungsmässige) Unwandelbarkeit und Fortdauer der Kirche sind hier nicht von Belang. Mit letzteren endet auch etwas unvermittelt die Relatio.

Schon vor dieser hat sich KLEUTGEN, von dem trotz seiner einflussreichen Tätigkeit auf dem Konzil eine spätere Erklärung zu diesem nicht bekannt ist, über das (unfehlbare) kirchliche Lehramt in seinen Schriften zum Konzil und in seiner "Theologie der Vorzeit" geäussert[340]. Während er sonst mehr im allgemeinen vom Dienst der Kirche an der geoffenbarten Wahrheit, von ihrem Feststehen "vor Allem im G l a u b e n Christi", von der wahren Heilslehre, von Glaubenssachen, von Entscheidungen "über Glaubensfragen oder damit Zusammenhängendem" und nur beiläufig von "Glaube und Sitten" spricht[341], bringt er im Hauptwerk die in der Relatio erörterte Ausdehnung der Unfehlbarkeit innerhalb seiner ersten Abhandlung "von der Glaubensnorm", in der er "vom Worte Gottes" und "von der Lehre der Kirche" handelt, ausführlich zur Darstellung. Den Grundsatz, dass nur Geoffenbartes Gegenstand übernatürlichen

Glaubens sein kann, ergänzt er durch den anderen, "dass nur das aber auch alles das Gegenstand des Glaubens ist, was die Kirche als solchen verkündigt", und schliesst daraus, "dass die Kirche nie etwas für Gegenstand des Glaubens erklärt, was nicht geoffenbart ist"[342]. Dabei machen nach ihm nicht nur förmliche Entscheidungen eine Offenbarungswahrheit zum Dogma, sondern auch die gewöhnliche, übereinstimmende Lehre, mögen sich auch, wie er sagt, inzwischen nicht mehr viele Fragen finden, zu denen sich zu erklären die Kirche sich noch nicht veranlasst gesehen habe[343]. Zugleich darf man nach KLEUTGEN über den wissenschaftlich interessierenden dogmatischen Wahrheiten die anderen und gar die christliche Sittenlehre nicht ausser acht lassen. Wie viele Wahrheiten würden nicht nur in der Moraltheologie, sondern in der christlichen Unterweisung überhaupt als unzweifelhafte Offenbarungslehren vorgetragen, ohne dass dafür kirchliche Entscheidungen nachzuweisen wären, wie sich in diesen "kaum einige Grundwahrheiten der Moral nachweisen" liessen und selbst die Erlasse des Hl. Stuhles nicht alle Punkte davon berührten, etwa Feindesliebe, Demut, Ertragen von Verfolgungen und Leiden, in vieler Hinsicht selbst die Zehn Gebote und die Werke der leiblichen und geistigen Barmherzigkeit. Hierüber stünden nur Entscheidungen nicht an; "denn, dass jene Lehren der christlichen Moral geoffenbart sind, und es von hoher Wichtigkeit ist, sie als geoffenbarte zu verkünden und zu bekennen, wird doch wohl niemand läugnen"[344]. Neben den "theoretischen" Dogmen, die für den Weg zum ewigen Leben notwendige oder heilsame Wahrheiten enthüllen, stehen die "praktischen", die über die Mittel und Wege dazu belehren[345].

Unfehlbarkeit behauptet aber KLEUTGEN nicht nur für geoffenbarte oder dogmatische Lehren. Nach ihm trägt die Kirche in ihrem ordentlichen Lehramt auch manche nicht als Glaubenssätze zu betrachtende Wahrheiten vor und erklärt auch bei ausdrücklichen Entscheidungen nicht alles für Glaubenswahrheiten, zumal bei der Verurteilung nicht-häretischer Meinungen. Die Frage, ob mit diesen Zensuren immer auch über die Wahrheit der betreffenden Lehren entschieden werde, beantwortet er zustimmend, da die Kirche ihr Urteil für immer und unter allen Umständen ausspreche[346]. Sprächen auch die verschiedenen Zensuren für die Unterscheidung zwischen der kirchlichen Lehre im engeren und im weiteren Sinne, so beginne doch, wo das Gebiet des Dogmas aufhöre, nicht schon das der freien Meinung. Dazwischen lägen noch andere (entschiedene oder übereinstimmend vorgetragene) Lehren, allerdings nur solche, "welche sich auf die christliche Religion beziehen und daher mit der geoffenbarten Wahrheit in Verbindung stehen"[347]. Die Unfehlbarkeit der Kirche auch in diesem Bereich weist er unter Berufung auf sämtliche Theologen gegen N. CHRISMAN auf, der sie bei strikter Beschränkung auf das (ausdrücklich) Geoffenbarte (oder die Glaubensartikel) selbst für evidente Vernunftschlüsse daraus leugnet. "Nur darauf kommt es", wie KLEUTGEN sagt, "an, ob das Urtheil, wodurch eine Lehre mit einer Censur belegt wird, eine Entscheidung der lehrenden Kirche ... sei"[348]. Zur Begründung folgt einmal, dass die (ausdrücklichen) Offenbarungswahrheiten "wie unser Handeln und Wirken, so unser Denken und Dafürhalten, wenigstens in so weit es sich einigermassen auf die Religion bezieht, ordnen, unser ganzes innere und äussere Leben durchdringen" sollen, wozu jedoch auch "... Folgerungen aus ihnen hergeleitet und vielerlei Gegenstände nach ihnen wie nach Principien beurtheilt werden" müssten. "Ist also die Kirche kraft ihres Hirtenamtes bestellt, das göttliche Licht, so weit als der Zweck der Offenbarung es fordert, zu verbreiten, so sind wir auch bei dieser Bestimmung, Entwicklung, Anwendung und Benutzung der geoffenbarten Wahrheit für das Leben und die Wissenschaft auf sie als unsere Lehrerin angewiesen". Ist nun aufgrund dieser Verbindung des christlichen Lebens mit dem natürlichen "die Lehrgewalt der Kirche nicht auf die ausdrücklich geoffenbarten Wahrheiten eingeschränkt, sondern auf alles, was die Erfahrungs- und Vernunft-Wissenschaften lehren, insofern es mit den geoffenbarten Wahrheiten zusammenhängt, ausgedehnt", so gilt dies auch von ihrer Unfehlbarkeit, ohne welche die dem Lehramt gehorsame Christenheit in Irrtum geführt würde[349]. Dabei steht "ausser allem Zweifel, dass die Kirche ebenso wohl in der Sittenlehre als in der Glaubenslehre unfehlbar ist, so zwar dass sie nicht irren kann, wenn sie z.B. einen Vertrag für unerlaubt erklärt, oder was das göttliche Gesetz für den würdigen Empfang eines Sakramentes vorschreibe, bestimmt. Weil sowohl dies positive als auch das natürliche Gesetz in der Offenbarung enthalten ist, so gehört auch die Sittenlehre zur Glaubenslehre, und die Unfehlbarkeit der Kirche in der Erklärung derselben lässt sich aus ihrer Lehrgewalt ... herleiten"[350]. Aufgrund des Enthaltenseins des positiven göttlichen und des natürlichen Gesetzes in der Offenbarung sowie der Zugehörigkeit der (hier allerdings weitgefassten) "Sittenlehre" zur Glaubenslehre fällt also auch jene unter die unfehlbare Lehrautorität. Zugleich verlangt nach KLEUTGEN die Heiligkeit der Kirche, dass diese "nie etwas für Tugend oder Laster erkläre, was es nicht ist", weshalb sie in der Verwerfung von Meinungen, denen anzuhangen damit sündhaft ist, nicht irren könne. Lediglich die Zustimmung zu den (unfehlbar vorgetragenen) theologischen Folgerungen sei nach den Theologen ein "assensus" nicht "fidei", sondern "theologiae", obgleich viele in der kirchlichen Entscheidung einen Glaubenssatz begründet sähen, könne doch auch das aus der Offenbarung Gefolgerte als in ihr enthalten, als geoffenbart bezeichnet werden. Zudem müsste sonst die Kirche, die ihre Entscheidungen als streng verbindliche erlasse, fehlbare und unfehlbare unterscheiden[351]. Schliesslich argumentiert KLEUTGEN auch hier mit dem praktizierten Modus der globalen Verurteilung. Zur zuversichtlichen Unterwerfung unter die Entscheidungen der Kirche braucht es nach ihm nur die Erkenntnis, dass es sich um "Entscheidungen über die Lehre" handelt, wobei "die Kirche nichts lehrt und über nichts entscheidet, als was zur Religion Jesu Christi gehört". Wenn immer also der Träger der Lehrgewalt "über eine Lehre so urtheilt, dass er die ganze Christenheit verpflichtet, seinem Urtheil sich zu unterwerfen, so ist auch die Untrüglichkeit dieses Urtheils ausser Zweifel"[352].

In dieser Aussage kulminiert KLEUTGENS Unfehlbarkeitslehre, die in ihrer konsequenten Durchführung über zahlreiche andere Darstellungen hinausgeht, obgleich die von CHRISMAN vertretene enge Grenzziehung, wie zuletzt die Bemerkungen der Väter erkennen liessen, weithin überwunden ist[353]. Ausdrücklich nehmen die Konzilsvorlage und das revidierte Schema über die Kirche zum Lehramts- und Unfehlbarkeitsobjekt Stellung. Eingehend begründet die Relatio die Unfehlbarkeit des obersten kirchlichen Lehramtes auch für Akte, mit denen kein Dogma definiert und keine Häresie verurteilt wird. Dass die Moral darunter fällt, hat KLEUTGEN hinreichend deutlich gemacht. Wohl bleiben über seiner Konzeption und Argumentation kritische und weiterführende Fragen. Ein weites, wenn auch keineswegs unbegrenztes Gebiet wird hier der lehramtlichen Unfehlbarkeit zugewiesen. Die grundsätzliche Unterscheidung eines primären und sekundären Objektes ist dabei lediglich für die Zustimmungsqualität von Bedeutung, weitere Unterschiede bleiben ausser acht. Speziell der Lehramts- und Unfehlbarkeitsgegenstand Moral, zu dem vor allem KLEUTGEN wichtige Angaben macht, wird nicht systematisch und umfassend erörtert und präzise eingegrenzt. Auch das Verhältnis der "mores" zu "fides" wird nicht eigentlich in Erwägung gezogen. Mit den verschiedenen Argumenten (göttlicher Beistand in der Offenbarungsvermittlung; Heiligkeit und Heilsaufgabe der Kirche) ist die differenzierte Frage, wie sie sich heute stellt, nicht schon beantwortet. Niemand vermag zu sagen, wieweit sie die Konzilsväter bei einer neuerlichen Diskussion des Unfehlbarkeitsobjektes berührt hätten. Aufzuweisen ist allein, was sie im Zusammenhang mit der Definition der päpstlichen Unfehlbarkeit zur Frage des Objektes äussern, und was das Konzil als solches in "Pastor aeternus" darüber tatsächlich aussagt.

4. KAPITEL

DIE KONSTITUTION "PASTOR AETERNUS"

Während das Schema über die Kirche mit keinem Wort von der Unfehlbarkeit des Papstes spricht, ist diese bereits Gegenstand von Anträgen für und gegen eine Definition, die schliesslich auch zustande kommt, nicht als isolierte Konzilsentscheidung, sondern im Rahmen einer ersten Konstitution über die Kirche, die jedoch nur einen kleinen Teil des vorgesehenen Schemas zum Inhalt hat. Mit ihren zwei Hauptaussagen über den Primat, ganz besonders aber über die Unfehlbarkeit des Papstes ist die dogmatische Konstitution "Pastor aeternus" zum Fanal des 1. Vatikanums geworden. Auch die Frage nach der kirchlichen Lehrautorität auf dem Gebiete der Moral dringt hier zu ihrem bedeutsamsten "locus theologicus" vor. Dabei kann es im folgenden nicht um einen systematischen Kommentar zu "Pastor aeternus", nicht einmal um die Darstellung der wichtigsten und interessantesten Punkte der so heftig kontrovertierten Thematik gehen. Allein der Gegenstand der kirchlichen (päpstlichen) Lehrautorität und Unfehlbarkeit ist darin im Hinblick auf die Moral auszumachen. Der Gliederung der Konstitution entsprechend soll dies nach einem Überblick über ihre Geschichte und ihren Inhalt (I.) in zwei Schritten erfolgen, die sich durch die Aussagen über den Primat, speziell den Lehrprimat des Papstes (II.), und über seine Unfehlbarkeit (III.) nahelegen.

I. GESCHICHTE UND INHALT

1. Die Entwicklungsgeschichte

Anders als bei "Dei Filius" geht die Entwicklung zu "Pastor aeternus" nicht einen geradlinigen Weg, auf dem die erste Vorlage nur über verschiedene Textmodifikationen ihre endgültige Gestalt findet. Letzteres gilt erst von April/Mai 1870 an, nämlich für die unmittelbare Textgeschichte der "Constitutio I de ecclesia Christi".

Vielmehr lassen sich insgesamt drei Stadien unterscheiden, die Vorbereitung einer Konzilsvorlage, das schon genannte Schema über die Kirche und die Konzilsverhandlungen über den Entwurf der Konstitution "Pastor aeternus".

a. Die Vorbereitung einer Konzilsvorlage

Auch die Geschichte der zweiten Konstitution des Vatikanums reicht in die Anfänge des Konzils zurück, wird doch das Thema "Kirche" auf der Basis des Syllabus, der im 5. Paragraphen "de ecclesia eiusque iuribus" handelt, von Anfang an Gegenstand der Vorbereitungsarbeiten. Bei der Vergabe der Themen am 27. September 1867 werden im Rahmen dieses Paragraphen neben dem allgemeinen Thema über die Kirche, das PERRONE zugeteilt wird, zwei weitere Themen über den Papst sowie über seine Unfehlbarkeit zur Behandlung angewiesen. Speziell die weltliche Herrschaft des Papstes ist im Anschluss an den 9. Syllabus-Paragraphen Gegenstand des Votums von ADRAGNA "Errores de civili imperio Romani pontificis" (Aktenstück A-8e)[1]. Aus PERRONES Votum geht die ursprüngliche Fassung des Schemas über die Kirche hervor[2]. Das Thema über den Papst wird COSSA zur Bearbeitung übergeben. Sein Votum "De natura et iuribus primatus Romani pontificis (A-8a) sowie ein weiteres von HETTINGER "De Romano pontifice eiusdemque iuribus" (A-8b) und ein drittes von PERRONE "De Romano pontifice" (A-8c), alle gedruckt im August 1868[3], fasst in BILIOS Auftrag SCHRADER zu einem Kompendium "De Romano pontifice. Errores notandi" (Januar 1869, A-8d) zusammen[4]. Während schon COSSA im 2. und 3. Kapitel auch auf die Unfehlbarkeit zu sprechen kommt und PERRONE sogar ein eigenes (4.) Kapitel "De Romani pontificis auctoritate in docendo" mit einem (3.) Paragraphen "De definibilitate Romani pontificis infallibilitatis in docendo" entwirft, ist in SCHRADERS Kompendium die Unfehlbarkeitsfrage nicht aufgenommen. Die theologische Kommission diskutiert es am 14. und 21. Januar 1869[5], worauf HETTINGER eine Revision vornimmt: "De Romano pontifice eiusdemque iuribus capita doctrinae et canones" (April 1869, A-8i)[6]. Neben einem Vorwort und drei Kapiteln mit vier Kanones über den Primat findet sich darin wiederum ein 4. Kapitel "De Romani pontificis in decretis fidei et morum infallibilitate" mit einem Kanon. Am 22. April 1869 wird dieser Entwurf von der Spezialdeputation geprüft. Danach soll er prägnanter gefasst und das Unfehlbarkeitskapitel vorerst weggelassen werden ("hoc postremum caput non esse inserendum schemati de Romano pontifice ob prudentem illam oeconomiam de qua alibi")[7]. Da HETTINGER nicht in Rom bleiben kann, wird diese zweite Redaktion SCHRADER übertragen. Mit den Worten "Pastor aeternus" beginnend umfasst dieses "Decretum de Romano pontifice" (Mai 1869, A-81) nur ein (erstes) Kapitel über den Primat mit drei Kanones[8]. Nach der Besprechung in der theologischen Kommission am 10. Juni 1869[9] revidiert es SCHRADER noch einmal: "Decretum et canones de Romano pontifice" (August 1869, A-80). Es besteht nun aus einem Kapitel mit drei Kanones und 31 erläuternden Bemerkungen über den Primat sowie einem weiteren Kapitel über die weltliche Herrschaft des Papstes, das auf das Votum ADRAGNAS zurückgeht[10]. Von der dirigierenden Kommission am 22. August 1869 gebilligt[11], wird der Entwurf der Orientalen-Kommission übersandt.

Das Exposé der vorbereiteten Konstitutionen weist neben den Konstitutionen über die katholische Lehre (I.) und über die christliche Ehe (IV.) eine über die Kirche (II.) sowie eine eigene über den Papst (III.) aus. Danach gliedert sich das Kirchendekret in zwei grosse Teile, die Lehre von der Kirche selbst (Kapitel 1 bis 10) bzw. in ihren Beziehungen zum Staat (Kapitel 11 bis 13). Zweiteilig ist auch das Dekret über den Papst, das von der Einsetzung, Fortdauer und Natur des römischen Primats sowie von der weltlichen Herrschaft des Papstes handelt[12]. Im Unterschied zu dieser Übersicht spricht der in der Generalkongregation am 22. März 1870 verteilte "Index schematum quae a theologis et ecclesiastici iuris consultis praeparata fuerunt" nur mehr von drei vorbereiteten dogmatischen Schemata, wobei jenes über die Kirche (II.) entsprechend dem bereits ausgehändigten Text drei Teile aufweist, betreffend die Kirche selbst, ihr sichtbares Haupt (Primat und weltliche Herrschaft des Papstes) und ihre Beziehungen zum Staat[13]. Während die dirigierende Kommission am 26. und 29. Oktober 1869 noch das separate Kirchenschema behandelt und billigt[14], wird in dieses schliesslich das Dekret über den Papst mit seinen beiden Teilen, Primat und weltliche Herrschaft, als Kapitel 11 und 12 aufgenommen, so dass die übrigen drei nun als Kapitel 13 bis 15 zählen. In dieser Form wird das "Schema constitutionis dogmaticae de ecclesia Christi" am 21. Januar 1870 den Konzilsvätern übergeben[15]. Adnotatio 21 (zu Kapitel 11) begründet diese Ergänzung der Lehre von der Kirche durch jene über den Papst[16], die dennoch die bereits angeregte und vorbereitete Aussage über die päpstliche Unfehlbarkeit vermissen lässt.

Mit dem im Zusammenhang mit dem 5. Paragraphen des Syllabus ebenfalls ausgesparten Spezialthema über die Unfehlbarkeit des Papstes wird CARDONI betraut, der sein Votum "De Romani pontificis infallibilitate" (Februar 1869, A-8f)[17] durch ein frageförmiges Summarium (A-8g)[18] ergänzt, dem die theologische Kommission bei der Besprechung am 11., 18. und 25. Februar 1869 folgt[19]. Obwohl die Spezialdeputation am 22. April 1869 das Unfehlbarkeitskapitel aus dem von HETTINGER revidierten Dekret über den Papst herausnimmt, wird ein entsprechender Entwurf vorbereitet: "De Romani pontificis infallibilitate. Schema decreti" (Juni 1869, A-8n)[20], worüber die theologische Kommission am 18. Juni 1869 diskutiert, die dabei von den beiden Fassungen, der "Forma capitis definitionis" und der "Forma capitis doctrinae", letzterer den Vorzug gibt[21]. Eine Weiterbehandlung erfolgt zunächst nicht, jedoch schon bald nach der Eröffnung des Konzils, das seine Arbeit nicht mit dem Schema über die Kirche, sondern mit jenem über die katholische Lehre aufnimmt, tritt das Unfehlbarkeitsthema in ein neues Stadium.

b. Das Zusatzkapitel zum Kirchenschema

Selbstverständlich intendiert die Vorbereitungskommission eine Konzilsaussage über die päpstliche Unfehlbarkeit, nur sollte sie von den Vätern selbst beantragt, statt ihnen von vornherein mit dem Schema über die Kirche vorgelegt werden. In der Tat gehen bereits unmittelbar nach Konzilsbeginn, um die Jahreswende 1869/70, bei der Postulatenkommission zahlreiche Anträge zugunsten einer solchen Definition ein, von denen einer, der sogenannte Majoritätsantrag, etwa 450 Unterschriften trägt[22]. Daneben spricht sich eine nicht unbedeutende Anzahl von Vätern dafür aus, die Unfehlbarkeitsfrage dem Konzil nicht vorzulegen[23]. Am 9. Februar 1870 prüft die Kommission die eingegangenen Petitionen. Ihre nahezu einhellig getroffene positive Entscheidung[24] wird vom Papst gebilligt und am 1. März 1870 Konzilssekretär FESSLER mitgeteilt, der seinerseits die Konzilsväter mit Brief vom 6. März davon unterrichtet[25]. Zugleich wird ihnen ein "Caput addendum decreto de Romani pontificis primatu" zugestellt[26], mit dem im Anschluss an das 11. Kapitel des Kirchenschemas eine Definition der päpstlichen Unfehlbarkeit erfolgen soll. Dieses Zusatzkapitel "Romanum pontificem in rebus fidei et morum definiendis errare non posse" erfüllt nun, was HETTINGER in seiner Redaktion des Dekretes über den Papst mit dem hinzugefügten 4. Kapitel über die päpstliche Unfehlbarkeit vorgesehen hatte. Nach seinem formalen Aufbau (begründender Einleitungsabschnitt, Definitionsaussage, Kanon) dem Entwurf vom Juni 1869 (A-8n) nicht unähnlich, erscheint dennoch der neue Text inhaltlich sehr viel eigenständiger. SENESTREYS Tagebuch zufolge ist er von BILIO verfasst und vom Papst gebilligt worden[27]. Damit ist die Definition der Unfehlbarkeit des Papstes als Konzilsgegenstand angekündigt und fest eingeplant, nämlich im Rahmen des Kirchenschemas und darin im Anschluss an das 11. Kapitel. Während erst noch das Schema über die katholische Lehre zu behandeln ist, an das sich ein disziplinäres reihen sollte, wird das Kirchenschema bereits jetzt dem Studium der Konzilsväter empfohlen, die ihre schriftlichen Bemerkungen zu Kapitel 11 mit den Kanones 14 bis 16 und dem Zusatzkapitel (nach Fristverlängerung) bis 25. März einzureichen haben[28]. Diese werden - wie jene zu den ersten zehn Kapiteln des Schemas - in einer zweifachen "Synopsis analytica" der Observationes zum Primats- bzw. zum Zusatzkapitel zusammengefasst[29]. Für die eigentliche Debatte über das Schema - noch steht sie nicht an - ist damit eine wichtige Vorarbeit geleistet. Die Definition der päpstlichen Unfehlbarkeit, zu der man nach dem 11. Kapitel kommen würde, ist nur mehr eine Frage der Zeit, nach Meinung nicht weniger Väter allerdings einer unzumutbar langen Zeit. Tatsächlich wird sie drastisch verkürzt, indem man den Themenkomplex von Primat und Unfehlbarkeit des Papstes, Kapitel 11 und Zusatzkapitel, in der Form einer ersten Konstitution über die Kirche vorzieht.

c. Die Konstitution "Pastor aeternus"

Im März 1870 kommt es zumal nach der Einfügung des Zusatzkapitels zu einer Reihe von Petitionen für eine möglichst baldige, ja sofortige Vorlegung des Schemas über die Unfehlbarkeit des Papstes[30]. Wiederum fehlt es nicht an gegenteiligen Stimmen, die auf eine planmässige Behandlung dringen[31]. In den Versammlungen bei MAN-

NING Mitte April 1870 ist bereits eine vierteilige Konstitution mit dem Zusatzkapitel als Definitionsformel im Gespräch[32]. Dennoch fährt die Glaubensdeputation nach Beendigung ihrer Arbeit an "Dei Filius" am 21. April mit der Besprechung des zweiten Teiles des Glaubensschemas fort. Nach einem weiteren Vorstoss zahlreicher Väter am 22. April, der Papst möge das Unfehlbarkeitsschema unverzüglich dem Konzil vorlegen[33], kommt es schliesslich zu einer positiven Entscheidung, die am 27. April der Glaubensdeputation und am 29. April in der 47. Generalkongregation den Konzilsvätern bekanntgegeben wird. Auch erhalten diese nun die beiden Übersichten über die Bemerkungen zum Primat und zur Unfehlbarkeit[34]. Dankschreiben an den Papst, aber auch Klagen und Proteste folgen[35]. Die Generalkongregationen, die im Anschluss an "Dei Filius" nicht den vorgesehenen zweiten Teil, sondern das Schema über den Katechismus aufgegriffen haben, führen dieses fort bis zu einer vorläufigen Abstimmung, nach der es am 13. Mai 1870 der Vorlage der ersten Konstitution über die Kirche Platz macht. Sie hat eine Vorgeschichte innerhalb der Glaubensdeputation (Schema I), bis sie dem Konzil vorgelegt wird (Schema II), nach der Debatte in revidierter Fassung (Schema III) zur Abstimmung kommt und nach weiteren Modifikationen ihre endgültige Gestalt (IV) erlangt.

aa. Die Vorbereitung durch die Glaubensdeputation (Schema I)

Die Vorverlegung der Unfehlbarkeitsdefinition in der Form einer Konstitution über den Papst gibt den Bemerkungen der Väter über das Primats- und Unfehlbarkeitskapitel eine aktuelle Bedeutung. SCHRADERS Relatio über die ersteren, die bei Eröffnung der Unfehlbarkeitsthematik in der Glaubensdeputation am 27. April 1870 noch nicht gedruckt vorliegt, wird am 1. und 2. Mai 1870 besprochen, jene von W.A. MAIER, dem Theologen SENESTREYS, über die Bemerkungen zum Unfehlbarkeitskapitel dagegen bereits am 27. und 28. April sowie 1. Mai 1870[36]. Schliesslich wird eine zusammenfassende "Relatio observationum" gedruckt und mit den beiden Synopsen den Vätern ausgehändigt[37]. Ihre knapp 21 Spalten bei MANSI machen nur ein Siebtel des Umfanges der Synopsen selbst aus, bringen aber das Übergewicht der Unfehlbarkeitsthematik noch stärker zum Ausdruck, indem auf diese mehr als sechzehn, auf Vorwort und Primatsthema nur vier Spalten entfallen.

Das Grundkonzept der in Angriff genommenen Konzilsaussage steht bereits am 27. April 1870 fest. Wie zu den beiden Fragen SCHRADERS verlautet, ist über die Bildung einer eigenen Konstitution über den Papst nach dem Entscheid der Konzilspräfekten nicht mehr abzustimmen; zudem spricht sich der weitaus grösste Teil für deren Aufteilung in vier Kapitel (über die Einsetzung, Fortdauer und Natur oder Gewalt des Primats sowie über die Unfehlbarkeit des Papstes) aus. Auch die Bezeichnung "Constitutio prima de ecclesia" wird hierfür vorgeschlagen und einstimmig gebilligt[38]. Am 2. Mai 1870 wird nun das neue"Schema constitutionis dogmaticae primae de ecclesia Christi" (Schema I)[39] verlesen und in seinem Vorwort und ersten Kapitel besprochen. Am folgenden Tag kommen die übrigen drei Kapitel an die Reihe, wobei das letzte (Form A) auch noch die Versammlung am Vormittag des 5. Mai in Beschlag nimmt[40]. Am Abend wird dann eine verbesserte Fassung des 4. Kapitels (Form B) vorgelesen, ohne dass es jedoch zu einer Einigung darüber kommt[41]. Am 6. Mai 1870 trägt SCHRADER eine neue Definitionsformel (Form C) vor, die anschliessend diskutiert wird[42]. Am 7. Mai steht der verbesserte Gesamttext der Konstitution zur Begutachtung im Hinblick auf die Drucklegung an und wird nach geringfügigen Änderungen fast einstimmig gebilligt. Noch erheben sich allerdings Fragen[43]. Am 8. Mai wird das (gedruckte) Schema (Form D)[44] erneut diskutiert und verbessert (Form E)[45], ehe es dann am 9. Mai den Konzilsvätern übergeben wird (Schema II)[46]. Zuvor hat es dreimal als ganzes der Deputation vorgelegen, wenigstens fünf wie auch immer unterschiedliche Fassungen (A bis E) hat dabei das 4. Kapitel oder die Definitionsformel durchlaufen.

bb. Die Diskussion und Revision der Konzilsvorlage (Schema II)

Eingeführt wird die neue Konstitution in der 50. Generalkongregation am 13. Mai 1870 durch eine Relatio von Bischof PIE[47], der hier weithin auf die gedruckte "Relatio observationum" verweisen kann. In ihrem Aufbau stimmt die Vorlage schon ganz mit der endgültigen Konstitution überein, die aus einem Vorwort, vier Kapiteln (über die Einsetzung, Fortdauer, Natur und Gewalt des Primats sowie die Unfehlbarkeit des Papstes) und drei sich je auf die ersten drei Kapitel beziehenden Kanones besteht, wobei auch das 4. Kapitel mit einem Anathem auf die Gegner dieser Definition schliesst. Wie bei "Dei Filius" (Schema IV) erfolgt die Diskussion des Schemas in zwei Abschnitten. Die Generaldebatte erstreckt sich von der 51. Generalkongregation am 14. Mai 1870 bis zur 64. Generalkongregation am 3. Juni 1870. Zu den 64 Reden, die gehalten werden, wobei auch Mitglieder der Glaubensdeputation jeweils auf die erhobenen Einwände antworten, kommen noch vier privat eingereichte Stellungnahmen[48]. Gegenstand dieser Äusserungen ist vor allem die Opportunität und Definibilität der Unfehlbarkeitslehre, die beide unterschiedlich beurteilt werden. Einem Antrag auf Schluss der Generaldebatte vom 2. Juni wird am folgenden Tage durch Abstimmung stattgegeben, wogegen dennoch ein Teil der Väter Protest einlegt[49]. Bereits am 22. Mai macht sich die Glaubensdeputation Gedanken über eine andere Formulierung des Unfehlbarkeitsobjektes.

Die Spezialdebatte beginnt mit der 65. Generalkongregation am 6. Juni 1870 und endet nach vier Wochen wiederum auf Antrag[50] mit der 82. Generalkongregation am 4. Juli 1870, wobei vom 15. Juni an das Unfehlbarkeitskapitel diskutiert wird[51]. Um das Vorwort[52] geht es am 6. Juni[53]. Die diesbezüglichen Emendationes - privat eingereichte kommen jeweils hinzu[54] - werden am 9. Juni von der Glaubensdeputation diskutiert[55] und am 13. Juni nach Erläuterung durch ihren Sprecher LEAHY zur Abstimmung vorgelegt[56]. Am 19. Juni revidiert die Deputation den Text[57], der in der Generalkongregation am 2. Juli angenommen wird[58].

Das 1. und 2. Kapitel[59] wird am 7. Juni diskutiert[60]. Mit den Emendationes dazu[61] befasst sich die Deputation am 12. Juni[62]. Deren Urteil trägt D'AVANZO am 15. Juni den Vätern vor[63]. Über den von der Deputation am 19. Juni revidierten Text[64] wird am 2. Juli, über die zugehörigen Kanones am 13. Juli abgestimmt[65].

Die Debatte über das 3. Kapitel[66] erstreckt sich auf die vier Generalkongregationen vom 9. bis 14. Juni[67]. Die Deputation begutachtet die Emendationes[68] am 19., 21., 24. und 26. Juni[69]. Am 5. Juli erfolgt nach der Relatio von ZINELLI die Abstimmung[70], wobei der (3.) Kanon Schwierigkeiten aufwirft, weshalb er am 11. Juli im Sinne der Deputation noch einmal zur Sprache gebracht und dann von den meisten Vätern angenommen wird[71]. Die Deputation ändert daraufhin das 3. Kapitel, das am 13. Juli zur Abstimmung vorliegt[72].

Die Debatte über das 4. Kapitel[73] nimmt schliesslich vom 15. Juni an elf Generalkongregationen in Anspruch, in denen 47 Reden gehalten werden, neben denen noch fünf weitere in den Akten niedergelegt sind[74]. Die vorgebrachten Emendationes[75] trägt am 7. und 8. Juli KLEUTGEN der Glaubensdeputation vor[76]. GASSER obliegt die Berichterstattung in der 84. Generalkongregation am 11. Juli[77]. Nach entsprechender Anpassung durch die Deputation am Abend desselben Tages wird das 4. Kapitel am 13. Juli zur Abstimmung vorgelegt und angenommen[78]. In dieser Generalkongregation erfolgt die Abstimmung über das ganze auf die Debatte hin revidierte Schema der Konstitution (Schema III)[79], wobei die Konzilsväter noch einmal die Möglichkeit haben, durch ein "Placet iuxta modum" eine letzte Modifikation einzubringen.

cc. Die letzten Äusserungen und Änderungen (Schema III)

Die Abstimmung der 601 Väter über das ganze Schema III ergibt 451 einfache Ja-, 62 bedingte Ja- und 88 Neinstimmen. Eine ernste und entschiedene Kritik, die über den Rahmen der 163 Nummern zählenden Exceptiones[80] hinaus die letzten Tage vor der feierlichen Schlussabstimmung und Verabschiedung der Konstitution prägt, kündigt sich damit an. In einer Morgen- und Abendversammlung befasst sich am 14. Juli die Glaubensdeputation mit den grösstenteils (von Nummer 49 an) die Unfehlbarkeit betreffenden Exceptiones, wobei sie in die Definitionsformel das umstrittene "ex sese, non autem ex consensu ecclesiae" einfügt[81]. Darüber referieren in der 86. Generalkongregation am 16. Juli D'AVANZO in bezug auf das Vorwort und die ersten zwei Kapitel, ZINELLI in bezug auf dritte sowie GASSER in bezug auf das 4. Kapitel[82]. Nur zwei Exceptiones werden danach zur Abstimmung vorgelegt und auch angenommen[83]. Verschiedentliche ernste Vorstellungen bei der Konzilsleitung, selbst beschwörende Petitionen beim Papst[84] führen keine Änderung mehr herbei, so dass nicht wenigen Konzilsvätern eine bemerkenswerte Unzufriedenheit und Besorgnis bleibt, die einen Schatten auf die feierliche Sessio IV am 18. Juli 1870 wirft, in der die Konstitution "Pastor aeternus" (Textfassung IV) neben zwei (allerdings rasch revozierten) Non-placet-Stimmen von den übrigen 533 Vätern angenommen und vom Papst bestätigt wird[85]. Auch bis zur ausdrücklichen Rezeption dieser Konzilsaussage durch die bei der Schlussabstimmung nicht anwesenden Väter vergeht noch Zeit[86], während die Gegnerschaft anderer Kreise zu einem grossen Teil nicht mehr behoben wird.

Übersicht :

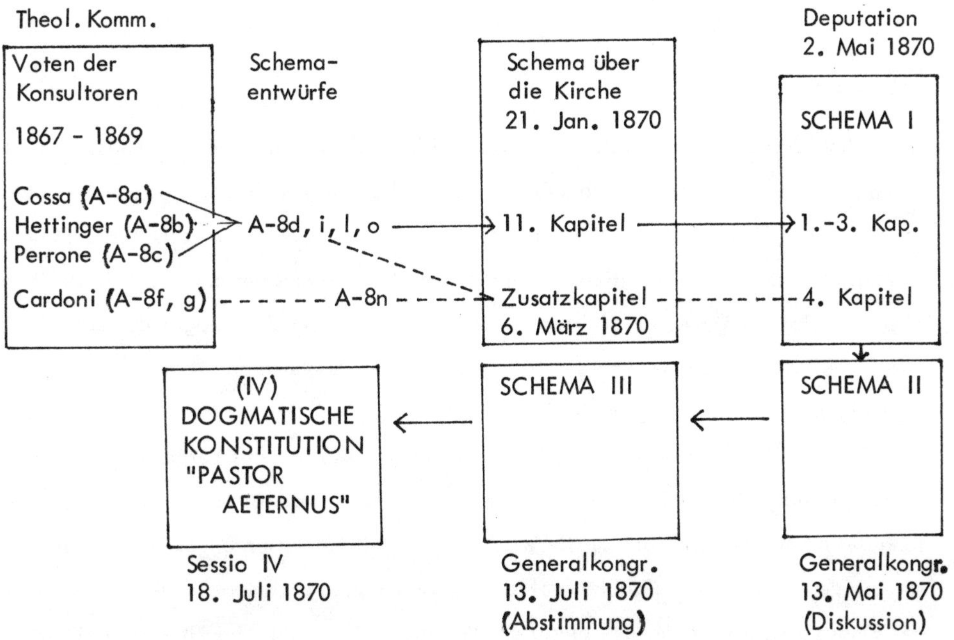

2. Die inhaltlichen Ansätze

a. Allgemeiner Überblick

Ihrem äusseren Aufbau nach ist die Konstitution "Pastor aeternus" im Vergleich zu "Dei Filius" etwas kürzer und durchsichtiger. Sie hat nur drei Aussagetypen, ein Vorwort, vier Kapitel und vier Kanones, die jeweils das betreffende Kapitel abschliessen; dabei beschränkt sich der 4. Kanon im Unterschied zu den übrigen auf die Anathematisierung der "dieser Definition Widersprechenden". Inhaltlich gliedert sie sich ihrer Entstehung nach in zwei Teile, die Aussagen über den Primat (einschliesslich 3. Kapitel) beziehungsweise die Unfehlbarkeit des Papstes (4. Kapitel). Schon umfangmässig ruht das Gewicht auf dem 3. und 4. Kapitel. Auch wenn sich letzterem auf dem Konzil und in dieser Untersuchung das Hauptaugenmerk zuwendet, sind die Primatskapitel hier nicht ohne Bedeutung. Zum einen gilt, dass beide Aussagen eng miteinander verbunden sind, wie der Anfang des 4. Kapitels erkennen lässt, zum anderen erwähnt neben der Definitionsformel auch das 3. Kapitel im Hinblick auf die Autorität des Papstes ausdrücklich die "mores".

aa. Das Vorwort

Bezeichnenderweise beginnt das Vorwort der Kirchenkonstitution mit Christus, dem ewigen Hirten, der die Kirche als Glaubens- und Liebesgemeinschaft gegründet habe (in qua veluti in domo Dei viventis fideles omnes unius fidei et caritatis vinculo continerentur). Dieser Einheit dient die Institution der "pastores et doctores" in der Kirche, der Christi eigene, an die Apostel weitergegebene Sendung zugrundeliegt[87]. Die Einheit der Hirten und Lehrer selbst, des Episkopates, und damit das Bleiben aller Gläubigen "in fidei et communionis unitate" hat Christus institutionalisiert im Petrusamt (beatum Petrum ceteris Apostolis praeponens in ipso instituit perpetuum utriusque unitatis principium ac visibile fundamentum ...)[88]. Bei dieser fundamentalen Bedeutung des päpstlichen Primats für die Kirche soll die Konstitution angesichts der sich steigernden Angriffe die Glaubenslehre (doctrinam ... credendam et tenendam) von der Einsetzung, Fortdauer und Natur des Primats - die Unfehlbarkeit wird nicht genannt - dem alten und beständigen Glauben der Kirche gemäss darlegen und die gegenteiligen verderblichen Irrtümer verurteilen[89]. Diese Konzeption, aus gegebenem Anlass die traditionelle Primatslehre darzulegen, bringt es mit sich, dass immer wieder Traditionszeugnisse angeführt werden, so dass die Konstitution zu grossen Teilen aus Zitaten besteht. Bei zahlreichen Begriffen und Aussagen ist man darum in die Geschichte zurückverwiesen.

bb. Die Kapitel über den Primat

Die im Vorwort angekündigte Lehre "de institutione, perpetuitate ac natura sacri Apostolici primatus" wird namentlich in den drei ersten Kapiteln ausgesprochen. Sie lassen sich in zwei Aussagereihen fassen; die erste betrifft die Tatsache oder historische Grundlegung des päpstlichen Primats, seine Institution durch Christus in Petrus

(1. Kapitel) und seine Fortdauer prinzipiell und de facto im Papst von Rom (2. Kapitel), die zweite Aussagenreihe reflektiert den Inhalt des Primats und setzt dabei besondere Akzente (3. Kapitel).

Hinsichtlich der historischen Grundlegung des päpstlichen Primats wird im 1. Kapitel, das in seinen zwei Paragraphen erst positiv die Lehre ausdrückt und dann die entgegengesetzten Auffassungen kennzeichnet, zuerst die durch das Evangelium bezeugte Lehre vorgetragen, dass Christus dem Petrus "immediate et directe" den Jurisdiktionsprimat über die ganze Kirche verheissen und übertragen habe. An Schriftstellen werden hierzu angeführt Joh 1,42 ("Cephas"), 21,15ff und Mt 16,16ff. Diese Lehre ("ut ab Ecclesia catholica semper intellecta est") widerspreche den Auffassungen, es sei Petrus von Christus nicht "vero proprioque iurisdictionis primatu" vor den übrigen Aposteln (einzeln und zusammen) ausgestattet worden oder er habe diesen Primat nicht unmittelbar und direkt von Christus, sondern über die Kirche erhalten. Schliesslich unterstreicht der Kanon : Petrus, das sichtbare Haupt der Kirche, hat nicht nur einen Ehrenvorrang, sondern einen wahren und eigentlichen Jurisdiktionsprimat, und zwar direkt und unmittelbar von Christus[90].

Zu diesen grundlegenden Aussagen ergänzt das 2. Kapitel, das in Petrus zum beständigen Heil und Wohl der Kirche von Christus Eingesetzte müsse bestehen bleiben. Kein Zweifel, wie aus dem Ephesinum zitiert wird, dass Petrus, Glaubensfundament der Kirche (... fideique columna et ecclesiae catholicae fundamentum) und Schlüsselträger, in den Bischöfen von Rom fortlebt (semper in suis successoribus "vivit" et praesidet et "iudicium exercet"), weshalb (nach IRENÄUS) mit der römischen Kirche alle übereinstimmen müssen, von welchem Sitz (nach AMBROSIUS) die "venerandae communionis iura" auf alle Glieder des Leibes der Kirche übergingen. Der Kanon fasst die beiden Hauptaussagen des Kapitels zusammen[91].

Das 3. Kapitel "De vi et ratione primatus Romani pontificis" umfasst neben dem Kanon fünf Paragraphen, von denen die letzten beiden spezielle Folgerungen der in den ersten drei Paragraphen ausgeführten Lehre aufzeigen. Gestützt auf die Zeugnisse der Schrift sowie der Päpste und Konzilien erneuert der 1. Paragraph die Definition des Florentinums aus dem "Decretum pro Graecis", dass der Papst den Primat über die ganze Kirche innehabe, Stellvertreter Christi, Haupt der ganzen Kirche und

Vater und Lehrer aller Christen sei (omnium christianorum patrem ac doctorem existere) und von Christus die Vollgewalt, die ganze Kirche zu weiden, zu leiten und zu verwalten (pascendi, regendi ac gubernandi universalem ecclesiam ... plenam potestatem), empfangen habe, wie dies auch die Konzilsakten und Kanones enthielten (quemadmodum etiam in gestis oecumenicorum conciliorum et in sacris canonibus continetur)[92]. Ein Interpretationsproblem wirft der Nachsatz "quemadmodum ..." auf, den manche als Beschränkung statt als Bestätigung der Aussage über die päpstliche Gewalt deuten[93]. Bringt der 1. Paragraph vor allem die Tatsache und die allgemeinen Wesenszüge des Primats zum Ausdruck, ohne auf die einzelnen Aussagen einzugehen, so liefert die Definition des 2. Paragraphen die nähere Bestimmung der Primatsgewalt nach Inhalt und Anspruch. Über den Inhalt des Primats wird ein Zweifaches gesagt: Er ist eine ordentliche Obergewalt der römischen Kirche über alle anderen sowie eine unmittelbare und wahrhaft bischöfliche Jurisdiktionsgewalt[94]. Diese entscheidende Aussage ist noch einmal Gegenstand des Kanons, der dem Papst nicht nur ein Aufsichts- oder Leitungsamt, sondern die volle und höchste Jurisdiktionsgewalt über die ganze Kirche ..., und zwar nicht nur einen grösseren Anteil, sondern die Fülle der Gewalt als einer ordentlichen und unmittelbaren über alle und jeden Gläubigen zuerkennt[95]. Über den in dieser Gewalt liegenden Anspruch sagt der Paragraph, dass alle einzeln und als Gesamtheit verpflichtet seien, ihr sich unterzuordnen und aufrichtig zu gehorchen, nicht allein in Sachen des Glaubens und der Sitten, sondern auch in solchen der Disziplin und Regierung der Weltkirche (officio hierarchicae subordinationis veraeque oboedientiae obstringuntur, non solum in rebus, quae ad fidem et mores, sed etiam in iis, quae ad disciplinam et regimen ecclesiae per totum orbem diffusae pertinent). Damit sind Subjekt, Objekt und Art der Verpflichtung durch die Primatsgewalt angegeben. Was das Subjekt betrifft, werden ausnahmslos alle Gläubigen erfasst. Hinsichtlich des Objektes werden vier Bereiche, in denen die päpstliche Jurisdiktionsgewalt verpflichtet, aufgezählt, die Dinge, "quae ad fidem et mores, ... ad disciplinam et regimen ecclesiae per totum orbem diffusae pertinent", eine Formulierung, die der Kanon bei der Bezeichnung des Objektes der Jurisdiktionsgewalt wörtlich wiederholt. Bemerkenswert sind hier die Koordinierung und Akzentuierung. Einmal begegnen deutlich zwei Zweiergruppen: "fides et mores" und "disciplina et regimen ecclesiae", und zwar in einem zweimaligen Ansatz : "non solum – sed etiam", was die "disciplina et regimen ecclesiae" den wie selbstverständlich und unbestritten anmutenden "fides et mores" gegenüber betont. Auffallend ist zudem der zweimalige ausführliche Ausdruck "ecclesiae per totum orbem diffusae", der nicht einfach die Kirche in ihrer Gesamtheit, sondern auch in ihren einzelnen Gliederungen und Gliedern meint, die der Disziplinar- und Regierungsgewalt des Papstes unterstehen. Hinsichtlich der Art der Verpflichtung ist wiederum ein Zweifaches gefordert, hierarchische Unterordnung und wahrer Gehorsam. Beides wird im Kanon nicht mehr erwähnt. Zum Schluss nennt der Paragraph als Ziel der Primatsgewalt und der ihr geschuldeten Verpflichtung die Einheit der Kirche im Glaubensbekenntnis und in der Gemeinschaft (ita ut, custodita com Romano pontifice tam communionis quam eiusdem fidei professionis unitate, ecclesia Christi sit unus grex sub uno summo pastore)[96].

An der Aussage von der ordentlichen und unmittelbaren bischöflichen Jurisdiktionsgewalt des Papstes über die ganze Kirche stellt der <u>3. Paragraph</u> klar, dass diese päpstliche Gewalt die gottgegebene ordentliche und unmittelbare bischöfliche Jurisdiktionsgewalt der Einzelbischöfe nicht angreife, sondern sie vielmehr wahre, festige und verteidige[97]. Der <u>4. Paragraph</u> folgert aus der Regierungsgewalt des Papstes über die ganze Kirche das Recht seines freien Verkehrs mit den Bischöfen und Gläubigen zur Belehrung und Leitung auf dem Weg des Heiles (ut iidem ab ipso in via salutis doceri ac regi possint) und verwirft die Meinung, es dürfe dies gehindert werden oder es sei dies vom Staat abhängig, und päpstliche Anordnungen besässen erst Gültigkeit nach dem staatlichen Plazet[98]. Schliesslich statuiert der <u>5. Paragraph</u> für den Papst aufgrund des Primats die richterliche Suprematie dergestalt, dass man sich in allen einschlägigen Angelegenheiten an ihn als den obersten Richter (iudicem supremum fidelium) wenden könne (in omnibus causis ad examen ecclesiasticum spectantibus ad ipsius posse iudicium recurri) und sein Urteil – "sedis ... apostolicae ... auctoritate maior non est" – keine weitere Instanz mehr, auch nicht die eines allgemeinen Konzils, über sich habe[99]. Dieser Paragraph handelt, wie auch die in ihm verwendeten Traditionstexte erkennen lassen, nur vom forensischen Urteil des Papstes[100], nicht von seiner Lehrautorität. Er bringt mit "iudex supremus fidelium" wohl einen Titel ein, der sich im Zitat des Florentinums nicht ausdrücklich findet, auf den hier jedoch nicht weiter einzugehen ist.

cc. Das Kapitel über die Unfehlbarkeit

Das 4. Kapitel der Konstitution "Pastor aeternus" ist bereits in seinem Titel "De Romani pontificis infallibili magisterio" beachtenswert. Dieser spricht - mit Bedacht - nicht einfach von der Unfehlbarkeit des Papstes, sondern von der seines Lehramtes. Das Kapitel selbst setzt sich im Grunde aus zwei Teilen zusammen, einem längeren ersten, der die Begründung und Erklärung der Unfehlbarkeitslehre bietet, und einem zweiten Teil, in dem diese dann definiert wird. Der erste Teil des Kapitels, das ausser im Titel nur in der Definitionsformel namentlich von Infallibilität spricht, gliedert sich seinerseits in zwei Teile, in die Begründung (durch Traditionsbeweis) und die Erklärung - beides geht ineinander über - der päpstlichen Unfehlbarkeit. Der erste Satz verknüpft dieses Unfehlbarkeitskapitel mit jenem vom Primat und nimmt die Begründung durch die Tradition summarisch vorweg. Diese Tradition, konkret der Apostolische Stuhl, die ständige Übung der Kirche und die ökumenischen Konzilien, werden angerufen zum Zeugnis dafür, dass im Primat auch die oberste Lehrgewalt eingeschlossen sei (ipso ... apostolico primatu, quem Romanus pontifex ... obtinet, supremam quoque magisterii potestatem comprehendi)[101]. Was dem Papst zuerkannt und im folgenden aufgewiesen wird ("enim"), ist unmittelbar die oberste Lehrgewalt, aber schon der erste Text (aus dem 4. Konzil von Konstantinopel) spricht zugleich von der Unversehrtheit des katholischen Glaubens im Apostolischen Stuhl, der deshalb als unfehlbare Glaubensregel verpflichtet. Die oberste Lehrgewalt ist somit als unfehlbare zu verstehen. Dies ist der eigene, entscheidende Schritt, den das 4. Kapitel vollzieht, der einleitende Satz nimmt ihn nicht vorweg, da er nominell nur die oberste Lehrgewalt des Papstes herausstellt, den schon das 3. Kapitel als den "omnium Christianorum ... doctorem" vorstellt, dessen Jurisdiktionsprimat "in rebus, quae ad fidem et mores ... pertinent" alle ohne Ausnahme zu hierarchischer Unterordnung und wahrem Gehorsam verpflichtet. Nunmehr wird dieser Inhalt des Primats ausdrücklich mit Namen genannt. Damit führt sich das 4. Kapitel als Folgerung aus dem Gegenstand des dritten, dem Jurisdiktionsprimat, ein, der darum den Schlüsselbegriff bildet (und vielleicht sogar das grössere Problem darstellt als die Unfehlbarkeit)[102].

Den ersten Teil der Begründung nehmen drei Konzilstexte ein. Aus dem 4. Konzil von Konstantinopel wird das selbst traditionsbewusste feierliche Bekenntnis zitiert, dass man in erster Linie die Regel des rechten Glaubens beobachten (rectae fidei regulam custodire) müsse, dass das Wort Christi: "Tu es Petrus, et super hanc petram aedificabo ecclesiam meam" sich darin verwirkliche, dass im Apostolischen Stuhl die katholische Lehre stets unversehrt bewahrt und verkündet worden sei (in Sede Apostolica immaculata est semper catholica reservata religio et sancta celebrata doctrina), weshalb man sich "ab huius ergo fide et doctrina" nicht trennen, sondern in der von ihm verkündeten Gemeinschaft, in der die volle und wahre Festigkeit der christlichen Religion gründe (in qua est integra et vera christianae religionis soliditas), bleiben wolle[103]. Darauf folgt das Bekenntnis der Griechen auf dem 2. Konzil von Lyon, dass der römischen Kirche der Primat mit der Vollgewalt über die ganze Kirche verliehen sei und dass, wie sie vor den übrigen gehalten sei, "fidei veritatem defendere", auch auftauchende Fragen über den Glauben durch ihr Urteil definiert werden müssten (si quae de fide subortae fuerint quaestiones, suo debent iudicio definiri)[104]. Als drittes Konzilszeugnis wird die schon für den Primat zitierte Definition des Konzils von Florenz zum grossen Teil wiederholt, dass nämlich der römische Papst wahrer Stellvertreter Christi, Haupt der ganzen Kirche, Vater und Lehrer aller Christen sei und in Petrus die volle Gewalt innehabe, die ganze Kirche zu weiden, zu leiten und zu regieren[105].

Der anschliessende zweite Teil der Begründung, der erst am 9. Juli zur Verdeutlichung eingefügt wird[106], zeigt die im Einleitungssatz angesprochene Praxis der Kirche auf, die die Unfehlbarkeit des Papstes nicht nur im allgemeinen, sondern auch in der Art und Weise ihrer Ausübung bezeugt[107]. Das Wort vom Hirtenamt (aus dem Florentinum) aufgreifend, wird zunächst das ständige Bemühen der Päpste um die Ausbreitung der Heilslehre Christi (salutaris Christi doctrina) genannt, aber auch ihre ebenso wachsame Sorge um deren Bewahrung (ut, ubi recepta esset, sincera et pura conservaretur). Die Realität und nicht nur die Intention dieses Bewahrens wird vorausgesetzt, wenn es heisst, nach alter Regel hätten die Bischöfe einzeln wie auf Synoden gerade die Glaubensfragen dem – im Glauben unwandelbaren – Apostolischen Stuhl zur Entscheidung anvertraut (ea praesertim pericula, quae in negotiis fidei emergebant, ad hanc Sedem Apostolicam retulerunt, ut ibi potissimum resarcirentur damna fidei, ubi fides non potest sentire defectum). Die Päpste aber, fährt der Text fort, hätten je nach den Umständen durch allgemeine oder partikuläre Synoden oder andere von der Vorsehung dargebotene Mittel als Lehre definiert, was sie mit Gottes Hilfe als mit der Schrift und den apostolischen Traditionen übereinstimmend erkannt hätten (ea tenenda definiverunt, quae sacris scripturis et apostolicis traditionibus consentanea, Deo adiutore, cognoverant)[108]. Von diesen Entscheidungen wird schliesslich gesagt, dass die Väter und rechtgläubigen Lehrer der apostolischen Lehre der Päpste stets gefolgt seien in dem vollen Bewusstsein, dass der Stuhl Petri stets von allem Irrtum frei bleibe (plenissime scientes, hanc Petri Sedem ab omni semper errore illibatam permanere), der Verheissung Christi an Petrus gemäss : "Ego rogavi pro te, ut non deficiat fides tua : et tu aliquando conversus confirma fratres tuos" (Lk 22,32)[109]. Dieses Wort ist neben der innerhalb des ersten Konzilstextes zitierten Stelle Mt 16,18 das einzige im 4. Kapitel angeführte Schriftargument.

Was diese Schilderung der kirchlichen Praxis bereits an Erklärung der päpstlichen Unfehlbarkeit bringt, wird nun noch durch andere Sätze zu einem bemerkenswerten Gesamtbild des Verständnisses ergänzt. Der Tenor des ganzen ist die Bewahrung des Glaubensdepositums als Fundament der Einheit der Kirche. Die "salutaris Christi doctrina" ist es, deren Ausbreitung, aber auch Bewahrung die Sorge der Päpste gilt; gerade "in negotiis fidei" wenden sich die Bischöfe an den Apostolischen Stuhl; "quae sacris scripturis et apostolicis traditionibus consentanea" (sunt), definieren die Päpste. Auf diesen Bezugspunkt wird dann noch besonders aufmerksam gemacht : Der den Päpsten verheissene Hl. Geist gebe ihnen nicht eine Offenbarung, um eine neue Lehre zu verkünden, sondern stehe ihnen bei, die durch die Apostel überlieferte Offenbarung oder das Glaubensdepositum heilig zu hüten und treu auszulegen (Neque enim Petri successoribus Spiritus Sanctus promissus est, ut eo revelante novam doctrinam patefacerent, sed ut, eo assistente, traditam per Apostolos revelationem seu fidei depositum sancte custodirent et fideliter exponerent)[110]. Im Dienste der Bewahrung des Glaubensdepositums, steht die Gabe der Unfehlbarkeit auch im Dienste der Kirche, wenn es abschliessend heisst, diese Gnadengabe der Wahrheit und des unwandelbaren Glaubens (hoc igitur veritatis et fidei numquam deficientis charisma) sei den Päpsten von Gott gegeben, damit sie ihr hohes Amt zum Heil aller Menschen ausüben, die ganze Herde Christi durch sie von der Giftspeise des Irrtums ferngehalten und mit der Speise der himmlischen Lehre genährt werde, die Kirche in der Einheit bleibe und, gestützt auf ihr Fundament, gegen die Pforten der Unterwelt festen Bestand habe (ut excelso suo munere in omnium salutem fungerentur, ut universus Christi grex per eos ab erroris venenosa esca aversus, caelestis doctrinae pabulo nutriretur, ut, sublata schismatis occasione, ecclesia tota una conservaretur, atque suo fundamento innixa, firma adversus inferi portas consisteret)[111].

Der zweite Teil des 4. Kapitels, die Definition dieser im vorhergehenden begründeten und erläuterten Unfehlbarkeitslehre, lässt sich in vier Abschnitte gliedern, die die Veranlassung, die Intention, die Aussage und die im Kanon erfolgende Bekräftigung der Definition zum Gegenstand haben. Den Kern bildet die Definition selbst, ihre Charakterisierung und ganz besonders ihr Lehrinhalt. Die Veranlassung erblickt das Konzil, wie der erst zuletzt eingefügte Teil abschliessend zum Ausdruck bringt, in den derzeitigen Angriffen auf die gerade jetzt so notwendige päpstliche Autorität[112]. Die Intention des Konzils, die die vorgetragene Lehre formal näher bestimmt, gibt mit der Zielsetzung der Definition auch noch eine begründete Charakterisierung ihres Inhaltes. So nennt der Satz "Itaque ... definimus" als Ziel die Ehre Christi, die Erhöhung der katholischen Religion und das Heil der christlichen Völker. Sodann wird gesagt, dass es sich bei der folgenden Lehre um ein "divinitus revelatum dogma" handele, und zwar wird diese Aussage gemacht zum einen in Treue zur urchristlichen Glaubensüberlieferung (traditioni a fidei christianae exordio perceptae fideliter inhaerendo) und zum anderen in Form einer festen Entscheidung (definimus)[113].

Der Inhalt der Definition oder der Gegenstand des Glaubenssatzes, die entscheidende und in jedem einzelnen Wort wohlerwogene[114] Aussage des 4. Kapitels ist, dass der Papst, wenn er ex cathedra spricht, das heisst, wenn er in seinem Amt als Hirt und Lehrer aller Christen gemäss seiner höchsten apostolischen Autorität eine Lehre über den Glauben oder die Sitten als von der ganzen Kirche festzuhalten definiert, durch göttlichen Beistand die der Kirche in der Definition einer Glaubens- oder Sittenlehre verliehene Unfehlbarkeit besitze, so dass seine Definitionen aus sich selbst und nicht erst aufgrund kirchlicher Zustimmung irreformabel sind. Im Original:

"Romanum pontificem,
cum ex cathedra loquitur,
id est,
cum omnium christianorum pastoris et doctoris munere fungens
pro suprema sua Apostolica auctoritate
doctrinam
de fide vel moribus
ab universa ecclesia
tenendam
definit,
per assistentiam divinam ipsi in beato Petro promissam
ea infallibilitate pollere,
qua divinus Redemptor ecclesiam suam
in definienda doctrina
de fide vel moribus
instructam esse voluit;
ideoque eiusmodi Romani pontificis definitiones
ex sese,
non autem ex consensu ecclesiae
irreformabiles esse"[115].

Diesen Satz teilt das Semikolon in zwei Teilsätze, eine Haupt- und Grundaussage über den Papst und eine Folgerung bezüglich seiner Definitionen. Die Bedingung, die im ersten Teilsatz neben der Angabe des Grundes (per assistentiam divinam) zwischen Subjekt (Romanum pontificem) und Prädikat (ea infallibilitate pollere, qua ...) geschoben ist, erscheint in zweifacher, allgemeiner und detaillierter Form, nämlich als "cum ex cathedra loquitur", was dann aufgeschlüsselt wird ("id est") zu "cum omnium christianorum ... definit". Das Prädikat selbst verweist für die Unfehlbarkeit, die es dem Papst zusagt, zugleich auf die von Christus in dem bezeichneten Fall der Kirche zugedachte und gegebene. Aus dieser Unfehlbarkeit des Papstes, "cum ... definit", folgert sodann der zweite Teilsatz die Irreformabilität (nicht Infallibilität) dieser, nämlich mit der besagten Unfehlbarkeit vom Papst erlassenen Definitionen, und zwar aus sich selbst, also ipso facto, nicht aber aus der Zustimmung der Kirche heraus. Es ist klar ersichtlich, dass die Unfehlbarkeit des Papstes eine Gabe ist, in welcher der göttliche Beistand wirksam ist, und dass sie zudem - jedenfalls als Dogma - noch in anderer Hinsicht bedingt, nämlich von bestimmten, den Tatbestand einer "locutio ex cathedra" erfüllenden formalen und materialen Voraussetzungen abhängig ist. Zwei Angaben sind auf den ersten Blick auffallend und auch nicht von vornherein klar, einmal die eigenartige Formulierung, dass (den Bedingungen gemäss) der Papst (nicht einfach unfehlbar sei, sondern) die der Kirche ... verliehene Unfehlbarkeit besitze, zum anderen im Zusammenhang mit der Irreformabilität der Dekrete jener Einschub, dass sie von selbst gegeben sei, nicht aber vom Konsens der Kirche abhänge. Der Kanon zum Unfehlbarkeitskapitel unterstreicht rein formal die vorausgegangene Definition, so dass er zum inhaltlichen Verständnis derselben nichts beiträgt[116]. Ohne einen weiteren abschliessenden Satz etwa in der Art von "Dei Filius" endet damit die Konstitution, die, wie sich gezeigt hat, das Primatsthema auch auf die Unfehlbarkeit des Papstes, "cum ex cathedra loquitur, id est, cum ... definit", dem Titel entsprechend auf sein Lehramt hin auslegt und dabei auch den Gegenstand dieser unfehlbaren Lehrgewalt bezeichnet.

b. Sondierung der Texte

Was an "Pastor aeternus" untersucht wird, die Moral als Gegenstand der unfehlbaren höchsten Lehrgewalt des Papstes (in Verbindung mit der Unfehlbarkeit der Kirche), ist ein spezieller, zumindest durch den zweimaligen Terminus "mores" ausgewiesener Teil der Aussage, neben dem andere Inhalte ungeachtet ihrer Bedeutsamkeit an sich ausser Betracht bleiben. Selbst die für das Gesamtverständnis der Unfehlbarkeitsdefinition so wichtigen formalen Kriterien werden im folgenden nicht eigens dargestellt. Über dieser bewussten Beschränkung ist aber doch anzumerken, dass aufgrund des offenkundigen Zusammenhanges des Unfehlbarkeits- und Primatsthemas, ja des Enthaltenseins des ersteren im letzteren, auch die Kapitel über den Primat, soweit sie den Lehrprimat und hier wieder sein Objekt betreffen, interessieren.

aa. Päpstlicher Lehrprimat und Moral

Als Kernanliegen der Primatskapitel erscheint der Jurisdiktionsprimat Petri und der Päpste über die ganze Kirche. Der Primat, dessen Inhalt und Wesen das 3. Kapitel zur Darstellung bringt, ist jener, der dem Petrus und seinen Nachfolgern verliehen wurde. Was die ersten beiden Kapitel unter dem Aspekt der Tatsache des petrinischen und päpstlichen Primats zugleich über den Inhalt desselben mitteilen, hat daher auch für das 3. Kapitel Gültigkeit, dessen Aussagen seinerseits im vorausgehenden grundgelegt und mehr in allgemeiner Form und in biblischer und bildhafter Sprache vorausgenommen sind. Die Schriftstellen und Konzilsaussagen zusammengenommen sprechen vom Papst als dem Felsenfundament der Kirche, der Säule des Glaubens, dem Hirten und Schlüsselträger, dem Vater und Lehrer der ganzen Kirche. Die Sinngebung des Primats am Ende des 2. Paragraphen des 3. Kapitels, die Einheit der Kirche in Glaube und Gemeinschaft, ist deutlich schon im Vorwort ausgesprochen. Als oberster Lehrer des (in "Dei Filius" näher dargestellten) Glaubens ist der Papst oberster Lehrer auch seiner (geoffenbarten) ethischen Inhalte, was der 2. Paragraph und der Kanon des 3. Kapitels auszudrücken scheinen, wenn sie von Unterordnung und Gehorsam bzw. vom Jurisdiktionsprimat "in rebus, quae ad (fidem et) mores ... pertinent" sprechen. Im Hinblick darauf, welche Erläuterungen im Zuge der Ausarbeitung der Primatsaussagen über den Lehrprimat gegeben werden, richtet sich vor allem auf die zuletzt genannte Stelle das besondere Augenmerk. Bei der im Vergleich zu "Dei Filius" stärkeren Konvergenz der Einzelaussagen und -begriffe ist eine Gliederung der textgeschichtlichen Untersuchung nach den Entwicklungsstadien einer Gliederung nach Paragraphen vorzuziehen.

bb. Päpstliche Unfehlbarkeit und Moral

Bei dem wegen seiner ausdrücklichen und ausgedehnten Bezeichnung des Unfehlbarkeitsobjektes ungleich einschlägigeren 4. Kapitel der Konstitution empfiehlt sich ebenfalls keine separate Behandlung der einzelnen Paragraphen. Allerdings ist die Unterscheidung zwischen der Definitionsaussage, die allein Dogma ist, und ihrem Kontext nicht ausser acht zu lassen[117], wenngleich die Definition aus dieser Darlegung herauswächst und durch sie erklärt werden will, so dass man sie auch nach eben diesem Verständnis auszulegen hat. Unter dem autoritativen, aber auch thematischen Aspekt soll deshalb im folgenden von der Definitionsformel ausgegangen und diese dann vom Kontext her beleuchtet werden. Das entspricht zugleich der von Anfang an doppelten Fragestellung dieser Untersuchung nach der "infallibilitas in rebus (fidei et) morum" und nach der Unfehlbarkeit in der Moral. Die erste Frage richtet sich primär an die Definitionsformel, deren Ausdruck "doctrina de fide vel moribus" aus dem theologischen Sprachgebrauch der Zeit und aus der Textgeschichte zu klären ist, wozu auch aus dem 3. Kapitel, das diesen Ausdruck gebraucht, ein Beitrag zu erwarten ist. Die zweite Frage wendet sich über die Objektsbestimmung der Definitionsformel hinaus stärker an das im 4. Kapitel dargelegte Gesamtverständnis des Unfehlbarkeitsobjektes. Wiederum soll das Ganze nach den grossen Entwicklungsstadien der Konzilsaussage dargestellt werden.

II. PÄPSTLICHER LEHRPRIMAT UND MORAL

1. Der Textbefund

Aus den Primatskapiteln ist ein Zweifaches festzuhalten, dass es einen Lehrprimat des Papstes gibt und dass ihm ein bestimmtes Objekt eigen ist. Die Tatsache des Lehrprimats ist vor allem mit der dem Papst als dem "Vater und Lehrer aller Christen" gegebenen "Vollgewalt, die ganze Kirche zu weiden ...", hinreichend bezeugt[118]. Sein Gegenstandsbereich bestimmt sich sodann ganz allgemein aus der Institution und Intention Christi in bezug auf den Primat, aus dessen Inhalt und Ziel. Hierzu gehört die Heilssorge (dass die Gläubigen durch den Papst "in via salutis doceri ac regi"), ganz besonders aber der Dienst an der Festigkeit und Einheit der Gläubigen "in fide"[119]. Daneben findet sich nun als direkte Objektsbestimmung die schon genannte zweimalige Angabe "non solum in rebus, quae ad fidem et mores, sed etiam in iis, quae ad disciplinam et regimen ecclesiae per totum orbem diffusae pertinent"[120]. Ausser der Betonung der beiden letzten Teilbereiche zeigt diese Formulierung, dass der Terminus "mores" von "disciplina" abgehoben und an "fides" angenähert ist, während "disciplina" neben und zusammen mit "regimen ecclesiae" genannt wird. Bei dieser Aufgliederung hat "mores" offensichtlich nicht die Bedeutung von "Disziplin", sondern bezeichnet, wie man annehmen darf, in der Hauptsache durchaus die Moral. Dies ist aber anhand der Textgeschichte noch genauer zu untersuchen.

2. Die Vorbereitung einer Konzilsvorlage

a. Die Stellungnahmen der Kardinäle und Bischöfe

Wird schon die Tatsache eines allgemeinen Konzils, das der Papst als besonderes Mittel einzusetzen gedenkt, als nachdrückliche Erhöhung seiner Autorität gewürdigt [121], fehlt diesem "Konzil des Papstes" [122] von Anfang an auch nicht der entsprechende thematische Einschlag. In Verbindung mit zahlreichen anderen Anliegen wird bereits in den ersten Stellungnahmen besonders der befragten Bischöfe dem Konzil die Behauptung und Verteidigung der Stellung und der Rechte des Papstes als eine der vordringlichen Angelegenheiten aufgegeben. Neben der praktischen Seite (wie vor allem der weltlichen Herrschaft des Papstes) geht es auch um eine dogmatische Aussage zum Primat. Angesichts der Bekämpfung des Primats[123] wie der eminenten Bedeutung dieser Lehre für die Kirche[124] wünscht man eine Darlegung der Einrichtung, der Rechte und Gaben des päpstlichen Ehren- und Jurisdiktionsprimats[125] als Erneuerung des Florentinums[126] und Verurteilung zumal der gallikanischen Lehre[127]. Dabei wird am Primat besonders die Leitungsgewalt (Romani pontificis in regendo auctoritas) [128], namentlich die Gewalt auf disziplinärem und liturgischem Gebiet in den Blick genommen[129].

b. Die Voten der Konsultoren und ihre Weiterentwicklung

aa. Die Voten der Konsultoren

Der Niederschlag, den diese Vorstellungen zunächst finden, sind nach der Projektierung einer Aussage über den Papst drei Voten von drei Konsultoren[130], in denen im Gegensatz zu den sachlich wenig ergiebigen Vorschlägen die Primatslehre ausführlich zur Darstellung kommt. Das erste Votum, von COSSA (A-8a), umfasst auf 92 Seiten nach einer Einleitung zehn Kapitel und acht Kanones. Gemäss dem in der Einleitung gegebenen Überblick geht es in den Kapiteln um die alle Gläubigen umfassende bischöfliche Autorität des Papstes oder seine höchste und unmittelbare, die Kirche zur Unterwerfung verpflichtende Gewalt (1. Kapitel), um seine Oberhoheit über alle Bischöfe auch auf dem Konzil (2. Kapitel), seine Kompetenz, ein solches einzuberufen, zu leiten und zu bestätigen (3. Kapitel), im weiteren um das Recht, über Bischofsstühle zu verfügen (4. und 5. Kapitel), Gesetze für die ganze Kirche zu erlassen (6. Kapitel), Streitfälle zu entscheiden und Appellationen entgegenzunehmen (7. Kapitel), sowie um Reservationen, Nuntien und die Nichtübertragbarkeit des römischen Pontifikats (8. bis 10. Kapitel). Die Frage des Lehrprimats, selbst der Unfehlbarkeit ist darin eingeschlossen, ohne dass besonders darauf eingegangen wird[131].

Das Votum von HETTINGER (A-8b) gliedert sich in drei jeweils in Thesen und Genthesen abgehandelte Teile über den Primat Petri, den Jurisdiktionsprimat des Papstes und die Definition des Inhalts und Wesens (vis ac ratio) des Primats sowie der Rechte und Prärogativen der Päpste. Im ersten Teil wird die Stellung Petri aufgezeigt, auf den die Kirche gebaut sei (nicht umgekehrt) und von dem sie alle ihre Gaben, Wesenseigenschaften und Prärogativen empfangen habe. Von ihm aus teilten sich der Kirche die Einheit, Unfehlbarkeit und Indefektibilität mit[132]. Wie dann im zweiten Teil gesagt wird, dient der Primat zur Begründung und Bewahrung der kirchlichen Einheit[133]. Der dritte, den Inhalt des Primats darstellende Teil bringt die unmittelbare, höchste, volle und ordentliche bischöfliche Autorität des Papstes über die ganze Kirche zum Ausdruck, namentlich seine gesetzgebende und richterliche Gewalt, wobei der Papst nur durch das göttliche und natürliche Recht gebunden sei[134]. Wiederum zeigt sich hier die Primatsgewalt von ihrer nicht-lehramtlichen Seite, wiewohl der Lehrprimat natürlich eingeschlossen ist und sogar die Unfehlbarkeit wiederum erwähnt wird.

Ausgeglichener in dieser Hinsicht ist das 21 Seiten umfassende Vorum "De Romano Pontifice" (A-8c) von PERRONE. Hier wird schon auf der einleitenden Seite gesagt, dass im Anschluss an die Definition des Florentinums gegen die Neuerer Ursprung und Wesen des Primats sowie die Leitungs- und Lehrautorität des Papstes und seine notwendige Unabhängigkeit dargelegt werden sollen[135]. Dem entsprechen die fünf Kapitel : I. De Romani pontificis primatu origine , II. De natura seu ratione primatus, III. De Romani pontificis auctoritate in ecclesiae regimine, IV. De Romani pontificis auctoritate in docendo, V. De civili Romani pontificis principatu. Die (unfehlbare) Lehrautorität des Papstes wird damit ausgiebig in die Primatsdarstellung einbezogen[136], wobei es mit Rücksicht auf dieses 4. Kapitel verständlich ist, dass die ersten drei über die Lehrgewalt - von der Gewalt über die Konzilien ist die Rede[137] - direkt nichts aussagen.

bb. Die Weiterentwicklung

Das von SCHRADER erstellte Kompendium der drei Voten über den Papst (A-8d) äussert sich nicht direkt zur päpstlichen Lehrgewalt. Wohl erscheint der Primat Petri als gegeben zur Glaubenseinheit der Kirche[138]. Daneben wird als einer der Irrtümer aufgeführt, dass die päpstliche Gewalt gebunden sei nicht nur durch die Kanones, sondern auch durch örtliche Gesetzmässigkeiten (regulis, moribus ac institutis particularium locorum)[139]. Die theologische Kommission geht in ihrer Diskussion darüber gleichfalls nicht näher auf den Lehrprimat ein[140]. Die von HETTINGER vorgenommene Redaktion (A-8i) ist durch ihren Aufbau bemerkenswert. Sie gliedert sich in ein Vorwort, vier Kapitel und fünf Kanones. Ähnlich wie in der späteren Konstitution sind die Kapitel überschrieben mit I. De divina primatus institutione, II. De primatus perpetuitate per B. Petri in cathedra Romana successores, III. De Romani pontificis iurisdictione, IV. De Romani pontificis in decretis fidei et morum infallibilitate. Wiederum wird ausserhalb des 4. Kapitels und des zugehörigen 5. Kanons auf die primatiale Lehrgewalt nicht näher eingegangen.

Die zweite, nach der Diskussion in der Spezialdeputation nunmehr von SCHRADER vorgenommene Redaktion (A-8l) teilt das (einzige) "Caput I. De Romani pontificis primatu", auf das drei Kanones folgen, in mehrere Abschnitte, die (wie auch die Kanones) deutlicher die endgültige Gestalt - das hier fehlende Unfehlbarkeitskapitel ausgenommen - erkennen lassen. Der Primat, heisst es, sei zur Bewahrung der Einheit des Glaubens und der Gemeinschaft gestiftet. Aufgrund der sich verstärkenden Angriffe gegen dieses Fundament wolle man die Lehre (doctrinam ...credendam atque tenendam) über den Primat vorlegen und die entgegenstehenden Irrtümer verurteilen[141]. Unter anderem wird die Lehre erneuert, dass der Papst den Primat über den ganzen Erdkreis innehabe, Nachfolger Petri und Stellvertreter Christi sei, Haupt der ganzen Kirche sowie Vater, Lehrer und oberster Richter aller Christen, ausgestattet mit der Vollgewalt "pascendi, regendi, ac gubernandi universalem ecclesiam" und alle Hirten und Gläubigen zu hierarchischer Unterordnung und wahrem Gehorsam verpflichtend, damit in der Gemeinschaft mit dem Papst und im gleichen Glaubensbekenntnis die Kirche eins sei unter einem Hirten[142]. Auf den Lehrprimat, der hier sehr wohl angesprochen wird, geht die Diskussion über diesen Entwurf nicht näher ein. Die Bedeutung des Primats für die Glaubenseinheit ist sachlich unbestritten. Man macht jedoch darauf aufmerksam, dass nur einige seiner Prärogativen dargelegt würden[143]. Zur Aussage, der Papst sei nicht durch teilkirchliche Gesetze und Gebräuche (legibus vel usibus) gebunden, verlautet zwar, dass seine Gewalt zur Auferbauung der Kirche gegeben und darum in der Ausübung nicht unbeschränkt sei, aber auch, dass hier die Entscheidung beim Papst liege[144]. Mit dem revidierten Dekret (A-8o) kommt die Vorbereitung einer Konzilsaussage über den Papst im wesentlichen zum Abschluss. Der Entwurf besteht aus einem Vorwort, zwei Kapiteln "De Romani pontificis primatu" und "De temporali sanctae Sedis dominio" sowie drei sich auf den Primat beziehenden Kanones, die nahezu ganz mit denen des vorhergehenden Entwurfs übereinstimmen. Entsprechend der im Vorwort genannten Disposition, "praecipuam hanc doctrinam de institutione, perpetuitate, et natura sacri Apostolici primatus ... credendam atque tenendam proponere" (und "ex usu et more conciliorum"[145] die entsprechenden Irrtümer zu verurteilen)[146], gliedert sich das Primatskapitel in drei Abschnitte ("Lehrkapitel") über die Einsetzung des Primats Petri, seine Fortdauer und sein Wesen. Dabei wird die Definition des Florentinums erneuert und durch "et iudicem supremum" ergänzt[147]. Die einschlägigen Aussagen sind bereits bekannt[148]. Die päpstliche Lehrgewalt ist auch in diesem letzten Entwurf deutlich ausgesagt, jedoch nicht näher ausgeführt. Erst recht ist die gegenständliche Seite davon - der Hinweis auf die Glaubenseinheit[149] ausgenommen - nicht angesprochen. Das gilt auch für die abschliessend erstellte Lehrübersicht (A-16a)[150]. So liegt in der Primatsfrage das Interesse nicht auf der päpstlichen Lehrgewalt oder gar ihrem Inhalt und Umfang. Doch ist diese, zumal mit der florentinischen Definition, zum Ausdruck gebracht und in ihrem Objekt mit der "unitas fidei" umschrieben.

Zum voraus des Unfehlbarkeitsthemas erhält der Lehrprimat sogar noch eine stärkere Betonung.

3. Das Schema über die Kirche

a. Das 11. Kapitel und die Kanones 14 bis 16

Der den Konzilsvätern vorgelegte Entwurf einer Aussage über den Primat des Papstes ist das 11. Kapitel des Schemas über die Kirche, das zusammen mit den Kanones 14 bis 16 durch die Adnotationes 21 bis 40 bzw. 63 bis 65 erläutert wird [151]. Man findet in diesem mit den Worten "Pastor aeternus" beginnenden Kapitel "De Romani pontificis primatu" die späteren drei Kapitel über den Primat bereits weitgehend vorgezeichnet. Zur Bewahrung der Einheit des Glaubens und der Gemeinschaft in der Kirche habe, wie einleitend kurz gesagt wird, Christus in Petrus das beständige Prinzip und sichtbare Fundament dieser zweifachen Einheit begründet (Mt 16,18f; Joh 21,16f) [152]. Auch was im zweiten Abschnitt über die Fortdauer des Primats gesagt wird, stimmt schon weithin mit dem späteren 2. Kapitel überein [153]. Dabei stellt Adnotatio 31 die Gründung des Römischen Stuhles durch Petrus als ein zuinnerst mit der Glaubenslehre vom Primat der römischen Päpste zusammenhängendes Faktum und damit ein nicht nur menschlich und historisch sicheres, sondern unfehlbares "factum dogmaticum" dar [154]. Als drittes Lehrstück folgt die Lehre von der Natur des Primats. Hier wird die Aussage des Florentinums übernommen, die den Papst als "omnium christianorum patrem, doctorem (et iudicem supremum)" bezeichnet, ausgestattet mit der Vollgewalt "pascendi, regendi ac gubernandi universalem ecclesiam" (der Schlussatz "quemadmodum etiam ..." fehlt) [155]. Diese beiden Änderungen erklärt Adnotatio 33 [156]. Sodann heisst es, die päpstliche Jurisdiktionsgewalt sei eine ordentliche und unmittelbare, der gegenüber alle Hirten und Gläubigen der Kirche die Pflicht der hierarchischen Unterordnung und des wahren Gehorsams hätten, um mit dem Papst in der Einheit der Gemeinschaft und des nämlichen Glaubens zu stehen [157]. Besondere Aufmerksamkeit verdient hier Adnotatio 35 über die Einheit der Herde Christi als Zweck und Wirkung des Primats, die nicht auf den Glauben oder die dogmatische Einheit zu beschränken sei, sondern auch den Gehorsam gegenüber den disziplinären Anordnungen einschliesse (ne catholica subvertatur unitas, quae dependet ab obedientia praestanda non tantum supremo ecclesiae magistro in rebus fidei, sed etiam supremo ecclesiae rectori in rebus disciplinae). Darum sei an verschiedene Zusätze gedacht, etwa, dass (ins Positive gewendet) die ausschliesslich dogmatische Einheit der einzelnen Kirchen mit dem Papst nicht genüge oder dass dieser, um in ihnen disziplinäre Massnahmen zu treffen, nicht der Zustimmung der Bischöfe bedürfe. Diesem bemerkenswerten, grundsätzlich schon in dem Einschub "custodita cum Romano pontifice tam communionis quam eiusdem fidei professionis unitate" festgehaltenen Anliegen würde nun entsprochen durch den speziellen Zusatz, dass alle die Pflicht des Gehorsams in Sachen des Glaubens wie der Disziplin (obedientiae tam in rebus fidei quam disciplinae; tam in rebus quae ad fidem et mores quam quae ad disciplinam ac regimen Ecclesiae pertinent) hätten, was dann bei der Verurteilung der entgegenstehenden Irrtümer oder in Kanon 16 zu wiederholen sei[158]. Dass hinwiederum bei dem Verbot einer Appellation an ein allgemeines Konzil auch an dogmatische Urteile zu denken ist, zeigt Adnotatio 38 (über den Primat als ordentliche und unmittelbare Gewalt), in der P. TAMBURINI zitiert wird, nach dem das allgemeine Konzil das höchste Tribunal der Kirche sei, an das man sich in Lehr- und Disziplinarfragen (per la decisione delle questioni sulla dottrina della fede e dei costumi, per stabilire e riformare i capi spettanti alla general disciplina ...) wenden müsse[159]. Adnotatio 39 gebraucht dann noch einmal den Doppelausdruck "fides - mores", wenn sie zu den grössten Übeln für die Kirche rechnet, dass man mit der Bestreitung des ungehinderten Verkehrs des Hirten mit der Herde Glaube und Sitten (ipsam doctrinae sanitatem ac morum disciplinae integritatem) in Gefahr bringe[160].

Obwohl der Primat nach dem Florentinum in einer dreifachen Gewalt (potestas pascendi, regendi ac gubernandi) besteht und die vatikanische Wiedergabe dieser Definition den Papst als Vater, Lehrer und obersten Richter bezeichnet, und obwohl auch von einer Vierzahl von Gegenständen (fides et mores, disciplina ac regimen ecclesiae) die Rede ist, dominiert die Vorstellung von einer zweifachen Bedeutung des Primats, nämlich in bezug auf "fides" und auf "communio", anders gesagt, in bezug auf das Dogmatische und Disziplinäre (disciplina). Es ist in begrifflicher Hinsicht bedeutsam, dass dieses zweifache Objekt nicht durch "fides - mores" ausgedrückt wird, der Terminus "mores" vielmehr eindeutig auf der Seite von "fides", des Dogmatischen, steht, abgehoben von "disciplina". Dieser Unterordnung von "mores" unter "fides" und die dogmatische Lehre, wie sie sich auch in dem Zitat von TAMBURINI findet, steht jene andere Aufteilung in "doctrinae sanitas" und "morum disciplinae integritas" (im Sinne von Lehre und Leben oder Lehre und Disziplin) nicht wirklich entgegen. Jedenfalls umfasst der dogmatische oder Lehrprimat auch die "mores".

b. Die Bemerkungen der Konzilsväter

Trotz der Gewichtsverlagerung auf die Unfehlbarkeitsthematik stellen auch die Bemerkungen der Konzilsväter zum Primatskapitel des Kirchenschemas ein wichtiges Glied auf dem Wege zur Konstitution "Pastor aeternus" dar. Jedoch ist nur auf den Lehrprimat und sein Objekt im folgenden einzugehen. Zunächst berühren den Lehrprimat jene zahlreichen Stellungnahmen, die sich auf die Zitation des Florentinums und das Verhältnis von Papst und Episkopat oder Konzil beziehen. Trotz der in den Adnotationes vorgebrachten Gründe wird die Änderung des florentinischen Dekretes, die Einfügung von "et iudicem supremum" sowie die Weglassung des "quemadmodum ...", vielfach missbilligt; ganz und ohne Zusätze soll das Konzil angeführt werden[161]. Diese Kritik hat nicht nur formale Gründe. Man sieht in "quemadmodum ..." auch eine bedeutsame Interpretation der päpstlichen Autorität und kritisiert speziell die Bezeichnung "iudex supremus", die auch im Sinne von oberstem Glaubensrichter verstanden wird. Schon die Aussage, der Papst sei "principium unitatis fidei", hält DUPANLOUP für ungewöhnlich und übertrieben, falls man darunter nicht die Hirten zusammen mit dem Papst verstehe, sondern voraussetze, dass der Papst persönlich und von den Bischöfen unabhängig über den Glauben urteile. Er könne den Jurisdiktionsprimat haben, auch ohne "supremus iudex in fide" zu sein, da das Offenbarungsdepositum bei der ganzen Kirche liege, so dass davon alle Bischöfe authentisch Zeugnis zu geben hätten. "Supremus" (iudex) scheine sich auch auf "doctor" zu beziehen, wonach also die höchste Lehrautorität nicht beim Episkopat im Verein mit dem Papst, sondern nur bei diesem persönlich und unabhängig von den Bischöfen läge, während das Urteil, anders als die Lehre, an sich nicht die "res fidei" betreffe. Wegen des Einschlusses des Lehrprimats solle auch die Ausdehnung der Zustimmungspflicht "auf alle einzeln und als Gesamtheit", als seien die Bischöfe nicht Richter im Glauben, gestrichen werden[162]. Trotz dieser Ablehnung der Oberhoheit des Papstes über das Konzil, die aber auch verteidigt wird[163], verurteilt man ausnahmslos die Appellation an ein Konzil. Auch DUPANLOUP sieht in diesem Verbot das Recht der Bischöfe "in materiis fidei" nicht beeinträchtigt[164]. Andere bringen noch deutlicher zum Ausdruck, dass die (untersagte) Appellation auch den Lehrbereich betrifft[165].

Nun fehlt es dabei nicht an ausdrücklichen, auch das Objekt näher bezeichnenden Aussagen zum Lehrprimat. Ihn will Bischof EPIVENT von Aire, der zudem eine Aufteilung des Kapitels in mehrere Paragraphen und darunter auch eine Aussage über die Unfehlbarkeit des Papstes vorschlägt, schon im Vorwort eigens erwähnen ("... iurisdictionis et m a g i s t e r i i ")[166]. Ähnlich spricht MARGUERYE (mit anderen) von einem Primat "iurisdictionis, magisterii scilicet et regiminis"[167]. Der Apostolische Vikar GUIERRY und Bischof AMAT von Los Angeles ergänzen "(potestatem) docendi"[168]. Eine Anzahl von Konzilsvätern votiert für eine ausdrückliche Bezeichnung des Primatsbereiches oder der Gehorsamspflicht, wie es Adnotatio 35 mit der Betonung des Disziplinären (neben dem Glauben) vorsieht. In diesem Sinne schlägt ARONNE die Ergänzung "tam in rebus fidei quam disciplinae" vor[169], Abt ZELLI JACOBUZZI, BALLERINI und Kardinal TREVISANATO von Venedig "tam in rebus fidei et morum quam in iis quae ad disciplinam et regimen ecclesiae pertinent"[170]. Andere variieren dies etwas, indem CONDE Y CORRAL von Zamora "sive in iis quae ad fidem et mores, sive quae ad regimen ecclesiarum spectant"[171], MARIOTTI von Montefeltre "non solum in rebus fidei et morum, sed et in rebus mere disciplinaribus" formuliert[172]. Patriarch HASSUN vermisst die Ausdehnung des Primats auf die ganze Kirche des westlichen und östlichen Ritus gerade in bezug auf Disziplin und Liturgie (non solum in rebus fidei et morum, sed etiam in ordinanda et reformanda ecclesiastica disciplina tam canonica quam liturgica). Es ist ihm wichtig, dass auch diese Seite der Gemeinschaft mit dem Papst zum Ausdruck kommt (ut per hanc communionem intelligatur vera et sincera obedientia praestanda Romanae sedi in rebus quae ad fidem, mores, et ecclesiasticam disciplinam attinent)[173]. Trotz der Betonung des Jurisdiktionellen findet daneben der Lehrprimat Erwähnung, dessen Objekt fast durchweg mit "fides et mores" angegeben wird.

Schliesslich gehören zum Lehrprimat auch die häufigen Bezugnahmen auf die päpstliche Unfehlbarkeit. Umfassend will Bischof DI PIETRO die Lehre dargeboten haben, nämlich unter Einbeziehung der Unfehlbarkeit, die mit dem Primat engstens zusammenhänge, da es in ihm beschlossen liege, dass der Papst irrtumsfrei die katholische Wahrheit lehre und die entgegenstehenden Irrtümer verurteile[174]. Auch Bischof WHELAN von Wheeling drückt diesen Zusammenhang aus, wenn er den grösseren Teil des Zitates aus dem Florentinum (und das Appellationsverbot) in das Unfehlbarkeitskapitel verweist[175]. MONETTI von Cervia bekennt sich ebenfalls zur Unfehlbarkeit des Primatsträgers in einer die Glaubenswahrheit und die Sittlichkeit betreffenden Glaubenslehre (quotiescumque aliquod ille universam doceat ecclesiam quod fidei veritatem, et morum honestatem respiciat, illudque credendum imponat). Unter Berufung auf das 2. Konzil von Lyon, wobei er eigens auch die "mores" erwähnt (dass nämlich der Papst "fidei veritatem, morumque honestatem prae caeteris defendere, suoque iudicio definire tenetur"), sowie auf Lk 22,32 wiederholt er, dass der Papst, sooft er "definit quid in rebus fidei et morum, ab universa ecclesia credendum sit", nicht irren könne[176]. Nach D'AMBROSIO von Muro, der von der Verpflichtung spricht, den päpstlichen Urteilen innerlich zuzustimmen, sind jene zu verurteilen, welche leugnen, dass der Episkopat vom Glauben der Päpste nicht abweichen könne, der nach Christi Verheissung niemals wanke, oder ihr Festhalten an verurteilten Irrtümern damit rechtfertigen, der Papst hätte den wahren Sinn der betreffenden Bücher nicht richtig verstanden[177]. Auch Bischof AMAT ist für eine Verurteilung der Auffassung, den päpstlichen Urteilen "in rebus fidei et morum" brauche man als fehlbaren nicht zuzustimmen[178].

Erneut geht es bei den Kanones um die Unfehlbarkeit. So fügt APUZZO Kanon 16 zwei andere hinzu, die die Zustimmungspflicht und Irrtumslosigkeit "in definitionibus fidei et morum" zum Ausdruck bringen[179]. Die drei von Kardinal GONELLA von Viterbo (mit anderen) zur Ergänzung vorgeschlagenen Kanones verteidigen die Autorität des Papstes über die Konzilien, das Verbot der Appellation sowie die Unfehlbarkeit der Päpste, "cum supremi fidei et morum doctoris munere funguntur"[180].

Daneben schlägt GUIERRY zur Vermeidung einer Unfehlbarkeitserklärung zwei zusätzliche Kanones über die Unterordnung der bischöflichen Jurisdiktion unter den Papst sowie die Pflicht der Zustimmung zu seinen - unfehlbaren - Urteilen "in rebus fidei et morum" vor[181]. Damit stimmt AMATS Vorschlag nahezu wörtlich überein[182]. CONDE Y CORRAL bringt an Kanon 16 eine entsprechende Ergänzung an, in der verurteilt wird, die Gläubigen seien dem Papst in seinen Definitionen über Glauben und Sitten oder in seinen Vorschriften zur Kirchenleitung (cum definit quae ad fidem et mores pertinent ...; sive cum praecipit quidquid ad regimen ecclesiarum spectat) keinen wahren Gehorsam schuldig[183]. Die immer wieder anzutreffende Objektsangabe "fides et mores", wie sie das Zusatzkapitel vorsieht, findet sich ferner in einem von PLACE vorgeschlagenen Kapitel über die Bischöfe, die das Recht hätten, auf Konzilien mit dem Papst Glaubens- und Sittenaussagen zu definieren und disziplinäre Kanones aufzustellen (fidei morumque capita definiendi, et generales disciplinae canones constituendi)[184]. Bischof ROGERS von Chatam fasst das Objekt kürzer, wenn er von der Mitarbeit der Bischöfe "ad fidem custodiendam et definiendam" spricht[185]. Erwähnt sei noch die Bemerkung von Kardinal GUIDI von Bologna (mit anderen) über die Irreformabilität von "Auctorem fidei"[186]. Alles in allem bestätigt sich durch die Konzilsväter die Objektsangabe des Kapitels und der Adnotationes, nämlich der nahezu durchgängige Doppelausdruck "fides et mores", der, abgehoben von "disciplina ...", für "fides" steht. "Mores" sind demnach Lehrgegenstände, nicht aber disziplinäre Einrichtungen. Eine Exemplifizierung erfolgt zwar nicht, doch ist mit "morum honestas" unzweifelhaft die Moral angesprochen.

4. Die Konstitution "Pastor aeternus"

a. Die Vorbereitung

Die von SCHRADER erstellte Relatio über die Bemerkungen zum Primatskapitel, die zugleich eine Stellungnahme darstellt, geht nur kurz auf den Lehrprimat ein. Auch seitens der Deputation verlautet wenig; unter anderem wird die Integrität des Zitates aus dem Florentinum wiederhergestellt[187]. Die Relatio selbst bemerkt zu dem Vorschlag, "iurisdictionis primatu" durch "et magisterii" zu ergänzen, dass die

Lehrgewalt zur Jurisdiktion gehöre (potestas magisterii ecclesiastici, cuiusmodi est potestas docendi ... ad potestatem iurisdictionis pariter spectat)[188]. Der Jurisdiktionsprimat ist also zugleich Lehrprimat, die Lehrgewalt keine eigene Gewalt neben der Jurisdiktion.

Zum grössten Teil deckt sich der am 2. Mai 1870 der Glaubensdeputation vorgelegte Entwurf der Konstitution "Pastor aeternus" in ihren drei Primatskapiteln und -kanones mit dem früheren 11. Kapitel des Schemas über die Kirche. Am auffallendsten ist die Erweiterung des Vorwortes durch die Erklärung des Vorhabens, gegen die zunehmende Bekämpfung und zum Wohle der Kirche die Primatslehre vorzulegen[189]. Das Florentinum wird noch wie bisher wiedergegeben[190], während die Pflicht der Unterwerfung und des Gehorsams wunschgemäss im Hinblick auf das Objekt expliziert wird: "... non solum in rebus quae ad fidem et mores, sed etiam quae ad disciplinam et regimen ecclesiae pertinent", was dann wörtlich als Gegenstand der höchsten Jurisdiktionsgewalt im Kanon 3 wiederholt wird[191]. Bei der Besprechung innerhalb der Deputation am 3. Mai schlägt LEDOCHOWSKI "per universum orbem diffusae" als Ergänzung zu "regimen ecclesiae" vor, ALEMANY "totius orbis"[192]. Das Schema vom 8. Mai hat hier gleich der ohnehin nur mehr geringfügig abweichenden Konzilsvorlage "regimen ecclesiae, per totum orbem diffusae"[193]. Will der Einschub, für den Gründe nicht genannt sind, einer restriktiven Auslegung vorbeugen? Im übrigen sind bemerkenswerte Aussagen zum Lehrprimat und seinem Objekt nicht festzustellen.

b. Die Diskussion und Revision der Konzilsvorlage

Das den Konzilsvätern vorgelegte Schema der Konstitution "Pastor aeternus" wie auch die Relatio über die Observationes und die mündliche Relatio von Bischof PIE erbringen für die Frage des Lehrprimats und seines Objektes kaum mehr Neues. Wie ein Vergleich der Primatskapitel des Entwurfes mit dem endgültigen Text zeigt, werden wohl noch einige Ergänzungen, aber keine gewichtigen Änderungen mehr vorgenommen. Der Lehrprimat, von der Relatio über die Observationes eigens bestätigt, hat "fides et mores" zum Gegenstand; nur stilistisch wird sich diese Formulierung noch etwas ändern. PIE äussert sich dazu nicht näher. Überhaupt wird die Aufmerksamkeit, die der lehramtlichen Seite des Primats gilt, von der Unfehlbarkeitsfrage absorbiert.

aa. Die Diskussion

Die Auffassung, die Lehre der ersten drei Kapitel sei klar und fest, ist nicht ungeteilt, wobei gerade das entscheidende 3. Kapitel und hier wieder der im Anschluss an das Florentinum die Primatsgewalt auslegende 2. Paragraph im Mittelpunkt der Erörterung stehen[194]. Dass sich die Lehre des Konzils vom Willen Gottes und vom Wort Christi her zu bestimmen habe, dass die Primatsgewalt nicht zu eng und nicht zu weit zu fassen und nur durch die ihr von Christus gewiesenen Grenzen zu beschränken sei[195], ist natürlich unbestritten, doch darüber, wie der durch das Florentinum als Glaubenswahrheit ausgesprochene Jurisdiktionsprimat durch das Vatikanum darzustellen sei, divergieren die Meinungen. Der Kritik am Schema geht es vor allem um eine gewisse Restriktion der päpstlichen Gewalt und deren Einordnung in jene der Kirche und des sie repräsentierenden Episkopats. Verständlicherweise wird bereits das Vorwort der Konstitution, das die Lehre des Konzils über die Kirche eröffnet, mit besonderer Aufmerksamkeit bedacht, wobei man eben die Kirche und den Episkopat stärker hervorheben will[196]. Wie sich jedoch beim 3. Kapitel des Schemas zeigt, geht es nicht nur um die "Optik". Trotz der ausdrücklichen Rede vom Episkopat im 3. Paragraphen wenden sich viele und namhafte Väter gegen die Vorstellung einer repressiven, exzessiven und arbiträren päpstlichen Vollgewalt, die sie dem Schema unterstellen, das damit die Zurückhaltung des Tridentinums, die Grenzziehung des Florentinums sowie das Selbstverständnis der Päpste verlasse und die Begrenztheit jedweder menschlichen und kirchlichen Gewalt verleugne[197]. Demgegenüber geben andere das Schema ausdrücklich im Sinne einer durchaus begrenzten, zur Auferbauung der Kirche bestimmten und nicht in das Belieben des Papstes gestellten Gewalt zu verstehen[198].

In diesen Auseinandersetzungen, die hier nicht näher darzustellen sind, spielt der Gegenstandsbereich der Primatsgewalt eine wichtige Rolle, nicht so sehr in sich selbst, als vielmehr im Hinblick auf die Vorstellung von einem unbeschränkten Verfügungsrecht des Papstes. Zum Objekt der Primatsgewalt äussert sich das Schema an mehreren Stellen. Wie die Väter unterstreichen, dient die das Lehr- und Leitungsamt (magisterium, regimen) umfassende Jurisdiktionsgewalt [199] der Bewahrung der Gläubigen "in fidei et communionis unitate" [200] und ihrer Hinführung zum Heil [201]. Die noch allgemein gehaltene Verpflichtung zur Übereinstimmung mit der römischen Kirche oder zur Einheit der Gemeinschaft und des Glaubens mit dem Papst, ist am deutlichsten expliziert in dem Wort von der notwendigen Unterordnung und des Gehorsams "non solum in rebus quae ad fidem et mores, sed etiam quae ad disciplinam et regimen ecclesiae, per totum orbem diffusae, pertinent". Es ist weniger der Bereich "fides et mores" als vielmehr "quae ad disciplinam et regimen ecclesiae ... pertinent", was hier zumal auf der Seite der orientalischen Bischöfe Kritik hervorruft [202]. Während VANCSA von Fagaras diese Objektsangabe überhaupt fallen lässt (Emendatio 12 [203]), und nach dem melchitischen Patriarchen JUSSEF der Primat nur die hierarchische Unterordnung und die Einheit des Glaubens und der Gemeinschaft verlangt (Emendatio 13 [204]), ändern andere mehr oder minder die Formulierung des Schemas. Dabei ist die Ergänzung "... sed etiam in iis, quae ad disciplinam ... pertinent" [205] lediglich eine stilistische Verbesserung, wie ihrerseits die Änderung "tum in rebus quae ad fidem et mores pertinent, tum etiam in iis omnibus, quae ad disciplinam et regimen spectant" keine gewichtige Begründung erkennen lässt [206]. Statt "non solum - sed etiam" hat sogar der Vorschlag der Glaubensdeputation zum 3. Kanon "tum - tum" [207]. Die Sache selbst berührt Kardinal BERARDI, nach dem mit "quae ad disciplinam et regimen ecclesiae per totum orbem diffusae pertinent" oder, wie AMAT verkürzt, "quae ad disciplinam et regimen totius ecclesiae pertinent" (Emendatio 28) [208] nicht Angelegenheiten einer Einzelkirche, sondern nur solche der Gesamtkirche gemeint seien, weshalb er, um dieses auszuschliessen, die Apposition "per totum orbem diffusae" streichen will [209]. Die Akzentuierung von "disciplina et regimen" als Gegenstand der Primatsgewalt wird noch verstärkt durch den Vorschlag AMATS, das Begriffspaar "fides et mores" und entsprechend auch das Wort von der Einheit des Glaubens herauszunehmen und damit den Lehrprimat ganz dem 4. Kapitel vorzubehalten. Was er schon im Titel "De vi et ratione primatus iurisdictionis Romani pontificis" andeuten will (Emendatio 2) [210], ist die Beschränkung der Primatsaussage auf das die Disziplin und Leitung der ganzen Kirche

Betreffende (Emendationes 28 und 71)[210]. In diesem Zusammenhang verdienen noch zwei Einwände Erwähnung, die sich gegen die Erstreckung der Primatsgewalt auf alle Glieder der Kirche auch als Gesamtheit sowie gegen das Verbot der Appellation vom Papst an ein allgemeines Konzil richten, worin man eine Trennung von Papst und Kirche, insbesondere aber die Oberhoheit des Papstes über das Konzil, ja bereits seine Unfehlbarkeit ausgedrückt sieht[212].

Im Unterschied dazu wollen andere Väter den Lehrprimat durchaus zur Sprache bringen, betrifft doch die päpstliche Gewalt auf religiösem Gebiet (in iis, quae ad religionem spectant)[213] entsprechend der kirchlichen Lehr- und Regierungsgewalt[214] nicht nur die Disziplin und die Leitung, sondern auch die Lehre[215] und sogar primär den Glauben[216]. Nach dem Wort des 4. Laterankonzils von der römischen Kirche als "Mutter und Lehrerin aller Gläubigen" wird der Primat ausdrücklich auf die Verkündigung des Evangeliums und die Unterweisung zum Heil bezogen[217]. Auch die Unfehlbarkeit des Papstes (und zwar ohne notwendige Zustimmung der Bischöfe) bzw. die Irreformabilität seiner Dekrete gilt als darin eingeschlossen, zumal aufgrund der Konzilsaussagen von Lyon und Florenz[218], die im 4. Kapitel wiederholt werden. Dabei wird die Unfehlbarkeit des Papstes nur auf das Lehramt[219] oder auf "fides et mores" bezogen[220]. Doch gibt es auch Stimmen, die den Lehrprimat mit dem Lehramt der Kirche in Verbindung bringen und gegen die Unfehlbarkeit stärker abgrenzen, die an den Konsens der Bischöfe gebunden wird[221].

Entscheidend ist aber der Umfang dieses Lehrprimats, insbesondere die Bedeutung, in der der Ausdruck "m o r e s" zur Bezeichnung des Gegenstandes des "magisterium edocendi et praecipiendi"[222] dient. Im Singular bezeichnet innerhalb der Primatsdebatte der Terminus "mos", von der Redewendung "morem gerere" abgesehen[223], das konstante typische Verhalten einer Person oder einer Gruppe. In diesem Sinne spricht man von einem Reden "pro suo more"[224], vom "mos avorum", von dem die ratio agendi der Menschen heute abweiche[225], von Verhaltensweisen "more theologorum", "paganorum" oder "infidelium"[226]. Weiter ist die Rede von dem verbreiteten "mos" eines undifferenzierten abfälligen Urteils über bestimmte Katholiken[227] sowie vom "mos" aller Konzilsväter, vor der Definition eines Dogmas dessen Übereinstimmung mit der Lehre der Kirche zu prüfen[228]. "In more" habe man nur im Falle eines Irrtums eine Wahrheit feierlich definiert[229], "in more" habe die Kirche stets die Wahrheit Gottes verkündet[230]. Bemerkenswert ist der Singular in dem Änderungsvorschlag MERMILLODS zum Vorwort, dass durch den einen Oberhirten in der Kirche alle, verbunden durch denselben Glauben, dieselbe Leitung und dieselbe Lebensform (eadem fide, eodem regimine, eodem more) zur Einheit gelangen sollten[231].

Der Plural "mores" wird zum Teil ähnlich wie der Singular gebraucht, wenn etwa bedauert wird, dass man dem Papst gegenüber "a patrum ... moribus" entfernt sei[232]. Die Forderung, dass Gesetze vor ihrer (schriftlichen) Festlegung in Übung sein müssten (requiritur leges moribus prius inesse), weshalb nichts zu glauben oder zu tun vorzuschreiben sei, ohne dass sich eine entsprechende Praxis und Meinung gebildet hätten (circa hoc efformati sint mores ac communis opinio)[233], gilt im Falle des Schemas als erfüllt, dessen Aussage durch das tatsächliche Verhalten ausgewiesen sei (in moribus et usu receptum esse et semper fuisse)[234]. Die Nähe zur "Gewohnheit" zeigt ferner die Stelle, die von der Kenntnis der Natur eines Volkes, seiner Denkweise, Überzeugung, Gewohnheit und seiner Sitten ... (cogitandi rationem et convictionem et consuetudinem et mores ...) spricht[235]. Hierher gehört auch die Formulierung, Christus habe aus Menschen verschiedener Völker, Sprachen und Sitten (ex iis, varietate licet gentium, linguarum et morum divisis) die Gemeinschaft der Kirche gegründet[236]. Sodann ist die Rede von Veränderung der Disziplin und der Sitten (disciplina et moribus mutuatis) der Ostkirchen sowie von neuen Dogmen "contra fidem, contra mores, contra ritus nationum"[237]. Andere Stellen sprechen von "mores" im ethischen Sinne, wenn nämlich die Rede ist von Staatsmännern moralischer und religiöser Prägung (bonis moribus et religione non negata)[238], von der Reform der Sitten (morum reformatio) auch im Klerus[239], von der Aufgabe der Konzilien im Hinblick auf die Wahrheit, die Sitten und die Gesetzgebung (errantes ad viam veritatis reducere, mores componere, leges salutares statuere)[240], von der Erstarkung des Glaubens und der Besserung der Sitten (mores converti in melius) als Erwartung an die (in Rede stehende) Konzilsdefinition[241] sowie von der moralischen Auswirkung der Zivilehe (mores inficit)[242].

Besondere Aufmerksamkeit verdient der Ausdruck "mores" im Rahmen der Aussagen über das Objekt der Primatsgewalt. Es bestätigt den zuletzt genannten ethischen Bedeutungsgehalt, wenn man "mores" von "disciplina", Kult und Ritus abhebt[243]. Gewiss finden sich, sofern man sich nicht einfach mit "fides" begnügt, verschiedene Gruppierungen. So werden "fides", "mores" und "regimen"[244] bzw. die "negotia ecclesiastica" angeführt[245], aber auch "mores" und "disciplina" zu "disciplina moresque"[246] oder zu "morum disciplinae integritas" zusammengezogen[247]. Die Unterscheidung Glaube - Disziplin (fides - disciplina)[248] wird im allgemeinen nicht mit "fides - mores" ausgedrückt, auch wenn "mores" in dieser Verbindung nicht immer eindeutig zu bestimmen ist[249]. Jedenfalls wird die Art und Weise, in der das Schema "mores" gegenüber "disciplina" abgrenzt, direkt mit keinem Wort beanstandet. Schliesslich weisen auch Formulierungen wie "morum puritas", "morum sanctitas" und "morum honestas"[250] entschieden über das Disziplinäre hinaus. Im übrigen ist es verständlich, wenn man im Rahmen der Primatskapitel von einer eingehenderen Erörterung des Lehrobjektes "fides et mores" absieht. Der Bezug des Lehramtes (einschliesslich der "mores") zur geoffenbarten Lehre steht ohnehin ausser Frage[251].

bb. Die Revision

Die im vorausgehenden zumeist nur berührten Emendationes zum 3. Kapitel - die übrigen können hier ausser Betracht bleiben - werden von der Glaubensdeputation durchweg abschlägig beurteilt[252]. Relator ZINELLI verteidigt gegen Emendatio 2, dass dieses Kapitel nicht nur vom "Jurisdiktionsprimat", sondern vom Primat allgemein handelt[253]. So wird die zugehörige Emendatio 28 abgewiesen (Emendatio 71 erledigt sich mit der Modifikation der Emendatio 72)[254]. Während ZINELLI auf die fehlende Objektsangabe in Emendatio 12 nicht eingeht, gibt er das Unbestimmte und Gefährliche des Vorschlags von Emendatio 13 zu bedenken, in der die Ausdehnung der päpstlichen Jurisdiktion dem Privaturteil überlassen zu sein scheine[255]. Die Aussage des 5. Paragraphen, dass die höchste kirchliche Autorität die des Papstes sei, rechtfertigt ZINELLI mit dem Hinweis auf die bereits in der Bulle LEOS X. "Pastor aeternus" auf dem 5. Laterankonzil ausdrücklich behauptete Oberhoheit des Papstes über das allgemeine Konzil[256]. Obgleich die Kirche nicht als absolute

Monarchie verfasst sei, ist nach ihm die päpstliche Gewalt durch keine gleiche oder höhere menschliche Autorität, wohl aber durch das natürliche und göttliche Recht eingegrenzt und kann somit nicht den Episkopat abschaffen und alle kanonischen Bestimmungen missachten, als sei nach der Moraltheologie der Gesetzgeber nicht selbst an seine Gesetze gebunden (quasi omnis theologia moralis non clamitet legislatorem ipsum subiici ... suis legibus)[257].

Was sich bei der Revision des Vorwortes und der ersten drei Kapitel einschliesslich ihrer Kanones (Schema III) gegenüber der Konzilsvorlage vom 9. Mai ändert, ist hier nicht von Belang. Unter anderem wird in das 2. Kapitel das IRENÄUS-Zitat von der notwendigen Übereinkunft mit der römischen Kirche eingefügt, zu Beginn des 3. Kapitels auch die Schriftgrundlage der Primatslehre genannt, der 3. Kanon um die Zurückweisung einer lediglich grösseren Teilgewalt des Papstes erweitert. Hier stimmt auch die Formulierung des Objektes der Primatsgewalt, abweichend von der Vorlage der Deputation ("tum in rebus ..., tum ...") und ohne stilistische Angleichung an die Parallelstelle im 2. Paragraphen ("... sed etiam in iis, quae ..."), noch wörtlich mit der Vorlage überein[258].

c. Die letzten Äusserungen und Änderungen

Nur 48 der 163 Exceptiones aus der Abstimmung über das verbesserte Schema beziehen sich auf den Primatsteil der Konstitution, der dennoch stilistisch an mehreren Stellen geändert wird. Beim 3. Kapitel wird, abgesehen von einer kleinen Änderung im 3. Paragraphen, lediglich der Kanon in der Formulierung des Primatsobjektes dem 2. Paragraphen ("... sed etiam in iis, quae ...") angeglichen. Zudem betreffen die zwei Exceptiones, die allein noch zur Abstimmung gelangen, das 4. Kapitel. In den Modi kehren nicht wenige der schon in der Debatte vorgebrachten Anliegen und Anträge wieder[259]. Sie beziehen sich hauptsächlich auf das Vorwort (Exceptiones 1 bis 13), ganz besonders aber auf das 3. Kapitel mit seinem Kanon (Exceptiones 28 bis 48). Wiederum wird dabei auch die Objektsangabe "non solum in rebus ..." berührt. Vor allem modifiziert sie AMAT , der sich bereits für eine Ausklammerung von "fides et mores" ausgesprochen hat, in der Weise, dass sie sich wie im 2. Paragraphen unmittelbar nicht auf die Jurisdiktion, sondern den Gehorsam bezieht, der dem Papst "in rebus fidei et disciplinae" geschuldet sei, während man an der päpstlichen Gewalt die Wahrung des Depositums (Glaube und Sitten) von der freien, obgleich zur Auferbauung (in aedificationem tamen non in destructionem) der Kirche bestimmten Verfügung auf dem Gebiete der Disziplin und der Leitung zu unterscheiden habe (Exceptio 46)[260]. Die viergliedrige Objektsangabe selbst bleibt hier erhalten. Die Begründung der Textänderung stellt lediglich den Unterschied zwischen dem veränderlichen disziplinären Bereich und dem, was zum Glauben und zu den Sitten gehört (quae ad fidem et mores pertinent) und als Depositum zu bewahren ist, heraus. Auch die Exceptiones 43 und 48 übernehmen die Objektsangabe des Schemas, wobei letztere "non solum" durch "nedum" ersetzt[261], während Exceptio 47 zu "tum - tum" zurückkehrt und ausdrücklich von den einzelnen Kirchen spricht (tum quoad res fidei et morum, tum quoad regimen et disciplinam in singulas ecclesias per orbem diffusas)[262]. In diesen Zusammenhang gehört Exceptio 32, die das Missverständnis ausschliessen will, als habe man nur den die Gesamtkirche, nicht aber Teilkirchen betreffenden disziplinären Anordnungen des Papstes zu folgen[263]. Schliesslich will Exceptio 35½ die Aussage des 5. Paragraphen vom Papst als oberstem Richter der Gläubigen durch "in spiritualibus" ergänzen, damit niemand denke, die Kirche wolle sich in die weltliche Gerichtsbarkeit einmischen[264].

Nachdem am 14. Juli die Glaubensdeputation bei der stilistischen Verbesserung des Textes die Einfügung von "in iis" vor "quae ad disciplinam ... pertinent" sowie die Tilgung des Kommas vor und nach "per totum orbem diffusae" beschlossen hat, nimmt sie keine der Exceptiones zum 3. Kapitel, aber auch keine bedeutsamen der vorausgehenden mehr an[265]. Die Gründe für diese fast durchgängige Ablehnung, die das knappe Protokoll nicht nennt, tragen die Sprecher in der Generalkongregation am 16. Juli vor, die dabei zugleich die umstrittenen Textstellen interpretieren. Wie D'AVANZO vorausschickt, handelt es sich bei diesem Schema (III) um einen bereits verbesserten und von den Vätern akzeptierten Text, der deshalb allein bei dringender Notwendigkeit oder evidenter Nützlichkeit noch eine gewisse (leviter) Änderung erlaubt[266]. Die Exceptiones haben nicht mehr den Rang der Emendationes. Der hinter Exceptio 32 stehenden Befürchtung tritt ZINELLI mit dem Hinweis entgegen, dass es dem Papst aufgrund seines universalen Leitungsamtes und seiner unmittelbaren bischöflichen Gewalt über alle auch zukomme, partikuläre Gesetze und Vorschriften zu erlassen. Die Streichung des irrtümlichen Kommas spreche ihrerseits gegen eine solche Beschränkung der päpstlichen Jurisdiktion[267]. Auf Exceptio 47 geht ZINELLI inhaltlich nicht ein. Von päpstlicher Entscheidungsgewalt (nur) "in spiritualibus" zu reden, hält er für unbedacht und gefährlich, da nicht nur rein geistliche Dinge wie die Sakramente, sondern auch andere mehr oder minder den Glauben der Kirche betreffende zu ihrer Jurisdiktion gehörten[268]. In Exceptio 46 erblickt er keinen substantiellen, sondern nur einen formalen Unterschied zum Schema, der die klare und approbierte Fassung des Kanons nicht in Frage stelle. Dieser selbst distinguiere zwischen den wandelbaren disziplinären Dingen und dem unwandelbaren Bereich des Glaubens und der Sitten (quae sunt fidei et morum et sunt immutabilia)[269].

Abschliessend zeigt ZINELLI auch die Grenze dieses Kanons auf, dessen Definition der päpstlichen Vollgewalt die Schulmeinungen über die Herleitung der bischöflichen Jurisdiktion (unmittelbar von Gott oder unmittelbar vom Papst) nicht antaste, da dies wie bereits auf dem Tridentinum so auch jetzt nicht definiert würde. Ebenso zweifelt nach ZINELLI niemand an der Unfehlbarkeit des allgemeinen Konzils "in rebus fidei et morum definiendis" sowie daran, dass die Einheit der Bischöfe mit dem Papst die conditio sine qua non ihrer Unfehlbarkeit darstellt. Darüber allerdings, ob diese Einheit die notwendige Bedingung der Unfehlbarkeit des Konzils ist oder die Unfehlbarkeit vom Papst ausgeht oder Gott, der dem Papst für sich die Unfehlbarkeit gibt, sie unmittelbar auch dieser Vereinigung als ganzer verleiht, trifft, wie versichert wird, der Kanon keine Entscheidung[270]. Doch weist das bereits über die hier allein interessierende Objektfrage hinaus.

Auf sie gibt auch die Aussage der Konstitution "Pastor aeternus" vom 18. Juli 1870 über den päpstlichen Primat keine umfassende Antwort. Was der Gang durch die Textgeschichte erbrachte und was anhand des Unfehlbarkeitskapitels weiter zu untersuchen ist, lässt sich folgendermassen zusammenfassen : Die päpstliche Primatsgewalt ist gemäss ihrer Doppelfunktion im Hinblick auf den Glauben und die Gemeinschaft der Kirche Leitungsgewalt (imperium) - darauf liegt hier sogar der Akzent - und Lehrgewalt (magisterium); der Jurisdiktionsprimat schliesst (nach offizieller Terminologie) den Lehrprimat ein, dessen Objekt die Dinge des Glaubens und der

Sitten (res, quae ad fidem et mores pertinent), das (Offenbarungs-)Depositum, bilden. Der Ausdruck "mores", der als solcher nirgendwo zum Thema wird, bezeichnet dabei in klarer Abgrenzung von den wandelbaren disziplinären Dingen einen Gegenstand der Lehre und einen Inhalt des Glaubens selbst. Es liegt nahe, ihn hier im Sinne von "Moral" zu verstehen, obwohl er offensichtlich auch in anderer Bedeutung vorkommt. Die Frage nach der Moral als einem Objekt des päpstlichen Lehrprimats ist damit durchaus positiv, wenngleich nur in diesem allgemeinen Sinne beantwortet. Allgemein gehalten ist auch die Angabe über die entsprechende Verpflichtung gegenüber dem Papst, wenn ohne weitere Unterscheidung von "hierarchischer Unterordnung und wahrem Gehorsam" die Rede ist. Über die Unfehlbarkeit des Papstes, die in dieser seiner Autorität ihren Ort hat, verlautet im Rahmen der Primatsaussagen nichts. Diese Hauptfrage der ganzen Konstitution ist aus deren viertem Kapitel zu beantworten. Von ihm ist auch über das Objekt der unfehlbaren Lehrautorität weiterer Aufschluss zu erwarten.

III. PÄPSTLICHE UNFEHLBARKEIT UND MORAL

1. Der Textbefund

a. Die Definition

Nach Intention und Kontext ist die vatikanische Unfehlbarkeitsdefinition vor allem eine Aussage über den Papst. Genaugenommen - und man muss es hier genau nehmen - heisst nicht einfach der Papst unfehlbar, sondern, wie der Titel des 4. Kapitels ausdrückt, sein Lehramt. Noch genauer : Unfehlbarkeit kommt dem Papst zu, "wenn er ex cathedra ... spricht". Sie ist also nicht eine ständige (ausnahmslose) Eigenschaft der Person (auch nicht der Amtsperson) des Papstes, ja nicht einmal seines Lehramtes unabhängig von der Art und Weise seiner Ausübung, sondern eine Prärogative zwar des Papstes selbst, die aber nur fallweise und in einem ganz bestimmten Lehrakt aktuiert wird. Ebenso ist für die Kirche in diesem Zusammenhang Unfehlbarkeit nur ausgesagt "in der Definition einer Glaubens- oder Sittenlehre". Ein Ausdruck wie "unfehlbarer Papst" oder selbst "unfehlbare Kirche" kommt in "Pastor aeternus" nicht vor. Gleichwohl mag man unter Wahrung des konditionalen Charakters dieser Redeweise von einem "unfehlbaren Papst" und einer "unfehlbaren Kirche" sprechen. Nicht anders ist der Ausdruck "unfehlbares Lehramt" zu verstehen. Die Redewendung "unfehlbare Lehre" trifft im eigentlichen Sinne nur auf die Lehraussage im Lehrakt selbst (in docendo) zu. Da jedoch ein unfehlbarer Ausspruch die betreffende Lehre (doctrina) als eine Lehre qualifiziert, die sicher irrtumsfrei ist, wird sie oftmals und nicht ganz zu unrecht selbst als "unfehlbare" oder auch "unfehlbar wahre" bezeichnet[271], was bedeutet, dass bei ihr aufgrund der gegebenen Bedingungen ein Irrtum prinzipiell (durch das Erkenntnisprinzip des Glaubens und das Wirkprinzip des göttlichen Beistandes) ausgeschlossen ist, die Irrtumsfreiheit also nicht mehr sachlich nachgewiesen und ständig überprüft zu werden braucht. Doch empfiehlt sich auch hier, dem Sprachgebrauch der Konstitution "Pastor aeternus" zu folgen, die den Ausdruck "unfehlbare Lehre" nicht gebraucht und nur von "irreformablen Definitionen" spricht.

Der erste und grundlegende Satz des Dogmas, jener über die Unfehlbarkeit des Papstes, gibt, wie bereits gesagt, eine bedingte Unfehlbarkeit zu verstehen. Als Offenbarungswahrheit zu glauben ist sie beim Papst überhaupt nur für bestimmte Fälle ("cum ... loquitur") und für einen näher festgelegten Lehrakt ("ex cathedra, id est..."), bei dem er aufgrund des versprochenen göttlichen Beistandes (noch einmal nur) die der Kirche in solchen Definitionen gegebene Unfehlbarkeit besitzt. Alle kirchliche Unfehlbarkeit ist grundsätzlich eine bedingte, näherhin, dieser sichere Schutz vor Irrtum (als Datum des Glaubens) reicht so weit, als der Papst den göttlichen Beistand geniesst und Christus der Kirche Unfehlbarkeit zugedacht hat. Auf diese göttliche Massgabe (entsprechend der Gewissheit ihrer Erkenntnis) kommt es an, völlig unabhängig davon, wie weit oder wie eng sie empfunden wird. Dazu macht nun die Definition nähere Angaben. Danach hat der Papst auf der Basis, dass er ... eine "doctrina de fide vel moribus" als von der ganzen Kirche festzuhalten definiert, jene Unfehlbarkeit, die der Kirche zukommt, wenn sie eine "doctrina de fide vel moribus" (ebenfalls als von allen festzuhalten) definiert. Man könnte auf den ersten Blick versucht sein, hier eine Verbindung von päpstlicher und kirchlicher Unfehlbarkeit anzunehmen, etwa in der Art, dass es überhaupt der Papst ist, der die der Kirche (durch ihn) zugedachte Unfehlbarkeit besitzt, oder aber in der Art, dass der Papst bei seinen Definitionen an der Unfehlbarkeit der Kirche (in ihren Definitionen) teilhat und also auch seinerseits in den von ihm selbst erlassenen Definitionen unfehlbar ist, schliesslich in der Art, dass (unabhängig von der Annahme eines ein- oder zweifachen Subjektes der kirchlichen Unfehlbarkeit) die Unfehlbarkeit (des Papstes wie der Kirche) in der Definition einer "doctrina de fide vel moribus" nicht schlechthin, sondern nur in einer gewissen Hinsicht Glaubensgegenstand ist, die selbst nicht mehr näher bestimmt wird. Gegen einige zumindest missverständliche Deutungen, als habe hier das Konzil die Verbindung des Papstes mit der Kirche ausdrücken wollen, dürfte bekannt sein, dass diese Formulierung eine Distinktion in bezug auf das Objekt, die "doctrina de fide vel moribus", unter dem Aspekt der Gewissheitsqualität der Unfehlbarkeit anbringen will, was später noch genauer darzustellen sein wird.

Ohne "in definienda doctrina" und die "doctrina de fide vel moribus" selbst zu erläutern, macht die Definition doch eine wichtige erklärende Aussage zu "cum ex cathedra loquitur", um sich nicht mit der reinen Angabe dieses zwar längst eingeführten, in seiner Bedeutung jedoch zum Teil umstrittenen Kriteriums zu begnügen. Dieses "id est" umfasst etwa sieben Glieder : "cum omnium christianorum pastoris et doctoris munere fungens (1) pro suprema sua auctoritate (2) doctrinam (3) de fide vel moribus (4) ab universa ecclesia (5) tenendam (6) definit" (7). Gewöhnlich werden diese Bedingungen in drei Gruppen aufgeteilt, was im Grunde ebenfalls GASSER in seiner Relatio tut, wenn er von Bedingungen hinsichtlich des Subjektes (Papst), des Lehraktes und des Lehrgegenstandes spricht[272]. Man kann auch formale und materiale Bedingungen unterscheiden, wobei dem Ziel dieser Untersuchung gemäss auf die ersteren, die die Person des Papstes selbst und die Art und Weise seiner Lehrvorlage betreffen, nicht näher einzugehen ist. Das Interesse konzentriert sich auf die zweimal genannte inhaltliche Bedingung, die "doctrina de fide vel moribus (tenenda)". Obwohl es dem Vatikanum bei diesem Thema hauptsächlich um das Subjekt der Unfehlbarkeit, den Papst, geht, bezeichnet es auch das Objekt, dessen Bestimmung sogar einen guten Teil der Konzilsdiskussion in Anspruch nimmt. Das Konzil beschränkt sich nicht auf eine implizite ("ex cathedra") oder formale Angabe (Unfehlbarkeit im gleichen Umfang wie die Kirche), sondern unternimmt eine materiale Objektsbestimmung, obwohl diese erst bei der Behandlung des 9. (später 7.) Kapitels des Kirchenschemas ansteht, zweifellos jedoch bereits hier in hohem Masse angezeigt ist, um die Aussage zu vervollständigen und ihre Interpretation zu sichern. Die Schwierigkeit dieses Vorhabens liegt darin, anzugeben, ob und wieweit die Unfehlbarkeit unter dem Anspruch eines Dogmas über den ihr eo ipso unstreitig zugehörenden Bereich des Glaubens hinaus auszudehnen ist, anders gesagt, wieviel von der betreffenden Lehre der Theologen definitiv zum Glaubenssatz erhoben werden soll und kann. Die Textgeschichte kennt, wie sich zeigen wird, keineswegs nur jene Bestimmung und Formulierung, die sich schliesslich zu behaupten vermag : "doctrina de fide vel moribus (tenenda)". Die Disjunktion "vel" markiert dabei ein doppeltes Unfehlbarkeitsobjekt, indem sowohl auf eine "doctrina de fide" als auch auf eine "doctrina de moribus" unfehlbar verpflichtet werden kann. Dass die Lehre mit eigentlicher Glaubenszustimmung festzuhalten ist, macht die (übrigens bewusst) allgemein gehaltene Bezeichnung "tenenda" gerade nicht zur Bedingung. Zwei Fragen stellen sich an diesem zentralen Punkt: zum einen, was nach dem Vatikanum unter einer solchen "doctrina de moribus" zu verstehen ist, bei deren Definition der Papst wie die Kirche unfehlbar ist, zum anderen, inwiefern sich diese Unfehlbarkeit auch auf die Moral erstreckt.

Die zweite und kürzere, aus der ersten gefolgerte Aussage der Definition betrifft direkt die päpstlichen Definitionen und statuiert deren Irreformabilität. "Daher" (ideoque) und "aus sich heraus ..." (ex sese ...) sind diese Definitionen, in denen der Papst Unfehlbarkeit besitzt, einer "Reform", einem Widerruf oder einer wesentlichen Veränderung (selbst von seiten des Papstes) entzogen. Speziell diese negative Konsequenz der Nichtreformierbarkeit wird aus der Unfehlbarkeit gezogen; nicht gefolgert wird, die Definitionen könnten nicht sachlich weiterentwickelt werden oder sie seien verbaliter immutabel. Auch wenn man diese negative Prädikatsaussage von der Irreformabilität (und Infallibilität) nicht im Sinne einer optimalen und endgültigen Formulierung überzieht, wiegt sie schwer. Danach muss allerdings die Lehre selbst von einer solchen Generalität sein, dass sie einer "Reform" nicht bedarf. Damit bedeutet die Irreformabilität zugleich eine weitere Eingrenzung des Unfehlbarkeitsobjektes, die gerade für Moraldefinitionen im Auge zu behalten ist.

Weitaus stärker als die Frage nach der Tragweite dieser Irreformabilität bewegt die Gemüter bis heute die ausdrückliche Behauptung ihrer Unabhängigkeit von der Zustimmung der Kirche, dass nämlich die bezeichneten Definitionen "ex sese" und, wie nachdrücklich präzisiert wird, "non ... ex consensu ecclesiae" irreformabel seien. Darf man auch diesen bekanntlich erst in den letzten Konzilstagen gemachten verdeutlichenden Einschub nicht überbewerten, so verrät doch die kurzfristige Textänderung ein besonderes Anliegen. Vielfach erblickt man darin eine Isolierung und Verabsolutierung der Unfehlbarkeit des Papstes, der der Zustimmung der Kirche entraten könne, gegen den gar ein anderslautender Konsens der Kirche nichts auszurichten vermöge. Doch darf dieser Einschub nicht aus seinem Zusammenhang gerissen werden. Zwar sagt das vatikanische Dogma, nach dem der Papst die Unfehlbarkeit der Kirche besitzt, positiv nichts über die Mitwirkung der Bischöfe und der ganzen Kirche zu einer unfehlbaren Definition des Papstes, aber nur in bezug auf die Irreformabilität der (bereits unfehlbaren) Definitionen wird eine solche zusätzliche Instanz ausgeschlossen, und zwar gegen die Auffassung, die Irrtumsfreiheit päpstlicher Definitionen sei (retrospektiv) erst dann gegeben oder doch gesichert und mache dieselben irreformabel, wenn ihnen der Konsens der Kirche vorausgehe, sie begleite oder bestätige. Der Papst wäre damit nur hypothetisch oder provisorisch, eigentlich aber gar nicht selbst unfehlbar und müsste sich vielleicht von der Kirche eines Besseren belehren lassen. Ist er jedoch, wie es zuvor heisst, in seinen Ex-cathedra-Entscheidungen u n f e h l b a r (was immer dazu erforderlich sein mag), ist nicht einzusehen, von welcher Instanz die Endgültigkeit seiner Entscheidungen noch abhängen sollte. Zu spät wird gegen diesen Nachsatz der Definition die Mitwirkung der Kirche gefordert. Die entscheidende Frage ist vielmehr (und war es für die Konzilsväter), welche Rolle der Kirche für das Zustandekommen unfehlbarer (und als solcher dann auch irreformabler) Ex-cathedra-Entscheidungen zusteht. Hier heisst es nun nicht, dass diese der Papst "aus sich, nicht aber aus dem Konsens der Kirche heraus" treffe, wenngleich die Definition - anders der Kontext - eine Mitwirkung der Kirche mit keinem Wort erwähnt (die Bezugnahme auf die Unfehlbarkeit der Kirche hat nicht diesen Sinn).

b. Der Kontext

Einen wichtigen Beitrag gerade im Hinblick auf das Unfehlbarkeitsobjekt leistet der Kontext der Definition, die ihr vorausgehende Begründung und Erläuterung. Er enthält (im Rahmen einer Konzilsaussage) das Schriftwort von der Gründung der Kirche auf Petrus (Mt 16,18), das auf die tatsächliche Bewahrung der katholischen Religion und Verkündigung der heiligen Lehre durch den Apostolischen Stuhl hin ausgelegt wird, mit dessen Glauben und Lehre man verbunden bleiben will. Aufgabe des Papstes ist nach dem zweiten Konzilszitat die Verteidigung der Glaubenswahrheit, wie ihm auch zukommt, Glaubensfragen zu entscheiden. Weiter ist es die "salutaris Christi doctrina", für deren Ausbreitung und Bewahrung die Päpste sorgen, weshalb diese gerade mit den Glaubensgefahren befasst werden, damit diejenigen, die selbst vom Glauben nicht abfallen können, die Glaubensschäden beheben. In ihren Definitionen bringen die Päpste das zum Ausdruck, was sie aufgrund entsprechender Wahrheitssuche als mit den heiligen Schriften und apostolischen Traditionen übereinstimmend erkannt haben, besitzen sie doch den Hl. Geist nicht so, dass er ihnen eine neue Lehre offenbart, sondern dass er ihnen beisteht, um die von den Aposteln überlieferte Offenbarung oder das Glaubensdepositum heilig zu hüten und treu auszulegen. Dass der Stuhl Petri "stets von allem Irrtum frei bleibt", ist als Festigkeit im Glauben (Lk 22,32) zu verstehen. Die Beziehung der Unfehlbarkeit auf den Glauben, die Offenbarung oder das Glaubensdepositum, wiewohl einschliesslich seiner Bewahrung und Auslegung, ist so offenkundig, dass sie auch durch allgemeiner gehaltene Wendungen nicht in Frage gestellt wird. Ohne Zweifel ist die Moral in diesem Unfehlbarkeitsobjekt enthalten, doch geht der Kontext der Definition darauf nicht ein, wie er auch den Ausdruck "mores" nicht gebraucht. Die zweigliedrige Objektangabe der Definition als solche wird durch ihn nicht vorbereitet und erklärt. Dennoch hat er für das Verständnis der Definition und des Unfehlbarkeitsobjektes eine grosse Bedeutung, die man gewiss nicht mit der Bemerkung entkräften kann, dass die Definitionsformel selbst diese näheren Bestimmungen nicht enthalte.

Der Kontext vermochte jedoch die Bedenken gegen die Definitionsaussage in der vorliegenden Form nicht zu zerstreuen. Sie scheint vielen die Vorstellung nicht wirklich auszuschliessen, der Papst könne, ohne eine ausserhalb seiner selbst liegende notwendige Bedingung zu erfüllen, unfehlbar nicht nur eine Glaubenslehre aufstellen, sondern auch praktische (ethische, wissenschaftliche, gesellschaftliche und politische) Fragen mit dieser Autorität entscheiden, die eine kritische Stellungnahme der Kirche und ihrer Bischöfe zu solchen Urteilen, wie immer sie lauten mögen, verbietet. Man kann der Definitionsformel nicht unterstellen, sie gebe dem Papst freie Hand, so dass er im gesamten Bereich des Glaubens und der Sitten auf jedwede Lehre unfehlbar verpflichten könne. Er hat hier, woran die Definition keinen Zweifel lässt, keine andere und grössere Unfehlbarkeit als die der Kirche. Auch kann nicht in Abrede gestellt werden, dass ihm der Hl. Geist als Beistand in der Wahrung und Auslegung des Glaubensdepositums, nicht aber als Offenbarer neuer (selbst religiöser) Lehren gegeben ist. Neue und mit dem Glaubensdepositum nicht in dem genannten Zusammenhang stehende Lehren sind nicht Gegenstand unfehlbarer Ex-cathedra-Entscheidungen. Diese Aussage des Unfehlbarkeitskapitels ist eine in der Theologie längst bekannte und gängige, im Grunde (wenn auch nicht in ihrer konkreten Reichweite) unbestrittene Bestimmung kirchlicher Unfehlbarkeit. Die entscheidende Frage ist jedoch, ob diese Norm als in einer Ex-cathedra-Aussage per definitionem und ipso facto erfüllt zu gelten hat oder ob an ihr die entsprechenden Aussagen des Papstes zu messen sind, vor allem: was die Gewissheit darüber schafft, dass das, was der Papst über Glauben und Sitten lehrt, tatsächlich irrtumsfreie Auslegung des Offenbarungsdepositums ist. Da man nur unter Leugung einer eigentlichen Unfehlbarkeit des Papstes die Endgültigkeit seiner Entscheidungen an die Zustimmung der Kirche binden kann, legt sich als mittlere Lösung nahe, das Zustandekommen einer unfehlbaren Ex-cathedra-Aussage von bestimmten äusseren und nachprüfbaren Bedingungen abhängig zu machen, insbesondere davon, dass sich der Papst zuvor des Konsenses der Kirche vergewissert. Ist er jedoch an diesen gebunden, so dass er ihn lediglich auszusprechen hat, ist er selbst nicht unfehlbar. Ist er an ihn nicht streng gebunden, bietet diese Konsultation nicht die entsprechende Sicherheit, selbst wenn sie in irgendeiner Weise in das Urteil eingeht und wenigstens vor einer unkritischen Entscheidung Schutz bietet.

Es ist aber in der Erklärung, die das Unfehlbarkeitskapitel enthält, vorgesehen, dass sich der Papst aufgrund seines Amtes und seines Auftrags, das anvertraute Glaubensdepositum zu wahren und auszulegen, um diese Verbindung und Treue seiner Lehre zum Depositum gewissenhaft, und zwar unter Einsatz aller ihm notwendig erscheinenden Erkenntnismittel und Urteilshilfen einschliesslich konziliärer Beratung oder allgemeiner Befragung (dafür ist die Dogmatisierung von 1854 ein gutes Beispiel) bemüht. Allerdings - und das ist der entscheidende Unterschied - wird hier weder der Papst auf ganz bestimmte Verfahrensweisen verpflichtet noch wird die Unfehlbarkeit seiner Definitionen an derartige Bedingungen geknüpft, über deren Umfang und Praktikabilität zudem erst entschieden werden müsste. Nur exemplarisch und generell werden verschiedene Formen genannt, in denen die Päpste, nachdem ihnen keine Offenbarung zuteil wird, ihrer unabdingbaren Gewissensverpflichtung nachgekommen sind und, wie trotz der referierenden Aussage im Tempus der Vergangenheit aus dem genannten Grunde zu ergänzen ist, auch bei künftigen Definitionen nachkommen werden. Damit berührt die Objektfrage - in der immer wiederkehrenden Gestalt der Sorge um inhaltlich gesicherte, ihre Grenzen nicht überschreitende lehramtliche Entscheidungen - Strukturfragen der Kirche. In diesem Umfang braucht die vorliegende Untersuchung sie nicht zu verfolgen. Ihr bleibt die Aufgabe, die nur umrisshafte Antwort des 4. Kapitels der Konstitution auf die Frage nach der Moral als einem Gegenstand des unfehlbaren Lehramtes von der Textgeschichte her zu beleuchten und zu klären.

2. Die Vorbereitung einer Konzilsvorlage

a. Die Stellungnahmen der Kardinäle und Bischöfe

Schon die ersten Gutachten der Kardinäle erwähnen nicht nur die Unfehlbarkeit der Kirche[273] und des Papstes[274], sondern bringen auch den Wunsch nach der Definition der letzteren zum Ausdruck[275]. Sie wird vorgestellt als Unfehlbarkeit im Glauben, in der Glaubens- und Sittenlehre sowie bei einem Ausspruch "ex cathedra"[276]. Mehr noch kommen die nach Themen befragten Bischöfe auf die Kirche, ihre Autorität und Unfehlbarkeit[277] sowie auf die Autorität und insbesondere die Unfehlbarkeit des Papstes zu sprechen. Diese wird nicht nur zur thematischen Behandlung und Definition vorgeschlagen[278], sondern auch im Zusammenhang mit den vielgenannten päpstlichen Verurteilungen seit dem Tridentinum und jener vom 8. Dezember 1864 berührt, indem man sich als Konzil entschieden hinter diese Aussagen des Papstes stellen will, ohne damit Zweifel an seiner Unfehlbarkeit in solchen Ex-cathedra-Entscheidungen zu wecken[279]. Dabei steht ausser Zweifel, dass der Papst nur unfehlbar ist, wenn er "als Haupt der Kirche" oder "ex cathedra" spricht[280], und zwar in Sachen des Glaubens[281], "in rebus fidei et morum"[282], zusätzlich in Sachen der allgemeinen Disziplin[283] bzw. - wie MANNING formuliert - in den Facta dogmatica oder im Umfeld der Glaubens- und Sittenfragen (... circa veritates fidei, morumque quaestionibus circumstantes)[284]. JACOBINIS Summarium, das auch über die Voten für eine Definition der Unfehlbarkeit des "ex cathedra" sprechenden Papstes referiert, führt als nähere Objektsangabe nur die von MANNING an[285]. Daneben erwähnt es den Vorschlag SENESTREYS, zur Hervorhebung der Einheit der Kirche in Glaube, Liebe und Gehorsam die Autorität des Papstes in der Leitung der Gesamtkirche und besonders die Bedeutung der Römischen Kongregationen darzulegen, deren Dekrete "in rebus fidei et morum, in rebus liturgiae et ecclesiastici iuris ac disciplinae" die Betreffenden im Gewissen zum Gehorsam verpflichteten[286]. So versteht es sich, dass bereits in der ersten Themenaufstellung und sogar in mehreren Voten der Konsultoren die Unfehlbarkeit des Papstes ihren Platz hat.

b. Die Voten der Konsultoren und ihre Weiterentwicklung

aa. Die Voten über den Papst

Während HETTINGER in seinem Votum "De Romano pontifice eiusdemque iuribus" (A-8b) auf die darin angedeutete päpstliche Unfehlbarkeit[287] nicht näher eingeht, kommt diese - noch vor CARDONIS speziellem Votum - bei COSSA, besonders aber bei PERRONE zur Sprache. COSSA, der in seinem Votum "De natura et iuribus primatus Romani pontificis" (A-8a) die Autorität des Papstes im Hinblick auf ein allgemeines Konzil darstellt, berührt dabei auch Lehrprimat und Unfehlbarkeit. So spricht er von der Lehre der Kirche "de Romani pontificis ex cathedra definientis infallibilitate"[288]. Zum Verhältnis von Papst und Konzil führt er zwei Auffassungen an, nach denen das Urteil der auf einem Konzil versammelten Bischöfe in die unfehlbare Ex-cathedra-Entscheidung des Papstes (vgl. Lk 22,32) eingeht oder aber der göttliche Beistand (vgl. Mt 28,20) die Gemeinschaft der Bischöfe mit dem Papst als solche vor Irrtum bewahrt[289]. Im Lehrkapitel und in den Kanones, mit denen das Votum schliesst, kommt COSSA allerdings nicht mehr auf die Unfehlbarkeit zurück.

Ausführlich geht PERRONE in seinem Votum "De Romano pontifice" (A-8c) auf die unfehlbare Lehrautorität des Papstes ein. Der Papst, so beginnt das 4. Kapitel "De Romani pontificis auctoritate in docendo", habe aufgrund des Primats nicht nur die Gewalt empfangen die Kirche zu regieren, sondern auch zu lehren (auctoritatem docendi). Nach der Subjekt- und Objektseite hin will PERRONE diese (unfehlbare) Autorität darstellen, mit der der Papst als Lehrer der Kirche Glaubenswahrheiten (credenda) vorlege und in Kontroversen entscheide, "quid tenendum sit"[290]. Der 1. Paragraph "De subiectiva Romani pontificis in doctrina proponenda auctoritate" spricht von verschiedenen Graden dieser Autorität, die darin kulminiert, dass der Papst ex cathedra lehrt oder der ganzen Kirche eine Glaubenswahrheit (aliquid credendum de fide) vorlegt und alle unter Androhung des Anathems verpflichtet, seinen Aussagen (articulis ab eo propositis) zuzustimmen beziehungsweise eine Lehre als häretisch zu verwerfen. Höchste Autorität erfordert nach PERRONE auch sein Urteil über eine "irrige ..." Lehre (cum reiicit aliquam doctrinam uti erroneam sive uti adversantem communi receptaeque in ecclesia sentiendi rationi tam circa fidem quam circa mores) sowie die Verurteilung von Büchern, die eine falsche oder irgendwie vom Wahren abweichende Lehre enthalten. Zur Begründung wird auf die Schrift (Lk 22,32; Joh 21,16-18; Mt 16,18) und die Väter verwiesen[291]. Darauf folgt thesenartig, dass der Papst, wenn er "ex cathedra" spricht oder eine Glaubenswahrheit (aliquam veritatem de fide tenendam) definiert bzw. umgekehrt eine Lehre als dem Glauben widersprechend verwirft, unfehlbar sei, und zwar unabhängig von einer Befragung oder dem Konsens der Bischöfe, wie auch die Dekrete vor deren Zustimmung irreformabel seien[292].

Der 2. Paragraph "De infallibilitate Romani pontificis obiectiva" erklärt zum Unfehlbarkeitsobjekt zunächst, dass es umfasse, was zur Bewahrung und zum Schutz des Depositums gehört (quidquid ad incolumitatem et integritatem divinae revelationis depositi servandam ac tutandam confert), wozu wiederum auf das "Pasce" in Joh 21 verwiesen wird. Daran schliesst sich die Folgerung, dass es sich keineswegs auf das explizit Geoffenbarte und so in Schrift und Tradition Überlieferte beschränke, sondern sich auch auf das erstrecke, was darin aufgrund enger Verbindung einschlussweise enthalten ist (quod implicite ac indirecte in revelatione divina continetur ob intimum nexum quem nonnulla doctrinae puncta habent cum iis, quae explicite in deposito revelationis continentur)[293]. Sodann wird wiederum thesenartig die Lehre der Kirche darüber vorgetragen. Danach hat die päpstliche Unfehlbarkeit zum Gegenstand, den Sinn der Offenbarung in Glaubensdogmen oder Verurteilungen festzulegen (verum sensum divinae revelationis sive scriptae sive traditae ad fidei dogma definiendum, et ad adversantes errores profligandos), ferner die Entscheidung, dass etwas im Offenbarungsdepositum enthalten ist, und dass eine Lehre zum Glauben und den Sitten gehört und damit unter die Kompetenz des Papstes fällt (ipsius esse definire an aliqua doctrina spectet nec ne ad fidem et ad mores ac proinde iudicare posse an eiusmodi doctrina sit suae, ut aiunt, competentiae). Weiter wird die Unfehlbarkeit ausgedehnt auf die dogmatischen Tatsachen (ad sensum alicuius propositionis seu doctrinae, quae in scriptis alicuius auctoris continetur an cohaereat aut discrepet a vero sensu divinae revelationis), auf die eng mit dem Dogma verbundene Disziplin sowie auf die Bestätigung oder Verwerfung von Konzilsdekreten "in rebus fidei, morum, cultus ac disciplinae"[294]. Der Paragraph schliesst mit vier Verurteilungen. Sie gelten jenen, die sich den nicht "ex cathedra" ausgesprochenen Bestätigungen oder Verurteilungen irgendeiner Lehre widersetzen, die ferner bestreiten, dass in der Offenbarung nicht ausdrücklich Enthaltenes definiert werden kann, wie auch dass äussere oder materielle Dinge unter dem Aspekt der Moralität noch Gegenstand der Unfehlbarkeit sind (inficiantur obiectum infallibilitatis esse res externas aut materiales, etiam cum agitur de eorumdem moralitate aut immoralitate, licitudine aut illicitudine decernenda in negotiis tum privatis tum publicis sub obtentu quod pontifex iura principum usurpet, atque a limitibus suae potestatis recedat), und die behaupten, wenn der Papst in der Offenbarung nicht grundgelegte Fragen aufgrund natürlicher Erkenntnis und Erfahrung entscheide (quum quaestiones dirimit, quae fundamentum non habent in revelatione, atque a cognitione naturali et scientifica iurium ac experientia factorum humanorum naturalium non revelatorum dependent), spreche er nicht als Lehrer der Kirche und Interpret des Depositums, sondern als privater Lehrer, dessen Ansicht, sei sie auch streng und feierlich vorgetragen, nur soviel gelte wie ihre Begründung (tantumdem valere, quantum valent rationes et documenta quibus innititur)[295].

Wie der 3. Paragraph "De definibilitate Romani pontificis infallibilitatis in docendo" sagt, könnte man die Unfehlbarkeit des Papstes "in rebus fidei et morum dum universam docet ecclesiam" als in der Aussage des Florentinums über den Papst als Lehrer und Hirten aller Christen bereits implizit definiert betrachten. Dennoch stellt PERRONE die Frage nach der Möglichkeit und der Notwendigkeit, sie ausdrücklich als Glaubensartikel zu definieren. Er befürwortet diese Definition auch aufgrund der Geringschätzung der Autorität des Papstes ("quasi nempe impune ipsius decreta in rebus fidei ac morum negligi possint donec iisdem accesserit aut concilii aecumenici aut totius episcopatus consensus et approbatio, eo quod per se errare possit")[296]. Für dessen Unfehlbarkeit "in rebus fidei ac morum decernendis" zeugten die Schriftstellen Mt 16,18, Lk 22,32 (Unfehlbarkeit "circa fidem") und Joh 21 (Hirtenamt "potissime in fidei pabulo"), die Tradition und die Tatsache, dass bei Glaubenskontroversen die Päpste in ihren feierlichen Dekreten nie geirrt hätten. Immer sei ihre Unfehlbarkeit in der Kirche ausser von den Jansenisten und strengeren Gallikanern theoretisch und praktisch geglaubt worden. So bleibe nur noch, eine nicht zu enge, aber auch nicht zu weite Definitionsformel zu finden[297].

Diesen gehäuften Aussagen über das Unfehlbarkeitsobjekt kann man ein Vierfaches entnehmen: 1) Unfehlbar ist der Papst in einer Lehre, d.h. dort, wo er etwas zu glauben, anzunehmen oder zu verwerfen vorlegt. 2) Inhalt und Bezugsrahmen solcher Lehren sind "fides et mores". 3) Diese sind charakterisiert durch den Zusammenhang mit dem der Kirche anvertrauten Offenbarungsdepositum. 4) Auch die Kompetenzfrage, ob etwas zu diesem Lehrbereich gehört, entscheidet der Papst unfehlbar. Hervorgehoben zu werden verdient, dass also auch Lehren, die nicht "fide divina" anzunehmen, weil in der Offenbarung nicht ausdrücklich enthalten sind, unter die Unfehlbarkeit fallen. Das gilt namentlich von den Facta dogmatica und den Lehrinhalten der kirchlichen Disziplin. Die Tatsache, dass "cultus" und "disciplina" von "mores" abgehoben werden und von der Unfehlbarkeit in der sittlichen Beurteilung einer privaten oder öffentlichen Angelegenheit ausdrücklich die Rede ist, verleiht "mores" deutlich eine ethische Note. Auch bei der Unfehlbarkeit in Fragen der Moral geht es nicht notwendig um eigentliche Offenbarungslehren, immer jedoch um die Wahrung des Offenbarungsdepositums.

Obwohl der diese drei Papst-Voten zusammenfassende Text SCHRADERS "De Romano pontifice" (A-8d) das bei PERRONE breit dargebotene Unfehlbarkeitsthema nicht aufgreift und die Protokolle der diesen Text diskutierenden Versammlungen eine Stellungnahme zur päpstlichen Unfehlbarkeit nicht verzeichnen, bietet die von HETTINGER redigierte Fassung "De Romano pontifice eiusdemque iuribus. Capita doctrinae et canones" (A-8i) ein (4.) Kapitel über die päpstliche Unfehlbarkeit mit dem Titel : "De Romani pontificis in decretis fidei et morum infallibilitate", obgleich HETTINGER in seinem eigenen Votum über den Papst nicht auf dessen Lehrprimat und Unfehlbarkeit eingegangen war. Das Kapitel beginnt mit der Gründung der Kirche auf den festen Glauben Petri, für den Christus eigens gebetet habe. So weide Petrus, dessen Glaubensfestigkeit in den Päpsten fortlebe (fidei petra atque fundamentum, qui in successoribus suis vivit et praesidet et praestat quaerentibus fidei veritatem), die Herde des Herrn. Stets werde im Apostolischen Stuhl die Religion unversehrt bewahrt (in qua integra et verax christianae religionis soliditas, quae ... a tramite apostolicae traditionis nunquam erravit, nec haereticis novitatibus depravata succubuit; sed ut ab ex exordio fidei christianae percepit, usque ad finem illibata permanet). Den Glauben der römischen Kirche und der Kathedra Petri müssten alle bekennen[298]. Darauf folgt als Lehre des Konzils, dass Christus Petrus und seinen Nachfolgern "ob unitatem fidei (conservandam) formandam et vindicandam in fidei morumque controversiis" Indefektibilität und Irrtumslosigkeit verliehen habe und alle Christen einer päpstlichen Glaubensdefinition als einem unfehlbaren Urteil ohne Zögern mit innerer Zustimmung anhangen müssten ...[299]. An die Aussagen ("credenda et tenenda") über den Vorrang und die Autorität des Papstes schliessen sich fünf Kanones, von denen der letzte Kanon die Unfehlbarkeit in Glaubensdefinitionen betrifft : "Si quis dixerit, fidei definitiones, quas Romanus pontifex, quatenus supremus doctor est atque magister, universae ecclesiae credendas proponit, errori posse esse obnoxias; anathema sit"[300].

In diesem Text scheint das Unfehlbarkeitsobjekt im Vergleich zum Votum PERRONES bemerkenswert eingeengt, nicht so sehr auf "fides", denn die "mores" bleiben nicht unerwähnt, als vielmehr auf die zu glaubenden Aussagen (ohne dass man "fide divina credendas" liest). Eine weitere Klärung des Ganzen erfolgt jedoch nicht, da bei der Prüfung durch die Spezialdeputation am 22. April 1869 die Aussage über die päpstliche Unfehlbarkeit abgetrennt wird[301], nachdem man bereits bei der Diskussion des Votums von CARDONI entschieden hatte, zu diesem Thema erst die Petitionen der Bischöfe abzuwarten. Dementsprechend fehlt es in der folgenden von SCHRADER vorgenommenen Textredaktion und ebenso in der nächsten, die schliesslich als 11. und 12. Kapitel in das Schema über die Kirche eingeht.

bb. Das Votum über die Unfehlbarkeit des Papstes

Das umfangreiche Votum von CARDONI "De Romani pontificis infallibilitate" (A-8f)[302], das sich thematisch mit der Unfehlbarkeit des Papstes befasst, gliedert sich in die Einleitung (S. 1-6), drei Kapitel über die Definibilität dieser Lehre, die Bedingungen der päpstlichen Unfehlbarkeit und die Opportunität einer Definition als Glaubensdogma (S. 6-103) sowie ein abschliessendes Lehrkapitel mit Kanones (S. 103-105). Das wichtige zweite Kapitel "De conditionibus requisitis ut pontifex ex cathedra loqui, et ideo infallibilis dicatur" sagt über die Bedeutung von "cathedra", dass es die Obergewalt und das Lehramt bezeichne (locus significatur supremus potestatis ac evangelicae doctrinae magisterium). Der Papst, der bisweilen als privater Lehrer spreche, sei nämlich nur unfehlbar "dum tamquam divi Petri successor et ex cathedra loquitur", weshalb zu untersuchen sei, welche päpstlichen Definitionen als "ex cathedra" zu erachten seien oder ob diese gewisse Bedingungen erfüllen müssten, damit sie als unfehlbare gelten könnten[303].

Die folgenden Artikel CARDONIS handeln zunächst von den Bedingungen seitens des Objektes und des Aktes. Als erste Bedingung wird genannt, dass sich die Definition in den Grenzen ihres eigentlichen Objektes halte. CARDONI unterscheidet zwei Arten von Inhalten der christlichen Religion; sie betreffen zum einen die "credenda", zum anderen die "praecepta morum, ea nimirum quae sunt agenda, quaeve omittenda". Diese Sittenvorschriften unterteilt er wiederum in schlechthin notwendige und unwandelbare (wie die Unerlaubtheit des Ehebruchs) sowie freie und wandelbare oder auch in heilsnotwendige und nicht heilsnotwendige[304]. Zwar, heisst es, könne der Papst irren nicht nur als privater Lehrer auf jedem Gebiet, sondern auch als Papst in Tatsachenfragen, die nicht zum Glauben der Kirche, zur Religion und zur Heiligkeit der Sitten gehören und nicht mit Rechtsfragen verbunden sind (in quaestionibus facti non pertinentibus ad communem ecclesiae fidem, religionem ac morum sanctitatem, et nullatenus cum iure connexis), in Tatsachenfragen bezüglich privater Personen und Kirchen, im Urteil über begangene Taten (in rerum gestarum iudicio) sowie in ihren privaten Vorschriften und Gesetzen. Zur Wahrung der Glaubens- und Liebeseinheit habe Christus für Petrus und seine Nachfolger Irrrtumslosigkeit in den zur Erreichung dieses Zieles notwendigen Dingen verliehen. Dazu aber sei nicht erforderlich, dass der Papst nicht irre darin, ob ein Bischof ein Verbrechen begangen habe und zu bestrafen sei oder nicht, stützten sich doch diese Urteile, privaten Gesetze und Vorschriften auf Zeugnisse fehlbarer Menschen. Handele es sich hingegen um die heilsnotwendige und alle angehende Sittenlehre (si vero agatur de doctrina morum quae ad salutem necessaria sit, et ad omnes pertineat), seien die Päpste wie die Kirche in ihren Dekreten unfehlbar. Hier wäre, schliesst CARDONI diesen Artikel, darzulegen, worauf sich die Unfehlbarkeit des Papstes erstrecke; man müsse ihn jedoch als unfehlbar bezeichnen in all dem, was zum unfehlbaren Urteil der Kirche gehöre (worüber sich bereits ein anderes Votum äussert)[305].

Unter den Bedingungen seitens des Aktes wird einmal die Freiheit von Zwang und Furcht genannt, da nur dann der Papst "ex cathedra" spreche, wenn er frei Glaubens- und Sittenfragen entscheide (ad dissensiones in rebus fidei ac morum compescendas aliquid circa fidem credendum proponit, vel aliquid tamquam fidei oppositum damnat) und die Andersdenkenden als Häretiker und von der Kirche Getrennte verurteile[306]. Die andere Bedingung besteht nach CARDONI in der reiflichen Überlegung, die der Papst anzustellen habe dergestalt, dass er nach sorgfältiger Prüfung des Sinnes der Schrift und der Tradition "articulos in materia fidei ac morum definiat" und dafür Glauben verlange[307]. Auch bei der Zurückweisung von zu unrecht geforderten Bedingungen ist die Rede von "res (materia) fidei et morum"[308]. Entscheidend sei, dass der Papst nicht als Privatperson, sondern feierlich als oberster Hirte aller Gläubigen, als Nachfolger Petri und in dessen Autorität "aliquid in rebus fidei ac morum" in der Weise definiere, dass er die Gegner des Irrtums und des Abfalls vom wahren Glauben und von der kirchlichen Gemeinschaft zeihe[309]. Dies wird in einzelnen Paragraphen weiter ausgeführt. Hier heisst es, dass die ohne ökumenisches Konzil erlassenen päpstlichen Dekrete "in rebus fidei et morum" irreformabel und verpflichtend seien, dazu nicht erst des Konsenses der Kirche bedürften und nicht an der Tradition der Päpste und der Kirchen zu messen seien[310]. Dabei ist von "fides et mores" noch sechzehnmal die Rede, obwohl gelegentlich auch andere Ausdrücke wie "fidei controversiae" (regulae, decreta) verwendet werden[311] und einmal sogar vom (unfehlbaren) Urteil des Papstes "tam in fidei, quam in disciplinae quaestionibus definiendis" gesprochen wird[312]. Im 4. Artikel schliesslich geht es um die Befragungspflicht des Papstes vor Definitionen "circa fidem ac mores". Dieser Ausdruck findet sich noch sechsmal neben "fides" (fidei controversiae) und mit dem Verständnis, es handele sich um Dinge "fide divina (de fide) credenda"[313].

Der Definitionstext selbst besteht aus drei Teilen, einer längeren Einführung, der eigentlichen Lehraussage und zwei Kanones. Er geht aus von der Gründung der einen und bleibenden, alle Gläubigen in Glaube und Liebe verbindenden Kirche sowie des Primats als ihrer Mitte. Für diese Einheit hätte Christus nicht gesorgt, hätte er Petrus und seinen Nachfolgern nicht Irrtumslosigkeit "in decretis condendis circa res fidei ac morum" verliehen. Anderenfalls würden sie, die aufgrund ihrer Primatsgewalt alle Christen in Gemeinschaft und Glaube an sich binden, die ganze Kirche in Irrtum führen. Nach Lk 22,32 habe Christus Petrus die Festigkeit im Glauben zur Stärkung seiner Brüder gegeben und nach Mt 16,18 die Unüberwindlichkeit seines Glaubens verheissen, wie denn auch die Väter die Irrtumsfreiheit der päpstlichen "decreta fidei ac morum" oder die Irrtumslosigkeit der Päpste "in ferendis iudiciis de fide et moribus" anerkannt hätten[314]. Die innere Verbindlichkeit dieser Ex-cathedra-Entscheidungen bereits vor ihrer Annahme durch die Bischöfe und dem Erweis ihrer Übereinstimmung mit der kirchlichen Tradition bildet den Inhalt der Konzilslehre: "Docet itaque sancta synodus dogmatica in rebus fidei et morum decreta, quae libere, mature et ex cathedra, seu tamquam universalis doctor et magister summus pontifex edit, vim obligandi ad assentiendum sincero corde omnes fideles obtinere, licet non in generali concilio condita sint, et prius quam acceptatio et tacitus episcoporum consensus accedat, et antequam dignoscantur et probentur ea cum universali vel saltem cum ecclesiae Romanae traditione convenire"[315]. Auffallend ist, dass in diesem Satz die Unfehlbarkeit des Papstes namentlich gar nicht erwähnt wird, vielmehr wird nur die innere Zustimmung zu den dogmatischen päpstlichen Dekreten - wiederum in Glaubens- und Sittensachen - gefordert. Schliesslich verurteilt der 1. Kanon, dass der Papst "in rebus fidei et morum" irren könne, wenn er als allgemeiner Lehrer spreche, während der 2. Kanon die Verpflichtungskraft der päpstlichen Dekrete "in rebus fidei ac morum" auch ausserhalb des allgemeinen Konzils und vor einem (stillschweigenden) Konsens der Kirche unterstreicht[316].

Im Bewusstsein der sachlichen Grenze unfehlbarer päpstlicher Definitionen stellt auch CARDONI die Objektfrage. Seine Antwort geht aus von den beiden grossen Bereichen der christlichen Religion, dem, was (alle) glauben müssen, und in dem, was man zu tun (unterlassen) hat. Letzteres ist nur zu einem Teil (heils-)notwendig und unwandelbar, zum anderen Teil ist es nicht von dieser Allgemeinheit, Heils- und Einheitsbedeutung und betrifft blosse Handlungstatsachen. Vorschriften, die sich auf das Handeln beziehen, sind also grundsätzlich zweifacher Art, je nachdem, ob es um unaufgebbare und allgemeine oder aber um veränderbare und partikuläre "mores" geht. Das illustrieren gut die beiden Beispiele von Urteilen, dass Ehebruch verboten ist bzw. dass jemand eine bestimmte Tat begangen hat. Zugleich zeigt sich in dieser (aus der Theologiegeschichte bereits bekannten) Auffassung, dass sich die Unfehlbarkeit auf die Moral erstreckt, auch wenn die entsprechende erste Art von "res morum" hier wohl weiter gefasst werden muss, nämlich im Sinne einer "Lehre", die etwas zum Heil Notwendiges zu tun auferlegt. Die Unfehlbarkeit hat die "res morum" nicht schlechthin zum Gegenstand.

Anders als PERRONES Unfehlbarkeitskapitel wird CARDONIS Votum Gegenstand einer im Protokoll ausführlich wiedergegebenen Diskussion. Die theologische Kommission behandelt es am 11., 18. und 25. Februar 1869 anhand eines acht Fragen umfassenden Quaestionariums "De infallibilitate Romani pontificis" (A-8g). Die erste Frage darin ist, ob die Unfehlbarkeit des Papstes als Glaubensartikel definiert werden könne. Für den Offenbarungsnachweis werden zu erwägen gegeben die Hl. Schrift (besonders Mt 16,18f; Joh 21,15.18; Lk 22,31f), die göttliche Tradition, die gelebte Überzeugung der Kirche, dass der Hl. Stuhl die Glaubens- und Handlungsregel (salutarem credendi agendique regulam) darbietet, ferner die Theologen, der "sensus ecclesiae", die Konzilsdefinitionen und Glaubensformeln, die päpstlichen Verurteilungen und die Definition von 1854[317]. Trotz unterschiedlicher Ansichten im einzelnen wird diese Frage einstimmig bejaht[318]. In der zweiten Frage, ob die Unfehlbarkeit als Glaubensartikel zu definieren sei, herrscht weniger Einmütigkeit. Ein Konsultor ist sogar entschieden dagegen, während es die übrigen bei ihrer Zustimmung mit CARDONIS Votum halten, wonach die Definition erst auf die Petition der Bischöfe hin erfolgen sollte[319].

Die dritte Frage nach Objekt und Ausdehnung der päpstlichen Irrtumslosigkeit gliedert sich in drei Teilfragen, die sich auf die Identität mit dem Unfehlbarkeitsobjekt der Kirche und den Einschluss des Leitungsamtes sowie der Zensuren niederen Grades beziehen: "1. Num eius obiectum idipsum generatim sit, quod infallibilitati ecclesiae adseritur ? 2. Num Romanus pontifex infallibilis dicendus sit tum quoad magisterium tum quoad regimen universalis ecclesiae ? 3. Num in ferenda de falsis doctrinis censura pontifex tum infallibilis tantum sit, cum propositionem aliquam velut haereticam condemnat ? aut utrum ipse, dum circa materiam proprii obiecti versatur, quamcunque tulerit etiam inferioris gradus censuram, infallibili eam iudicio ferat ?"[320]. Die erste Frage davon wird einstimmig mit Ja beantwortet. Der Papst ist also in demselben Bereich unfehlbar, in dem die Kirche unfehlbar ist. Zur zweiten Frage berichtet das Protokoll einzelne Stellungnahmen. So spricht ein Konsultor von einer negativen Unfehlbarkeit in der Kirchenleitung, insofern der Papst nichts gegen Glauben und Sitten oder gegen das Heilsnotwendige anordnen könne (Romanum pontificem quoad regimen universalis ecclesiae esse infallibilem negative, quatenus nimirum praescribere ea quae contra fidem et mores sunt nullo modo possit, sicut nec prohibere aliquid quod aut teneri de fide debet, aut de necessitate salutis servari). Ein anderer nimmt die Implikation des - allein unfehlbaren - Lehramtes zum Kriterium (quatenus in illo (sc. regimine) includatur magisterium, quia in docendo data est inerrantia divo Petro). Wieder andere schliessen einen Irrtum aus, wo es um das Heilsnotwendige und das in sich Gute oder Schlechte geht (dummodo de rebus ad salutem necessariis, et de iis, quae per se bona vel mala sunt, agatur). In dem eingeschränkten Sinn dieser konvergierenden Aussagen wird auch die zweite Frage von der Kommission zustimmend beantwortet[321]. Damit ist der Papst in seinem Lehramt unfehlbar, dabei - oder darüber hinaus - auch in der Weise, dass er in seiner gesamtkirchlichen Gesetzgebung nichts gegen Glauben und Sitten anordnet, nichts Glaubenspflichtiges und Heilsnotwendiges verleugnet und im rechten Sinne über das in sich Gute oder Schlechte befindet. Für das Objekt der päpstlichen Unfehlbarkeit ergeben sich daraus vier Bestimmungen : Glaube und Sitten, das Glaubenspflichtige, das im Hinblick auf das Heil zu Beobachtende und das in sich Gute oder Schlechte. Das Heilsnotwendige, das zweimal erwähnt wird, nimmt dabei gleichsam eine Mittelstellung zwischen den Glaubenswahrheiten und den sittlichen Wahrheiten ein. Auf die dritte Teilfrage antwortet die Kommission wiederum einstimmig, dass der Papst auch in einer Zensur niederen Grades unfehlbar sei. Dies wird mit der Aussage des Kirchenschemas in Verbindung gebracht, dass sich das Unfehlbarkeitsobjekt über das Depositum hinaus auf den Schutz desselben erstrekke, was sich nach der Kommission dogmatisch, theologisch und historisch nachweisen lasse[322]. Zur dogmatischen Begründung wird verwiesen auf die Bulle "Inter cunctas" bezüglich der Irrtümer von WYCLIF und HUS , und zwar auf die Frage nach dem wahren und katholischen Charakter des Urteils des Konzils von Konstanz über jene nur zum Teil als häretisch verurteilten Sätze[323]. Den historischen Grund sieht man darin, dass die Päpste innere Zustimmung zu ihren Konstitutionen forderten, den theologischen in der Nähe der niederen Zensuren zur Häresie. Zudem sei auf dem Konzil von Rom die Konstitution "Unigenitus" als Glaubensregel bezeichnet worden[324].

Die vierte Frage des Quaestionariums betrifft die Ausübung der Unfehlbarkeit. Hierzu heisst es, dass der Papst als persona publica unfehlbar sei, wenn er, selbst in einer partikulären Sache oder Verlautbarung, die ganze Kirche definitiv in Pflicht zu nehmen beabsichtige und "ex cathedra" spreche, d.h. als oberster Lehrer in Freiheit etwas aus dem ihm zugehörigen Bereich verbindlich vortrage (circa proprium obiectum aliquid tenendum proponit)[325]. "Tenendum" entspricht dabei der Objektsbestimmung die nicht allein Glaubenswahrheiten oder Häresien einbezieht. Die fünfte Frage, ob die päpstliche Unfehlbarkeit mit der Geschichte vereinbar sei, wird von allen bejaht:

Kein Papst sei in einer Ex-cathedra-Aussage von der Wahrheit abgeirrt[326]. Bei der folgenden Frage nach der Beziehung zwischen der päpstlichen Unfehlbarkeit und den Dekreten der Römischen Kongregationen geht es darum, ob den Dekreten, die Glauben und Sitten betreffen (quae circa fidem et mores versantur), Unfehlbarkeit zukomme, wenn sie vom Papst bestätigt werden, und ob Rom im Fall Galilei geirrt habe und dieser Irrtum der Unfehlbarkeit des Papstes widerstreite. Von einem Konsultor bejaht, da es sich um eine allgemeine Regel handele, von einem anderen verneint, da die Intention einer Dogmatisierung fehle, wird die erste Frage von der Mehrheit mit der Unterscheidung einer einfachen und einer autoritativen päpstlichen Approbation beantwortet. Bezüglich der zweiten Frage ist die Kommission einheitlich der Auffassung, dass sich aus dem Urteil über Galilei jedenfalls kein Einwand gegen die päpstliche Unfehlbarkeit herleiten lasse[327]. Deren Verhältnis zur Unfehlbarkeit der Kirche, das die siebente Frage zum Inhalt hat, wird einheitlich so bestimmt, dass die dem Papst persönlich zukommende Unfehlbarkeit keine andere sei als die der mit ihm verbundenen Kirche, deren Grund und Prinzip sie bilde, ohne die Autorität der Bischöfe herabzusetzen[328]. Bei der achten Frage, ob die päpstliche Unfehlbarkeit nur in einem Definitionskapitel oder zusätzlich in Kanones auszusagen sei, stimmen die meisten Konsultoren für einen oder zwei Kanones, wobei ein Konsultor bereits einen Vorschlag macht: "Si quis dixerit ex textibus evangelicis ... (Mt 16,18; Lk 22,32) deduci non posse, fuisse Petro eiusque successoribus Romanis pontificibus concessum privilegium infallibilitatis definiendi circa res fidei et morum, anathema sit"[329].

cc. Der provisorische Text

Obwohl das Protokoll der theologischen Kommission nichts darüber berichtet, dass im Anschluss an diese Diskussion ein neuer Text geschaffen werden sollte, wird dennoch in der Versammlung der Spezialdeputation am 22. April 1869, in der aus HETTINGERS Textredaktion das Unfehlbarkeitskapitel ausgeschieden wird, ein provisorischer Text "De Romani pontificis infallibilitate" (A-8n) vorbereitet. Dieser besteht aus einem Kapitel und einem Kanon. Das Kapitel hat eine doppelte Gestalt, nachdem ob man eine Lehraussage oder eine Definition der päpstlichen Unfehlbarkeit bevorzugen würde. Die erste Fassung, das Definitionskapitel, spricht einleitend von der Einsetzung Petri und seiner Nachfolger als sichtbares Fundament der Kirche, der Säule und Grundfeste der Wahrheit. Der Papst, heisst es, sei der unerschütterliche Fels des christlichen Glaubens, allgemeiner Lehrer aller Hirten, Lehrer und Gläubigen und höchster Richter in allen Dingen des Glaubens und des ewigen Heiles, Mittelpunkt der katholischen Wahrheit und Einheit, mit dem alle zur Bewahrung des rechten Glaubens übereinstimmen müssten. Bei dieser Aufgabe habe Christus durch den das Lehramt in alle Wahrheit einführenden Geist den Papst mit der Gabe der Unfehlbarkeit "ad depositum fidei in ecclesia semper inviolabiliter custodiendum" ausgestattet[330]. Der darauf folgende eigentliche Definitionstext spricht in der erklärten Absicht, angesichts der Zeitumstände die in Schrift und Tradition bezeugte Lehre vorzutragen, als Glaubenssatz aus, dass der Papst ... in den Glaubensdekreten und den die Gesamtkirche verpflichtenden Sittenvorschriften, in den heilsnotwendigen und in sich guten oder schlechten Dingen nicht irre, dass er unfehlbar sei im selben Umfang wie die Kirche und dass diese seine Glaubensdekrete und Sittenvorschriften vor jeder Irrtumsgefahr geschützt seien : "Romanum pontificem in exercendo primatus sui officio docendi pascendique universalem Christi ecclesiam assistentia uti Spiritus sancti, ne in decretis fidei vel morum praeceptis, quae toti ecclesiae praescribuntur, et quae in rebus necessariis ad salutem vel in iis quae per se bona vel mala sunt, versantur, unquam in errorem delabatur; et hanc inerrantiae praerogativam ... ad totum illud obiectum semet porrigere, ad quod suo ambitu infallibilitas ecclesiae semet extendit. Unde declaramus, huiusmodi Romani pontificis decreta fidei et morum praecepta esse ab omni erroris periculo immunia." Darauf werden die dieses Glaubensdogma leugnenden Lehren als häretisch verurteilt[331]. Auch der Kanon spricht in dieser Ausführlichkeit von den "definitiones ad custodiendum depositum fidei pertinentes, quibus Romanus pontifex ... universam ecclesiam obligat" sowie den "praecepta morum, quae ... toti ecclesiae praescribuntur, quaeque in rebus necessariis ad salutem vel in iis, quae per se bona vel mala sunt, versantur"[332]. Wiederum finden sich als Objekt der Unfehlbarkeit "fides" und "mores", hier aber, zumal im Kanon, auffallend voneinander geschieden. Die "praecepta morum" werden von den Glaubensdekreten bzw. von den Definitionen zum Schutz des Glaubensdepositums abgehoben und - beidemale gleichlautend - in die heilsnotwendigen Dinge und in das, was in sich gut oder schlecht ist, weiter unterteilt. Bei der Ergänzung dieser detaillierten Objektsbestimmung durch die Gleichsetzung mit dem Unfehlbarkeitsobjekt der Kirche geht es nicht um eine Definition des letzteren, sondern um eine Vervollständigung oder nähere Bestimmung der obigen Angabe.

Der zweite, als "Lehrkapitel" vorgelegte Text versteht sich als Alternative zum ersten, einleitenden Abschnitt des Definitionskapitels. Er beginnt ebenfalls mit der Aussage über Petrus als den unüberwindlichen Felsen der Kirche Christi. Seine Festigkeit im Glauben (indefectibilis fidei donum; Lk 22,32) komme durch ihn den anderen zu. Dies gelte auch von den Nachfolgern Petri, weshalb nach beständiger Tradition alle mit der Kathedra Petri in Rom, dem Mittelpunkt der katholischen Wahrheit und Einheit, übereinstimmen müssten, um die Regel des rechten Glaubens zu haben. Stets habe man im Papst den sicheren Hort des christlichen Glaubens, den allgemeinen Lehrer aller Hirten und Gläubigen sowie den obersten Richter "in fidei morumque negotiis" gesehen, in welchem man Christus höre und ihm gehorche. Dieser Aufgabe entsprechend sei er durch den Beistand des Hl. Geistes mit der Unfehlbarkeit ausgestattet, durch die er in der ihm anvertrauten Wahrung und Verkündigung des Glaubens nicht fehlen (in explendo commisso sibi officio custodiendae et docendae fidei nunquam deficeret), und - durch den Apostolischen Stuhl - die katholische Religion allzeit unverletzlich gehütet werden sollte[333]. Dieser Text ist nicht nur kürzer, sondern auch einfacher und allgemeiner gehalten. Danach geht es bei der Unfehlbarkeit um die Lehre und Bewahrung des Glaubens und der katholischen Religion, was auch die Sittenangelegenheiten (morum negotia) betrifft. Diese werden jedoch, wie überhaupt das Unfehlbarkeitsobjekt, nicht weiter präzisiert.

In der D i s k u s s i o n am 18. Juni 1869 über diesen zweigestaltigen Entwurf entscheidet die theologische Kommission einstimmig, von den beiden Textformen die des Lehrkapitels vorzuziehen[334]. Unter anderem wünscht man eine deutlichere Ausrichtung gegen den Gallikanismus, dass nämlich der Papst unabhängig vom Konsens der Kirche (etiam antequam ecclesiae consensus accedat, vel independenter a consensu ipso) unfehlbar (sic !) sei[335]. Ganz besondere Bedeutung kommt jedoch der Kritik zweier Konsultoren zu, die in der Angabe "ne in decretis fidei vel morum praeceptis ..." eine nicht genügend klare und umfassende Objektsbestimmung der päpstlichen Unfehlbarkeit erblicken. Auch wenn der Papst einem einzelnen Bischof in einer wichtigen, die Sitten berührenden Sache (in re gravi quae mores attingat) antworte, handele er als Nachfolger Petri und oberster Hirte der Kirche, wie er in indifferenten Dingen zum Nutzen der Gläubigen Vorschriften erlassen könne. Wie müsse man, fragen sie, darüber oder über die Kanonisation der Heiligen urteilen ? Die vorgenommene Grenzziehung lasse in gewisser Weise schliessen, dass sich die päpstliche Unfehlbarkeit auf die genannten Fälle nicht erstrecke. Die Sache sei deshalb klarer auszudrücken[336]. Über eine Erwiderung oder eine Lösung dieser Schwierigkeiten sagt das Protokoll nichts. Die relativ extensive, eher enumerative Objektsbestimmung des Definitionskapitels, die hier angesprochen wird, ist nach diesem Einwand zu eng, da sie beispielsweise die Kanonisation auszuschliessen scheint. Dem vermag offenbar auch nicht die zusätzliche formale Bestimmung abzuhelfen, die ihrerseits von einem anderen Konsultor ausdrücklich als unnütz, weil überflüssig und ungenügend, kritisiert wird (inutile prorsus hoc esse, 1° quia facile et per se intelligitur infallibilitatem sive ecclesiae sive pontificis in eodem plane obiecto versari; 2° quia nec obiectum infallibilitatis ecclesiae definitum undequaque est)[337]. Sie ist zu selbstverständlich und zu unbestimmt, um zur Sache etwas beizutragen. Mit ihrer Streichung würde der ganze Anspruch einer adäquaten Objektsbestimmung auf die materiale Angabe verlegt, dennoch kann nur eine anderwärts (material) geklärte formale Bestimmung wirklich zufriedenstellen. Wiederum ist über eine Reaktion auf diesen Einwand nichts gesagt. Was den Kanon betrifft, wünschen zwei Konsultoren grössere Klarheit, während andere ihn streichen wollen, da er über das Kapitel hinaus nichts Neues biete[338]. Damit schliesst nach dem Protokoll die Versammlung. Eine Revision des Textes scheint nicht beabsichtigt. Noch steht das Votum der Bischöfe aus.

Längst bevor deren Petitionen eine Vorlage über die päpstliche Unfehlbarkeit erwirken, wird jedenfalls dieses Thema studiert und diskutiert. Dabei wendet sich nicht zuletzt der Frage nach dem Objekt die Aufmerksamkeit zu. Die völlig unbestrittene Gleichsetzung mit dem Objekt der kirchlichen Unfehlbarkeit dient nur zur Ergänzung der primär gebrauchten materialen Bestimmung, die verschiedene Formulierungen aufweist. Wiederum unbestritten ist die Unfehlbarkeit in der eigentlichen Glaubens-

und Offenbarungslehre oder in der Verurteilung von Häresien. Durchweg wird jedoch "fides" durch "mores" ergänzt und die Unfehlbarkeit auch auf das ausgedehnt, was zur Wahrung des Depositums gehört, einschliesslich der Verurteilung entsprechend nichthäretischer Sätze. Einen besonderen Fall stellen die "mores" dar. Der weite und heterogene Bereich der Verhaltensregelungen und -massnahmen - von den heilsnotwendigen Verpflichtungen und der Moral (wie der Unerlaubtheit des Ehebruchs) über die gesamtkirchliche (disziplinäre und liturgische) Gesetzgebung bis zu partikulären Verfügungen (wie einer Strafverfügung) - nötigt zu Unterscheidungen. Dabei stehen die ethischen "mores" offensichtlich ausser Frage. Der Papst kann nicht etwas für gut erklären, das in sich schlecht ist, und umgekehrt. Hingegen wird für Anordnungen, die das faktische Verhalten einzelner betreffen (wie die Bestrafung eines Bischofs, der kein unfehlbares Zeugnis darüber zugrundeliegt, dass er das betreffende Verbrechen tatsächlich begangen hat), keine Unfehlbarkeit behauptet. Allerdings will man die gesamtkirchliche Gesetzgebung, obgleich sie eine variable Regelung der "mores" darstellt, nicht einfach ausnehmen, da nämlich und insoweit darin Glaube, Sittlichkeit und Heil berührt werden, gegen das der Papst nicht die ganze Kirche verpflichten kann. Im Grunde sind es zwei (materiale) Objektsbestimmungen, die sich in den Entwürfen und Diskussionen vor dem Konzil finden. Adäquat erstreckt sich die Unfehlbarkeit auf die Bewahrung des Offenbarungsdepositums. Zugleich sind die Aussagen vor allem zweifacher Natur, indem sie den Glauben oder das Verhalten betreffen, "fides" lehren oder "mores" regeln. Auch diese Gliederung ist adäquat sowohl im Hinblick auf die Offenbarung als auch auf das Leben der Kirche, da sich etwa alle päpstlichen Verlautbarungen darauf zurückführen lassen, dass sie (im weiten Sinn) etwas zu glauben oder zu tun gebieten. Dennoch hat man bei dem, was die "mores" betrifft, zu unterscheiden. Dies geschieht - nicht ohne Einspruch - in dem zuletzt vorgestellten Entwurf, der aus den "praecepta morum" nur Vorschriften über Heilsnotwendiges und in sich Gutes oder Schlechtes zur Unfehlbarkeit rechnet. Andere Eingrenzungen berücksichtigen nur gesamtkirchliche Anordnungen oder überhaupt die Lehre und damit nur die "doctrina morum", wobei das "Lehrhafte" nicht zu eng gefasst werden darf. Noch ist, was die genaue Grenzziehung anbelangt, das letzte Wort nicht gesprochen. Unbestritten ist jedoch, dass -

jedenfalls grundsätzlich - die "mores" zum Unfehlbarkeitsobjekt gehören. Geradezu selbstverständlich wird die Moral darin eingeschlossen.

3. Das Zusatzkapitel zum Kirchenschema

a. Die Petitionen

Das zweite Stadium der Definitionsgeschichte der päpstlichen Unfehlbarkeit auf dem 1. Vatikanum, die Vorlage eines Zusatzkapitels zu dem am 21. Januar 1870 an die Väter ausgegebenen Schema über die Kirche, wird eingeleitet durch die Petitionen der Konzilsväter[339]. Dabei geben zumal jene zahlreichen Anträge, die sich für die Aufnahme dieses Themas aussprechen, auch eine Vorstellung vom Inhalt der Unfehlbarkeitslehre, zu der sie bereits bestimmte Aussageformeln vorlegen. Unter den Bestimmungen des Unfehlbarkeitsobjektes, die sich in den Petitionen finden, dominieren eindeutig "fides et mores". Es ist die Rede von Unfehlbarkeit "quoad fidem et mores"[340], "in iis, quae pertinent ad fidem et mores"[341], "in controversiis (negotiis, materia, re) fidei et morum"[342], in der Glaubens- und Sittenlehre (fidei morumque doctrina)[343], immer wieder aber "in rebus fidei et morum"[344]. Daneben findet sich "in materia (quaestionibus) fidei" oder einfach "in fide"[345]. Ausgeschlossen werden die hauptsächlich von menschlichen Zeugnissen abhängenden reinen Tatsachenfragen (quaestiones meri facti, quae ex hominum testimoniis praecipue pendent)[346]. Besondere Bedeutung kommt vier von DECHAMPS, BONNECHOSE von Rouen, GUIBERT von Tours bzw. MANNING vorgelegten Formeln zu, die eine theologische Stellungnahme erhalten. BONNECHOSES Objektsangabe "res quae pertinent ad revelationis depositum"[347] wird dabei zum Zwecke eines besseren Verständnisses zu "quaestiones fidei et morum, quae spectant revelationis depositum" modifiziert[348]. DECHAMPS und GUIBERT sprechen denn auch von Unfehlbarkeit "in rebus fidei et morum" bzw. "in controversiis fidei et morum" (wie auch in den entsprechenden Irrtümern)[349]. MANNINGS Formel verzichtet ganz auf eine konkrete Angabe und beschränkt sich auf die Gleichsetzung mit dem Objekt der kirchlichen Unfehlbarkeit[350]. Diese formale, wiewohl richtige Aussage wird jedoch als für theologisch Ungebildete verwirrend beurteilt[351].

Auch was über die Form einer unfehlbaren Äusserung des Papstes und die Qualität der ihr geschuldeten Zustimmung gesagt wird, ist für die Frage nach dem Objekt von Belang. So ist es aufschlussreich, dass die Unfehlbarkeit, die vielfach (nur) für Ex-cathedra-Aussagen[352], für definitive[353], die ganze Kirche betreffende Aussagen[354] behauptet wird, immer wieder auf einen Lehrakt[355], auf Dogmen und dogmatische Entscheide[356] bezogen wird, wobei es heisst, dass der Papst bei seinen Glaubensdefinitionen nur das Depositum aufschliesst[357]. Bezeichnend ist ferner die Verpflichtung zu innerer Zustimmung[358]. Diesen Bezug zur Lehre dürften Formulierungen wie (wenn der Papst) "statuit et praecipit"[359] nicht verleugnen, wie es im Bereich der Lehre bleibt, dass man die "praecepta Dei et veritates divinas" zu jeder Zeit mit unfehlbarer Sicherheit aufnehmen könne[360]. Hinsichtlich der Qualität dieser Zustimmung gibt es verschiedene Formulierungen. Danach muss es sich um ein Glaubensdogma handeln[361], um etwas, das als von Gott geoffenbart zu glauben (credendum, fide divina credendum) vorgelegt oder als der Offenbarung widersprechend verurteilt wird[362]. Häufig ist nur von "fide divina credendum aut reiiciendum"[363], "de fide tenendum aut respuendum veluti fidei contrarium"[364] oder "credendum vel reiiciendum"[365] die Rede, was zu "quae ... credenda et tenenda, quaeve reiicienda et damnanda sint"[366] erweitert wird. DECHAMPS selbst gebraucht neben "aliquid fide divina credendum" das unspezifische "quid ... tenendum sit"[367].

Deutlich wird die Irreformabilität der päpstlichen Aussagen - auch aus sich und vor einem Konsens - behauptet[368]. Die Rede von einer absoluten, d.h. unter keine Bedingungen gestellten Unfehlbarkeit, die nicht extrem verstanden werden will, betrifft nicht das Objekt[369]. Dieses spielt noch keine besondere Rolle, wenngleich die Bedeutung, die seiner Bestimmung im Rahmen einer klaren, unmissverständlichen Definition[370] zukommt, durchaus ansichtig wird. Insbesondere kommt SPALDINGS Vorschlag einer nur impliziten und indirekten Definition auch auf die mit einer solchen Angabe verbundene Problematik zu sprechen. Nach ihm gäbe eine formelle und ausdrückliche Definition zu Ausflüchten und Streitfragen über die Bedingungen (auch hinsichtlich "Glaube und Sitten") Anlass[371]. Unterstrichen wird die Verbindung der päpstlichen Unfehlbarkeit sowohl mit der Unfehlbarkeit der Kirche als auch mit dem Primat als ihre Massgabe (adeo ut tam late pateat iisdemque limitibus contineatur ac ipsa ecclesiae infallibilitas ipseque divinitus constitutus primatus)[372]. Zweifellos wird sich bei einer expliziten Definition mit der Wahl der optimalen Formel eine gewichtige Aufgabe stellen, so dass man - entgegen anderer Meinung - sehr wohl wird zu diskutieren haben[373], ist doch auch auf das, was in den Petitionen zur Begründung der Unfehlbarkeit aus der Schrift, den Vätern, den Päpsten, den Konzilien und den Theologen angeführt wird[374], einzugehen.

Die zahlreichen Hinweise im Zusammenhang mit den Petitionen lassen keinen Zweifel daran, dass die Unfehlbarkeit auf das Lehramt des Papstes bezogen wird, so dass die "res fidei et morum", die zwar strenggenommen nicht darauf zu beschränken, gleichwohl im Sinne von Lehren über den Glauben und das Verhalten einschliesslich der Moral[375] zu verstehen sind. Offen bleibt, ob sich die Unfehlbarkeit nur auf Aussagen erstreckt, denen "fides divina" geschuldet ist, oder darüber hinaus auch auf andere, die nur ein einfaches Festhalten (tenendum) fordern oder eine Verurteilung unterhalb der Zensur der Häresie aussprechen. Dies ist für den Umfang des Unfehlbarkeitsobjektes nicht unerheblich und bedarf noch einer Klärung.

b. Das Zusatzkapitel

Die Art und Weise, in der das Thema der päpstlichen Unfehlbarkeit tatsächlich zu einer Konzilsvorlage erhoben wird, ist - abweichend von Vorschlägen, es im Kapitel über das Lehramt der Kirche oder innerhalb des 11. Kapitels des Kirchenschemas zu behandeln[376] - ein eigenständiges Kapitel im Anschluss an jenes vom Primat. Auffallenderweise handelt es sich bei diesem Text[377] nicht um den von der theologischen Kommission dafür vorbereiteten Entwurf. Bereits seine Überschrift enthält zwei Einschränkungen der päpstlichen Unfehlbarkeit; diese wird zum einen für die "res fidei et morum" und zum anderen für eine Definition ausgesagt. Der begründende Einleitungsabschnitt setzt sich zusammen aus einem Zitat des Glaubensbekenntnisses der Griechen über den Primat der römischen Kirche, die allen voran die Glaubenswahrheit zu verteidigen und darum auch auftretende Glaubensfragen zu entscheiden habe, sowie einem Zitat des 4. Konzils von Konstantinopel, dass in Entsprechung zu Mt 16,18 der Apostolische Stuhl die katholische Lehre stets unversehrt bewahrt habe[378]. Sodann wird als Glaubensdogma definiert, dass durch den göttlichen Beistand nach Lk 22,32 der Papst, wenn er in seinem Amt als Lehrer aller Christen autoritativ definiert, was in Sachen des Glaubens und der Sitten von der ganzen Kirche festzuhalten ist, nicht irren könne und dass sich diese seine Irrtumslosigkeit auf dasselbe Objekt erstrecke wie die Unfehlbarkeit der Kirche: "... ut Romanus pontifex ..., cum ... definit, quid in rebus fidei et morum ab universa ecclesia tenendum sit, errare non possit; et hanc Romani pontificis inerrantiae seu infallibilitatis praerogativam ad idem obiectum porrigi, ad quod infallibilitas ecclesiae extenditur"[379]. Nachdem der abschliessende Kanon lediglich die Verbindlichkeit dieser Definition betont[380] und zu deren inhaltlichem Verständnis nichts beiträgt, ist dieses vor allem der Definitionsformel selbst zu entnehmen.

Wichtig daran ist zunächst, dass hier die päpstliche Unfehlbarkeit gelehrt wird, insofern sie als Glaubensdogma anzunehmen ist. Unter dieser Rücksicht wird eine Reihe von Bedingungen für den wirksamen göttlichen Beistand angegeben, die nahezu alle auch das Objekt unfehlbarer päpstlicher Aussagen betreffen. Abgesehen davon, dass eine gesamtkirchliche und autoritative Lehrentscheidung des Papstes - der Ausdruck "ex cathedra" fehlt - vorgesehen ist, werden in zwei Teilsätzen Gegenstand und Umfang der päpstlichen Unfehlbarkeit bezeichnet. Einmal wird diese eindeutig auf einen Definitionsakt, auf einen Gegenstand aus den "res fidei et morum" und auf ein nicht durch "fides divina" spezifiziertes Festhalten (tenendum) bezogen, auf das (dem Lehrcharakter entsprechend) die Gesamtkirche verpflichtet wird. Zum anderen wird hinzugefügt, dass die päpstliche Unfehlbarkeit hinsichtlich des Objektes so weit reiche als die kirchliche. Damit enthält die Definitionsformel zwei Objektsbestimmungen, von denen die zweite, formal-adäquate, nur den Sinn haben kann, die materiale Angabe "quid in rebus fidei et morum tenendum sit" näher zu bestimmen, vor allem aber, soll die Unfehlbarkeitsaussage selbst nicht nachträglich eingeschränkt werden, auszuweiten. Dass Glaube und Sitten als Objekt der kirchlichen Unfehlbarkeit bestätigt werden sollen, ist nicht anzunehmen. Zu beachten ist, dass die Zustimmung, in den Petitionen oftmals als Glaubenszustimmung ausgewiesen, nicht spezifiziert erscheint, wodurch ein breites Feld von Lehren, auch solchen, für die "fides divina" nicht gefordert werden kann, offensteht. Die Formulierung "quid in rebus fidei et morum tenendum sit" findet sich bereits in der von DECHAMPS vorgeschlagenen Formel, jedoch nicht ohne Beziehung zum Glaubensdepositum und insbesondere nicht ohne die Alternative "aliquid fide divina credendum proponit"[381]. Es ist denkbar, dass die Definitionsformel gerade die Frage, ob die Unfehlbarkeit des Papstes auch in nicht glaubenspflichtigen Aussagen Dogma ist, mit dem Hinweis auf die Unfehlbarkeit der Kirche beantworten will, dergestalt dass hier vom Papst das nämliche wie von der Kirche zu glauben ist. Sollte also der Nachsatz von der Objektidentität das formale und generelle "tenendum" differenzieren wollen (ein "de fide tenendum" oder "credendum" hätte die Frage bereits restriktiv entschieden), müsste diese Intention deutlicher zum Ausdruck gebracht werden. Man wird sehen, wie die Konzilsväter diese erste Vorlage zur Definition der päpstlichen Unfehlbarkeit - speziell im Hinblick auf die Objektsbestimmung - beurteilen.

c. Die Bemerkungen der Konzilsväter

Die schriftlichen "observationes" der Väter, die gedruckt in einer analytischen Übersicht vorliegen und in einer ausführlichen "Relatio" zusammengefasst sind[382], verdienen als erste und zahlenmässig beträchtliche Stellungnahmen zur Konzilsvorlage über die päpstliche Unfehlbarkeit besonderes Interesse. Die Äusserungen reichen von grundsätzlicher Ablehnung über kompromissartige Abschwächungen der Thematik und verschiedene Abänderungen des Textes bis zu freudiger und kritikloser Zustimmung, wobei es natürlich zumeist irgendwelche kritische Stimmen sind, die sich vernehmlich machen[383].

Der kranken Gesellschaft zu helfen, heisst es, sei die Aufgabe des Konzils, das wie zur Definition der päpstlichen Unfehlbarkeit zusammengerufen erscheine[384]. Mit ernsten Worten wird - nicht zuletzt wegen befürchteter Reaktionen seitens der Regierungen[385] - nicht nur ihre Opportunität in Abrede gestellt, selbst die innere Möglichkeit der Definition wird bestritten. Man beruft sich auf die Zurückhaltung des Tridentinums, die Praxis der Kirche hinsichtlich theologischer Lehren, auf die kaum zu behebende Kontroverse über Wahrheit, Modus, Sinn und Umfang der Definition sogar unter den Konzilsvätern sowie auf die bisherige Behauptung, die päpstliche Unfehlbarkeit sei keine Glaubenssache[386]. Nicht nur hält man zuvor gründliche und offene Untersuchungen und eine Behandlung der Konstitution der Kirche selbst für notwendig[387], man warnt auch vor den Folgen, wie sie sich von der (alsdann unfehlbaren) Bulle "Unam sanctam" her ergäben[388], und verweist auf die historisch-dogmatischen Schwierigkeiten, auch in der Gestalt von Irrtümern der Päpste nicht nur (wie in dem berühmten Fall des Papstes HONORIUS) in streng dogmatischen Fragen, sondern auch in Entscheidungen in bezug auf Ehe, Taufe oder franziskanische Armut[389]. Es ist die persönliche, separate und absolute Unfehlbarkeit des Papstes unter Absehung von den Bischöfen[390], gegen deren Erhebung zur Glaubenswahrheit man sich wehrt[391]. Zur Dogmatisierung von 1854 heisst es, dass damals der Papst immerhin die Bischöfe befragt und ihre Meinung definiert habe, während nun geglaubt werden müsse, dass er niemals geirrt habe und niemals irren werde[392]. Auch die im Zusatzkapitel ausgedrückte Begründung vermag nicht alle zu überzeugen. Man wendet ein, dass die Definition nicht logisch aus dem Einleitungsabschnitt folge ("Hinc ..."), dass vieles zwar für den Primat, nicht aber für die Unfehlbarkeit spreche, dass die höchste Autorität nicht auch unfehlbar sein müsse und auch so die Pflicht des (allerdings nicht völlig ausnahmslosen) Gehorsams gegenüber dem Papst bestehe[393].

Demgegenüber ist nun nach anderen die Definition der päpstlichen Unfehlbarkeit eine grosse und wünschenswerte, ja geradezu notwendige Sache[394], die bereits in der Aussage des Florentinums impliziert sei, wie überhaupt der Primat das Lehrurteil in Glaubens- und Sittenfragen und die Unfehlbarkeit einschliesse, ohne welche dem Gehorsam die Begründung fehle[395]. Während sich so die einen im Grunde auf die Aussage des 11. Kapitels beschränken oder die dogmatische Qualifikation verringern wollen[396], betonen andere den Dogmencharakter, wünschen einen entsprechenden Kanon und die Aufnahme in das Glaubensbekenntnis PIUS' IV. und heben die Irreformabilität und Unfehlbarkeit der päpstlichen Dekrete und ihre Verpflichtungskraft vor dem Konsens der Bischöfe hervor[397]. Nicht selten wird eine andere Plazierung der Unfehlbarkeitsaussage vorgeschlagen[398], doch ist darauf nicht weiter einzugehen.

Was die Äusserungen zum Objekt der Unfehlbarkeit (übrigens missfällt das Wort "infallibilitas"[399]) und die Kritik an der Objektsbestimmung des Zusatzkapitels betrifft, wird zunächst einmal deutlich, dass die Unfehlbarkeit in den Bereich der Lehre und des Lehramtes (unterschieden vom "regimen" der Primatsautorität[400]) oder des Zustimmungs- und Glaubenspflichtigen gehört[401]. Sodann kommt, abgesehen von den Stellungnahmen zur Definitionsformel selbst, nicht nur der Bezug zum Glauben[402] und zu der (zu bewahrenden) Heilslehre[403], sondern namentlich auch der Bezug zur Offenbarung und zu den "mores" zum Ausdruck. Es geht, wie man zu verstehen gibt, um das dem Papst anvertraute Glaubensdepositum, das Evangelium, die geoffenbarte Wahrheit, das Wort Gottes[404]. Aber auch die "praktische" Seite wird angesprochen. Um die als "Säule und Grundfeste der Wahrheit" gegründete Kirche vor Irrtum und Makel zu bewahren, schreibt der Bischof von Badajoz, RAMIREZ Y VASQUEZ, sei Petrus mit der Aufgabe, das Glaubens- und Handlungsdepositum zu hüten (tam credendorum quam agendorum depositum incorruptum custodiendi munus), betraut und für die Verkündigung der von Gott geoffenbarten Wahrheiten mit besonderer Glaubensfestigkeit ausgestattet worden. Damit die Wahrheit in der Kirche leuchte und die Sittenreinheit bewahrt werde (ut morum integritas incolumis servaretur), hätten die Päpste den Beistand des Hl. Geistes[405]. Ebenso sprechen andere von Unfehlbarkeit in dem, "quae credenda vel agenda sunt" (quaeque respuere vel fugere oporteat) (GASTALDI, ARONNE)[406], oder "in veritatibus fidei morumque definiendis" (FERRE)[407]. Selbst dort, wo das Kapitel mit "De Romani pontificis in rebus fidei definiendis infallibilitate" überschrieben und von der Autorität "in causis fidei definiendis" die Rede ist, bedeutet die Kompetenz in Glaubensfragen zugleich die Gewalt zu definieren, "quae ad fidem vel ad morum regulam pertinent"[408]. Immer wieder geht es um Dekrete in bezug auf "fides e t m o r e s", in Glaubens- und Sittensachen, aus der Glaubens- und Sittenlehre[409]. Für den Sprachgebrauch von "mores"[410] ist dabei bemerkenswert, dass der Ausdruck nicht nur als formale oder positive Kategorie (Handlungsbereich, faktische Sitten), sondern (wie "fides") auch als Normbegriff gebraucht wird, wenn es etwa heisst, dass die Päpste "errores contra fidem et mores" verurteilt hätten oder dass etwas nicht gegen "fides et mores" sei (und darum von der Kirche toleriert werde)[411]. Schliesslich werden in die Unfehlbarkeit die Facta dogmatica einbezogen, während man sich gegen die Unterstellung eines direkten oder indirekten Rechtes des Papstes über die "temporalia regum" verwahrt[412].

Bei der Definitionsformel selbst, die im Mittelpunkt der Auseinandersetzung steht, fordern die Väter immer wieder Klarheit und Unmissverständlichkeit[413]. In mehrfacher Hinsicht wird die Vorlage ergänzt. Unter anderem wird der Terminus "ex cathedra" eingefügt[414], wird die Unabhängigkeit vom Konsens der Bischöfe[415], aber auch die Verbundenheit des Papstes mit ihnen erwähnt[416] und der Ausdruck "definit" erweitert[417]. Vor allem kritisiert man dabei die angegebenen Bedingungen der Unfehlbarkeit als unzureichend, unsicher und gefährlich und dringt - gegen zurückhaltende Äusserungen - auf eine präzise Grenzziehung[418]. Eine nicht unbedeutende Rolle spielt hier die Frage nach dem Objekt der Unfehlbarkeit des (durch den Episkopat nicht zu kontrollierenden) Papstes. Auf der einen Seite ist nicht zu verkennen, dass die Bestimmung des Zusatzkapitels "definit, quid in rebus fidei et morum tenendum sit" (und übereinstimmend mit der Unfehlbarkeit der Kirche) vielfach unverändert[419] oder doch ohne grössere Abweichungen beibehalten wird. So finden sich die Formulierungen "in rebus ad fidem moresque spectantibus"[420] oder "doctrina pariter sive de fide sive de moribus"[421]. Ferner wird "tenendum" durch "vel reiiciendum" ergänzt und wechselt mit "credendum"[422]. Den Hinweis auf die Unfehlbarkeit der Kirche, dessen Formulierung variiert, gestaltet Bischof TURNER von Salford zu einer Norm für den Papst, der, wie die Kirche "in rebus fidei et morum" nicht irren könne, seinerseits in diesen Dingen unfehlbar sei, wenn er "ex cathedra" die Lehre der Kirche definiere[423].

Auf der anderen Seite steht nun aber doch die Kritik DUPANLOUPS, dass die Bedingungen und die Ausdehnung der Unfehlbarkeit nicht festgelegt würden[424]. Auch andere wünschen, "ut accuratius et distinctius definiatur obiectum infallibilitatis"[425]. Ernste Befürchtungen werden in dieser Hinsicht laut. Die sich böswillig von dieser dogmatischen Definition absetzen wollten, gibt Bischof EBERHARD von Trier zu bedenken, würden auch darüber streiten, ob sich die Unfehlbarkeit auf dieses oder jenes spezielle Objekt erstrecke[426]. Nach DUPANLOUP könnte damit der Papst einfach von sich aus alle Glaubensfragen klären und bisweilen auch Dinge entscheiden, in denen seine Unfehlbarkeit nicht unbestritten ist[427]. ERRINGTON sieht Gefahren von seiten der Regierungen, die auf eine Allgewalt des Papstes schliessen würden (putabunt hanc declarationem plenam in omnia potestatem deferre Romano pontifici)[428]. Unbeschadet der Gewalt, Gesetze "de fide moribusque" zu erlassen, die die Gläubigen "tanquam credendorum et agendorum regulam" zu befolgen hätten, erblickt Kardinal RAUSCHER von Wien in der Bulle "Unam sanctam" die grösste Schwierigkeit, da, wenn BONIFAZ VIII. "in rebus fidei et morum definiendis" nicht irren konnte, seine Lehre über das Verhältnis der beiden Gewalten als von Gott geoffenbarte Wahrheit zu glauben wäre[429].

So wird denn in diesem Punkt das Zusatzkapitel nicht unwesentlich verändert. Zum einen werden nähere Bestimmungen im Hinblick auf den Offenbarungs- oder Heilsbezug sowie auf die Glaubenszustimmung angefügt. Danach ist der Papst unfehlbar "in definiendis rebus quae pertinent ad revelationis depositum", wenn er "quid sit credendum vel reiiciendum" vorschreibe[430], in Glaubens- und Sittensachen etwas als von Gott geoffenbart definiere und allen "ad credendum vel faciendum tanquam dogma fidei" vorlege[431] oder wenn er "aliquid definit et ordinat in rebus fidei et morum, aut circa ea, quae in divinae revelationis deposito sive scripto sive tradito continentur, vel directe aut indirecte requiruntur ut hoc depositum integrum custodiatur et conservetur"[432]. Ein Kanon spricht von den dogmatischen Konstitutionen "de credendis et agendis ad salutem consequendam necessariis"[433]. Weiter ist von Unfehlbarkeit die Rede, wenn der Papst etwas "tamquam de fide credendum" oder "tanquam fidei contrarium reiiciendum" lehre[434], etwas "tamquam de fide tenendum aut reiiciendum"[435] oder "quid ... tenendum sit et semper creditum fuit"[436] oder aber auch "quid ... credendum vel tenendum sit" definiere[437]. Zum anderen werden inhaltliche Erweiterungen vorgenommen, wenn formuliert wird, dass der Papst "circa fidem et mores aliquid" definiere, wobei seine Urteile "in rebus fidei et morum aliisque quoquo modo huc spectantibus" als irreformabel und unfehlbar bezeichnet werden[438], oder wenn die Unfehlbarkeit auf Definitionen "in rebus fidei et morum et in rebus cum fide connexis" bezogen wird[439]. Eine Erweiterung besonderer Art ist die Einbeziehung der Kompetenzfrage in das Unfehlbarkeitsobjekt, dass nämlich der Papst in seinen Definitionen die Grenzen seiner Gewalt nicht überschreite (nec unquam in definitionibus suis potestatis, quam accepit a Christo, limites excedere queat)[440]. Schliesslich sind im Vergleich zur Definitionsformel des Zusatzkapitels verschiedene Weglassungen zu verzeichnen, insbesondere das Fehlen des Hinweises auf das Unfehlbarkeitsobjekt der Kirche, so dass danach der Papst unfehlbar ist, wenn er "... definit quid in rebus fidei et morum ab universa ecclesia tenendum sit". Dabei ist von innerer Zustimmung wie auch von vollem Glaubensgehorsam die Rede[441]. Zumal die Kanones verzichten, von Ausnahmen abgesehen[442], durchweg auf jene zweite Objektsbestimmung. Die Aussage von der Objektidentität der päpstlichen und kirchlichen Unfehlbarkeit (nicht die Sache selbst) wird aber auch direkt angegriffen. Ein Teil der Väter will sie als eine zweifache Unfehlbarkeit insinuierend, als überflüssig, mehrdeutig und gefährlich streichen[443], während sie von anderen sogar in die Kapitelüberschrift aufgenommen und als Ausdruck des unlöslichen Zusammenhanges gewürdigt wird[444]. Die Unfehlbarkeit der Kirche, wendet man ein, könne, weil durch den Papst vermittelt und an ihn gebunden, gar nicht die Norm der päpstlichen Unfehlbarkeit abgeben[445]. Doch auch vom Inhalt her wird die Gleichsetzung mit dem Objekt der kirchlichen Unfehlbarkeit, das im 9. Kapitel des Kirchenschemas zur Darstellung kommt, kritisiert, da es sich dort um eine dunkle, vage und gefährliche Aussage handele[446]. Demnach, wird gefolgert, dürfte es kaum ein päpstliches Dekret geben, das nicht auf dieses Objekt der Unfehlbarkeit zu beziehen wäre[447]. Wichtig für die Deutung ist die Bemerkung, dass im Zusatzkapitel ein doppeltes Objekt ausgesagt werde, ein weniger ausgedehntes (res fidei et morum) und das Unfehlbarkeitsobjekt der Kirche[448].

Zuletzt sind zwei Kritiken speziell an "mores" zu verzeichnen. "Quid res morum ?", fragt DUPANLOUP, der auch hier klare Bedingungen der Unfehlbarkeit vermisst und aufgrund der Vielfalt der sittlichen Dinge eine geradezu unbegrenzte Ausdehnung vor Augen hat : "sunt res morales revelatae, aliae evidentes, aliae obscurae, quae ad solam philosophiam pertinent. Ubinam cessabit infallibilitas pontificis ?"[449] Daneben wünscht HINDI, der chaldäische Bischof von Gezir, eine nähere Erklärung des betreffenden Ausdrucks (aliquam declarationem qua, quid per vocem illam morum intelligendum sit, clarius constaret)[450]. Diese schon von der Zahl her nicht zu überschätzende Kritik verdient dennoch besondere Aufmerksamkeit. Während HINDI ganz allgemein nach dem Verständnis von "mores" fragt und damit dokumentiert, dass die Bedeutung dieses Wortes nicht jedem Konzilsteilnehmer hinreichend klar ist, spricht DUPANLOUP sogleich von "moralischen Dingen", und zwar von geoffenbarten, von evidenten, aber auch von dunklen, rein philosophischen, die, wenn sie alle unter die Unfehlbarkeit "in rebus morum" fielen, ein schwer einzugrenzendes Objekt darstellten.

Man hat die immerhin aufgeworfene Frage nach den "mores", auch wenn die "Relatio" sie übergeht, weiter im Auge zu behalten. Überhaupt ist, wie die Konzilsväter zu verstehen geben, die im Zusatzkapitel enthaltene Bestimmung des Unfehlbarkeitsobjektes zu revidieren. Mag auch ein Teil ihrer Fragen und Einwände auf das Fehlen von Anmerkungen, wie sie den übrigen Kapiteln des Kirchenschemas in reichem Masse beigegeben sind, zurückzuführen sein, richtet sich doch zu Recht ihr Augenmerk vor allem auf den Aussagetext selbst, den sie beurteilen und vielfach modifizieren. Gleichwohl bleibt rückblickend festzustellen, dass ihre Observationes zwar die Problematik der Objektsangabe, nicht aber einen eindeutigen Lösungsweg aufzeigen. Schon bald wird man sich jedoch auch in dieser Frage zu entscheiden haben.

4. Die Konstitution "Pastor aeternus"

Als im Mai 1870 im Rahmen der Konstitution "Pastor aeternus" die Aussage über die päpstliche Unfehlbarkeit tatsächlich zur Verhandlung kommt, hat sie das dritte Stadium ihrer Entwicklungsgeschichte auf dem 1. Vatikanum erreicht. Alles bisherige Ringen um ihre sachgemässe Formulierung verdichtet sich in den zweieinhalb Monaten bis zur feierlichen Verkündigung am 18. Juli. Wiederum sind es drei Stufen, über die diese letzte und entscheidende Wegstrecke führt : die Vorbereitung der neuen Textvorlage, ihre Diskussion und Revision sowie ihre letzte Modifikation.

a. Die Vorbereitung

aa. Die "Relatio de observationibus"

Mit der Entscheidung, die Unfehlbarkeitsaussage unverzüglich dem Konzil vorzulegen, erlangen die Bemerkungen der Väter zum Zusatzkapitel unmittelbare Bedeutung. Eine "Relatio" stellt sie für die mit der Vorbereitung des neuen Schemas befasste Glaubensdeputation unter kritischem Aspekt zusammen[451]. Sie verteidigt, dass die vatikanische Definition lediglich die Lehre früherer Konzilien erkläre und dass die angeführten Zeugnisse nicht nur den Primat, sondern auch die Unfehlbarkeit bestätigten[452]. Dafür, dass der Papst "in seinem Amt als oberster Lehrer autoritativ definiere" und alle Bedingungen erfüllt seien, gebe es einmal sichere Anzeichen, zum anderen stelle sich die gleiche Frage bei den Konzilien, sodann sei gerade dies durch den Geistbeistand verbürgt[453]. Zurückgewiesen wird ferner die Vorstellung einer Trennung des Papstes von den Bischöfen; dieser dürfe nämlich nach BELLARMIN nicht auf sein eigenes Urteil vertrauen oder auf eine Offenbarung warten, sondern sei gehalten, sich der üblichen Erkenntnismittel, auch eines Konzils, zu bedienen[454]. Ebenso sei das Wort "infallibilitas" eine gebräuchliche und wohlverstandene Bezeichnung für die Irrtumslosigkeit der Päpste und des kirchlichen Lehramtes[455].

Hinsichtlich der Objektsbestimmung des Zusatzkapitels gibt die Relatio einen zweifachen Einwand wieder, dass sie nämlich undeutlich (indefinita et vaga) sei und dass die Bezugnahme auf die Unfehlbarkeit der Kirche eine doppelte Unfehlbarkeit insinuiere. Beides wird verneint. Durch die ausdrückliche Gleichsetzung mit dem Umfang der kirchlichen Unfehlbarkeit, heisst es, werde die allgemeine Angabe "quid in rebus fidei et morum tenendum sit" genau bestimmt (definita plane ac determinata evadit), und die eine Unfehlbarkeit sei nur dem Subjekt nach (der Papst selbst oder die lehrende Kirche mit ihm) verschieden[456]. Ausführlicher kommt die Relatio auf das Unfehlbarkeitsobjekt im Zusammenhang mit den erhobenen historischen Einwänden gegen die Definition zu sprechen. Solche seien, insofern die Unfehlbarkeit als Offenbarungswahrheit erwiesen sei, eo ipso als falsch zu betrachten. Sache des Konzils sei dieser Offenbarungsnachweis, nicht so sehr die Lösung anderweitiger, zudem bereits vielfach erörterter Schwierigkeiten. Bei solchen habe man auf das Subjekt, das Objekt und die Form oder den Modus einer päpstlichen Aussage zu sehen, nämlich ob der Papst tatsächlich "als oberster Lehrer ..." oder als Privatperson oder nichtgesamtkirchlicher Lehrer (doctor particularis) gesprochen habe, sodann ob es sich um eine den Glauben oder die Sitten der Gesamtkirche betreffende Sache oder aber einen besonderen Tatbestand oder eine teilkirchliche disziplinäre und rechtliche Angelegenheit handele (utrum materia circa quam iudicium Romani pontificis versatur, res sit fidei et morum pertinentium ad ecclesiam universalem, an utrum sit res facti particularis vel disciplinae ac iuris partialis vel localis), schliesslich ob Form oder Modus deutlich mache, dass eine eigentliche letztgültige Definition und nicht nur eine bedingte Entscheidung vorliegt (factam esse veram ac propriam definitionem seu peremptoriam latam sententiam; non vero oeconomicam tantum aliquam responsionem vel dispositionem)[457].

In diesen drei Kriterien darf man bereits eine Interpretation der Unfehlbarkeitsaussage erblicken. Abgesehen davon, dass es hier immer nur um den Papst in seiner höchsten gesamtkirchlichen Lehrtätigkeit sowie um ein definitives Urteil geht, wird ohne Rückgriff auf die Unfehlbarkeit der Kirche positiv und negativ (allerdings in einer bemerkenswerten Inkongruenz) das Unfehlbarkeitsobjekt angegeben, dessen einzelne Inhalte nicht neu sind, an dem aber doch das Fehlen eines ausdrücklichen Offenbarungsbezuges wie auch eine gewisse Verschiedenheit gegenüber dem Zusatzkapitel auffallen. Positiv muss es sich demnach um "res fidei et morum" handeln, wobei die Sitten sogleich näher bestimmt werden als solche, welche die Gesamtkirche angehen, als Verhaltensnormen, die die ganze Kirche verpflichten (was sich bei den "res fidei" von selbst versteht). Negativ werden, und dies vor allem im Hinblick auf die erläuterungsbedürftigen "mores", Entscheidungen über einen partikulären Tatbestand oder in einer nichtgesamtkirchlichen Disziplinar- und Rechtssache ausgegrenzt. Derartige Urteile über die Sitten einzelner oder ein konkretes Verhalten sowie teilkirchliche Anordnungen liessen sich durchaus unter "res morum" verstehen. Wie jedoch die "mores" nicht schlechthin, sondern nur als gesamtkirchliche zur Unfehlbarkeit gerechnet werden, so werden nur Tatsachenurteile und Disziplinar- und Rechtsbestimmungen partikulären Charakters davon ausgeschlossen, so dass die Unfehlbarkeit offenbleibt für jene Entscheidungen auf diesem Gebiet, die für die Gesamtkirche Geltung besitzen. Was konkret unter den "zur Gesamtkirche gehörenden Sitten" zu verstehen ist, sagt die Relatio nicht. Gewiss hat man dabei an die (gleich den Glaubensinhalten) unteilbaren Normen des sittlichen und des religiös-kirchlichen Lebens zu denken, die einen Teil der christlichen Lehre ausmachen und als solche bereits in der tridentinisch-vatikanischen Aussage über die Schriftinterpretation genannt werden[458]. Ausserdem wird man zu ihnen auch konkrete Sachverhalte bzw. Entscheidungen, die sich (wie das Kanonisationsurteil) auf die Gesamtkirche beziehen, rechnen dürfen, sofern man dabei nur von einer "Definition" sprechen kann. Schon im Zusatzkapitel ging es ausdrücklich um gesamtkirchliche Verpflichtungen. Im übrigen stehen zu drei Fragen Klärungen und Entscheidungen aus. Sie betreffen das genaue Verständnis von "mores" oder "res morum", die Qualität der geschuldeten Zustimmung (Glaube oder einfache Zustimmung) sowie die Bedeutung des zusätzlichen Hinweises auf das Unfehlbarkeitsobjekt der Kirche.

bb. Der neue Text

Die im Anschluss an die Besprechung der Relatio über die Observationes[459] am 2. Mai 1870 der Glaubensdeputation vorgelegte Konstitution "Pastor aeternus" (Schema I) enthält in ihrem vierten Kapitel "De Romanorum pontificum infallibilitate" die revidierte Unfehlbarkeitsaussage. Selbst mehrere redaktionelle Alternativen anbietend, unterscheidet sich diese sowohl vom früheren Zusatzkapitel als auch von der Vorlage, auf die sich die Konzilsdebatte beziehen wird.

Im Vergleich zum Zusatzkapitel hat dieser neue Text (Form A) eine andere Überschrift, einen erweiterten Einleitungsteil, fast wörtlich die gleiche Definitionsformel und den nämlichen Kanon, sieht jedoch, um den Anträgen zahlreicher Väter stattzugeben, einen zusätzlichen Paragraphen oder aber einen erweiterten Kanon vor[460]. Wie man sieht, enthält die Kapitelüberschrift keine Aussage mehr, sondern nennt nur das Thema; dabei steht statt des Singular - nicht unmissverständlich - der Plural "Romanorum pontificum". Der ausgedehnte Einleitungstext umfasst einen Einleitungssatz und drei Konzilszitate. Ersterer spricht von der besonderen, für die Aufgabe des Papstes notwendigen und nach dem Willen Christi mit dem Primat verbundenen Prärogative. An den Konzilszitaten, die namentlich und zusammen mit der beständigen Glaubenslehre des Apostolischen Stuhles als Traditionszeugnisse angeführt werden, fällt vor allem die erneute Hereinnahme des Florentinums auf, das den Papst als Lehrer aller Christen und Träger der Vollgewalt "pascendi, regendi ac gubernandi universalem ecclesiam" bezeichnet. Während danach die Stelle aus dem 2. Konzil von Lyon so gut wie unverändert übernommen wird, erfährt jene aus dem 4. Konzil von Konstantinopel eine Erweiterung, indem es nun auch heisst, dass das Heil vor allem die Wahrung der rechten Glaubensregel ... fordere und man dem (die katholische Religion stets bewahrenden) Apostolischen Stuhl in allem folgen müsse ...[461].

Die Definitionsformel selbst weicht kaum von jener des Zusatzkapitels ab (unter anderem ist "tenendum" durch "vel reiiciendum" ergänzt), doch stehen zwei wichtige Zusätze zur Auswahl. Einmal ist daran gedacht, an die Definitionsformel (vor "Si quis autem ...") einen neuen Paragraphen anzufügen, der sowohl die Einheit der (vom Papst als Haupt der Kirche wie vom gesamten Lehramt her zu betrachtenden) Unfehlbarkeit als auch die Verpflichtung zu einer nicht nur äusseren Annahme dieser päpstlichen Entscheidungen, sondern zu einer vollen inneren Zustimmung, ja zu einem vollen Glaubensgehorsam betont[462]. Fast wörtlich hatte diesen Zusatz SENESTREY mit der Begründung angeregt, dass dadurch verkehrte Auffassungen von der Unfehlbarkeit des Papstes korrigiert bzw. die Ausflüchte der Jansenisten und Gallikaner deutlicher ausgeschlossen würden[463]. Beachtung verdient hier die Forderung eines vollen Glaubensgehorsams, während die Definitionsformel selbst nach wie vor weder die Unfehlbarkeit auf das Glaubenspflichtige einschränkt noch ausdrücklich Glaubenszustimmung verlangt. Die andere Möglichkeit besteht darin, dass anstelle dieses Paragraphen ein (vierter) Kanon über die päpstliche Unfehlbarkeit angefügt wird, wobei der letzte Satz der Definitionsformel ("et hanc ...") so geändert werden könnte, dass er zur Identität des Unfehlbarkeitsobjektes hinzu auch die Einheit der päpstlichen und kirchlichen Unfehlbarkeit aussagt. Diesen Gedanken bringt nämlich abweichend von dem genannten Abschnitt der Kanon nicht zum Ausdruck. Dafür verurteilt dieser, dass den (näher bezeichneten) päpstlichen Entscheidungen nicht sogleich voller innerer und äusserer Gehorsam zu leisten sei, dass, da diese irrtumsfähig oder reformabel seien, die Gläubigen ihre Unterwerfung bis zur festgestellten Zustimmung der Bischöfe aufschieben könnten und dass man vom Papst an ein allgemeines Konzil appellieren dürfe[464]. Ohne dass hier von "Glaubensgehorsam" die Rede ist, wird doch vorausgesetzt, dass der Papst definiert, "quid in rebus fidei et morum ... credendum (!) vel reiiciendum sit". Auch wenn die Objektfrage adäquat von der Unfehlbarkeit der Kirche her zu beantworten ist und die einzelne Formulierung der Zustimmungsqualität nicht überinterpretiert werden darf, nimmt der diesbezügliche Wechsel im Ausdruck wunder.

In der Deputation selbst, die sich am 3. und 5. Mai mit dem Unfehlbarkeitskapitel befasst[465], äussert man Unzufriedenheit über die Objektsangabe (STEINS: "quae de obiecto dicuntur, esse insufficientia")[466], aber auch die Absicht, auf eine spezielle Definition zu verzichten (ZINELLI)[467]. Eine bemerkenswerte Verdeutlichung des Verweises auf das Objekt der kirchlichen Unfehlbarkeit bietet die von ALEMANY vorgeschlagene Anfügung "(... extenditur), nempe ad depositum fidei, hoc est, Dei verbum scriptum vel traditum"[468]. Auch DECHAMPS wünscht einen Zusatz, dass Kirche und Väter, Päpste und Konzilien zeigten, zum Jurisdiktionsprimat gehöre die Aufgabe, das Depositum zu hüten und Glaubensfragen zu entscheiden[469]. LEAHY, der die Zustimmungspflicht zu den "aus sich irreformablen Definitionen" schon vor einem kirchlichen Konsens zum Ausdruck bringen will, spricht dabei nicht von Glaubensgehorsam[470]. Weniger ausgeglichen erscheint GASSERS Formel, dass der Papst, der die ganze Kirche in der Einheit des Glaubens zu bewahren habe, nicht irren könne, "cum ... de quaestionibus fidei et morum iudicans definit, quid ab universa ecclesia credendum tenendumve sit", und dass diese per se irreformablen päpstlichen Entscheidungen "non ore solum, sed et corde, id est, perfecto mentis assensu plenoque fidei obsequio" anzunehmen und festzuhalten seien[471]. Nach D'AVANZO definiert der Papst unfehlbar, "quid in rebus fidei et morum ... credendum vel reiiciendum sit", und fordern diese Glaubens- und Sittenentscheidungen anders als die (einfachhin) zustimmungspflichtigen übrigen Dekrete vollen Glaubensgehorsam[472]. ALEMANY, der, wie erwähnt, das Unfehlbarkeitsobjekt mit dem Glaubensdepositum gleichsetzt, beschränkt auch die Unfehlbarkeit des Papstes unmissverständlich auf den Gegensatz zur Häresie, darauf nämlich, dass der Papst "... de quaestionibus fidei et morum iudicans, de iis definit, quid ab universali ecclesia sub haeresis censura credendum vel reiiciendum sit"[473]. Besondere Aufmerksamkeit verdient die Formel MARTINS, welche die Glaubensdeputation auf BILIOS Frage hin bevorzugt. Danach ist der Papst unfehlbar, wenn er definiert, "quid in rebus fidei et morum ... fide catholica credendum sit", und sind diese seine aus sich irreformablen Glaubensdekrete oder -urteile "pleno fidei obsequio" anzunehmen und festzuhalten. Hinzukommt, dass sich die Reichweite des unfehlbaren päpstlichen Lehramtes nach jener des gesamtkirchlichen Lehramtes bestimme (ad eadem pertinere, ad quae infallibile universae ecclesiae magisterium ... sese extendere dignoscitur)[474]. Deutlich wird das unspezifische "tenendum vel reiiciendum" auf Glaubensdefinitionen hin präzisiert, womit die Forderung nach vollem Glaubensgehorsam übereinstimmt. Neben dieser einschränkenden Formulierung steht jedoch die Gleichsetzung mit dem Objekt des unfehlbaren Lehramtes der Gesamtkirche, worin man eine Klärung oder eine mögliche Erweiterung (im Sinne einer unzweifelhaft adäquaten Objektsbestimmung) erblicken mag. BILIO selbst hatte (nach SENESTREYS Tagebuch) gegen das Schema eingewandt, dass die Unfehlbarkeit der Kirche nur "in definitionibus dogmaticis stricte dictis" definiert sei, so sehr er auch Unfehlbarkeit in den Facta dogmatica, in der Heiligsprechung und dergleichen anderen Dingen (wie der Ordensapprobation) für sicher halte und eine entsprechende Konzilsdefinition wünsche[475].

Die in der Abendversammlung am 5. Mai vorgelegte Fassung des 4. Kapitels (Form B) verbindet "credendum" und "tenendum", indem danach der Papst unfehlbar ist, wenn er definiert, "quid in rebus fidei et morum ... fide divina credendum tenendumve vel reiiciendum sit". Zugleich wird wiederum auf das Objekt der kirchlichen Unfehlbarkeit verwiesen sowie für die päpstlichen Entscheidungen voller Glaubensgehorsam verlangt[476]. Der Dissens, der nach dem Protokoll nur die Formulierung der Einheit päpstlicher und kirchlicher Unfehlbarkeit zu betreffen scheint[477], bezieht sich nach dem Tagebuch weiterhin auch auf die Objektsbestimmung selbst. Danach insistiert BILIO auf seinem Einwand, dass schon vor dem Jansenismus und auch in neuerer Zeit die Theologen die Unfehlbarkeit des Papstes nur in der Definition von Dogmen verteidigt hätten, und vermag für seine restriktive Auffassung mehrere Deputationsmitglieder (DECHAMPS, SPALDING, STEINS, MARTIN) zu gewinnen, die, so das Tagebuch, nicht bedächten, dass jene Theologen diese Unfehlbarkeit als Glaubenswahrheit oder "fidei proxima" verteidigt, zusätzlich aber als theologisch sicher bewiesen hätten, dass der Papst wie die Kirche auch in den Facta dogmatica und in den Zensuren unterhalb der Häresie unfehlbar sei[478]. So reicht also die päpstliche wie die kirchliche Unfehlbarkeit über die geoffenbarten Wahrheiten hinaus, jedoch nur mit theologischer Gewissheit. Die Definitionsformel hat dieser Distinktion Rechnung zu tragen.

In der Deputationsversammlung am 6. Mai, in der zwei Theologen zur Definition Stellung nehmen[479], legt BILIO eine neue (von MARTIN stammende) Definitionsformel (Form C) vor, nach der der Papst unfehlbar ist, wenn er definiert, "quid in rebus fidei et morum ... fide divina (verbessert zu : de fide) tenendum vel tanquam (eidem) fidei contrarium reiiciendum sit". Ferner heisst es darin, dass seine per se irreformablen (Glaubens-) Entscheidungen "pleno fidei obsequio" anzunehmen und festzuhalten seien und dass sich die eine Unfehlbarkeit (im Papst wie im gesamten Lehrkörper) auch auf ein und dasselbe Objekt, die Bewahrung und Auslegung des Glaubensdepositums, erstrecke (ad unum idemque obiectum sese extendere docemus, nempe ad fidei depositum custodiendum intemerateque exponendum)[480]. Diese als problemlösend empfohlene[481] Formel erklärt ausdrücklich die Unfehlbarkeit des Papstes bei Glaubenswahrheiten oder Glaubensgegensätzen zum Dogma und kann für solche Definitionen mit Recht vollen Glaubensgehorsam verlangen. Daneben bestimmt sie das Objekt der päpstlichen Unfehlbarkeit im Sinne der kirchlichen, womit zweifellos die erste Angabe dahin ergänzt werden soll, dass die Unfehlbarkeit nicht allein auf die "fide divina" zu glaubenden Wahrheiten oder die Häresien zu beziehen ist. Die Stellungnahme der Deputation ist allerdings geteilt. Neben einfacher oder doch grundsätzlicher Zustimmung zeigen sich Unentschiedenheit und Ablehnung (in zwei klaren Gegenstimmen)[482]. Vierzehn Mitglieder sind für eine Streichung des Zusatzes "nempe ad depositum ...", sieben wollen ihn beibehalten. Zwei wünschen noch ein Monitum im Anschluss an die Kanones, dass nämlich dem Papst nicht nur in dogmatischen, sondern auch in anderen Entscheidungen wahrer und aufrichtiger Gehorsam zu leisten sei[483].

Am 7. Mai wird das ganze verbesserte Konstitutionsschema vorgetragen und der Text nach "geringfügigen Änderungen" fast einstimmig approbiert[484]. Wie das Tagebuch berichtet, begründen die beiden Mitglieder, die sich gegen die neue Formel (C) ausgesprochen hatten, ihre Ablehnung vor allem damit, dass es dort nur heisst, der Papst könne nicht irren, wenn er definiere, "quid expresse fide divina credendum sit". Es sei nämlich zu befürchten, dass die Gläubigen, die hierin eine vollständige Darlegung der Lehre von der päpstlichen Unfehlbarkeit vermuten, diese allein auf "fide divina" anzunehmende Definitionen beziehen und die Gegner diese exklusive

Interpretation verbreiten[485]. Auch das Protokoll vermerkt die zwei kritischen Stimmen, nach denen (mit dem Satz von der Einheit der Unfehlbarkeit und des Objektes) die Unfehlbarkeit nicht nur des Papstes, sondern der Kirche selbst auf das Geoffenbarte eingeengt werde (coarctari ad ea, quae sunt revelata). Doch vermag, wie gesagt wird, FRANZELINS Formel "Quoniam vero infallibilitas eadem est ..." zufriedenzustellen, dass sich nämlich nach dieser Definition (insuper definimus) die Unfehlbarkeit ... auf ein und dasselbe Objekt erstrecke. Bezüglich des erwähnten Monitums will man erst eine entsprechende Petition der Konzilsväter abwarten[486].

Der hierauf gedruckte und am 8. Mai der Glaubensdeputation noch einmal vorgelegte Text der Konstitution, der sich von der nachfolgenden, den Konzilsvätern ausgehändigten Fassung wenig mehr unterscheidet[487], definiert (Form D) als Glaubensdogma, dass der Papst nicht irren könne, wenn er ... definiere, "quid in rebus fidei et morum ... tamquam de fide tenendum vel tamquam eidem fidei contrarium reiiciendum sit", und dass diese per se irreformablen Dekrete und Urteile mit vollem Glaubensgehorsam anzunehmen und festzuhalten seien. Weil aber die Unfehlbarkeit im Papst und in der ganzen lehrenden Kirche dieselbe sei, erstrecke sie sich, wird darüber hinaus definiert, auch auf ein und dasselbe Objekt[488]. Von Veränderungen im Titel und im Einleitungsteil abgesehen, wird in der Definitionsformel lediglich "eidem" (fidei contrarium) gestrichen, obwohl gegen sie selbst in dieser neuen Form, in der sie nun den Konzilsvätern vorgelegt wird, immer noch schwerwiegende Einwände erhoben werden[489]. Den Ausdruck "res fidei et morum" berührte die Diskussion nicht.

b. Die Diskussion und Revision der Konzilsvorlage

aa. Die Vorlage

Das Kapitel "De Romani pontificis infallibilitate", mit dem im Rahmen der Konstitution "Pastor aeternus" (Schema II) die Definition der Unfehlbarkeit des Papstes unmittelbar in Angriff genommen und zur Diskussion gestellt wird, unterscheidet sich, wie ein Vergleich erkennen lässt, nicht nur vom früheren Zusatzkapitel, sondern wird auch aufgrund der Debatte noch erhebliche Veränderungen erfahren (Schema III) und in anderer Gestalt (IV) als der dieser Vorlage verabschiedet werden.

Der T e x t , auf den sich die Debatte bezieht, geht, wie bereits deutlich wurde, davon aus, dass in der Jurisdiktionsgewalt des Papstes über die ganze Kirche auch die oberste Lehrgewalt eingeschlossen sei, was, wie gesagt wird, der Apostolische Stuhl, die Praxis der Kirche und die ökumenischen Konzilien bezeugten. Mit den letztgenannten, und zwar mit dem 4. Konzil von Konstantinopel, dem 2. von Lyon und dem Konzil von Florenz bekennt man sich zum Apostolischen Stuhl als dem treuen Bewahrer der katholischen Lehre (gemäss Mt 16,18), sieht man in der römischen Kirche die vorrangige Verteidigerin der Glaubenswahrheit mit der Kompetenz, Glaubensfragen zu entscheiden, und anerkennt man den Papst als den Hirten und Lehrer aller Christen und den Träger der sich auf die ganze Kirche erstreckenden Vollgewalt. Auf dieser Grundlage ("hinc") wird als Glaubenssatz definiert, dass (nach Lk 22,32) der Papst nicht irren könne, wenn er in seinem Amt als oberster Lehrer aller Christen mit seiner apostolischen Autorität definiere, was in Glaubens- und Sittensachen von der ganzen Kirche als Glaubensgegenstand festzuhalten oder als Widerspruch zum Glauben zu verwerfen ist (quid in rebus fidei et morum ... tamquam de fide tenendum vel tamquam fidei contrarium reiiciendum sit), dass ferner diese per se irreformablen Entscheidungen zu vollem Glaubensgehorsam verpflichteten sowie dass die Unfehlbarkeit, die vom Papst wie von der ganzen lehrenden Kirche her betrachtet dieselbe sei, auch ein und dasselbe Objekt habe. Wer dieser Konzilsdefinition widerspreche, habe sich vom katholischen Glauben und der Einheit der Kirche getrennt[490].

In seiner einführenden R e l a t i o , die in bezug auf das Unfehlbarkeitskapitel bewusst kurz gehalten ist, spricht Bischof PIE zunächst vom inneren Zusammenhang der Unfehlbarkeit mit dem Primat, den das Konzil nicht ohne Erwähnung der lehramtlichen Prärogative, der "suprema auctoritas doctrinalis" des Papstes darstellen könne. An der in der alten Tradition der Kirche (bezeugt zumal auf ökumenischen Konzilien) gründenden Definitionsaussage selbst zeigt er im einzelnen das Subjekt, den Aussageakt, den Verdienstgrund (Lk 22,32), die Wirkursache (göttlicher Beistand) und das Objekt der Unfehlbarkeit auf. Subjekt, heisst es, sei nicht der Papst als Privatperson, wie auch nicht irgendein Akt des obersten Hirten in Betracht komme. Der göttliche Beistand bewirke, dass der Papst in seinem Amt und in dem ihm eigenen

Bereich (suo munere fungens circa proprium suum obiectum) niemals in Irrtum fallen könne. Dieses Objekt aber werde zuerst allgemein durch den Ausdruck "Glaubens- und Sittensachen", sodann im besonderen durch die Gleichsetzung mit dem Objekt der kirchlichen Unfehlbarkeit bestimmt (primum generatim quod significat phrasis "in rebus fidei ac morum", deinde specifice verbis asserentibus eundem esse obiecti ambitum, qui assignatur obiecto infallibilitatis ecclesiae)[491]. PIE präzisiert damit die Aussage der "Relatio de observationibus"[492], indem er im Sinne der Deputation die zweifache Objektsbestimmung als eine generische und spezifische deutet. Die Aussage von der Identität des Unfehlbarkeitsobjektes spezifiziert demnach die materiale Angabe, dergestalt dass im Bereich der "res fidei et morum" das zu gelten hat, was vom Umfang der kirchlichen Unfehlbarkeit gilt.

Abgesehen davon, dass diese wenigen Worte kaum den Grund dieser Spezifikation, nämlich die Distinktion der Gewissheitsqualität der Unfehlbarkeit in geoffenbarten und in den mit dem Depositum (nur) zusammenhängenden Dingen, deutlich machen, stimmt damit die Definitionsformel nicht wirklich überein. Deren erste Objektsbestimmung ist nämlich genaugenommen keine generische, da sie (anders als das Zusatzkapitel) auf De-fide-Definitionen abstellt und nur diese unter das Dogma von der Unfehlbarkeit des Papstes fasst. Treffender würde formuliert, dass der Papst in Glaubens- und Sittendefinitionen (ganz allgemein) unfehlbar ist, jedoch in dem Masse (in dem Umfang und mit der Gewissheit), als dies von der Kirche gilt. Daraus ergäbe sich dann jene Folgerung, die die Definitionsformel vorwegnimmt, wenn sie, nachdem zu diesem Zeitpunkt die Unfehlbarkeit der Kirche nur in geoffenbarten Dingen Dogma (wenngleich darüber hinaus theologisch sicher) ist, völlig zu Recht auch die Unfehlbarkeit des Papstes (nur) in De-fide-Definitionen als Dogma ausspricht. Zu dieser durchaus restriktiven, aber auch inadäquaten und bedingten Aussage, in der es allein darum geht, was von der päpstlichen Unfehlbarkeit zum Dogma zu erheben ist, tritt als unverzichtbare Ergänzung jene zweite Aussage, dass sich das Dogma der päpstlichen Unfehlbarkeit nach dem der kirchlichen Unfehlbarkeit bestimmt und so nach einer dogmatischen Erklärung zur letzteren - sie ist bereits vorgesehen - gleichfalls zu erweitern wäre. So verstanden, sind die beiden Objektsbestimmungen der Definition, die sich zueinander nicht wie Genus und Differentia specifica, sondern wie Konkretion und Prinzip verhalten, unangreifbar. Dennoch entbehren die erhobenen Einwände nicht jeder Grundlage. Wie gezeigt, entspricht die Formulierung nicht genau der von PIE gegebenen Interpretation, die man überdies im Text deutlicher ausgedrückt sehen möchte. Ferner scheint die Formel in ihrer "Optik", wenn auch nicht in ihrer Intention ein restriktives Verständnis der päpstlichen Unfehlbarkeit zu präjudizieren, die hier auf den ersten Blick eben in dieser Begrenzung ansichtig wird. Diese Einschränkung könnte sogar in direkter Umkehrung der Aussageabsicht auf die Unfehlbarkeit der Kirche selbst übertragen werden.

Gegen Schluss seiner Relatio macht PIE noch einmal eine das Objekt betreffende Bemerkung. Die Unterstellung einer separaten Unfehlbarkeit des Papstes entschieden zurückweisend betont er, dass der Papst nur in der klaren und sicheren Überzeugung, dass seine Lehre von der Quelle der Offenbarung her den Leib der Kirche (wie das Blut die Venen) durchströme, ein Lehrurteil aussprechen könne (ore suo iudicium doctrinale numquam proferre potest, nisi quia ipsiusmet oculis clare ac indubitanter constiterit, doctrinam hocce iudicio asserendam, ex revelationis fonte manantem quasi sanguinem per venas corporis animati, cuius ipse est vivum caput, diffundi ac permanare)[493]. Aus der Offenbarung und der kirchlichen Tradition stammen also die Lehren, die der Papst unfehlbar vorträgt. Auch einen solchen Hinweis lässt die Definitionsformel vermissen. So bleibt das Schema hinter den klärenden Ausführungen PIES zurück und wird von ihm mit Recht als verbesserungsbedürftig (perfectione indiget) bezeichnet[494]. Bereits am 22. Mai muss BILIO vor der Glaubensdeputation erklären, dass die neue Formel vielen Vätern, auch solchen, die die Definition wünschten, missfalle, und dies, wie er gesteht, nicht ohne Grund (rationes querendi non abesse fatetur). Dennoch will man, bevor man sich für eine andere Formel entscheidet, Vorschläge von seiten der Väter abwarten[495].

bb. Die Diskussion

Die Vorlage des Unfehlbarkeitskapitels mit dem darin auszusprechenden Dogma gibt der Debatte über dieses Thema einen festen Rahmen und einen konkreten Bezugspunkt. Nun kann eigentlich nicht mehr von Grund auf die Frage der Opportunität und der Definibilität erörtert oder der Dogmencharakter der Unfehlbarkeitsaussage alternativ zu einer einfachen Lehre, einer blossen Reaffirmation früherer Konzilsaussagen oder einer ausdrücklichen Feststellung der Gehorsamsverpflichtung gegenüber dem Papst zur Disposition gestellt werden. Zur Diskussion stehen vielmehr unter dem Aspekt der Dogmengrundlage der Inhalt und die Formulierung des Glaubenssatzes von der päpstlichen Unfehlbarkeit, der mit dem Schema bereits in einer entscheidungsreifen Fassung vorliegt. Trotz Übereinstimmung, dass der Papst sündigen kann und nicht als Privatperson, sondern in seinen papstamtlichen, "ex cathedra" erlassenen Definitionen unfehlbar ist, geht es mit Rücksicht darauf, dass auch die Bischöfe Träger des kirchlichen Lehramtes sind und bei der Unfehlbarkeit nicht an Inspiration oder Mitteilung neuer Offenbarungen zu denken ist, immer wieder um die Frage einer persönlichen, separaten und absoluten, d.h. einer allein in das Verfügen des Papstes gestellten Unfehlbarkeit oder um die Frage einer Mitwirkung der Bischöfe und der Kirche. Zugleich mit der standhaften Weigerung, eine derartige Bedingung (in dem Sinne, dass sich der Papst - nach ANTONIN - des Rates und der Hilfe der Kirche bediene und als ihr Haupt und Sprecher fungiere) in die Definitionsformel aufzunehmen, hält man nachdrücklich daran fest, dass der Papst bei seinen Definitionen in unlöslicher Verbindung mit der Kirche steht und - man denke an 1854 - mit der entsprechenden Umsicht zu Werke geht. Der Glaubensdeputation fällt bei den Auseinandersetzungen der Konzilsväter um das Schema die Aufgabe der Klarstellung zu. Diese Ausführungen sind für das Verständnis der Texte von besonderer Bedeutung, weshalb sie im folgenden nach den Diskussionsbeiträgen der Konzilsväter eigens herausgestellt werden sollen.

Die Konzilsväter (im allgemeinen)

Einer umfassenden Darstellung der Konzilsdebatte bedarf es im Rahmen der vorliegenden Untersuchung nicht. Der Angelpunkt der Kontroverse wurde bereits genannt. Auf eine Reihe von Aussagen zu einzelnen Elementen der Definitionsformel, wie zum Terminus "infallibilitas"[496], dem doppelten Subjekt der kirchlichen Unfehlbarkeit oder der Hinwendung zur Gesamtkirche, ist hier nicht näher einzugehen[497]. Immer wieder dringen die Konzilsväter auf eine klare und unmissverständliche Formulierung des Dogmas[498], dessen Interpretation mehrere von ihnen durch ein zusätzliches Monitum sicherstellen wollen (Emendationes 73 bis 76)[499]. Es liegt auf der Hand, dass auch die Angaben, die das Schema zum Objekt der päpstlichen Unfehlbarkeit macht, mit Kritik bedacht werden. Sie interessiert hier besonders in bezug auf die vier eigentlichen Momente der Objektsbestimmung, der generellen Materie ("res fidei et morum), die Spezifikation der Aussage- und Zustimmungsqualität ("tamquam de fide tenendum vel tamquam fidei contrarium reiiciendum"; "pleno fidei obsequio") und der Gleichsetzung mit dem Objekt der kirchlichen Unfehlbarkeit. Die anderen, in einem weiteren Sinne das Objekt mitbestimmenden Angaben, nämlich der gesamtkirchliche ("ab universa ecclesia")[500], der Definitions- ("definit")[501], der Irreformabilitäts- ("decreta ... irreformabilia")[502] sowie der Ex-cathedra-Charakter[503] der Dekrete, konvergieren darin, dass bei diesen an Äusserungen des Lehramtes, nicht an gesetzliche Bestimmungen zu denken ist. Aber auch was in anderem Zusammenhang zum Unfehlbarkeitsobjekt verlautet, ist im Hinblick auf die Doppelfrage, was unter "res morum" zu verstehen ist und welchen Ort darin die "Moral" hat, in Betracht zu ziehen.

Die Definitionsformel bezieht die Unfehlbarkeit auf eine (positiv oder negativ formulierte) Aussage "in rebus fidei et morum". Der Sache nach kaum anders, wohl aber deutlicher spricht das revidierte Schema (III) von einer "doctrina de fide vel moribus", wobei der Singular "doctrina" die Änderung des (disjunktiven) "et" in das alternative "vel" bedingt. An der Erwähnung der "mores" wird nach wie vor festgehalten. Auch den Konzilsvätern erscheint die von ihnen ständig gebrauchte Doppelbezeichnung "fides et mores" offenbar selbstverständlich und unproblematisch. Dennoch finden sich speziell zu "res morum" einzelne bemerkenswerte Äusserungen. Zunächst ist es bei der im Begriff "mores" (anders als bei "fides") liegenden Ambivalenz verständlich, wenn von "boni mores" die Rede ist, gegen welche die Päpste nichts festgesetzt (wie nicht "in fide" geirrt) hätten[504]. Auf die "puritas morum" (neben der "integritas fidei")[505] kommt es nämlich an, ihr dienen die (den "veritates fidei" entsprechenden) "praecepta morum"[506].

Eine Besonderheit in dieser Hinsicht stellt die von Kardinal CULLEN, Erzbischof von Dublin, und AMAT sowie (in privater Eingabe) vom Apostolischen Vikar von Bombay, MEURIN, gebrauchte Formulierung "mores ad aedificationem doctrinae christianae pertinentes" dar, die in die Definitionsformel aufgenommen werden sollte und sich auch in Emendatio 47 (AMAT), allerdings nicht mehr in Emendatio 68 (CULLEN) findet[507]. MEURIN schreibt, dass der Papst das unfehlbare Lehramt "in den Dingen des Glaubens und der zum Aufbau der christlichen Lehre gehörenden Sitten" nicht nur zusammen mit den Bischöfen, sondern auch durch einen Ex-cathedra-Ausspruch ausübe, so dass er, wenn er "easdem res fidei et morum" (im anschliessenden Kanon heisst es nur "in rebus fidei et morum") definiere, unfehlbar sei[508]. Eine Begründung oder Erklärung der wieder aufgegriffenen Apposition zu "mores" wird nicht gegeben. Es liegt auch offensichtlich kein besonderer Nachdruck auf ihr. Nach MEURIN, der die genaue Objektsbestimmung in den zweiten Teil der Konstitution verweist, handelt es sich bei "res fidei et morum" um einen von den Theologen vielgebrauchten und unspezifischen Ausdruck (theologorum communissima simulque indeterminata expressio), der bereits in das 2. Kapitel von "Dei Filius" Eingang gefunden habe[509]. Damit harmonisierend, jedoch vom allgemeinen Sprachgebrauch abweichend, wird die erweiterte Formulierung unberücksichtigt bleiben. Das Vatikanum bedarf ihrer nicht mehr.

Eine eingehende und nachhaltige Stellungnahme zur Unfehlbarkeit "in rebus morum" gibt Erzbischof YUSTO ab, der "rebus" durch "principiis" oder "regulis" ersetzen und damit auf "allgemeine Moralprinzipien" (principia morum generalia) einschränken will. Wiederholt spricht er in seiner Rede von "res fidei et principia morum", "in fidei et morum principiis" oder "veritates fidei et morum principia"[510]. "Sittensachen", sagt er, sei ein zu ausgedehnter Begriff. Bei ihnen handele es sich um sittliche Tatbestände (facta moralia), um Disziplinargesetze, die eine Handlung vorschreiben (leges disciplinares quibus actus a subditis ponendi determinantur), oder um allgemeine Prinzipien oder Regeln, die das Verhalten der Christen auf das übernatürliche Ziel hinlenken (principia sive regulae generales, quae mores christianorum dirigere queant ad finem supernaturalem assequendum)[511]. Nur diese letzten will YUSTO als Unfehlbarkeitsobjekt verstanden wissen, nicht aber, wie er dann unter Übergehung der Disziplinargesetze darlegt, die zu Anfang genannten sittlichen Tatbestände. Dass der Papst in einem solchen Urteil unfehlbar sei, könne man frommerweise glauben, jedoch wohl nicht "de fide" definieren. Die meisten selbst der dem Papst sehr ergebenen Theologen bezweifelten es nicht nur, sondern leugneten es offen. Die sittlichen Tatbestände seien auch nicht in der göttlichen Offenbarung enthalten, weshalb sich das unfehlbare Lehramt des Papstes auf sie nicht erstrecken könne. Anderenfalls könnte der Papst, da jede menschliche Handlung (als freiwillige) einen sittlichen Tatbestand darstelle, über alle unfehlbar urteilen. Auch sei nach den meisten Theologen die Unfehlbarkeit der Kirche in der Kanonisation der Heiligen, bei der es doch ganz besonders um die "mores" gehe, nicht "de fide". Wie YUSTO dabei von CANO zitiert, können Urteile über Tatsachen, weil von fehlbaren menschlichen Informationen abhängig, höchstens eine moralische und natürliche Gewissheit, nicht aber ein Dogma begründen. Sodann erinnert YUSTO an das Argument der Theologen für die Unfehlbarkeit "in rebus morum", dass nämlich ein Irrtum "in rebus morum" ein Irrtum "in rebus fidei" wäre, da die sittlichen Prinzipien (morum principia) geoffenbart seien. Hier werde also vorausgesetzt, dass das Objekt des unfehlbaren Lehramtes nicht irgendwelche "res morum", sondern die "morum principia" bildeten. YUSTO erläutert seine Auffassung auch an THOMAS. Nach diesem bestehe jedes sittliche Urteil (dictamen morale) in einer Art Syllogismus, nämlich einem sittlichen Prinzip (principium quoddam morale), einem Faktum, auf das dieses Prinzip appliziert werde, und dem schlussfolgernden "dictamen practicum" über die Sittlichkeit der betreffenden Handlung. Kirche und Papst seien unfehlbar in der Erklärung des ersten Elementes, des sittlichen Prinzips. Schliesslich erblickt YUSTO in der von ihm angeregten Änderung "in principiis morum" einen nicht geringen Vorteil für die Polemik und Apologetik. Wenn nämlich die Feinde der Kirche zu Recht oder zu Unrecht auf moralisch unrichtige Entscheidungen der Päpste in konkreten Fällen verwiesen, würden sich, da dann die Unfehlbarkeit ausdrücklich (nur) die Feststellung sittlicher Prinzipien oder Regeln beträfe (in principiis seu regulis morum declarandis ac definiendis), die meisten oder alle diese Einwände in Rauch auflösen (Emendatio 58)[511]. Dass YUSTO bei den "res morum" an die Moral denkt, steht damit ausser Zweifel, doch rechnet er neben den sittlichen Tatsachenurteilen auch die Disziplinargesetze dazu, auf die er allerdings nicht weiter eingeht. Gegenstand der Unfehlbarkeit sind nach ihm nur die (eigentlichen) Sittenlehren, und in diesem Sinne glaubt er "res morum" präzisieren und eingrenzen zu sollen. Dieser Änderung stimmt Bischof COLET von Luçon ausdrücklich zu, der, um die Definition in ihren rechten Grenzen zu belassen, gleichfalls die Formulierung "in rebus fidei morumque principiis (vel regulis)" vorschlägt (Emendationes 45 und 59)[512]. Auch Bischof KEANE von Cloyne spricht von der Befragung des Papstes in einer Kontroverse "de fide vel de morum regulis"[513].

Dennoch erlangt diese von YUSTO ausführlich begründete Änderung keine grössere Verbreitung. Es erhebt sich sogar Widerspruch, indem derBischof von Cuenca, PAYA Y RICO bei der Frage, ob der Papst unfehlbar sei, wenn er "de rebus fidei et de rebus morum" spreche, eigens darauf aufmerksam macht, er sage nicht "Regeln", sondern ganz allgemein "Dinge" (einschliesslich alles dessen, was das Objekt der kirchlichen Unfehlbarkeit ausmache)[514]. Auch andere übernehmen hier die Formulierung des Schemas. Darf man schon der Rede von Glaubens- und Sittenfragen, -kontroversen und -wahrheiten[515] entnehmen, dass die "Sittendekrete" nicht als Disziplinargesetze oder Tatsachenurteile, sondern als Lehraussagen verstanden werden, so wird der Ausdruck "doctrina" (de fide vel moribus), der im Rahmen der von CULLEN vorgeschlagenen Definitionsformel[516] an die Stelle von "res" treten wird, diese Interpretation bestätigen, zumal die einzelnen Lehraussagen (doctrinae) die depositarische Glaubens- und Sittenlehre (doctrina) zur Grundlage haben[517].

Zieht man in Betracht, dass der Doppelausdruck "fides - mores" variiert und neben dem Glauben von der Religion, der Frömmigkeit, der Gottesverehrung, dem Heiligen oder von der Praxis die Rede ist[518], wird man die "mores", wie schon YUSTO erkennen liess, nicht ausschliesslich als Sitten im moralischen Sinne deuten dürfen. Dennoch wird in diesem Zusammenhang ausdrücklich von der Moral und den moralischen Dingen gesprochen[519]. Im übrigen verzichtet man nicht selten auf solche Doppelbezeichnungen, um allein und umfassend von "fides" und entsprechend von Glaubensdingen, -fragen und -dekreten[520] oder auch von der Religion[521] und der (göttlichen) Lehre zu reden[522]. Dabei treten diese Ausdrücke nicht in Konkurrenz zu "fides et mores", als sollte der Terminus "mores" eliminiert werden. Bischof CORRADI von Bagnorea will ihn sogar bei den Worten "vel tamquam fidei contrarium reiiciendum", die nach ihm (unter Ausschluss der niederen Zensuren wie im Falle der "propositiones in moribus scandalosae") auf eigentliche Glaubensgegensätze bezogen werden könnten, noch einmal aufgreifen, so dass es heisst : "quid in rebus fidei et morum tamquam de fide tenendum, vel quid tamquam fidei et moribus contrarium aut obnoxium reiiciendum atque vitandum" oder auch, dass der Papst "... vel haereticas aut fidei et moribus quomodocumque adversantes doctrinae" verwerfe und verurteile[523]. So vermag sich der Terminus "mores" neben "fides" durchaus zu behaupten, steht aber doch im Schatten dieses übergeordneten Begriffes. Nur wenig reflektiert, stellen die "mores" sozusagen die Aussenseite des Glaubens[524] dar, zu der wesentlich, wenn auch nicht ausschliesslich, die Moral zu rechnen ist.

Der terminologische Aspekt der Äusserungen zum Unfehlbarkeitsobjekt ist nun durch den Blick auf die übrigen Bestimmungen desselben zu ergänzen. Unbestritten sind hier die materiale Gleichsetzung mit dem Unfehlbarkeitsobjekt der Kirche, ferner der Bezug zum Lehramt, d.h. zu den dogmatischen Entscheidungen (andere werden nicht erörtert)[525], sowie (damit zusammenhängend) der Bezug zu dem in der Hl. Schrift und der apostolischen Tradition enthaltenen und in der Überlieferung der Kirche gegenwärtigen Offenbarungsdepositum[526] einschliesslich seiner praktischen und moralischen Inhalte[527]. Erneut stellt sich hier die bereits im Zusammenhang mit dem Unfehlbarkeitskapitel des Kirchenschemas behandelte Frage nach der Ausdehnung der Unfehlbarkeit über das Geoffenbarte, d.h. über die Vorlage von Offenbarungswahrheiten und die Verurteilung von Häresien hinaus. Es erhebt sich diese Frage über der Aussage des Schemas, der Papst sei unfehlbar, wenn er etwas "tamquam de fide tenendum ..." definiere, und seine Dekrete seien mit vollem Glaubensgehorsam anzunehmen. Nicht wenige Väter ändern die Angabe der Lehr- und Zustimmungsqualität ("de fide"), indem sie neben der Glaubenspflicht[528] zugleich von einfachem Festhalten ("credendum ac tenendum")[529] oder überhaupt nur von letzterem ("tenendum") sprechen[530]. Die andere hierher gehörende Angabe ("pleno fidei obsequio") findet als solche weniger Beachtung. Auch sie wird teils beibehalten, teils um die Forderung einfacher innerer Zustimmung erweitert[531], teils durch sie ersetzt[532]. Die revidierte Formel wird sie ganz fallenlassen. Es war zu erwarten, dass man gegen die im Schema ausgesprochene Beschränkung auf das Glaubenspflichtige die Unfehlbarkeit über eigentliche Glaubensdefinitionen (bzw. über Verurteilungen von Häresien) hinaus für "alle Glaubens- und Sittensachen" und namentlich auch "für das, was sonst zum Glauben oder zu den Sitten gehört" (circa caetera quae fidem aut mores spectant), verteidigen würde[533]. In diesem Sinne tritt Bischof FERRE von Casale für die Änderung ein, dass der Papst eine Lehre definiere, die in bezug auf Glaube und Sitten festzuhalten oder zu verwerfen ist (doctrinam, quae circa fidem et mores ... tenenda vel reiicienda est; Emendatio 65). Er begründet dies damit, dass sich die Unfehlbarkeit auf das ganze oberste Lehramt erstrecke, dass sie zur Wahrung des Depositums und zur Auferbauung des Volkes in der Wahrheit bestimmt sei und zweckentsprechend auch solche Definitionen, welche die Frömmigkeit fördern und Häresien vorbeugen, umfasse[534].

Sehr ausführlich setzt sich (in einer privaten Eingabe) MEURIN mit der Bestimmung "tamquam de fide tenendum, vel tamquam fidei contrarium reiiciendum" auseinander. Während die Theologen die Unfehlbarkeit kurz "in rebus seu quaestionibus fidei et morum, sive ad fidem et mores spectantibus" behaupteten, stelle das Schema ganz auf Glaubenswahrheiten und Häresien ab, indem unter "de fide" tatsächlich "fides divina", nicht aber "fides ecclesiastica" verstanden und so der affirmativen Aussage eine exklusive Auffassung unterschoben würde, als sollte im Sinne von CHRISMAN das unfehlbare Lehramt auf das formell Geoffenbarte und dessen Gegensatz eingeschränkt und die Kirche in Zensuren unterhalb der Häresie, in der Verurteilung eines philosophischen Systems oder im Urteil über gesellschaftsbezogene Lehren (in doctrinis, quae vitam socialem spectant, diiudicandis) nicht für unfehlbar erklärt werden. Mit dieser restriktiven Interpretation würden viele ihre Theorien über Gesellschaft und Wissenschaft zu rechtfertigen suchen. Der Hinweis auf die Unfehlbarkeit der Kirche müsse ihre (und der Ex-cathedra-Aussagen) weitere Ausdehnung deutlich machen, statt möglicherweise sie selbst in die Restriktion hineinzuziehen. Ungeachtet einer späteren Aussage über das Unfehlbarkeitsobjekt und ohne das vorgesehene Dogma bereits vorwegzunehmen, sollte eine allgemein gehaltene, die Facta dogmatica und die anderen Objekte des kirchlichen Lehramtes einschliessende Angabe gewählt und allein die Identität mit dem Objekt der kirchlichen Unfehlbarkeit definiert werden[535]. Entsprechend heisst es in der von MEURIN vorgeschlagenen Formel, dass der Papst unfehlbar sei, wenn er "quaestiones de fide et moribus" definiere, und dass diese seine irreformablen Entscheidungen mit vollem inneren Gehorsam anzunehmen seien. Für die Differenzierung der allgemeinen Angabe sei das Unfehlbarkeitsobjekt der Kirche massgeblich, das mit dogmatischer Gewissheit das "fide divina" zu Glaubende, mit theologischer Gewissheit auch die übrigen (einschlägigen) Dinge umfasse[536]. Für seine (unspezifische) Formulierung bringt MEURIN sodann eine Vielzahl von Argumenten aus der Theologiegeschichte[537]. An anderer Stelle formuliert er, dass der Papst "in rebus fidei et morum definiendis ... eadem gaudere infallibilitate, qua tota ecclesia docens ... praedita est"[538] und begründet erneut die nach ihm angesichts der zahlreichen nicht streng dogmatischen Entscheidungen besonders bedeutsame Ausweitung des Objektes[539].

Auch Bischof FAULI von Grosseto gibt der Befürchtung Ausdruck, die Einschränkung "tamquam de fide" könnte zu der Auffassung führen, die päpstlichen Definitionen unterhalb der Zensur der Häresie seien nicht unfehlbar und forderten keine innere Zustimmung. Das wäre nach ihm höchst gefährlich "tam in rebus fidei quam in rebus morum", da man damit sehr viele päpstliche Verurteilungen - erinnert wird an die durch ALEXANDER VII. und VIII. sowie INNOZENZ XI. verurteilten Sätze - entkräften könnte. Zur sicheren Unterscheidung wahrer und schädlicher Lehren von Christus verliehen, müsse sich die Unfehlbarkeit etwa auch für skandalöse Sätze Geltung verschaffen, die ebenfalls vom Heilsweg abzulenken vermöchten ...[540]. Ebenso wendet sich Bischof DABERT von Périgueux gegen "de fide" (tenendum), da das Objekt der päpstlichen Unfehlbarkeit primär aus den unmittelbar geoffenbarten Wahrheiten bestehe, zugleich aber sekundär alles das umfasse, was zum Glaubensdepositum Bezug habe[541]. Ähnlich spricht sich ZUNNUI, Bischof von Ales und Terralba, für ein blosses "tenendum vel reiiciendum" aus, da die Wahrheiten und Irrtümer in unterschiedlichem Grade Glauben und Sitten berührten bzw. im Widerspruch zu ihnen stünden. Auch er hält damit die Unfehlbarkeit des Papstes, die er gleichwohl primär auf die geoffenbarte Lehre (doctrina divinitus revelata) bezieht, für Aussagen, die nicht unter "de fide" fallen, im Sinne des Unfehlbarkeitsobjektes der Kirche offen[542]. In der Verbindung mit diesem bedeutet das unspezifische "tenendum" keine Vorwegnahme der für später vorgesehenen Objektdefinition. Dies trifft namentlich für die Formel CULLENS zu, dass der Papst bei der Definition einer Glaubens- oder Sittenlehre die der Kirche gegebene Unfehlbarkeit besitze (Romanum pontificem ... cum doctrinam de fide vel moribus ... definit ..., ea infallibilitate gaudere, qua divinus redemptor ecclesiam suam instructam esse voluit; Emendatio 68)[543]. Dennoch bedarf es einer Klarstellung dieser Bezugnahme auf die kirchliche Unfehlbarkeit[544], deren Umfang einige Väter zuvor erörtert und definiert haben möchten[545], während andere, so CAIXAL Y ESTRADE (Emendatio 56), von einer derartigen Festlegung abraten[546].

Noch ein anderes Kriterium, das jedoch zu den genannten nicht in Konkurrenz tritt, findet bei einzelnen Konzilsvätern Erwähnung, nämlich die auf den Willen Christi zurückgehende Sendung der Kirche, die auf das ewige Heil der Menschen ausgerichtet ist, so dass das zum Heil Notwendige unter die Unfehlbarkeit fällt[547]. Darin soll auch, wie Bischof MAUPOINT von Réunion vorschlägt (Emendatio 93), die Nichtüberschreitung der Kompetenz, des Gegenstandes und der Grenzen der päpstlichen Gewalt eingeschlossen werden[548]. Keineswegs erstreckt sich die Unfehlbarkeit, wie schliesslich noch aus den negativen Grenzziehungen zu ersehen ist, auf "alles". Davon ausgeschlossen werden im einzelnen von menschlichem Zeugnis abhängige reine Tatsachenfragen, partikuläre (etwa richterliche) Entscheidungen sowie die Disziplin (im Unterschied zum Glauben)[549]. CULLEN fügt seiner Bemerkung über das Objekt ("ea, quae definienda sunt, spectare debent ad fidem vel ad mores ...") hinzu : "Non enim Romanus pontifex definire potest res litterarias, scientificas, res mere sociales aut mere politicas"[549], wonach also soziale und politische Dinge - die übrigen bedeuten keinen ernsten Einwand - doch nicht schlechthin ausser Betracht fallen.

Die Mitglieder der Glaubensdeputation

Mit zehn Mitgliedern (ALEMANY, D'AVANZO, DECHAMPS, GARCIA GIL, LEAHY, MANNING, MARTIN, DE PREUX, SENESTREY, SIMOR) greift die Glaubensdeputation selbst in die Debatte über das von ihr vorgelegte Schema ein und nimmt dabei die gebotene Möglichkeit einer umgehenden Beantwortung von Einwänden wahr. Auch hier verweist man zur Begründung der Unfehlbarkeitslehre auf ihren Offenbarungscharakter, ihre Implikation im Florentinum und selbst im Tridentinum, auf die theologische Tradition, den Glauben der Kirche, den Primat, die Glaubens- und

Lehreinheit, die Bewahrung der Offenbarung sowie die Zustimmungspflicht der Gläubigen. Wiederum geht es allein um die amtsgebundene Unfehlbarkeit des Papstes, die nur mit dem richtigen Verständnis als persönliche, separate und absolute zu bezeichnen ist[551]. In dieser Hinsicht wird der Vorschlag eines klärenden Monitums durchaus positiv aufgenommen. Die beiden von ALEMANY (Emendatio 77) und MARTIN (zusammen mit DECHAMPS und SPALDING ; Emendatio 78) vorgelegten Textfassungen erläutern zugleich das Unfehlbarkeitsobjekt. Während sich die erste auf allgemeine Wendungen beschränkt[552], hebt die zweite ausdrücklich hervor, dass der göttliche Beistand nicht die Mitteilung neuer Lehren, sondern die Bewahrung und Auslegung des Glaubensdepositums bewirke (illa divina assistentia Petri successoribus non ideo promissa est, ut ecclesiae novas doctrinas patefacerent, sed ut depositum fidei integre custodirent, intemerateque exponerent). Die Verheissung (Lk 22,32) schliesse menschliches Bemühen keineswegs aus, so dass die Päpste, die sich allerdings stets daran gehalten hätten, die entsprechenden Mittel zur rechten Erkenntnis der im Glaubensdepositum enthaltenen Wahrheiten (debita media ad veritates christianas in deposito fidei contentas rite cognoscendas) nicht ausser acht lassen dürfen. So könne man denn beim Papst, wenn er als Haupt der Kirche eine solche Wahrheit hervorhole (ex deposito fidei veritatem hauriat), nicht von einer Trennung von der Kirche sprechen[553].

Den Sinn dieses Monitums erfüllt auch der gleichfalls von MARTIN vorgetragene längere Einschub zwischen den Konzilszeugnissen und der Definitionsformel. Er erwähnt zunächst das Wirken der Päpste für die Ausbreitung und zugleich Bewahrung der Lehre Christi sowie die Praxis der Bischöfe, gerade in Glaubensgefahren das Urteil des Papstes einzuholen (ea praesertim pericula, quae in negotiis fidei emergebant, ad hanc sedem apostolicam retulerunt, ut ibi potissimum resarcirentur damna fidei, ubi non potest fides sentire defectum). Die Päpste indes hätten unter dem Einsatz von Konzilien oder anderen Erkenntnismitteln definiert, was sie als der Hl. Schrift und der apostolischen Tradition gemäss erkannt hätten (... ea tenenda definiverunt, quae sacris scripturis et apostolicis traditionibus consentanea ... cognoverant). Weiter wird auf die tatsächliche Annahme der päpstlichen Lehre verwiesen, gründend in dem Bewusstsein von der bleibenden Unversehrtheit der katholischen Lehre im Stuhl Petri. Zuletzt wird der Anlass dafür genannt, diese mit dem Petrusamt verbundene Wahrheitsgabe (veritatis et fidei non deficientis charisma) auszusagen (Emendatio 10)[554].

Verschiedene Auslassungen, so zum Terminus "infallibilitas" selbst[555], zu "definit"[556] und zur Irreformabilität der Dekrete (unabhängig vom Konsens; Emendatio 89)[557], brauchen hier nicht im einzelnen dargestellt zu werden. Keinen Zweifel gibt es auch nach den Äusserungen der Deputationsmitglieder über den Bezug der Unfehlbarkeit auf das Lehramt, die Lehre(n) oder die dogmatischen Dekrete. Der Titelvorschlag "De Romanorum pontificium infallibili magisterio" (Emendatio 5) stellt dies vollends klar[558]. Unbestritten ist ferner die Einheit des Objektes der päpstlichen und der (als bekanntere diese näher bestimmenden) kirchlichen oder konziliären Unfehlbarkeit[559].

Was die materiale Objektsbestimmung betrifft, ist hier neben der Formel "res fidei et morum" auch von "doctrina (doctrinae) de fide vel (et) moribus", von "res, quae ad fidem et mores pertinent", im Sinne der "veritates, quae ad fidem et mores referuntur", die Rede[560]. Wiederum stellt der Glaube (fides; quae pertinent ad fidem) die umfassende Bestimmung dar[561]. Zu "mores" fügt MARTIN - allerdings ohne besonderen Nachdruck - die bekannte Apposition "ad aedificationem doctrinae christianae pertinentes" (Emendatio 66)[562] hinzu. Diese Möglichkeit sieht auch SENESTREY vor[563], der an anderer Stelle, um die partikulären "mores" ausdrücklich auszuschliessen, "in rebus fidei et morum ad ecclesiam universalem spectantibus" und (im Kanon) "quae ad fidem et mores ecclesiae universalis spectent" formuliert[564]. Er begnügt sich also nicht mit der im Schema ausgesagten gesamtkirchlichen Verpflichtung, sondern verlegt diese universelle Dimension in die Sache selbst. Zwar nennt er hierzu keine Beispiele, doch spricht er mit den Worten F.X. SCHMALZGRUEBERS (1663 - 1735) vom Papst als der Sittenregel (regula morum) und bezeichnet die Dekrete, in denen der Papst etwas als sittlich oder unsittlich, erlaubt oder unerlaubt vorschreibe oder verbiete, als notwendig wahr und irrtumslos[565]. In diesem Sinne zitiert ALEMANY von F.P. KENRICK (1797 - 1863), der Papst könne nicht autoritativ schlechte Sitten (pravos mores) lehren (cannot command any thing immoral)[566].

Ausser Frage steht der Bezug der Unfehlbarkeit zum Offenbarungsdepositum, seien es die geoffenbarten Wahrheiten selbst oder das zur Wahrung, Auslegung und Verteidigung des Depositums Notwendige, aber "nihil aliud"[567]. Die Formulierung "de fide" (tenendum) und die Forderung des Glaubensgehorsams werden zum Teil beibehalten, zum Teil aber auch zu "tenendum" und auf Zustimmung (ganz allgemein) hin generalisiert[568]. Keine Unfehlbarkeit wird dem Papst nach wie vor "in particulari", wie in informationsabhängigen richterlichen Entscheidungen, zuerkannt[569].

Die inhaltliche Bestimmung des Unfehlbarkeitsobjektes, zu der sich die Konzilsväter einschliesslich der Deputationsmitglieder äussern, ist, wie man zusammenfassen kann, hauptsächlich eine zweifache, eine mehr kategoriale und eine mehr funktionale. Unter ersterer sind die "res fidei et morum" zu verstehen, als funktionale (und prinzipielle) Angabe erscheint der Bezug zum Offenbarungsdepositum, das der Kirche zu wahren aufgegeben ist. Beide Angaben bezeichnen nur verschiedene Aspekte der einen Sache. Der zentrale und einigende Begriff ist dabei der des Glaubensdepositums. Beide in sich adäquate Bezeichnungen, Glaube und Depositum, werden expliziert; statt "Glaube" heisst es vorzugsweise "Glaube und Sitten", und hinsichtlich des Depositums unterscheidet man dieses selbst und das, was darüber hinaus die der Kirche bei ihrer Heilssendung gegebene Aufgabe seiner Bewahrung einschliesst. Dieser Distinktion entsprechend stellen auch die "res fidei et morum" keine homogene Grösse dar, sondern sind Glaubens- und Sittensachen in einem engeren, dogmatischen oder in einem weiteren, relativen Sinn. Eine Einschränkung der Unfehlbarkeit des Papstes auf den engeren Bereich, wie sie das Schema durch den Einschub "tamquam de fide tenendum" offensichtlich vornimmt, wird zurückgewiesen, ohne dass man jedoch bereits an dieser Stelle die bisher nur mit theologischer Gewissheit festgehaltene Unfehlbarkeit auch in jenem weiteren Bereich zum Dogma erheben will. Unter Hinzunahme zweier anderer, in erster Linie für das Verständnis der "res morum" bedeutsamer Kriterien, des Bezuges zum Lehramt und zur Gesamtkirche, lässt sich die Objektbestimmung folgendermassen veranschaulichen :

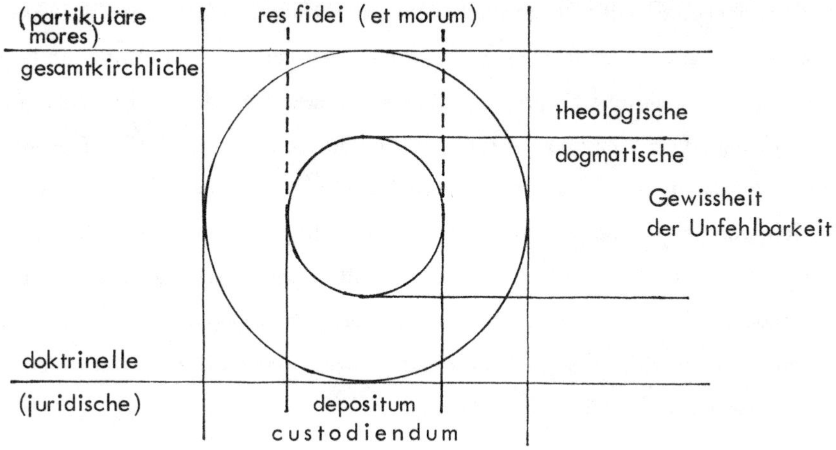

cc. Die Revision

Die Arbeit der Glaubensdeputation

Auf die Erkenntnis hin, dass die Definitionsformel des Schemas nicht zu überzeugen vermag[570], greift die Glaubensdeputation nicht allein mit klärenden Worten, sondern auch mit entsprechenden konkreten Vorschlägen in die Unfehlbarkeitsdebatte ein und unterstützt die Revision der Textvorlage. So legt BILIO in der Versammlung vom 8. Juni 1870 ein umgestaltetes 4. Kapitel "De Romanorum pontificum infallibilitate" vor, das mit einer Adnotatio versehen ist. Wie FRANZELIN darlegt, stimmt es sachlich mit der Konzilsvorlage überein, ist aber der Form nach einfacher und allgemeiner gehalten, weshalb im Vergleich zum früheren viele Schwierigkeiten vermieden würden[571]. Der Text fasst zuerst in Kürze den bisherigen Einleitungsteil zusammen, dass nämlich vorrangig der Papst als Vater und Lehrer aller Christen die Glaubenswahrheit zu verteidigen und Glaubensfragen zu definieren habe. Darauf folgt ein grösserer Einschub über die Praxis der Päpste und der Bischöfe sowie über den Anlass der Unfehlbarkeitsdefinition (mit geringen Änderungen legt ihn Bischof MARTIN den Vätern vor). Schliesslich sagt die Definitionsformel, dass der Papst, wenn er als oberster Lehrer Glaubens- und Sittenfragen definiere (cum supremi doctoris munere fungens quaestiones de fide et moribus suo iudicio definit), von Irrtum bewahrt bleibe und diese seine irreformablen Entscheidungen mit voller innerer

Zustimmung und mit Glaubensgehorsam (pleno mentis assensu et fidei obsequio) anzunehmen seien. Darüber hinaus wird definiert, dass sich die Unfehlbarkeit des Papstes auf das nämliche Objekt wie die Unfehlbarkeit der Kirche erstrecke (ad idem obiectum porrigi, ad quod infallibilitas ecclesiae extenditur)[572]. Die Adnotatio begründet den Texteinschub, der dem rechten Verständnis des Dogmas, das den Papst nicht von der Kirche oder von Schrift und Tradition trennt, dienen will. Ferner hebt sie die grundsätzliche Offenheit der Definitionsformel sowohl für eigentliche Glaubensaussagen als auch für Entscheidungen über Facta dogmatica oder für Verurteilungen nicht häretischer Sätze hervor und verweist hinsichtlich der verschiedenen Gewissheit auf die Unfehlbarkeit der Kirche[573].

Die im Protokoll ausführlich wiedergegebene Stellungnahme der einundzwanzig anwesenden Deputationsmitglieder zum vorgelegten Text ist unterschiedlich. Neben ausdrücklicher Zustimmung meldet sich Kritik[574]. SPALDING hält die neue Formel gegenüber der früheren für ungenau (vaga, ambigua, indeterminata) und nicht allgemein befriedigend. Nach BILIO ist sie jedoch nicht ungenau, sondern lediglich zur Vermeidung einer restriktiven Interpretation allgemein gehalten[575]. Dennoch vermisst STEINS den klaren Ausdruck dieser Intention, da die allgemeine Aussage ("cum ... definit") durch die nachfolgende über die Unfehlbarkeit der Kirche nicht mehr eingeschränkt und so die Auffassung probater Theologen verlassen werde[576]. ALEMANY, der mit der Formel durchaus nicht einverstanden ist, wünscht die folgende Änderung, dass der Papst, wenn er in Fragen des Glaubens und der heilsnotwendigen Sitten etwas mit göttlichem Glauben anzunehmen oder als Häresie abzulehnen befiehlt (quaestiones de fide et moribus ad salutem necessariis suo iudicio definiens, quid ab universa ecclesia sub haeresis nota fide divina credendum vel reiiciendum praecipit), unfehlbar sei und dass sich diese Unfehlbarkeit so weit als die der Kirche erstrecke, "hoc est, ad fidei depositum scilicet verbum Dei scriptum vel traditum fideliter custodiendum et exponendum"[577]. Missfallen äussert ferner ZINELLI, da der Text mehrdeutig (ambiguus) sei und entgegen der Absicht, die Unfehlbarkeit des Papstes wie der Kirche auch in einer Zensur unterhalb der Häresie definiert werde. Er empfiehlt daher die Aussage, dass der Papst in Glaubens- und Sittendekreten die der Kirche gegebene Unfehlbarkeit besitze (in decretis fidei et morum eadem infallibilitate gaudere, qua gaudet ecclesia) und seine Dekrete ebenso wie die der Kirche aus sich irreformabel seien[578]. Ähnlich lautet der Vorschlag von D'AVANZO ("in rebus fidei et morum Romanum pontificem eadem indefectibilitate pollere, qua ecclesia docens, eamque ad idem obiectum porrigi ...")[579]. CUGINI, der wie DE PREUX, GASSER und MARTIN eine kürzere und einfachere Formel wünscht, gibt ebenfalls die Unfehlbarkeit der Kirche als Kriterium an ("cum ... in rebus fidei et morum circa obiectum idem ad quod ecclesiae infallibilitas extenditur definit")[580]. Ihm schliesst sich CARDONI an[581]. Auch SENESTREY votiert in diesem Sinne[582]. MANNING erblickt in der gleichzeitigen Forderung des Glaubensgehorsams ("pleno mentis assensu et fidei obsequio") die bekannte Einschränkung auf das "de fide tenendum"[583], während PIE die Formel für unpräzise (prorsus generalem et indeterminatam) hält, zumal auch für Dekrete und Definitionen, deren Objekt nicht geoffenbart sei, Glaubensgehorsam verlangt werde[584]. GASSER teilt diesen Einwand[585]. Andere Kritiken und Vorschläge, wie die Erweiterung von "quaestiones" zu "res (fidei et morum), können hier ausser Betracht bleiben[586].

Die Unzufriedenheit mit der neuen Formel überrascht nicht. Tatsächlich schliesst sie, wenn nicht eine (unbeabsichtigte) Ausdehnung der Unfehlbarkeit auf alle Glaubens- und Sittenfragen, so wenigstens eine Unsicherheit ein, insofern die in der Adnotatio gegebene Deutung im Sinne einer generischen und spezifischen Aussage aus dem Text nicht klar genug ersichtlich ist[587]. Zudem befremdet neben dem missdeutbaren "cum ... quaestiones ... definit" die Verpflichtung zu innerer Zustimmung und Glaubensgehorsam. BILIOS wohl etwas übereilte Zurückweisung des Vorwurfs der Unklarheit wird denn auch nicht wiederholt. Doch ist in der kombinierten Formulierung, der Papst habe in Glaubens- und Sittendingen die der Kirche gegebene Unfehlbarkeit, bereits ein Weg gewiesen. Besondere Beachtung verdient die von ALEMANY vorgeschlagene Formel. Wie die Konzilsvorlage macht sie die doppelte Aussage von der Unfehlbarkeit des Papstes in eigentlichen Glaubensaussagen und von der Ausdehnung auf das Objekt der kirchlichen Unfehlbarkeit. Beide Sätze zeigen jedoch bemerkenswerte Änderungen. Das Objekt der kirchlichen Unfehlbarkeit wird auch inhaltlich bezeichnet, nämlich als das treu zu hütende und auszulegende Glaubensdepositum oder geschriebene und überlieferte Wort Gottes. Davon abgesehen, dass man an dieser Stelle von einer positiven Definition des Unfehlbarkeitsobjektes Abstand nehmen wollte, wird dieses zwar adäquat mit der treuen Bewahrung und Auslegung des Depositums umschrieben, doch ist beim Papst die restriktive Aussage des Schemas, deren Bezug zur vorherigen zu wenig deutlich wird, beibehalten. Der andere bemerkenswerte Zusatz bezieht sich auf den Terminus "mores", den ALEMANY offensichtlich glaubt auf die heilsnotwendigen Verhaltensweisen einschränken zu sollen.

In der Versammlung am 19. Juni legt BILIO eine von den Theologen erstellte neue Fassung des 4. Kapitels vor, die die Zustimmung der Väter findet[588]. Sie weist einen leicht geänderten Einleitungsteil auf und bietet alternativ zur Schlussklausel ("Si quis autem ...") einen Kanon an, der verwirft, dass das Urteil des Papstes "in fidei quaestionibus" nur bei Zustimmung der Kirche irreformabel sei. Die Definitionsformel folgt den Vorschlägen, die Unfehlbarkeit des Papstes bezüglich "fides et mores" lediglich durch den Hinweis auf das Objekt der kirchlichen Unfehlbarkeit näher zu bestimmen. Sie lautet, dass der Papst bei der Definition einer Glaubens- oder Sittenlehre die der Kirche verliehene Unfehlbarkeit besitze (cum doctrinam de fide vel moribus pro sua in universam ecclesiam auctoritate definit, ea infallibilitate pollere, qua divinus Redemptor ecclesiam suam instructam esse voluit), weshalb seine Dekrete aus sich heraus irreformabel seien. Es ist dies im wesentlichen jene Formel, die tags zuvor CULLEN den Konzilsvätern vorgetragen hat (Emendatio 68). Sie steht bereits der Formel des revidierten Schemas und der Konzilskonstitution selbst nahe[589]. Nicht übernommen ist dabei die von CULLEN gebrauchte Apposition zu "mores". Zu bedenken ist ferner, dass bei der Formulierung "ea infallibilitate ..., qua" nicht mehr ausdrücklich vom Objekt oder der Ausdehnung der Unfehlbarkeit die Rede ist, obwohl es gerade darum, nicht aber um eine allseitige Gleichstellung der päpstlichen und kirchlichen Unfehlbarkeit geht.

Wiederum legt BILIO in der Deputationsversammlung am 24. Juni eine neue Definitionsformel mit Kanon, als deren Verfasser MANNING und FRANCHI bezeichnet werden, zur späteren Prüfung vor[590]. Dieser Text unterscheidet sich auffallend vom vorhergehenden. Erstmals wird darin der Ausdruck "ex cathedra" aufgenommen und den übrigen Bestimmungen vorangestellt, die ihn erläutern. Definiert wird, dass der

Papst, "quando ex cathedra loquitur, id est, quando supremi pastoris et doctoris munere fungens res fidei et morum ad aedificationem doctrinae christianae pertinentium definit", durch göttlichen Beistand ebenso (aeque) unfehlbar sei, als würde er diese mit den Bischöfen auf einem Konzil definieren, und dass solche Urteile aus sich heraus irreformabel seien. Der Kanon wiederholt weithin diese Aussagen, indem er verurteilt, dass der Papst, der "ex cathedra" spricht, nicht unfehlbar und seine Urteile "in rebus fidei et morum ad aedificationem doctrinae christianae pertinentium" vor Zustimmung der Kirche nicht irreformabel seien. Von der Apposition zu "mores", auf die weder in der Definition noch im Kanon verzichtet wird, sowie der Rückkehr zu "res ..." abgesehen, wird hier (mit der Formulierung "aeque esse infallibilem, ac si" statt "ea infallibilitate pollere, qua") die Unfehlbarkeit der Ex-cathedra-Aussagen jener der Konzilsdefinitionen über die nämlichen Dinge gleichgestellt, was ohne Zweifel der allein auf das Objekt gerichteten Intention eher gerecht wird.

Am Ende der Versammlung vom 26. Juni wird jedoch nicht diese, sondern CULLENS Definitionsformel (Emendatio 68) zur Begutachtung unterbreitet. Trotz der generellen Zustimmung am 19. Juni kommt es darüber zum Dissens. Während die einen die Formel einfach billigen, wünschen andere verschiedene Änderungen oder geben gar der früheren Formel (der Konzilsvorlage) den Vorzug. Man beschliesst daraufhin, seitens der Deputation keine neue Formel mehr vorzulegen, sondern das Ende der Debatte abzuwarten, um dann eine Wahl zu treffen. Auch will man nicht leicht von der Konzilsvorlage abgehen[591].

An dieser Stelle des Protokolls findet sich ein Votum von ZINELLI über die Definition der päpstlichen Unfehlbarkeit[592]. Der in acht Punkte gegliederte Text geht aus vom (vorrangigen) Dogma der Unfehlbarkeit der Kirche (I), das seinen bestimmten Sinn habe (II). Gleichwohl sei unter den Katholiken kontrovers, wie weit sich die Unfehlbarkeit über das "de fide divina credenda" Vorgelegte hinaus erstrecke (III) und ob der Papst auch ohne die Bischöfe unfehlbar sei (IV). Die Frage der Reichweite wolle man jetzt nicht entscheiden. Sicher hätten die Katholiken auch den nicht zu göttlichem Glauben verpflichtenden Glaubens- und Sittendekreten (ecclesiae decretis ad fidem vel mores spectantibus, etiamsi non proponatur aliquid credendum fide divina) volle innere Zustimmung zu leisten, was auch im Syllabus stehe und von allen wahren Katholiken zugegeben werde (V). Mit der Definition wolle man vom Papst nur die nämliche Unfehlbarkeit wie von der Kirche aussagen (VI). Unter Ausklammerung der Frage, ob sich die Unfehlbarkeit der Kirche von der des Papstes herleite (VII), werde letztere nur erkenntnismässig von der ersteren her bestimmt, wenn es heisse, der Papst habe die nämliche Unfehlbarkeit (infallibilitate in rebus fidei et morum gaudere eadem, qua gaudet ecclesia; VIII).

In der Versammlung am 3. Juli empfiehlt GASSER die Formel CULLENS mit der Änderung, dass der Papst ... nicht irren könne, wie die allgemeinen Konzilien nicht irren könnten. Damit sollte wie vom feierlichen Lehramt des Papstes, so auch vom feierlichen Lehramt der Kirche die Rede sein. Andere wünschen eine Unfehlbarkeitsaussage unter Verzicht auf einen solchen Vergleich. Darum sagt die von MANNING vorgelegte Formel, dass der Papst, "quando ex cathedra loquitur, id est, quando ex plena sua docendi potestate ... doctrinam de fide vel moribus ab universa ecclesia tenendam definit", unfehlbar und seine Urteile aus sich irreformabel seien. Gegen sie wird jedoch eingewandt, dass sie gerade unbestimmt lasse, in welchen Dekreten der Papst unfehlbar sei. GASSER modifiziert daher seinen obigen Vorschlag dahin, dass die Dekrete des Papstes mit der gleichen Sicherheit wie die Dekrete der allgemeinen Konzilien (ea certitudine, qua teneri debent decreta conciliorum generalium) festzuhalten seien. Aber "re iterum infecta" geht man, wie das Protokoll vermerkt, auseinander[593]. Dennoch legt auf Betreiben GASSERS am folgenden Tag KLEUTGEN eine Formel vor, die wiederum, jedoch mehr auf das Objekt, die Glaubens- oder Sittenlehre, konzentriert, die Dekrete des Papstes denen der allgemeinen Konzilien gleichstellt: "Romanum pontificem ..., cum ex cathedra loquitur, hoc est, cum ... doctrinam de fide vel moribus ab universa ecclesia tenendam definit, ... ab errore immunem servari, quemadmodum ... in doctrina de fide vel moribus definienda ab errore immunia servantur sacrosancta catholicae ecclesiae oecumenica concilia"[594].

Am 7. Juli - die Debatte ist bereits geschlossen - beginnt die Deputation mit der Prüfung der Emendationes zum 4. Kapitel. Von den die Überschrift betreffenden Emendationes 1 bis 8 wird Emendatio 5 im Singular ("De Romani pontificis infallibili magisterio") angenommen. Hinsichtlich der Emendationes 9 bis 22, die sich auf den Einleitungsteil beziehen, will man mit der grundsätzlichen Annahme der von MARTIN vorgelegten Emendatio 10 mit ihrem erläuternden Einschub vielfachen Wünschen der Väter entsprechen, doch sollen GASSER und die Theologen den Text revidieren[595]. Vor der Prüfung der folgenden Emendationes, in denen es um die Definition selbst geht, macht BILIO darauf aufmerksam, dass man sich einheitlich über die Sache wie über die Form der Definition im klaren sein müsse. Bezüglich der Sache stimmen alle darin überein, für eine feierliche Definition des Papstes nicht mehr und nicht weniger zu behaupten als für eine, die auf einem Konzil erlassen wird. Selbst in bezug auf die Form einigt man sich mit einer Ausnahme auf eine Formel, wie sie sich fast wörtlich unter dem Namen SENESTREYS innerhalb der privat eingereichten Emendationes findet und wie sie ähnlich KLEUTGEN vorgeschlagen hat, dass nämlich der Papst, "cum ex cathedra loquitur, id est, cum ... doctrinam de fide et moribus ab universa ecclesia tenendam definit, ... infallibilem esse ad eum modum, quo ... in doctrina de fide et moribus definienda infallibilia sunt sanctae ecclesiae oecumenica concilia ..."[596]. Am 8. Juli heisst es zu Emendatio 68, dass sie der Substanz nach in der akzeptierten Formel enthalten sei, welche nach der neuen Änderung laute, dass der Papst, "cum ex cathedra loquitur, id est cum ... doctrinam de fide vel moribus ab universa ecclesia tenendam definit, ... ea infallibilitate pollere, qua divinus Redemptor ecclesiam suam in definienda doctrina de fide vel moribus instructam esse voluit ..."[597]. Eine gleichlautende Formel verzeichnen die privaten Emendationes unter dem Namen von D'AVANZO[598]. Damit ist tatsächlich die besonders in Emendatio 57 durch das blosse "tenendum vel reiiciendum" zurückgewiesene Einschränkung auf die eigentlichen Glaubensgegenstände vermieden, ohne dass - gegen Emendatio 65 - diese Erweiterung auch schon dogmatisiert würde. Zugleich gilt die Kritik an "res morum" in den Emendationes 58 und 59 (vgl. 45) aufgrund der neuen Formel, die dafür "doctrina de ... moribus" sagt, als erledigt[599]. Ein klärendes Monitum (Emendationes 73 bis 78) will die Deputation nicht anfügen, die Inhalte jedoch in den Einleitungsteil einbringen. Auch von einem eigentlichen Kanon (Emendationes 79 bis 96) nimmt sie schliesslich Abstand und belässt es bei der bisherigen Schlussklausel[600].

In der Versammlung am 9. Juli trägt KLEUTGEN das nach den akzeptierten Emendationes verbesserte 4. Kapitel vor, für das er einen im Vergleich zu Emendatio 10 wenig veränderten, jedoch bedeutend erweiterten Einschub vorsieht, der sich kaum mehr vom endgültigen Text unterscheidet. Im Anschluss an die Darstellung der Praxis der Päpste, die unter Anwendung entsprechender Mittel in Übereinstimmung mit Schrift und Tradition definierten, heisst es nun, dass ihnen der Hl. Geist nicht als Offenbarer einer neuen Lehre, sondern als Beistand in der Bewahrung und Auslegung des überlieferten Glaubensdepositums versprochen sei (Neque ..., ut eo revelante novam doctrinam patefacerent, sed ut eo assistente traditam per apostolos revelationem seu fidei depositum sancte custodirent, et fideliter exponerent). Der folgende Satz, dass man im Bewusstsein der Irrtumslosigkeit des Stuhles Petri die päpstliche Lehre angenommen habe, zitiert neben Lk 22,32 IRENÄUS und AUGUSTINUS, dass man nämlich mit der römischen Kirche übereinstimmen müsse bzw. dass die Päpste auf Fragen nach der Glaubenswahrheit nur aus der beständigen Tradition der (römischen) Kirche heraus antworten könnten. Vor der Angabe des Anlasses der Definition ist noch einmal ein längerer Satz über den Zweck dieser Gnadengabe (veritatis et fidei non deficientis charisma), die Bewahrung der Kirche vor Irrtum und die Vermittlung der himmlischen Lehre ..., eingefügt[601]. Die Definitionsformel stimmt bis auf zwei das Objekt nicht betreffende Änderungen mit der modifizierten Emendatio 68 überein. Nach einstimmiger Billigung - die erneut diskutierte Kanonfrage wird auf GASSERS Vorschlag durch die Beifügung eines Anathems gelöst[602] - werden die Konzilsväter über die verschiedenen Verbesserungen, deren wichtigste der klärende Einschub (betreffend die Emendationes 10, 73, 75 bis 78) und die Definitionsformel (betreffend die Emendationes 36 bis 75) darstellen, unterrichtet[603].

Eine unmittelbare Stellungnahme zur neuen Definitionsformel liegt von Kardinal BERARDI vor, der an ihren einzelnen Elementen, mögen sie auch richtig verstanden werden können, dennoch die Eindeutigkeit vermisst. So wendet er bereits gegen den Ausdruck "doctrinam de fide" ein, es könne dieser auf Dogmen bzw. Häresien beschränkt werden. An "doctrinam de moribus" kritisiert er, diese Worte legten nahe, dass der Papst in konkreten sittlichen Urteilen (quando de honestate vel pravitate alicuius actionis in concreto spectatae decernit), etwa über die Wegnahme des Besitzes des Hl. Stuhles durch die italienische Regierung, nicht unfehlbar sei. Für missdeutbar hält BERARDI weiter "ab universa ecclesia" und "definit" (das sich nur auf das ausserordentliche Lehramt zu beziehen scheine) sowie "ea infallibilitate ...", womit auch die Unfehlbarkeit der Kirche eingeengt, insbesondere aber die gallikanische Auffassung vom notwendigen Konsens nicht hinreichend ausgeschlossen werde (da die erwähnte Unfehlbarkeit der Kirche nur im päpstlich-bischöflichen Lehramt liege). Schliesslich könne man aus der Formel folgern, der Papst wie auch die Kirche seien nicht unfehlbar in der Heiligsprechung und Ordensapprobation, in den Facta dogmatica, in Lehren, welche mehr oder weniger mit dem Glaubensdepositum verbunden sind, und in der Verurteilung von Irrtümern, die sich mehr oder weniger von den geoffenbarten Wahrheiten entfernen. Damit würde, wie es heisst, die Autorität von "Unigenitus", "Auctorem fidei" und des Syllabus grösstenteils fallen und das ordentliche Lehramt des Apostolischen Stuhles um seine erhabenste Frucht gebracht[604]. In dieser extensiven, wenn auch singulären Kritik, die keine Alternativen anbietet, erfährt das angestrengte Bemühen um eine ausgewogene Definitionsformel ein enttäuschendes Echo. Lässt der Wortlaut tatsächlich der Intention der Deputation fernliegende Deutungen zu ? Man wird sehen, welche Aufnahme die Formel bei den übrigen Vätern findet. Eine Erklärung dazu seitens der Deputation scheint jedenfalls unumgänglich.

Die Erläuterung und Abstimmung

Genau eine Woche vor der feierlichen Schlussabstimmung erreicht am 11. Juli 1870 die durch die Konzilsdebatte und die Arbeit der Glaubensdeputation vorbereitete Revision des 4. Kapitels von "Pastor aeternus" mit der Abstimmung über die von der Deputation vorgelegten Änderungen einen vorläufigen Abschluss. Die Auffassung der Deputation legt GASSER dar, der seine grosse und berühmte R e l a t i o in einen allgemeinen und einen speziellen, die einzelnen Emendationes behandelnden Teil gliedert. Die "Relatio generalis" weist ebenfalls zwei Teile auf. Im ersten werden die Argumente für die Unfehlbarkeit aus der Hl. Schrift und aus der Tradition (im allgemeinen und besonders in den Konzilien) ausgebreitet, im zweiten wird der Status quaestionis aufgezeigt, nämlich die Frage einer persönlichen, separaten und absoluten Unfehlbarkeit des Papstes. Der in Aussicht gestellte kurze Kommentar zur Definitionsformel findet sich erst im Rahmen der Besprechung der Emendationes[605]. Im Hinblick auf das Unfehlbarkeitsobjekt liegt das Gewicht eindeutig auf dem zweiten Teil der Relatio.

Innerhalb der allgemeinen Relatio werden als Unfehlbarkeitsobjekt genannt vor allem der Glaube, ferner die Wahrheit, der Dienst am Wort Gottes (munus depositum thesaurum divinae veritatis custodiendi, communicandi et defendendi), die (christliche) Religion, die "res fidei et morum" sowie die dogmatischen Definitionen oder Urteile[606]. Im Zusammenhang mit der "infallibilitas separata" oder "distincta" sagt GASSER, dass der Papst nur in Glaubensentscheidungen (quando ... iudicat et definit, quid ab omnibus credendum vel reiiciendum) unfehlbar ist[607]. Die Rede von einer absoluten Unfehlbarkeit weist er prinzipiell zurück ("nullo in sensu infallibilitas pontificia est absoluta"), da diese allein auf Gott zutreffe, während jede andere Unfehlbarkeit, auf einen bestimmten Zweck hin verliehen, ihre Grenzen und Bedingungen habe. Auch die Unfehlbarkeit des Papstes sei in bestimmte Grenzen und Bedingungen gefasst, die allerdings nicht a priori, sondern aus dem offenkundigen Willen Christi herzuleiten seien[608]. GASSER zeigt sodann eine dreifache Einschränkung der Unfehlbarkeit auf, und zwar hinsichtlich des Subjektes, dass nämlich der Papst als allgemeiner Lehrer und oberster Richter auf dem Stuhle Petri spricht, hinsichtlich des Aktes, dass der Papst eine alle Gläubigen verpflichtende Glaubensdefinition erlässt (quando definit quid sit credendum vel reiiciendum ab omnibus christifidelibus), und hinsichtlich des Objektes, bei dem es sich um Glaubens- und Sittensachen handeln muss : "Restricta est ratione obiecti, quando agitur de rebus fidei et morum"[609]. Die (moralische) Bedingung eines sorgfältigen Vorgehens des Papstes ist nach GASSER in einer (unter göttlichem Beistand) tatsächlich zustande gekommenen Definition miterfüllt. Eine bestimmte Förmlichkeit sei nach den abertausend dogmatischen Urteilen nicht vorzuschreiben, sie liesse sich auch nicht verifizieren. Bezüglich einer (notwendigen) Mitwirkung der Kirche oder der Bischöfe besage die Stelle Lk 22,32 vielmehr das Gegenteil.

In diesem Zusammenhang nimmt GASSER zu drei Axiomen Stellung, wobei er das Argument, dass auch der Papst dem Konsens der Kirche als der Glaubensregel folgen und sich daher desselben zuvor vergewissern müsse, damit beantwortet, dass der Papst in seinen Ex-cathedra-Definitionen die nämlichen Quellen habe wie die Kirche, d.h. Schrift und Tradition, und der Konsens des gesamtkirchlichen (ihn einschliessenden) Lehramtes auch ihn binde, ohne ihn jedoch mit absoluter Notwendigkeit auf die Befragung zu verpflichten[610].

In ihrem Objekt ist die Unfehlbarkeit nach GASSERS Worten auf die Glaubens- und Sittensachen eingeschränkt. Die entsprechende Angabe des Schemas ist demnach exklusiv zu verstehen: andere Dinge als die genannten kommen nicht in Betracht. Selbst diese haben einen bestimmten Sinn, was natürlich in erster Linie für das Verständnis der "res morum" von Bedeutung ist, das mehrere Konzilsväter durch klärende Zusätze sichergestellt wissen wollten. Obwohl GASSER in seinem Vortrag auf eine derartige Explikation verzichtet, steht er ihr, wie sein handschriftlicher Entwurf zeigt, nicht unbedingt ablehnend gegenüber. Darin notiert er nämlich unter der Überschrift "infallibilitas absoluta", die Unfehlbarkeit sei "restricta ratione ... obiecti (res fidei et morum, ad depositum fidei pertinentium - revelatorum) ...", wobei die "res morum" (genauer: die "mores") als zum Depositum gehörend und als Offenbarungsinhalte näher bestimmt werden. Beachtenswert ist auch die danebenstehende Notiz über Unklarheiten bezüglich dogmatischer Definitionen (auch der Konzilien), etwa ob eine bestimmte Sache zum Glaubens- (und Sitten-)depositum gehöre: "utrum res pertineat ad depositum fidei (fidei et morum, v.g. Ioannis XXII. quaestio de usu et iure) ..."[611]. Hier stellt GASSER die Beziehung des Depositums zu den "mores" heraus, wie er auch sein Beispiel, die Konstitution JOHANNES' XXII. "Cum inter nonnullos" (1323) zur Armutsfrage[612], diesem praktischen Bereich entnimmt.

Im *speziellen Teil* seiner Relatio äussert GASSER zunächst in bezug auf die die Kapitelüberschrift betreffenden Emendationes 1 bis 8, dass es hier zwar nicht um das päpstliche Lehramt (als solches und ganzes) gehe (Emendationes 1 bis 4), dass man in der Überschrift aber auch von einer weitergehenden Bestimmung (Emendationes 6 bis 8) Abstand nehmen wolle. Akzeptiert werde die (modifizierte)

Emendatio 5 ("De Romani pontificis infallibili magisterio"), um sprachliche Missverständnisse der "infallibilitas" des Papstes, die Unfehlbarkeit "in docendo", nicht aber etwa Unsündlichkeit bedeute, auszuschliessen[613]. Von den Emendationes zum Einleitungsteil (9 bis 22) wird die (wiederum umgestaltete) Emendatio 10 empfohlen, die GASSER in ihren einzelnen Aussagen erläutert, und mit der verschiedenen Vorschlägen, in denen wie in Emendatio 22 der Papst auf die Hl. Schrift, die Tradition und die Auffassung der Gesamtkirche verwiesen wird (" ... pontificem Romanum ex cathedra loquentem errare non posse, cum scilicet ad scripturam attendens et ad traditionem, quae in ecclesia Romana a temporibus apostolorum incorrupta servatur, ac referens universalis ecclesiae sensum ... aliquid fidelibus universis credendum aut ubique observandum proponit ac praecipit"), entsprochen werden soll[614]. Während der Ausdruck "loqui ex cathedra" (Emendationes 30 und 31) übernommen wird[615], werden Bedingungen, wie sie insbesondere mit Hilfe der Formel ANTONINS in den Emendationes 36 bis 52 (im Gegensatz zu Emendatio 53) aufgestellt werden, grundsätzlich und erst recht wegen ihrer vielfachen Unbestimmtheit zurückgewiesen bzw. gelten als im revidierten Text berücksichtigt[616].

Ganz besondere Bedeutung kommt der Beurteilung der Emendatio 45 zu, insofern diese auch die Änderung "was in Sachen des Glaubens und in sittlichen Prinzipien zu glauben ist" (quid in rebus fidei, morumque p r i n c i p i i s ... de fide c r e d e n d u m sit) beantragt[617]. Während das ablehnende Urteil der Deputation im Protokoll nur sehr allgemein begründet wird[618], geht GASSER bereits in diesem Zusammenhang auf die Modifikation "morumque principiis" ein. Dabei überrascht allerdings, dass er die Intention dieser Emendatio damit wiedergibt, es sollte "rebus fidei et morum" oder "doctrina fidei et morum" durch "fidei morumque principiis" ersetzt werden[619]. Genaugenommen will nämlich COLET nur den Ausdruck "res" (morum) ändern; dass er seinen Einwand auch gegenüber "doctrina" (fidei et morum) aufrechterhält, ist damit nicht gesagt und darf eher verneint werden, nachdem sich COLET hier ausdrücklich YUSTO anschliesst, der auf diese Weise von den "res morum" die Disziplin und die sittlichen Tatbestände, im Grunde also das Nicht-Lehrhafte ausklammern will. GASSER führt zwei Gründe an, aus denen die Deputation den in Rede stehenden Vorschlag nicht annehmen könne, die Novität dieser vom theologischen Sprachgebrauch unnötig abweichenden Formulierung sowie ihre unvertretbare Extensität. Wörtlich sagt er: "Sed etiam hanc emendationem non potest admittere Deputatio de fide et quidem partim quia vox ista esset omnino nova, cum vox r e s f i d e i e t m o r u m, doctrina fidei et morum sit notissima, et unusquisque theologus scit quid sub his verbis sit intelligendum. Insuper principia morum possunt esse alia mere philosophica naturalis honestatis, quae non sub omni respectu pertinent ad depositum fidei"[620]. Beide Argumente sind wichtig. Im ersten Argument verweist GASSER darauf, dass es sich bei "res (doctrina) fidei et morum" um einen unter Theologen allgemein bekannten Ausdruck mit einer festen Bedeutung - auch bezüglich "mores" - handelt. Nichts anderes als man gemeinhin unter der Formel "res (doctrina) fidei et morum" versteht, will auch hier (im Rahmen der Unfehlbarkeitsdefinition) darunter verstanden werden. Nicht welche Bedeutung die einzelnen Termini haben können, ist darum zu fragen, sondern welche Bedeutung sie in der Theologie jener Zeit hatten. Eine konkrete Antwort - etwa im Hinblick auf das rechte Verständnis der "mores" - gibt GASSER nicht. Die wenigen Anfragen dazu, die ihm nicht verborgen bleiben konnten, haben offenbar nicht das Gewicht, dass sie eine inhaltliche Erklärung gefordert hätten. Im zweiten Argument wendet GASSER den Vorschlag COLETS sozusagen gegen diesen selbst, der damit die Unfehlbarkeit in dem Bestreben, sie in der rechten Weise einzugrenzen, über Gebühr, nämlich auch auf nicht zum Depositum gehörende rein philosophische Prinzipien der natürlichen Sittlichkeit ausdehnen würde. Bei der Unfehlbarkeit kommt es demnach darauf an, dass etwas wenigstens irgendwie zum Glaubensdepositum gehört. Dieses aber ist nach GASSER bei den "principia morum" nicht schlechthin der Fall. Nicht das Ganze der (natürlichen) Sittlichkeit - die Moral selbst wird hier eindeutig angesprochen - zählt zum Unfehlbarkeitsobjekt, weil nicht zum Depositum, obwohl die Antwort GASSERS impliziert, dass das Depositum auch in das Gebiet der natürlichen philosophischen Moral hineinreicht. - COLETS Verbesserungsvorschlag findet sich noch einmal als Emendatio 59 im Anschluss an die gleichsinnige Emendatio 58 von YUSTO. Dazu erklärt GASSER, dass darüber entsprechend dem früher (im Zusammenhang mit Emendatio 45) Gesagten gleichfalls nicht abgestimmt werde[621].

Die andere Stelle, an der GASSER ausdrücklich und ausführlich auf das Objekt der päpstlichen Unfehlbarkeit zu sprechen kommt, findet sich innerhalb der Darlegung der neuen, die Emendatio 68 modifizierenden Definitionsformel, die er, die den Umfang oder die Ausdehnung der päpstlichen Unfehlbarkeit betreffenden Emendationes 54 bis 72 zusammenfassend, nach der Besprechung der Emendatio 53 einschaltet[622]. In vier Punkten - Subjekt, Akt, Wirkursache und Objekt der Unfehlbarkeit - wird der neue Text kommentiert. Bezüglich des Subjektes (der Papst, und zwar "alsPapst in seiner Beziehung zur Gesamtkirche) und des Wirkgrundes (Christus und der Beistand des Hl. Geistes) fasst sich GASSER kurz. Den Akt bestimmt er als Ex-cathedra-Aussage und erklärt als Sinn dieser bekannten theologischen Formel, dass, wie die Definition sagt, der Papst als Lehrer aller Christen handelt und zugleich seine Absicht deutlich macht, eine Lehre zu definieren, d.h. damit den Zustand des Schwankens zu beenden und die Gesamtkirche zur Annahme zu verpflichten[623]. In seinen um ein Mehrfaches umfangreicheren Ausführungen zum O b j e k t der päpstlichen Unfehlbarkeit stellt GASSER zuerst dieses selbst dar und deutet dann dementsprechend die Definitionsformel; daran schliessen sich noch einzelne Bemerkungen zu den Emendationes 54 bis 72.

Ausgehend von der Verheissung Christi kommt GASSER im ersten Abschnitt zunächst auf die Heterogenität des U n f e h l b a r k e i t s o b j e k t e s zu sprechen, um dann den Gegenstand der päpstlichen Unfehlbarkeit gleichsam syllogistisch auszumachen. Vom Sinnziel der Unfehlbarkeit her, zu dem sie versprochen und gegeben ist, nämlich die Bewahrung und Entfaltung des ganzen Glaubensdepositums, zeigt er ihr Objekt auf, und zwar erst im allgemeinen, als die Lehre über den Glauben und die (christlichen) Sitten, bei der er sodann nähere und entferntere Wahrheiten bzw. Irrtümer unterscheidet: "Infallibilitas promissa est ad custodiendum et evolvendum integrum depositum fidei. Hinc universim quidem facile patet, obiectum infallibilitatis esse doctrinam de fide et moribus. At non omnes veritates, quae ad doctrinam de fide et moribus christianis pertinent, sunt unius modi; nec omnes in uno eodemque gradu ad custodiam integritatis depositi necessariae sunt. Unde etiam consequitur errores contrarios diversis gradibus adversari deposito custodiendo, prout veritates ipsae quibus adversantur magis vel minus ad ipsum depositum pertinent. Qui quidem errorum gradus diversi diversis censurarum notis distinguuntur"[624]. Die beiden ersten Sätze geben zwei Bezugsfelder der Unfehlbarkeit an, zum einen das Bewahren und Entfalten des Depositums als die eine bestimmende Zielsetzung, zum anderen die Lehre über Glaube und Sitten als das durch diese Zielsetzung ("hinc") bestimmte zweigestaltige Objekt. Die Frage, ob "doctrina de fide et moribus" nur eine andere, inhaltliche Bezeichnung für das Depositum ist oder die darauf gegründete und bezogene Lehre der Kirche, das kirchliche Lehrgebäude meint, ist wohl im Sinne des Letzteren zu entscheiden. Die Wahrheiten, die diese Lehre ausmachen (oder zu ihr gehören), sind jedoch, wie GASSER anfügt, keine homogene Grösse; sie betreffen das Depositum nicht in gleichem Masse. Entsprechendes gilt von den Irrtümern, die teils unmittelbar (primär), teils mittelbar (sekundär) zum Depositum gehörende Wahrheiten leugnen. Die gestufte Zugehörigkeit zum Depositum und zur Glaubens- und Sittenlehre lässt sich folgendermassen veranschaulichen :

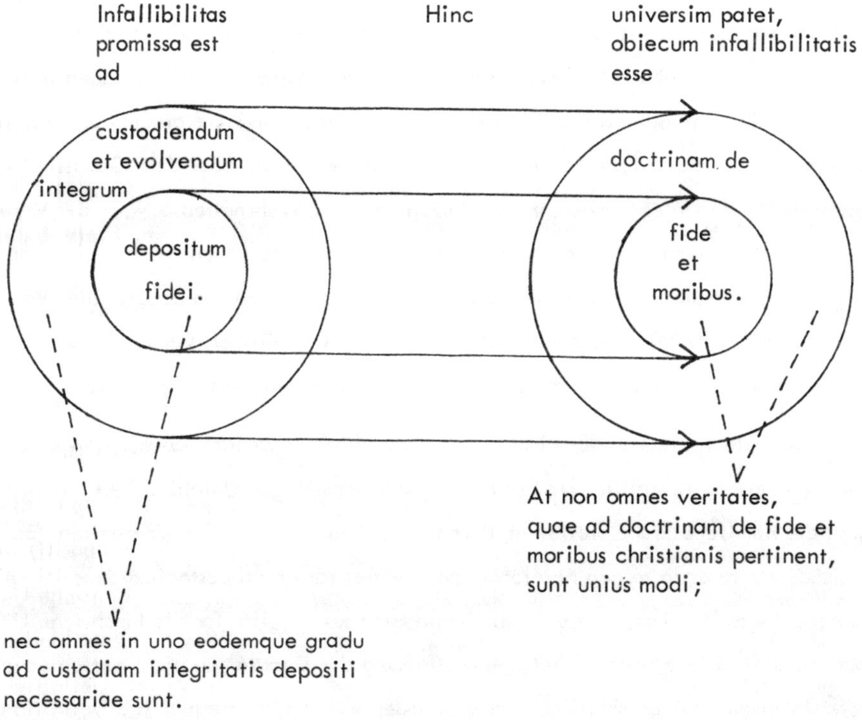

GASSER stellt die Relevanz dieser Unterscheidung für die Gewissheitsqualität der Unfehlbarkeit dar. Sein Gedankengang ist dabei folgender: Nach dem Wort Gottes selbst erstreckt sich die Unfehlbarkeit (der Kirche wie des Papstes) ohne Zweifel wenigstens auf die eigentlichen Inhalte des Depositums, die Definition von Glaubensdogmen oder die Verurteilung von Häresien (hanc infallibilitatem extendi saltem ad ea, quae per se depositum fidei constituunt, ad dogmata nimirum fidei definienda, et, quod eodem redit, ad haereses condemnandas). In diesem Umfang ist sie demnach Glaubensgegenstand. Mit den geoffenbarten Dogmen hängen nun andere Wahrheiten mehr oder minder eng zusammen, die, obgleich in sich nicht geoffenbart, dennoch zur Bewahrung, Erklärung und Verteidigung des Offenbarungsdepositums erforderlich sind (cum dogmatibus revelatis ... veritates aliae magis vel minus stricte cohaerent, quae licet in se revelatae non sint, requiruntur tamen ad ipsum depositum revelationis integre custodiendum, rite explicandum et efficaciter definiendum), die (wie die Facta dogmatica) nicht selbst zum Depositum, aber zu seiner Bewahrung gehören (non quidem per se ad depositum fidei, sed tamen ad custodiam depositi fidei spectant). Aufgrund dieser Kohärenz werden auch sie von den katholischen Theologen übereinstimmend zur Unfehlbarkeit gerechnet. Diese zu leugnen wäre darum ein schwerer Irrtum (gravissimus error). Eine Kontroverse gibt es allein über den Gewissheitsgrad, ob nämlich die Unfehlbarkeit in der Vorlage solcher Wahrheiten bzw. in der Verurteilung nicht häretischer Irrtümer Glaubensdogma (und ihre Leugnung Häresie) oder lediglich eine in sich nicht geoffenbarte, jedoch aus dem Dogma abgeleitete Wahrheit und demzufolge nur theologisch sicher ist (... an solum sit veritas in se non revelata, sed ex revelato dogmate deducta, ac proinde solum theologice certa)[625].

Die referierte Lehre von der kirchlichen Unfehlbarkeit wendet GASSER in einem zweiten Abschnitt auf die D e f i n i t i o n der päpstlichen Unfehlbarkeit an, bei der sich die nämliche Frage stelle, ob deren Ausdehnung auf solche Wahrheiten (ad huiusmodi veritates in se non revelatas, pertinentes tamen ad custodiam depositi) nicht nur theologisch sicher, sondern Glaubensdogma sei. Sollte für die kirchliche Unfehlbarkeit diese Frage nach einhelliger Auffassung der Deputation nicht entschieden, sondern in ihrem gegenwärtigen Stand belassen werden, müsse man die Definition der Unfehlbarkeit des Papstes so konzipieren, dass hinsichtlich des Objektes von den päpstlichen Definitionen dasselbe wie von den kirchlichen zu glauben sei (ut definiatur de obiecto infallibilitatis in definitionibus Romani pontificis omnino idem credendum esse, quod creditur de obiecto infallibilitatis in definitionibus ecclesiae)[626].

In diesem Sinne erläutert GASSER die Definitionsformel. Sie bestimmt nach ihm das Objekt durch zwei engstens verbundene Aussagen, die generische Angabe "doctrina de fide et moribus" zusammen mit dem Hinweis auf die entsprechenden Definitionen der Kirche. Die Definition lässt sich deshalb, wie GASSER verdeutlicht, nicht auf die Aussage reduzieren, der Papst sei in Glaubens- und Sittendefinitionen (in rebus fidei et morum quando definit doctrinas de fide et moribus; quando aliquid definit de fide vel moribus; quando aliquid definit ab ecclesia simpliciter tenendum) unfehlbar; ihr Sinn ist vielmehr, er habe hierin die in ebendiesem Bereich der Kirche zukommende Unfehlbarkeit. So wird die Unfehlbarkeit des Papstes einerseits nur in Glaubensdogmen als Glaubenssatz definiert, andererseits auch - als theologisch sichere Lehre - auf die damit zusammenhängenden Aussagen bezogen[627].

Die in dieser Weise konzipierte Definitionsformel erlaubt nach GASSER keine Ergänzung oder Kürzung. Zudem erübrigten sich mit der (erhofften) Annahme der Formel Abstimmung und Berichterstattung über die einschlägigen Emendationes, bei denen er sich daher auf kurze Bemerkungen beschränkt. Ein Gutteil dieser Vorschläge gilt als mit dem neuen Text verwirklicht. Die Äusserungen zu den Emendationes 58 und 59 wurden bereits erwähnt, die übrigen sind hier nicht von Belang[628]. Im weiteren Verlauf seiner Relatio behandelt GASSER noch die ein klärendes Monitum anregenden Emendationes, die er als im neuen Einleitungsabschnitt hinreichend berücksichtigt nicht empfiehlt. Die Besprechung der restlichen Emendationes 79 bis 96 absolviert er mit einer generellen Stellungnahme zur Kanonfrage. Darüber habe, wie er sagt, die Deputation viel diskutiert, einstimmig jedoch keinen der vorgeschlagenen Kanones akzeptieren können. Sie lege deshalb einen allgemeinen Kanon vor, die mit einem Anathem versehene bisherige Schlussklausel[629]. Bei der anschliessenden Abstimmung folgen die Konzilsväter nahezu einhellig dem Urteil der Glaubensdeputation[630].

Das so revidierte und noch einmal als Ganzes von den Vätern gebilligte 4. Kapitel[631], das in dieser Form in das am 13. Juli 1870 zur Abstimmung vorgelegte Gesamtschema der Konstitution eingeht, lässt nicht zuletzt in der Bestimmung des Unfehlbarkeitsobjektes eine Entwicklung gegenüber der Konzilsvorlage erkennen. Schon ein äusserer Vergleich zeigt vor allem drei bemerkenswerte Abweichungen, so in der Überschrift, die nun die Unfehlbarkeit des Lehramtes herausstellt, im Einleitungsteil, der durch einen längeren Einschub ("Huic pastorali muneri... asserere") erweitert wird, und in der Definitionsformel selbst. Nach wie vor ist in dieser, aber auch nur hier von den "mores" die Rede, die nun ausdrücklich als Lehrgegenstand (doctrina), nicht mehr allgemein als "Sache" (res), jedoch ganz in dem geläufigen Sinn von "fides et mores" zum Objekt der Unfehlbarkeit zählen. Auf eine begriffliche Klärung oder eine sprachliche Präzisierung, wie sie in bezug auf "mores" mehrfach angeregt wurde, glaubt die Deputation offenbar verzichten zu dürfen. Dies trifft namentlich auf die von "Dei Filius" her bekannte Apposition zu "mores" ("ad aedificationem doctrinae christianae pertinentes") zu, die CULLEN (vielleicht nur zur Angleichung an jene andere Stelle) rezipiert, ohne darauf - sie wird nicht formell zurückgewiesen - zu insistieren. Dass hier nicht an irgendwelche Sitten, Sittensachen und Sittenurteile zu denken ist, scheint insbesondere aufgrund der Formulierung "wenn der Papst ... eine Glaubens- oder Sittenlehre für die ganze Kirche verpflichtend definiert" festzustehen. Eine genaue Abgrenzung wie auch eine positive Explikation des Terminus, um zu sagen, was "doctrina de ... moribus" bedeutet und was nicht, erfolgen nicht. Dennoch macht die Debatte deutlich, dass darunter vordergründig Moralaussagen verstanden werden. Dabei geht es nicht um die Moral als solche und als ganze, sondern um den Bezug zum Offenbarungsdepositum. Er bildet in seinem grundsätzlich zweifachen (für die Gewissheitsqualität ausschlaggebenden) Verständnis (insofern es sich um Konstitutives oder nur Kohärentes handelt) das umfassende Kriterium. Noch hat die neue Objektsbestimmung die Probe des 13. Juli zu bestehen. Diese wird auch zeigen, wieweit nach der Meinung der Väter die an sich unangreifbare Erläuterung durch GASSER im Text selbst unmissverständlich zum Ausdruck kommt.

c. Die letzten Äusserungen und Änderungen

aa. Die Exceptiones

Nur scheinbar hat mit der Annahme des revidierten 4. Kapitels durch die Konzilsväter die Kritik daran ihr Ende gefunden. Mehr als zweimal so viele Einwände wie zum Vorwort, den drei Kapiteln und Kanones der Konstitution insgesamt, genau 115 der 163 Exceptiones aus den bedingten Plazetstimmen vom 13. Juli 1870 (Schema III) beziehen sich auf das Unfehlbarkeitskapitel [632]. Noch einmal zeigen sich die unterschiedlichen Meinungen in den Anträgen, die Aussage in ihrem Dogmencharakter, insbesondere aber in der Sache selbst zu mildern oder im Gegenteil noch mehr zu profilieren. Wiederum konzentriert sich dabei die Sorge um das rechte Verständnis des Textes auf das Verhältnis von Papst und Kirche [633]. Unter anderem betreffen die Modifikationen die Kapitelüberschrift [634], den Terminus "infallibilitas" [635], ferner die Ausdrücke "ex cathedra" und "definit", bei denen man einer Restriktion auf eigentliche Glaubenslehren bzw. auf Definitionen im engeren Sinn des Wortes vorbeugen will [636], sowie eine ergänzende Aussage über die Gehorsams- und Zustimmungspflicht [637].

Während die Beschränkung auf das Lehramt (die dogmatischen Dekrete) und das Offenbarungsdepositum durchweg nicht in Frage steht [638], findet die Formulierung "ea infallibilitate pollere, qua ..." keine allseitige Zustimmung, da die alleinige Bedeutung dieser Bezugnahme auf die Kirche, die adäquate Beantwortung der Objektfrage, nicht hinreichend klar zutage tritt [639]. Die verschiedenen Objektsbestimmungen, die sich in den Exceptiones finden, spiegeln noch einmal die teils restriktive, teils extensive Auffassung der Konzilsväter wieder. Auf der einen Seite beschränkt man die Unfehlbarkeit auf die Glaubens- und Sittendogmen (dogmata fidei et morum; dogma aliquod circa fidem et mores), das im Depositum Enthaltene (doctrina de fide vel moribus, in deposito ecclesiae commisso (oder : in fidei deposito) contenta ... credenda) und Glaubenspflichtige (aliquid ... de fide divina tenendum vel reiiciendum; tamquam de fide tenendum vel tamquam fidei contrarium reiiciendum) [640], auf der anderen Seite - schon die Formulierung "quid circa fidem et mores credendum ac servandum est" [641] scheint diese Grenze zu überschreiten -

wird die Unfehlbarkeit vielfach ausdrücklich über den Bereich von Dogma bzw. Häresie hinaus ausgedehnt (doctrina ... tenenda vel reiicienda; quid in rebus fidei et morum ... tenendum sit)[642].

Trotz der wiederholten Rede vom "Glauben"[643] wird der mit "fides" übereinstimmende Doppelausdruck "fides et mores" im allgemeinen beibehalten. Seine Formulierungen sind allerdings vielfältig; es finden sich "doctrina (doctrinae, dogmata, definitiones, quaestiones, res) fidei et morum", "decreta circa fidem et mores", "doctrina (doctrina aliqua, doctrinae) de fide vel moribus", "doctrina de rebus fidei vel morum", "doctrina de iis, quae ad fidem vel mores pertinent", "res ad fidem vel ad mores pertinentes" und "quae ad fidem et mores pertinent"[644]. Eine Reflexion über "mores" wird in den Exceptiones nicht angestellt. Indes erblickt Bischof FORMISANO von Nola in "fides et mores", womit dem Gedanken an ein unbegrenztes Lehramt die Grundlage entzogen wird[645], auch wieder eine ungebührliche Einschränkung, nämlich den Ausschluss der Facta dogmatica, weshalb er sich, um alle Fragen über die Ausdehnung der Unfehlbarkeit auszuräumen, mit der Angabe der Objektidentität (idem prorsus obiectum) begnügt (Exceptio 104)[646]. Auch PETTINARI übergeht "fides et mores". Er begründet seine Formulierung, dass der Papst "aliquid universae ecclesiae proponit de fide divina tenendum vel reiiciendum", damit, dass im Kapitel hinreichend dargelegt sei, worauf sich die Unfehlbarkeit des Papstes erstrecke, dass man hieran eine Ex-cathedra-Aussage erkenne und dass auf diese Weise die Angst in bezug auf andere Entscheidungen des Hl. Stuhles schwinde (Exceptio 128)[647].

Im besonderen richtet sich die Kritik gegen "doctrina de fide vel moribus", worin mehrere Väter eine Einschränkung der Unfehlbarkeit auf Dogmen erblicken und deshalb "doctrina aliqua de fide vel moribus" oder den Plural "doctrinae ..." sowie "res ...", "doctrina de rebus ..." oder "quae ad fidem vel mores pertinent" vorschlagen. Zu ihnen gehört der Bischof von Moulins, DE DREUX-BREZE. Nach ihm ist durch GASSERS Erklärung der an sich weite, im Sinne der "res fidei et morum" zu verstehende Ausdruck "doctrina" eingeschränkt worden, so dass die Facta dogmatica, die niederen Zensuren, die globalen Verurteilungen und die Heiligsprechungen nicht zur Unfehlbarkeit zu gehören scheinen. Wie die auf die Dogmen eingeschränkte Unfehlbarkeit der Kirche müsste gegebenenfalls später auch die Unfehlbarkeit des Papstes auf die "res fidei et morum" ausgedehnt werden. Daher schlägt er (bereits jetzt, ohne Hinweis auf die Unfehlbarkeit der Kirche) vor, dass der Papst, wenn er "definit, quid in rebus fidei et morum ... tenendum sit", nicht irren könne (Exceptio 130)[648]. Die "res", die DE DREUX-BREZE an die Stelle einer als depositarische Lehre (primäres Unfehlbarkeitsobjekt) verstehbaren "doctrina" setzt, will auch Bischof PAYA Y RICO in die Definitionsformel einbringen und zur Vermeidung von späteren Ausflüchten definieren, der Papst sei, wenn er "doctrinam de r e b u s fidei vel morum ... tenendam aut reiiciendam" definiere, unfehlbar, und seine Unfehlbarkeit sei von derselben Natur und Ausdehnung wie jene, mit der der Erlöser seine Kirche "in definienda doctrina de r e b u s fidei vel morum" ausgestattet habe (Exceptio 139)[649]. Im gleichen Sinne präzisiert VALSECCHI, Koadjutor-Bischof von Bergamo, die Formel durch die Ergänzung "doctrinam aliquam de fide et moribus" und durch den Plural "in definiendis doctrinis ..." (Exceptio 137)[650]. Ausführlich legt SALZANO seine Kritik dar. Nach ihm genügt es nicht, die päpstliche Unfehlbarkeit nur für den Bereich der Glaubens- und Sittenlehre (quae pertinent ad doctrinam fidei et morum) auszusagen, sie müsse darüber hinaus jedweden Irrtum erfassen. Nicht allein die dem Glauben entgegengesetzten (contra doctrinam fidei), sondern auch die ihn zwar nicht aufhebenden, jedoch schwächenden Lehren seien nämlich (etwa als "erroneae" oder "haeresim sapientes") zu verurteilen und deshalb ausdrücklich und ganz allgemein in die Unfehlbarkeitsdefinition einzuschliessen, nach der sich dann die Unfehlbarkeit des Papstes nicht nur "ad doctrinam de fide et moribus" erstrecke, sondern so weit reiche wie die Unfehlbarkeit der Kirche[651]. Auch nach SALZANO hat damit "doctrina ..." die Bedeutung der das Depositum selbst darstellenden Lehre, die nicht das ganze Objekt der kirchlichen Unfehlbarkeit umfasst. Dabei räumt er ein, dass GASSER unter der "doctrina de fide et moribus" nicht nur die konstitutiv zum Glaubensdepositum gehörenden, sondern auch die seinen Schutz betreffenden Wahrheiten zu verstehen gegeben habe. Da diese Erläuterung jedoch dem Text der Konstitution nicht beigegeben werde, lasse dieser die Deutung zu, dass sich die Unfehlbarkeit des Papstes auf jene (depositarische) "doctrina de fide et moribus" beschränke, während die Kirche in einem weiteren Umfang unfehlbar definieren könne. Darum lautet sein Änderungsvorschlag, der Papst habe ... die Unfehlbarkeit, mit der der Erlöser seine Kirche in der Definierung dessen, was zum Glauben oder zu den Sitten gehört (in definiendis his quae sive ad fidem, sive ad mores pertinent), oder auch: zur Bewahrung des Depositums (ad divinum depositum custodiendum) ausgestattet habe (Exceptio 131)[652].

Zur Verbesserung der Formel ("non exprimat, prout par est, obiectum integrum infallibilitatis pontificiae") schlägt Bischof MARCHICH von Kotor die Änderung vor, dass der Papst, wenn er ... die ganze Kirche auf etwas, das zum Glauben oder zu den Sitten gehört, verpflichtet (ea, quae ad fidem vel mores pertinent, ab universa ecclesia tenenda tradit vel definit), die Unfehlbarkeit der Kirche "in tradendis vel definiendis iis, quae ad fidem vel mores pertinent", habe, weshalb solche Aussagen (traditiones (instructiones) vel definitiones) irreformabel seien. Die bisherige Formel lasse sich nämlich nicht leicht mit der in "Quanta cura" ausgesprochenen Verurteilung der Auffassung vereinbaren, dass man den Entscheidungen des Apostolischen Stuhles, die erklärtermassen zwar das allgemeine Wohl der Kirche sowie ihre Rechte und ihre Disziplin betreffen, jedoch Glaubensdogmen (in der Enzyklika steht "fidei morumque dogmata") nicht berühren, Zustimmung und Gehorsam verweigern dürfe (Exceptio 146)[653]. Damit sollen also auch Entscheidungen ohne eigentlichen Definitions- und Dogmencharakter in die Unfehlbarkeitsdefinition eingeschlossen werden, was MARCHICH offenbar auch durch das Wort "doctrina", das er (ohne namentliche Kritik) eliminiert, zumindest in Frage gestellt sieht.

Auch ausserhalb der Reihe der Exceptiones finden sich Stellungnahmen von Konzilsvätern zum revidierten Schema. Die umfangreichste stammt von Kardinal BERARDI, der zu seiner Äusserung vom 10. Juli noch nachträgt, dass die päpstliche Unfehlbarkeit zu sehr eingeschränkt und die Unabhängigkeit vom Konsens nicht deutlich genug ausgesprochen werde. In allen katholischen Schulen, expliziert er den ersten Einwand, sei immer gelehrt worden und ein vielfaches Zeugnis der Kirche erhärte es, dass das unfehlbare Lehramt neben dem, was als Glaubensdogma ("fide divina" zu glauben) vorgelegt werde, vieles andere umfasse, das zum Schutz, zur Darlegung, zum rechten Verständnis und zur Verteidigung des Depositums notwendig sei (es folgt ein Zitat aus FRANZELINS Traditionstraktat). Zu GASSERS Unterscheidung zwischen dem Depositum (depositum dogmatum) und den darin nicht enthaltenen, jedoch dazugehörenden Wahrheiten bemerkt er, dass sie, obzwar auf den Gegenstand und die Zustimmung zutreffend, dennoch nicht im Sinne verschiedener Autoritätsgrade innerhalb des authentischen Lehramtes und seiner Dekrete zu verstehen sei, wobei wiederum auf die schon erwähnte Stelle in "Quanta cura" verwiesen wird. Diese (weiter gefasste) Unfehlbarkeit (weil Zustimmungspflicht) will BERARDI durch die Definition nicht angetastet sehen. Deshalb ändert er die Worte "doctrinam de fide, vel moribus ab universa ecclesia tenendam definit", in denen man grundsätzlich und unter den gegebenen Umständen eine Beschränkung auf die Definition eines Dogmas entnehmen könnte, in "proponit quid fidelibus sentiendum, et tenendum sit in iis, quae ad fidem vel mores spectant"[654]. Sein zweiter Einwand gilt der Formulierung "ea infallibilitate pollere, qua ...", die an eine primäre Unfehlbarkeit der Kirche und die Notwendigkeit ihrer Zustimmung zu päpstlichen Definitionen denken lasse, weshalb er ausdrücklich die Irreformabilität der Dekrete für konsensunabhängig erklärt[655]. Auch FAICT ändert diese Stelle, wobei er durch "eadem infallibilitate" die Auffassung, alle aktive Unfehlbarkeit der Kirche leite sich vom Papst her, ausschliessen möchte[656]. TEPPA, der Generalobere der Barnabiten, will hier durch "ex cathedra docet" (statt "loquitur") den weiten, auch die gesamtkirchliche Gesetzgebung implizierenden Begriff der Ex-cathedra-Aussage auf die Lehräusserungen einschränken[657]. Schliesslich schlägt GUERRIN vor, das zurückhaltende "consentanea" im neuen Einschub durch "quae sacris scripturis et apostolicis traditionibus continebantur" zu ersetzen[658].

Wie man sieht, wird die differenzierte Objektsangabe des Schemas nicht von allen Vätern übernommen, die zum Teil auf direkte Bestimmungen zurückkommen. Der ganz auf die Objektfrage ausgerichtete Hinweis auf die Unfehlbarkeit der Kirche in der neuen Formulierung "ea infallibilitate pollere, qua ..." wird nicht ausnahmslos in diesem Sinne verstanden oder gilt wenigstens als missdeutbar. Unsicherheit zeigt sich zumal in bezug auf den Ausdruck "doctrina de fide vel moribus", der sich, wie mehr als einmal bemerkt wird, (trotz seines an sich grösseren Umfanges) auf die eigentlichen Glaubenslehren einschränken lasse und der deshalb durch "res ..." oder "ad ... pertinentia" ersetzt werden soll.

bb. Die Schlussredaktion

Am 14. Juli 1870 befasst sich die Glaubensdeputation mit den Exceptiones, wobei das Protokoll nur die ganz wenigen vorgenommenen Änderungen verzeichnet, die, wie die Streichung der IRENÄUS- und AUGUSTINUS-Stellen[659] oder die Ergänzung "non autem ex consensu ecclesiae" (irreformabiles)[660], das Unfehlbarkeitsobjekt nicht betreffen. Der Modus, in dem die neue Definitionsformel dasselbe bestimmt, wird trotz der dagegen erhobenen Einwände nicht angetastet. Auch hierzu wird sich die Deputation erklären.

Die Relatio, die in ihrem Auftrag GASSER in der 86. Generalkongregation am 16. Juli über die Exceptiones zum 4. Kapitel vorträgt, besteht aus vier Bemerkungen. Sie betreffen die erwähnten Väterzitate, auf die die Deputation, um eine Missdeutung auszuschliessen, verzichtet[661], das Verbum "definit", die Objektbestimmung und die Ergänzung "non autem ex consensu ecclesiae", die als blosse (negative) Explikation des "ex sese" zur Annahme empfohlen wird[662]. Unter "definit" versteht die Deputation, wie GASSER erklärt, nicht nur die (sozusagen "forensische") Beendigung einer Kontroverse über eine Häresie oder eigentliche Glaubenslehre, sondern, dass der Papst seine Auffassung über eine Lehre im Bereich des Glaubens und der Sitten direkt und endgültig ausspricht (suam sententiam circa doctrinam, quae est de rebus fidei et morum , directe et terminative proferat), so dass jeder Gläubige bezüglich der Auffassung des Apostolischen Stuhles, eine bestimmte Lehre sei häretisch, der Häresie nahestehend, irrig ..., sicher sein könne[663]. Als "Definition" ist demnach jede die Auffassung des Papstes sicher zu erkennen gebende direkte und endgültige Lehraussage zu betrachten, bei der es sich um eine der "res fidei et morum" handelt. Von einer modalen oder materialen Einschränkung (auf Kontroversen beziehungsweise auf eigentliche Glaubenswahrheiten) kann also keine Rede sein.

Die Bemerkung zum Unfehlbarkeitsobjekt beginnt GASSER mit der Feststellung, trotz der ausgiebigen Erläuterung zeigten mehrere Väter noch Unsicherheit über den Sinn der betreffenden Worte. Die vorgelegten neuen Formeln, die zumeist in zwei Aussagen (in einer unbestimmten, alle päpstlichen Dekrete erfassenden und in einer die vorausgehende irgendwie einschränkenden Angabe) das Unfehlbarkeitsobjekt bestimmten, könne die Deputation jedoch nicht billigen, sondern ziehe ihre eigene, in der Generalkongregation bereits angenommene Formel vor, die in einer einzigen Aussage, und zwar durch eine generische und eine spezifische Bestimmung, das ganze Unfehlbarkeitsobjekt angebe. Nach der generischen Bestimmung ist, wie GASSER noch einmal expliziert, der Papst unfehlbar, wenn er ... eine Lehre über den Glauben oder die Sitten der ganzen Kirche definitiv auferlegt (doctrinam, quae est de fide et moribus, ab universa ecclesia tenendam definit) oder wenn er "ex cathedra" spricht und in Glaubens- und Sittensachen etwas definiert (de rebus fidei et morum aliquid definit). Die sogleich angefügte spezifische Bestimmung aber besage, bei der Ausdehnung dieser Unfehlbarkeit, bei ihrer Anwendung auf die einzelnen päpstlichen Dekrete, sei ein Unterschied zu machen dergestalt, dass (wie bei den dogmatischen Definitionen der Konzilien) die einen "de fide" sicher seien und der ein Häretiker sei, der die Unfehlbarkeit des Papstes in einem solchen Dekret leugne. Bei den anderen Dekreten stehe zwar die Unfehlbarkeit ebenfalls fest, jedoch nur mit einer theologischen Sicherheit, weshalb der, welcher die Unfehlbarkeit (der Kirche wie des Papstes) in einem solchen Dekret leugne, noch nicht offenkundig ein Häretiker sei, aber einen schweren Irrtum und eine schwere Sünde begehe. Wie GASSER schliesst, gibt also die neue Formel einmal (generisch) das Unfehlbarkeitsobjekt im allgemeinen, sodann (spezifisch) die Gewissheit dieser Unfehlbarkeit an, ob sie "de fide" oder nur theologisch gewiss ist[664].

Bemerkenswert an dieser wiederholten Erläuterung der komplexen Objektsangabe der Definitionsformel ist zunächst die Weite, mit der GASSER den Ausdruck "doctrinam de fide vel moribus" wiedergibt. Ohne auf die entsprechenden Exceptiones namentlich einzugehen, macht er durch seine Ausdrucksweise deutlich, dass man darunter alles "de rebus fidei et morum" Definierte zu verstehen hat. Präziser als in der ersten Relatio wird sodann die zweigliedrige Objektsbestimmung als generische und spezifische Aussage vorgestellt, insofern das gesamte Objekt, nämlich jede "doctrina de fide vel moribus", hinsichtlich der Gewissheit der Unfehlbarkeit ("de fide" für den eigentlichen Glaubensbereich, theologisch sicher für das Umfeld) durch die Gleichsetzung mit der (in diesem Sinne differenzierten) Unfehlbarkeit der Kirche näher bestimmt wird. Die praktische Bedeutung dieser Distinktion und Spezifikation liegt darin, dass man im Falle einer Leugnung der Unfehlbarkeit bzw. der Ablehnung eines Dekretes Häresie und (theologischen) Irrtum zu unterscheiden hat. Dennoch erhellt GASSER mit seiner gewiss aufschlussreichen Bemerkung zum Unfehlbarkeitsobjekt wiederum nur den Sinn, den die Deputation mit der betreffenden Formulierung verbindet. Dass nicht nur "doctrinam de fide vel moribus", sondern auch "ea infallibilitate pollere, qua ..." nicht ausschliesslich im Sinne der unterschiedlichen Gewissheit verstanden wurde und so allein vom Wortlaut her nicht eindeutig zu interpretieren ist, zieht er nicht weiter in Betracht. Die über die Unfehlbarkeitsaussage abzustimmen und sie in erster Linie zu vertreten haben, sind darüber hinreichend unterrichtet. Die Textgestalt steht nicht mehr zur Debatte. Lediglich zwei Anträge, die Streichung der Väterzitate und die Einfügung von "non autem ex consensu ecclesiae", werden den Vätern noch vorgelegt, die diese auch fast einstimmig bzw. zum weitaus grössten Teil annehmen.

Die Aufgabe einer zutreffenden Interpretation der damit fertiggestellten Konstitution "Pastor aeternus", nicht zuletzt ihrer Aussage über das Unfehlbarkeitsobjekt, wird sich jedoch nach ihrer feierlichen Verkündigung am 18. Juli 1870 mit besonderer Dringlichkeit stellen. Sie ist weniger vom Wortlaut und den Begriffen als vielmehr von der Intention der Urheber und Unterzeichner her sowie in Anlehnung an ihre authentischen und berufenen Interpreten zu lösen. Als solche haben sich denn auch zumal die Bischöfe, sei es persönlich (in Predigten, Hirtenbriefen und Erklärungen) oder durch die Approbation theologischer Darstellungen bemüht, in der Verteidigung des Vatikanischen Konzils und seiner Dekrete den genuinen Sinn vor allem der Unfehlbarkeits- und Primatsaussage darzulegen und zugleich den zahlreichen gegnerischen Deutungen im Sinne einer arbiträren, die kirchliche Verfassung alterierenden, die Lehre pervertierenden und die staatliche Gewalt attackierenden Autorität des Papstes eine entschiedene Absage zu erteilen. Die notorische Tatsache, dass das Konzil eine Restriktion der Unfehlbarkeit und des Primats in der Form einer stärkeren und engeren Bindung des Papstes an den Episkopat und die Kirche gegen den Widerstand einer respektablen Minorität in den eigenen Reihen vermieden hatte, konnte allerdings eine derartige exzessive Interpretation begünstigen, der indes die gleichfalls unbestreitbare Tatsache entgegenzuhalten war, dass man sowohl in das dritte als auch in das vierte

Kapitel von "Pastor aeternus" Zusätze aufgenommen hatte, mit denen man sich ausdrücklich von einem maximalistischen Verständnis distanzierte. Man hat hier sogar von einem Sieg der Minorität sprechen wollen[665]. Zwar sollten sich ihre bis zuletzt aufrechterhaltenen Bedenken nicht sofort zerstreuen, einen weiteren Widerstand jedoch, die Ablehnung des verkündeten Dogmas unter Solidarisierung mit der ausserkonziliären Opposition, vermochten sie nicht zu begründen[666]. Dass Aussagen unvollständig und missverständlich sind, bedeutet ja nicht, dass ihnen nicht doch ein zutreffender und ausgewogener Sinn eigen ist. Wenn nun die Bischöfe, hierin vom Papst bestätigt, eine massvolle Interpretation des Dogmas vertreten und die Unterstellung einer theologischen, kirchlichen und kirchenpolitischen Neuerung zurückweisen, können sie sich hier mit Recht auf das Verständnis berufen, das das Konzil dem Wortlaut seiner Aussagen zugrunde gelegt hat, und bieten in ihrer Gesamtheit zugleich jene authentische Interpretation, die man mehrfach vom (weitergeführten) Konzil oder vom Papst selbst erwartet hat[667]. Dieses Verständnis, in dem die wohlbekannten Texte des 1. Vatikanums anzunehmen und anzuwenden sind, in bezug auf die spezielle Frage der kirchlichen Lehrautorität auf dem Gebiete der Moral aufzuzeigen, war das Ziel dieser Untersuchung, die damit an ihr Ende gelangt ist. Nunmehr gilt es, den ausgebreiteten Befund zusammenzufassen und das Ergebnis zu formulieren.

S C H L U S S

I. ZUSAMMENFASSUNG

Was also sagt das 1. Vatikanische Konzil über die kirchliche Lehrautorität in Fragen der Moral? Diese Frage, der die vorliegende Untersuchung nachgegangen ist, hat einen konkreten Bezugspunkt und einen bestimmten Hintergrund. Ganz allgemein entzündete sich nämlich neuerdings die Lehramtsfrage an der (wiederum bestätigten) moralischen Unerlaubtheit der Antikonzeption und führte zu einer theologischen Diskussion, die sich - von verschiedenen Seiten her - der Notwendigkeit einer Klärung der prinzipiell stets anerkannten kirchlichen Lehrautorität in Fragen der Moral bewusst wurde. Diese Reflexion musste sich insbesondere mit dem Argument befassen, dass das 1. Vatikanum die Unfehlbarkeit des Papstes (und der Kirche) für eine "doctrina de fide vel m o r i b u s", also auch für eine "Sittenlehre" als Glaubenssatz definiert hatte, über dessen zutreffende Interpretation sich indes Zweifel einstellten. Hat man, von allem anderen abgesehen, unter "mores" die Moral oder aber das kirchliche Leben und Brauchtum zu verstehen, und schliesst die erklärtermassen auf die Offenbarung bezogene Unfehlbarkeit die Moral als solche und damit auch das natürliche Sittengesetz ein (vgl. Einleitung, S. 1 - 23)?

Die Untersuchung dieser doppelten - terminologischen und sachlichen - Frage konnte sich dem Vatikanum nicht zuwenden, ohne zunächst nach seiner Intention zu fragen und dazu seinen Horizont in den Blick zu nehmen (1. Kapitel). Innerhalb des lehramtlichen Hintergrundes verdiente die Definition der unbefleckten Empfängnis Mariens vom Jahre 1854 insofern Beachtung, als sich dabei unmittelbar das Thema der Definibilität einer Lehre und damit auch das der kirchlichen (päpstlichen) Lehrautorität stellte. Davon war ja (neben dem terminologisch interessanten Hinweis auf die Unfehlbarkeit "in moribus" als im kirchlichen Kult) grundsätzlich auch die Lehrautorität "in moribus" betroffen (S. 26 - 34). Dem Konzil selbst ging eine Reihe von Provinzialkonzilien voraus, die thematisch sowohl von der kirchlichen Lehrautorität als auch von den "mores" (und das heisst hier vor allen Dingen: von der Moral) handelten (S. 34 - 49). Das dritte und wichtigste vorvatikanische Ereignis, die Enzyklika "Quanta cura" mit dem beigegebenen Syllabus, zeigt eine Stossrichtung und eine Thematik, wie sie auch dem gleichzeitig ins Auge gefassten allgemeinen Konzil zugedacht war, die Behauptung der christlichen Lehre und der kirchlichen Lehrautorität gegen den Versuch, letztere auf den engen Kreis der Dogmen bzw. Häresien einzuschränken, ohne sich auch den zahlreichen übrigen Weisungen verpflichtet zu wissen. Dabei war es über die einschlägigen Aussagen hinaus aufschlussreich, zu sehen, wie - unterschiedlich - die Verbindlichkeit der Dokumente von 1864 selbst beurteilt wurde (S. 49 - 62).

Die sich unmittelbar auf das Vatikanum beziehenden Vorstellungen wiesen unter der Vielfalt der Aufgaben dem Konzil neben der Verteidigung der christlichen Lehre und der kirchlichen Autorität (insbesondere der päpstlichen Unfehlbarkeit) auch die Sorge für eine moralische Erneuerung im allgemeinen und die Stellungnahme zu konkreten Moralfragen zu (S. 62 - 70). Wenngleich diese Postulate nicht realisiert werden konnten, so sah man doch die gerade auch hinsichtlich ihres Gegenstandes damals vieldiskutierte kirchliche und päpstliche Lehrautorität und Unfehlbarkeit immer auch in Beziehung zur Moral. In diesem Sinne wurde ganz offensichtlich die "infallibilitas in doctrina (rebus) ... morum" verstanden (S. 70 - 88, bes. 85 - 88).

Von den Dokumenten des Konzils selbst war die Konstitution über den katholischen Glauben "Dei Filius" keineswegs zu übergehen (2. Kapitel). Ihre Einzelaussagen (S. 89 - 94) liessen sich, in zwei Aussagereihen aufgeteilt, zu einem aufschlussreichen Bild zusammenfügen. Darin wurde einmal mehr deutlich, dass das Lehramt (auch mit seiner Unfehlbarkeit) ausschliesslich im Dienste der Offenbarung (und der Glaubenslehre) steht, die es zu vermitteln, zu bewahren und auszulegen sowie gegen Angriffe zu verteidigen hat (S. 101 - 138). Zugleich zeigte sich, wenn auch mehr im allgemeinen, dass dieses Bezugsobjekt der kirchlichen Lehrautorität seinerseits auch zur Moral in Beziehung steht (S. 138 - 151).

Nach diesen Aussagen in "Dei Filius", die bereits einen bemerkenswerten Beitrag zum Thema der Lehrautorität zu leisten vermochten, war die eigentliche Aussage über das (unfehlbare) kirchliche Lehramt im Schema über die Kirche in Betracht zu ziehen (3. Kapitel), aus dem die spätere Konstitution "Pastor aeternus" hervorging. Während der an die Konzilsväter ausgegebene Text die Unfehlbarkeit auf das Glaubensdepositum einschliesslich dessen, was die Aufgabe der Kirche in bezug auf dasselbe mit sich bringt, bezog (S. 152 - 172), machte das auf die Bemerkungen der Konzilsväter hin (S. 172 - 186) revidierte Schema, ohne die Objektsbestimmung in der Sache zu ändern, bereits den Bezug der unfehlbaren Lehrautorität zur Moral deutlich (S. 186 - 201), den die beigegebene Relatio vollends explizierte (S. 201 - 233).

Wenn das Vatikanum schliesslich nicht diese Aussage über das unfehlbare kirchliche Lehramt, sondern in einer ersten Kirchenkonstitution nur jene über den Primat des Papstes und sein unfehlbares Lehramt definierte (4. Kapitel), änderte dies nichts an seiner Auffassung vom Unfehlbarkeitsobjekt. Sowohl in den Primatsaussagen (S. 255 - 275) als auch in der Unfehlbarkeitsdefinition sollte, wie sich zeigen liess, nichts anderes gelten, als vom Objekt des unfehlbaren kirchlichen Lehramtes anzunehmen und zu glauben war. Es ergab sich, dass sich dieses - ganz in Anlehnung an den Sprachgebrauch der Zeit - geradezu selbstverständlich auch auf die Moral bezog, und dass vor allem s i e unter der "doctrina de ... moribus" verstanden wurde (S. 275 - 359).

II. ERGEBNIS

Als Ergebnis der Untersuchung, das sich in ihrem Verlauf immer wieder bekundet hat, lässt sich nunmehr im einzelnen abschliessend feststellen:

1. Das 1. Vatikanum hat die Lehrautorität und Unfehlbarkeit nicht aus eigener Überlegung heraus auch auf "mores" ausgedehnt, sondern hierbei nur eine traditionelle Sicht und Formulierung ü b e r n o m m e n. Nicht dass hier von einer "doctrina de ... moribus" die Rede ist, kann überraschen, vielmehr hätte ein Verzicht auf "mores" ein Abgehen von einer eingeführten Formel bedeutet und an eine Restriktion denken lassen. Die Gründe, warum man seit langem "fides"

immer wieder durch "mores" ergänzt, hat das Vatikanum nicht zu vertreten, das seinerseits (allerdings nicht in der Definitionsformel) die Glaubensdinge (fides) als adäquaten Lehr- und Unfehlbarkeitsgegenstand bezeichnet, wohl aber hat es sich dessen zu versichern, dass die Objektsbestimmung "fides et mores" unter dem Signum der Offenbarungswahrheit in einen Glaubenssatz aufgenommen werden kann. Entscheidend ist also, dass das Vatikanum in einer dogmatischen Definition neben und zusammen mit "fides" die "mores" als Unfehlbarkeitsobjekt deklariert.

2. Gleichwohl hätte sich das Vatikanum im Zusammenhang mit der Unfehlbarkeitsfrage zu der von ihm übernommenen Formel "fides et mores" und speziell zu "mores" ausdrücklich erklären können. Möglicherweise hätte die Weiterbehandlung des Unfehlbarkeits- bzw. Lehramtskapitels des Kirchenschemas darüber einigen Aufschluss gebracht, obwohl die (vielleicht doch etwas zu optimistische) Bemerkung GASSERS, jeder Theologe wisse, was mit "res (doctrina) fidei et morum" gemeint sei, dahin weist, den Aufschluss über diese "vox notissima" vor allem im damaligen theologischen Sprachgebrauch zu suchen. Jedenfalls ist damit klargestellt, dass unter "fides et mores" nicht irgend etwas zu verstehen ist, das man mit diesen Termini verbinden könnte oder je schon verbunden hat, sondern das, was damals allgemein darunter verstanden wurde.

3. Was GASSER selbst - leider - nicht weiter expliziert, muss aus dem Sprachgebrauch der Konzilsväter und der Theologen erschlossen werden. Dabei kann nicht länger zweifelhaft sein, dass man mit "mores" vor allem und vordergründig die Moral angesprochen sah bzw. bezeichnen wollte, ohne damit bereits - zu einer Reflexion darüber bestand offensichtlich kein Anlass - eine adäquate und exklusive Deutung zu geben. Das besagt, das "mores" durchaus auch jene Verhaltensweisen implizieren kann, die, wie die Sakramente, in der Dogmatik, in der Moraltheologie und im Kirchenrecht behandelt werden. Grundsätzlich - dafür steht "mores" - kann das kirchliche Lehramt auch über Dinge des praktischen kirchlichen Lebens und nicht allein über Glaubensfragen im engeren, theoretischen Sinn definitive Lehraussagen machen, wobei Art und Grenze solcher "res (doctrinae) morum" nach dem Offenbarungsbezug zu bestimmen sind. Sicherlich kommt dieser Doppelformel, die (was hier nicht darzustellen war) weit in die Geschichte zurückreicht und an

der man bis jetzt festgehalten hat, eine auch den Handlungsbereich einholende integrierende Funktion zu, die der Ausdruck "fides" allein nicht ebenso gut zu erfüllen imstande ist, die jedoch innerhalb der gesamten "Glaubenspraxis" je nach den Umständen verschiedene Akzente erhalten kann. So geht es, während das Tridentinum bei der Rezeption von Schrift und Tradition sowohl an Lehr- als auch an Realtraditionen (disziplinär-liturgischer Art) interessiert ist, dem Vatikanum (unter dem Aspekt von Offenbarung und Glaube) allein um die Lehre und ihre autoritative Verkündigung. Die kirchliche Disziplin und Verwaltungsordnung sind ihm zwar durchaus wichtig, aber sie bilden doch einen eigenen Bereich, in welchem - bei der kirchlichen Situation zur Zeit des Konzils - nicht (wie im Falle der Lehre) die Integrität des Evangeliums in Frage steht. Dass sich die Lehre ihrerseits und dementsprechend das Lehramt in zwei grosse Bereiche, die Glaubens- und die Sittenlehre, teilen, war natürlich nicht neu, fand aber nun besondere Beachtung. Als Lehrgegenstand bezeichnen die "mores" in erster Linie das sittliche Verhalten. In der Zeit des Vatikanums haben sie unzweifelhaft diese Bedeutung, ohne dass sie allerdings darauf ausdrücklich und per definitionem eingeschränkt werden. Den genauen Inhalt und die Grenze von "mores" im Verhältnis sowohl zu "fides" als auch zu "disciplina" zu bestimmen, bestand offensichtlich kein Anlass. Wenn man damals aber - worin eine bedeutsame Feststellung liegt - unter "mores" gemeinhin "Moral" verstand, so steht der Ausdruck doch generell für alles, was im Bereich des kirchlichen Lebens und christlichen Handelns Gegenstand definitiver Lehrentscheidungen zu werden vermag. Die unverkennbar unterschiedliche Verwendung von "mores" auf dem Tridentinum bzw. Vatikanum

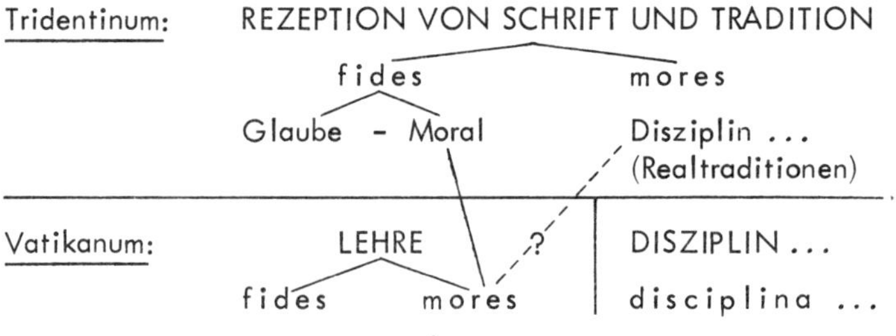

dürfte darum doch keinen adäquaten Bedeutungswandel signalisieren.

4. Die Feststellung, dass die Frage nach der (unfehlbaren) Lehrautorität in der Moral sowohl aufgrund des Verständnisses von "mores" als auch aufgrund der Beziehung der Moral zur Offenbarung durch das Vatikanum positiv beantwortet ist, bedarf jedoch der Differenzierung. Zunächst ist damit gesagt, dass, wenn das Konzil im Zusammenhang mit dem Lehramts- und Unfehlbarkeitsobjekt auch von der Moral spricht, ein Bezug der Lehrautorität zur Moral grundsätzlich besteht. Anders formuliert heisst das, dass für das Thema Lehramt - Moral das Vatikanum durchaus einschlägig ist und die Moral sich nicht in einem lehramtsfreien Raum befindet. Wie weit aber dieser Bezug reicht, was er einschliesst und nicht mehr einschliesst, wie sich Unfehlbarkeit und zeitbedingter Normwandel verhalten, welche unfehlbaren Moraldefinitionen (durch den Papst oder die Kirche) bereits erlassen wurden, alle diese Fragen erörtert das Vatikanum nicht, man mag diese Lücke bedauern oder diese Zurückhaltung begrüssen. Jedenfalls bietet es auf Fragen, die es sich nachweislich nicht gestellt hat, auch keine Antworten.

5. Dennoch gibt das Konzil in seinen Aussagen zur Lehrautorität Grundsätze an die Hand, die auch die "doctrina de moribus", die "Sittenlehre", weiter präzisieren.

a. Vor allem sind die "mores" von "fides" her zu bestimmen. Sie stehen nicht einfach neben, sondern vielmehr unter "fides", als ein Teil, ein Ausdruck davon. Entscheidendes Kriterium für ein Lehramts- und Unfehlbarkeitsobjekt ist sein Bezug zum Offenbarungsdepositum. Insofern etwas zum Depositum und zu dessen Bewahrung gehört, insofern gehört es auch zur Lehrautorität und Unfehlbarkeit. Auch im Falle des mit "mores" Bezeichneten, im Falle der "Sittenlehre", ist die Zugehörigkeit zum Depositum (im weiteren Sinne) Grund und Grenze unfehlbarer Lehrkompetenz.

b. Sodann hält das Konzil eine wichtige Unterscheidung aufrecht, indem es, um nicht im Vorgriff auf eine Aussage über das Unfehlbarkeitsobjekt die Unfehlbarkeit des Papstes im ganzen Umfang der - geoffenbarten und der mit diesen zusammenhängenden - Glaubens- und Sittenlehren als Dogma zu definieren, auf die Unfehlbarkeit der Kirche verweist, die, wenngleich bezüglich ihres sekundären Objektes theologisch sicher, doch nur bezüglich des Geoffenbarten Dogma ist.

6. Durch seine Definition des unfehlbaren päpstlichen Lehramtes hat das Vatikanum die kirchliche Lehrautorität, um die es in dieser Untersuchung ging, sehr weitgehend, aber doch nicht ausschliesslich unter dem Aspekt der Unfehlbarkeit behandelt. Auch für das Konzil steht und fällt die Autorität nicht einfach mit der Unfehlbarkeit, die es, was den Papst betrifft, nur für seine Ex-cathedra-Aussagen behauptet, ohne darauf auch die Zustimmungspflicht zu beschränken. Sowohl im 3. Kapitel von "Pastor aeternus" als im revidierten Schema über die Kirche, das statt des Unfehlbarkeitskapitels ein Lehramtskapitel enthält, wie auch schon an mehreren Stellen in "Dei Filius" ist von der *Lehrautorität ganz allgemein* die Rede. Dennoch hat sich das Vatikanum nur mit der Unfehlbarkeit eingehender befasst.

7. Selbst diese hat es keineswegs nach allen Seiten hin reflektiert. Es hat zweifellos nicht die ganze mit der Unfehlbarkeit verbundene Problematik, wie sie in den letzten Jahren herausgestellt wurde, gesehen, als es sich mit der Intention der Festigung der päpstlichen Autorität zu dieser Lehre bekannte und sogar diesen (schon damals nicht unumstrittenen) Terminus übernahm. Es hat aber zugleich eine spätere differenziertere Sicht nicht positiv ausgeschlossen. Es hat, von den Fragen zum Verständnis von Unfehlbarkeit überhaupt abgesehen, auch hinsichtlich der ausgesagten Unfehlbarkeit in der Moral *Fragen hinterlassen*, vor allem die Frage nach dem (für eine unfehlbare Aussage geforderten) Zusammenhang mit dem Offenbarungsdepositum. Man mag es ohne Vorwurf der Geschichtlichkeit jenes Konzils zurechnen, dass es diese Fragen nicht beantwortet, ja nicht einmal gestellt hat; man darf aber auch die noch zu leistende Aufgabe der Moraltheologie nicht in Abrede stellen, zu der das 1. Vatikanum nur allgemeine, wenn auch grundlegende und bindende Aussagen macht.

A N M E R K U N G E N

ZUR EINLEITUNG

Die vollständigen bibliographischen Angaben der in den Anmerkungen abgekürzt zitierten Titel sind aus der nachstehenden BIBLIOGRAPHIE zu ersehen.

1) "Specialis cura impendatur theologiae morali perficiendae, cuius scientifica expositio, doctrinae S. Scripturae magis nutrita, celsitudinem vocationis fidelium in Christo illustret eorumque obligationem in caritate pro mundi vita fructum ferendi" (2. Vatikanisches Konzil, "Optatam totius", Art. 16 : LThK Vat II, 344). Dieser Stelle geht der mehrfach belegte Hinweis voraus, dass die theologischen Fächer "in lumine fidei, sub Ecclesiae Magisterii ductu ..." zu lehren seien. "Ebenso", heisst es nach einem Wort über das Schriftstudium und die Dogmatik, "sollen die übrigen Disziplinen aus einem lebendigeren Kontakt mit dem Geheimnis Christi und der Heilsgeschichte neu gefasst werden". Unmittelbar daran schliesst sich der zitierte Satz über die Moraltheologie (vgl. a.a.O. 342-345). - Vgl. dazu B. HÄRING, Moralverkündigung nach dem Konzil, Bergen-Enkheim 1966; J. FUCHS, Moral und Moraltheologie nach dem Konzil, Freiburg-Basel-Wien 1967; J.G. ZIEGLER, Moraltheologie nach dem Konzil. Moraltheologie heute und die Erneuerung der Kirche, in : ThGl 59 (1969) 164-191; R. LATOURELLE, Théologie science du salut, Bruges-Paris 1968, 139-147; J. RIEF, Glauben und Ethos. Fragen zum Selbstverständnis der Moraltheologie, in: Mysterium der Gnade (FS J. Auer), Regensburg 1975, 23f.

2) W. KORFF, Aporien einer "Moral ohne Schuld", in : Concilium 6 (1970) 413.

3) Zur Frage nach dem Proprium der christlichen Moral vgl. F. BÖCKLE, Was ist das Proprium einer christlichen Ethik?, in : Zeitschrift für evangelische Ethik 11 (1967) 148-159; J. FUCHS, Gibt es eine spezifisch christliche Moral?, in: StdZ 185 (1970) 99-112; D. TETTAMANZI, Esiste un' etica cristiana?, in: SC 99 (1971) 163-193; G.B. SALA, L'etica cristiana s' interroga sulla propria identità, in: SC 102 (1974) 24-49; T. LOPEZ - G. ARANDA, Lo especifico de la Moral cristiana (Valoración de la literatura sobre el tema), in: Scripta Theologica 7 (1975) 687-767; B. SCHÜLLER, Zur Diskussion über das Proprium einer christlichen Ethik, in: ThPh 51 (1976) 321-343; H. HALTER, Taufe und Ethos. Paulinische Kriterien für das Proprium christlicher Moral, Freiburg-Basel-Wien 1977.

4) Vgl. F. BÖCKLE - I. HERMANN, Die Probe aufs Humane. Über die Normen sittlichen Verhaltens, Düsseldorf 1970.

5) Davon zeugt die reiche Literatur zur fundamental-moraltheologischen The-

matik, vgl. etwa H. ROTTER, Zum Erkenntnisproblem in der Moraltheologie, in: Neue Erkenntnisprobleme in Philosophie und Theologie (hrsg. v. J.B. Lotz), Freiburg-Basel-Wien 1968, 226-248; J. GRÜNDEL, Wandelbares und Unwandelbares in der Moraltheologie. Erwägungen zur Moraltheologie an Hand des Axioms "agere sequitur esse", Düsseldorf ²1971; W. KORFF, Norm und Sittlichkeit. Untersuchungen zur Logik der normativen Vernunft, Mainz 1973; A. AUER, Autonome Moral und christlicher Glaube, Düsseldorf 1971; F. FURGER, Zur Begründung eines christlichen Ethos - Forschungstendenzen in der katholischen Moraltheologie, in: Theologische Berichte 4 (1974) 11-87; B. SCHÜLLER, Die Begründung sittlicher Urteile. Typen ethischer Argumentation in der katholischen Moraltheologie, Düsseldorf 1973; ders., Neuere Beiträge zum Thema "Begründung sittlicher Normen", in: Theologische Berichte 4 (1974) 109-181; F. BÖCKLE, La morale fondamentale, in: RSR 59 (1971) 331-364; ders., Theonome Autonomie. Zur Aufgabenstellung einer fundamentalen Moraltheologie, in: Humanum. Moraltheologie im Dienst des Menschen (hrsg. v. J. Gründel, V. Eid, F. Rauh), Düsseldorf 1972, 17-46; ders., Theonomie und Autonomie der Vernunft, in: Fortschritt wohin? Zum Problem der Normenfindung in der pluralen Gesellschaft (hrsg. v. W. Oelmüller), Düsseldorf 1972, 63-86; ders., Glaube und Handeln, in: Concilium 12 (1976) 641-647; ders., Glaube und Handeln, in: MySal V, 21-115; ders., Fundamentalmoral, München 1977.

6) Vgl. etwa A. MÜLLER, Das Problem von Befehl und Gehorsam im Leben der Kirche. Eine pastoraltheologische Untersuchung, Einsiedeln 1964, bes. 17-48; dazu F. BÖCKLE, Zur Krise der Autorität. Randbemerkungen aus Anlass eines Buches, in: WuW 20 (1965) 805-813; A. MÜLLER, Autorität und Gehorsam in der Kirche, in: Concilium 2 (1966) 354-361; ders., Wo liegt das heutige Autoritätsproblem in der Kirche?, in: MThZ 20 (1969) 195-205; N. SCHIFFERS, Diskutiertes Lehramt: Kirchliche Autorität und Risiko der Gläubigen, in: ThPQ 117 (1969) 22-38; Kirchliche Lehre - Skepsis der Gläubigen, Freiburg-Basel-Wien 1970; Moral (hrsg. v. A. Hertz), Mainz 1972, 13-33. 251-257; Autorität (hrsg. v. H.J. Türk), Mainz 1973.

7) Vgl. Anm. 18.

8) Aus der reichen Literatur der Gegenwart vgl. etwa A. PIOLANTI, Il Magistero della Chiesa e la scienza teologica, in: Divinitas 5 (1961) 531-551; K. RAHNER, Kirchliches Lehramt und Theologie nach dem Konzil, in: StdZ 178 (1966) 404-420; ders., Vom Dialog in der Kirche, in: StdZ 179 (1967) 81-95; M. SECKLER, Die Theologie als kirchliche Wissenschaft nach Pius XII. und Paul VI., in: ThQ 149 (1969) 209-234; P.G. WACKER, Hat unser Glaube noch Chancen?, Paderborn 1969, 160-191; Die Funktion der Theologie in Kirche und Gesellschaft. Beiträge zu einer notwendigen Diskussion,(hrsg. v. P. Neuenzeit), München 1969, bes. 110-128. 171-186. 291-309; W. KASPER, Die Funktion der Theologie in der Kirche, in: Die Zukunft der Kirche. Berichtband des Concilium-Kongresses 1970, Zü-

rich-Einsiedeln-Köln und Mainz 1971, 45-52; G. RUGGIERI, Die Autorität der Theologie in der Kirche, in: IkathZ 3 (1974) 97-106; F. SCHUPP, Auf dem Weg zu einer kritischen Theologie, Freiburg-Basel-Wien 1974, 70-87; E. BISER, Theologie und Kirche. Erwägungen zu einem gestörten Verhältnis, in: ZkTh 97 (1975) 233-252; C.B. DALY, Theologians and the Magisterium, in: IThQ 43 (1976) 225-246; Internationale Theologenkommission, Thesen über das Verhältnis von kirchlichem Lehramt und Theologen zueinander, in: ThGl 52 (1977) 57-66.

9) Dieses Selbstverständnis dokumentieren grundsätzlich, wenn auch unterschiedlich ausdrücklich und ausführlich die Selbstdarstellungen in Handbüchern und Lexika, so MAUSBACH-ERMECKE I, 22-47 passim; R. HOFMANN, Moraltheologische Erkenntnis- und Methodenlehre, passim; B. HÄRING, Das Gesetz I, 28; M. ZALBA, Theologiae moralis compendium I, 8f; R. EGENTER, Art. Moraltheologie I-III, in: LThK VII, 615. - Auch sonst wird diese Sicht gewahrt, vgl. G. TEICHTWEIER, Eine neue Moraltheologie?, in: Lebendiges Zeugnis, März 1965, 89; A. HERTZ, Normfindung und Normerkenntnis in der Moraltheologie, in: Herausforderung und Kritik der Moraltheologie (hrsg. v. G. Teichtweier und W. Dreier), Würzburg 1971, 95-98. 104; ferner die in Anm. 18 aufgeführte Literatur.

10) Vgl. K.-W. MERKS, Zum moraltheologischen Anspruch kirchlicher Autorität, in: Autorität 249. - Die Aufgabe, "das verschiedene Gewicht und die verschiedene Verbindlichkeit der kirchlichen Lehräusserungen" (Schreiben der deutschen Bischöfe 11; vgl. auch DS, Index systematicus rerum H 2a-2c, S. 893-895, dazu J. SCHUMACHER, Der "Denzinger" 243f. 263-289) speziell, was die kirchlichen Moralaussagen betrifft, genauer zu bestimmen (und damit ihr eigenes Selbstverständnis als kirchliche Disziplin zu erhellen), hat die (Moral-)Theologie erst in jüngster Zeit entschiedener in Angriff genommen, vgl. R. HOFMANN, Moraltheologische Erkenntnis- und Methodenlehre 118-122; J.G. ZIEGLER, Theologische Gewissheitsgrade in der Moraltheologie. Eine Anregung zu einer notwendigen Diskussion, in: TThZ 78 (1969) 65-94; zum Ganzen auch R. AUBERT, Die Geschichte der Kirche als unentbehrlicher Schlüssel zur Interpretation der Entscheidungen des Lehramtes, in: Concilium 6 (1970) 501-507. - Zu dieser Aufgabe (vgl. Anm. 18) will die vorliegende Untersuchung ihren Teil beitragen.

11) 2. Vatikanisches Konzil, "Lumen Gentium", Art. 25: LThK Vat I, 234.

12) Die angesprochene Relation Lehramt - Theologie (unter Anm. 8f) steht innerhalb des umfassenderen Zusammenhanges des sittlichen Einzelgewissens mit der Sittenlehre der gesamten und der amtlichen Kirche, der nicht allein nach der (subjektiven) Gewissenssituation, sondern ebenso nach der (objektiven) Gewisseninformation, d.h. der Verbindlichkeit der Lehre hin zu erhellen ist. Vgl. MAUSBACH-ERMECKE I, 165-167; J. GRÜNDEL, Das Gewissen als "norma normans" und als "norma normata", in: Grenzfragen des Glaubens. Theologische Grundfragen als Grenzprobleme (hrsg.

v. Ch. Hörgl und F. Rauh), Einsiedeln-Zürich-Köln 1967, 389-420; A. GÜNTHÖR, Die Bischöfe 57-70.

13) AAS 60 (1968) 481-503; deutscher Text: Die Enzyklika in der Diskussion 9-27.

14) Dies trifft trotz des Hinweises auf die in Gen 38 erwähnte Sünde Onans bereits für die Enzyklika PIUS' XI. "Casti connubii" vom 31. Dezember 1930 zu (vgl. AAS 22 (1930) 559 f). Auch "Humanae vitae" vermag kein eigentliches Offenbarungsargument anzuführen, vgl. O. LORETZ, Das Verhältnis der Enzyklika "Humanae vitae" zur Heiligen Schrift, in: Sexualität und Geburtenkontrolle (hrsg. v. H. Göppert und W. Wickler), Freiburg-Basel-Wien 1970, 200-221, auch J.M. REUSS, Soll man 213. Zu Onan: A. MORETTI, Il peccato di Onan secondo Genesi 38, in: Teologia morale e Magistero della Chiesa, Padua 1968, 108-125. - L.M. WEBER konstatiert, dass "das sittliche Problem der Empfängnisregelung höchstens indirekt dem depositum fidei zugeordnet werden kann", ja dass es hier "nicht um eine Frage der Offenbarung des Glaubens, auch nicht um eine apostolische Tradition, nicht einmal um eine in der Geschichte der Überlieferung eindeutige doctrina constans" geht (Exkurs über "Humanae vitae", in: LThK Vat III, 608 f).

15) Vgl. das Vorwort. Einzelnes aus den dort erwähnten theologiegeschichtlichen Studien des Verf. ist aufgrund aktueller Zusammenhänge veröffentlicht bei F. BÖCKLE, La morale fondamentale 361; ders., Theonome Autonomie 44; ders., Unfehlbare Normen 287, Anm. 18 f. 293, Anm. 33. 300 f; ders., Wiederkehr 308, Anm. 9; ders., Glaube und Handeln, in: MySal V, 101, Anm. 45 f. 107-109; ders., Fundamentalmoral 234, Anm. 1. 291 f, Anm. 4. 325-327

16) Beide Ausdrücke werden zumeist synonym gebraucht, vgl. M. ZALBA, Num magisterio 113; J. FUCHS, Lex (!) naturae. Zur Theologie des Naturrechts (!) 8; K. HÖRMANN, Die Zuständigkeit 140 f; aber R. HOFMANN, Moraltheologische Erkenntnis- und Methodenlehre 93, Anm. 13.

17) Die Diskussion darüber kann hier nur an einigen wenigen Beiträgen aufgezeigt werden. Vgl. J. FUCHS, Lex naturae; Das Naturrecht im Disput; B. SCHÜLLER, Zur theologischen Diskussion über die lex naturalis, in: ThPh 41 (1966) 481-503; J. DAVID, Das Naturrecht in Krise und Läuterung; Naturgesetz und christliche Ethik; La legge naturale; Naturrecht in der Kritik; ferner P. GO TWAN AN, Der Naturbegriff in der Moralverkündigung Pius' XII., (Diss.) Bonn 1976.

18) Auch hier können keineswegs alle Beiträge genannt werden, die - mit oder ohne Bezugnahme auf die Frage der Antikonzeption - das Thema der Lehrautorität im Bereich der Moral aufgreifen. Zur Aktualität dieser Reflexion vgl. A. ANTWEILER, Ehe und Geburtenregelung. Kritische Erwägungen zur Enzyklika Pauls VI. Humanae vitae (Mskr.), Münster 1969, 64-81; A. AUER, Autonome Moral 137-197; ders., Nach dem

Erscheinen der Enzyklika "Humanae vitae". Zehn Thesen über die Findung sittlicher Weisungen, in: ThQ 149 (1969) 75-85; G. BAUM, Does morality need the Church?, in: Proceedings 25 (1970) 159-173; A. BECKMANN, Autorität - Lehramt - Gewissen. Zur innerkirchlichen Diskussion nach "Humanae vitae", Essen 1969; Th.C.J. BEEMER, Het kerkelijke leergezag en de natuurlijke zedenwet, in: Katholiek Artsenblad 48 (1969) 46-50; F. BÖCKLE, Bulletin zur innerkirchlichen Diskussion um die Geburtenregelung, in: Concilium 1 (1965) 411-426; ders., Rückblick und Ausblick, in: Das Naturrecht im Disput 141-150; ders., Vorwort, in: Empfängnisverhütung in der christlichen Ehe 7-12; ders., Vorwort, in: Concilium 3 (1967) 353-355; ders., La morale fondamentale 360-363; ders., Theonome Autonomie 43-46; ders., Die Funktion 68-71; ders., Unfehlbare Normen? 298-304; ders., Glaube und Handeln, in: Concilium 12 (1976) 645-647; ders., Glaube und Handeln, in: MySal V, 106-112; ders., Fundamentalmoral 321-331; D. COMPOSTA, Diritto naturale e magistero, in: Euntes docete 29 (1976) 365-377; Ch.E. CURRAN, Contemporary Problems in Moral Theology, Notre Dame 1970, 257-265; J.F. COSTANZO, Papal Magisterium and "Humanae Vitae", in: Thought 44 (1969) 377-412; J. DAVID, Kirche und Naturrecht; ders., Neue Aspekte 10. 74-97; ders., Das Naturrecht 55-79; ders., Unkatholisch?, in: Or 31 (1967) 90f; Ph. DELHAYE, Conscience et autorité ecclésiale. Réflexions sur les remous causés par l'Encyclique, in: La Foi et le Temps 2 (1969) 5-35; ders., "Droit naturel" et théologie morale: Perspectives actuelles, in: RThL 6 (1975) 137-164; K. DEMMER, Kirchliches Lehramt; ders., Weisungskompetenz des kirchlichen Lehramts im Licht der spezifischen Perspektivierung neutestamentlicher Sittlichkeit, in: Christlich glauben und handeln. Fragen einer fundamentalen Moraltheologie in der Diskussion (FS J. Fuchs), Düsseldorf 1977, 124-144; L. DEWART, "Casti Connubii" und die Dogmenentfaltung, in: Empfängnisverhütung 140-212; F.H. DRINKWATER, "Ordinary and Universal", in: The Clergy Review 50 (1965) 2-22; G. ERMECKE, Wo steht die offizielle Lehre der Kirche in der Frage der Geburtenregelung?, in: Echo der Zeit, 22. Oktober 1967, 8f; ders., Kirche und Naturrecht. Ein Diskussionsbeitrag, in: ThGl 57 (1967) 56-61; W. ERNST, Moraltheologie und kirchliches Lehramt, in: Einheit und Vielfalt (FS H. Aufderbeck), Leipzig 1974, 170-191; J.C. FORD - G. KELLY, Contemporary Moral Theology II, Westminster 1963, 256-314; H. FRIES, Ein zweiter Fall Galilei? Zur Situation und Diskussion nach "Humanae vitae", in: Zur Diskussion über das kirchliche Lehramt (Rottenburg 1969) 39-52; R.M. GAGNEBET, The Authority of "Humanae Vitae", in: Doctrine and Life 18 (1968) 603-612; J. GRÜNDEL, Wandelbares 133-140; ders., Ethik ohne Normen? Zur Begründung und Struktur christlicher Ethik, in: J. Gründel - H.van Oyen, Ethik ohne Normen? Zu den Weisungen des Evangeliums, Freiburg-Basel-Wien 1970, 41-49; A. GÜNTHÖR, Zu einigen Büchern über das Problem der Geburtenregelung, in: ThPQ 119 (1971) 149-154; ders., Kommentar 61-115; ders., Die Bischöfe 26-70; N. HALLIGAN, The Church as Teacher: Prologue to Humanae Vitae, in: Thomist 33 (1969) 675-717; B. HÄRING, Krise um

"Humanae Vitae", Bergen-Enkheim 1968, 25-51; D.v. HILDEBRAND, Die Enzyklika "Humanae Vitae" - ein Zeichen des Widerspruchs, Regensburg 1968; J.B. HIRSCHMANN, Eheliche Gewissenskonflikte und Lehramt, in: Geist und Leben 41 (1968) 142-147; R. HOFMANN, Kontinuität und Wandel in der Moraltheologie, in: Klerusblatt 48 (1968) 259-261; L. JANSSENS, Considerations on "Humanae Vitae", in: Louvain Studies 2 (1969), Nr. 3, 231-253; K.T. KELLY, The Authority of the Church's Moral Teaching, in: The Clergy Review 52 (1967) 682-694. 938-949; S.J. KILIAN, The Question of Authority in "Humanae Vitae", in: Thought 44 (1969) 327-342; J.G. LAWLER, Auf der Suche nach dem Naturrecht, in: Empfängnisverhütung 122-139; D. LEIGH, The Church as a Moral Guide, in: AER 158 (1968) 385-398; S. de LESTAPIS, Geburtenregelung - Geburtenkontrolle, Freiburg-Basel-Wien 1961; Magistero e morale. Atti del 3° congresso nazionale dei moralisti (Padova 31 marzo - 3 aprile 1970), Bologna 1970, bes. 319-344; D. MAGUIRE, Morality and Magisterium; P.E. MC KEEVER, Theology and Natural Law, in: Proceedings 21 (1966) 223-242; L.L. MC REAVY, Immutability of the Church's Teaching on Contraception; H.J. MC SORLEY, Some Ecclesiological Reflections on "Humanae Vitae", in: Bijdragen 30 (1969) 3-8; J.G. MILHAVEN, The Grounds of the Opposition to "Humanae Vitae", in: Thought 44 (1969) 343-357; D. MONGILLO, L' insegnamento morale della Chiesa, in: Seminarium 23 (1971) 660-674; A. MÜLLER, Die Selbsteinschätzung des Arztes in Begegnung mit kirchlicher Lehre. Lehramt, Moraltheologie und ärztliches Gewissen, in: Arzt und Christ 14 (1968) 199-204; ders., a.a.O. 15 (1969) 211-217; J.T. NOONAN, Die Autoritätsbeweise in Fragen des Wuchers und der Empfängnisverhütung, in: Diakonia 1 (1966) 79-106; ders., Empfängnisverhütung. Geschichte ihrer Beurteilung in der katholischen Theologie und im kanonischen Recht, Mainz 1969; G. OGGIONI, Valore dell' "Humanae vitae" : autorità e ossequio religioso, in: SC 97 (1969) 255-282; A. OSUNA, El magisterio eclesiástico y la Ley natural, in: Communio 3 (1970) 275-316; P. PAMPALONI, L' ossequio religioso all' Humanae vitae secondo le dichiarazioni collegiali dei vescovi, in: StPat 16 (1969) 5-35; P. PAS, Kerkelijk gezag in morele aangelegenheden, in: Pastor Bonus 46 (1969) 10-19; A. PEINADOR-NAVARRO, La Enciclica "Humanae Vitae" sobre la honesta propagación de la vida dentro del matrimonio, in: Salmanticensis 16 (1969) 3-66; R.S. PENDERGAST, Some neglected factors of the birth control problem, in: Sciences ecclésiastiques 18 (1966) 207-227; P.G. PESCE, Magistero e diritto naturale; S.H. PFÜRTNER, Das Naturrecht und die Krise des kirchlichen Lehramtes, in: Naturrecht in der Kritik 189-221; R. PIPINO, Note in margine ai primi commenti all' enciclica "Humanae vitae", in: Il matrimonio 21-52; E. QUARELLO, La "Humanae vitae" : le conferenze episcopali e l' obiezione di coscienza, in: RTM 1 (1969), Nr. 4, 63-83; D. QUARTIER, Het moreel probleem van de geboortenregeling. Informatieve vraagstelling, in: Collationes 10 (1964) 145-203; K. RAHNER, Zur Enzyklika "Humanae vitae", in: StdZ 182 (1968) 193-210; J. RATZINGER, Kirchliches Lehramt - Glaube - Moral, in: J. Ratzinger - H. Schürmann - H.U.v. Balthasar, Prinzipien christlicher Moral, Einsiedeln

1975; J.J. REED, Natural Law, Theology, and the Church, in: ThSt 26 (1965) 40-64; J.M. REUSS, Eheliche Hingabe und Zeugung. Ein Diskussionsbeitrag zu einem differenzierten Problem, in: ThQ 143 (1963) 454-476; ders., Nochmals zum Thema "Eheliche Hingabe und Zeugung". Eine Antwort an P. Anselm Günthör OSB, in: ThQ 144 (1964) 445-476; ders., Zur derzeitigen Ehepastoral, in: Diakonia 1 (1966) 234-236; ders., Soll man; ders., Familienplanung und Empfängnisverhütung ..., Mainz 1975; L. RODRIGO, La potestad magisterial (Rez. M. GONZALEZ, in: AkathKR 130 (1961) 608 f); L. ROSSI, Morale matrimoniale e pluralismo teologico, in: RTM 5 (1973) 107-130; H. ROTTER, Kann das Naturrecht; ders., Grundlagen der Moral. Überlegungen zu einer moraltheologischen Hermeneutik, Zürich-Einsiedeln-Köln 1975, 149-170; B. Beni dos SANTOS, Lei Natural; L. SARTORI, La legge naturale; H. SPEE, Wat kan bedoeld zijn; G. THILS, "Sentire cum ecclesia", in: Ph. Delhaye - J. Grootaers - G. Thils, Pour relire Humanae vitae. Declarations épiscopales du monde entier. Commentaires théologiques, Gembloux 1970, 15+-22+; G. TRENTIN, Problemi morali e problemi della teologia morale oggi, in: StPat 18 (1971) 557-577; O. VICENTINI, Autorità; J. VICO PEINADO, Problemas de Magisterio en torno a la Enciclica "Humanae Vitae", in: Pentecostes 12 (1974) 41-58; S. VISINTAINER, Rilievi in margine; M. ZALBA, La enciclica "Humanae vitae", in: EE 43 (1968) 507-530; J.G. ZIEGLER, Moralgesetz, kirchliches Lehramt und Gewissen, in: Klerusblatt 49 (1969) 235-241; ferner die Übersichten bei J.J. LYNCH, in: ThSt 26 (1965) 242-279; 29 (1968) 679-741, und R.A. MC CORMICK, a.a.O. 26 (1965) 596-662; 29 (1968) 679-741; 30 (1969) 635-692. Über die bischöflichen Stellungnahmen informieren auch D. TETTAMANZI, La risposta dei Vescovi all' Humanae vitae, Mailand 1969; E. HAMEL, Conferentiae episcopales et encyclica "Humanae vitae", in: PerRMCL 58 (1969) 243-349; M. ZALBA, Applicatio encyclicae "Humanae vitae" apud Conferentias episcopales, in: PerRMCL 59 (1970) 371-413. Zu weiteren Äusserungen vgl. Die Enzyklika in der Diskussion; Erstes Echo auf Humanae vitae.

19) A. MÜLLER, Das Problem 284 f; ders., Autorität 355; vgl. A. LANG, Der Auftrag 232.

20) A. MÜLLER, Das Problem 175.

21) Vgl. A. MÜLLER, Das Problem 116-122. 194. 285 f; ders., Autorität 355; F. BÖCKLE, Die Funktion 69 f; J.M. REUSS, Soll man 209-213.

22) Vgl. A. MÜLLER, Das Problem 286-289.

23) F. BÖCKLE, Zur Krise 806; ders., Maximale 128.

24) F. BÖCKLE, Zur Krise 807; vgl. A. MÜLLER, Autorität 355.

25) F. BÖCKLE, Zur Krise 807. 812; ders., Maximale 129-132.

26) Vgl. 2. Vatikanisches Konzil, "Gaudium et Spes", Art. 51, Anm. 14: LThK Vat III, 442; dazu: F.E.v. GAGERN, Geburtenregelung 45-47.

27) J. DAVID, Kirche und Naturrecht 129; vgl. ders., Das Naturrecht 63; ders., Neue Aspekte und neue Akzente der kirchlichen Ehelehre nach dem zweiten Vatikanum, in: Or 30(1966)7; J.M. REUSS, Soll man 196-198.

28) Vgl. 2. Vatikanisches Konzil, "Gaudium et Spes", Art. 33: "Ecclesia, quae depositum verbi Dei custodit, ex quo principia in ordine religioso et morali hauriuntur, quin semper de singulis quaestionibus responsum in promtu habeat, lumen revelationis cum omnium peritia coniungere cupit, ut iter illuminetur, quod humanitas nuper ingressa est" (LThK Vat III,380), dazu auch die Artt. 4. 10-12. 36. 43. 46. 50. 59. 62f. 76 Art. 59 zitiert das 1. Vatikanum (DS 3015. 3019). - Die für die Moraltheologie relevanten Aussagen des 2. Vatikanums können hier nicht weiter ausgebreitet werden. Vgl. A. RAUSCHER, "Sub luce Evangelii". Naturrecht und Evangelium in der Pastoralen Konstitution, in: Jahrbuch des Instituts f. christl. Sozialwissenschaften d. Westf. Wilh.-Univ. Münster 7/8 (1966/67) 69-80; D. TETTAMANZI, L' etica cristiana "sub luce humanae experientiae", in: La Rivista del Clero italiano 55(1974) 417-425; ders., L' etica cristiana "sub ductu magisterii", a.a.O. 817-826; H. WALDENFELS, Welt als Erkenntnisprinzip der Theologie?, in: ZkTh 96(1974) 247-262. Zur Moral und Moraltheologie im Sinne des Konzils ferner: Ph. DELHAYE, Der Beitrag des II. Vatikanischen Konzils zur Moraltheologie, in: Concilium 8(1972) 344-349; ders., Le témoignage moral chrétien dans un monde pluraliste, in: RThL 8(1977) 30-50. 179-187; C. COLOMBO, Prospettive conciliari per il rinnovamento della teologia morale, in: Sapienza 21 (1968) 309-319; J. FUCHS, Berufung und Hoffnung. Konziliäre Weisungen für eine christliche Moral, in: Die Kirche im Wandel der Zeit 271-284; B. HÄRING, Moraltheologie unterwegs, in: Studia Moralia 4(1966) 7-18; ders., Ethik des Mit-Seins in Wahrheit und Liebe, in: Die Autorität der Freiheit III, 113-119; E. LIO, Temi di morale fondamentale nella dottrina del Concilio Vaticano II, Rom 1969; ders., Artt. "Morale" und "Ordine morale", in: Dizionario del Concilio ecum. Vaticano Secondo 1498-1500. 1543f; L. MEILHAC, La morale chrétienne dans l' optique de Vatican II, d' après les travaux récents, in: Lumen Vitae 23(1968) 9-26; Méthodologie morale et Vatican II, in: Esprit et Vie 83(1973) 132-135.

29) Wie A. AUER die zitierte Stelle (Anm. 28) kommentiert, erhebt hier das Konzil "schon gar nicht den Anspruch, dass die Kirche auch in Fragen der natürlichen Sittlichkeit durch unfehlbare Aussprüche ihres Lehramtes verbindliche Entscheidungen treffen kann" (LThK Vat III,380). Vgl. F. BÖCKLE, Vorwort, in: Concilium 3(1967) 353-355; ders., Einführung, in: Das Naturrecht im Disput 8f; ders., Rückblick und Ausblick, a.a.O. 145-150.

30) J. DAVID, Neue Aspekte 76; vgl. ders., Das Naturrecht 69.

31) J. DAVID, Neue Aspekte 76f. 87-93; ders., Das Naturrecht 64-69. 77f.

32) J. DAVID, Neue Aspekte 77.

33) J. DAVID, Neue Aspekte 82; vgl. P. HUIZING, "Göttliches Recht" und Kirchenverfassung, in: StdZ 183 (1969) 166-168.

34) J.M. REUSS, Soll man 213-215. 217f.

35) F. BÖCKLE, Vorwort, in : Concilium 3 (1967) 354f; ders., Rückblick und Ausblick, in : Das Naturrecht im Disput 145-150.

36) Vgl. F. BÖCKLE, Verantwortete Elternschaft, in : WuW 19 (1964) 577; J.M. REUSS, Soll man 194-198. 211; F.E.v. GAGERN, Geburtenregelung 185. - Zurückhaltung erblickte man schon in der Formulierung Papst PAULS VI. vom 23. Juni 1964, an den bisherigen Lehren sei festzuhalten, "almeno finchè non Ci sentiamo in coscienza obbligati a modificarle" (AAS 56 (1964) 588). Das Konzil beschränkte sich auf den Ausschluss von Wegen, "quae a Magisterio, in lege divina explicanda, improbantur" ("Gaudium et Spes", Art. 51 mit Anm. 14 : LThK Vat III, 442). - Vgl. dazu : N. HALLIGAN, Doubt or No Doubt - The Papal Question, in: AER 156 (1967) 257-267; V. HEYLEN, La note 14 dans la constitution pastorale "Gaudium et Spes" n. 51, in: EThL 42 (1966) 555-566.

37) Ohne Frage führt an der nachdrücklich vertretenen kirchlichen Lehre über die Antikonzeption kein Weg vorbei : "Für die Verteidiger des status quo ist das Argument der kirchlichen Lehrautorität das bei weitem wichtigste und wirksamste. Für die Anwälte einer Neuerung stellt es dagegen das schwerwiegendste Hindernis dar (E. MC DONAGH, Die neuere englisch-sprachige Literatur zur Moraltheologie der Ehe, in: Concilium 1 (1965) 433). "Kann die Kirche ihre Einstellung zur Geburtenregelung ändern? (G. BAUM, in: Empfängnisverhütung 213-234), lautet die Frage, die mehrfach verneint wird, vgl. A. GÜNTHÖR und G. ERMECKE in: ThdG 7 (1964) 215 bzw. 218; G. ERMECKE, Wo steht; dagegen: J. DAVID, Unkatholisch? - Das Minderheitsgutachten der Päpstlichen Kommission konstatiert als absolut konstante Lehre der Kirche, dass Antikonzeption stets schweres Unrecht sei. Diese Lehre sei wahr und darum unveränderlich; als Führerin zum Heil könne die Kirche hier nicht geirrt haben, andernfalls "würde die Autorität des ordentlichen Lehramtes in moralischen Dingen in Frage gestellt, ja hinfällig. Mag man auch darüber disputieren, ob die Kirche etwas nicht formell Geoffenbartes definieren könne oder in der Verkündigung der Grundsätze des Naturrechtes unfehlbar sei, so zeige sich doch ihre Vollmacht an ihrem tatsächlichen Handeln (In: F.E.v. GAGERN, Geburtenregelung 119f. 128-130. 133. 144. 146-148).

38) Vgl. die Dokumente bei F.E.v. GAGERN, Geburtenregelung 83-111. Auch die Kommissionsmehrheit sieht die Entwicklung der Lehre nicht im Gegensatz zu ihrer Kontinuität und zur (hier allerdings nicht unfehlbaren) Autorität der Kirche (a.a.O. 97-99. 161-166).

39) Unverkennbar will der Papst in seiner Antwort die in "congrua documenta" sich manifestierende, "firma constantia" vorgetragene Lehre der (hierfür zuständigen) Kirche zum Ausdruck bringen, vgl. AAS 60 (1968) 483f. 488. 490. 492. 501. 503. - Dazu: Die Enzyklika in der Diskussion 43. 45f. 64. 74. 111. 151. 183. 186; Erstes Echo 37. 48; H. KÜNG, Wahrhaftigkeit. Zur Zukunft der Kirche, Freiburg-Basel-Wien 1968, 169-

175; L.M. WEBER, Exkurs 608; B. SCHÜLLER, Bemerkungen 534. - Bereits "Casti connubii" stellt sich ausdrücklich hinter die konstante Lehre der Kirche, vgl. AAS 22 (1930) 560.

40) AAS 60 (1968) 501. Die Priester sollen überzeugt sein, dass der Hl. Geist, der dem Lehramt bei der Vorlegung der rechten Lehre beistehe (dum adest Magisterio rectam proferenti doctrinam) die Gläubigen innerlich erleuchte und zur Zustimmung (ad assentiendum) einlade (a.a.O. 503).

41) Neben "Casti connubii" (AAS 22 (1930) 579-581) die Enzykliken PIUS' IX. "Qui pluribus" vom 9. November 1846 (Pius IX., Acta 1/I, 9 f), PIUS' X. "Singulari quadam" vom 24. September 1912 (AAS 4 (1912) 658), JOHANNES XXIII. "Mater et magistra" vom 15. Mai 1961 (AAS 53 (1961) 457) sowie die Ansprache PIUS XII. "Magnificate Dominum" vom 2. November 1954 (AAS 46 (1954) 671 f). Vgl. unten S. 11 und 52.

42) "Nemo sane christifidelium eat infitias, ad Ecclesiae Magisterium interpretationem legis moralis naturalis spectare. Haud namque dubium est ... Christum Iesum, cum Petrum ceterosque Apostolos divinae potestatis suae participavisset, eosque ad omnes gentes praeceptis suis docendas misisset, illos ipsos totius de moribus legis certos custodes interpretesque instituisse: hoc est, non solius legis evangelicae, sed etiam naturalis. Nam naturalis quoque lex voluntatem Dei declarat, cuius utique fidelis obtemperatio ad aeternam salutem est hominibus necessaria" (AAS 60 (1968) 483). - Später heisst es, dass trotz vorauszusehender Ablehnung "Ecclesia ... non idcirco iniunctum sibi praetermittit officium, totam legem moralem, cum naturalem, tum evangelicam, humiliter ac firmiter praedicandi", ein Gesetz, das sie lediglich zu wahren und auszulegen (tantummodo custos atque interpres) habe (a.a.O. 494).

43) Zitiert werden der Catechismus Romanus (2. Tl, Kap. 8), die Enzykliken LEOS XIII. "Arcanum" vom 10. Februar 1880 (LEO XIII., Acta II, 26-29), PIUS' XI. "Divini illius Magistri" vom 31. Dezember 1929 (AAS 22 (1930) 56-61), "Casti connubii" (545 f) und "Mater et magistra" (446 f), mehrere Ansprachen PIUS' XII. (AAS 43 (1951) 835-854. 857-859; 50 (1958) 734 f; Discorsi e Radiomessaggi VI, 191 f), der Codex Iuris Canonici (cann. 1067. 1068, 1. 1076, 1-2) sowie das 2. Vatikanum ("Gaudium et Spes", Artt. 47-52). - Selbstverständlich liesse sich die Aufzählung erweitern, vgl. DS 2791-2793. 2795.

44) Vgl. vor allem die vielbeachtete Aussage PIUS' XII. in der Enzyklika "Humani generis" vom 12. August 1950. Darin heisst es nach dem Hinweis auf die Verbindlichkeit des Lehramtes im allgemeinen ("hoc sacrum Magisterium, in rebus fidei et morum, cuilibet theologo proxima et universalis veritatis norma esse debet, utpote Christus Dominus totum depositum fidei ... et custodiendum et tuendum et interpretandum concredidit") und der päpstlichen Dekrete im besonderen (mit Bezug auf das 1. Vatikanum, DS 3045): "Neque putandum est, ea quae in Encyclicis Litteris proponuntur, assensum per se non postulare, cum in iis Pontifices supremam sui Magiste-

rii potestatem non exerceant. Magisterio enim ordinario haec docentur, de quo illud etiam valet: 'Qui vos audit, me audit' (Lk 10,16); ac plerumque quae in Encyclicis Litteris proponuntur et inculcantur, iam aliunde ad doctrinam catholicam pertinent. Quodsi Summi Pontifices in actis suis de re hactenus controversa data opera sententiam ferunt, omnibus patet rem illam, secundum mentem ac voluntatem eorumdem Pontificum, quaestionem liberae inter theologos disceptationis iam haberi non posse" (AAS 42(1950)568). - Dazu: A. MÜLLER, Das Problem 110-113; A. PEIFFER, Die Enzykliken; O.H. PESCH, Über die Verbindlichkeit päpstlicher Enzykliken. Dogmatische Überlegungen zur Ehe-Enzyklika Papst Pauls VI., in: Wort und Antwort 9(1968)138-146 (auch in: Ehe in Gewissensfreiheit 23-36).

45) Vgl. Die Enzyklika in der Diskussion (passim); Erstes Echo (passim); A. GÜNTHÖR, Kommentar 65-68. 97; ders., Die Bischöfe 21. 40. Weiterer Belege dafür bedarf es hier nicht. Vgl. auch: R. LAURENTIN, Das Petrus-Fundament in der gegenwärtigen Unsicherheit, in: Concilium 9(1973)210.

46) A. VERMEERSCH sieht darin eine unfehlbare Definition, die (gegen D.G. Lacordaire) irreformabel und (anders als F. Hürth, s. unten) ex cathedra ergangen sei. Der Papst übe hier sein oberstes Hirtenamt aus und wende sich an die ganze Kirche (und Menschheit); er berufe sich explizit auf das "munus Ecclesiae docendi et definiendi morum integritatem et honestatem"; mit "promulgat" sei eine gesetzliche Verpflichtung ausgesprochen und die Aufforderungen an die Priester trügen höchste Autorität an sich. Der (bereits unfehlbar sicheren) Lehre des ordentlichen Lehramtes füge der Papst, statt sie lediglich zu wiederholen, eine sie "per solemnem actum distinctum" bestätigende eigentliche und ausserordentliche Propositio hinzu (Definitio infallibilis 409). "Nisi hic definitionem habemus", habe ein Theologieprofessor geäussert, "nescio quibus verbis Pontifex uti debeat ad rem quandam definiendam" (ebd). Vgl. auch: ders., Annotationes, in: PerRMCL 20 (1931)42-68, bes. 52-55, wonach can.1323 CIC "valet prorsus de veritate morali definienda" (54, Anm.2). - F. HÜRTH hält die päpstliche Aussage für zweifellos wahr, wenn auch nicht für eine Ex-cathedra-Definition im Sinne des genannten Kanons. "Denn die Unfehlbarkeit dieser Entscheidung ergibt sich aus der Erklärung des Papstes, dass die Kirche zum Beweise ihrer göttlichen Sendung diese beständig festgehaltene Lehre von neuem durch seinen Mund verkündet" (Lehräusserungen 250f). - Zur Qualifikation von "Casti connubii" vgl. A. SNOECK, Fécondation inhibée et morale catholique, in: NRTh 75(1953)690-702; O. VICENTINI, Autorità 47; M. ZALBA, La enciclica 513; H. SPEE, Wat kan bedoeld zijn 107; FORD-KELLY, Contemporary II,266.

47) Dass VERMEERSCH die Meinung HÜRTHS zulässt, "quae mere negat haberi definitionem e cathedra praeter doctrinam Magisterii ordinarii" (Definitio infallibilis 409), relativiert diese Kontroverse "effatio infallibilis" oder "effatum infallibile" (vgl. MAUSBACH-ERMECKE III,372, dazu I,44f)

und verlagert das Problem auf die Unfehlbarkeit des ordentlichen Lehramtes. Vgl. L.L. MC REAVY, Immutability 706; F.H. DRINKWATER, "Ordinary and Universal" 19f; J. CREUSEN, L'onanisme conjugal: I. L'enseignement du magistère ordinaire, in: NRTh 59 (1932) 132-142; P.B. BILANIUK, De magisterio 83-90.

48) Vgl. A. GÜNTHÖR, Kommentar 72-91; ders., Die Bischöfe 54-51; J. GRÜNDEL, Wandelbares 136; A. GÖRRES, Der unüberwindliche Zweifel 94-96; L.J. LEFEVRE, L'étoile des temps troublés, in: La Pensée catholique 117 (1968) 25. 38; R.M. GAGNEBET, The Authority 609; J.F. COSTANZO, Papal Magisterium 410; M. ZALBA, La enciclica 513f. – H. KÜNG nimmt, allerdings nicht unwidersprochen (vgl. K. RAHNER, in: Zum Problem Unfehlbarkeit 33-36. 60-62), gerade die in "Humanae vitae" bestätigte Lehre zum Ausgangspunkt seiner Anfrage "Unfehlbar?" (26-62), vgl. ders., Im Interesse 28-36.

49) Zu diesem Thema vgl. F.M. GALLATI, Wenn die Päpste sprechen. Das ordentliche Lehramt des Apostolischen Stuhles und die Zustimmung zu dessen Entscheidungen, Wien 1960, bes. 71-94; M. CAUDRON, Magistère ordinaire; E. KLINGER, Die Unfehlbarkeit des ordentlichen Lehramtes, in: Zum Problem Unfehlbarkeit 281-284; A. MÜLLER, Das Problem 110-113; A. LANG, Der Auftrag 240. 244f; A. PEIFFER, Die Enzykliken 72-107.

50) Für diese Lehre, die hier nicht dargestellt werden kann (einzelne Angaben in Anm. 41f), sei verwiesen auf die einschlägigen Textsammlungen: E. MUHLER, Die Soziallehre der Päpste, München [2]1958; A.-F. UTZ - J.-F. GRONER, Aufbau und Entfaltung des gesellschaftlichen Lebens. Soziale Summe Pius' XII., 3 Bde, Freiburg/Schweiz 1954-1961; A. UTZ - B.v. GALEN, Die katholische Sozialdoktrin in ihrer geschichtlichen Entfaltung. Eine Sammlung päpstlicher Dokumente vom 15. Jahrhundert bis in die Gegenwart, 4 Bde, Aachen 1976.

51) Vgl. J.M. REUSS, Soll man 200; NEUNER-ROOS 49-61. 91. 193-197. 374. 377. 382. 388; A. PEIFFER, Die Enzykliken 183-186.

52) DS 3074.

53) Vgl. J.M. REUSS, Soll man 200-207, ferner S. 7-19.

54) Ist das 1. Vatikanum selbst auf dem Hintergrund des Ultramontanismus zu sehen (vgl. H. J. POTTMEYER, Unfehlbarkeit, bes. 13-20), so hat es dieser Entwicklung innerhalb der Kirchengeschichte im allgemeinen und der Theologie- und Frömmigkeitsgeschichte im besonderen durch seine Papstdogmen einen nachhaltigen Stempel aufgedrückt. Unter anderem spiegelt sich diese Tendenz auch in den verschiedenen Auflagen des "Denzinger" wieder, vgl. J. SCHUMACHER, Der "Denzinger" 160f u.ö.

55) Vgl. oben Anm. 28.

56) Die Bezugnahme des 2. Vatikanums auf das 1. Vatikanum dokumentieren: X. OCHOA, Index verborum 97; Sacros. Oecum. Concilium Vaticanum

Secundum 1136. 1275; LThK Vat III,753 (unvollständig). - Die meisten Hinweise einschliesslich der expliziten Erwähnungen finden sich in den Konstititutionen "Dei Verbum" und "Lumen Gentium", näherhin in den Kapiteln über die Offenbarung (LThK Vat II,512-514, Anm. 3-6 : DS 3004f. 3008. 3010), ihre Weitergabe (a.a.O. 516-528, Anm. 2. 5. 8 : DS 3006. 3011. 3020), über die Hl. Schrift (a.a.O. 546-556, Anm. 1. 3. 10 : DS 3006f; CL VII,522) sowie über die hierarchische Verfassung der Kirche (a.a.O. I,210. 212-246, Anm. 51. 63. 64. 66. 76. 78-82. 96 : DS 3011. 3050f. 3061. 3070. 3074; M 51,579 C; 52,1109 C. 1110 A. 1114 D. 1213. 1214 A. 1215 C-D. 1216 - 1217 A; 53,310. 313 A-B. 321 B-322 B).

57) Vgl. A. LANG, Der Auftrag 240. 249f.

58) Selbst R. HOFMANN, Moraltheologische Erkenntnis- und Methodenlehre, kommt darauf nicht namentlich zu sprechen, wenn auch die Sachfrage erörtert wird (145-150).

59) Vgl. K. HÖRMANN, Handbuch der christlichen Moral, Innsbruck-Wien-München 1958, 31. 34f. 40. 46; O. SCHILLING, Moraltheologie, Freiburg 1922, 7; ders., Lehrbuch der katholischen Moraltheologie, München 1928, I,20; J. SCHWANE, Allgemeine Moraltheologie, Freiburg 1885, 18f; M. ZALBA, Theologiae moralis compendium I,8f.

60) MAUSBACH-ERMECKE I,128. 137.

61) F. TILLMANN, Handbuch IV/1, 90; MAUSBACH-ERMECKE II, 19f. 26. 31. 34. 36. 40. 47; B. HÄRING, Das Gesetz II,52-54. 63f. 84.

62) F. TILLMANN, Handbuch IV/2, 467; B. HÄRING, Das Gesetz III,188.

63) Vgl. F. TILLMANN, Handbuch IV/2, 467; MAUSBACH-ERMECKE I,128. 137; III,372; B. HÄRING, Das Gesetz, zitiert "Pastor aeternus" und die Unfehlbarkeitsdefinition überhaupt nicht.

64) Vgl. Th.H. SIMAR, Lehrbuch der katholischen Moraltheologie, Freiburg 1867, ²1877; J. SCHMID, Grundriss (2. Aufl.: Lehrbuch) der katholischen Moraltheologie, Passau 1868, Regensburg ²1878. - Stärker interessiert zeigt sich das Kirchenrecht, vgl. G. PHILLIPS (- F.H. VERING), Compendium iuris ecclesiastici ... Editio tertia ..., in qua potissimum spectatur Concilium Vaticanum, Regensburg 1875.

65) Vgl. J. THEINER, Die Entwicklung der Moraltheologie zur eigenständigen Disziplin, Regensburg 1970; L. VEREECKE, Le Concile de Trente et l'enseignement de la Théologie Morale, in: Divinitas 5(1961) 361-374; M. ZALBA, Quid Concilium Tridentinum contulerit ad theologiam moralem promovendam, in: PerRMCL 52(1963) 419-457.

66) Vgl. oben Anm. 28.

67) Vgl. J.G. ZIEGLER, Art. "Geschichte der Moraltheologie", in: LThK VII,618-623; L.G. VEREECKE, Art. "History of Moral Theology", in:

New Catholic Encyclopedia IX, 1119-1122; C. CAFFARRA, Art. "Storia della teologia morale", in: Dizionario enciclopedico di teologia morale, Rom ^{2}1973, 997-1016; G. ANGELINI - A. VALSECCHI, Disegno storico della teologia morale, Bologna 1972, 125-132; K. HÖRMANN, Art. "Geschichte der Moraltheologie", in: Lexikon der christlichen Moral^{2}, 615-622.

68) Nach der tendenziösen "Geschichte des Vatikanischen Konzils" von J. FRIEDRICH und der kurialistischen von Th. GRANDERATH besonders BUTLER-LANG und R. AUBERT. - Von den zahlreichen Einzeldarstellungen seien hier nur erwähnt: Th. FREUDENBERGER, Die Universität Würzburg; A. FRANZEN, Die katholisch-theologische Fakultät Bonn; K. SCHATZ, Kirchenbild; G. ADRIANY, Ungarn. Vgl. BIBLIOGRAPHIE III.

69) Darüber vgl. J. GONI GAZTAMBIDE, Un decenio.

70) J.M.A. VACANT, Etudes.

71) H.J. POTTMEYER, Der Glaube.

72) U. BETTI, La costituzione.

73) F. VAN DER HORST, Das Schema.

74) G. THILS, L'infaillibilité pontificale; ferner: L'infaillibilité de l'Eglise; L'infallibilità.

75) H. KÜNG, Unfehlbar? Vgl. auch ders., Strukturen 309-355, Wahrhaftigkeit 176-178. "Nicht bewiesen" ist nach KÜNG, "dass den Hirten für bestimmte Sätze ein Charisma der Infallibilität zukommt", und die Kirche über gemeinsame wahre und verbindliche Sätze des Glaubens hinaus "angewiesen ist auf von vornherein (...) garantierte infallible Sätze der Kirchenvorsteher"; sie "wird in der Wahrheit erhalten - trotz aller Irrtümer im Detail" (ders., Die Kirche des Evangeliums 217 f).

76) Zahlreiche Diskussionsbeiträge vereinigen die beiden Sammelbände : Zum Problem Unfehlbarkeit, und Fehlbar?

77) A.W.J. HOUTEPEN, Onfeilbaarheid ; vgl. auch : K. BLEI, De onfeilbaarheid.

78) H.J. POTTMEYER, Unfehlbarkeit.

79) Vgl. G. THILS, La primauté pontificale.

80) Davon ist im folgenden noch ausführlicher zu reden. Besonders zu erwähnen ist die Löwener Dissertation von J. DOMINGUEZ, La moral y el objeto de la infalibilidad del Papa y de la Iglesia en el Concilio Vaticano I, aus dem Jahre 1969, die auf die Konstitution "Dei Filius nicht eingeht; vgl. unten S. 15.

81) Bibliographien zum 1. Vatikanum bieten: D. GLA, Repertorium der katholisch-theologischen Literatur... , Paderborn 1895-1904, I/2, 324. 542 f. 574-615. 853 f. passim 616-621. 728-735; F.B. VIZMANOS, Literatura

eclesiástica en torno al Concilio Vaticano I, in: EE 45(1970) 567-582; R. AUBERT, Vaticanum I, 369-376; J. GONI GAZTAMBIDE, Un decenio.

82) Vgl. oben S. 3.

83) J. DAVID, Neue Aspekte 80-82, wo POHLE-GIERENS-GUMMERSBACH zitiert wird.

84) DS 1501; NEUNER-ROOS 80.

85) J. DAVID, Neue Aspekte 76-80.

86) H. SCHAUF, Natürliches Sittengesetz 10.

87) Ebd. Diese Argumentationstypik hält sich, wie sich zeigen lässt, auch später durch, vgl. F. BÖCKLE, La morale fondamentale 361.

88) H. SCHAUF, Natürliches Sittengesetz 10.

89) Genannt werden POHLE-GIERENS-GUMMERSBACH, M. SCHMAUS und F. DIEKAMP.

90) J. DAVID, Grenzen 10.

91) H. SCHAUF, Die Kirche ist 18.

92) Zitiert wird F. HÜRTH.

93) Namentlich und mit Belegstellen werden angeführt: C.v. SCHAEZLER, J.B. HEINRICH, G.M. JANSEN, W. WILMERS, P. MURRAY und G. SCHNEEMANN. Wohl würde nach SCHAUF die neuere Dogmatik die Frage nach der Sittenlehre nicht eigens stellen, doch schliesse das indirekte Lehrobjekt vieles ein, das nicht ausdrücklich genannt werde.

94) Bemerkenswert ist hierzu die fundamental-kritische Stellungnahme von J.A. STÜTTLER, der sich von einem die Fülle der dynamischen Wirklichkeit nicht einholenden Naturrechtsdenken absetzt und von daher die "in traditioneller Sprache und Methode" geführte Diskussion zwischen DAVID und SCHAUF als historisch relativiert. So hält er es auch "zunächst für unfruchtbar, die in der Diskussion von diesen wie auch von anderen - früheren oder gegenwärtigen - 'Naturrechtslehrern' beigebrachten Argumente en detail zu zerpflücken; ... eine Fleissaufgabe, die zwar Seiten zu füllen, die Problematik aber nicht zu lösen vermag" (Echo der Zeit, 26. März 1967, 18. Doch bleibt auch dieser Beitrag nicht ohne Kritik (vgl. Echo der Zeit, 9. April 1967, 13; 30. April 1967, 9f).

95) J.M. REUSS, Soll man 201-208. 219. Vom 1. Vatikanum werden dabei die beiden Konstitutionen (DS 3004f. 3008. 3011. 3020. 3032 bzw. 3070. 3073f), GASSERS Erklärung sowie das erste und zweite Schema über die Kirche zitiert.

96) A. GÜNTHÖR, Kommentar 94f. - Kritisch zu DAVID äussern sich auch andere. Wie G. ERMECKE in einem Beitrag DAVID entgegenhält, "gehört

auch das Naturrecht als Teil der sittlichen Gesamtlebensordnung bei aller Bedeutung seiner Erkenntnis durch die Vernunft zum ganzen sittlichen Gesetz, zur lex divina", die die Kirche "als Teil der gesamten Heilsbotschaft" verbindlich zu verkünden befugt sei. "Soweit es sich um naturrechtliche Sätze handelt, ohne deren Beachtung der Mensch im mit-menschlichen Bereich nicht Mensch und nicht Christ sein kann, ist die Kirche auf Grund ihrer Heilssendung, wenn diese nicht illusorisch werden soll, durchaus berechtigt, nicht bloss allgemein verbindlich, sondern unfehlbar verbindlich Lehre zu erteilen. Die Unfehlbarkeit kirchlichen Lehren reicht ja weiter als der Bereich der Dogmen!!". Dennoch, "je geringer der Mensch in seinem Sein betroffen wird, je mehr sich die Erkenntnisse auf rein sachtechnische Dinge beziehen, umso weniger ist die Kirche zuständig". Ferner gehöre es zum Lehr amt, über den "übergeschichtlichen Bestand des sittlichen Naturgesetzes", das von ihm her Erlaubte und Verbindliche, die "Natur der Sache" zu urteilen; "das Hirtenamt tritt erst auf den Plan, wenn es sich um reine Ermessensfragen handelt ..." (Kirche und Naturrecht 59f). - Kritik an DAVID äussert auch H. ROTTER, in: StdZ 181 (1968) 210f; ders., Strukturen 77, ferner J. GRÜNDEL, Wandelbares 140.

97) A. GÜNTHÖR, Kommentar 97f. Doch wird bemerkt, "dass sich die Lehre der Kirche über ihre Zuständigkeit für das Naturrecht noch in der Entwicklung befindet. Weder vom kirchlichen Lehramt selbst noch auch von der Theologie her liegt eine wirklich letzte Antwort vor" (97).

98) A. GÜNTHÖR, Kommentar 101. Dabei wird A. LANG, Art. "Unfehlbarkeit" (LThK X, 486) zitiert.

99) M. ZALBA, Num magisterio 118f. "Ius ... ad custodiendum, tuendum, authentice interpretandum, transmittendum, explicandum depositum revelationis, primaria quidem ratione Sacram Scripturam et Sacram Traditionem respicit. Secundaria vero, ex necessitate, omnia illa complectitur quae ad fidem et mores spectant, cum eorum intelligentia et urgentia connexa sit cum intelligentia et executione revelatorum et cum adeptione salutis per honestatem vitae ac morum, ab Ecclesia, ex commissione Christi, apud homines promovenda" (136f). Dabei stellt er noch die Frage, "quas doctrinas et qua ratione attingere potest infallibilitas Ecclesiae", ob beispielsweise "quamlibet doctrinam de fide et moribus" und, wenn ja, aus welchem Motiv (144).

100) DS 3060. 3064. 3074. 3007. 3018.

101) Vgl. oben S. 9.

102) J. COLLANTES, Magisterio 47. 56, vgl. 49f. 57. 65, mit Bezug auf DS 3004f. 3070.

103) DS 3005.

104) DS 3008 (- 3010). 3015 bzw. 3019.

105) Vgl. oben Anm. 41. Für die Aufgabe und Autorität der Kirche zitiert "Ca-

sti connubii" aus dem Vatikanum DS 3005 und 3045.

106) K. HÖRMANN, Die Zuständigkeit 146f. 148.

107) D. MAGUIRE, Morality and Magisterium 42-47.

108) D. MAGUIRE, Morality and Magisterium 47-53; vgl. DS 3005.

109) G.J. HUGHES, Infallibility in Morals 415-418.

110) G.J. HUGHES, Infallibility in Morals 415. 418-428.

111) B. TIERNEY, Infallibility in Morals 507-517. "It may be that the Church cannot define a moral doctrine in such a way as to guarantee in advance that the content of the doctrine will remain irreformable through the whole course of future time. But we ought not to suppose that one can maintain this point of view while still adhering to the doctrine of infallibility as it was defined at Vatican I" (517). - In die Reihe dieser Beiträge gehört auch H.F. KÖCK, Zur Frage der Zuständigkeit. Die "(gleichsam) authentische Interpretation" des Naturrechtes (77) durch die Kirche wird dabei sowohl von der Seite des Naturrechtes (78-82) als auch von der Seite der kirchlichen Lehrkompetenz her untersucht. Letztere erstrecke sich mit dem Depositum auch - und nur - auf das Naturrecht, soweit es (neben den Mysterien) darin enthalten ist. Eine weitergehende definitive Kompetenzbestimmung sei nicht zu erwarten. Gleichwohl reiche die Berufung und (materiale) Autorität der Kirche über den Bereich des Depositums hinaus (83-93).

112) Vgl. A. AUER, Autonome Moral 139f; A. BECKMANN, Autorität 83-85. 130; CALVEZ-PERRIN, Kirche und Wirtschaftsgesellschaft I,77. 119; FORD-KELLY, Contemporary II,4; J. FUCHS, Moraltheologie und Dogmatik 691, Anm. 3; J.P. MACKEY, La funzione 154f. 169; P.G. PESCE, Magistero e diritto naturale 129f. 133; L. SARTORI, La legge naturale 239; S. VISINTAINER, Rilievi in margine 99. 102.

113) Vgl. dazu W. ERNST, Moraltheologie 180f; P. FRANSEN (s.u. S. 16), 315-319; O. BERNARDI (s.u. Anm. 135), 8-24.

114) DS 1501. 1507. - Über den Gebrauch der Formel auf Konzilien vgl. O. O. BERNARDI (s.u. Anm. 135).

115) DS 3007. 3060. 3064.

116) Vgl. NEUNER-ROOS 89. 379. 382. 388

117) Vgl. W. ERNST, Moraltheologie 176f; P. LIPPERT, Die Kirche Christi, Freiburg 1931, 134. 137. 142.

118) Kein Stichwort "Glaube und Sitten" findet sich in LThK und DThC. Vgl. dagegen: Lexikon des katholischen Lebens 425f; A.E. GREEN, Art. "Faith and Morals", in: New Catholic Encyclopedia V,805f; M.J. SCHEEBEN, Art. "Glaubens- und Sittensache", in: WETZER-WELTE[2] V,693-696.

119) M.J. SCHEEBEN, Art. "Glaubens- und Sittensache" 693-695.

120) A.E. GREEN, Art. "Faith and Morals" 805f. - Bei W. RAUCH heisst es nur, dass die Kirche im Auftrag Christi, in dessen Verkündigung "Glaube und Sitten unmittelbar miteinander verbunden" seien, "in Glaubens- und Sittenfragen ebenfalls mit göttlicher Bürgschaft" urteile, und zwar verpflichtend entsprechend dem Inhalt der Lehre und der sie vortragenden Instanz (425).

121) J. MURPHY, The Notion of Tradition, Appendix III: "Faith and Morals" at Trent (292-300).

122) DS 3007, vgl. 1507.

123) DS 1501.

124) Danach bringe das Tridentinum zum Ausdruck, "that there are traditions which pertain to faith, and other traditions which concern disciplinary or liturgical practices. It is this which would be expressed by the phrase: 'tum ad fidem, tum ad mores pertinentes'. There are a number of reasons for coming to this conclusion" (J. MURPHY, The Notion of Tradition 293, vgl. 295. 296. 298).

125) J. MURPHY, The Notion of Tradition 298. "There surely is no hint in the Acta of the Council that the Fathers in speaking of the 'mores' were referring to 'moral principles' of any sort, as we would understand them today" (300).

126) J. MURPHY, The Notion of Tradition 298, dazu DS 1501. 1505 (1500).

127) Y. CONGAR, Die Tradition I, 194, Anm. 7.

128) U. BETTI, La costituzione 640.

129) U. BETTI, La costituzione 640, Anm. 1.

130) M. BEVENOT, "Faith and Morals" 15f.

131) M. BEVENOT, "Faith and Morals" 16-18.

132) M. BEVENOT, "Faith and Morals" 29f. - An anderer Stelle heisst es, dass die Formulierung "tum ad fidem, tum ad mores" den Unterschied zwischen unwandelbaren und wandelbaren, Glaubens- und äusserlichen Traditionen wiedergebe (M. BEVENOT, "Traditiones" in the Council of Trent 339-342).

133) P. HARRIS, Faith and Morals.

134) J.P. MACKEY, Faith and Morals.

135) Die XV + 221 Seiten umfassende Arbeit verfolgt die Formel, ausgehend von Augustinus (Introductio 8-24), von Chalzedon bis Vienne (1. Kapitel), Konstanz bis Florenz (2. Kapitel), über das 5. Laterankonzil und das Tridentinum (3. Kapitel) bis zum 1. Vatikanum (4. Kapitel, 160-213).

136) J. DOMINGUEZ, Las tradiciones. - Diese Lizentiatsarbeit konnte selbst nicht eingesehen werden.

137) Vgl. oben Anm. 80.

138) J. DOMINGUEZ, La moral VII-X.

139) J.R. GEISELMANN, Die Heilige Schrift 91-107. 274-282.

140) Vgl. unten S. 17.

141) T. LOPEZ RODRIGUEZ, "Fides et mores" 200-203.

142) T. LOPEZ RODRIGUEZ, "Fides et mores" 197-200. Er zitiert hier besonders A. MICHEL, Art. "Tradition", in: DThC XV, 1252-1350 und E. ORTIGUES, Ecritures et Traditions.

143) T. LOPEZ RODRIGUEZ, "Fides et mores" 219-221. Ein wichtiges Argument sieht der Autor auch im Lehrcharakter des Dekretes, der die an sich umfassendere Bedeutung von "mores" hier einschränke (219f).

144) M. ZALBA, Omnis et salutaris 679-685.

145) "Las tradiciones que en el Concilio de Trento fueron reconocidas como uno de los elementos integrantes del Evangelio pertenecen: unas a la profesión de la fe; otras, al orden moral, sea determinando la conducta ética, sea manifestando disciplinarmente ('disciplinando') y disponiendo las prácticas de piedad y religión, las ceremonias del culto, el modo general de comportarse como cristiano; todo ello, conforme al Evangelio de Jesucristo que es fuente de toda disciplina moral, como lo es de toda verdad saludable" (M. ZALBA, Omnis et salutaris 686).

146) M. ZALBA, Omnis et salutaris 690f. 693. 695. 704f. 707f. 710f. 713f. Vgl. auch die Unterscheidung von rein zeremoniellen, rein dogmatischen und "gemischten", theoretisch-praktischen Traditionen (Glaube in Anwendung auf das sittliche Leben) (688).

147) P. FRANSEN, "Geloof en zeden" 315-319.

148) P. FRANSEN, "Geloof en zeden" 320.

149) P. FRANSEN, "Geloof en zeden" 321-323.

150) P. FRANSEN, "Geloof en zeden" 322-325.

151) J. BEUMER, Res fidei et morum 118, vgl. auch 131, Anm. 68, 132f.

152) J. BEUMER, Res fidei et morum 119-123.

153) J. FUCHS, Moraltheologie und Dogmatik 691.

154) J. BEUMER, Res fidei et morum 123-127.

155) J. BEUMER, Res fidei et morum 133f.

156) J. BEUMER, Res fidei et morum 127-133.

157) J. DAVID, Glaube und Sitten 32-34.

158) A. GÜNTHÖR, Die Formel 70f.

159) J. DAVID, Diskussion 72.

160) Vgl. A. AUER, Autonome Moral 139; W. ERNST, Moraltheologie und kirchliches Lehramt 178-182.

161) Vgl. U. BETTI, La costituzione 640; M. BEVENOT, "Faith and Morals" 30; P. FRANSEN, "Geloof en zeden" 325. 326; J. DAVID, Diskussion 72; A. AUER, Autonome Moral 139.

162) Vgl. S. 20 und Vorwort.

163) Deshalb ist vor allem die Unfehlbarkeit (auch des Papstes) nicht über ihre eigenen Grenzen hinaus auszudehnen. Vgl. K. ADAM, Das Wesen des Katholizismus, Düsseldorf [7]1934, 265-267; A. MÜLLER, Das Problem 260f.

164) Vgl. A. MÜLLER, Das Problem 176-178; ders., Autorität 354-356. 358. Auch die Gehorsam fordernden disziplinären Anordnungen sind formal (durch ihre Verbindlichkeit für die Glieder der Gemeinschaft) und indirekt (insofern sie nichts Unsittliches implizieren dürfen) "Fragen der Moral" und Gegenstand der Moraltheologie. Selbstredend sind sie nicht Thema dieser Untersuchung der Autorität des L e h r a m t e s in Sitten l e h r e n. Vgl. K.-W. MERKS, Zum moraltheologischen Anspruch 240f.

165) Die dem Rechtsbereich entstammende Kategorie grenzt, auf das Lehramt bezogen, diesen zunächst sehr weiten Begriff amtlichen Lehrens auf das engere und eigentliche, das hierarchische Lehramt und dessen autoritative - was nicht schon heisst: unfehlbare - Verkündigung ein. Vgl. dazu: F. BÖCKLE, Fundamentalmoral 323; K. RAHNER, Art. "Lehramt", in: Sacramentum Mundi III,177-193, bes. 182f; J. BEUMER, Das authentische Lehramt der Kirche, in: ThGl 37/38 (1947/48) 273-289; B. SCHÜLLER, Bemerkungen; ferner 2. Vatikanisches Konzil, "Lumen Gentium", Art. 25.

166) Grundsätzlich fragt diese Untersuchung nach der ganzen - kirchlichen und päpstlichen, unfehlbaren und fehlbaren - Autorität des Lehramtes oder der Lehrverkündigung (in Fragen der Moral), soweit dazu das 1. Vatikanum etwas aussagt. - Zum kirchlichen Lehramt vgl. ausser den in Anm. 165 genannten Titeln: H. BACHT, Vom Lehramt der Kirche und in der Kirche, in: Catholica 25 (1971) 144-167; G. BAUM, Doctrinal Renewal, in: JESt 2 (1965) 365-381; ders., Das Lehramt in einer sich wandelnden Kirche, in: Concilium 3 (1967) 31-39; W. BREUNING, Persönlicher Glaube und kirchliches Lehramt, in: Wissenschaft und Weisheit 32 (1969) 185-197; J. KOMONCHAK, Theologische Überlegungen über die Lehrautorität der Kirche, in: Concilium 12 (1976) 446-451; M. LÖHRER, Träger der Vermittlung, in: MySal I,545-587; J.R. LERCH, Art. "Teaching Authority of the Church (Magisterium)", in: New Catholic Encyclopedia XIII,959-965; K. RAHNER, Disput um das kirchliche

Lehramt. Zum Problem nicht-unfehlbarer kirchlicher Lehrentscheidungen, in: StdZ 185 (1970) 73-81; J. SALAVERRI, La potestad de magisterio eclesiástico y asentimiento que le es debido; in: EE 29 (1955) 155-195.

167) Vgl. A. MÜLLER, Das Problem: "Ausserhalb der Sicherheitslinie der Unfehlbarkeit gibt es in der Kirche keine andere absolute Norm zur Beurteilung ihrer Amtsakte" (119). Dass sich Geistbeistand und Zustimmungspflicht darauf nicht beschränken, geht aus dem Kontext klar hervor.

168) Von dem hohen Anspruch, der schon in einem einzigen unfehlbaren Dogma liegt (vgl. H. KÜNG, Unfehlbar 111 f), abgesehen, muss jedenfalls die Korrektur eines Unfehlbarkeitsmissverständnisses im ausserkatholischen Raum, die jedoch nicht immer akzeptiert wird (vgl. W.v. LOEWENICH, Der moderne Katholizismus, Witten [4]1959, 59-61. 71), auch innerkirchlich effizient werden.

169) Vgl. E. SCHILLEBEECKX, in: Die Antwort der Theologen, Düsseldorf 1968, 109-113.

170) Zur ökumenischen Auseinandersetzung um Primat und Unfehlbarkeit vgl. B. BAUMER, Der Petrusdienst im ökumenischen Gespräch. Überlegungen zur Definition der päpstlichen Unfehlbarkeit auf dem Ersten Vatikanischen Konzil von 1870 im Gespräch mit den altkatholischen Kirchen, in: IKZ 82 (1974) 145-188; J. HAMER - W. DANTINE, Die Unfehlbarkeit der Kirche als ökumenisches Problem, in: WuW 27 (1972) 532-547; Infallibility in the Church. An Anglican-Catholic Dialogue, London 1968; O. KARRER, Das Zweite Vatikanische Konzil. Reflexionen zu seiner geschichtlichen und geistlichen Wirklichkeit, München 1966, 34-49; O. KERAME, The Basis für Reunion of Christians: The Papacy Reconsidered, in: JESt 8 (1971) 782-814; W.v. LOEWENICH, Der moderne Katholizismus (passim); Ökumene und Papstamt. Das neue anglikanisch-katholische Konsensdokument über Autorität in der Kirche, in: HerKorr 31 (1977) 191-195; L. SWIDLER, The Ecumenical Problem Today: Papal Infallibility, in: JESt 8 (1971) 751-767. 977 f; Papsttum und Petrusdienst, Frankfurt 1975.

171) So gilt etwa das über Dogmenkonstanz und -entwicklung Gesagte (vgl. DS 3020. 3034) auch für Dogmen "de moribus" (vgl. DS 3074).

172) A. LANG, Art. "Unfehlbarkeit", in: LThK X, 486.

173) A. GÜNTHÖR, Kommentar 97. 105.

174) Ausdrücklich betont A. LANG, "dass die Entscheidung darüber, ob etwas zur Zuständigkeit des kirchlichen Lehramtes gehört oder nicht, nicht den einzelnen Gläubigen obliegt, sondern dem kirchlichen Lehramt selbst. Dass die kirchlichen Lehrentscheidungen sich an den Bereich der Glaubens- und Sittenlehre halten, darf nicht, wie es oft geschieht, als eine Bedingung der Unfehlbarkeit erklärt werden in der Weise, dass über die Erfüllung dieser Bedingung der einzelne zu urteilen hätte und davon die Anerkennung einer kirchlichen Lehrentscheidung abhängig machen könnte" (Der Auftrag 248).

175) Die Bemerkungen H. KÜNGS, dass selbst die Konzilsakten die Unfehlbarkeitsdefinition nicht verstehen liessen (Unfehlbar 71) und die Interpretation der vatikanischen Dekrete ohne deren kritische Hinterfragung nicht weiterführe, ja "auch langsam - langweilig" werde (a.a.O. 112), dürfen dennoch ein intensives Aktenstudium, zumal unter einem bislang unzureichend verfolgten Aspekt, nicht verwehren, auch wenn zuzugeben ist, dass zur Lösung des ganzen Problems weiter ausgeholt werden muss (vgl. oben S. 20). Kritisch zu KÜNG auch A.W.J. HOUTEPEN, Onfeilbaarheid 333, Anm. 11 (544f).

176) G.D. MANSI (- L. PETIT - J.B. MARTIN), Sacrorum conciliorum nova et amplissima collectio, Arnhem - Leipzig 1923-1927.

177) Acta et decreta sacrosancti oecumenici concilii Vaticani ..., Freiburg 1892.

178) MANSI bietet lediglich ein Verzeichnis dieser Aktenstücke (M 49,737A - 740B), die aus Zitaten der Kommissionsprotokolle nur mühsam und lückenhaft zu rekonstruieren sind.

179) Vgl. BIBLIOGRAPHIE I.

180) Vgl. H. SCHAUF, De corpore Christi (passim); U. BETTI, La costituzione 20-53; G. THILS, L'infaillibilité pontificale; J. DOMINGUEZ, La moral; A.W.J. HOUTEPEN, Onfeilbaarheid; H.J. POTTMEYER, Der Glaube.

181) H.J. POTTMEYER, Der Glaube 1^{+} - 105^{+} (Aktenstücke A-6a (ohne die Seiten 35-53; vgl. dazu 473); A-6b; A-11a/11b).

182) Th. FREUDENBERGER, Die Universität Würzburg I,231-351.

183) J.M.G. GOMEZ-HERAS, Temas dogmaticos. - Bedauerlicherweise vermerkt diese Wiedergabe die Paginierung der Originaldokumente nicht.

184) Vgl. BIBLIOGRAPHIE I. - Der aufgefundene Bestand an Aufzeichnungen aus der Zeit des Vatikanums erfüllt freilich durchaus nicht alle Erwartungen (vgl. dazu J. ZOBL, Vinzenz Gasser 482-495). Umso mehr Bedeutung haben GASSERS Dogmatikvorlesungen an der Theologischen Lehranstalt in Brixen (1849-1856). Auch nach seiner Konzilstätigkeit, die ihm höchstes Lob einbringt, nimmt GASSER zum Unfehlbarkeitsdogma Stellung. - Zu Gasser: vgl. neben der genannten grundlegenden Biographie von J. ZOBL bes. A. SPARBER, Art. "V. Gasser", in: LThK IV,525 f; ders., Fürstbischof Vinzenz Gasser von Brixen beim Ersten Vatikanischen Konzil von 1870, in: Der Schlern 41 (1967) 555-565. - Verf. vorliegender Untersuchung bereitet eine Publikation über GASSERS ungedrucktes theologisches Schrifttum vor.

185) Hierher gehören auch Darlegungen aus dem Umkreis GASSERS, so besonders jene des späteren Brixener Dogmatikers F. EGGER, Das neu erklärte Dogma (mit GASSERS Imprimatur), sowie das seit 1893 oftmals aufgelegte "Enchiridion Theologiae dogmaticae generalis". Zu F. EGGER: vgl.

LThK III,670f. - Bei dem von W. BRANDMÜLLER, Die Publikation 600, Anm. 2, als Hirtenbrief GASSERS gedeuteten Schriftchen dürfte es sich um die genannte Dogmenerklärung von F. EGGER handeln.

186) Vgl. oben S. 17.

187) H.J. POTTMEYER, Der Glaube 17.

188) Vgl. A. LANG: "Die Sprache ihrer Zeit sprechen nicht bloss die Theologen, sie spricht auch die Kirche. Auch die Konzilsdekrete sind nach der je herrschenden Begriffsauffassung abgefasst und müssen darnach interpretiert werden" (Der Bedeutungswandel 138). So muss die Interpretation von Konzilstexten deren Entwicklung, Intention und geschichtlichen Hintergrund berücksichtigen, vgl. P. SCHOONENBERG, Geschichtlichkeit und Interpretation des Dogmas, in: Die Interpretation des Dogmas 58-110; P. FRANSEN, Die Autorität der Konzilien, in: Probleme der Autorität 62-100, bes. 82. 88-92. 94-100; R. AUBERT, Die Geschichte der Kirche als unentbehrlicher Schlüssel. - Den Rückgriff auf die Geschichte unternehmen bereits mehrere Studien zur Lehre des Vatikanums, vgl. J. BEUMER, Die dogmatische Konstitution; V. CONZEMIUS, Das I. Vatikanum; A.W.J. HOUTEPEN, Onfeilbaarheid; H.J. POTTMEYER, Unfehlbarkeit, bes. 13-20; R. LILL, Historische Voraussetzungen; R. AUBERT, Motivations théologiques.

189) Vgl. Anm. III/1. Auch J. DOMINGUEZ, La moral, bezieht dieses Schema in seine Untersuchung ein.

ZUM 1. KAPITEL

1) Vgl. H. JEDIN, Kleine Konziliengeschichte 103. 107. 127; ders., Il Concilio di Trento - Scopo, svolgimento e risultati, in: Divinitas 5(1961) 359. Zur Ekklesiologie des Tridentinums vgl. G. ALBERIGO, L'ecclesiologia del Concilio di Trento, in: RSTI 18(1964) 227-242; H. JEDIN, Geschichte II-IV (passim).

2) Zum geschichtlichen Hintergrund des Konzils vgl. BUTLER-LANG 15-69; R. AUBERT, Vaticanum 9-45; ders., Le pontificat 11-310; ders., Motivations théologiques; ders., Die ekklesiologische Geographie im 19. Jahrhundert, in: Sentire Ecclesiam (FS H. Rahner), Freiburg-Basel-Wien 1961, 430-473; J. AUDINET, L'enseignement "De Ecclesia" à St. Sulpice sous le Premier Empire et les débuts du gallicanisme modéré, in: L'ecclésiologie au XIXe siècle 115-139; Y. CONGAR, L'ecclésiologie de la Révolution française au Concile du Vatican sous le signe de l'affirmation de l'autorité, a.a.O. 77-114; E.E.Y. HALES, Pius IX. 9-387; ders., The Catholic Church in the Modern World. A Survey from the French Revolution to the Present, London 1958, 1-140; Die päpstliche Autorität 15-51; H.J. POTTMEYER, Der Glaube 17-81; ders., Unfehlbarkeit;

I/ 3-9

G. SCHWAIGER, Der Hintergrund des Konzils: Papsttum und Kirche in der Welt des 19. Jahrhunderts, in: Hundert Jahre 11-30; H. BRÜCK, Geschichte der katholischen Kirche I-II; J.B. BURY, History of the Papacy in the 19th Century. Liberty and Authority in the Roman-Catholic Church, New York 21964; G. GOYAU, L'Allemagne religieuse. Le Catholicisme 1800-1870, 4 Bde, Paris 1905-1909; HKG VI/1; F. HEYER, Die katholische Kirche vom Westfälischen Frieden bis zum Ersten Vatikanischen Konzil (= Die Kirche in ihrer Geschichte. Ein Handbuch, hrsg.v. K.D. Schmidt und E. Wolf, IV/N/1), Göttingen 1963; K.S. LATOURETTE, The Nineteenth Centura in Europe. Background and the Roman Catholic Phase, New York 1958; F. MOURRET, Histoire générale de l'Eglise: VIII. L'Eglise contemporaine, première partie (1823-1878), Paris 1942, 1-517; I. SILBERNAGL, Die kirchenpolitischen und religiösen Zustände 1-306; J. SCHMIDLIN, Papstgeschichte der neuesten Zeit, München I2 1933, II 1934 (1-254). Zur Theologiegeschichte: E. HOCEDEZ, Histoire de la théologie au XIXe siècle, Bruxelles-Paris I 1949, II 1952; Theologie in Aufbruch und Widerstreit. Die deutsche katholische Theologieim 19. Jahrhundert (hrsg.v. L. Scheffczyk), Bremen 1965; Kirche und Theologie im 19. Jahrhundert.

3) DS 2803.

4) DS 2804.

5) Vgl. DS 2802; PIUS IX., Acta 1/I, 606; dazu unten S. 32.

6) H.J. POTTMEYER, Der Glaube 17.

7) PIUS IX., Acta 1/I, 162-166, hier 165.

8) Gesammelt in: "Voti sull' Immacolata Concezione della Madre di Dio, emessi da varii consultori, destinati dalla Santità di N.S. Papa Pio IX", 3 Bde, und "Pareri dell'episcopato cattolico sulla definizione dogmatica dell' immacolato concepimento della B.V. Maria", 9 + 2 Bde; Auszüge bei A. ROSKOVANY, Beata Virgo IV-V. Wichtigste Aktenkollektion: V. SARDI, La solenne definizione del dogma dell' Immacolato Concepimento di Maria Santissima. Atti e documenti, 2 Bde, Rom 1904-1905.

9) PIUS IX., Acta 1/I, 597-619 (Bulle "Ineffabilis Deus"); CL VI, 836-843. Zur Geschichte der Definition vgl. X.M. BACHELET, Art. "Immaculée Conception dans l'Eglise latine après le Concile d'Ephèse", in: DThC VII/1, 979-1218, bes. 1189ff; D. BERTETTO, Le prove del domma dell' Immacolata Concezione negli atti preparatori alla definizione e nel Magistero pontificio, in: Salesianum 16 (1954) 586-621; B. GIULIANI, Dogmatica definitio Immaculatae Conceptionis B. Mariae Virginis. De actis legitimitatem et opportunitatem definitionis respicientibus, Rom 1971; GIULIO DA NEMBRO, La definibilità; S. GRUBER, Mariologie; E. LONGPRE, La Vierge Immaculée. Histoire et doctrine, Paris 21945; W. KASPER, Die Lehre von der Tradition 231-259; G. MÜLLER, Die unbefleckte Empfängnis; ders., Die Immaculata Conceptio; ders., Theologische Erkennt-

nis; G. THILS, La définition de l'Immaculée Conception et l'idée de révélation, in: EThL 31 (1955) 34-45.

10) S. GRUBER, Mariologie 60. Zum Gutachten vgl. S. GRUBER, a.a.O. 61-64; J. FINSTERHÖLZL, Die Kirche 445, Anm. 240; M. WEITLAUFF, Die Dogmatisierung der Immaculata Conceptio und die Stellungnahme der Münchener Theologischen Fakultät, in: Konzil und Papst 433-501.

11) Vgl. S. GRUBER, Mariologie 29; W. KASPER, Die Lehre von der Tradition 234 (Votum COSSA), dazu G. MÜLLER, Die unbefleckte Empfängnis 336, ausserdem 312. 317. 319. 327. 330.

12) Vgl. A. LAMBRUSCHINI, Polemische Dissertation 85f.

13) Vgl. dazu S. GRUBER, Mariologie 10-25.

14) Vgl. darüber A. LANG, Der Auftrag 199.

15) In: (Bonner) Zeitschrift für Philosophie und katholische Theologie, 7. Heft (Köln 1833), 213-218, hier 214. 216.

16) J. SCHEILL, Über die Meinung, Verehrung und Festfeier von der Empfängniss der seligsten Jungfrau Maria, ein theologischer Tractat, zugleich eine Beleuchtung der dogmatischen Erörterung über die Würde der seligsten Jungfrau Maria ..., in: Literaturzeitung für die kath. Geistlichkeit (hrsg. v. F.v. Besnard) 25. Jg (Landshut 1834), 2. Bd, 96-114. 141-191. 266-327, bes. 96-98.

17) S. GRUBER, Mariologie 12.

18) Über die unbefleckte Empfängniss der allerseligsten Jungfrau und Gottes Mutter Maria, in: Katholik 58 (1835) 24-35, hier 24.

19) A. GENGLER, Über die Regel des Vincentius von Lirinum, in: ThQ 1833, 579-600, hier 594-596. 600; vgl. S. GRUBER, Mariologie 14.

20) Über das Criterium der Katholicität, welches der heilige Vincentius in seinem Commonitorium aufstellt, in: Katholik 17. Jg (1837) 113-132, 115f.

21) A. LAMBRUSCHINI, Polemische Dissertation 85.

22) G. PERRONE, Ist die unbefleckte Empfängnis 99-102. 135-146. 184. 191-203. 208. Vgl. dazu S. GRUBER, Mariologie 16-20; W. KASPER, Die Lehre von der Tradition 94-97. 231. Zum Beitrag PERRONES an der Definition vgl. GIULIO DA NEMBRO 69-134.

23) G. PERRONE, Ist die unbefleckte Empfängnis 172.

24) G. PERRONE, Ist die unbefleckte Empfängnis 211. 258 f.

25) J.H. NEWMAN, Über die Entwickelung der christlichen Lehre ..., Schaffhausen 1846, 130. Vgl. dazu S. GRUBER, Mariologie 20-25.

26) J. H. NEWMAN, Über die Entwickelung 138.

27) Vgl. Anm. 8, dazu G. MÜLLER, Die unbefleckte Empfängnis 336f.

28) Vgl. G. MÜLLER, Die unbefleckte Empfängnis 306-310. 315-317. 319. 322. 324. 327-332.

29) Vgl. a.a.O. 331f.

30) Vgl. a.a.O. 307-310.

31) Vgl. a.a.O. 316.

32) Vgl. a.a.O. 305. 313f. 326f. 336.

33) Vgl. a.a.O. 333-335.

34) Vgl. a.a.O. 305.

35) Vgl. a.a.O. 312-314. 333-335

36) Vgl. a.a.O. 326f.

37) Vgl. a.a.O. 327.

38) Vgl. a.a.O. 314.

39) Vgl. G. MÜLLER, Die Immaculata Conceptio 47; ders., Die unbefleckte Empfängnis 338; S. GRUBER, Mariologie 95. 130f. D. BERTETTO, Le prove : "... si può considerare (l'Enciclica) come la promulgazione di un Concilio ecumenico 'per iscritto', impegnante tutti i Vescovi dell' Orbe Cattolico a decidere in merito alla grande questione dommatica loro proposta" (589).

40) Vgl. Anm. 8.

41) Vgl. A. ROSKOVANY, Beata Virgo IV,426-429. 473-476. 773. 925-930; V,93. 303.

42) Es heisst, dass der "sensus" der Kirche"infallibilis norma Ecclesiae est, validissimumque gubernaculum, etiam dum reliqua desunt, vel ancipitia apparent. Sileant utique Scripturae, taceantve Patres: Ecclesia ut fidei Magistra et custos de suo thesauro profert et docet; dubie aut in specie contraria loquantur: ipsa uti legitima interpres eludicat; Patres demum ipsi doctoresve sententiis diversis agitentur: ipsa ut controversiarum iudex decidit ... Si qua ergo veritas sit Ecclesiae communis sensus, ipsa veritas iam revelata est" (a.a.O. IV,427f).

43) "Quod hodie credit (Ecclesia), id heri tenuit, id constanter credidit" (a.a.O. IV,796); vgl. auch 426.

44) Vgl. a.a.O. V,125f; ferner IV,279. 334-336. 608. 854; V,18. 41. 103.

45) "Cum igitur Ecclesia Christi sit ... sancta et infallibilis in rebus fidei et morum, ad quas pertinet virtus religionis et divinus cultus ..." (a.a.O. V,158).

46) "Circa cultus publici obiectum etiam materiale falli nequit Ecclesia ...,

cum cultus puritas ad religionis pertineat puritatem, quae Ecclesiae custodiae commissa est" (a.a.O. V,307).

47) Vgl. a.a.O. V,144f.

48) Vgl. a.a.O. IV,926; S. GRUBER, Mariologie 53. 87-89. 142f.

49) Vgl. A. ROSKOVANY, Beata Virgo IV,928.

50) Vgl. a.a.O. IV,381f, ferner 578. 645. 906. 911; V,243.

51) Vgl. S. GRUBER, Mariologie 60-89.

52) Vgl. a.a.O. 61-63.

53) Vgl. a.a.O. 65.

54) Vgl. a.a.O. 74.77-79.

55) Lettera di un sacerdote cattolico ai vescovi della Chiesa di Dio per rappresentar loro che la sentenza dell'immacolata concezione della B. Vergine Maria non può essere dottrina di fede cattolica, Turin 1854, 5. 55f. Gegen die Definibilität wird zitiert: Proposta di alcune difficoltà che si oppongono alla definizione dogmatica ..., Turin 1854.

56) Vgl. S. GRUBER, Mariologie 81-83. Zu DÖLLINGERS Schwierigkeit vgl. J. SPEIGL, Traditionslehre 122-125.

57) Vgl. S. GRUBER, Mariologie 84-86; J. SPEIGL, Traditionslehre 128-130; G. MÜLLER, Die Immaculata Conceptio 68; J. FINSTERHÖLZL, Die Kirche 445-447; A. REICHARDT, Ignaz von Döllingers Stellung 11-15; W. BRANDMÜLLER, I.v. Döllinger 139.

58) Vgl. S. GRUBER, Mariologie 67-74.

59) Vgl. dazu bes. W. KASPER, Die Lehre von der Tradition 231-259; D. BERTETTO, Le prove 590-600.

60) Vgl. W. KASPER, Die Lehre von der Tradition 232-235; D. BERTETTO, Le prove 590.

61) Vgl. W. KASPER, Die Lehre von der Tradition 236f.

62) Vgl. a.a.O. 240-243; D. BERTETTO, Le prove 591-593.

63) Vgl. W. KASPER, Die Lehre von der Tradition 244. Anders schliesst PERRONE aus allgemeiner Praxis und Annahme der Kirche auf göttliche Tradition (ebd; vgl. 94-96).

64) Vgl. D. BERTETTO, Le prove 594. Den Schluss der Arbeiten bildet die Redaktion einer "Silloge degli argomenti da servire all'estensore della Bolla dommatica" (ebd.).

65) Vgl. D. BERTETTO, Le prove 598.

66) Vgl. W. KASPER, Die Lehre von der Tradition (246-) 249 - 252 (-259), Zitat: 251.

67) Vgl. W. KASPER, Die Lehre von der Tradition 254-259.

68) Vgl. G. PERRONE, Ist die unbefleckte Empfängnis 301-308, dazu 182f; G. MÜLLER, Die unbefleckte Empfängnis: "Obwohl bisher solch gewichtige Dogmen nur von Konzilien formuliert worden waren, kam den Konsultoren nicht in den Sinn, konziliare Thesen zu vertreten" (338).

69) Vgl. G. MÜLLER, Die unbefleckte Empfängnis 338.

70) Dafür bietet A. ROSKOVANY, Beata Virgo, eine Fülle von Zeugnissen, vgl. IV, 426-429. 465. 511. 514. 535. 539. 584. 591. 664. 810; V,4. 15. 35. 136. 256. 258. 277; ferner G. MÜLLER, Die Immaculata Conceptio.

71) Vgl. A. ROSKOVANY, Beata Virgo IV,344. 445. 461f. 494. 591. 655f. 746. 792. 805. 855. 869. 878; V,31. 39. 42. 67. 106f. 238f. 263. 271. 277. 350 u.ö.; ferner G. MÜLLER, Die Immaculata Conceptio.

72) Vgl. A. ROSKOVANY, Beata Virgo IV,264. 358. 394. 450. 582. 655. 852; V,88. 121. 259. 313 u.ö.

73) Vgl. a.a.O. V,293; S. GRUBER, Mariologie 36. 63f.

74) Vgl. S. GRUBER, Mariologie 32f; G. MÜLLER, Die Immaculata Conceptio 54. 59.

75) Vgl. A. ROSKOVANY, Beata Virgo IV,458. 611. 625. 882. 940. 956; V,177. 291f. 296. 326; ferner S. GRUBER, Mariologie 27. 29-36. 38. 45f. 74; G. MÜLLER, Die Immaculata Conceptio 51. 68 u.ö.

76) A. ROSKOVANY, Beata Virgo IV,665. Vgl. auch a.a.O. 335f; C. PASSAGLIA, De Immaculato Deiparae semper Virginis Conceptu Commentarius, Neapel 1855, II,1349f.

77) Nach einer Äusserung aus dem Bamberger Klerus "handelt (es) sich hierbei faktisch, wenn auch formell nicht ausgesprochen, um die Anerkennung einer absoluten Infallibilität des Papstes, denn wird vom Oberhaupt der Kirche jenes als Dogma hingestellt und von den Bischöfen als solches ohne sich hiebei durch Zu- oder Nichtzustimmen beteiligt zu haben, angenommen, so haben wir das faktisch wirklich begründete Dogma der absoluten Infallibilität des Papstes, wofür für alle Jahrhunderte der Kirche diese Annahme ein eminentes Beispiel wäre" (zit. bei S. GRUBER, Mariologie 32). Man wird auf diese Implikation zurückkommen.

78) Vgl. S. GRUBER, Mariologie 88, dazu 54. 79. 85.

79) Vgl. S. GRUBER, Mariologie 48. 54; G. MÜLLER, Die unbefleckte Empfängnis 338f; ders., Die Immaculata Conceptio 68. - Oft wird die Definition erklärt und begründet, vgl. J.B. MALOU, L'immaculée Conception de la bienheureuse Vierge Marie, considerée comme dogme du foi, 2 Bde, Brüssel 1857; J. NIRSCHL, Das Dogma der Unbefleckten Empfängniss Mariä. Eine fassliche Erklärung und Begründung desselben, Passau 1855; C. PASSAGLIA (s.o. Anm. 76); G. PERRONE, Abhandlung über die dog-

matische Definition der unbefleckten Empfängnis der seligsten Jungfrau Maria, Regensburg [2]1855. - Zur Zurückhaltung der Universitätstheologie vgl. S. GRUBER, Mariologie 123; zu DÖLLINGER selbst vgl. oben Anm. 57.

80) Vgl. S. GRUBER, Mariologie 130. Insbesondere beruft man sich darauf, dass die Definitionsformel ("... auctoritate ... Nostra declaramus ...", DS 2803) die Bischöfe nicht erwähne, der Papst also - ihm hatte man auch die Entscheidung anheimgestellt - allein definiere; vgl. R. AUBERT, Le pontificat 279f; G. SCHNEEMANN, Die kirchliche Lehrgewalt 148f; E. OLLIVIER, L'Eglise I,312-314.

81) Vgl. S. GRUBER, Mariologie 130f, dazu 49-51. 54; M. BAUER, Unfehlbarkeit 39; A. MATIGNON, L'action sociale 163; S. MAYER, De summi pontificis 27; Observations d'un théologien 68f (Zitat).

82) Vgl. S. GRUBER, Mariologie 51f. 131; G. MÜLLER, Die Immaculata Conceptio 69; K. BUCHHEIM, Ultramontanismus 77.

83) Vgl. K. SCHATZ, Kirchenbild 412; ferner M 52,577C-D.

84) Vgl. die Schriften von Th. BRAUN, Katholische Antwort auf die päpstliche Bulle über die Empfängniss Mariä, Ortenburg 1856; Katholisches Andenken, Ortenburg 1857; Actes relatifs a la prétendue définition ... Lettres de M. Thomas Braun ..., Paris 1857; Aus der katholischen Kirche. Beitrag zu ihrer neuesten Geschichte, Frankfurt 1863. Zu Braun vgl. S. GRUBER, Mariologie 140f. Ablehnend auch: Correspondance des Confesseurs de la foi relativement au nouveau dogme de l'Immaculée Conception, Paris 1856; L. DURAND, L'infaillibilité papale prise en manifeste et flagrant délit de mensonge, ou le dogme de l'immaculée conception cité et condamné au tribunal de l'histoire et des pères, Brüssel 1859; G. GRIGNANI, Risposta all'orazione di Monsignor Lucido Parocchi ..., Pavia 1874; Herderlijk Onderrigt van den Aartbisschop van Utrecht en de Bisschoppen van Haarlem en Deventer over de onbevlekte Ontvangenis der H. Maagd Maria, Utrecht 1856; mehrere Schriften von J.J. LABORDE; B. MORGAEZ, Examen Bullae Ineffabilis institutum et concinnatum iuxta regulas sanioris theologiae, Paris 1858; A. PICHLER, Die wahren Hindernisse und die Grundbedingungen einer durchgreifenden Reform der katholischen Kirche ..., Leipzig 1870, 360-365; Observations d'un théologien sur la Bulle de Pie IX relative a la Conception de la Sainte Vierge, Paris 1855; Très-humble remontrance a Mgr L'Archevêque de Paris ..., Paris 1855. Schliesslich weisen die Altkatholiken auch das Dogma von 1854 zurück, vgl. Stenographischer Bericht (1871) 5f; J.H. REINKENS, Ist an die Stelle Christi 18.

85) Vgl. Observations d'un théologien: "C'est qu'en voulant décrêter son infaillibilité, il a démontré à l'univers catholique qu'il n'est point infaillible" (52).

86) Vgl. die vorherige Anm.; Très-humble remontrance: "cette définition n'

étant considéré à Rome que comme un moyen indirect de décréter l'infaillibilité papale" (18); ferner Anm. 88.

87) Vgl. S. GRUBER, Mariologie 139-142; G. MÜLLER, Die Immaculata Conceptio 69; I. SILBERNAGL, Die kirchenpolitischen und religiösen Zustände 251.

88) Vgl. J. FRIEDRICH, Geschichte I, 331. 336-339. 427-431; II, 192. 229; III, 18. 160; DÖLLINGER-FRIEDRICH, Das Papsttum 282f; J.F.v. SCHULTE, Die Stellung 314; J. SPEIGL, Traditionslehre 129.

89) Vgl. S. GRUBER, Mariologie: "Die Dogmatisierung von 1854 stand ... zu ihrer Zeit keineswegs im Zeichen der Infallibilitätsproblematik und wurde nicht als Vorentscheidung in dieser Richtung empfunden" (54); so auch 73. 144f.

90) Auf die Tatsache, dass 1854 der Papst "allein", wenn eben auch gerade nicht in einem "Alleingang", unwidersprochen eine dogmatische Definition erlassen und damit de facto seine Unfehlbarkeit aktuiert hat, kommen die Vertreter der päpstlichen Unfehlbarkeit immer wieder zurück, um daran teils die eigenständige ("persönliche") Unfehlbarkeit, teils gerade die Verbindung des Papstes mit dem Episkopat und der ganzen Kirche aufzuzeigen; vgl. C. SCHRADER, Pius IX. 12. 195; ders., De unitate II, 350-353; F.X. WENINGER, Pie IX 231f; J.E. WIESER, Die Unfehlbarkeit 21; V.A. DECHAMPS, in: M 52, 67D-68A; An die Fallibilisten, Graz 1871, 43f; M.J. SCHEEBEN, Immakulata 19; L.-G.-A. de SEGUR, Das Papstthum 127. Auf die Inkriminierung der Definition als Usurpation der Infallibilität wurde bereits hingeweisen (Anm. 86. 88).

91) Vgl. M.J. SCHEEBEN, Immakulata, bes. 17-21.

92) COD 737.

93) Vgl. Th. GRANDERATH, Geschichte I, 18.

94) So von F. van der HORST, Das Schema 40-43 und M. BERNARDS, Zum Anteil; tendenziös J. FRIEDRICH, Geschichte I, 584-611.

95) M 43, 282A-287B.

96) M 43, 473A-B.

97) Vgl. M 43, 577B-578A (Soissons 1849). 633D-636B (Rennes 1849). 699D-700D (Spoleto 1849). 729A-732D (Avignon 1849). 851C-852A (Pisa 1850). 909C-911B (Albi 1850). 962A-964B (Lyon 1850); M 44, 40C-41A (Rouen 1850). 66B-D. 89A-90B (Bordeaux 1850). 217C-219B (Sens 1850). 307D-312B (Aix 1850). 373B-374A (Toulouse 1850). 461A-462A (Clermont-Ferrand 1850). 581A-C (Quebec 1851). 603D-605B. 608A-609A (Auch 1851). 879A-881B (La Rochelle 1853); M 47, 199B-201C (Ravenna 1855). 533C-536C (Reims 1857). 655B-656D. 675A-677B (Gran 1858). 781A-782A (Wien 1858). 1038D-1041C (Agen 1859). 1108A-1111A (Venedig 1859); M 48, 102D-108B (Köln

1860). 314C-315C (Prag 1860). 507D-509D. 516B-518C (Kalocsa 1863). (647A-651A).651B-656B. 671B-673D (Utrecht 1865). 908C-911C (Baltimore 1866); CL III,704d-708b (Quebec 1868); IV,803b-805b (Poitiers 1868); VI,466b-469c (Nueva Granada 1868).

98) Vgl. etwa M 43,577D; 44,158A; 47,534C-536D; 48,204B-C u.ö. - Auch das Dogma von 1854 wird mit ausdrücklicher Zustimmung bedacht, vgl. M 47,509D. 526A. 565B u.ö.

99) Vgl. etwa M 47,60A-B. 580C-582C. 853D-854A; 48,23D-24A; CL VI,445d-448a.

100) M 44,217C.

101) M 44,373A.

102) Vgl. M 43,282C; 44,226D. 283C-D; 48,572C; CL VI,467a-b.

103) Vgl. M 44,66B-C. 309C. 605A; 47,200B. 534C-536C; 48,108C-109D. 517B. 663A.

104) Vgl. M 44,226D-227A. 604D; CL VI,467b. 567a; ferner Anm. 144.

105) Bezeichnend dafür sind die häufigen und teilweise sehr umfangreichen Lehrdekrete, wie sie u.a. in Köln (1860), Kalocsa (1863), Utrecht (1865) und Baltimore II (1866) erlassen wurden.

106) Vgl. dazu vor allem die Disziplinardekrete der in Anm. 105 genannten Konzilien.

107) Dies dokumentieren die Register in CL III (1384-1388), IV (XLII-XLIV), V (1414-1416) und VI (1031-1034).

108) Vgl. M 43,701B-D.

109) Vgl. M 44,818A; 47,600D-601A; 48,516D-517A u.ö.

110) Vgl. M 43,859A; 44,38B; 47,200A.D. 630C. 676B; 48,233A u.ö.

111) M 47,534C.

112) M 47,562C.

113) M 47,200D.

114) Vgl. M 43,910C; 44,728B; 47,508A. 534C. 581C; 48,204C.

115) Vgl. M 47,675D; 48,24A. 509B. 581C-582B.

116) M 44,937D.

117) Vgl. M 47,676A.

118) M 48,80B-C.

119) M 48,82A-C; Vernunft- und Offenbarungwahrheit können einander nicht wirklich widersprechen (79C).

120) Vgl. M 48,76A-77B.

121) M 48,107C-108B.

122) M 48,109B.

123) M 48,647A-648B. Auch hier (vgl. den Text zu Anm. 118) ist von einer - eingeschränkten (662B) - dem Glauben vorausliegenden religiösen und sittlichen Erkenntnis Gottes und "eorum quae ad Dei cultum morumque honestatem pertinent" die Rede (M 48,646A).

124) M 48,651B-652A.

125) "Suum infallibile magisterium, ad totius veritatis revelatae integritatem servandam divinitus institutum, ecclesia exercet non modo cum scripturas et traditionis monumenta authentice interpretatur, verum etiam cum de aliis iudicat cum ipsa depositi fidei conversatione coniunctis, ac nominatim cum sanas verborum formas praescribit, eaque amovet ac eliminat quae vel fidei adversari, vel animarum salutem quovis modo in discrimen adducere possunt" (M 48, 652C).

126) M 48,652C-653A.

127) M 48,655B.

128) M 48,691A.

129) M 48,893D-894A.

130) Vgl. DS 2875-2880.

131) M 48,909C-910B.

132) M 48,912A-B.

133) M 48,912B-C.

134) M 48,913A-B.

135) M 48,1054D. 1055D. 1057B-D.

136) CL VI,444d.

137) CL VI,446d.

138) CL VI,446d-447a.

139) M 43,660A-B.

140) M 44,487B-C.

141) Vgl. M 43,775A-C; 47,1109B-1110A (Pius IX.); 48,572A. 665A-C.

142) DS 2601. 2604. 2693.

143) DS 2730.

144) Vgl. M 43,477B-D. 579A-C. 654D-655D. 656D-658C. 779B-C.

895C-897A. 919C-922C; 44,37B. 67A-70C. 226C-228B. 316A-319C. 468D-471A. 383D-388A. 605B-606D; 47,195A-199B. 770 -776C. 1062B-1065A. 1130D-1132C; 48,222D-227A. 510A-512C. 902A-908B.

145) Vgl. M 43,477B. 579A. 656D-658C. 721A-B; 44,226D. 468D-471A. 605B.

146) M 43,282C-D.

147) Dies wird im Folgenden näher beschrieben (S. 41-47).

148) Vgl. M 43,839A-840B; 47,1131C; 48,422C-D; CL III,717a.

149) Vgl. M 43,579B. 657A-C; 44,316B. 469D-470A; 48,222D-227A. 660A.

150) M 44,316D.

151) M 44,469D-470A, vgl. 47,700C.

152) M 43,657A-B; 44,386B-387A; 47,701A-B; 48,903C-D.

153) Vgl. M 47,701A-B.

154) M 43,276D-277A; vgl. 279A.

155) M 43,359D; vgl. 360D-361C.

156) CL IV,840d; M 48,691C; vgl. M 47,701A-B; 48,150B. 580A. 690C. 791D.

157) CL IV,811a; vgl. 867b-870b (Errores Pseudomoralistarum qui ethicam a quacumque religione et lege divina eximere moliuntur); M 48,662B.

158) CL IV,811b-823d.

159) CL IV,823d-824a.

160) Vgl. Anm. 157.

161) M 43,480A-C.

162) M 43,658A-B.

163) CL VI,567a-b.

164) M 44,318B-D. 387A-388A.

165) Vgl. M 44,340B. 491A; 47,1109B; 48,649A. 651B-C.

166) Vgl. M 43,644B. 937D; 44,745A; 48,584A. 943D; CL IV,840c-841a.

167) M 43,764C; vgl. 618B; 44,106A.

168) M 48,550C; vgl. 47,827D-828A.

169) Vgl. M 44,340C. 946C; 47,607B; 48,218A.

170) Vgl. M 47,343B-C; 48,919A.

171) Vgl. K. MARTIN, Lehrbuch der katholischen Moral, Mainz ^{3}1855, III-X. 1-13. Zum Neuansatz der Moraltheologie vgl. P. HADROSSEK, Die Bedeutung des Systemgedankens für die Moraltheologie in Deutschland seit der Thomas-Renaissance, München 1950, bes. 2.

172) M 47,341 D.

173) M 44,608 D. 886 A; 47,781 C; 48,528 A; CL VI,543 b.

174) M 47,535 D.

175) M 43,701 B. 978 C; 44,485 C. 817 C; 47,855 C; 48,360 C. 367 D. 551 B; CL IV,803 b.

176) M 47,656 A.

177) M 44,885 D.

178) M 47,620 B.

179) M 43,702 D. 706 C. 707 D. 716 C. 719 B.C. 720 B.D. 721 A.B.D. 734 A. 764 C; 44,165 A. 322 B. 386 B. 491 B. 609 D; 47,704 A. 848 A. 906 B. 1035 D. 1112 C. 1130 D; 48,417 B. 690 C. 699 D. 866 C. 1080 A u.ö.

180) M 43,648 A. 718 C. 719 A; 44,41 B; 47,463 C. 582 B. 739 A. 1112 B; 48,574 A. 752 D u.ö.

181) M 43,596 C. 651 A. 720 A; 44,606 B; 47,67 D. 68 A. 580 B; 48,577 C u.ö.

182) M 47,562 C. 909 A; 48,660 A. 698 B u.ö.

183) M 43,719 B-722 C.

184) M 47,905 C-906 C.

185) M 47,1130 D-1132 C.

186) M 47,699 D-700 B.

187) M 47,700 B-704 D.

188) M 48,572 A-B.

189) M 48,572 B-575 B.

190) M 48,575 B-584 D. Ferner über sakramentale Frömmigkeit u.ä.: 584 D-592 D.

191) M 48,512 C-514 C. Über die Approbation von Büchern: 514 C-515 C.

192) M 48,752 D-756 B; vgl. CL VI,536 c-538 a ("Pietas in Deum").

193) M 47,67 C-69 C; 48,1080 A-B.

194) CL VI,575 d-578 b.

195) Vgl. oben S. 42.

196) M 43,648A-D. 596C-598A. 707D-708A. 811A-819D; 44,99A-100D. 241B-243B. 402D-405B. 484D-486A. 628D-630C. 743C-745C. 885C-886B. 946A-C; 47,686C-696C. 818A-825A. 879A-901A (892D-895B). 1056C-1062B (1061B-1062B); 48,546D-569A. 774A-784C; CL III, 711b-712c.

197) M 43,596C. 707D. 710B; 44,242A. 405A u.ö. Vgl. COD 713.

198) M 43,717C. 811C; 44,404B. 473A. 747C; 48,944D u.ö.

199) M 44,439B. 445B.

200) Vgl. M 48,660A (moralitatis fundamentum).

201) Vgl. M 43,651A. 702D. 734A. 941B. 971A; 44,109A-111A. 326B. 439A. 463A. 491B. 631C. 729B; 47,67D. 201D-203B. 857C. 908A; 48,417B. 577C-D. 580A. 690C. 791A-792A. 997C; CL III,710b. 1073d-1074d; VI,493b-c. 494a. 549b-c; u.ö.

202) Vgl. M 43,764C; 47,343C; 48,943D.

203) Vgl. M 43,851C; 44,817D; 47,149B. 459B. 580B. 648A. 847B. 853C. 854B-C. 1093D. 1160C. 1196D; 48,28C. 70C. 502A. 577C. 866C; CL VI,446b. 493a. 740b; u.ö.

204) Vgl. M 43,390D. 859A. 964A; 44,38B. 229A. 445B; 47,200A.D. 346D. 400B. 534C. 676A.B. 700B; 48,191C. 233A. 664B. 909C. 912B. 997C; u.ö.

205) Vgl. M 43,483B. 651A. 716C. 734A. 941B. 971A; 44,109C. 175A. 229A. 239C. 326B. 388B. 395C. 439A. 491B. 606B-D. 885A; 47, 67D. 582B. 697B; 48,577C-D. 580C. 691B. 698B. 699D. 791A-793A; u.ö.

206) Vgl. M 43,717C; 44,41B. 110A. 463B; 47,909A; u.ö.

207) Vgl. M 43,655A. 816C; 44,219A. 307A. 316B. 319D. 441A.B. 487C; 47,534C; 48,107C-109D. 580C. 584B; abweichend: 909C.

208) Zu fragen ist, ob die "credenda" (im weiteren Sinne) den Lehrbereich oder (im engeren, theoretischen Sinne) den Glaubensbereich bezeichnen, ob also die "facienda" gegen den Lehrbereich oder nur gegen die theoretischen Glaubenslehren abgegrenzt werden. Vgl. M 44,219A. 581B. 589B-C. 937D; 47,200D; 48,233A. 699D; u.ö.

209) Vgl. M 43,481C. 741B. 811A. 933D. 962C; 44, 383D. 395B; 47, 235B-258C. 676A. 699C-705A. 854B-C. 901A-914C. 1112B.C; 48, 107C-109D. 572B. 647A. 651D-652A. 788C; CL IV,811a; VI,446a. 490b. 549b. 573a-575c; u.ö. - Vgl. Anm. 182. 203-205. 207.

210) Vgl. M 44,607B; 48,76C. 512C-514C; CL III,714c.

211) Vgl. S. GRUBER, Mariologie 95f (107. 127. 143); CL VI,844a-846a. 847a-b; M 44,247B; Th. MEYER, Die Grundsätze 11.

212) Vgl. oben S. 36. - Zur Entwicklungsgeschichte des Syllabus vgl. C.G. RINALDI, Il valore 200-225; L. BRIGUE, Art. "Syllabus" 2877-2882; G. MARTINA, Osservazioni; ders., Nuovi documenti.

213) Vgl. G. MARTINA, Osservazioni 426.438. 457. 512; der einschlägige Text bei C.G. RINALDI, Il valore 240-242.

214) Vgl. G. MARTINA, Osservazioni 440-442.

215) Vgl. a.a.O. 443-453; der Text GERBETS bei C.G. RINALDI, Il valore 242-261, bes. 252-260.

216) Vgl. G. MARTINA, Osservazioni 455-459; der Text bei C.G. RINALDI, Il valore 262-268 bzw. 269-276.

217) Vgl. CL VI, 883b-890b. "Te loquente, Petrum audimus, Te decernente, Christo obtemperamus ... errores quos Tu damnasti, damnamus, doctrinas novas et peregrinas, quae in damnum Ecclesiae Iesu Christi passim prolanantur, detestamur et reiicimus ..." (883d). Dazu: N. WISEMAN, Rom und der katholische Episcopat am Pfingstfest 1862, Köln 1862.

218) Vgl. G. MARTINA, Osservazioni 459-465.

219) Vgl. a.a.O. 465-481. - C. SCHRADER hat, die Anregung des Papstes aufgreifend, Schriften zur Erklärung und Verteidigung der Lehre, Prinzipien und Rechte der Kirche und des Hl. Stuhles zu verfassen (Einl.), noch vor der Veröffentlichung des Syllabus eine systematische Zusammenfassung von entsprechenden Äusserungen PIUS' IX. unternommen: "Der Papst und die modernen Ideen" (datiert vom 5. Sept. 1864). Darin kommentiert er besonders die Ansprache vom 9. Juni 1862, näherhin die "Irrthümer gegen den Glauben" (26-43), die Auswirkungen auf dem Gebiet der Moral (44-55), bezüglich Freiheit und Recht (56-83) sowie "politische Irrthümer" (84-123).

220) PIUS IX., Acta I/III, 701-717; DS 2901-2980.

221) PIUS IX., Acta I/III, 687-700; Auszug: DS 2890-2896.

222) Wohl erinnert der Papst an seine früher ausgesprochenen Verurteilungen, um nun erneut gegen die sich aus jenen Irrtümern herleitenden verkehrten Meinungen seine Stimme zu erheben und "omnes et singulas pravas opiniones ac doctrinas singillatim hisce Litteris commemoratas" autoritativ und für alle Gläubigen verbindlich zu verwerfen.

223) PIUS IX., Acta I/III, 687.

224) A.a.O. 687f.

225) A.a.O. 689.

226) A.a.O. 689-694.

227) A.a.O. 694f; DS 2895.

228) PIUS IX., Acta I/III, 695; DS 2896; vgl. oben Anm. 222.

229) PIUS IX., Acta 1/I,5-14; DS 2775-2786; vgl. Syllabus, Satz 4-7. 16. 40. 63.

230) PIUS IX., Acta 1/I,15-18.

231) Vgl. PIUS IX., Acta 1/I,167f. 174. 187-189. 192. 204. 206. 208. 210f. 229f. 257. 587f. 621; 1/II,6. 512-518. 542; 1/III,12f. 165. 170. 206. 281-284. 610-618.

232) A.a.O. 1/III,451-461; CL VI,879c-883a; vgl. oben Anm. 217.

233) Vgl. PIUS IX., Acta 1/I,209. 288.

234) A.a.O. 1/I,282 (Verurteilt wird auch die Überordnung der Ehe über die Jungfräulichkeit "novatorum more", 281); vgl. Syllabus, Satz 15. 21. 23. 30. 51. 54. 68.

235) A.a.O. 1/III,453-455; vgl. Syllabus, Satz 1-7. 15. 19. 27. 39. 44. 49. 56-60.

236) A.a.O. 1/I,623; vgl. Syllabus, Satz 8. 17. 19.

237) A.a.O. 1/III,549-553; DS 2850-2857; vgl. Syllabus, Satz 9-11.

238) PIUS IX., Acta 1/III,553-555; DS 2858-2861.

239) Vgl. H. LANG, Die Versammlung 248; ferner P.B. GAMS, Verhandlungen 5-8. 16-24. - Zur Gelehrtenversammlung vgl. ausserdem: H. BRÜCK, Geschichte der katholischen Kirche ²III,421-430; G. SCHWAIGER, Die Münchener Gelehrtenversammlung. - Über frühere Versuche vgl. P.B. GAMS, Verhandlungen 5; S. GRUBER, Mariologie 59.

240) Vgl. P.B. GAMS, Verhandlungen 25-59.

241) Acht Teilnehmer verwahren sich dagegen, als handele es sich um ein Programm der Versammlung selbst, und betonen das Recht der kirchlichen Autorität, theologische Meinungen zu zensurieren; vgl. P.B. GAMS, Verhandlungen 67; kritisch dazu J. FRIEDRICH, Geschichte I,284, Anm. 2. - Zur Beilegung der Auseinandersetzung vgl. P.B. GAMS, Verhandlungen 123f; H. LANG, Die Versammlung 252; ergänzend dazu Anm. 245.

242) Vgl. P.B. GAMS, Verhandlungen 97f; H. LANG, Die Versammlung 254.

243) Vgl. P.B. GAMS, Verhandlungen 98-119.

244) Vgl. a.a.O. 128. 131-133.

245) Über Versuche einer Fortführung vgl. P.B. GAMS, Verhandlungen 133. 143; H. LANG, Die Versammlung 254. 258; H. BRÜCK, Geschichte der katholischen Kirche ²III,429, auch J. FRIEDRICH, Geschichte I,287-289. - Die anschliessende literarische Polemik zeigt die tiefgreifende Divergenz der Auffassungen über das Verhältnis der Theologie zur kirchlichen Autorität, vgl. Die Vergangenheit und Gegenwart der katholischen Theologie. Ein Urtheil der Civiltà Cattolica über die Rede des Stifts-Propstes von Döllinger ..., Mainz 1864; F. MICHELIS, Kirche oder Partei? Ein offenes und freies Wort

an den deutschen Episkopat, Münster 1865; ders., Parergon an die Adresse des Mainzer Katholiken und ... Moufang insbesondere, Braunsberg 1865; Ch. MOUFANG, Die Kirche und die Versammlung katholischer Gelehrten. Eine Erwiderung der Schrift des Dr. Michelis, Kirche oder Partei, Mainz 1864; J. HERGENRÖTHER, Kirche - und nicht Partei. Eine Antwort auf die jüngste Broschüre des Hrn. Dr. Fr. Michelis, Würzburg 1865. - "Nicht bereits in den Odeonsvorträgen (Döllingers), wohl aber hier in der Gelehrtenversammlung offenbarte sich ein Anspruch, der alles andere als harmlos war" (K. BUCHHEIM, Ultramontanismus 124). Von hier datiert L. WINDTHORST den Altkatholizismus (a.a.O., Anm. 17).

246) Die Ergebenheitsadresse an den Papst betont, dass die Versammlung "... neque ullam in ecclesia auctoritatem usurpare voluisse" (P.B. GAMS, Verhandlungen 94). Ebenso will eine andere Mitteilung nach Rom dem Papst die kirchliche Gesinnung der Versammlung bekunden, auf der auch "die neu erhobene Streitfrage über das Verhältniss der Wissenschaft zur Kirche im Sinne der Unterordnung jener unter die Autorität der Kirche entschieden worden sei" (a.a.O. 143).

247) Vgl. PIUS IX., Acta 1/III, 636-640.

248) A.a.O. 640-643; DS 2877-2880; vgl. Syllabus, Satz 12-14. 22. 33.

249) DS 2967.

250) DS 2903. 2979.

251) DS 2908. 2910f. 2914.

252) DS 2922; vgl. oben S. 54.

253) DS 2923; vgl. oben S. 52.

254) Vgl. J. TOSI, Vorlesungen 77; G. SCHNEEMANN, Die kirchliche Lehrgewalt 104-107; ablehnend J. FRIEDRICH, Geschichte I, 431.

255) DS 2239. 2244.

256) J. TOSI, Vorlesungen 117f.

257) A.a.O. 167. Th. MEYER, Die Grundsätze, erörtert die Autorität der Kirche auf diesem Gebiete nicht.

258) J. TOSI, Vorlesungen 167f.

259) A.a.O. 159. Auch Regierungsakte sind davon nicht ausgenommen (vgl. DS 2954).

260) A.a.O. 168.

261) DS 2957.

262) J. TOSI, Vorlesungen 171.

263) DS 2956. 2959f.

264) DS 2958. 2961-2964. - J. TOSI bemerkt zum Prinzip der Nichtintervention (DS 2962), als Hilfeleistung verstanden, es sei ausgeschlossen, "dass es der Kirche als oberster Lehrerin der Sittlichkeit nicht zukomme, die Erlaubtheit oder Pflichtmässigkeit einer Übung der Nächstenliebe zu verkündigen" (Vorlesungen 182).

265) Zur Reaktion auf den Syllabus vgl. R. AUBERT, Le pontificat 254-261; L. BRIGUE, Art. "Syllabus" 2882-2890; E.E.Y. HALES, Pius IX., 359-370; HKG VI/1,750-756; D. MC ELRATH, The Syllabus 19-107; E. PAPA, Il Sillabo di Pio IX e la stampa francese, inglese e italiana, Rom 1968; J. PORT, Die Reaktion. - Zur Interpretation, für die (neben der strengen Richtung eines C. SCHRADER oder L. VEUILLOT) besonders DUPANLOUPS Broschüre "La Convention du 15 septembre et l'Encyclique du 8 décembre 1864", Paris 1865, Bedeutung erlangt (vgl. dazu R. AUBERT, Monseigneur Dupanloup et le Syllabus, in: RHE 51 (1956) 79-142. 471-512. 837-915), vgl. auch J. TOSI, Vorlesungen 18-20; G.B. GUZZETTI, Il Sillabo di Pio IX nel suo contesto storico-dottrinale, in: Pio IX 5 (1976) 366-381.

266) H.E. MANNING, Das Centenarium 29f. 33. - Eine Ex-cathedra-Entscheidung sehen darin neben anderen W.G. WARD, De infallibilitatis extensione 37f; C. SCHRADER, Der Papst und die modernen Ideen II,17f; ders., De unitate II,387; ders., De theologia 136-138; I.v. SENESTREY, Hirtenbrief vom 22. Februar 1865, 12; J.B. ANDRIES, Petra Romana 100-104; P. GUERANGER, Die höchste Lehrgewalt 31; M.J. SCHEEBEN, Handbuch I,241. Vgl. A. PEIFFER, Die Enzykliken 152f, ferner die folgenden Seiten dieser Arbeit. - Die Gegner des vatikanischen Infallibilitätsdogmas werden sich immer wieder auf den "unfehlbaren" Syllabus berufen, vgl. I.v. DÖLLINGER, Erklärung (Juni 1871); ders., Die Speyerische Seminarfrage; J. FROHSCHAMMER, Die politische Bedeutung 21f; ders., Beleuchtung 6, Anm.; J.H. REINKENS, Über päpstliche Unfehlbarkeit 370f; P.J. ELVENICH, Der 18. Juli 1870 (II.),9.

267) J. KLEUTGEN, Über die Wünsche 11.

268) G. SCHNEEMANN, Die kirchliche Lehrgewalt 21-23. - Das Kommentarwerk "Die Encyclica Papst Pius' IX. vom 8. Dezember 1864" umfasst zwölf Hefte; das 1. enthält auch die beiden Dokumente lateinisch und deutsch (7-37), die übrigen handeln von den Grundirrtümern der Zeit (2.), von Ehe (3.), Kirchenstaat (4.), Liberalismus (5.), Freiheit der Kirche (6.), Kirchengewalt (7.), Papst (8.), Sittlichkeit (9.), christliche Schule (11.) sowie Staat und Kirche (12.).

269) F. RIESS, Eine Vorfrage 77.

270) A.a.O. 92.

271) A.a.O. 92-99.

272) In ihrer Adresse an den Papst vom 1. Juli 1867 erklären sie: "Tu aeternas veritates annuntiare, tu saeculi errores, naturalem supernaturalemque rerum ordinem atque ipsa ecclesiasticae civilisque potestatis fundamenta subvertere

minitantes, apostolici eloquii gladio configere, tu calliginem novarum doctrinarum pravitate mentibus offusam dispellere, tu quae necessaria ac salutaria sunt, ... commendare supremi tui ministerii es arbitratus; ... Petrumque per os Pii locutum fuisse credentes, quae ad custodiendum depositum a te dicta, confirmata, prolata sunt, nos quoque dicimus, confirmamus, annuntiamus unoque ore atque animo reiicimus omnia, quae divinae fidei, saluti animarum, ipsi societatis humanae bono adversam tu ipse reprobanda ac reiicienda iudicasti" (M 49,250A-B). Vgl dazu H.E. MANNING, Das Centenarium, wonach Enzyklika und Syllabus bereits für sich unfehlbar sind (29).

273) F. RIESS, Eine Vorfrage 99.

274) A.a.O. 99f.

275) A.a.O. 106-109.

276) A.a.O. 106.

277) A.a.O. 107.

278) A.a.O.^{2} S. VII.

279) Vgl. oben Anm. 268.

280) F. RIESS, Eine Vorfrage 101.

281) A.a.O. 101f.

282) A.a.O. 102.

283) Vgl. J. TOSI, Vorlesungen: Die Unfehlbarkeit "reicht weiter, und muss viel weiter reichen, weil sonst das Werk Christi unfruchtbar, und die Kirche Gottes der Realisirung ihrer Aufgabe nicht gewachsen wäre. Ihre Bestimmung ist die Heiligung des Menschen in seinen faktischen Lebensverhältnissen durch Wahrheit und Gnade"; der Häufigkeit nach sei ja "die Infallibilität der Kirche bei diesen Deduktionen und Anwendungen des Dogma noch mehr nothwendig als die Unfehlbarkeit im Dogma selbst" (16). Nach J.B. FRANZELIN, der sich in einem Brief vom 19. März 1868 für den Ex-cathedra-Charakter des Syllabus ausspricht, fordert eine Lehrentscheidung innere Zustimmung, "licet non semper, ut per se constat, obedientia fidei immediate divinae propter auctoritatem Dei revelantis hanc veritatem exigatur, sed fidei mediate divinae obedientia respondeat infallibilitati revelatae, dum proponit obiectum ut verum, non tamen ut in se revelatum" (bei F. DESJACQUES, Le Syllabus 354, Anm. 3).

284) Vgl. J. TOSI, Vorlesungen 13-15.

285) A.a.O. 14.

286) Theol. Literaturblatt (Bonn) 1(1866) 358f (F.H. REUSCH); 2(1867) 242f (F.X. DIERINGER).

287) Vgl. G. SCHNEEMANN, Die kirchliche Lehrgewalt 21-23.

288) J. FROHSCHAMMER, Beleuchtung 6, Anm., 12.

289) A.a.O. 78-82.

290) J. FESSLER, Die wahre: SCHULTE habe die Unfehlbarkeit des Syllabus im Sinne der vatikanischen Definition "nicht bewiesen. Es ist aber dieses unter den katholischen Theologen keineswegs eine so ausgemachte Sache ..., vielmehr wird es von angesehenen Theologen in Zweifel gestellt. Dieser Zweifel gründet sich vorzüglich darauf, dass die Form des Syllabus eine ganz andere ist, als jene, in welcher die Päpste ihre feierlichen Lehrentscheidungen erlassen". Mit Sicherheit enthielten manche der dem Syllabus zugrundeliegenden Dokumente keine Ex-cathedra-Aussage. "Hat aber vielleicht der Papst dadurch, dass er den Syllabus dem ganzen Episcopate mittheilen liess, alle seine Aussprüche über die in ihm enthaltenen Irrthümer zu solchen Lehrentscheidungen erheben wollen, die nach der Glaubensentscheidung des vaticanischen Conciliums einen förmlichen Ausspruch ex cathedra bilden würden? Das ist es, worüber Manche glauben, ohne eine neue Erklärung des heiligen Stuhles zweifeln zu dürfen" (58f).

291) Vgl. Der Syllabus des römischen Papstes 3f; J. BERCHTOLD, Die Unvereinbarkeit 11; P. HINSCHIUS, Die Stellung 46f. 51f; ders., System III,470; ferner oben Anm. 266.

292) Vgl. J.H. NEWMAN, Postscriptum 244 (gegen GLADSTONES zweite Schrift "Vaticanism").

293) J.H. NEWMAN, Ein Brief 177. 180f.

294) A.a.O. 182-187; ders., Postscriptum 242f. - Zur Kontroverse vgl. A.S. RYAN, Introduction, in: NEWMAN and GLADSTONE, The Vatican Decrees S. VII-XXII; D. MC ELRATH, The Syllabus 207-333.

295) H. DUMAS, Questions... Le livre 385-392.

296) "Ajoutons qu'il y a três-certainement contradiction entre la pensée de l'évêque de Saint-Hippolyte et celles des Pères du Vatican. Ceux-ci nous obligent à regarder comme infaillibles toutes les décisions du Saint-Siège, qui ordonnent l'adhésion unanime des fidèles à une doctrine concernant la foi ou les moeurs. O u l e s m o e u r s, que l'on remarque et que l'on pèse bien ces trois mots: les moeurs, même en tant qu'on peut les distinguer de la foi et qu'elles se rapportent à l'ordre naturel. La lumière supérieure, qui dirige l'Eglise et son chef infaillible, donne une certitude absolue à leurs jugements touchant les choses inférieures, du moment où ces inférieures ont quelque relation avec le salut éternel de l'homme. Telle est la doctrine du Concile" (a.a.O. 395).

297) "Que de conclusions sur lesquelles nous avons besoin d'être éclairés! Que de doutes pratiques soulevés par des circonstances imprévues et nouvelles, et par le perpétuel changement des choses humaines, au sujet desquels il nous faut à tout prix obtenir une solution? Cette solution ne fait pas partie intégrante de la vérité révélée, Dieu ne l'a pas donnée avant les événements; et cependant elle appartient au règlement des moeurs chrétiennes. Croyez-vous être d'accord avec le Concile, si vous refusez à l'Eglise en la personne de son

chef le pouvoir de la découvrir et de la faire connaître avec certitude? Secondement, le Concile n'attribue point au Pape une autorité doctrinale moins immédiate sur les questions de moeurs que sur les questions de foi. Les unes et les autres relèvent de lui, non-seulement à cause du rapport ou de la subordination qui les lie entre elles, mais encore pour elles-mêmes et à cause de leur importance propre. Il peut donc, lorsque le bien des âmes le demande, décider les premières, c'est-à-dire les questions de moeurs, directement, et sans être obligé de nous déclarer à quel point et comment sa décision a été puisée aux sources de la foi; à plus forte raison il peut les décider, sans avoir besoin d'expliquer si elles font ou ne font point partie du dépôt sacré de la révélation" (a.a.O. 395f).

298) A.a.O. 398-400. 408. - Auch in anderen Beiträgen sucht DUMAS den Syllabus als unfehlbare Entscheidung aufzuweisen: Questions... Soumission; Questions... Valeur. Auf die Approbation der Schrift FESSLERS mit ihrer abweichenden Auffassung (vgl. H. DUMAS, Questions... Le livre; ders., Questions... Soumission 252f) geht er eigens ein: Approbation pontificale de livre de Monseigneur Fessler sur "la vraie et la fausse infaillibilité", in: Etudes 33 (1875) 442-446. - In der gleichen Zeitschrift verteidigt 1889 F. DESJACQUES erneut die Unfehlbarkeit des Syllabus: Le Syllabus; ders., L'autorité.

299) J.M.A. VACANT, Le magistère 102-105.

300) C.G. RINALDI, Il valore: "... sostengo come cosa certa e posta fuor di dubbio che il Sillabo è documento pontificio enumerante errori tutti e singoli condannati, riprovati e proscritti con infallibile giudizio dal magistero del supremo Pastore e Dottore dei Fedeli" (12, vgl. 235-238), auch wenn es sich nicht allein um Häresien handelt. Das Hauptargument liegt dabei in der Tatsache, dass der Episkopat die Sätze des Syllabus als Irrtümer, die durch unfehlbares päpstliches Urteil verworfen wurden, gewertet habe (236).

301) J. BEUMER, Art. "Lamentabili", in: LThK VI,765 (vgl. DS 3401-3466, dazu die Enzyklika "Pascendi", Auszug: DS 3475-3500). Zur Unfehlbarkeitsfrage vgl. A. PEIFFER, Die Enzykliken 155-157.

302) Vgl. L.K. GÖTZ, Der Ultramontanismus 61-67. 72. 273-275; P.v. HOENSBROECH, Der Syllabus, seine Autorität und Tragweite, München 1904.

303) F. HEINER, Der Syllabus 11-23.

304) L. CHOUPIN, Valeur 109-157.

305) A. MICHELITSCH, Der Syllabus 6f.

306) Trotz namhafter Vertreter einer unterschiedlich (Ex-cathedra-Entscheidung, Zustimmung des Gesamtepiskopates, unfehlbare Dokumente; vgl. L. BRIGUE, Art. "Syllabus" 2916-2921) begründeten Unfehlbarkeit des Syllabus vor und nach dem 1. Vatikanum (vgl. oben Anm. 266) wird diese heute

durchwegs verneint, vgl. A. GISLER, Art. "Syllabus", in: Kirchliches Handlexikon II,2261; V. FRINS, Art. "Syllabus" 1020f; L. BRIGUE, a.a. O. 2921; R. AUBERT, Art. "Syllabus" 1203.

307) G. SCHNEEMANN, Die kirchliche Lehrgewalt 52-103; P. MURRAY, Tractatus III, 172f. 236-240 ("Ecclesia in quacumque censura theologica (infra censuram haereseos) ferenda infallibilis est"); Th.F. KNOX, Wann spricht die Kirche unfehlbar 63-103 (ders., When does the Church speak infallibly? Or, the Nature and Scope of the Church's Teaching Office, London 1867, 24ff); W.G. WARD, De infallibilitatis extensione 18-26 (ders., The Authority of doctrinal Decisions which are not Definitions of Faith, London 1866).

308) Vgl. R.A. DIBBLE, John Henry Newman 161-169; D. MC ELRATH, The Syllabus 109-206. Die literarische Kontroverse eröffnet gegen WARDS Ausführungen in der "Dublin Review" H.I.D. RYDER mit "Idealism in Theology. A Review of Dr. Ward's Scheme of Dogmatic Authority", London 1867; dagegen: W.G. WARD, A Letter to the Rev. Father Ryder on His Recent Pamphlet, London 1867; ferner: RYDER, A Letter to William George Ward, Esq. D. Ph. on His Theory of Infallible Instruction, London 1868; WARD, A Second Letter to the Rev. Father Ryder, London 1868; RYDER, Postscriptum to Letter to W.G. Ward, London 1868; WARD, A Brief Summary of the Recent Controversy on Infallibility; Being a Reply to Rev. Father Ryder on His Postscript, London 1868.

309) W.E.v. KETTELER, Freiheit 172.

310) A.a.O. 173.

311) W. ULLATHORNE, A Letter 4-7.

312) A.a.O. 31f; vgl. auch ders., On Certain Methods 42. Dazu D. MC ELRATH, The Syllabus 113-120; U. NOACK, Katholizität 62-80. - 1859 hatte ein Artikel NEWMANS "On Consulting the Faithful in the Matter of Doctrine" im "Rambler" Anstoss erregt; vgl. J. GUITTON, Mitbürgen der Wahrheit. Das Zeugnis der Laien in Fragen der Glaubenslehre, Salzburg 1964.

313) M 49,9A-10A. Vgl. Th. GRANDERATH, Geschichte I,20f; R. AUBERT, Vaticanum 47f.

314) M 49,246B-C. 247C-248A.

315) Vgl. M 49,251C-D, dazu oben Anm. 272; die ganze Adresse: M 49, 247D-262C.

316) M 49,263A-264A.

317) M 49,1249D-1256A.

318) M 49,1249D-1252C.

319) M 49,1259D-1260D.

320) M 49,1259 D-1260 D. Zur Reaktion auf dieses und das an die orientalischen Kirchen gerichtete Schreiben (M 49,1255 B -1260 A) vgl. Th. GRANDERATH, Geschichte I,133-139. 303-354; R. AUBERT, Vaticanum 61-64; Das Oekumenische Concil, StML I,40-61.

321) M 49,1271 C-1278 C. Durch Dekret "Apostolicis Litteris" vom 22. Februar 1870 (M 50,854 A-855 D).

322) M 49,1271 D.

323) Vgl. M 50,2 D.

324) Vgl. darüber Th. GRANDERATH, Geschichte I,27-56; F.v.d. HORST, Das Schema 20-40.

325) M 49,93 B-98 A.

326) M 49,93 C-94 C.

327) M 49,95 C.

328) M 49,96 A.

329) M 49,9B-94 B.

330) Vgl. M 49,16A. 24 B. 33 B. 47 C-D. 54 B.D. 55 A. 58 C. 62 B.D. 63 B. 65 D. 66 B. 67 C. 69 C. 74 B. 85 C-D. 86 D. 89 A. 90 A. 91 A.

331) Vgl. M 49,16 A-B. 40 A. 43 D.

332) Vgl. M 49,47 C-D. 86 A-B.

333) Vgl. M 49,16 D. 38 A. 38 D-39 B. 48 C. 65 C. 67 C. 82 B.

334) Vgl. M 49,58 C. 63 B. 66 A. 86 D.

335) Vgl. M 49,38 D. 40 B. 57 D. 61 C. 64 A. 72 D. 89 D.

336) Vgl. M 49,48 A.

337) M 49,99 D-100 A. 104 A-B. - Nicht gemeint sind hier Meinungen auf dem Gebiete der Metaphysik, der Moralphilosophie und des Natur- und Völkerrechtes, worüber Katholiken durchaus disputieren könnten, sondern Prinzipien und Lehren, "che indubitatamente si oppongono alla religione nei suoi dogmi o nella sua morale" (100 A).

338) M 49,105 D-107 A.

339) M 49,179 C-182 D.

340) M 49,107 C-202 C.

341) M 49,201 D-238 C.

342) Vgl. M 49,203 B.D.

343) Vgl. M 49,204 C-D. 205 B-D. 206 A-B. 211 C-D; im einzelnen: 109 D. 121 D. 124 B. 125 B. 130 C-D. 131 B. 132 D-133 A. 133 D. 134 C. 138 C-D.

145A. 149A-D. 155B. 157A-D. 165C-D. 171C-D. 172B. 172D-173A. 175C. 183C-D. 186C-187A.

344) Vgl. M 49,206B-208A. 209D-210A. 213C-215C; im einzelnen: 109D-110A. 113B. 118D. 122D. 124D. 126C-128A. 139B-141B. 158D-159B. 166A. 171C-D.

345) Vgl. M 49,213C-214C (139B-141B).

346) Vgl. M 49,208D-209C (167B-168B).

347) Vgl. M 49,207C (151C).

348) Vgl. M 49, 206B. 207A-B.D. 208A-B. 209D. 210A. 211C. 215A-C; im einzelnen: 115D. 124D. 127D-128D. 140D-141A. 151C. 162A, ferner 110A. 113B. 123A. 127A.

349) Vgl. M 49,208A; im einzelnen: 128A-D. 157D-158A. 160A. 169B-C.

350) Vgl. M 49,215B; im einzelnen: 110B. 114B. 119B. 128B. 143D-144A. 162D-163D.

351) Vgl. M 49,208B (162B).

352) Vgl. M 49,207A. 213D (110A. 127C. 139C).

353) Vgl. M 49,209D. 211A-D (123A. 171A-D), ferner 215A (140D-141A).

354) Vgl. M 49,208B-C. 209D; im einzelnen: 111C. 123A. 127A-B. 137C-D. 139C. 151C. 161D. 168D. 171C.

355) Vgl. M 49,210A-C; im einzelnen: 115D. 127B. 139B-C. 161D-162A. 166B-C. 171D.

356) Vgl. M 49,211B.D (171C).

357) Vgl. M 49,211D-212B; im einzelnen: 113B. 115D. 116D. 122D-123B. 124C. 131B. 134D-135C. 137C. 138D-139A. 145B. 150D. 151A-C. 153C. 154A. 160A-B. 164A. 166A-B. 172B. 173A-B. 175C. 177B. 200B. - Gegen eine mögliche Antastung der Unfehlbarkeit des Syllabus: 146C-147A; vorsichtig auch 156B.

358) Vgl. M 49,212B-213A; im einzelnen: 111B. 135C. 137C. 154B. 156B. 168C-D.

359) Vgl. M 49,213B-C (139A-B. 165D-166A).

360) Vgl. M 49,220A-B. - Bischof PIE selbst fasst dies unter die "questions morales", neben den "questions disciplinaires" (113C). Vgl. auch 119A ("resusciter la foi et la vie chrêtienne dans le monde"). 123C-D. 127A. - Zur Reform des Klerus: 215D-220A; zu Kirche und Schule: 220C-221B; zur Ehe: 222C-D.

361) Vgl. M 49,225D (114B-D).

362) Vgl. M 49,232B-C. 235C. 236A (183C. 184B. 194C).

363) Vgl. oben S. 36-48.

364) Vgl. M 49,112 D. 113 D. 125 C-D. 133 D. 134 B. 150 D. 151 A. 161 A. 167 A. 172 D. 177 A-B.

365) Vgl. M 49,133 D. 134 B. 145 A-B. 153 A. 168 C. 172 D.

366) Vgl. M 49,128 B. 168 D-169 A.

367) Vgl. M 49,113 D (Reform der mores des Klerus als Frage der Disziplin).

368) Vgl. M 49,113 C.

369) Vgl. M 49,177 B.

370) Vgl. M 49,118 D. 123 A-B. 124 C. 154 B. 157 B. 159 A-C. 160 C. 164 A. 175 C.

371) M 49,176 B.

372) M 49,126 A.

373) M 53,474 A-475 D. 476 A-C. - Zum Votum "De usuris", das G. CARDONI erstellt, vgl. unten Anm. 473.

374) Einmal votieren vierzig Konzilsväter für eine Erneuerung des Völkerrechtes durch die von Gott geoffenbarten Wahrheiten (M 53,477 A-478 B) und erwarten eine "declarationem, qua authentice promulgentur eae iuris canonici partes, quae ad iura gentium et belli naturam spectant, illaque omnia respiciunt, unde vel officii, vel sceleris rationem bellum obtineat" (477 B-C). Ganz ähnlich heisst es in einem anderen Postulat (M 53,591 C-592 B): "Ils (= seriöse Menschen) sont persuadés de la nécéssité d'une déclaration de cette partie du droit canon qui touche au droit des gens, à la nature de la guerre, et à tout ce qui la rend ou devoir ou crime" (591 D). Es würde "cette restauration de la conscience des hommes" die drohenden Gefahren abwenden (591 D-592 A). Hierher gehört auch das ausführliche "Votum synodi patriarchalis Armenorum de re militari et bello" (M 53,585 B-591 C).

375) M 53,587 C-591 A.

376) In: J. FRIEDRICH, Documenta I,289-316. "Nous croyons", heisst es darin, "que cet acte (= l'onanisme conjugal) n'a jamais été spécialement étudié ni formellement défini par l'Eglise... Nous pensons que dans l'état actuel des sociétés et pour des causes diverses cette pratique devient inévitable, qu'elle se répandra sans être arrêtée par aucune prohibition ecclésiastique. Nous supplions la Sainte Eglise notre mère d'examiner notre dissertation approfondie et de ne pas causer la damnation de tant de millions d'âmes en laissant les directeurs imposer aux consciences des prescriptions ou des prohibitions impossibles à observer (289). Es folgt eine Auseinandersetzung mit zwanzig Argumenten, die als Stütze des Verbotes dienen. Auf die kirchliche Lehrautorität, der die Schrift allerdings nicht entgegentreten will (vgl. 289), geht dieselbe dabei nicht ein. - Dieses Postulat erwähnen J. FRIEDRICH, Tagebuch 113f (distanziert!); M. ROSSET, De sacramento matrimonii tractatus

dogmaticus, moralis, canonicus, liturgicus et iudiciarius, St. Jean-de-Maurienne V (1895), 374 f (entrüstet); darauf bezieht sich J.T. NOONAN, Empfängnisverhütung 499, Anm. 56.

377) M 53, 393 D-398 D.

378) Vgl. M 53, 393 D-395 D.

379) Vgl. M 53, 396 A-B.

380) Vgl. M 53, 396 B-398 D.

381) Vgl. M 53, 389 C.

382) Vgl. M 53, 391 C.

383) M 53, 391 D.

384) Vgl. M 53, 520 A-B. 521 C-522 A. 618 A. 619 C. - Aus der Vielfalt der Postulate (M 53, 331 C-662 D; CL VII, 768 d-912 a), die sich - von der Definition der päpstlichen Unfehlbarkeit abgesehen - u.a. auf die Definition der Assumptio Mariens und auf Angelegenheiten des Kultes beziehen, verdienen noch jene, die das öffentliche und gesellschaftliche Leben betreffen, Beachtung, vgl. M 53, 392 D-393 D (Ehe). 568 C-569 C (Übel der Gesellschaft). 569 C-570 B (Sozialismus). 596 B-603 C (konfessionsverschiedene Schulen und Ehen). - Über die Postulate informiert K. MARTIN, Die Arbeiten 67 ff (passim), mit Verweis auf die von ihm erstellte Dokumentensammlung. Zur sozialen Frage auf dem 1. Vatikanum vgl. H. RONDET, Vatican 209-215; E. GATZ, in: AHC 3 (1971) 156-173.

385) Unter den Anliegen, die im Hinblick auf das Vatikanum vorgebracht werden, seien hier - neben dem Bemühen um Glaubenseinheit (mit den Juden, Protestanten und Anglikanern, zu letzteren vgl. CL VII, 1144 b-1146 b), philosophisch-dogmatischen Themen (vgl. G.C. MAYER, Zwei Thesen für das allgemeine Concil, Bamberg 1868; dagegen: J. KATSCHTHALER) und der Unfehlbarkeitsdefinition - besonders zwei Gruppen von Voten erwähnt, einmal die dem Papst von englischen Katholiken und Protestanten angetragene Erklärung der Grundsätze des Völkerrechtes (vgl. CL VII, 1307 a-1310 b; D. URQUHART, Ad Summum Pontificem ut ius gentium restauretur viri protestanti appellatio, London 1869), zum anderen die wiederholt und nicht ohne Schärfe geforderte Reform der Kirche; vgl. dazu J.A. GINZEL, Reform der Römischen Kirche in Haupt und Gliedern. Aufgabe des bevorstehenden römischen Concils, Leipzig 1869; Ein offenes Wort an die Bischöfe und Katholiken Deutschlands angesichts des bevorstehenden allgemeinen Conciliums von einem katholischen Geistlichen, Oehringen 1869; G. RATZINGER, Das nächste allgemeine Concil und die wahren Bedürfnisse der Kirche. Ein Wort an alle wahren Christen geistlichen und weltlichen Standes von einem katholischen Geistlichen, Weningen-Jena 1869; J. SEPP, Kirchliche Reformentwürfe beginnend mit der Revision des Bibelkanons. Ehrerbietige Vorlage an das Vaticanische Concil, München 1870. Die Schrift "Ein römisch-katholischer Laie an Pius den Neunten...", Leipzig 1869, einer Dogmenvermehrung

abgeneigt (7f), erwartet vom Konzil als Hauptlehre: "Wenn Jemand auf irgend eine Weise gegen die Nächstenliebe fehlt, so sei er im Banne" (20).

386) Schon die Bezeichnung der Aufgaben eines Konzils im allgemeinen, das nach F. DUPANLOUP "über Fragen des Glaubens, der Moral und der kirchlichen Disciplin" berät und "den Menschen die echte Auslegung der dogmatischen und moralischen Wahrheiten, welche in der Offenbarung enthalten sind, zu überliefern" hat (Über das nächste 6), erwähnt somit die Moral. Vgl. auch ders., Das vatikanische Concilium und seine Aufgabe, Breslau ^{2}1869; J. FESSLER, Das letzte 169-171; J.O. RAUSCHER, Hirtenbriefe III, 40-50; J. SIMOR, Hirtenbrief, in: CL VII, 1298d-1300c; Das Oekumenische Concil. StML I, 31-40; J. SPRINZL, Die allgemeinen Concile 22; Th. MONTPELLIER, Le Concile 9. 48. - Andere beklagen nicht nur die moralische Situation (vgl. J. IBACH, Das bevorstehende Concil, Frankfurt 1869, 19; T. MAMIANI, Teorica della Religione e dello Stato e sue speciali attinenze con Roma e le nazioni cattoliche, Florenz 1868, 463-483), sondern bringen hier ihre Erwartung zum Ausdruck: "Das Concil", äussert G. MERMILLOD, "werde aber auch der Moralität zum Fortschritte verhelfen; es werde die wesentlichen Beziehungen der göttlichen Offenbarung zur Sittenlehre, im Gegensatze zu der sogenannten unabhängigen, d.h. von der Glaubenslehre emancipirten Moral von Neuem verkünden; es werde kräftig Hand anlegen an die Abstellung eingeschlichener Missbräuche, es werde der Zeit angepasste Anordnungen treffen, für Hebung der kirchlichen Disciplin und der Sittlichkeit das Mögliche thun" (nach: Das Oekumenische Concil. StML VI, 191f). Angesichts des verbreiteten Naturalismus hat nach dem "Katholik" "das Concil nicht bloss die übernatürliche Wahrheit und Ordnung, sondern auch die Grundwahrheiten der natürlichen Religion und Sittlichkeit, sowie des natürlichen Rechtes ... zu vertheidigen", auch die "praktischen Irrthümer zu verwerfen und zu bekämpfen" (21 (1869/I) 4). Das Vatikanum, heisst es, "wird die Begriffe von Gerechtigkeit und Vergeltung, von Moralität und Freiheit wieder wach rufen" (A. SCHNEIDER, Rede über das bevorstehende allgemeine Concilium, Köln 1869, 15). C.H.A. PLANTIER kommt in seiner Schrift über die Konzilien eigens auf die Wohltaten bezüglich der Moral zu sprechen (Über die allgemeinen 20-35; vgl. 108-110); auch C. de WERVICQ widmet einen seiner Konzilsvorträge dem Thema "Le Concile et la Morale" (Le Concile 47-95). Vgl. ferner K.J. GREITH, Die Autorität 9. 11f. 14; J.P. BÄCKER, Conciliumspredigten 106-109; SALOMONE, zit. in: J. FRIEDRICH, Tagebuch 344.

387) Vgl. J.E.E. ACTON, Essays 306; ders., Zur Geschichte 13; J. FRIEDRICH, Meine Briefe 45f.

388) So von H.E. MANNING, Das Centenarium 63-70.

389) CivCatt Ser.6/IX (1867) 649; auch E. CECCONI, Storia II, 434, Anm. 1; U. BETTI, La costituzione 54, Anm. 1. Vgl. CL VII, 1305b-c; J.B. ANDRIES, Prolog 16f.

390) CivCatt Ser. 7/V (1869) 345-352, hier 351f; CL VII, 1158a-1162d (bes.

1162a-b). Zur Geschichte dieser "Corrispondenza di Francia" vgl. CL VII, 1146c-1157d. Weitere Korrespondenzen: CivCatt Ser.7/V (1869) 475-485; Ser. 7/VI (1869) 96-99. 217-227. 482-486. 721-726; Ser. 7/VII (1869) 731-735. - Zu den unmittelbaren Reaktionen auf den erstgenannten Artikel vgl. CL VII, 1162d-1175b. Die Wirkung desselben wird immer wieder dargestellt, vgl. Th. GRANDERATH, Geschichte I, 171-186; R. AUBERT, Vaticanum 88-110; C. CECCUTI, Il Concilio 88-111.

391) Die Subjektfrage, in welcher Weise nämlich der Papst unfehlbar ist (und dies als Dogma geglaubt werden kann und muss), ist die Kernfrage der vatikanischen Definition (vgl. F. QUARELLA, Quaestio 1; A.W.J. HOUTEPEN, Onfeilbaarheid 374). Die mehr oder minder gegensätzlichen Positionen artikulieren sich immer wieder an den Termini einer "persönlichen, separaten und absoluten Unfehlbarkeit", deren Verständnis schliesslich GASSER angesichts der ekklesiologischen Bedenken der Minoritätsbischöfe (vgl. K. SCHATZ, Kirchenbild 487-493) richtigstellt (vgl. unten S. 342).

392) I.v. DÖLLINGER, Janus 43. 45; vgl. XVI. - Zum "Janus" und den ihm zugrunde liegenden Artikeln "Das Concilium und die Civiltà" vgl. neuestens W. BRANDMÜLLER, Ignaz v. Döllinger 23-62; dort auch der Text der Artikel: 147-180. Eine Neubearbeitung des "Janus" durch J. FRIEDRICH erschien 1892 unter dem Titel "Das Papsttum".

393) Vgl. I.v. DÖLLINGER, Janus 48f. - Zu den Wirkungen der Artikel und des "Janus" sowie den ausgelösten Reaktionen, unter denen vor allem J. HERGENRÖTHERS "Anti-Janus" zu nennen ist (dagegen wieder J. HUBER, Der Papst und der Staat; verteidigt durch J. HERGENRÖTHER, Katholische Kirche), vgl. W. BRANDMÜLLER, Ignaz v. Döllinger 62-109; Th. GRANDERATH, Geschichte I, 187-207.

394) Besondere Bedeutung erlangte für die Beurteilung der Gültigkeit der Konzilsdogmen ferner die Frage einer notwendigen moralischen Einstimmigkeit, vgl. M 51, 716D-717C; QUIRINUS, Römische Briefe 124f. 291-293. 297. 320; CivCatt Ser.7/X (1870) 100-111. 450-462. 675-710; Ser.7/XI (1870) 347-350.

395) I.v. DÖLLINGER, Briefe und Erklärungen 91. - Nach W. BRANDMÜLLER liegt in der Politisierung der eigentliche Grund für den Konflikt um das Vatikanum und die päpstliche Unfehlbarkeit: "Die Geister schieden sich eigentlich in ihrer Auffassung vom Staat und vom Verhältnis der Kirche zu ihm" (Die Publikation 253-257, Zitat: 254).

396) Vgl. CL VII, 1119a-1200b; E. FRIEDBERG, Sammlung 296f. Dazu: J. FRIEDRICH, Geschichte I, 774f; Th. GRANDERATH, Geschichte I, 355-359; D. ALBRECHT, Döllinger 798-802; J. GRISAR, Die Circulardepesche; M. WEBER, Das I. Vatikanische Konzil 50-79. 88-97; W. BRANDMÜLLER, Ignaz v. Döllinger 50-53.

397) CL VII, 1200c-d.

398) E. FRIEDBERG, Sammlung 298-303. Dazu: D. ALBRECHT, Döllinger 803;

399) E. FRIEDBERG, Sammlung 303-313.

400) A.a.O. 313-325; Th. FREUDENBERGER, Die Universität Würzburg 397-406; dazu: 121-131.

401) Th. FREUDENBERGER, Die Universität Würzburg 354-396; dazu: 103-121; auch separat gedruckt: Gutachten der theologischen Fakultät der k. Julius-Maximilian-Universität in Würzburg über fünf vorgelegte Fragen, das bevorstehende ökumenische Concil in Rom betreffend, Würzburg [2]1870.

402) Th. FREUDENBERGER, Die Universität Würzburg 352f; dazu: 103f; vgl. auch J. SCHUMACHER, Der "Denzinger" 45f.

403) Gutachten der theol. Fakultät Würzburg: FREUDENBERGER, a.a.O. 366; ähnlich Gutachten DENZINGER: a.a.O. 352. Vgl. auch 355. 397; E. FRIEDBERG, Sammlung 303-310.

404) Gutachten der theol. Fakultät Würzburg: FREUDENBERGER, a.a.O. 358f. 369f. 372; vgl. 104; E. FRIEDBERG, Sammlung 310.

405) Vgl. CL VII, 1187d-1191c, Hirtenbrief: 1191c-1196a; Brief an den Papst von 14 der 20 Teilnehmer unterzeichnet: 1196a-1197b. Dazu: Th. GRANDERATH, Geschichte I, 232-246; K. SCHATZ, Kirchenbild 127-132.

406) Vgl. CL VII, 1201c-1202c. 1208c-1209b; E. FRIEDBERG, Sammlung 353-355; M. WEBER, Das I. Vatikanische Konzil 108-116.

407) Vgl. CL VII, 1202d-1254c; E. OLLIVIER, L'Eglise I, 503-533; Th. GRANDERATH, Geschichte I, 368-385.

408) CL VII, (1546a-) 1553a-1555a; vgl. E. OLLIVIER, L'Eglise II, 551-556.

409) H.v. KREMER-AUENRODE, Actenstücke II, 187-189; CL VII, 1556d-1557b. Ebenso wird am 20. April 1870 ein österreichischer Vorstoss beantwortet: KREMER-AUENRODE, a.a.O. II, 208; CL VII, 1589a-b.

410) Vgl. H.v. KREMER-AUENRODE, Actenstücke II, 192-199; CL VII, 1546a-1610b; E. OLLIVIER, L'Eglise II, 556-566; M. WEBER, Das I. Vatikanische Konzil 128-132. 154-164; D. ALBRECHT, Döllinger 804-809; D. MC ELRATH, Lord Acton 174-176; Th. GRANDERATH, Geschichte II, 674-729; BUTLER-LANG 239-254; R. AUBERT, Vaticanum 205-215.

411) H.v. KREMER-AUENRODE, Actenstücke II, 297-309; CL VII, 1716a-1721b.

412) Actenstücke des Ordinariates 146f; vgl. H.v. KREMER-AUENRODE, Actenstücke II, 323f; CL VII, 1725c-1728c. Dazu: M. WEBER, Das I. Vatikanische Konzil 177-206. 224-230; W. BRANDMÜLLER, Die Publikation 199-236. 244-253. 583-601. 608-610. 617-623. - Zu Preussen, Österreich und Frankreich vgl. W. REICHLE, Zwischen Staat 304-307; E. OLLIVIER, L'Eglise II, 401. 404-408; R. LILL, Zur Verkündigung 476f.

413) CL VII, 1728c-1729c; vgl. D. ALBRECHT, Döllinger 811-813; M. WEBER, Das I. Vatikanische Konzil 189-193.

414) CL VII, 1733 b-1735 c. Zur Bischofskonferenz vgl. R. LILL, Zur Verkündigung 473-482. Diese der Auffassung der Minorität nahekommende Interpretation findet gleichwohl die Zustimmung Roms (a.a.O. 480; vgl. CL VII, 1736 b-1738 b).

415) CL VII, 1731 b-1732 c.

416) Vgl. Stenographischer Bericht (1871, München); Die Verhandlungen (1872, Köln).

417) Vgl. V. CONZEMIUS, Katholizismus 55-81. - Altkatholische Darstellungen: J.F.v. SCHULTE, Der Altkatholizismus; J. FRIEDRICH, Der Altkatholizismus; U. KÜRY, Die altkatholische Kirche.

418) Vgl. u.a. J. FROHSCHAMMER, Die politische Bedeutung 15-34 passim; ders., Über die religiösen 48-72. 244; I.v. DÖLLINGER, Janus 14-16. 32f; ders., Erwägungen 11-14; QUIRINUS, Römische Briefe 43-48; Der Papst, der Absolutismus 98 u.ö.; Papstthum und Concil 41; Warum glauben wir nicht 17-23; Das Büchlein 40-44; J.H. REINKENS, Über päpstliche Unfehlbarkeit 376. 382-384; ders., Die Infallibilisten 13-33; Die vaticanischen Decrete und das bayerische Staatsrecht; P. HINSCHIUS, System III, 469f; ders., Die Stellung 35-61; ders., Staat und Kirche 216f. 270. 279; E. FRIEDBERG, Die Gränzen III, 767. 773-821; J. HUBER, Der Papst und der Staat; J. BERCHTOLD, Die Unvereinbarkeit 9. 18-20; F. MAASSEN, Die Stellung 3.4.6; J.F.v. SCHULTE, Die Macht 8f. 19. 28-51. 69-75; ders., Denkschrift; Stenographischer Bericht Vf. Xf.

419) Vgl. H.v. KREMER-AUENRODE, Actenstücke II, 318f. 370-382; M. WEBER, Das I. Vatikanische Konzil 219-224. - Zur HERZ'SCHEN Interpellation (KREMER-AUENRODE, a.a.O. III, 9-11) und ihrer Beantwortung durch LUTZ (a.a.O. 13-35) vgl. M. WEBER, a.a.O. 275-284.

420) Vgl. H. BRÜCK, Die Culturkampfbewegung I, 35ff; G. FRANZ, Kulturkampf 170. 185-223; G. GOYAU, Bismarck I, 154-159; J.B. KISSLING, Geschichte des Kulturkampfes I, 271-295; E. SCHMIDT-VOLKMAR, Der Kulturkampf 60-72; M. WEBER, Das I. Vatikanische Konzil 311-318; R. AUBERT, Le pontificat 384-396; A. BIRKE, Bischof Ketteler 89-97. 114-122; E.E.Y. HALES, Pius IX. 501-507; E. OLLIVIER, L'Eglise II, 408-426. - Zum Kulturkampf selbst vgl. (ausser den genannten Monographien) HKG VI/2, 28-48 (-) 59-78 (-86). Dokumente: H.v. KREMER-AUENRODE, Actenstücke II, 356-360.

421) Vgl. M 53, 923 B-934 A; Aktenstücke des Ordinariates 159-173. Zur Bischofskonferenz, die in Eichstätt tagte, vgl. W. BRANDMÜLLER, Die Publikation 236-244. - Weitere bischöfliche Erklärungen: Aktenstücke des Ordinariates 148-156. 307-320; H.v. KREMER-AUENRODE, Actenstücke III, 1-9, 169-189 (Denkschrift; auch in E. FRIEDBERG, Aktenstücke 53-76).

422) DS 3112-3116; H.v. KREMER-AUENRODE, Actenstücke IV, 269-272 (die

Zirkulardepesche: 266-268). Danach "erstreckt sich (das allein unfehlbare päpstliche Lehramt) genau auf dasselbe Gebiet wie das unfehlbare Lehramt der Kirche überhaupt und ist an den Inhalt der Hl. Schrift und der Überlieferung sowie an die bereits von dem kirchlichen Lehramt gegebenen Lehrentscheidungen gebunden" (DS 3116).

423) Vgl. DS 3117.

424) Vgl. E. OLLIVIER, L'Eglise II,373f; AkathKR 26(1871)S. LXXX; PIUS IX., Acta 1/V,354f.

425) Vgl. oben Anm. 292-294. - Die Auffassung NEWMANS von der Unfehlbarkeit und der vatikanischen Definition ist wiederholt dargestellt worden, vgl. R.A. DIBBLE, John Henry Newman; O. KARRER, Newmans Weg 728-739; F. STANGL, John Henry Newman's doctrine of papal infallibility in the Gladstone controversy (Diss. Gregoriana, Rom, 1963); J. STERN, L'infaillibilité de l'Eglise; J.H. NEWMAN, Die Kirche (hrsg.v. O. Karrer), 2 Bde, Einsiedeln-Köln 1945-1946 (passim); ferner die Literaturübersicht von M. NEDONCELLE, Chronique newmanienne, in: RevSR 50(1976) 337-374.

426) Zitiert im Gutachten der theol. Fakultät Würzburg: Th. FREUDENBERGER, Die Universität Würzburg 377.

427) Vgl. namentlich J. FROHSCHAMMER, Über die Freiheit der Wissenschaft, München 1861, sowie Athenäum I (München 1862),67-147. 201-355; II (1863),1-43. 419-456. 509-524; Frohschammer und der apostolische Stuhl, in: Katholik 10(1863/II) 1-28. 178-211. 385-408. - Das Dogma von 1854 hatte keine staatlichen Reaktionen zur Folge (vgl. Das Büchlein 8-10).

428) J.F.v. SCHULTE, Die Macht 17; J.H. REINKENS, Über päpstliche Unfehlbarkeit 374-378. 452; Das Unfehlbarkeitsdogma 19; M. MACCOLL, Papal Infallibility 5. 12f; P. HINSCHIUS, System III,468; IV,436f; J. FRIEDRICH, in: Theol. Literaturblatt 5(1870)365; F.H. REUSCH, a.a.O. 10 (1875)390; J.E.E. ACTON, vgl. D. MC ELRATH, Lord Acton 178f; J.v. LUTZ, vgl. W. BRANDMÜLLER, Die Publikation 227f; A.DU BOYS, vgl. J. GADILLE, Albert du Boÿs 216.

429) J. FROHSCHAMMER, Die politische Bedeutung 30; F. BRENTANO, Einige Bemerkungen 434. 436; S. MAYER, De summi pontificis 12; J.F.v. SCHULTE, Die Macht 27; ders., Denkschrift 12. 85f; J.H. REINKENS, Über päpstliche Unfehlbarkeit 374f. 377; ders., Die Unterwerfung 58f; Das Unfehlbarkeitsdogma 19; Das vatikanische Concil und die württembergische Staatsgesetzgebung 56f; W.E. GLADSTONE, Vaticanism 88; P. HINSCHIUS, System IV,437f; K.v. STREMAYR, vgl. H.v. KREMER-AUENRODE, Actenstücke II,300.

430) I.v. DÖLLINGER, Erklärung (Juni 1871) 2928.

431) Diese wichtige Feststellung, die sich aus der Durchsicht der zeitgenössischen

Konzilsliteratur zweifelsfrei ergibt, wird durch die nachfolgenden Ausführungen und Anmerkungen hinreichend belegt.

432) Vgl. unten S. 78-80. Ferner: A. WESTERMAYER u.a., Offene Erklärung: "Dass das Wort 'Sitten' nur die Grundsätze für einen Gott wohlgefälligen, nicht durch äussere Mittel erzwingbaren Gebrauch der Willensfreiheit bezeichne, davon sind wir so sehr überzeugt, dass wir einer autoritativen Interpretation von Rom, welche wir wünschen und die seiner Zeit auch erfolgen muss, mit Ruhe entgegensehen" (82).

433) So gibt "Das Büchlein von der Unfehlbarkeit", das in der Obergewalt "auf dem gesammten Gebiete des Glaubens und der Sitten ... so ziemlich Alles, was man verlangen kann", versteht, zu bedenken: "Das Gebiet der Sitten umfasst die ganze menschliche Gesellschaft" (6). "Wo soll also das Gesetz, wo soll die Gleichheit vor dem Gesetz hinkommen, wenn der Papst auch auf dem Gebiete der Sitten oberster Richter jedes Gläubigen ist?" (42). "Das Wort 'Sitten' ist hier auffallend gesetzt, denn es zeigt die praktische Seite der Frage. Glaubenssachen bleiben immer innere Angelegenheiten eines Jeden. Wenn aber der Papst aus sich selbst befehlen kann, was wir zu thun und zu lassen haben, so führt das nothwendig zu Konflikten mit den Staatsregierungen und ganz besonders mit den Rechten des Volkes. Denn die Völker wollen sich heut zu Tage ihre Gesetze selber geben" (47). - Der 2. Altkatholiken-Kongress spricht von einer "radicalen Staatswidrigkeit" des durch die vatikanischen Dekrete geschaffenen Kirchenwesens, welche die katholische Kirche alterieren, eine unbedingte und allumfassende Herrschaft des Papstes statuieren sowie "das ganze Gebiet des ethischen Lebens, also auch dessen auf das staatliche und sociale Gemeinwesen sich beziehende Seite den unfehlbaren Stuhlsprüchen der Päpste überantworten" (Die Verhandlungen... S. XVIII). F. MAASSEN expliziert die päpstliche Gewalt, "jedes bürgerliche Gesetz aus dem Gesichtspuncte der Sitten zu verwerfen ..., jeden Staatsact zu annulliren, jede Kriegserklärung zu verbieten, Kaiser und Könige abzusetzen und die Völker ihrer Eide zu entbinden" (a.a.O. 60). - Auch C. GAREIS, Irrlehren, verlegt sich auf "mores": "Das Thor aber, durch welches das ganze Staatsleben, die gesammte äussere und innere Politik des Staates, alle öffentlichen Angelegenheiten in das Herrschaftsgebiet der jesuitisch beherrschten Kirche gezogen wird, bildet der unglaublich elastische und darum so beliebte Begriff 'mores', 'Sitten', worunter nicht bloss die Moral, sondern auch das Recht, das öffentliche (Staats-, Völker-, Straf- und Prozessrecht) sowohl wie das Privatrecht verstanden wird; mit dieser Begriffsausdehnung wird die Oberherrschaft der Kirche über den Staat, die clericale Agitation in allen Gesetzgebungsfragen desselben, selbst wenn sie noch so weit abseits vom Gebiete der Religion liegen, scheinbar gerechtfertigt und die grosse Grenzverwirrung so zu sagen systematisch herbeigeführt" (16f). - W.E. GLADSTONE, der "die vatikanischen Dekrete in ihrer Bedeutung für die Untertanentreue der englischen Katholiken" untersucht (vgl. oben Anm. 425), mokiert sich über die "Einschränkung der Unfehlbarkeit auf die Sitten": "Only matter of morals! Will any of the Rome casuists kindly acquaint us what are the departments and functions of human life which do

not and cannot fall within the domain of morals?" (36, vgl. 39). So konstatiert auch er, dass die Unfehlbarkeit so weit reiche, als es dem Papst gefalle (36f), dem gegenüber das 3. Kapitel von "Pastor aeternus" zu absolutem Gehorsam verpflichte (vgl. 37-45). - Noch 1894 kommt J. FRIEDRICH auf die politische Relevanz des Vatikanums zurück. Nach ihm braucht der Papst nur eine politische Angelegenheit als eine religiöse, die Kirche betreffende zu erklären, um - als "das Universalgewissen für alle römischen Katholiken" - diese unbedingt zu verpflichten (14). "Die Politik", so gibt er die Auffassung des "Osservatore Romano" wieder, "sei nur auf das öffentliche Leben angewendete Moral. Da aber der Papst der unfehlbare Lehrer des Glaubens und der Moral (Sitten) sei, so sei er der ständige Richter über beide Gebiete, über das öffentliche Leben so gut wie über das Privatleben, Richter, Gesetzgeber und Souverän auf politischem und bürgerlichem Gebiete; seine Autorität und seine Macht auf Erden habe überhaupt keine Grenzen" (16). Den Anspruch seiner "Unfehlbarkeit auf dem ganzen Gebiete der Morallehre, des staatlichen, bürgerlichen und privaten Lebens" habe das Vatikanum begründet (ebd). Alles Handeln habe moralischen Einschlag (18). Gegen abschwächende Tendenzen legt FRIEDRICH den Finger auf die erklärte Unfehlbarkeit des Papstes auch in den Sitten. Dass darunter "auch die weltlichen Dinge, die Politik begriffen ist", steht für ihn ausser Frage, müssen doch (nach dem Schema über die Kirche) auch die Regierenden gleich den Privatpersonen den von der Kirche zu entscheidenden Normen des göttlichen Gesetzes folgen (19f). - Vgl. ferner: J.F.v. SCHULTE, Die Macht 24; P.J. ELVENICH, Der 18. Juli 1870 (II), 12; ders., Pius IX., 16; J.H. REINKENS, Die Infallibilisten 20. 72; ders., Vortrag 10; Th. WEBER, Staat und Kirche 32f. 36f. 40f. 74. 81. 107f. 128. 146; Th. KOERNER, Das Dogma 19; Das Unfehlbarkeitsdogma 7; Warum glauben wir nicht 19f; Wie es auf dem Konzil zugeht 150; P. HINSCHIUS, System III, 468; J.E.E. ACTON, Sendschreiben 231f; ders., vgl. D. MC ELRATH, Lord Acton 178; F. MAASSEN, Die Stellung 6; J.v. LUTZ, vgl. H.v. KREMER-AUENRODE, Actenstücke II, 377; III, 19. 45-47; zu DÖLLINGER vgl. oben S. 72.

434) "Während die Glaubenslehren regelmässig sofort als wesentlich erkennbar sind, steht es mit den Gegenständen der S i t t e n nicht so einfach. Nimmt man das gebrauchteste Compendium der M o r a l von Gury zur Hand, so findet man als Object Tractate über: 1. Die menschlichen Handlungen. 2. Das Gewissen. 3. Die Gesetze (...). 4. Die Sünden. 5. Die Tugenden. 6. Die zehn Gebote. 7. Die Kirchengebote (...). 8. Die Gerechtigkeit und das Recht (...). 9. Die einzelnen Stände (...). 10. Die Sacramente. 11. Die Kirchenstrafen. 12. Die Irregularitäten ..." (Die Macht 25f).

435) A.a.O. 26; vgl. auch 54. 59. 79-83.

436) A.a.O. 54.

437) I.v. DÖLLINGER, Erwägungen 12.

438) I.v. DÖLLINGER, Das Concilium 165f. Er denkt auch an eine Dogmatisie-

rung des Probabilismus durch das Konzil, vgl. a.a.O. 159. - Auch sonst argumentiert man mit unhaltbaren Moraldefinitionen aus der Geschichte (betreffend die Verfolgung von Häretikern oder den Wucher) gegen das Unfehlbarkeitsdogma, vgl. Papal Infallibility and Persecution 11-36; Papstthum und Concil 23-31. - Auf eine differenzierende Betrachtungsweise dringt dagegen J.E. WIESER, Die Unfehlbarkeit 105.

439) Vgl. DS 870-875. - Diese Bulle spielt im Streit um die Unfehlbarkeitsdefinition eine besondere Rolle. Vgl. dazu J.O. RAUSCHER, Observationes 3. 59-63 (zu dieser Schrift: K. SCHATZ, Kirchenbild 203-205. 420-457; E. KOVACS, Die Bedenken); J. BERCHTOLD, Die Bulle; dagegen: W. MARTENS, Das Vaticanum.

440) Vgl. oben S. 74f. Ferner: W.E.v. KETTELER, Das unfehlbare Lehramt 87-91; J.B. ANDRIES, Cathedra I,284-307; J.P. BÄCKER, Conciliumspredigten 89. 100f; Der Conflikt 64; A. EBERHARD, Der Fels 179-181; An die Fallibilisten 54; G.T. GHILARDI, Vantaggi 61-63; HAMMERSTEIN, in: StML 1(1871) 139-147; J. HERGENRÖTHER, Kritik 54-60; ders., Katholische Kirche 978-980; Kritische Beleuchtung 13f; Die Lehre von dem unfehlbaren Lehramte 32; F.X. LIERHEIMER, Der Papst 56-58; PACHTLER, Ist die lehramtliche Unfehlbarkeit des Papstes eine Gefahr für die Staaten?, in: StML 1(1871) 511-521; G. PERRONE, De Romani Pontificis infallibilitate 177f; A. de PONLEVOY, La définition 288f; B. RIVE, Die Unfehlbarkeit 191; L.M. ROTH, Beleuchtung 26, Anm.; M.J. SCHEEBEN, Der Papst 19-21; ders., Neue Erwägungen 33-40; J. SCHMITT, Döllinger 17-21; M. SCHULER, Die Landlügen VIII/IX, 7f. 26f; A. THIEL, Meine Auseinandersetzung 19. 37f; A. WESTERMAYER, Die altkatholische Verirrung 16f; HPBl 67(1871/I) 415.

441) "Die Unfehlbarkeit der Kirche in der Lehre erstreckt sich so weit und nicht weiter als ihre von Christus dem Herrn erhaltene Sendung zu lehren" (R., Beiträge 425). Auch die Unfehlbarkeitsfrage ist aus den Quellen und nach der Regel des Glaubens zu beantworten. Dem Vatikanum selbst stellt sich diese - seitens der Theologie längst vorbereitete - Aufgabe im Zusammenhang mit dem Schema über die Kirche.

442) Vgl. W.E.v. KETTELER, Das Allgemeine Concil 72-81; J. SCHWETZ, Theologia fundamentalis II,119-121; C.v. SCHAEZLER, Die päpstliche Unfehlbarkeit 154; J. SPRINZL, Die allgemeinen Concile 30f; ders., Handbuch 508. - Gerade die Vermittlung dessen, was (von der Offenbarung her, vgl. die folgende Anm.) auf das Heil hin zu glauben und zu tun (!) ist, stellt dabei einen wichtigen Aspekt dar; vgl. SCHWETZ, a.a.O. II,108f (Unfehlbarkeit der Kirche als "dos, vi cuius ipsa in divino fidei deposito custodiendo et proponendo, atque generatim in fidelibus ad salutem ducendis omnis erroris est expers"); SCHAEZLER, a.a.O. 152; K. MARTIN, Die Arbeiten 44 ("... dass die Heilslehre der Menschheit unversehrt bewahrt und verkündigt würde, dazu allein ist das kirchliche Lehramt mit der Gabe der Unfehlbarkeit ausgestattet"); J. SIMOR, Hirtenbrief 8; G. PERRONE, Praelectiones II,691. 840; J.B. ANDRIES, Petra Romana 26; ders., Ca-

thedra I,111. 139; C. SCHRADER, De unitate II,357f; M. BAUER, Unfehlbarkeit 15. 17; H. ORTH, Die göttliche Auctorität 74; E.Th. THISSEN, Das grosse Missverständnis 13f; Il domma 4; Th.F. KNOX, Wann spricht die Kirche unfehlbar 66. Vgl. auch unten Anm. 458.

443) Darüber, dass die Gabe der Unfehlbarkeit allein im Hinblick auf die der Kirche anvertraute göttliche Offenbarung verliehen ist, gibt es nicht den mindesten Zweifel, auch nicht bei denen, deren sehr ausgedehntes Unfehlbarkeitsverständnis Anstoss erregt, so dass andere gerade die Ausschliesslichkeit des Offenbarungsbezuges hervorheben (vgl. K.J.v. HEFELE, in: M 53,1059 C-D; V.A. DECHAMPS, Die Unfehlbarkeit 22; Die Lehre von dem unfehlbaren Lehramte 27f. 31. 33; DS 3116). Da dies, so generell formuliert, jedoch niemand bestreitet, kommt alles darauf an, was darunter näherhin verstanden wird. H i e r , auf der Ebene der Explikation, auf der sich die Divergenzen zeigen, muss die Klärung ansetzen.

444) Dies gilt in einem zweifachen Sinne: Einmal wird trotz abweichender Formulierungen, wie "infallibilis veritas" (J.B. FRANZELIN, Votum 142), die Unfehlbarkeit durchaus nach heutigem Verständnis (vgl. A. MÜLLER, Das Problem 107-109; A. HOUTEPEN, Hundert Jahre 223; P. MC GRATH, Der Begriff 186f; ferner die Kritik an H. KÜNGS Rede von "unfehlbar wahren" Sätzen (dazu ders., Kleine Bilanz 228) etwa von L. SCHEFFCZYK, Satz-Wahrheit 162; W. KASPER, Zur Diskussion 78) auf das Lehramt, seine Träger und seine Urteile bezogen; zum anderen liegt dabei der Ton auf dem L e h r amt (unter Ausschluss des für die Gesetzgebung und Verwaltung zuständigen "Hirtenamtes" im engeren Sinne; vgl. aber unten S. 79), vgl. K. MARTIN, Die Arbeiten 44; J. FESSLER, Die wahre 22. 24. 37. 78-85; J.G. STROSSMAYER, in: M 53,1000A; V. WIERY, in: M 53,1012D; G. PERRONE, Praelectiones... compendium I,136.

445) Gegen eine Restriktion auf das in der Offenbarung selbst Enthaltene (wie in "Ein offenes Wort..." (vgl. Anm. 385) 2f. 7. 9 u.ö., im Sinne von N. CHRISMAN, vgl. unten S. 231) versteht man den ausschliesslichen Bezug der Unfehlbarkeit auf die Offenbarung durchaus in dem weiteren Sinne einer lebendigen Bewahrung, die nicht allein in der Verkündigung der eigentlichen Offenbarungswahrheiten und der Verurteilung von Häresien besteht; vgl. V. A. DECHAMPS, Die Unfehlbarkeit 22f. 47; H.E. MANNING, The Vatican Council 59-90; K. MARTIN, Katechismus 102-104; G. ANTONELLI, in: CL VII,1555c; J.B. ANDRIES, Petra Romana 26. 32f. 301-304. 327. 345f; ders., Cathedra I,111. 180-275; J.B. FRANZELIN, Tractatus 122; P. GUERANGER, Die höchste Lehrgewalt 103. 184; F. HETTINGER, Die kirchliche Vollgewalt 115. 120. 210-214; Th.F. KNOX, Wann spricht die Kirche unfehlbar 66; Zur Lehre von der kirchlichen Unfehlbarkeit 689f; M. LIBERATORE, Del diritto 113-117; P. MURRAY, Tractatus III,172. 236-240; B. RIVE, Die Unfehlbarkeit 6-9; C.v. SCHAEZLER, Die päpstliche Unfehlbarkeit 143f. 168-188; ders., Neue Untersuchungen 21-32; J. SCHWETZ, Theologia fundamentalis II,108f; G. SCHNEEMANN, Die kirchliche Lehrgewalt 52-103; C. SCHRADER, De unitate II,146. 360-362;

ders., De theologia 104. 117, Anm. 1; ders., Theses VII,14; W.G. WARD, De infallibilitatis extensione 19-22.

446) Die Bezeichnung des Unfehlbarkeitsobjektes durch die Formel "fides et mores" ist zur Zeit des 1. Vatikanums so sehr verbreitet, dass es dafür kaum der Belege bedarf; vgl. G. PERRONE, Praelectiones... compendium I,97 ("Ecclesia infallibilis est in iis omnibus quae ad fidem moresque pertinent"). 137 ("Rom. Pontifex ex cathedra definiens in rebus fidei et morum infallibilis est") u.a. - Wohl ist zu fragen nach der Bedeutung der beiden Termini und nach dem Verhältnis der beiden Objektsbezeichnungen "Offenbarungsdepositum" und "fides et mores". Was das letztere betrifft (zu den Termini vgl. S. 80), so ist hier der Sprachgebrauch nicht ganz eindeutig. Sind "fides" und "mores" adäquat jene beiden Bereiche, auf welche hin sich die Offenbarung auslegt oder für welche sie relevant wird, oder sind sie die beiden Seiten der Offenbarung selbst, die in ihr ausgesprochenen Glaubenswahrheiten und Handlungsbestimmungen? Auf das Thema vorliegender Untersuchung hin gefragt, ist die Kirche in den Sitten (was man darunter zu verstehen hat) unfehlbar, w e i l dieselben als solche von der Offenbarung her zu normieren sind, oder aber (nur) i n s o w e i t darüber die Offenbarung (was zu beurteilen allerdings der Kirche zukommt, vgl. Anm. 449) eine Aussage macht? Oder konvergiert diese Alternative darin, dass die Offenbarung (in welcher Weise auch immer) die gesamte Sittenlehre erfasst, so dass man einfach sagen kann, die Kirche sei in der (Glaubens- und) Sittenlehre unfehlbar? In der Tat relativiert sich die Frage, auf die sogleich zurückzukommen ist (vgl. S. 80, Anm. 458), dadurch, dass heuristisch auf jeden Fall vom Offenbarungsdepositum (oder speziell für die "Sitten" vom "Glauben", vgl. S. 79, Anm. 447) auszugehen ist, für w e l c h e s explikativ "Glaube und Sitten" steht (nicht umgekehrt, mögen auch de facto beide Bezeichnungen konvertibel sein). Vgl. dazu V.A. DECHAMPS, Die Unfehlbarkeit: Die Kirche ist "nur in Glaubenssachen, d.h. in der Verkündigung jener Wahrheiten unfehlbar, welche man glauben muss. Damit ist sie selbstverständlich in Beziehung auf die Sittenlehre unfehlbar... Sie ist überdiess unfehlbar bezüglich solcher Wahrheiten, welche wesentlich und unauflöslich mit der Offenbarung zusammenhängen, oder zu ihr in einer nothwendigen Beziehung stehen. Dasselbe, nur in anderen Ausdrücken sprechen die Theologen aus, wenn sie sagen, dass die Kirche unfehlbar sei in Allem, was zu dem Glauben und den Sitten in Beziehung stehen" (sic! 22f). Auch H.E. MANNING interpretiert die Formel von der Offenbarung her: "The phrase then, 'faith and morals' signifies the whole revelation of faith; the whole way of salvation through faith; or the whole supernatural order, with all that is essential to the sanctification and salvation of man through Christ" (The Vatican Council 60). - Die Massgabe des Offenbarungsdepositums für alles, was zum Unfehlbarkeitsobjekt zu rechnen ist, gilt auch dort, wo die gebräuchliche Formel "fides et mores" erweitert wird (so bei D. BOUIX, Tractatus II,236: fides, mores, disciplina generalis; oder selbst bei PERRONE in seinem Votum über die Kirche, vgl. unten S. 165: fides, mores, disciplina essentialis et cultus - abweichend von seiner oben wiedergegebenen Formulierung). - Wird auch dadurch die

terminologische Frage nach "fides et mores" als der gängigen Bezeichnung des Unfehlbarkeitsobjektes nicht überflüssig, so zeichnet sich hier doch - dieses Ergebnis ist im Auge zu behalten - die Präferenz der Frage nach dem Offenbarungsdepositum, seinen Inhalten und Dimensionen ab.

447) Dies geschieht nicht nur de facto (vgl. G. PERRONE, Praelectiones... compendium I, 97f. 137; u.a.), sondern wird auch ausdrücklich bezeugt, vgl. V.A. DECHAMPS, Die Unfehlbarkeit 22 (Zitat in voriger Anm.); J. HERGENRÖTHER, Kritik 56, Anm. 4, wo richtiggestellt wird, dass FESSLER, wenn er von Glaubensentscheidungen spricht, darunter einschlussweise auch die Sittendekrete verstehe. FESSLER selbst macht, wo er die "dogmatische Entscheidung" als Unfehlbarkeitsobjekt bezeichnet, folgende Anmerkung: "Wenn ich hier und anderwärts den Ausdruck: dogmatische Entscheidung oder Glaubensentscheidung im Sinne des lateinischen dogmatica definitio brauche, so geschieht dies der Kürze halber; ich verstehe darunter die doctrina de fide vel moribus, wie schon BALLERINI: De vi ac ratione Primatus Roman. Pontif. ... den Ausdruck erläutert hat: 'fidei dogma, in quo continetur et m o r u m naturalis ac divini iuris d o c t r i n a'" (Die wahre 25); zudem geht er auf die Unfehlbarkeit in der Sittenlehre eigens ein (a.a.O. 24, vgl. unten Anm. 458). M.J. SCHEEBEN, der auf den Glaubenscharakter und Glaubensbezug der "res morum" hinweist (Handbuch I, 30), begründet zugleich (vgl. I, 35) die explizite Nennung der "mores": "Wenn bei der Fixierung des spezifischen Gegenstandes der kirchlichen unfehlbaren Lehrmission häufig - aber nicht immer - die res morum neben die res fidei gestellt werden, dann geschieht das nicht deshalb, weil die letztere Bestimmung an sich nicht ausreichte, sondern 1) weil f o r m e l l die Unfehlbarkeit in rebus morum nicht bloss durch die Unfehlbarkeit in rebus fidei, sondern schon allein durch die Heiligkeit der Kirche bedingt ist, und weil 2) auch m a t e r i e l l die res morum nicht immer geradezu offenbarte Wahrheiten sind, wenigstens in ihrer konkreten Gestalt von Bedingungen abhängig sind, die nur auf natürlichem Wege erkannt werden können" (ebd).

448) So C.v. SCHAEZLER, Die päpstliche Unfehlbarkeit 149-161. Die Formulierungen sind sogar beim selben Autor schwankend; so erstreckt sich nach J. B. ANDRIES die Unfehlbarkeit auf "die natürlichen Wahrheiten aber nur insofern, als sie zu jenen übernatürlichen Wahrheiten und zum übernatürlichen Ziele der Menschen in nothwendiger Beziehung stehen" (Petra Romana 26; ähnlich spricht er in Cathedra I, 111 von "wesentlicher Verbindung"), um gleichwohl später von "irgend eine(r) Beziehung" zu reden (Petra Romana 345).

449) V.A. DECHAMPS, Die Unfehlbarkeit 23; vgl. auch A. MATIGNON, L'action sociale 174. 177-179. - Dass es die Kirche selbst ist, in deren Kompetenz die Entscheidung über eine wesentliche Zugehörigkeit zum Depositum fällt, bedeutet nicht unbeschränkte Willkür, sondern ist ebenfalls vom göttlichen Beistand, der die rechte Lehre verbürgt, umgriffen; vgl. J. FESSLER, Die wahre 30; Zur Lehre von der kirchlichen Unfehlbarkeit 692; D. BOUIX, Tractatus II, 236f; M. LIBERATORE, Del diritto 117.

450) Vgl. J.B. ANDRIES, Cathedra I,202-272. 296-306; C.v. SCHAEZLER, Die päpstliche Unfehlbarkeit 188-202; B. RIVE, Die Unfehlbarkeit 9-11; u.a. - Die Darstellung des sekundären Unfehlbarkeitsobjektes, auf das hier nicht im einzelnen einzugehen ist, zeigt trotz der immer wiederkehrenden Aufzählung der fünf genannten Bereiche kein einheitliches Bild. Während etwa PERRONES Kompendium neben dem, was zum Glauben und zu den Sitten gehört, lediglich die Facta dogmatica anführt (Praelectiones... compendium I,97-103), nennt Th.F. KNOX ausser diesen, die er bereits in dogmatische und moralische Tatsachen unterteilt und unter die er auch die Kanonisation, die Ordensapprobation, die allgemeine Disziplin, die Verurteilung bestimmter Vereinigungen, die Erziehung und konkrete Moralfragen subsumiert, die politischen Wahrheiten und Prinzipien (hinsichtlich ihrer Übereinstimmung mit der Offenbarung), die theologischen Konklusionen sowie die Philosophie und die Naturwissenschaften (Wann spricht die Kirche unfehlbar 72-102). Auch in den theologischen Qualifikationen gibt es Unterschiede (bezüglich der Kanonisation vgl. M. SCHENK, Die Unfehlbarkeit 101-120. 132-141). - Der Bezug zu den Sitten tritt dabei besonders in drei Bereichen zutage. So wird die Unfehlbarkeit in der allgemeinen disziplinären Gesetzgebung nur als indirekte oder vielmehr als negative verstanden, dergestalt dass dieselbe der Lehr- und Heilsaufgabe der Kirche entspricht bzw. nicht gegen den Glauben und die Sitten oder gegen das Heil verstösst (vgl. J.B. ANDRIES, Cathedra I,267-275; V.A. DECHAMPS, Die Unfehlbarkeit 24. 87; F. HETTINGER, Die kirchliche Vollgewalt 217f; P. MURRAY, Tractatus III,251; B. RIVE, Die Unfehlbarkeit 10f; A. MATIGNON, L'action sociale 769-771; J. SPRINZL, Die allgemeinen Concile 25 u.ö.; ders., Handbuch 522f). Dies gilt grundsätzlich auch von der Ordensapprobation (vgl. J.B. ANDRIES, Cathedra I,259-267). Nicht minder fordert die Reinheit des Glaubens und der Sitten die Wahrheit des Kanonisationsurteils (vgl. J.B. ANDRIES, Cathedra I,246-259; F. HETTINGER, Die kirchliche Vollgewalt 219f).

451) Vgl. J.B. ANDRIES, Cathedra I,176-179. 276-307; M. BAUER, Unfehlbarkeit 18; V.A. DECHAMPS, in: Das Oekumenische Concil. StML VI,61; ders., Die Unfehlbarkeit 23. 47; J. DEHARBE, Das unfehlbare Lehramt 21f; M. EBERHARD, Hirtenschreiben 4; Ph. HERGENRÖTHER, Die päpstliche Unfehlbarkeit 12. 48; Die Lehre von dem unfehlbaren Lehramte 32; F.X. LEITNER, Der hl. Thomas 67; H.E. MANNING, Die Vatikanischen Dekrete 48f; W.E.v. KETTELER, Das unfehlbare Lehramt 53; S. MAYER, De summi pontificis 11; A. RIEDEL, Die Unfehlbarkeit 6; C.v. SCHAEZLER, Die päpstliche Unfehlbarkeit 202-205; J. SCHMITT, Die Lehre 4; E.Th. THISSEN, Das grosse Missverständniss 13f; Infallibilität und Täuschung 29. 33. 58; J.P. BÄCKER, Conciliumspredigten 70. 88f; Il domma 5.

452) Vgl. V.A. DECHAMPS, Die Unfehlbarkeit 24. 51f; nach den dort zitierten Worten aus der Moraltheologie des A.v. LIGUORI ist der Papst "fallibilis in quaestionibus meri facti, quae ex hominum testimoniis praecipue pendent" (52). Nur unter dem doktrinellen Aspekt ist daher von Unfehlbarkeit "in rebus morum" zu reden. - Die von Th.F. KNOX (vgl. die vorherige Anm.) und auch von P. MURRAY, Tractatus III,256 ("quod ita cum moribus

nectitur, ut notitia eius necessaria sit ad principia morum vel ipsos fidelium mores puros conservandos") erwähnten "facta moralia" meinen nicht ein Urteil über die Moralität einer bestimmten Person.

453) Das Missverständnis der Unfehlbarkeit als moralischer Fehlerlosigkeit ist immer wieder zurückgewiesen worden (vgl. G. PHILLIPS, Kirchenrecht II,329; H.E. MANNING, Die wahre Geschichte 146). Dagegen insistiert die Opposition des Infallibilitätsdogmas darauf, dass die Unfehlbarkeit des Papstes in der Lehre (im Hinblick auf ein gewissenhaftes Vorgehen bei einer Definition) auch moralische Integrität erfordere; vgl. F. BRENTANO, Einige Bemerkungen 434f; J. PAFFRATH, Die Infallibilitätshäresie 48f; Papstthum und Concil 26. 30; P.R. KENRICK, Concio 201, Anm. 1.

454) Vgl. J. AUDU, in: M 53,943C; J.P. BÄCKER, Conciliumspredigten 16. 66. 89; J. BERCHTOLD, Die Unvereinbarkeit 19. 24f. 34. 40. 53; P. BOTTALLA, L'autorità 532; J.P. BRAVARD, in: M 53,1028B; Ch.J. CREMER, Die politische 34; V.A. DECHAMPS, Die Unfehlbarkeit 51; J. DEHARBE, Das unfehlbare Lehramt 6; I.v. DÖLLINGER, zit. in StML 1 (1871) 19. 22. 25; Il domma 4f; F. DUPANLOUP, in: M 53,993A; F. EGGER, Enchiridion 424; J. FROHSCHAMMER, Das Christenthum 22-25; J. FELIX, L'infaillibilité 10f; P.M. FERRE, La Costituzione dogmatica... Pastor aeternus I,S. XIf; II,355-360; III,157f. 163-166 u.ö.; Th. GRANDERATH, Der Umfang 177; Infallibilität und Täuschung 33. 58f; Kritische Beleuchtung 13; M. LIBERATORE, La Chiesa 113; Zur Lehre von der kirchlichen Unfehlbarkeit 695; F.X. LIERHEIMER, Der Papst 102; F. LORINSER, Vor dem Concil 56; H.E. MANNING, The Oecumenical Council 52; H.L.C. MARET, Das allgemeine Concilium II,167; Th. v. PACHMANN, Ein ernstes Wort (Vorwort); G. PHILLIPS, Kirchenrecht II,312. 327. 329f; J.O. RAUSCHER, Hirtenbriefe III,139; E. RADZIWILL, Die kirchliche Autorität 20. 46; J. REBBERT, Unwissenheit 50, Anm. 1; A. RIEDEL, Die Unfehlbarkeit 5; G.v. SCHERR, in: Aktenstücke des Ordinariates 64; G. SCHNEEMANN, Die kirchliche Lehrgewalt 78. 146; C. SCHRADER, De unitate II,358. 360. 386; F.X. WENINGER, Pie IX, 2; Demonstratio catholica 381f; HPBl 67 (1871/I) 415-417; ferner unten Anm. 458.

455) Vgl. J.O. Rauscher, in: K. SCHATZ, Kirchenbild 432f ("Pflichten des Christen"); J. SCHWETZ, Theologia fundamentalis II,166-168 (Lehre und Heil); Il domma 5 (Unfehlbarkeit "in tutto ciò che s'attiene alla credenza e all'operare cristiano, vale a dire, nel definire tutto quello, che i fedeli debbono credere e tutto quelle che debbono o possono fare, per conseguire l'eterna salute"). E. OLLIVIER, L'Eglise, versteht unter "fides et mores" das, was man glauben (Prinzipien) und was man tun muss (Verhalten), wobei die Bezugnahme auf M. CANO über die Moral (im eigentlichen Sinne) hinausweist (I,190f). Auf die Frage "An concilia in moribus errare possint" antwortet nämlich CANO Folgendes: 1. "Ecclesia in morum doctrina eorum, qui ad salutem necessarii sunt, errare non potest", wobei er als Beispiel die Frage der Heilsnotwendigkeit des Empfanges der Eucharistie unter beiden Ge-

stalten anführt, um dann generell festzustellen, das die Kirche , "si quid necessario vel agendum, vel vitandum firmo iudicio definit, in hoc errare nequit". 2. "Ecclesiam, cum in re gravi quidem, et quae ad Christianos mores formandos apprime conducat, leges toti populo dicit, non posse iubere quicquam, quod aut Evangelio, aut rationi naturae contrarium sit". Bei aller berechtigten Kritik an kirchlichen Gesetzen, "Ecclesia non potest definire, quippiam esse vitium, quod honestum est, aut contra honestum esse, quod est turpe: ergo nec sua edita lege probare quicquam, quod Evangelio, rationive inimicum sit". 3. "In moribus non toti Ecclesiae communibus, sed qui ad privatos homines vel Ecclesias referuntur, errare per ignorantiam Ecclesia potest...", wenn sie etwa einer ihr verheimlichten bigamistischen Eheschliessung zustimmt (Opera 136-139). - Nicht ohne Grund spricht also OLLIVIER von der Aufgabe, "à fixer ce qu'on doit entendre par le terme de moeurs qui n'a pas la même précision que celui de foi" (a.a.O. II,368). P. BOTTALLA, der unter "mores" die Moral versteht, ist anderer Meinung: "Questa maniera di parlare è commune trai Teologi, nè ha bisogno d'alcuna illustrazione" (L'autorità 532).

456) Vgl. J. FROHSCHAMMER, Die politische Bedeutung 42-44; A. PICHLER, Die wahren Hindernisse 30-35. 48. 85-94. 408-421.

457) Vgl. oben S. 77, Anm. 438.

458) Eine umfassende und detaillierte Darstellung der "infallibilitas in moribus" bzw. der Unfehlbarkeit in der Moral muss einer theologiegeschichtlichen Untersuchung (vgl. Vorwort) vorbehalten bleiben. Gleichwohl sollen die hauptsächlichen Argumente durch eine Reihe einschlägiger Texte illustriert werden. - J. FESSLER, der die Unfehlbarkeit der Kirche "in den Dingen, welche die Glaubens- oder Sittenlehre betreffen", nicht erörtert (Die wahre 24), bietet dafür wenigstens ein Zitat aus R. BELLARMIN: "Non potest errare Summus Pontifex, in praeceptis morum, quae toti Ecclesiae praescribuntur, et quae in rebus necessariis ad salutem, vel in iis quae per se bona aut mala sunt, versantur" (ebd, Anm.). Wie BELLARMIN diese Aussage erläutert, kann der Papst nicht irren "praecipiendo aliquod vitium, ut usuram; vel prohibendo virtutem, ut restitutionem, quia haec sunt per se bona, vel mala", wie auch "praecipiendo aliquid contra salutem, ut Circumcisionem, vel Sabbatum, vel prohibendo aliquid necessarium ad salutem, ut Baptismum, aut Eucharistiam", andernfalls nähme die Kirche schweren Schaden, wäre nicht als heilig zu bezeichnen und fehlte auch in bezug auf den Glauben (Opera omnia II,87).

1. Die Unfehlbarkeit in den "mores" bzw. in der Moral gründet vor allem in der Verbindung derselben mit der Offenbarung. - Unfehlbar in der Bewahrung der Offenbarungswahrheit, ist die Kirche nach V.A. DECHAMPS "auch selbstverständlich in Beziehung auf die Sittenlehre unfehlbar; denn das christliche Gesetz oder die zu übende Wahrheit bildet einen wesentlichen Theil der Offenbarung und desshalb der Glaubenswahrheit" (Die Unfehlbarkeit 22). - "Dass der Papst", so C.v. SCHAEZLER, "in Sachen der Moral unfehlbar sei, folgt mit innerer Nothwendigkeit aus seiner Un-

fehlbarkeit in Glaubenssachen. Die Lehren der Moral, worüber der Papst in die Lage kommen kann, eine die ganze Kirche verpflichtende Entscheidung zu erlassen, sind entweder selber Glaubenspunkte oder sie hängen wenigstens mit dem Glaubensinhalt so innig zusammen, dass durch eine irrthümliche kirchliche Entscheidung darüber die Reinheit des Glaubens gefährdet würde" (Die päpstliche Unfehlbarkeit 196). Dabei geht es nicht um die Zweckmässigkeit der Anordnungen: "Die Lehre von der päpstlichen Unfehlbarkeit im Punkte der Moral will sonach bloss dieses zur Anerkennung bringen, dass der Papst für die ganze Kirche niemals etwas anordnen könne, das entweder mit der Offenbarungslehre und der gesunden Vernunft in Widerspruch steht, oder woraus für die Gesammtkirche ein namhafter Schaden erwächst" (a.a.O. 198f). - B. RIVE stellt besonders das Naturgesetz heraus: "Gegenstand der Unfehlbarkeit (der Kirche) ist ... das Sittengesetz, und zwar nicht bloss das christliche, sondern auch das natürliche Sittengesetz, so dass sie nie die Tugend zum Laster, oder das Laster zur Tugend zu stempeln vermag. Ein Verstoss gegen das natürliche Sittengesetz würde einen noch grelleren Gegensatz zur Wahrheit und Heiligkeit der Kirche bilden als ein Irrthum im Glauben. Oder stehen nicht auch das christliche Sittengesetz und das Naturgesetz in der innigsten Verbindung mit einander, so dass letzteres nur im Christenthum vollständig enthalten, klar aufgestellt und vollständig ausgeführt werden kann? Ist nicht das Naturgesetz auch ein Gegenstand der göttlichen Offenbarung? Ist nicht der Dekalog, mit Ausnahme des dritten Gebotes..., das reine Naturgesetz? Jesus Christus hat keinen neuen Dekalog geschaffen, er hat nur den alten aufrecht erhalten ..." (Die Unfehlbarkeit 6f). - Auch W.E.v. KETTELER weist auf diesen Zusammenhang hin, wo er auf die "doctrina de moribus" zu sprechen kommt, bei der es sich "um die ewigen Gesetze der sittlichen Ordnung handelt, welche ebenso in der übernatürlichen Offenbarung enthalten, wie auch nach der Lehre des Apostels in die Herzen der Menschen eingeschrieben sind. Im Grund wird mit letzterem Zusatz nur ausgesprochen, dass die Kirche Gottes nie das Gute bös und das Böse gut nennen kann. Die Prinzipien der Sittlichkeit und Gerechtigkeit sind in der übernatürlichen und in der natürlichen Offenbarung, die im Gewissen zu uns spricht, dieselben ..." (Das unfehlbare Lehramt 22f). - Unter die Unfehlbarkeit rechnet Th.F. KNOX auch "die allgemeinen Sittengesetze, welche in der Glaubenshinterlage nicht enthalten sind, sondern einzig auf der Autorität der Vernunft beruhen. Es kann wirklich gefragt werden, ob es solche gebe, denn die meisten Lehren der Moral können direct nur aus dem abgeleitet werden, was geoffenbart ist, z.B. aus der heiligen Schrift. Indess angenommen, dass es solche gibt, so gehören sie nichts desto weniger zum Gebiete der kirchlichen Unfehlbarkeit. Das ergibt sich aus dem indirecten Zusammenhange, in dem sie zur geoffenbarten Wahrheit stehen, weil die Kirche Lehren, welche dieser widersprechen, nicht predigen könnte, ohne dadurch ihre Heiligkeit zu verlieren und sich als eine unzuverlässige Führerin der Heerde in Dingen zu erweisen, welche das ewige Heil betreffen - was die Offenbarung als eine Unmöglichkeit erklärt. Darum muss die Kirche, um ihr Amt erfüllen zu können, im Stande sein, ohne Gefahr des Irrthums die allgemeinen Wahrheiten der Moral zu erkennen, wenn sie auch nicht ursprünglich sollten geoffenbart worden sein" (Wann spricht die Kirche unfehlbar 71). - Unter den "dogmata morum" als Unfehlbarkeitsobjekt versteht J.B. ANDRIES "alle praktischen Offenbarungswahrheiten", näherhin Sätze (als allgemeine Gesetze), die "in ihren Endzweck auf die Ordnung und Regelung des sittlichen Lebens und Handelns der Menschen abzielen" (Cathedra I,195). Es geht darin (im Sinne BELLARMINS) um an sich Gutes oder Erlaubtes bzw. Böses oder Unerlaubtes, dem Heil Dienliches oder Abträgliches (ebd, Anm. 1). Dem unfehlbaren Lehramt unterstehen sie durch ihren Offenbarungscharakter. "Denn sowohl das natürliche Sittengesetz als auch alle allgemein gültigen positiven Gesetze sind in der göttlichen Offenbarung, in der Hinterlage des Glaubens enthalten". Das natürliche Sittengesetz ist "in allen seinen Principien sowie auch in seinen vorzüglichsten Bestimmungen durch den Dekalog von Gott geoffenbaret" und selbst die Sittenlehren Jesu "lassen sich alle leicht zurückführen auf eine deutlichere Erklärung und auf eine entsprechendere Vervollkommnung der durch das Naturgesetz und durch die mosaischen Tafeln gebotenen Pflichten" (195f). - Schliesslich sei M.J. SCHEEBEN erwähnt, der unter das "den Umkreis der Offenbarung bildende Gebiet", und zwar "in Beziehung auf die mittelbaren Zwecke der Offenbarung, das Heil der Seelen, Würde und Wohl der Kirche, Sitte und Kultus", das Urteil über kirchliche Institutionen, "die Erklärung des mit dem offenbarten Gesetze parallel laufenden und von ihm vorausgesetzten Naturgesetzes auch als solchen und in denjenigen Punkten, von denen die Offenbarung selbst nicht redet (z.B. Duell)", rechnet, ferner "die Feststellung und Würdigung von Tatsachen und Verhältnissen, welche die konkrete Anwendung des göttlichen Gesetzes bedingen und modifizieren (z.B. der Verhältnisse, welche das Zinsnehmen durchweg erlauben, oder welche durchweg occasio proxima zur Sünde konstituieren)", sowie die Ordnung des Kultes (einschliesslich Kanonisation) (Handbuch I,34). Wenn SCHEEBEN, was wohl zu beachten ist, alle diese Objekte unter die "materia morum" subsumiert, so meint der Terminus "mores", wie er selbst andeutet, "nicht bloss die sittlichen Handlungen im gewöhnlichen Sinne des Wortes, sondern auch das Verhalten des denkenden Geistes in seinen Meinungen und Urteilen hinsichtlich der die Ehre der Religion und das Heil der Seelen betreffenden Dinge"; "mit Einem Worte, unter den mores ist die ganze äussere und innere, auf das Ziel des Glaubens eingerichtete Disziplin zu verstehen, natürlich inwiefern dieselbe nicht einfache Tatsache oder bloss Gegenstand gesetzgeberischer Gewalt, sondern Gegenstand einer sittlichen Doktrin und Lehre ist" (I,35).

II. Ein häufig angeführtes Argument für die Unfehlbarkeit in der Moral ist die Heiligkeit der Kirche. Vgl. M.J. SCHEEBEN, Handbuch I,30. 268f. 322; J.B. ANDRIES, Cathedra I,198; C.v. SCHAEZLER, Die päpstliche Unfehlbarkeit 196; F. EGGER, Enchiridion 424.

III. Nicht zuletzt bedarf die Kirche dieser Unfehlbarkeit als Führerin zum ewigen Heil; "denn auf dem Wege zum Himmel sind Irrthümer in dem Sittengesetze ebenso verderblich als Irrthümer im Glauben" (B. RIVE, Die Unfehlbarkeit 8). Die notwendige Mitwirkung zum Heil betrifft insbesondere das Sittengesetz (vgl. Mt 19,17). "Die Kirche muss also vor allem ihre Kinder dadurch leiten, dass sie ihnen eine richtige Erkenntniss des Sittengesetzes vermittelt" und muss "in der Erklärung des Sittengesetzes vor Irrthum bewahrt bleiben" (J.B. ANDRIES, Cathedra I, 197 f).

Zum Ganzen vgl. ferner: J.P. BÄCKER, Conciliumspredigten 16. 66; R. BIANCHI, De constitutione 26 f; D. BOUIX, Tractatus I, 235; G. CARDONI, Elucubratio 147 f; R. CERCIA, Demonstratio II, 365; J. DEHARBE, Das unfehlbare Lehramt 6-8; I.v. DÖLLINGER, in: J. FINSTERHÖLZL, Die Kirche 460 f. 463; H.J. FUGGER-GLÖTT, Die Staatsgefährlichkeit 18; J. HERGENRÖTHER, Eine Erstlingsfrucht 8 f; Ph. HERGENRÖTHER, Die päpstliche Unfehlbarkeit 49; J.E. HIZETTE, Definitionis 55-57; H.E. MANNING, Die Vatikanischen Dekrete 44. 50; ders., Vernunft 248; A. MATIGNON, L'action sociale 753-757. 769-775; A. RIEDEL, Die Unfehlbarkeit 5; C. SCHRADER, De unitate II, 358 f; L.G.A. de SEGUR, Was ist die Kirche 21 f. 25 f; ders., Das Concil 22 f; HPBl 67 (1871/I) 415 f. 419 ("'Sitten' in dem Sinne von Tugendlehre", 416). Zur "lex naturalis" als Gegenstand der Offenbarung vgl. J.B. FRANZELIN, Tractatus 120 f.

459) Die Anfang März 1865 aus den Kardinälen PATRIZI, REISACH, PANEBIANCO, BIZZARRI und CATERINI gebildete Kommission mit Erzbischof GIANNELLI als Sekretär, die in den folgenden Jahren durch BARNABO, BILIO, CAPALTI und DE LUCA ergänzt wird, nimmt am 9. März 1865 als künftige "dirigierende Kongregation" ihre Tätigkeit auf (57 Versammlungen bis 28. November 1869; M 49, 97 B-106 D. 237 C-240 B. 477 A-618 D). Zu dieser gehören besonders die briefliche Konsultation der Bischöfe über die auf dem Konzil zu behandelnden Themen, die Einrichtung von Hilfskommissionen, die Berufung von insgesamt 96 Konsultoren (ihre Namen bei E. CECCONI, Storia I, 76-94; zu den 12 deutschen Konsultoren - ALZOG, FRANZELIN, GIESE, HANEBERG, HEFELE, (J.) HERGENRÖTHER, HETTINGER, HEUSER, MAST, MOLITOR, MOUFANG, SCHRADER - vgl. Th. FREUDENBERGER, Die Universität Würzburg 1-12) sowie die Klärung wichtiger Vorfragen (Teilnehmer, Geschäftsordnung, Einberufungsbulle). Der "dirigierenden Kommission" gehören als Konsultoren an: ANGELINI, FEIJE, GALEOTTI, HEFELE, SANGUINETI, TALBOT, TIZZANI; ihre Studien verzeichnet M 49, 615-618. - Zu diesen und den folgenden Angaben zur Konzilsvorbereitung vgl. E. CECCONI, Storia I, 17-268; Th. GRANDERATH, Geschichte I, 22-139. 389-460; BUTLER-LANG 70-81; R. AUBERT, Vaticanum 47-83. Ferner: R. AUBERT, La composition; R. LILL, Die deutschen Theologieprofessoren vor dem Vatikanum I im Urteil des Münchener Nuntius, in: Reformata - Reformanda II, 483-508.

460) Zur Tätigkeit vgl. M 49, 933 B-986 D; vorbereitete Schemata: M 53, 783 B-854 A.

461) Zur Tätigkeit vgl. M 49, 985 D-1056 D; vorbereitete Schemata: M 53, 893 A-914 C.

462) Vgl. E. CECCONI, Storia I, 306-316.

463) Ihre Namen bei M 49, 473 C-475 D; ihre Tätigkeit: M 49, 1171 B-1210 C.

464) M 49,1173 C-1206 C; 1175 C-1206 C ("Magistero della Chiesa"). Unter den vorbereiteten Schemata (M 53,853 A-894 A) tritt in den Dekreten über die religiöse Unterweisung und die Jugenderziehung die Sorge um den Glauben und die guten Sitten ("sive fidei sive bonorum morum integritas"; 883 A) wiederholt hervor; vgl. 855 A. 883 D. 884 D. 885 D. 886 B. 888 B-D. 889 C. 890 A.

465) Ihre Namen bei M 49,469 C-471 B; ihre Tätigkeit: M 49,749 A-934 B.

466) Ihr am 22. Februar 1870 an die Väter ausgeteiltes (M 50,854 A) Verzeichnis: M 53,717 D-718 C. Die Textwiedergabe bei Mansi (53,721 C-784 B) zählt 26 Schemata und weicht gegen Ende vom Verzeichnis ab. In ihnen geht es um die Bischöfe ... (1. - M 53,721 D-728 D), die bischöfliche Sedisvakanz (2. - Vgl. M 50,339-352; 53,3-6. 43-46), "De vita et honestate clericorum" (5. - Vgl. M 50,517-522) und "De parvo catechismo" (9. - Vgl. M 5/,699-702; 51,454 f. 513-538), ferner um die Sakramente, insbesondere die Ehe (12. - 20.), Feiertage, Fasten und Abstinenz (21.), Zweikampf (22.), Suizid (23.), Magnetismus und Spiritismus (24.), Geheimgesellschaften (25.) und Wucher (26.). Die Schemata 1,2,5 und 9 kommen vor das Konzil; vgl. Th. GRANDERATH, Geschichte II,157-223; III,100-118; R. AUBERT, Vaticanum 157-162. 245 f. 280-282. Im Verzeichnis war auch vorgesehen: "De emendandis populi moribus, ac speciatim de indifferentismo, blasphemia, ebrietate, impudicitia, theatris, choreis, luxu, pravorum librorum ac imaginum diffusione, nec non de educatione filiorum familias, de operariis, aliisque famulatum praestantibus" (22. - M 53, 718 B).

467) Vgl. M 49,467 A-469 B. Zu ihrer Aufgabe vgl. M 49,239 A.

468) M 49,619 C-736 D.

469) Vgl. M 49,625 B-C. 626 C-D. Die Protokolle ihrer Versammlungen finden sich innerhalb jener der Gesamtkommission (vgl. die vorherige Anm.).

470) Vgl. M 49,103 D-104 C.

471) Vgl. M 49,619 D-621 B.

472) Vgl. M 49,621 C-622 B.

473) Verzeichnis: M 49,737 A-740 B (vgl. oben S. 22).

474) M 50,59 A-119 B (Über die katholische Lehre); M 51,539 A-636 A (Kirche, Papst); M 53,719 A-721 C (Ehe). Übersicht: M 49,739 C-750 A; 53, 715 C-717 D.

475) Vgl. M 49,653 C. 654 C-655 C.

476) Vgl. E. CECCONI, Storia I,398-400. 406.

477) Vgl. Th. GRANDERATH, Geschichte II,6; über Konzilsbeamte und Stenographen: 7-12.

478) Vgl. oben Anm. 321.

479) Vgl. E. CECCONI, Storia I,264.

480) M 50,1-6.

481) M 50,9-36. - Vgl. Th. GRANDERATH, Geschichte II,13-37; I,463-509.

482) Zur Wahl der Deputationen für die Disziplin, die Orden sowie die Orientalen und die Missionen vgl. Th. GRANDERATH, Geschichte II,65f. 76-78.

483) Ihre 26 Mitglieder: M 53,663A-C; ihre Tätigkeit: 663A-716B; die Entscheidung bezüglich des Unfehlbarkeitsthemas: M 51,687B-697A. Zu den Postulaten vgl. oben S. 68-70; zu den Petitionen für die Unfehlbarkeitsdefinition: S. 237f. 299-301.

484) M 53,157D-159B. Zum Wahlmodus vgl. Th. GRANDERATH, Geschichte II,67-76; R. AUBERT, Vaticanum 145-149.

485) Die Protokolle bei M 53,159C-276C; CL VII,1648a-1695d. Die vorbereiteten Schemata, vgl. oben S. 83.

486) Die Suspensionsbulle: M 53,155C-158B. Über Ansätze zu einer Weiterführung (in Mecheln) vgl. Th. GRANDERATH, Geschichte III,539-541; Y. DE LA BRIERE, L'Eglise et son gouvernement, Paris 1935, 248; LThK Vat III,624f.

487) In der Sessio publica II am 6. Januar 1870 konnte noch kein Dekret verkündet werden; es erfolgte die Ablegung des Glaubensbekenntnisses; vgl. M 50,214-232. Zur Sessio III und IV vgl. M 51,427-450 bzw. 52,1329-1350.

488) "Declarata seu definita dogmatice res nulla intelligitur, nisi id manifeste constiterit".

ZUM 2. KAPITEL

1) Vgl. M 49,1276A ("Multiplices inter").

2) M 51,429B-436B; CL VII,248-256; COD 780-787; DS 3000-3045 (Prooemium fehlt fast ganz); NEUNER-ROOS 31-61. 87-91. 190-197. 355-357.

3) Zu den Auslegungsprinzipien vgl. H.J. POTTMEYER, Der Glaube 112-120.

4) Zur Entstehungsgeschichte vgl. H.J. POTTMEYER, a.a.O. 45-58; Th. GRANDERATH, Geschichte II,79-84. 113-133. 361-508; R. AUBERT, Vaticanum 150-157. 216-230; BUTLER-LANG 148-160. 215-225.

5) Vgl. M 49,738B. 739B; L. ORBAN, Theologia Güntheriana et Concilium Vaticanum. Inquisitio historico-dogmatica de re Güntheriana iuxta vota inedita consultoris J. Schwetz actaque Concilii Vaticani exarata, 2 Bde, Rom 1949-1950.

6) Vgl. M 49,738B-C. Text bei H.J. POTTMEYER, Der Glaube 28^{+}-89^{+}; J. M.G. GOMEZ-HERAS, Temas 124-207.

7) Vgl. M 49,739C-D. Text bei J.M.G. GOMEZ-HERAS, Temas I,208-279.

8) Vgl. M 49,739D-740A. Text bei H.J. POTTMEYER, Der Glaube 3+ - 27+; GOMEZ-HERAS, Temas I,97-123.

9) Vgl. die Protokolle bei M 49,619ff.

10) Vgl. M 49,738C. Text bei H.J. POTTMEYER, Der Glaube 90+ - 105+; GOMEZ-HERAS, Temas I,280-302.

11) Vgl. die Protokolle bei M 49,619ff.

12) Vgl. M 49,738C; zum Text vgl. die folgende Anm.

13) M 50,59A-119B; CL VII,507-553.

14) Vgl. Adnotatio 1.

15) Vgl. M 50,122-276.

16) Vgl. M 50,317-340; 53,160A-D. 162A-163D.

17) Vgl. M 53,164A-177D.

18) Vgl. M 53,193D-214D. 225C-230A; der Text: 170A-177B. Auf den 6. Kanon zum 9. Kapitel folgen (nahezu wörtlich) die beiden Schlussätze der späteren Konstitution (DS 3044f): 177A-B. Die von der Deputation revidierte Fassung dieses zweiten Teiles (Schema secundae constitutionis dogmaticae de doctrina catholica a Deputatione pro rebus fidei reformatum; M 53,230B-238A) wird von KLEUTGEN (vgl. seinen Brief vom 22. Juli 1870: M 53,286B-287B) als Konzilsvorlage vorbereitet (M 53,287B-295C) und mit einer Relatio versehen (295C-307D).

19) Vgl. M 53,193, Anm. 1.

20) Vgl. M 53,177D-182B.

21) Vgl. M 53,182C-184D.

22) Vgl. M 53,186B-C.

23) Vgl. M 53,184D-187B.

24) Vgl. M 53,188D-189A.

25) Vgl. M 53,187C-189D.

26) Text nicht bei Mansi; vgl. M 53,190A (einstimmig gebilligt).

27) Vgl. M 53,188B-C.

28) Vgl. M 53,192C-D. Dazu unten S. 123.

29) Vgl. M 53,190B-193C.

30) Text nicht bei Mansi; vgl. M 53,193C-D.

31) M 51,31C-38C (Schema). 38C-40C (Ratio).

32) M 51,42A-48A.

33) Vgl. M 51,48D-65A.

34) Vgl. M 51,67B-261B.

35) M 51,178B-179C. 240A-D. 296D-297D. 336D-338C. 374D-376C.

36) Vgl. M 51,381A-392A.

37) M 51,392B-409D (-412C).

38) Vgl. M 53,222B-223C.

39) Vgl. M 51,414A-424D.

40) Vgl. M 51,425A-C; 53,223C-224B. Die Konstitution: M 51,429B-436B.

41) M 51,31C-33B.

42) Vgl. M 51,67B-89A.

43) Vgl. M 53,212D-213A; die Emendationes: M 51,123B-127A. 345B-348C.

44) Vgl. M 51,127C-131B.

45) Vgl. M 53,215A; Text nicht bei Mansi. Abstimmung: M 51,184D-185B.

46) Vgl. M 53,219C. 221A-B; Text: M 51,178B-179C.

47) M 51,33B-C (Kapitel). 36D-37A (Kanones).

48) Vgl. M 51,89B-116A.

49) M 51,179D-184C. 348C-351A.

50) Vgl. M 51,185C-190D. 192B-200D; Abstimmung: 190D-200D (passim).

51) Vgl. M 53,216A; Text: M 51,240A-D.

52) M 51,33C-34B (Kapitel). 37B (Kanones).

53) Vgl. M 51,116B-123A. 131D-154D. 155C-177D.

54) M 51,261C-270D. 351A-361B.

55) Vgl. M 53,216A-D.

56) Vgl. M 51,271C-286A. 286C-295B.

57) Vgl. M 53,217A-B. 219C. 220B-C. 221A-B.

58) M 51,34B-35C (Kapitel). 37C-38A (Kanones).

59) Vgl. M 51,201A-239C.

60) M 51,297D-312A. 361C-362D.

61) Vgl. M 53,217B-219A.

62) Vgl. M 51,312D-335B; Abstimmung: 318C-336D (passim).

63) Vgl. M 51,335 D-336 D. 365A-366 B; 53,221 B.

64) Vgl. M 51,380 C-D; Text: M 51,336 D-338 C.

65) M 51,35 C-36 D (Kapitel). 38 A-C (Kanones).

66) Vgl. M 51,241 C-261 B.

67) M 51,338 C-345 B. 363 A-364 A.

68) Vgl. M 53,219 C-221 A.

69) Vgl. M 51,366 C-373 C; Abstimmung: 369 A-374 B (passim).

70) Vgl. M 53,222 A.

71) Vgl. M 51,380 D-381 A; Text: 374 D-376 C.

72) M 51,38 B-C.

73) Vgl. M 51,241 C-261 B.

74) M 51,344 B-C.

75) Vgl. M 53,221 A (dazu oben Anm. 18).

76) Vgl. M 51,373 C. 374 A-B.

77) Vgl. M 53,221 D.

78) Vgl. M 51,376 D. 377 A-B.

79) Vgl. M 51,378 A-380 B.

80) Vgl. M 51,380 B.

81) Zur Zielsetzung und zu den Auslegungsprinzipien vgl. H.J. POTTMEYER, Der Glaube 107-120; K. MARTIN, Die Arbeiten 12-14.

82) Vgl. M 51,72 B-77 C; dazu BUTLER-LANG 216-218.

83) M 51,39 C.

84) M 51,127 D.

85) Die Anfangsworte "Dei Filius" finden sich so erst in Schema V.

86) "... dilectae sponsae praesto esse, adsistere docenti operanti benedicere, periclitanti opem ferre nullo unquam tempore destitit" (M 51,429 B). Schema IV hat "adspirare" statt "adsistere" (M 51,31 D).

87) M 51,429 C.

88) M 51,429 C-430 B.

89) M 51,430 B.

90) M 51,430 C ; DS 3000.

91) DS 3001-3003. 3021-3025.

92) Vgl. DS 3026.

93) DS 3004.

94) DS 3027f.

95) DS 3005.

96) Vgl. DS 3006, dazu 1501-1504.

97) DS 3029, dazu 1504.

98) DS 3007, dazu 1507.

99) Vgi. DS 3031.

100) DS 3008.

101) DS 3032.

102) DS 3009, dazu 3033f.

103) DS 3010. 3035.

104) DS 3011.

105) DS 3012f.

106) DS 3014. 3036.

107) DS 3015. 3041.

108) DS 3016.

109) DS 3017f.

110) DS 3019.

111) DS 3042.

112) DS 3020. 3043.

113) DS 3044.

114) DS 3045.

115) Zweimal im Vorwort (vgl. oben S.96) sowie je einmal im 2. (DS 3007) und 3. Kapitel (DS 3032).

116) Schema I und II beginnen unmittelbar mit der besonderen Sorge für das Heilswort angesichts sowohl der Angriffe auf Offenbarung und Religion als auch der innerkirchlichen Gefährdungen der Glaubenslehre; vgl. H.J. POTTMEYER, Der Glaube 90+; M 50,59A.

117) Vgl. M 53,164A-165B.

118) M 51,125B; die Emendatio (4./7) wird nicht weiter beachtet.

119) Vgl. M 51,44C-45B (Relatio SIMOR).

120) M 51,128B.

121) DS 3006, vgl. 1501.

122) DS 3020, vgl. 3012.

123) Davon zeugt insbesondere das Votum von T.M. MARTINELLI "De nonnullis erroribus qui opponuntur duobus decretis in sessione IV concilii Tridentini editis, deque declarationibus vel additionibus, quae ad eadem decreta et sacram scripturam referuntur, pro nostri temporis conditione faciendis" (Januar 1869); vgl. oben Anm. 7; ferner G. PECCI, Votum 22. 26f. 31.

124) Vgl. H.J. POTTMEYER, Der Glaube 94+ (S. 10, Anm. 1).

125) M 50,61 C-D.

126) Vgl. M 50,289 D-292 D. Auch die Tradition wird aufgegriffen (vgl. M 50, 194 C. 202 D. 268 D) und die Bedeutung der Kirche für die Kanonbildung hervorgehoben (M 50,290 D).

127) M 50,260 B-263 C, vgl. 291 B-292 B.

128) M 51,151 D-152 A. 266 A-B (Emendatio 31); vgl dazu 284 D.

129) M 51,400 D-401 A (Exceptio 58).

130) M 51,419 D-420 A.

131) Vgl. M 51,151 D-152 A. 266 A (Emendatio 31).

132) DS 3007; Übersetzung nach NEUNER-ROOS 89.

133) DS 1507.

134) Vgl. M 51,286 D-287 A (Relatio GASSER).

135) Vgl. das Votum von MARTINELLI (GOMEZ-HERAS, Temas I,255-264. 279) sowie jenes von PECCI, bes. S. 36 und 39 (POTTMEYER, Der Glaube 20+. 22+).

136) "... in rebus fidei et morum ad aedificationem doctrinae christianae pertinentium illum sacrae Scripturae sensum verum habendum esse, quem ab Eclesia, infallibili verbi Dei custode ac interprete, vel unanimi consensione Patrum declaratum aut definitum esse constiterit" (M 50,61 C-D).

137) M 50,80 B -81 A.

138) Unter anderem wird die Relation des Väterkonsenses zur Kirche angesprochen (vgl. M 50,290 A-B. 292 B-C), aber auch die Umkehrung der negativen tridentinischen Norm in eine positive als die Exegeten zu sehr beschränkend empfunden (vgl. M 50,291 B).

139) M 53,166 B.

140) Vgl. M 53,185 D.186 A. 188 D-189 A.

141) M 51,34 B.

142) M 51,40 A-B.

143) Vgl. M 51,47 A-B (Relatio SIMOR).

144) Vgl. M 51,171 B. 267 A-B (Emendatio 38).

145) Vgl. M 51,351 A-B.

146) Vgl. u.a. M 51,163 C-164 A. 266 D-267 A (Emendatio 36).

147) So sagt KHAYYATH über das unverletzliche Urteil der Kirche, dass "pro illo iudicio intelligendum est iudicium vel declaratum et definitum vel declarandum per magisterium ecclesiae, hoc est magisterium ordinarium, scilicet per Romanum pontificem" (M 51,163 D). Nach FAICT stellt der genannte "sensus" der Kirche keine für die Praxis adäquate Auslegungsregel dar (vgl. M 51,267 A-B).

148) M 53,187 B.

149) Für einen Kanon votiert RICCIARDI (M 51,118 A-D. 270 C-D, Emendatio 60). Bedenken gegen ein Anathem äussert AMAT, da es sehr schwierig zu handhaben wäre (M 51,146 D-147 A. 270 C, Emendatio 59).

150) Vgl. M 53,216 C-D; 51,287 A-289 A (-295 B).

151) M 51,116 C-117 D; vgl. 267 B (Emendatio 39), wobei "morumque" versehentlich fehlt (288 B).

152) Vgl. M 51,288 B; dazu 53,216 C.

153) M 51,355 D-356 B. 357 D-358 A.

154) M 51,358 D, Anm. 1.

155) M 51,356 B-C.

156) M 51,353 C-354 A.

157) "Valde obscura est significatio huius vocis: aedificationem doctrinae; sed obscurior adhuc ista locutio: morum ad aedificationem doctrinae christianae pertinentium. Nam haec sponte exurgit quaestio, quae non solvitur: quinam sunt ergo particulares mores illi, qui ad doctrinam pertinent? Melius, ut mihi videtur, esset dicere simpliciter: Declaramus, hunc, in omnibus rebus quae ad doctrinam christianam pertinent, pro vero sensu sacrae Scripturae habendum esse..." (M 51,361 A-B).

158) "Quoad ultimam paragraphum, tantum adnotabam interpretationem illam 'in rebus fidei et morum' mihi timorem ingerere, ne aditum aperiat haereticis et non satis catholice sentientibus, vel multa quae ad fidem et mores non pertinere viderentur, eo sensu interpretandi, qui veritati minime congruat; vel ansam praebeat libere ecclesiam calumniandi, errores historicos vel philosophicos ei tribuendos" (M 51,149 B-C). "Verba: 'in rebus fidei et morum' essent omittenda" (267 A, Emendatio 37).

159) Vgl. M 53,216 B-D.

160) M 51,289 A.

161) Vgl. M 51,290A-B.

162) M 51,401 B-D (Exceptio 60).

163) Vgl. M 53,223A.

164) M 51,420A-421C.

165) Th. GRANDERATH, Geschichte II,482; vgl. ders., Zum tridentinischen 290-294. 306. 315f. 385-388. 391-410; ders., Constitutiones 56-71. Seine Auseinandersetzung mit J.M.A. VACANT (vgl. unten S. 112) und A. SCHÖPFER, der zur Erklärung der Klausel auf die thomasische Unterscheidung zwischen den per se und den per accidens geoffenbarten Wahrheiten rekurriert (A. SCHÖPFER, Bibel und Wissenschaft. Die katholische Lehre und ihr Verhältnis zur Naturforschung über Weltentstehung und Weltsystem, Innsbruck-Wien-München [2](1931) 85-100; vgl. die 1. Auflage, Brixen 1896, 92-114), kann hier ausser Betracht bleiben (vgl. Th. GRANDERATH, Zum tridentinischen 294ff).

166) Th. GRANDERATH, Zum tridentinischen 291.

167) "Religiöse Lehren sind solche, welche das rechte Verhalten des Menschen zu Gott entweder theoretisch darlegen und beleuchten oder praktisch regeln", "Glaubenslehren" beziehungsweise "Lehren der Moral" (Th. GRANDERATH, a.a.O. 385, vgl. 391. 399).

168) P.M. FERRE, Bischof von Casale, unterscheidet an der Bibel Aussagen, welche Glauben und Sitten (la fede e i costumi; aber auch: la fede e la morale), und solche, die nur natürliche Wissenschaften betreffen (La Costituzione dogmatica... Dei Filius 291, vgl. 294. 299f). Ohne begriffliche Klärung: F.X. PATRIZI, De interpretatione Scripturarum Sacrarum libri duo, Rom 1844, I,61-68; R. CORNELY, Historicae et criticae Introductionis in Utriusque Testamenti libros sacros Compendium, Paris [4]1900, 145-148.

169) J.M.A. VACANT, Etudes I,525-531. 534. 544. 548.

170) DS 1507.

171) H. KÜMMERINGER, Es ist Sache 287. 296.

172) Vgl. CT V,24.

173) Vgl. CT V,29.

174) CT V,59; vgl. 29.

175) CT V,60. Das frühere "nemo ... audeat illi contradicere" (V,29) findet sich nicht mehr im endgültigen Text (vgl. DS 1506).

176) Vgl. DS 1235. 1248; J. DRIEDO, zit. in: Y. CONGAR, Die Tradition I,209, Anm. 49.

177) Vgl. Th. GRANDERATH, Zum tridentinischen 399f; ferner A. SCHÖPFER, Bibel und Wissenschaft (1. Aufl., vgl. oben Anm. 165) 86. 88. 114-128, bes. 115f, wo er eine Deutung im Sinne von "Erbauung", die er bei seiner

Auseinandersetzung mit KAULEN diesem allerdings nicht unterstellen will, ausdrücklich verwirft. - Ob eine solche Deutung die Tatsache begünstigen konnte, dass das Dekret bei der Strafandrohung in bezug auf religiöse Bücher ohne bischöfliche Approbation auf das 5. Laterankonzil verweist (COD 641), das, ohne die Bedeutung des Buchdruckes auch für die Ausbreitung der christlichen Glaubenslehre (doctrina christianae fidei) zu verkennen, angesichts religiös irriger und verderblicher Bücher, durch welche die Leser nicht nur nicht erbaut würden (aedificantur!), sondern vielmehr in die grössten Irrtümer "tam in fide, quam in vita et moribus" fielen, die vorherige Approbation verlangt (vgl. COD 608f)?

178) DS 1501; NEUNER-ROOS 80f.

179) Vgl. DS 1507.

180) Vgl. oben S. 13-18.

181) CT V,31.

182) Zur ausserkanonischen Tradition vgl. CT V,10. 14-18. 35. 57; I,435. 483f. 524; XII,522f.

183) Vgl. dazu J. RATZINGER, Ein Versuch 50-58.

184) Vgl. H. LENNERZ, Notulae Tridentinae. 1. Primum Anathema in Concilio Tridentino, in: Gr 27 (1946) 136-142.

185) Vgl. CT I,491. 522-524; V,13f. 21. 33f. 40. 45.

186) Y. CONGAR, Die Tradition, nennt ECK, DRIEDO, NOGAROLA, CANO und P. SOTO (83-85). Man liest dort von Kreuzzeichen, Messfeier, Taufwasserweihe, Nichtwiederholbarkeit der Taufe, Bilderverehrung, Stundengebet, eucharistische Nüchternheit, Wert des Fürbittgebetes für Verstorbene, Mönchtum, Opfercharakter der Messe, Anrufung der Heiligen, Verdienstlichkeit der Werke, Primat des Papstes, Unauflöslichkeit der Ehe, Notwendigkeit einer spezifischen Beichtanklage. - Hinzuzunehmen wären die für die Sessio IV verfassten Traktate über die Traditionen (CT XII,517-528) sowie das einschlägige Werk von M. PEREZ DE AYALA, De divinis, apostolicis atque ecclesiasticis traditionibus.

187) Vgl. Y. CONGAR, Die Tradition I,86; DS 1514. 1648. 1695, 1743.

188) Vgl. CT V,21: "Traditionum vero abusus totam pene disciplinam ecclesiasticam respicere mihi videntur. Confessiones enim et nostrae quidem ceremoniae omnes ad ipsas traditiones respiciunt". Ferner: H. HOLSTEIN, La Tradition 376; J. RANFT, Der Ursprung 8f.

189) Vgl. CT I,435. 494; V,10. 41.

190) Vgl. CT I,483. 487. 494. 522. 524; V,18. 34. 40. 42. 45. 57f. 71.77.

191) CT V,13; I,491; dazu CT V,14, wo CERVINI im Sinne einer generischen Behandlung der Traditionen resümiert: "Multa enim sunt tam quoad

essentialia fidei, quam quoad ceremonialia, quae scripta non sunt, sed tantum nobis tradita, ut est in cerimonialibus de Quadragesima, quae vix ex scripturis probari potest".

192) CT V,18.

193) CT I,494. Vgl. die Distinktion von E. ORTIGUES: "Ce texte ne signifie pas précisement que l'Ecriture suffise 'ad fidem, non ad mores', mais qu'elle suffit pour enseigner le salut par la foi au Christ, non pour l'ensemble de l'institution chrêtienne". In diesem Sinne sei nicht alles geschrieben (Ecritures et Tradition 277f).

194) CT V,31.

195) Vgl. CT V,33; I,521.

196) Vgl. CT V,33f; I,522; dazu V,14 ("multa"!). 18 (Aufzählung sogar gefährlich). - Die Verpflichtung des 2. Nizänums auf die Traditionen steht in engem Zusammenhang mit seiner Verteidigung der Verehrung frommer Bilder, die ihrerseits wieder mit dem Evangelium in Verbindung gebracht und unter das der Kirche Anvertraute gefasst wird (vgl. DS 600-603. 605-609).

197) Vgl. CT V,39; ähnlich 41.

198) Vgl. CT V,40. - Auf das Fehlen eines inneren Kriteriums macht R. HULL aufmerksam (The Council 603).

199) Vgl. CT V,40. Beachtenswert ist auch die Formulierung im Diarium, es sollte nicht alles von den Aposteln Stammende für immer bewahrt werden, "sed aliqua ut perpetua, veluti quae ad fidem pertinent, alia ut temporaria ..." (CT I,39f). - Vgl. R. HULL, The Council 606-610; A. DENEFFE, Der Traditionsbegriff 67. 69. 72. 73, Anm. 6.

200) Vgl. CT V,35.

201) "An... ille modus loquendi temperari debeat, addendo aliqua verba, quae hunc sensum exprimant, ut illis traditionibus, quae ad dogmata pertinent, par pietatis affectus debeatur, qui illis dogmatibus, quae in scriptis exprimuntur. Et eodem modo proportione in iis, quae ad mores pertinent, singula singulis referendo" (CT V,42). - Um "pari pietatis affectu" geht es in Dubium 7 (CT V,41), das mit grosser Mehrheit positiv entschieden wird (vgl. CT V,53). Vgl. auch CT XII,524.

202) Vgl. CT V,53.

203) Vgl. CT V,43-46. 54. 57.

204) Vgl. CT V,43 ("Traditiones esse et recipiendas quoad fidem et mores placet, quatenus venerunt ad nos", Armacan.; "Traditiones de moribus et de fide recipiantur; ... par, ponatur similis eius loco", Asculan.). 55 (die von Christus und den Aposteln stammenden ausserbiblischen Traditionen "tam de fide quam de moribus" rezipiere das Konzil "simili pietatis affectu", Senogallen.).

205) Vgl. unten zu Anm. 208-212.

206) Man unterscheidet bleibende und zeitliche Traditionen (vgl. CT V,40; I, 39f). Zu ersteren gehören die glaubensbezogenen, wenn auch nicht ausschliesslich (vgl. CT V,40; I,40); unter die zeitlichen fallen zunächst die längst und legitim abgeschafften (vgl. ebd), aber auch solche, die bisher festgehalten wurden (vgl. CT V,14), wobei noch nach solchen gefragt wird, die festzuhalten gewesen wären (vgl. CT V,40). Der Bereich ausserhalb von "fides", den man ins Auge fasst (vgl. CT V,13. 40; I,40), wird mit "cerimonialia" (CT V,14) oder mit "quoad mores et christianam vitam instituendam" (CT I,494) angesprochen.

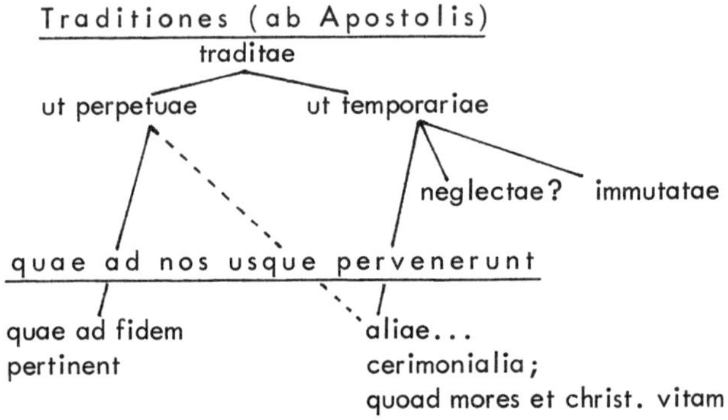

Stehen nach dieser Veranschaulichung die Mores-Traditionen zwischen den bleibenden und den temporären (als jedenfalls nicht-unwandelbaren), versteht man die Bedenken, die überkommenen Traditionen (als solche, ohne weitere Differenzierung) der Wahrheit der Schrift gleichzustellen.

207) Nach J. SALAVERRI liess der Entwurf vom 22. März auch an die wandelbaren disziplinären und rituellen Traditionen denken (La Tradición 45). Um diesen Begriff einzuschränken (para restringir su sentido), habe man "tum ad fidem, tum ad mores pertinentes" hinzugefügt (47) und mit "fides et mores" allein die unwandelbaren Traditionen erfassen wollen: "Como el decreto decía ya taxativamente que se trataba de 'Tradiciones Apostólicas referentes a la fe y las costumbres', caía por su base la razón de la inmutabilidad de las Escritures y la mutabilidad de las Tradiciones...; pues la Tradiciones en materia de fe y costumbres son necessariamente inmutabiles" (48). - Auch E. ORTIGUES versteht den Zusatz als ergänzendes inneres, materiales und doktrinelles Kriterium (Escritures et Traditions, bes. 281. 287f). Ebenso sieht J.R. GEISELMANN darin "ein inneres m a t e r i a l e s Kriterium: es sind dies Überlieferungen, die den Glauben oder die Sitten zum Gegenstand haben" (Das Konzil 136, vgl. 137. 166). Wie H. LENNERZ bemerkt, unterscheidet man damit diese von anderen, "die sich auf bestimmte Gebräuche beziehen, aber an sich die Lehre nicht betreffen" (Scriptura sola 43, vgl. 44).

208) Vgl. CT V,70-72. 76f.

209) Vgl. CT V,76, Anm. 2.

210) "Placet de traditionibus tum ad fidem tum ad mores. Non placet diceretur tum et tum; et placeret" (CT V,70, Maioricen.).

211) "Distinctio traditionum non placet, cum non fiat librorum" (CT V,71, Gen. Convent.).

212) Vgl. CT V,71 (Del Monte).

213) Die Untersuchung von J. DOMINGUEZ, "Las Tradiciones 'ad mores pertinentes' en el Concilio de Trento" (vgl. oben S. 15) bestätigt dieses aufgrund der nicht völlig eindeutigen Quellen mit Vorsicht formulierte Ergebnis, das also in "tum ad fidem, tum ad mores pertinentes" keine Eingrenzung auf das "Dogmatische" (vgl. oben Anm. 207; im übrigen heisst es auch nicht "fides et mores") zu konstatieren vermag. DOMINGUEZ verneint die Frage, ob es sich bei den Mores-Traditionen um Moraltraditionen handele; denn es lässt sich nach ihm "mostrar que las tradiciones 'ad mores pertinentes' del Decreto tridentino se refieren a costumbres litúrgicas y a usos disciplinares" (hier nach: La moral S.VII), die man bei der Abgrenzung gegenüber den Glaubenstraditionen und den aufgegebenen Überlieferungen nicht habe ausschliessen, wohl aber in Anbetracht von "pari pietatis affectu" in ihrer speziellen Autorität habe kennzeichnen wollen (S. VIII). Nach dem Urteil DOMINGUEZ' fasste das Tridentinum unter "Glaubenstraditionen" die Lehren, ohne Glaubens- und Sittenlehren zu unterscheiden ("Nunca se distinguió entre tradiciones doctrinales de fe y tradiciones doctrinales de moral"); es hatte bei seiner Rede von den apostolischen Traditionen auch nicht eigentlich Morallehren im Auge ("Entre las tradiciones apostólicas a las que se hizo alusión en el Concilio no se encuentran propiamente principios o doctrinas morales"; ebd). Dass die bewusstseinsmässige Zurückstellung der Moralfrage dennoch nicht einen Ausschluss derselben besagt, erkennt DOMINGUEZ in der Aussage vom Evangelium als Quelle aller Heilswahrheit und Sittenordnung, die "muestra que el Concilio tuvo conciencia de una relación del Evangelio con el obrar cristiano, con su conducta moral y su vida religiosa" (S. IX).

214) Nach der Bulle "Initio nostri" vom 22. Mai 1542 soll das Konzil behandeln, "quae ad integritatem et veritatem christianae religionis, quae ad bonorum morum reductionem emendationemque malorum, quae et Christianorum inter se tam principium quam populorum pacem, unitatem concordiamque pertinent ..." (CT IV,230). Vgl. auch CT IV,386f. 525. 548; COD 636 (Sessio I). - Entsprechend wird die Zeitlage beschrieben: "Sunt vero illa tria... : haereses, lapsam morum disciplinam, et intestinum atque externum bellum" (CT IV,550), oder, konzentriert auf die ersten beiden Momente: "Duo sunt, in quibus res Christiana vulnerata est et vehementer laborat... : religio et mores" (CT V,557). - Ferner erklärt das Dekret vom 26. Februar 1562, dass das Konzil "illud praecipue cogitat, ut catholicae fidei doctrinam ... in suam puritatem et splendorem aliquando restituat, et mores, qui a veteri instituto deflexerunt, ad meliorem vitae ra-

tionem revocet corque patrum ad filios et cor filiorum ad patres convertat" (COD 699). Auch werden jene kritisiert, die "si quid audiant ab ea, quam semel imbiberunt, doctrina diversum, fidei autem et sanctis moribus nullatenus contrarium", sogleich Häresie befürchten (CT V,99).

215) CT IV,550. Zur Reform der mores vgl. auch COD 657f. 737. 743. 749. 772.

216) CT IV,557-559. Zur "morum corruptela" vgl. auch CT V,95. 97. 99f. - Zahlreiche Stellen der Dekrete bezeugen die moralische Bedeutung von "mores", vgl. COD 645f. 663. 674. 690. 692. 705. 713f. 722-725. 727. 738. 740-742. 746f. 760.

217) Vgl. CT IV,567-572; ferner X,303. 321. 384; H. JEDIN, Geschichte II,23-26.

218) CT IV,571.

219) COD 643-646.

220) Vgl. COD 657-659. 662-665. 674-677. 690-694. 704-708. 713-717. 720-729. 731-749. 751-774.

221) Vgl. oben S. 97f.

222) Vgl. G. PECCI, Votum 20-36; J.B. FRANZELIN, Votum 5.

223) Vgl. J.B. FRANZELIN, Votum 5. 91-112. 123f; Schema I, S.11-13, in: H.J. POTTMEYER, Der Glaube 95+f.

224) M 50,63A-B; vgl. 60B-D.

225) M 50,158D-159A.

226) M 53,166B-C, dazu 169A (Kanon).

227) M 53,187C. Vgl. den Änderungsvorschlag ALEMANYS zum 1. Kanon: "... ac propterea fidem ... non inniti infallibili auctoritati Dei revelantis" (M 53,189B). Über die Gott geschuldete Unterwerfung des Verstandes und des Willens vgl. M 51,212D-213A. 309B (Emendatio 96).

228) Vgl. M 53,187C (SIMOR). 189D (MONESCILLO), nach welchem der 1. Kanon schliessen soll: "... requiri, ut veritas revelata propter auctoritatem Dei revelantis et ecclesiae declarantis et proponentis" (credatur).

229) Er definiert den Glauben als Für-wahr-halten dessen, "quaecumque a Deo revelata esse nobis firmiter credenda a visibili auctoritate infallibilis magisterii cathedrae apostolicae, ex cuius ore statuit Deus, ut gentes omnes audirent verbum Evangelii et crederent" (M 51,211D. 301B-C, Emendatio 24). Ohne dass dieses kirchliche Element dem inneren Glaubensakt wesentlich sei, sei es doch in der tatsächlichen Heilsökonomie ("de lege ordinaria a Christo statuta") zum Glaubensakt notwendig, das "ministerium apostolicum auditus fidei", welches auf zweifache Weise, "applicando et definiendo", ausgeübt werde (211A-C). Dementsprechend schlägt er zum 5. Kanon (37D-38A) die Ergänzung vor: "aut ad illam (sc. fidem) habendam non

requiri ex lege ordinaria magisterium visibile ecclesiae catholicae" (213C. 310D, Emendatio 112). - Mit Lob bedacht (vgl. M 51,318B), wird diese Änderung gleichwohl mit Berufung auf die eigentliche Aussageabsicht des Paragraphen (vgl. 313B-C) abgewiesen (M 53,217D; 51,319B). Zur Neufassung des Kanons vgl. M 53,219A; 51,333A-D. 335D-336D.

230) M 51,35A.

231) Vgl. M 51,47C ("etiam illud quod ecclesia aocens aispersa unanimi consensu tamquam divinitus revelatum praedicat ac docet", Relatio SIMOR); ähnlich 224C-225A (MARTIN) unter Berufung auch auf PIUS IX. (DS 2879).

232) "Qua fide complecti et credere debemus omnis, sive explicite sive implicite, quae et quemadmodum in utroque sacrae revelationis fonte contenta ab indeficienti ecclesiae magisterio proponuntur" (M 53,186B). - "Porro fide divina et catholica ea omnia credenda sunt, quae ab ecclesia sive iudiciis dogmaticis, sive ordinaria et universali doctrina et praedicatione tanquam in verbo Dei scripto vel tradito contenta proponuntur" (M 53,192D). Vgl. oben S. 91.

233) "Si quis dixerit, fideles catholicos eas tantum veritates fide divina credere posse et debere, quae ab ecclesia ita propositae vel definitae fuerint, ut sententias oppositas tanquam haereticas damnaverit; anathema sit" (M 53, 188C, SENESTREY). - "Si quis dixerit, quidquid ecclesiae iudicio tanquam fidei articulus sive dogma declaratum non sit, a fideli catholico humana tantum fide vel opinione teneri posse aut debere; anathema sit" (M 53,192C, ders.).

234) Vgl. M 51,207A-B. 220D. 232A. 299A. 303C. 304A (Emendatio 2. 45. 47); ferner M 53,221B-C (CL VII,1675b), wonach am 8. April "endlich" die Zustimmung der Väter zu diesem Paragraphen, wiewohl nicht zu einem entsprechenden Kanon, erfolgt.

235) Vgl. M 51,229A-230A (DUPANLOUP): "... quae in verbo Dei ... immediate continentur, et ab ecclesia ... tanquam divinitus revelata de fide credenda proponuntur" (304C, Emendatio 51). Ähnlich, jedoch ohne diesen Nachdruck: "... credenda proponuntur, atque de fide tenenda praecipiuntur" (M 51,217D. 304C, Emendatio 49; MARTINEZ). Ebenfalls tamquam de fide divina credenda proponuntur" (M 51,226A; vgl. 311C, Emendatio 121; MONZON Y MARTINS).

236) "Quid est", fragt MARTINEZ, "hoc ordinarium ecclesiae magisterium, nisi magisterium Romani pontificis..., qui post decem et octo saecula ecclesiam docet, et infallibiliter docuit, et infallibiliter docebit usque ad consummationem mundi?" Daher solle es heissen: "ea omnia quae solemni iudicio ecclesiae vel ordinario Romani pontificis, capitis venerabilis huius ecclesiae, docentur credenda et de fide tenenda" (M 51,216A). In Emendatio 49 lautet die Formulierung: "et ab ecclesia sive solemni in concilio generali iudicio sive ordinario Romani pontificis eiusdem ecclesiae capitis visibilis

magisterio credenda proponuntur, atque de fide tenenda praecipiuntur" (M 51,304 B-C).

237) Vgl. M 51,222C-223B (225C. 229D-230A). 304A (Emendatio 48a; ERRINGTON); ebenfalls für eine Streichung der Stelle sprechen sich andere aus, vgl. M 51,207B. 208B-C. 304A-B (Emendatio 48a-c). - Für eine Verdeutlichung tritt MONZON Y MARTINS ein: "... sive ordinario magisterio omnibus fidelibus tanquam de fide divina credenda proponuntur" (M 51,225B-226A. 304 C-D (Emendatio 52). 311C (Emendatio 121). Schliesslich will MEURIN die Stelle "ordinario magisterio" durch den Zusatz "publico et universali" präzisieren (M 51,234 B. 304C, Emendatio 50).

238) Vgl. M 51,224C-225A. 314A. 322B. 335B. - Kanonvorschläge: M 51, 226A-B. 235A. 311C (Emmendatio 121f); vgl. 361C.

239) Eine Änderung der Plazierung (vgl. M 51,402A, Exceptio 63) oder der theologischen Aussage (vgl. 402A-B, Exceptio 64) erfolgt nicht mehr (vgl. M 53,223A; 51,421D-422A).

240) Vgl. oben S. 98.

241) J.B. FRANZELIN, Votum 5. 113-124.

242) Schema I, S. 18-22, in: H.J. POTTMEYER, Der Glaube 98⁺-100⁺.

243) M 50,64C-66B.

244) Vgl. M 50,258C-260A (SPILOTROS).

245) M 53,166D-167B. 169C (6. Kanon).

246) M 51,35A-C. 38A (6. Kanon); zur Behandlung durch die Deputation vgl. M 53,187D-188C. 189B. 190B.

247) Vgl. oben S. 99.

248) Vgl. Prooemium (COD 781). DS 3000. 3007. 3012. 3017f.

249) Vgl. J.B. FRANZELIN, Votum 125-143.

250) Schema I, S. 29-31, in: H.J. POTTMEYER, Der Glaube 104⁺f.

251) M 50,67B-D.

252) M 50,99D-100A.

253) M 53,168A-B. 169D (7. Kanon).

254) M 51,36C-D. 38B (4. Kanon).

255) M 51,375D-376B.

256) DS 3017f; vgl. 1441.

257) DS 3042.

258) G. PECCI, Votum 32. 36.

259) J.B. FRANZELIN, Votum 5.

260) A.a.O. 84; vgl. 142: "quae aliquo modo (DS 2877: quae plus minusve) adversentur infallibili rerum veritati".

261) A.a.O. 125-132 (-143).

262) A.a.O. 132f.

263) A.a.O. 136f.

264) "... apparet, quam periculose errent nostrae aetatis hominis illi, qui libertatem scientiae ita praedicant, ut saltem in omnibus naturalibus et rationalibus scientiis (disciplinis) excolendis rationi vindicetur plena independentia ab ipsa fide divina et ab auctoritate Ecclesiae, cui custodia et infallibilis interpretatio totius revelatae veritatis divinitus commissa est" (Schema I, S. 26f, in: H.J. POTTMEYER, Der Glaube 102^{+}f.

265) A.a.O. 27-29 (103^{+}f).

266) M 50,66B-67B. - Fortgefallen sind u.a. das "saltem" (am Anfang), die Nennung des "unfehlbaren Lehramtes" der Apostel und ihrer Nachfolger sowie die Aussage von 2 Kor 10,4f; auch ist nur mehr von einem möglichen Verstoss der fehlbaren Vernunft gegen die unfehlbare Lehre der Kirche die Rede.

267) M 50,98D-99A.

268) Vgl. M 50,163A-165B. 196C-197B.

269) M 53,167D-168A (Kapitel). 169D (Kanones).

270) M 53,192A.

271) M 53,191C.

272) "4. Si quis dixerit, disciplinas humanas, etiam cum periculo errandi contra fidem, tractari posse nulla revelationis supernaturalis habita ratione; anathema sit. 5. Si quis dixerit, harum disciplinarum conclusiones, etiamsi doctrinae catholicae repugnent, non subesse iudicio et authenticae proscriptioni ecclesiae; anathema sit. 6. Si quis dixerit, licitum esse tradere vel tenere opiniones ab ecclesia damnatas, dummodo ne sint damnatae tanquam haereticae; anathema sit" (M 53,169D).

273) Vgl. M 53,192D. 193B-C. - SIMOR, GASSER (gefolgt von DIAS LARANGEIRA) und LEAHY wollen den vierten und fünften, GARCIA GIL den fünften und sechsten Kanon kombinieren. Nach SIMOR soll der neue Kanon lauten: "Si quis dixerit, humanarum disciplinarum conclusiones, etiamsi doctrinae catholicae repugnent, non subesse proscriptioni ecclesiae, cui omnes obedire tenentur" (192D). GASSER schlägt dafür vor: "Si quis dixerit, humanarum disciplinarum cultoribus licere, dum propriis cuivis scientiae principiis veritatem indagant et demonstrant, stellam directricem fidei contemnere, vel conclusiones fidei contrarias pro genuinis et veris habere; vel denique eiusmodi conclusiones non subesse iudicio et authen-

ticae praecriptioni ecclésiae; anathema sit" (193B). GARCIA GIL formuliert: "Si quis dixerit, theses et deductiones humanarum disciplinarum, etiamsi doctrinae catholicae repugnent, ab ecclesia proscribi non posse; aut licitum esse eas tradere et docere, quamvis ab ecclesia proscriptas, saltem si non sint damnatae tanquam haereticae; anathema sit" (193A). - MONESCILLO, sonst GARCIA GIL folgend, will den fünften Kanon abschliessen mit "cui (= ecclesiae) omnes obedire tenentur" (193B; vgl. 192D). Der vierte Kanon findet jedoch auch Verteidiger in GARCIA GIL, STEINS, D'AVANZO und SENESTREY (192D. 193C).

274) "2. Si quis dixerit, disciplinas humanas tractandas esse nulla prorsus revelationis supernaturalis habita ratione; aut harum disciplinarum conclusiones, etiamsi doctrinae catholicae repugnent, ab ecclesia proscribi non posse; anathema sit" (M 51,38A-B). Im 3. Kanon ist im Vergleich zum früheren sechsten mit "tenere vel tradere" lediglich eine Umstellung vorgenommen (38B).

275) Wie SIMOR erläutert, richtet sich die Lehre des 4. Kapitels auch "contra eos qui negant ecclesiae catholicae ius esse falsi nominis scientiae oppositiones proscribendi, et licere tenere catholicis etiam veritates fidei non solemniter definitae contrarias, etiamsi contrarias esse constet ex ordinario ecclesiae magisterio" (M 51,48A).

276) M 51,244B. 341A (Emendatio).

277) M 51,245C-D. 341C (Emendatio).

278) Vgl. M 51,248A-251C.

279) M 51,251C-D. 341B-C (Emendatio). - CAIXAL Y ESTRADE will aus logischen Gründen den 3. Paragraphen vor den zweiten setzen und legt selbst ein neues Kapitel vor (M 51,338C-339D, Emendatio 1; vgl. 252C). - Auf die Ursachen eines faktischen Gegensatzes zwischen Glaube und Vernunft - das Schema nennt zwei - gehen MAGNASCO und RICCA ein. Ersterer will eine dritte anfügen, dass man nämlich möglicherweise, wie die Sozinianer, trotz richtiger Prinzipien falsche Schlussfolgerungen ziehe (M 51,256C-257B. 341A, Emendatio 14). Nach RICCA sollten im Anschluss an die Aussage von der Widerspruchsfreiheit zwischen Glaube und Vernunft auch die Grenzen angegeben werden, innerhalb welcher die Wissenschaft allein ihren Platz habe (M 51,257C-258A. 340C, Emendatio 9); auch könnten nicht nur die Dogmen in unkirchlichem Sinne verstanden werden, sondern - will er ergänzen - auch die natürliche Vernunft begreifen wollen, was ihre Fassungskraft übersteige (258A-C. 340D-341A, Emendatio 12). - Dass ein Konflikt auch daraus entstehen könne, dass "opinionum commenta pro rationis effatis habeantur", erscheint CELESIA eine zu weite Formulierung, mit der nahezu alle Meinungen verurteilt würden, während diese doch in unterschiedlichem Masse der Wahrheit nahekämen; die Verurteilung sollte sich daher auf die "opinionum falsa commenta" beschränken (M 51,255C-D. 341A, Emendatio 13). - Zum Schlussatz des 4. Paragraphen - die Kirche anerkenne die rechte Freiheit

der Wissenschaft, achte jedoch darauf, dass diese nicht gegen die göttliche Lehre irre oder sich des Glaubensgebietes bemächtige - nimmt FERRE Stellung. Wo die Wissenschaft irrt, verstösst sie nach ihm gegen die göttliche Lehre (nicht umgekehrt, wie das Schema andeute); auch überschreitet sie, solange sie nicht von der Wahrheit abirrt, nicht ihre Grenzen, auch nicht die Philosophie, wenn sie - auf dem Boden der Wahrheit - theologische Fragen behandelt. Zudem lasse sich nach dem Schema der Eingriff der Wissenschaft in den Glauben nicht leicht bestimmen. FERRE schlägt deshalb folgende Änderung vor: "Hoc tantum cavet (= ecclesia), ne erroribus infectae repugnent caelesti doctrinae, ea, quae fidei sunt, sibi subiicere praesumant, atque tales sint, ut animos ab obsequio divinae revelationi praestando impediant aut retardent" (M 51,253C-254A. 342A-B, Emendatio 27).

280) "Si quis dixerit, omnes scientias rationales et naturales (vel disciplinas humanas), eas, quae idem obiectum cum fide habent, tractandas esse, nulla prorsus revelationis supernaturalis habita ratione, aut harum disciplinarum falso habitas conclusiones, etiamsi ..." (als glaubenswidrig von der Kirche nicht verurteilt werden könnten) (M 51,252A); oder: "Si quis dixerit, fidem et scientiam inter se conciliari non posse, vel illud, quod philosophice verum est, interdum esse theologice falsum, aut vice versa, vel per quamcumque scientiam posse unquam demonstrari, vel ex ea legitime deduci aliquid verae fidei contrarium; anathema sit" (M 51,252A. 343A-B, Emendatio 36).

281) Vgl. M 51,242A-243D. 343A (Emendatio).

282) Vgl. M 51,244B-C. 247B. 256A-B. 343B (Emendationes).

283) Vgl. M 51,246A-B. 252D-253A. 343C.

284) Vgl. M 51,260A. 343C.

285) Vgl. M 51,260B-262B

286) Vgl. M 51,366D.

287) Vgl. M 51,368B-D. 370A-C.

288) Vgl. M 53,220D.

289) Vgl. M 51,372C-373A.

290) Vgl. M 51,402B-403A. 407A. 416C-D. 422A. 424A.

291) Vgl. oben S. 127.

292) M 51,38B.

293) Vgl. oben S. 91.

294) Vgl. M 51,244C. 343C (Emendatio).

295) Vgl. M 51,247C-D.

296) Vgl. M 51,343 D-344 A.

297) Vgl. M 51,253 A-B (Zustimmung: "bene").

298) "Si quis dixerit, obedientiam fidei, quam homo tenetur ad aeternam salutem praestare auctoritati catholicae ecclesiae in rebus fidei et morum, obscurare lumen rationis, eamque reddere mancipium minus aptum ad culturam disciplinarum naturalium; anathema sit" (M 51,344 A-B, Emendatio 45). - "Si quis dixerit, posse defendi ut veras, propositiones damnatas ab ecclesia catholica ut falsas et erroneas, dummodo non fuerint damnatae tamquam haereticae; anathema sit" (344 B, Emendatio 46).

299) M 51,246 B-C. 344 A (Emendatio).

300) Vgl. M 53,220 D-221 A.

301) Vgl. M 51,373 A-B.

302) Vgl. M 51,374 A.

303) DS 3045.

304) Vgl. M 53,177 A-B.

305) Vgl. M 51,247 D. 344 B-C (Emendatio).

306) Vgl. M 51,244 C. 344 C (Emendatio).

307) Vgl. M 51,378 C-379 A; dazu oben S. 94.

308) Vgl. M 51,379 A-C. Eine konkrete Funktion des Monitums liegt nach GASSER darin, dass es die Gefahr in bezug auf den gemässigten Traditionalismus banne (vgl. 275 B).

309) Vgl. M 51,381 A; Text: 374 C-376 C.

310) M 51,407 A-409 D.

311) Vgl. M 51,407 D-408 C.

312) Vgl. M 51,408 C-D.

313) Vgl. M 51,409 A.

314) Vgl. M 51,409 B-C.

315) Vgl. M 51,411 B-412 C.

316) Vgl. M 53,223 C.

317) Vgl. M 51,424 B-D.

318) Vgl. M 51,426 D.

319) DS 3004. 3026.

320) DS 3032; vgl. oben S. 98.

321) J.B. FRANZELIN, Votum 7-34.

322) Vgl. J.B. FRANZELIN, Votum 33f; Schema I, S. 5, in: H.J. POTTMEYER, Der Glaube 92^{+}; M 50,60A-B.

323) Vgl. M 50,256A-C. 288A-C. Die vorgeschlagene Änderung spricht nicht mehr von den sittlichen Wahrheiten (vgl. 257A. 288C-D).

324) M 51,33C-D (Kapitel). 37B (Kanon); vgl. M 53,165C. 168C (Schema III). 184D-186D. 188D. 189A (Besprechung).

325) Vgl. M 51,132A-136A, bes. 134C-135D.

326) Vgl. M 51,175A-B. 176B.

327) Vgl. M 51,153B.

328) Vgl. M 51,145B-D. 146A. 261D-262A (Emendatio 1). 269A-B (Emendatio 50).

329) Vgl. M 51,149C-D. 263A-B (Emendatio).

330) Vgl. M 51,171C-172A.C. 173D.

331) Vgl. M 51,169B. 262D (MARET). 357A (DUPANLOUP).

332) Vgl. M 51,354B-355A. 357A, bes. 354B-C. 358A (DUPANLOUP). 132 B-C (FILIPPI).

333) Vgl. M 51,272A-B. 273B-275B, ferner 276C-D (zu Emendatio 11). 290D (zu Kanon 1). 292B (zu Emendatio 52 und 53).

334) Vgl. M 51,278A.

335) Vgl. M 51,399B-400A (Exceptio 51, $52\frac{1}{2}$, 53). 405A-C (Exceptio 98, $98\frac{1}{2}$). Zur Beurteilung durch die Deputation vgl. M 53,222D. 223A; M 51,418A-B. 422D-423A.

336) DS 3005; vgl. oben S.97.

337) Vgl. G. PECCI, Votum 35.

338) Vgl. J.B. FRANZELIN, Votum 54. 67-72. 79-81. 89.

339) Vgl. Schema I, S. 9f, bes. 10, Anm. 1, in: H.J. POTTMEYER, Der Glaube 94^{+}.

340) Vgl. M 50,61D-62B.

341) Vgl. M 50,62A. 82B-D.

342) Vgl. M 53,165D; dazu 185A-D. 188D.

343) M 51,33D.

344) Vgl. M 51,132C-D. 135C.

345) Vgl. M 51,150D-151A. 263D (Emendatio).

346) Vgl. M 51,157A. 158A-160A. 264C (Emendatio).

347) Vgl. M 51,171 A. 264 D (Emendatio).

348) Vgl. M 51,359 D-360 A.

349) Vgl. M 53,216 A.

350) Vgl. M 51,278 B-D. 279 C; Abstimmung: 281 B.

351) Vgl. M 51,296 D-297 A (Schema). 400 A-C (Exceptiones) . 418 A-C (Relatio); 53,222 D (Deputation).

352) DS 3004; vgl. oben S.97.

353) Vgl. Schema I, S.9, in: H.J. POTTMEYER, Der Glaube 94+; M 50,61 D; 53,165 D; 51,33 D.

354) Vgl. M 51,149 A. 262 B (Emendatio 2).

355) DS 3005.

356) Vgl. G. PECCI, Votum 20. 24f. 35f.

357) A.a.O. 27f. 30. 39.

358) Vgl. J.B. FRANZELIN, Votum 2-5. 88-90.

359) "Damnantur, qui dicunt, divinam revelationem datam esse ad eas tantummodo veritates proponendas et confirmandas, quae iam ex manifestatione Dei per opera creationis essent humanae rationi cognoscibiles; non autem pro hominis fine supernaturali praecipue complecti dogmata ac instituta, quae in illa manifestatione naturali nullo modo contineantur aut intelligi possint" (a.a. O. 91).

360) Vgl. Schema I, S. 5-10, in: H.J. POTTMEYER, Der Glaube 92+-94+.

361) Vgl. M 50,60 A-62 B.

362) Vgl. M 50,269 A-B. 293 B-C.

363) M 53,165 D-166 A.

364) Vgl. M 53,185 C.

365) Vgl. M 51,33 D-34 A.

366) Vgl. THOMAS v. Aquin, S.th. I, q.1, a.1 (Corpus articuli).

367) Vgl. M 51,360 A-B.

368) Vgl. M 51,150 D-151 A. 263 D-264 A (Emendatio).

369) Vgl. M 51,265 A.

370) Vgl. M 51,149 A-B. 264 A-B (Emendatio, ROTA). 357 B-C (DUPANLOUP).

371) Vgl. M 53,216 A.

372) Vgl. M 51,278 D-279 A. 280 A-B (zu Emendatio 23).

373) DS 3027.

374) M 53,168 D.

375) M 53,168 D-169 A.

376) Vgl. M 53,187 A.

377) M 51,37 B.

378) Unter anderem wird hier die Notwendigkeit der Offenbarung stärker betont, vgl. M 51,150 A. 270 A (PETTINARI). 161 B-C. 270 A. 405 C (GASTALDI).

379) DS 3028.

380) G. PECCI, Votum 37 f.

381) M 53,169 A.

382) M 51,37 B.

383) Vgl. M 51,147 C. 269 D (AMAT). 150 A-B. 270 A-B (PETTINARI); dazu: 293 C-294 A (Relatio GASSER); ferner 405 C-D (Exceptio $99\frac{1}{2}$, 100; TEPPA bzw. ATTANASIO).

384) Vgl. M 51,423 A-C.

385) Vgl. DS 3008.

386) DS 3032.

387) Vgl. J.B. FRANZELIN, Votum 5. 91. 93. 95 f. 106.

388) A.a.O. 124; vgl. auch den 3. Kanon (ebd).

389) Schema I, S. 11-13, in: H.J. POTTMEYER, Der Glaube 95^{+} f.

390) M 50,63 A-B.

391) M 53,169 A-B.

392) M 51,37 C.

393) Vgl. M 51,221 A-B. 309 C (Emendatio).

394) Vgl. M 51,213 A. 309 C (Emendatio).

395) Vgl. M 51,309 D; dazu: 53,218 D (Deputation); 51,331 C-D (Relatio). 338 B (Schema).

396) DS 3015.

397) DS 3041.

398) DS 3016.

399) Vgl. M 53,170 A.D. 171 D. 174 B. 230 B. 231 B. 234 D. 287 C. 288 D. 292 B.

400) Vgl. M 53,173 D. 234 B-C. 292 A.

401) Vgl. G. PECCI, Votum 31.

402) Vgl. J.B. FRANZELIN, Votum 5. 54. 57f. 62. 66-69. 82.

403) A.a.O. 89. 91.

404) Schema I, S. 22-26, in: H.J. POTTMEYER, Der Glaube 100+-102+.

405) M 50,62B-D.

406) M 53,167B-D. 169C-D.

407) M 51,35C-36A. 38A.

ZUM 3. KAPITEL

1) Zur Würdigung dieses Dokumentes vgl. H. SCHAUF, De corpore Christi 1f. 4f; J. SCHUMACHER, Der "Denzinger" 289, Anm. 154; F.v.d. HORST, Das Schema 14f. 63f. 68-75. 318-324; M 53,308, Anm. 1. Zum Inhalt und zu den Reaktionen vgl. Th. GRANDERATH, Geschichte II,249-253. 688-697; R. AUBERT, Vaticanum 180-188. Neben Einzelstudien (u.a. über die Kirche als Mystischen Leib Christi, ihre Einheit und Heilsnotwendigkeit sowie über ihr Verhältnis zum Staat) orientiert darüber umfassend F.v.d. HORST, Das Schema.

2) Text: M 51,539A-551 B (Kapitel). 551B-553A (Kanones). 553A-636A (Adnotationes). Deutsche Übersetzung: NEUNER-ROOS 358-369 (nur die ersten 10 Kapitel); R. AUBERT, Vaticanum 309-319 (nur Kapitel 13 bis 15, Kanon 17 bis 21).

3) Vgl. oben S. 66f.

4) Vgl. M 49,622C.

5) G. PERRONE, Votum (A-2a) (Die hier mit ihren Signaturen bezeicnneten Aktenstücke sind bei M 49,737A-740B aufgeführt). Text im I. Band der "Acta theologorum" (vgl. BIBLIOGRAPHIE I.), auch in: GOMEZ-HERAS, Temas I,337-349. Die Seitenangaben beziehen sich auf das Original.

6) M 49,622C-628C.

7) Vgl. M 49,628C-629A.

8) Text im I. Band der "Acta theologorum", auch in: GOMEZ-HERAS, Temas I,350-356.

9) Vgl. M 49,629C-632B. 633B-634B. 637D-638D.

10) Vgl. M 49,641D. Text im I. Band der "Acta theologorum", auch in: GOMEZ-HERAS, Temas I,357-364.

11) Ihm liegt das Votum von PETACCI "De indifferentismo et latitudinarismo" (A-7a) zugrunde. Die Entwürfe: M 49,738C.

12) Text im 1. Band der "Acta theologorum", auch in: GOMEZ-HERAS, Temas II,466-540.

13) Vgl. unten S. 235f.

14) Text im 1. Band der "Acta theologorum", auch in: GOMEZ-HERAS, Temas I,365-383.

15) M 49,632B-633A. 634C-637C.

16) Text im 1. Band der "Acta theologorum", auch in: GOMEZ-HERAS, Temas I,384-400.

17) M 49,653D-654C. 655D-661A.

18) Text im 1. Band der "Acta theologorum", auch in: GOMEZ-HERAS, Temas I,402-409.

19) Vgl. M 49,737B. Text im 1. Band der "Acta theologorum", auch in: GOMEZ-HERAS, Temas I,410-418.

20) Vgl. M 49,699C-D. 708D.

21) Vgl. M 49,699D. Hierher dürfte auch ALZOGS Votum (ohne Signatur; vgl. M 49,737B) gehören.

22) Vgl. M 49,737B. Text im 1. Band der "Acta theologorum", auch in: GOMEZ-HERAS, Temas I,419-425.

23) M 49,709A-710A.

24) Vgl. M 49,737B. Text im 1. Band der "Acta theologorum", auch in: GOMEZ-HERAS, Temas I,426-433.

25) M 49,713D-718B.

26) M 49,744A-747A, dazu 731C.

27) Vgl. M 49,731C-D (Signatur A-3g; M 49,737B). Text: vgl. oben Anm. 12.

28) Vgl. M 51,542B-C, dazu 552A (Kanon 8).

29) Vgl. M 51,574C. 578C-579A.

30) M 51,551D-552A.

31) Vgl. M 51,623D-624A. DS 2601.

32) G. PERRONE, Votum(A-2a) 8-11; vgl. DS 2316-2318. 2495f. 2499f. 2601.

33) A-2b (vgl. oben Anm. 8), S. 7f. 11f.

34) Vgl. A-2c (vgl. oben Anm. 10), S. 8f. 13; A-3g (vgl. oben Anm. 12), S. 10f. 13. 70-78. 126-128.

35) Auch F.v.d. HORST, Das Schema 257-263, geht auf die Indefektibilität in den mores nicht ein.

36) Vgl. M 51,579C-581B.

37) Vgl. M 51,579A-B.

38) M 51,542C-D.

39) M 51,542D.

40) Vgl. M 51,579A-C.

41) Vgl. M 51,542D-543A.

42) Vgl. M 51,579D. 580B, dazu DS 1510.

43) M 51,579D-580A.

44) M 51,542D-543A.

45) Vgl. M 51,580A-B.

46) M 51,552A.

47) Vgl. M 51,624C-D.

48) Vgl. M 51,543A-B.

49) Vgl. M 51,580B-581B.

50) G. PERRONE, Votum (A-2a), 11-13.

51) Vgl. M 49,627B-C.

52) Entwurf A-2b, 8f

53) Vgl. a.a.O. 9.

54) A.a.O. 11.

55) Vgl. M 49,630B-C. 631D.

56) Vgl. M 49,634A-B. 638B.

57) Vgl. M 49,638D.

58) Schema A-2c, 9f. 13.

59) Schema A-3g, 12. 33.

60) A.a.O. 78-82. 128f.

61) M 49,745B.

62) Vgl. oben S. 154-157.

63) Vgl. Entwurf A-3b, 17f; Entwurf A-3c, 5; Entwurf A-3e, 9; Entwurf A-3f, 8f; Schema A-3g, 24f; M 51,540C. 541A-B. 542A. 548B. 549 A-B. 551D. 567D. 571D. 572D. 623A-B.

64) "... ut... fidem declaret, nascentes errores cohibeat, morum disciplinae prospiciat, eamque integram servet aut labefactatam restituendam curet", wobei ohne die Möglichkeit des freien Verkehrs mit den Gläubigen "...

vigor disciplinae, morumque integritas, ipsaque sanitas doctrinae" gefährdet würden (Entwurf A-3e, 8).

65) Vgl. Entwurf A-3b, 18. 28; Entwurf A-3c, 7; Entwurf A-3d, 10. 14; Entwurf A-3e, 9; Entwurf A-3f, 7-9; Schema A-3g, 25; M 49,660B. 716B; 51,549B. 618C. 619A-B.

66) Vgl. C. SCHRADER, Votum (A-3a), 16. 19; Entwurf A-3b, 29; M 49, 660C; 51,546C. 547C.

67) Vgl. C. SCHRADER, Votum (A-3a), 21.

68) Vgl. a.a.O. 19.

69) A.a.O. 25.

70) Vgl. Kanon 17: "Si quis dixerit, supremam ac universalem Ecclesiae potestatem in ordine ad animarum salutem ad publicas res vel politicas atque sociales non spectare, et iudicia quibus Ecclesiae magisterium de iusto aut iniusto, de licito aut illicito, de honesto aut inhonesto pronuntiat, nullatenus extendi ad relationes hominum publicas, civiles ac sociales: vel illa, si ad has extenderentur, vi ac valore destitui; a. s." (Entwurf A-3b, 28).

71) Vgl. Kanon 3: "Si quis dixerit, idoneam iusti et iniusti normam non in Ecclesiae doctrina, sed in publica civium opinione, aut in politicae potestatis decretis et legibus quaerendam esse, ita ut quod illicitum est et iniustum possit per civile ius evadere licitum et honestum: aut principatum vel supremam cuiuscumque generis potestatem non teneri aeterna iubentis et vetantis Dei lege, cuius custos et interpres est sancta Ecclesia catholica: a. s." (Entwurf A-3d, 13).

72) Vgl. C. SCHRADER, Votum (A-3a), 15f. 22; Entwurf A-3d, 6.8. 13; Entwurf A-3e, 6; Entwurf A-3f, 8; Schema A-3e, 23. 33; M 49,746C; 51,548A.D. 552D.

73) Vgl. Entwurf A-3d, 8; Entwurf A-3e, 6; Entwurf A-3f, 8. 14; Schema A-3g, 23; M 49,746C; 51,548D.

74) Vgl. C. SCHRADER, Votum (A-3a), 9. 15f. 23; Entwurf A-3e, 6; Schema A-3g, 23; M 49,654A.

75) Vgl. C. SCHRADER, Votum (A-3a), 16; Entwurf A-3e, 6; Schema A-3g, 23; M 49,654A. 746C; 51,548C.

76) Vgl. C. SCHRADER, Votum (A-3a), 12.

77) Vgl. M 49,718A.

78) Vgl. C. SCHRADER, Votum (A-3a), 9; Entwurf A-3b, 6. 16f. 28; Entwurf A-3c, 6; Entwurf A-3d, 13; Entwurf A-3e, 6; Entwurf A-3f, 7f. 14; Schema A-3g, 23. 33; M 49,718A. 746D; 51,548D. 552D. 618A. 633 D.

79) Vgl. Entwurf A-2b ("nec solum in iis, quae fidem et mores, cultum et

sanctificationem, sed in iis etiam quae externam Ecclesiae disciplinam et administrationem respiciunt"); Entwurf A-2c, 12; Schema A-3g, 15; M 49, 746A; 51,543C. - Zur jurisdiktionellen Autorität der Kirche vgl. G. PERRONE, Votum (A-2a), 13-16; Entwurf A-2c, 11f; Schema A-3g, 13-15. "Habet propterea Ecclesia ... non magisterii solum, ut res fidei et morum doceat ac definiat, sacrasque litteras absque ullo erroris periculo interpretetur; verum etiam regiminis, ut ... filios in tradita doctrina contineat et confirmet, legesque ferat de iis omnibus, quae ad animarum salutem, sacri ministerii exercitium, ac Dei cultum attinent" (M 51,586D-587A).

80) Vgl. M 51,540D. 546D. 567C. 586D-587A. 613C-D. u.ö.

81) Vgl. Entwurf A-3f, 8; M 51,549D.

82) Vgl. M 51,549B, ferner 541C.

83) Vgl. M 51,539B.

84) Vgl. G. PERRONE, Votum (A-2a), 6.

85) Vgl. M 51,574A-B.

86) Zum Singular "mos" vgl. Entwurf A-3f, 5 (ethnicorum more); M 51,558D (more patrio). 609D (more Apostolorum).

87) Vgl. C. SCHRADER, Votum (A-3a), 12; Entwurf A-3d, 1.7; M 49, 714A-B; 51,546A.

88) Vgl. M 51,574B (indifferentismus moralis). Zum Sprachgebrauch von "mores" vgl. u.a. G. PERRONE, Votum (A-2a), 6. 10; C. SCHRADER, Votum (A-3a), 16. 19-21. 25; Entwurf A-3b, 6. 17f. 28f; Entwurf A-3c, 5-7; Entwurf A-3d, 6. 10. 14; Entwurf A-3e, 6. 8f; Entwurf A-3f, 8f; Schema A-3g, 23-25. 87. 116; M 51,549A-B. 583C. 584D. 609D. 618D-619B.

89) Vgl. M 51,638C.

90) M 51,731C-930A.

91) Vgl. M 51,810C-D. 811C. 883C. 891C. 926C.

92) Vgl. M 51,807D. 808B-D. 809B-C. 810A-C. 811A-812A. 868B. 876A. 884C. 892A. 907C-D. 914B-C. 926D-927A.

93) M 51,844B. 910B-C.

94) M 51,826B; vgl. 851D. 860B. 904D.

95) Vgl. M 51,812B. 848A. 853B. 855C. 858A-B. 859C. 910B. 916A.

96) Vgl. M 51,812B. 844B. 853B. 858B. 859C. 910B.

97) Vgl. M 51,910B.

98) Vgl. M 51,844B. 851A.

99) Vgl. M 51,824B; ferner 821B.

100) Vgl. M 51,844 D. 845 A-D. 846 A.

101) Vgl. M 51,845 A-B.

102) Vgl. M 51,846 B, ferner 860 A (VEROT).

103) Vgl. M 51,846 C.

104) Vgl. M 51,825 A-B, ferner 817 C (für klare Unterscheidung von der Indefektibilität).

105) Vgl. M 51,812 C-813 A. 817 C-D. 822 D. 823 B-C. - Zum Ausdruck "petro-apostolisch" bei den Konzilsvätern vgl. K. SCHATZ, Kirchenbild 58-61.

106) Vgl. M 51,815 C. 819 C. 857 D. 904 A-B. 921 B. Für die Unfehlbarkeit des Papstes vgl. 814 C. 815 A. 818 B. 819 B. 858 D. 904 C. 922 A. 923 B. 924 B-925 B. 737 B-C. 742 C.

107) Vgl. M 51, 815 B. 830 B-C. 847 C.

108) Vgl. M 51,813 B. 814 A. 823 B. 903 D-904 A.

109) Vgl. M 51,815 B. 817 A. 819 B. 820 A. 821 B. 823 B-C. 824 C. Selbst den Ausdruck "obiectum infallibilitatis" will man als scholastisch vermeiden: 814 B-C, vgl. 815 B.

110) Vgl. M 51,815 A. 823 A. 824 A. 898 C. 899 B.

111) Vgl. M 51,927 B.

112) M 51,819 D. 820 D.

113) M 51,892 B.

114) M 51,820 C.

115) M 51,822 C-D; vgl. 815 C. 819 C. 898 C-D.

116) M 51,870 C.

117) Vgl. M 51,819 D. 821 A.C.

118) M 51,823 D.

119) M 51,819 D-820 A.

120) M 51,821 A.

121) Vgl. M 51,813 C. 814 C-D. 818 C. 820 A-D. 821 A. 823 C-824 A. 829 A-B. 892 C. 899 A. 919 A.

122) M 51,817 D.

123) M 51,813 C-D. 124) M 51,821 A.

125) Vgl. M 51,817 D. 820 C. 821 A. 830 B; gegen eine Aufzählung: 815 B. 904 A.

126) M 51,823 D.

127) M 51,820 C; vgl. auch 819 A. 820 A-B. 822 A.

128) Vgl. M 51,820 C (DUPANLOUP).

129) Vgl. M 51,813 B ("Quare ecclesiam in factis etiam dogmaticis decernendis infallibilem esse declaramus"). 814 A. 819 A ("... Hoc autem non modo in doctrinis fidei morumque consistit, sed in illis etiam factis, quae cum fide et moribus arcte connexa inveniuntur"). 819 C.

130) M 51,829 B-830 B. - Zu den Theologen vgl. unten S. 224-228.

131) Vgl. M 51,820 D-821 A ("... unde circa res etiam non revelatas infallibiliter pronuntiat, quando aliter non potest servari integrum depositum fidei").

132) Vgl. M 51,822 A. 892 C.

133) M 51,813 D.

134) M 51,821 D.

135) M 51,814 A-B.

136) Vgl. M 51,818 C-D. 821 A-B. 823 A.C. 824 C. 892 C. 915 A.

137) M 51,824 A.

138) Vgl. M 51,819 C-D. 820 B.

139) M 51,899 B.

140) M 51,814 D.

141) Vgl. M 51,818 C.

142) M 51,817 B.

143) M 51,904 A; vgl. auch 820 B ("ipsius ecclesiae iudicio"). 821 B. "Fieri enim nequit, ut ecclesia in huiusmodi excedat limites suae infallibilitati praestitutos ... Opportunum porro videtur, ut aperte dicatur, ecclesiam numquam suae potestatis limites in definiendo excedere posse" (813 D); dazu auch 818 D.

144) Vgl. M 51,824 B. 819 A.

145) M 51,817 A-B.

146) Vgl. M 51,818 A.

147) Vgl. M 51,817 D. 819 D.

148) Vgl. M 51,815 B.

149) Vgl. M 51,824 C-825 A.

150) M 51,820 A.

151) M 51,918 C-919 A.

152) Vgl. M 51,876, Anm. 6, dazu 814B (MONETTI).

153) Vgl. M 51,845D. 847C. 854B. 861A-B.

154) Vgl. M 51,923A-B, dazu oben Anm. 106.

155) Vgl. M 51,845D (ecclesiae auctoritas suprema "in docendo et iudicando de rebus fidei et morum"; MELCHERS). 848C. 851C. 851D-852A. 857A. 859C. 861B-C. 862D-863A. 901C. 849B.

156) Vgl. M 51,825A. 844C-D. 845B. 846B.C. 858B (MARGUERYE: "Canon IX obscurus videtur, inquiunt, propter et excessivus indefinitam quam prae se fert obiecti infallibilitatis extensionem"). 860A.C. 861B.

157) M 51,847B. 854D.

158) Vgl. M 852C. 853D.

159) Vgl. M 51,858B-C.

160) M 51,910C.

161) M 51,851B.

162) M 51,850D; vgl. oben S. 180.

163) M 51,861C-862A (ZELO, SALZANO).

164) M 51,855B.

165) Vgl. M 51,732D-733B. 735A.D. 736D. 745B-D. 747C. 748C.

166) Vgl. M 51,733C-734A. 735B-D. 737A. 738C. 740B-C. 742A-B. 743C. 744A. 837B-C. 839A. 896D-897D.

167) M 51,745B-D. 863C-872B; ähnlich 872C-874B (FOGARASY). - Zu KETTELERS Schema vgl. K. SCHATZ, Kirchenbild 261f; L. LENHART, in: AmrhKG 5(1953) 325-355; K.J. RIVINIUS, Bischof 210-218.

168) M 51,863C-930A.

169) Vgl. M 51,840D. 903D.

170) Vgl. M 51,830C-839D.

171) Vgl. M 51,831A-B; 831C. 852C.

172) Vgl. M 51,893A.

173) Vgl. M 51,865C (iurisdictionis docendique auctoritas).

174) M 51,894D-895A.

175) Vgl. M 51,767B. 841B.

176) Vgl. M 51,832D, dazu oben Anm. 142.

177) Vgl. M 51,860D(-861A). 925C(-926A).

178) Vgl. M 51,876, Anm. 7.

179) Vgl. M 51,780B-C. 781C. 835C-D. 839B.

180) M 51,784A.

181) M 51,731C.

182) Vgl. M 51,786A. 882C. 896B-C.

183) Vgl. M 51,787C. 794C.

184) Vgl. M 51,768B. 871B.

185) M 51,787C.

186) M 51,894B-C.

187) M 51,895B-C.

188) M 51,889C.

189) Vgl. M 51,749C-D, ferner 763C-D.

190) Vgl. M 51,852D. 871A. 926B-C.

191) Vgl. M 51,763D. 856D.

192) M 51,895B.

193) Vgl. M 51,895D-896A.

194) Vgl. M 51,871A-C.

195) M 51,757A.

196) M 51,900B.

197) Vgl. M 51,900B. 907B.

198) Vgl. Mt 28,19. "Sunt igitur Christi et praecepta: sunt mandata divina, et apostolica, quorum impletione Deus vere colitur; religio sancta exercetur; populus coadunatur" (M 51,907B).

199) Vgl. M 51,739D. 748A.C. 749A-B. 755C-D. 757B. 910D. 926B.

200) Vgl. M 51,782D. 783B. 837B. 884B. 906C. 907A.

201) Zur Datierung vgl. F.v.d. HORST, Das Schema 318, Anm. 144. KLEUTGENS Schema wird dort jeweils bei den einzelnen Kapiteln in Betracht gezogen, vgl. a.a.O. 111f. 163. 186f. 205f. 252f. 287-290. 317f.

202) Text: M 53,308A-317A.

203) M 53,312D-313A.

204) M 53,313A-B.

205) Vgl. "Lumen Gentium", Art. 25, Anm. 76: LThK Vat I,238.

206) M 53,313B-C.

207) M 53,313C.

208) M 53,313, Anm. 10.

209) Vgl. oben S. 178.

210) M 53,313 D.

211) M 53,313 D-314 A.

212) M 53,316 D.

213) M 53,316 D.

214) M 53,316 D.

215) M 53,308 B. 317 A (Kanon 14).

216) M 53,315 B.D. 317 A (Kanon 14).

217) M 53,311 A.

218) M 53,311 C.

219) M 53,310 C.

220) M 53,311 A.D. 315 D.

221) M 53,312 A.

222) M 53,312 A.

223) M 53,312 B.

224) M 53,312 C; vgl. 308 C.

225) M 53,309 B. 315 A.

226) M 53,314 D.

227) M 53,314 C.

228) Vgl. F.v.d. HORST, Das Schema 287-290.

229) Vgl. "Lumen Gentium", Art. 22. 25 : LThK Vat I,224. 238.

230) Text: M 53,317 B-332 C.

231) M 53,317 B-C.

232) M 53,318 C-319 A.

233) Vgl. M 53,324 D.

234) M 53,324 D-325 A.

235) M 53,325 A-B.

236) M 53,325 B; vgl. oben S. 174-185.

237) Nach F.v.d. HORST, Das Schema, ist KLEUTGENS Urteil darüber "nicht ganz richtig. Denn sie war zwar mit dem Gesagten im Schema über den indirekten Gegenstand der Unfehlbarkeit prinzipiell einverstanden, aber ihrer Meinung nach blieb das Schema bei einer solchen prinzipiellen Erklärung

nicht stehen, sondern ging in seinen Ausführungen weiter; und gerade diese Aussagen wollten sie gestrichen sehen. Daher schlugen sie eine kürzere Fassung vor, die sich bloss auf das Prinzipielle beschränken sollte" (289).

238) M 53,325 B-C.

239) M 53,325 C.

240) M 53,325 C-D.

241) Vgl. M 51,814 D. 823 D (vgl. oben S, 176. 178).

242) M 53,313 D-314 A ; vgl oben S. 197 f.

243) M 53,325 D.

244) M 53,325 D-326 A. Zum erwähnten Kanon vgl. oben S. 133-135. 163 f.

245) M 53,326 A-B.

246) M 53,326 B-C.

247) M 53,326 C-D.

248) M 53,326 D-327 A.

249) M 53,327 A-B. Zu den genannten Theologen vgl. unten S. 224-226.

250) DS 3045; vgl. oben S. 135-138.

251) M 53327 B. Zu den genannten Verurteilungen vgl. unten S. 220-224.

252) Vgl. M 53,313 A (res fidei et morum). 313 C (fidei et morum doctrina divinitus tradita); Texte oben S. 194. 196.

253) M 53,327 B-C.

254) M 53,327 C.

255) M 53,327 C-328 A.

256) Vgl. insbesondere "Auctorem fidei" (DS 2600-2693). Sie war auch für den "Syllabus" vorgesehen, vgl. oben S. 50.

257) M 53,328 A-B.

258) M 53,328 B-C.

259) M 53,328 C.

260) M 53,328 C-329 B.

261) M 53,329 B-C.

262) M 53,329 C-D.

263) M 53,329 D-330 A. KLEUTGEN bezieht sich hier offenbar auf GASTALDIS Emendatio, vgl. oben S. 134.

264) M 53,330 A.

265) M 53,330A-B.

266) M 53,330C-331A.

267) M 53,331A.

268) M 53,331A.

269) Dies soll, konzentriert auf die Frage nach der Moral, an anderer Stelle geschehen (vgl. Vorwort). Ohne Zweifel stellen die meisten der von KLEUTGEN angeführten Entscheidungen wichtige kirchliche Lehräusserungen im Bereich der Moral dar, wie auch seine Begründung der Unfehlbarkeit in der Sittenlehre mit Argumenten geschieht, die bei den Theologen sowohl der "Vorzeit" (vgl. oben Anm. II/455. 458; CANO, BELLARMIN) als auch nach dem 1. Vatikanum immer wiederkehren (für die letzteren vgl. F. BÖCKLE, Theonome Autonomie 44).

270) Vgl. DS 950-979.

271) Vgl. LThK III,645-647; MAUSBACH-ERMECKE I,247.

272) Bereits GREGOR XI. hat im Schreiben "Super periculosis" vom 22. Mai 1377 19 Sätze "tamquam erroneas in fide" verurteilt (DS 1121-1139).

273) DS 1151-1195; die globale Zensur: COD 390f, ähnlich 397f.

274) DS 1225.

275) DS 1251.

276) Die im Jahre 1377 verurteilten 19 Sätze (vgl. oben Anm. 272) wenden sich gegen den Herrschaftsanspruch (DS 1121-1125) und den zeitlichen Besitz der Kirche (1126f. 1137f) sowie gegen ihre (geistliche) Autorität (1128-1131. 1134-1136. 1139). Der Terminus "mores" findet sich übrigens in keiner der beiden Listen.

277) DS 1201-1230; die globale Zensur: COD 408.

278) Vgl. DS 1251.

279) Auch hier (vgl. DS 1165) wird die Amtsautorität an das sittliche Verhalten geknüpft (DS 1224. 1226. 1230), an die Gefolgschaft gegenüber Christus und Petrus "in moribus", die "morum conformitas" (1212), damit der Papst nicht lebe "moribus contrariis Petro", sondern "more Apostolorum" (1213). Vgl. ferner DS 1214. 1216 (dazu MAUSBACH-ERMECKE I,284).

280) DS 1212f; vgl. die vorherige Anm.

281) DS 1247-1279. Die Fragen beziehen sich auf das Konstanzer Konzil (1247f) und die Verurteilung der Häretiker (1249-1251), die Liturgie (1255. 1277f), die Sakramente (1256-1262) und die religiöse Praxis der Kirche (1266-1269), die kirchliche (bes. die päpstliche) Autorität (1263-1266. 1271-1273), den kirchlichen Besitz (1274-1276), die Orden (1270), den Eid (1252-1254) sowie die öffentliche Anprangerung der Todsünden (1279).

282) DS 1248. Dabei korrespondiert die Verpflichtung, das vom Konzil als "fidei vel bonis moribus contrarium" Verurteilte ebenfalls als verurteilt zu betrachten, der zuvor genannten, das "in favorem fidei, et ad salutem animarum" Gebilligte anzunehmen.

283) DS 1451-1492.

284) Vgl. bes. DS 1473-1486.

285) DS 1477.

286) DS 1901-1980; zur Zensur vgl. LThK I, 1197f.

287) Der Bezug zur Moraltheologie erhellt aus den Handbüchern, vgl. u.a. MAUSBACH-ERMECKE I, 372.

288) Vgl. DS 2010-2012. 2020.

289) DS 2021-2065.

290) DS nennt 23 Namen, darunter BANEZ, DIANA, LAYMANN, LUGO, P. SOTO.

291) Während die bisher genannten Entscheidungen nur unter anderem die Moral betrafen, nimmt hier Rom direkt zu Moralfragen Stellung. In zahlreiche "Moraltheologien" werden diese "Propositiones damnatae", denen andere folgen, als negative Norm aufgenommen, aber auch die Frage ihrer Interpretation und Autorität wird - bei den Moralkontroversen jener Zeit verständlich - aufgeworfen.

292) DS 2101-2165.

293) DS 2166.

294) DS nennt davon über 40, darunter AZOR, BANEZ, DIANA, LESSIUS, LUGO, D. SOTO, TAMBURINI, VASQUEZ.

295) Gerade diese Entscheidung provoziert mit der Sachfrage auch jene nach der Autorität; vgl. J.de CARDENAS, Crisis Theologica, in qua plures selectae difficultates ex morali theologia ad lydium veritatis lapidem revocantur. Ex regula morum posita a SS.D.N. Innocentio XI ..., Köln 1690, wonach "non solum quo ad articulos Fidei, sed etiam quo ad alia spiritualia negotia iudicio Romanae Cathedrae standum esse", nämlich auch bezüglich der "mores" : "Et quae alia sunt spiritualia negotia ultra Fidem, nisi quae ad mores pertinent, ... nisi quae pertinent ad normam recte vivendi?" (10f) ; auch BELLARMINS Argumentation (vgl. oben Anm. I/458) kehrt darin wieder (16).

296) DS 2201-2269.

297) DS 2281-2285 (ohne Zensuren; vgl. aber DS 2699f).

298) DS 2301-2332.

299) Vgl. dazu die Anmerkungen bei DS.

300) Vgl. bes. DS 2301-2303. 2307-2311. 2313-2315. 2319.

301) DS 2329.

302) DS 2390.

303) DS 2400-2502.

304) Vgl. bes. DS 2433. 2468-2471. 2487-2489. 2501.

305) DS 2494. Zur Autorität der Kirche ferner DS 2484-2486. 2490-2493. 2497-2501.

306) DS 2600-2700.

307) DS 2694.

308) DS 2695.

309) DS 2699 f.

310) Vgl. die Übersicht vor DS 2600.

311) DS 2601; vgl. oben S. 159.

312) DS 2604.

313) DS 2669.

314) DS 2693.

315) M 53,327 A; vgl. oben S. 209 f.

316) M. CANO, Opera 327.

317) A.a.O. 328, vgl. 350 (9. Kapitel).

318) Vgl. M. SCHENK, Die Unfehlbarkeit 30-34.

319) M. CANO, Opera 350-355; vgl. M. SCHENK, Die Unfehlbarkeit 33-35.

320) J. de LUGO, Disputationes II, 10 f.

321) A.a.O. I,95, vgl. auch 113.

322) THOMAS von Aquin, S.th. II-II, q.1, a.10; q.2,a.2; Quodl. 9,a. 16 (M 53,328, Anm. 1).

323) Vgl. M. SCHENK, Die Unfehlbarkeit 160-194.

324) M 53,328, Anm. 1; vgl. BONAVENTURA, Opera VIII,235.

325) BONAVENTURA, Opera VIII,313, wo er zitiert: "Nulla fas est vel velle, vel posse transgredi apostolicae Sedis praecepta..." (ebd).

326) M 53,328, Anm. 1; vgl. BONAVENTURA, Opera V, 130.

327) BONAVENTURA, Opera VIII,392.

328) ANTONIN von Florenz, Summa III,1187 f.

329) Vgl. unten S. 321. Dazu: Th. GRANDERATH, Geschichte III,192-195 u. ö.; U. BETTI, La costituzione 358-372 u.ö.; ders., L'autorità di S. An-

tonino e la questione dell' infallibilità pontificia al concilio Vaticano, in: Memorie Domenicane 76 (1959) 173-192; La dottrina di S. Antonino Arcivescovo di Firenze intorno alla infallibilità de' Papi e la loro superiorità sui Concilii, in: CivCatt Ser.7/IV (1868) 181-198. 304-324. 576-580. 688-711; Ser.7/V (1869) 45-63.

330) Vgl. P. BALLERINI, De vi ac ratione, bes. 48-66.

331) A.a.O. 349-384 (Appendix II.), 350f.

332) A.a.O. S. XV (facultas definiendi controversias fidei (in quibus comprehenduntur et quaestiones morum ad naturale ac divinum ius pertinentes)). 316.

333) Vgl. C. SARDAGNA, Theologia II, 402-463. 463-487 (Facta dogmatica); III, 141-204. 205. 207.

334) M 53, 310B-C.

335) M 53, 321B-322B.

336) M 53, 319C.

337) M 53, 319B.

338) M 53, 320B.

339) M 53, 331B-332A.

340) Zu KLEUTGENS Schrifttum vgl. F. LAKNER, Kleutgen und die kirchliche Wissenschaft im 19. Jahrhundert, in: ZkTh 57 (1933) 161-214.

341) Vgl. J. KLEUTGEN, Die oberste Lehrgewalt 4f. 8. 11. 15. 19. 33. 35. 51. 65. 68. 74f.

342) J. KLEUTGEN, Die Theologie I, 89.

343) A.a.O. I, 108f.

344) A.a.O. I, 109f.

345) A.a.O. I, 126.

346) A.a.O. I, 132f. (137-140).

347) A.a.O. I, 140f.

348) A.a.O. I, 142, vgl. 150.

349) A.a.O. I, 143-145.

350) A.a.O. I, 146.

351) A.a.O. I, 146-149.

352) A.a.O. I, 149f. Zur Bedeutung des kirchlichen Lehrbegriffs in der Theologie vgl. a.a.O. V, 51. 76-78. 409-445; ferner ders., Institutiones Theologicae I, 39-41.

353) Vgl. oben S. 173-186.

ZUM 4. KAPITEL

1) Text im II. Band der "Acta theologorum", auch in: GOMEZ-HERAS, Temas II, 680-702.

2) Vgl. oben S. 153.

3) Text im II. Band der "Acta theologorum", auch in: GOMEZ-HERAS, Temas II, 571-626 (Votum COSSA). 627-660 (Votum HETTINGER; ferner in: Th. FREUDENBERGER, Die Universität Würzburg 231-261). 661-674 (Votum PERRONE).

4) Text im II. Band der "Acta theologorum", auch in: GOMEZ-HERAS, Temas II, 675-679.

5) M 49,664A-667A.

6) Text im II. Band der "Acta theologorum", auch in: GOMEZ-HERAS, Temas II, 777-784; ferner in: Th. FREUDENBERGER, a.a.O. 262-268.

7) M 49,696B.

8) Text im II. Band der "Acta theologorum", auch in: GOMEZ-HERAS, Temas II, 785-787.

9) M 49,705A-708C.

10) Text im II. Band der "Acta theologorum", auch in: GOMEZ-HERAS, Temas II, 792-810; das darin aufgenommene Schema "De temporali sanctae sedis dominio" (A-8m): a.a.O. 788.

11) M 49,573C-574D.

12) M 49,747B-748B.

13) Vgl. M 50,854A; 53,715B-718B; CL VII,505f.

14) Vgl. oben S. 154.

15) Vgl. M 50,418A; 51,539A-636A.

16) M 51,597D.

17) Text im II. Band der "Acta theologorum", auch in: GOMEZ-HERAS, Temas II, 703-766. Auszüge in: U. BETTI, La costituzione 45-47.

18) Text im II. Band der "Acta theologorum", auch in: GOMEZ-HERAS, Temas II, 767-769.

19) M 49,668A-673B.

20) Text im II. Band der "Acta theologorum", auch in: GOMEZ-HERAS, Temas II, 789-791; Auszug in: U. BETTI, La costituzione 52f.

21) M 49,711C-712D.

22) M 51,639C-677C; der "Majoritätsantrag": 644A-659D.

23) M 51,677 C-687 A.

24) Vgl. M 51,687 B-697 A. Abwesend waren SPALDING, der sich für eine indirekte Definition im Rahmen des 11. Kapitels ausgesprochen hatte, sowie RICCARDI DI NETRO, der die Definition nicht für opportun hielt; vgl. U. BETTI, La costituzione 58, Anm. 2. Zur Postulatenkongregation vgl. oben Anm. I/483.

25) Vgl. M 51,696 B-697 A. 701 B-C.

26) M 51,701 C-702 A.

27) Vgl. M 53,281 D.

28) Vgl. M 51,701 B-C. 702 B-703 C; 50,855 D; dazu 53,297 B.

29) M 51,929 A-972 D (zum Primatskapitel). 971 D-1070 B (zum Zusatzkapitel).

30) M 51,703 C-711 A.

31) M 51,711 B-716 D. Man will sogar vor dem 11. Kapitel noch das 13. und 14. behandelt haben; vgl. 719 D-722 A.

32) Vgl. M 53,279 D-280 A; Th. GRANDERATH, Geschichte III,9f.

33) M 51,722 B-724 A.

34) Vgl. M 53,238 B; 51,467 B-C. 472 A.

35) M 51,724 B-725 D. 727 B-732 B.

36) M 53,238 A-240 B.

37) M 52,8 A-28 D.

38) Vgl. M 53,238 B-C.

39) M 53,240 B-244 B.

40) M 53,244 C-250 B.

41) M 53,250 C-251 A.

42) M 53,251 B-D.

43) M 53,252 A-B.

44) M 53,252 C-256 B.

45) Vgl. M 53,256, Anm. 1. Auch die Relatio wird besprochen (256 C).

46) Vgl. M 52,3 A-C; Text: 4 B-7 D.

47) M 52,29 A-37 B.

48) M 52,38 B-440 A bzw. 446 B-495 C (ZELLI, P.R. KENRICK, CORSI, FELINSKI).

49) M 52,441 B-446 B.

50) M 52,868 B-869 D. 1195 D-1200 B. Mit dem allen Vätern willkommenen Schluss der Debatten - fast sämtliche Redner verzichteten schliesslich - war dennoch die Minorität noch nicht überzeugt worden; es sollte das letzte Wort noch nicht gesprochen sein.

51) Vgl. M 52,722-1046.

52) M 52,4 B-D.

53) Vgl. M 52,496 B-521 D.

54) M 52,628 B-636 A.

55) Vgl. M 53,262 D-263 B, ferner 263 C.

56) Vgl. M 52,636 C-642 B; Abstimmung: 642 B-643 A.

57) Vgl. M 53,264 B.

58) Vgl. M 52,1004 B-C; Text: 1002 B-1003 A.

59) M 52,4 D-5 C (Kapitel). 7 C (Kanones).

60) Vgl. M 52,521 B-539 A.

61) M 52,701 C-705 D. 706 A-709 A.

62) Vgl. M 53,263 D-264 A.

63) Vgl. M 52,709 C-721 B; Abstimmung: 721 C-722 A.

64) Vgl. M 53,264 B.

65) Vgl. M 52,1004 B-1005 A. 1242 D-1243 A; Text: 1003 A-D. 1232 B-C.

66) M 52,5 C-6 C. 7 D.

67) Vgl. M 52,539 C-701 A.

68) M 52,1080 B-1098 A. 1098 A-1099 D.

69) Vgl. M 53,266 D-268 B.

70) Vgl. M 52,1100 B-1117 B; Abstimmung: 1117 C-1119 A.

71) Vgl. M 52,1119 C (Text). 1119 D-1121 C (Einwände); 53,274 D-275 A (Deputation); 52,1200 D-1203 C (Relatio). 1203 C-1204 A (Abstimmung).

72) Vgl. M 53,275 B; 52,1243 B; Text: 1232 C-1233 D, im Gesamtschema: 1238 B-1239 C.

73) M 52,6 C-7 C.

74) Vgl. M 52,722 A-1002 B. 1005 B-1046 B bzw. 1047 A-1080 A (BLANCHET, RICCIARDI, FRANCHI, DORRIAN, JEKELFALUSY).

75) M 52,1121 C-1140 D. 1140 D-1194 B.

76) Vgl. M 53,270 D-273 A. Am 9. Juli werden den Vätern diverse Änderungen bekanntgegeben (M 52,1194 B-1195 D), darunter der Einschub "Huic pasto-

rali muneri ..... solemniter asserere" (DS 3069-3072) sowie die Definitionsformel.

77) Vgl. M 52, 1204 A-1230 D.

78) Vgl. M 53, 275 B; 52, 1243 B-C (Abstimmung); Text: 1233 D-1235 C.

79) Vgl. M 52, 1243 C-1253 C (Abstimmung); Text: 1236 C-1241 B.

80) M 52, 1263 A-1302 D; weitere Stellungnahmen: 1253 D-1259 D (BERARDI u.a.).

81) Vgl. M 53,275 B-276 C. Den expliziten Ausschluss der Konsensbedingung enthielten Bemerkungen, die am 14. Juli dem Papst übergeben und von diesem an die Glaubensdeputation weitergeleitet worden waren; vgl. M 52, 1262 A-D.

82) Vgl. M 52, 1303 C-1309 D (D'AVANZO). 1310 A-1314 C (ZINELLI). 1314 D-1317 D (GASSER).

83) Vgl. M 52, 1317 D-1318 A. - Am 16. Juli werden in der Deputation noch kleinere stilistische Änderungen besprochen (vgl. M 53, 276, Anm. 1).

84) Vgl. M 52, 1321 A-1328 C.

85) Vgl. M 52, 1329 A-1347 C; die Konstitution: 1330 C-1334 D.

86) Vgl. M 53, 935 D-1062 B. - Zur Entwicklungsgeschichte von "Pastor aeternus" vgl. Th. GRANDERATH, Geschichte III, 3-13. 119-516; BUTLER-LANG 255-368; R. AUBERT, Vaticanum 172-179. 231-280, bes. U. BETTI, La costituzione.

87) DS 3050.

88) DS 3051.

89) DS 3052.

90) DS 3053-3055.

91) DS 3056-3058.

92) DS 3059, vgl. 1307.

93) Vgl. StML 1 (1871) 272.

94) DS 3060.

95) DS 3064.

96) DS 3060.

97) DS 3061.

98) DS 3062.

99) DS 3063.

100) Vgl. DS 232. 638. 641. 861; vgl. CIC can. 1556.

101) DS 3065.

102) Vgl. R. AUBERT, Die Ekklesiologie 324.

103) DS 3066, vgl. 363f.

104) DS 3067, vgl. 861.

105) DS 3068, vgl. 3059.

106) Vgl. M 53,273C-274C, dazu oben Anm. 76.

107) DS 3069-3071.

108) DS 3069.

109) DS 3070.

110) DS 3070.

111) DS 3071.

112) DS 3072.

113) DS 3073.

114) Vgl. U. BETTI, La costituzione: "Ogni parola... è ben pesata, ed ha quindi già in sè un significato determinato" (629).

115) DS 3074.

116) "Si quis autem huic Nostrae definitioni contradicere, quod Deus avertat, praesumpserit: anathema sit" (DS 3075).

117) Vgl. dazu J. FESSLER, Die wahre 25; M 53,928D (Hirtenbrief der deutschen Bischöfe, Mai 1871).

118) Vgl. DS 3059.

119) Vgl. DS 3062.

120) Vgl. DS 3060. 3064.

121) Vgl. M 49,38D-40B. 134B; ferner 112A-B. 156B.

122) Vgl. V. CONZEMIUS, in: "Publik", 5.12.1969, S.23; G. DENZLER, in: Klerusblatt 50(1970) 125.

123) Vgl. M 49,151C.

124) Vgl. M 49,161C-D.

125) Vgl. M 49,110A. 123A. 127A. 168D.

126) Vgl. M 49,168D.

127) Vgl. M 49,111C. 137C-D.

128) Vgl. M 49,139C.

129) Vgl. M 49,111C. 162C. - Zum Ganzen vgl. F.v.d. HORST, Das Schema

22f. 29-31; V. CONZEMIUS, Das I. Vatikanum; ferner oben S. 64-67.

130) Vgl. zum folgenden den geschichtlichen Überblick S. 235-243.

131) Vgl. F. COSSA, Votum (A-8a), 1-41. 91f, bes. 38f.

132) Vgl. F. HETTINGER, Votum (A-8b), 19.

133) Vgl. a.a.O. 21.

134) Vgl. a.a.O., bes. 39. 44f. 49. 52. 54.

135) Vgl. G. PERRONE, Votum (A-8c), 1.

136) PERRONE gliedert das 4. Kapitel in drei Paragraphen: 1. "De subiectiva Rom. Pontificis in doctrina proponenda auctoritate" (S. 8-10); 2. "De infallibilitate Rom. Pontificis obiectiva" (11f); 3. "De definibilitate Rom. Pontificis infallibilitatis in docendo" (13-19); vgl. unten S. 284-286.

137) Vgl. a.a.O. 6.

138) Vgl. C. SCHRADER, Compendium (A-8d), 5.

139) Vgl. a.a.O. 6.

140) Vgl. M 49,664A-667A.

141) Vgl. Entwurf A-8l, 1f.

142) Vgl. a.a.O. 4f.

143) Vgl. M 49,706C.

144) Vgl. M 49,707C-D.

145) Entwurf A-8o, 16.

146) Vgl. a.a.O. 1f; dazu 34.

147) Vgl. a.a.O. 14f.

148) Vgl. oben S. 245-247.

149) Vgl. Entwurf A-8o, 16.

150) Vgl. M 49,747B-D.

151) M 51,543D-545B (Kapitel). 552B-C (Kanones). 597D-608A. 626D-630C (Adnotationes).

152) M 51,544A; vgl. DS 3053.

153) Vgl. M 51,544B-C. 552C; dazu DS 3056-3058.

154) M 51,600B-C.

155) M 51,544C-D.

156) Vgl. M 51,600C-601C.

157) M 51,544D.

158) Vgl. M 51,602 B-D.

159) Vgl. M 51,604 C-D.

160) Vgl. M 51,606 C.

161) Vgl. M 51,933 B. 938 C-D. 941 C. 944 C. 956 A-B. 958 A. 959 D. 960 B-D. 962 A-C. 963 D-964 A. 965 C. 966 A ; zu "iudicem supremum": 943 C. 954 D-955 A. 956 A-B. 962 A-B. 969 C; zu "quemadmodum": 940 C-D. 949 C. 955 A.

162) Vgl. M 51,956 D-957 A.

163) Vgl. M 51,941 C. 965 D; dagegen: 943 A-B.

164) Vgl. M 51,957 A.

165) Vgl. M 51,964 D. 965 B-C. 968 C. 972 A-B.

166) Vgl. M 51,940 B.

167) Vgl. M 51,959 B-C.

168) Vgl. M 51,964 D. 965 B.

169) Vgl. M 51,949 C-D.

170) Vgl. M 51,950 D-951 A. 963 B. 969 D. 970 A. 1000 B.

171) Vgl. M 51,966 D.

172) Vgl. M 51,967 A.

173) Vgl. M 51,967 A-C.

174) Vgl. M 51,961 A-B.

175) Vgl. M 51,950 A-B.

176) Vgl. M 51,952 A-953 A.

177) Vgl. M 51,958 D-959 B.

178) Vgl. M 51,965 B-C; ferner 964 D.

179) Vgl. M 51,968 B-C.

180) Vgl. M 51,968 D-969 A.

181) Vgl. M 51,972 A.

182) Vgl. M 51,972 A-B.

183) Vgl. M 51,972 B-C.

184) Vgl. M 51,947 A.

185) Vgl. M 51,949 A.

186) Vgl. M 51,967 D.

187) Vgl. M 53,240 B.

188) Vgl. M 52,10 A.

189) Vgl. M 53,240 C-D.

190) Vgl. M 53,241 D; anders 246 D.

191) Vgl. M 53,242 A. C.

192) Vgl. M 53,246 C-D. 193) Vgl. M 53,254 B.

194) Vgl. M 52,46 C-47 A. 60 B-C. 408 C; ferner 626 A. 644 A-B.

195) Vgl. M 52,133 A. 205 B. 390 D. 682 C-683 D.

196) Vgl. M 52,506 C. 628 C-629 D. 630 C-D; kritisch zu "principium": 496 C (631 B). 500 B-504 B (631 A). 507 C (631 B); kritisch zur Abhängigkeit vom Primat: 503 A-C (631 D). 507 D-508 A (631 D-632 A). 517 A-B. (632 A). - Zum Einwand MORENOS, die erste Konstitution über die Kirche sei in Wirklichkeit ein Schema über den Primat des Papstes (vgl. M 52,524 A), ist DECHAMPS zu hören, dass es sich bei dem früheren Schema über die Kirche nicht um einen Traktat "De ecclesia", sondern nur um eine Antwort auf neuere Irrtümer gehandelt habe (529 B). Dabei schliesst sich die Autoritätsaussage von "Pastor aeternus" an "Dei Filius" an : Nach der Erklärung über die Glaubensgrundlage und -regel, das der Kirche anvertraute Gotteswort, werde nunmehr gezeigt, wo in der Kirche die oberste Autorität sei (ders., 530 A-B).

197) Vgl. M 52,134 C-D. 136 D-137 A. 562 C. D. 564 A-565 A. 566 A-D. 586 B-587 B. 592 A-593 C. 596 B. 602 A-603 A. 604 C. 620 A. 621 B. 621 C-622 A. 623 C-D. 672 A-B. 693 C. 694 A-B. (1081 D-1082 C. 1085 B-1086 B. 1091 C. 1093 B-C. 1097 A-B).

198) Vgl. M 52,579 D-580 A, wo es heisst, dass das Schema nicht von einer "illimitata potestas" rede. "Potestas summi pontificis limitatus iure naturali et divino, limitatus Iesu Christi Domini nostri praeceptis et doctrina, limitatur communi ecclesiae bono, limitatur conscientia, limitatus recta ratione et sensu communi, limitatur regula fidei et morum etc. En quot limitationes!" Weitergehende Beschränkungen wären gegen die göttliche Ordnung (SALA). Vgl. ferner 608 A-B: "Absolut" sei nicht mit "willkürlich" zu verwechseln (GASTALDI, auch 610 A-B. 611 B-C); 699 C-700 C.

199) Vgl. M 52,656 C-D (1090 B-C); ferner 338 A. 405 D. 421 B (regimen, iurisdictio, magisterium).

200) Vgl. M 52,532 A ("Unitas ecclesiae consistit in unitate fidei et in unitate communionis"; ferner 630 B. 708 A; ähnlich ("fidei et caritatis unitas") 509 C. 528 A. 629 A. 703 C.

201) Vgl. M 52,1080 B-C: "Institutus quippe a Deo fuit (sc. primatus), ut omnes homines, nemine excepto, fierent membra Corporis Christi, atque ut ... perducerentur ad aeternam beatitudinem ac Dei possessionem ...".

202) Vgl. M 52,384 A-B. 540 B. 602 B. 603 B-604 D. 675 D-676 A.

203) Vgl. M 52,694 A. 1086 A .

204) Vgl. M 52,1086 A.

205) Das Fehlen von "fides" in der Formulierung von REGNAULT (M 52,651 A) ist aufgrund von Emendatio 16 (1086 D) offensichtlich ein Versehen. Vgl. ferner M 52,1099 A.

206) Vgl. M 52,1080 D.

207) Vgl. M 52,1119 C.

208) M 52,568 D. 1091 B.

209) Vgl. M 52,1099 A-B.

210) Vgl. M 52,568 A. 1081 C.

211) Vgl. M 52,568 C. 569 A.D. 1090 D-1091 A. 1097 C-D.

212) Vgl. M 52,569 C. 575 C. 590 C-D. 617 C-618 D. 619 D. 620 B-C. 688 D-689 A (1089 D-1090 A. 1094 B-C. 1095 B. 1096 A-B).

213) M 52,583 B.

214) Vgl. M 52,507, Anm. 1; 630 A-B.

215) Vgl. M 52,358 C-359 B : "Duplicem esse pontificis potestatem, aliam regiminis aliam magisterii, nemo non novit; unaquaeque proprium habet obiectum ... Potestas regiminis seu iudicii ordinatur ad externam obedientiam obtinendam", nämlich die Übereinstimmung der äusseren Akte mit den Vorschriften. Vollgewalt sei sie, wenn sie absoluten Gehorsam zu fordern vermag und keine Appellation zulässt- "Inappellabilitas nempe cuiuslibet supremi tribunalis propria, in quo eiusdem potestatis plenitudo consistit, est quidem ut ita dicam infallibilitas extrinseca, producens in ordine agendorum eosque effectus easdemque obligationes inducens atque infallibilitas in ordine credendorum". Eine wahre und innere Unfehlbarkeit sei nicht erforderlich, da es nicht um innere Zustimmung gehe. "At vero potestas magisterii in rebus fidei ordinatur non ad obedientiam mere extrinsecam ut potestas regiminis", nicht zu einem gehorsamen Stillschweigen, nicht zu einem einfachen Vertrauensakt, sondern zu einem inneren und aufrichtigen Glaubensassens. Nur wo - aufgrund von Unfehlbarkeit - ein solcher verlangt werden kann, könne hier von Vollgewalt die Rede sein. "Hinc est quod plena potestas magisterii omnino dari non potest, nisi relate ad credenda; sed relate ad ipsa omnino necessaria est" (VALERGA, auch 363 A-B). Vgl. ferner 165 B-D. 194 C. 197 A. 546 C-D. 547 D-548 A. 625 A.

216) Vgl. M 52,232 C.

217) Vgl. M 52,537 A (dazu COD 212). 660 B. 1080 D.

218) Vgl. M 52,165 B. 177 A. 227 C-D. 232 C-D. Den Nachweis der Irreformabilität aufgrund der Irrtumslosigkeit unternimmt ausführlich DEMARTIS,

der trotz der Entgegnungen, er wende sich hiermit dem Unfehlbarkeitskapitel zu, betont, dass er nicht "de infallibilitate", sondern "de inerrantia" spreche (was mit Gelächter aufgenommen wird), und dass sich die Irreformabilität im 3. Kapitel finde. Er verweist dafür auf die gesamtkirchliche Annahme der Bulle gegen den Jansenismus, die Verurteilung der gallikanischen Sätze durch die von der ganzen Kirche angenommene Konstitution "Auctorem fidei", die Verurteilung von Satz 23 des Syllabus, der Propositio 29 durch ALEXANDER VIII. (DS 2329) sowie jene des PETRUS de Osma, dass die Kirche Roms irren könne, durch SIXTUS IV. (680B-681D). - Zur notwendigen Unfehlbarkeit des Lehrprimats vgl. M 52,386C-388A (DREUX-BREZE). 447C. 486C. 532A-B. 708A-B; ferner oben Anm. 215 (VALERGA). - Zur entsprechenden Interpretation der Konzilien von Lyon und Florenz vgl. 187C. 359C-D. 488B.

219) Vgl. M 52,405C-406B, wo die Unfehlbarkeit der Lehrtätigkeit ("magisterio doctrinali") zugewiesen wird. "Doctrina exigit fidem, primatus et iurisdictio exigit honorem et obsequium" (405C-D).

220) Vgl. M 52,315A, wo SPALDING den Einwand aus Gal 2,11 zurückweist: "nulla erat quaestio neque de fide neque de moribus"; ferner 447C.

221) Vgl. M 52,96A. 262A-B. 366A-B. 405D-406A. 563A. 688A-B.

222) M 52,527A-B. 702C; vgl. 703A (magisterium docendi, gubernandi, solvendi ac ligandi).

223) Vgl. M 52,585B.

224) M 52,381A.

225) M 52,53C.

226) M 52,146C. 529A. 555A; vgl. 401B. 559A. 1116C.

227) M 52,279A; vgl. 194D.

228) M 52,377D.

229) M 52,40D-41A.

230) M 52,271B. 273C.

231) Vgl. M 52,632C.

232) Vgl. M 52,323B.

233) M 52,51C.

234) Vgl. M 52,70A.

235) Vgl. M 52,384B.

236) Vgl. M 52,630A.

237) M 52,551C. 560A.

238) M 52,233C.

239) Vgl. M 52,324 B.

240) M 52,432 A.

241) M 52,161 B.

242) Vgl. M 52,161 A.

243) Vgl. M 52,528 B, wo von den Aposteln die Rede ist, die "fidem et legem Christi annunciaverunt...; qui mandatum sibi factum principibus synagogae et praesidibus imperii opposuerunt, et decisiones de fide sanxerunt, fratribus qui erant Antiochiae scribendo Visum est..., de moribus praescriptiones edicendo (...), de disciplina, cultu et ritibus disponendo..." (MORENO); ferner 560 A. 598 B. 655 C (1088 A-B).

244) M 52,966 D.

245) M 52,647 B.

246) M 52,655 D-656 A (1088 C) ; vgl. 580 B (Übereinstimmung mit Rom "sive pro fidei controversiis dirimendis, sive pro causis ecclesiasticis definiendis, sive pro morum disciplinaeque regulis accipiendis").

247) Vgl. M 51,606 C.

248) Vgl. M 52,625 C (Gewalt des Papstes, "omnes causas tum ad fidem tum ad disciplinam pertinentes definire").

249) Vgl. M 52,580 D: "Quomodo seiuncta hac potestate a cathedra unitatis, a qua processit doctrina veritatis, servarentur incolumes et integrae fidei unitas, morumque regula in toto orbe terrarum?"

250) Vgl. M 52,200 C. 655 C. 695 A.

251) Vgl. M 52,503 B. 630 A-B. 664 A.

252) Vgl. M 53,264 C. 266 B. 267 A. 268 A-B.

253) Vgl. M 52,1101 C.

254) Vgl. M 52,1107 D-1108 A; dazu 1116 B. 1118 C-1119 A. 1203 D.

255) Vgl. M 52,1103 C.

256) Vgl. M 52,1114 C-D, dazu COD 616-621; DS 1445.

257) Vgl. M 52,1114 D. 1115 D-1116 A; ferner 1108 D-1109 A ; 715 B-D (Relatio D'AVANZO).

258) Vgl. M 52,4 B-6 C. 7 C-D; 1119 C. 1203 C-D; 1232 C -1233 D.

259) Vgl. zum 3. Kapitel: M 52,1271 D-1272 C. 1273 D-1274 C (Exceptiones 28 bis 31-f. 35 1/2. 36-b.e. 39), anders 1272 D-1273 B (Exceptio 33); zum 3. Kanon: 1273 C, 1274 B.C (Exceptiones 35. 38. 40 bis 48).

260) Vgl. M 52,1275 C-D.

261) Vgl. M 1275 A. 1276 B.

262) Vgl. M 52,1276 A, dazu oben S. 268.

263) Vgl. M 52,1272 C-D.

264) Vgl. M 52,1273 C.

265) Vgl. M 53,275 D. 276 B.

266) Vgl. M 52,1303 C-D; ferner 1304 A. Als gutes Beispiel eines Modus gilt Exceptio 25 (vgl. 1309 A).

267) Vgl. M 52,1311 A-B.

268) Vgl. M 52,1311 C-D.

269) Vgl. M 52,1313 B-C.

270) Vgl. M 52,1314 A-C.

271) Vgl. H.E. MANNING, Due effetti 5 ; ferner DS 3293

272) Vgl. M 52,1225 B-D, wobei er auch die Wirkursache, den göttlichen Beistand, nennt. Vgl. ferner U. BETTI, La costituzione 628 f (soggetto, oggetto, modo d' insegnamento); A. PEIFFER, Die Enzykliken 66 (Subjekt, Objekt, Intention; letztere als sicherstes Kriterium); K. MARTIN, Die Arbeiten 44.

273) Vgl. M 49,64 A.

274) Vgl. M 49,25 A. 38 D-39 A. 40 B. 57 D. 61 C. 72 D-73 B.

275) Vgl. oben S. 64 f.

276) Vgl. M 49,48 A. 57 D. 96 A ; dazu oben S. 64 f.

277) Vgl. M 49,110 A. 122 C. 123 A. 127 D. 128 B.D. 139 B. 140 D-141 A. 142 C. 145 B. 157 D-158 A. 160 A. - Zur Unfehlbarkeit der Kirche vgl. 123 A. 131 A. 139 B. 168 D-169 A. 170 D-171 D.

278) Vgl. M 49,115 D (PLANTIER). 126 B. 127 B (ROSKOVANY). 139 B (SENESTREY). 161 D (DE LA PUENTE). 166 B-C (DECHAMPS). 171 C (MANNING); dazu oben S. 67.

279) Vgl. M 49,146 C-D.

280) Vgl. M 49,115 D. 139 B. 161 D. 166 C. 171 D.

281) Vgl. M 49,115 D. 127 B.

282) Vgl. M 49,161 D.

283) Vgl. M 49,166 C (DECHAMPS).

284) Vgl. M 49,171 C (MANNING).

285) Vgl. M 49,211 B; dazu oben S. 67.

286) Vgl. M 49,213 D; dazu 139 C.

287) Vgl. F. HETTINGER, Votum (A-8 b), 19.

288) Vgl. F. COSSA, Votum (A-8a), 27.

289) Vgl. a.a.O. 38.

290) Vgl. G. PERRONE, Votum (A-8c), 8.

291) Vgl. a.a.O. 8f.

292) Vgl. a.a.O. 10.

293) Vgl. a.a.O. 11.

294) Vgl. a.a.O. 11f.

295) Vgl. a.a.O. 12.

296) Vgl. a.a.O. 13.

297) Vgl. a.a.O. 14-19. Zur Begründung der Definibilität verweist PERRONE u.a. auf BELLARMIN, P. BALLERINI und ORSI (15-17).

298) Vgl. Entwurf A-8i, 9-12.

299) "Docet itaque s. Synodus atque declarat, Christum Dominum B. Petro Apostolo et successoribus eius ob unitatem fidei (conservandam) formandam et vindicandam in fidei morumque controversiis decernendis indefectibilitatis atque inerrantiae privilegium contulisti, prouti in S. Scriptura continetur et SS. Patres omnibus adhinc saeculis professi atque venerati sunt; tantamque proinde esse Romani Pontificis et Apostolicae Cathedrae auctoritatem, ut fidei definitioni, quae ab eadem universalis Ecclesiae Doctoris atque Magistri Cathedra emanat, omnes, quotquot sunt, Christifideles tanquam infallibili iudicio, omni prorsus dubitatione sublata, interno mentis assensu adhaerere debeant" (Verweis auf "Vineam Domini"). "Reiicit porro ac damnat s. Synodus eos, qui huius Apostolicae Sedis definitiones fidei nec e Cathedra editas nec infallibiles iudicant, neque vim obligandi eisdem attribuunt, nisi cum in generali Synodo conditae sint vel postquam tacitus saltem Episcoporum consensus accesserit" (a.a.O. 13).

300) A.a.O. 15.

301) Vgl. M 49,696B ("... et ubi de Romani pontificis infallibilitate: hoc postremum caput non esse inserendum schemati decreti de Romano pontifice ob prudentem illam oeconomiam de qua alibi"; vgl. unten S. 292).

302) Zu G. CARDONIS Votum (dazu oben S. 237) vgl. U. BETTI, La costituzione 44-47. Etwas erweitert, wurde es unter dem Titel "Elucubratio..." 1870 veröffentlicht und den Bischöfen zugestellt; vgl. U. BETTI, a.a.O. 208, Anm. 8.

303) Vgl. G. CARDONI, Votum (A-8f), 72f.

304) "Huius secundi generis alia omnino necessaria, ac immutabilia sunt, sic vetitum semper est adulterium ecc.; alia vero libera, et mutationi obnoxia: alii quoque sunt saluti fidelium necessaria,, alia sine salutis dispendio ignorari ac omitti possunt" (a.a.O. 73).

305) Vgl. a.a.O. 73f. Hier werden THOMAS (Quodl. 9, a. 16) und INNOZENZ III. zitiert (74).

306) Vgl. a.a.O. 75.

307) Vgl. a.a.O. 75.

308) Vgl. a.a.O. 76.

309) Vgl. a.a.O. 76f.

310) Vgl. a.a.O. 77-90.

311) Vgl. a.a.O. 77. 80-82. 88. 90.

312) Vgl. a.a.O. 87.

313) Vgl. a.a.O. 90-97.

314) Vgl. a.a.O. 103-105; U. BETTI, La costituzione 45f.

315) Vgl. G. CARDONI, Votum (A-8f), 105; U. BETTI, La costituzione 47.

316) Vgl. G. CARDONI, Votum (A-8f), 105; U. BETTI, La costituzione 47.

317) Vgl. G. CARDONI, Quaestionarium (A-8g), (1).

318) Vgl. M 49,668B-669B.

319) Vgl. G. CARDONI, Quaestionarium (A-8g), (2); M 49,669B und Anm. 1; ferner 712A.

320) Vgl. G. CARDONI, Quaestionarium (A-8g), (2).

321) Vgl. M 49,669D-670A.

322) Vgl. M 49,670B.

323) Vgl. M 49,670B-C; dazu DS 1151-1195. 1201-1230 (vgl. oben S. 221).

324) Vgl. M 49,670C.

325) Vgl. G. CARDONI, Quaestionarium (A-8g), (3); M 49,670D-671A.

326) Vgl. G. CARDONI, Quaestionarium (A-8g), (3); M 49,671A-D.

327) Vgl. G. CARDONI, Quaestionarium (A-8g), (3); M 49,672A-D(-637B).

328) Vgl. G. CARDONI, Quaestionarium (A-8g), (4); M 49,673B-C.

329) Vgl. G. CARDONI, Quaestionarium (A-8g), (4); M 49,673C-D.

330) Vgl. Entwurf A-8n, 1f.

331) Vgl. a.a.O. 3f.

332) Vgl. a.a.O. 4.

333) Vgl. a.a.O. 1-3.

334) Vgl. M 49,711C.

335) Vgl. M 49,712A.

336) Vgl. M 49,712C-D.

337) Vgl. M 49,712D.

338) Vgl. M 49,712D.

339) Vgl. oben S. 237; Th. GRANDERATH, Geschichte II,134-156; U. BETTI, La costituzione 54-59.

340) M 51,647C ("circa ..."). 673D; vgl. 678D ("de fide moribusque").

341) M 51,670B; vgl. 648B. 667D.

342) M 51,657, Anm.; 660D. 667C. 668A. 672A. 688A; vgl. 684A-B.

343) M 51,646D.

344) M 51,640D. 644A. 646C. 656, Anm. 1; 660A. 662, Anm. 2; 663D. 670A. 671C. 672C. 673A.C. 675C. 678A u.ö.; vgl. 647C-D. 650A. 669B.

345) M 51,640A. 643D; vgl. 640C. 648B. 663A.

346) M 51,660D.

347) M 51,698A.

348) M 51,699D-700A.

349) M 51,697C. 698C-D.

350) Vgl. M 51,699A.

351) Vgl. M 51,700D.

352) Vgl. M 51,639D. 640D. 660D. 662, Anm.; 668A. 670B.D. 671C. 672 A.B.D. 676C.D. 677B. 678D. 684A; nachdrücklich: 653, Anm. 1.; 656, Anm. 1.

353) Vgl. M 51,640D. 649C. 657C. 660D. 668A.C. 670D. 672D. 676D. 698A. 699D.

354) Vgl. M 51,640B. 644A. 646C. 647D. 650A. 668B.C. 669B. 670D. 671C-D. 673C.D. 697C. 699C. 698A. 699A.

355) Vgl. M 51,646D. 660D. 662C (neben unangreifbaren "decreta in regendo"). 662, Anm. 2 (infallibilitas in docendo). 663A (infallibile magisterium). 667C (in docenda ecclesia). 670A.B. 672D. 684A.B.

356) Vgl. M 51,640C. 642C. 643C. 663A. 668C. 698A.

357) Vgl. M 51,641C. 649B-C.D. 665B. 667D-668A.

358) Vgl. M 51,670D; ferner 647A. 648D. 663D. 664C. 670A. 676D. 698B. 699D.

359) Vgl. M 51,646C. 647D. 650A. 660A. 669B. 671C; ferner 678A. 698A.

360) Vgl. M 51,669 D.

361) Vgl. M 51,663 A.

362) Vgl. M 51,657 C-D. 668 B.C-D.

363) M 51,673 C.D. 669 C ("uti de fide divina credendum").

364) M 51,640 B.

365) M 51,698 A. 699 D.

366) M 51,646 C. 647 D. 650 A. 669 B. 671 D.

367) Vgl. M 51,697 C.

368) Vgl. M 51,640 D. 646 D. 648 B. 657, Anm.; 662 C. 668 A. 673 C. 675 C. 678 D; ferner 648 D. Sie ist Folge der Unfehlbarkeit (vgl. 698 C. 700 A); aber auch von Unfehlbarkeit (675 A) und von Glaubensdogma zum voraus eines Konsenses (675 D) ist die Rede.

369) Vgl. M 51,670 C. 675 A-B.

370) Vgl. M 51,643 D-644 A.

371) "Haec enim plures cavillandi locos suppeditabit. Disceptabitur perpetuo inter eos, quando et quibus rerum adiunctis Romanus pontifex omnes christofideles allocutus fuisse, et infallibile iudicium protulisse credendus sit. Indecisae adhuc manebunt omnes illae quaestiones, etiam inter piissimos pontificiae infallibilitatis propugnatores hactenus agitatae, de persona pontificis docentis publica et privata, de vera locutionis ex cathedra significatione, de rebus quae ad fidem moresque v e r e spectant. Immo violentius forsan erumpent huiusmodi quaestiones, et longe maiori animi contentione pertractabuntur" (M 51,666 A-B; vgl. 666 C-D).

372) M 51,666 B-C.

373) Vgl. M 51,691 D. 694 B. 696 A; anders 690.

374) Neben den Schriftstellen Mt 16,17 f; Lk 22,32 und Joh 21,15 ff, den Konzilien von Lyon (II.) und Florenz, den jüngsten Provinzialkonzilien sowie einer Reihe von Theologen (THOMAS, BONAVENTURA, BELLARMIN, CANO, STAPLETON, LIGUORI, BALLERINI, PERRONE u.a.) werden auch die Lehre der Kirche, der "sensus fidelium" und die Theologie von der Kirche genannt.

375) Vgl. Das ökumenische Concil. Periodische Blätter 1 (1870) 259. Nach dem Bisherigen ist davon auszugehen, dass die Konzilsväter unter "mores" die Moral verstehen; gleichwohl hat dem innerhalb der Entwicklung der Unfehlbarkeitsdefinition besondere Aufmerksamkeit zu gelten.

376) Vgl. M 51,649 C. 697 B-C. 698 A-C.

377) M 51,701 C-702 A.

378) M 51,701 D.

379) M 51,701 D-702 A.

380) "Si quis autem huic nostrae definitioni contradicere (quod Deus avertat) praesumpserit, sciat se a veritate fidei catholicae et ab unitate ecclesiae defecisse" (M 51,702 A).

381) Vgl. M 51,697 C.

382) Vgl. oben S. 239; ferner U. BETTI, La costituzione 100-144 .

383) Zustimmung: M 51,1005 D. 1022 A.

384) Vgl. M 51,1052 B. 1058 A. 1067 A.

385) Vgl. M 51,1049 A-B. 1051 D.

386) Vgl. M 51,980 D-981 A. 1018 B. 1025 A. 1048 C. 1051 D. 1057 D-1058 A.

387) Vgl. M 51,979 A. 980 B-C. 987 D. 988 A. 989 B. 994 D. 996 A. 996 D-997 A. 1025 C-1026 A. 1029 C. 1041 A-B. 1061 D.

388) Vgl. M 51,977 A.

389) Vgl. M 51,976 B-C. 978 D. 980 B. 981 C. 982 D-983 A. 984 C-985 A. 991 D. 993 B. 994 A. 1006 B. 1008 D. 1016 A.C. 1018 B. 1025 B-C. 1026 D-1027 A. 1030 D. 1032 D. 1048 C. 1049 D. 1051 C. 1055 C-D. 1057 B. 1061 D-1063 C. 1067 A-B.

390) Vgl. M 51,974 D. 982 A. 983 C. 984 A. 989 D. 990 C-D. 991 A. 994 D-995 A. 996 A. 1007 A-B. 1014 A. 1016 B-C. 1022 C. 1023 B.D. 1025 B. 1026 A-B. 1027 C. 1029 D-1030 D. 1032 B.D. 1034 B.D. 1034 D-1035 A. 1040 A-D. 1041 A. 1042 D. 1048 C. 1052 D. 1054 B-C. 1057 B-C. 1058 A.C-D. 1059 C. 1064 A. 1065 A.

391) Vgl. M 51,974 D. 1016 B-C. 1026 A-B. 1029 D 1030 A.C-D. 1042 D. 1048 C. 1054 B-C. 1057 B-C. 1055 B. 1059 C.

392) Vgl. M 51,1067 B; dennoch kritisch: 1067 C-D (KENRICK).

393) Vgl. M 51,973 A-974 A. 982 B. 983 C-D. 992 B-993 A. 994 D-995 A. 996 C. 1006 D. 1007 C. 1025 C. 1032 D. 1050 A. 1059 D-1060 A. 1061 C-D. 1065 D-1066 A; anders: 1019 B ("suprema et infallibilis auctoritas"). 1020 C. 1022 D.

394) Vgl. M 51,997 C. 1010 B. 1016 C-D. 1022 A-B.

395) Vgl. M 51,999 A.D. 1010 D. 1011 A. 1012 C-D. 1018 C. 1019 D. 1031 A. 1037 B. 1040 A-B. 1053 C-D. 1055 D-1056 A. 1056 D. 1065 D-1066 A.

396) Vgl. M 51,989 B-C. 1014 B. 1024 C-D. 1026 C. 1027 C. 1029 B. 1042 A.D. 1043 D. 1054 C.

397) Vgl. M 51,997 C-D. 998 D. 1005 D. 1013 B.C. 1015 B.C. 1017 A. 1019 C.D. 1020 C-D. 1021 A-B. 1021 D-1022 B. 1024 A-C. 1029 A. 1031 C.D. 1032 A-C. 1039 B-D. 1041 D-1042 A. 1044 D. 1045 B-C. 1056 A.C.

398) Vgl. M 51,997 D (eigene Konstitution über Primat und Unfehlbarkeit). 998A-B. 999A. 1000 D-1001 A. 1006A. 1012 D. 1014 B. 1015 B. 1028 D-1029 A. 1035 A. 1041 D. 1049 B-C. 1053 C. 1058 A-B.

399) Vgl. M 51,1028 B-C. 1050 C. 1051 A-B.

400) Vgl. M 51,1002 C. 1003 A-B. 1030 A. 1039 C. 1050 D.

401) Vgl. M 51,998 A.C-D. 999 A.D. 1009 B-C. 1011 B. 1029 A. 1033 D. 1036 B. 1039 C. 1044 D. 1047 C. 1048 A-B. 1056 C.

402) Vgl. M 51,990 B. 1021 A-C. 1034 A. 1036 D. 1038 B.

403) Vgl. M 51,1022 D-1023 A. 1038 A.

404) Vgl. M 51,1019 B. 1022 D-1023 A. 1035 B.D. 1036 B-C. 1037 A-B.D. 1038 A.C. Die Konzilsdefinition selbst wird als Dienst an der Offenbarung verstanden; vgl. 1019 B-C.

405) Vgl. M 51,1004 B-C. 1005 A.

406) Vgl. M 51,1031 A. 1056 C.

407) Vgl. M 51,1002 D-1003 A.

408) Vgl. M 51,1039 A; ferner 1038 B.

409) Vgl. M 51,973 A-B. 977 A-B. 978 A. 983 C. 988 B-C. 989 C-D. 991 C. 996 A. 997 D. 1019 A-B. 1020 C (Konstitutionen "de doctrina fidei et morum"). 1032 C. 1047 A. 1055 C. 1056 A.C. 1057 C. 1058 B-C; ferner 1008 C (definitiones dogmaticae et morales).

410) Zum Singular "mos" vgl. M 51,1026 C (umsichtiges Definieren, "sicut mos fuit in anteactis conciliis"). 1040 B (die wichtigeren Dinge vor den Apostolischen Stuhl bringen "solemnis ecclesiae mos est"). 1052 B ("a more servato in dogmatibus definiendis" weiche man ab, nachdem so viele Bischöfe der Definierung widerstrebten). 1053 C (die Unfehlbarkeit sei nicht nur auf Lk 22, 32 zu stützen, "sed maxima amplitudine exhibendam, ecclesiastico item more"). - Bemerkenswert ist die Rede von der Glaubenseinheit bei unterschiedlichen Sitten: "Istae enim ecclesiae, per totum orbem diffusae, et non tantum situ sed moribus institutisque eorum qui ad eas pertineant, diversae, in una fide tamen concordes ..." (1064 B).

411) M 51,1004 A. 1066 B.

412) Vgl. M 51,1007 B-C. 1022 B.

413) Vgl. M 51,1005 B. 1018 B-C. 1031 D. 1041 B. 1044 A. 1045 A. 1053 B.

414) Vgl. M 51,979 B. 994 B (jedoch "deberent statim definiri conditiones pontificis loquentis ex cathedra"). 1000 C. 1001 B. 1005 C. 1008 C. 1013 D. 1019 C. 1025 A. 1034 D-1035 A. 1039 D. 1040 A. 1044 A ("sensum habet fixum et determinatum"). 1054 A. - Die Einführung einer solchen Unterscheidung päpstlicher Aussagen wird auch als gehorsamsmindernd (1052 A) oder unbestimmt (1055 B. 1063 C-1064 A) kritisiert.

415) Vgl. oben S. 304.

416) Vgl. M 51,991 C. 1003 C-D. 1007 A-B. 1008 B. 1018 D-1019 A. 1040 B. 1042 D. 1049 C. 1057 C.

417) Vgl. M 51,1000 C (declarat ac definit). 1031 D. 1032 A (definit aut declarat). 1034 D (definit et praecipit universae ecclesiae). 1036 C (in docendo et declarando, et definiendo). 1035 B. 1037 B.D (in declarando et definiendo verbo fidei); ferner 1024 B (definitiones et ordinationes). 1024 C (definitiones et iudicia).

418) Vgl. M 51,986 A. 987 A. 994 B. 995 B-C. 996 A.D. 1009 A ("exhibeatur norma, qua perspicue et uniformiter intelligi possit quando Romanus pontifex dicendus sit loqui ut supremus doctor"). 1015 A. 1017 B. 1025 A. 1040 A. 1043 C. - Zurückhaltend: 994 B-C. 1024 B-C. 1034 D-1035 A. Vgl. ferner oben Anm. 414.

419) Vgl. M 51,998 A.C-D. 1000 C. 1003 A. 1005 A. 1009 B-C (Glaubenszustimmung!). 1015 B. 1018 A. 1019 B. 1031 D. 1034 A. 1041 C. 1051 A. 1054 A-B. 1056 D.

420) M 51,998 B. 1049 C.

421) M 51,1050 D; vgl. 1001 B.

422) Vgl. M 51,998 B.D. 1000 C. 1009 B.C. 1031 A.B.

423) Vgl. M 51,1001 A-B.

424) Vgl. M 51,996 A.

425) Vgl. M 51,1015 A.

426) Vgl. M 51,979 C-D.

427) Vgl. M 51,995 D.

428) Vgl. M 51,992 A.

429) Vgl. M 51,973 D. 977 A.

430) M 51,998 B.

431) M 51,1054 D.

432) M 51,1024 A. Vgl. 1024 B: "Si quis dixerit Romanum pontificem errare posse cum ... aliquid definit et ordinat in rebus fidei et morum aut circa ea quae in divinae revelationis deposito sive scripto sive tradito continentur, vel directe aut indirecte requiruntur ut hoc revelationis depositum integrum conservetur"; ferner: "ne in deposito fidei, sibi specialiter commisso in errorem circa fidem moresve labatur", habe der Papst den Geistbeistand, weshalb seine Urteile, wenn er definiert, "quid in rebus ad fidem moresque spectantibus" von der ganzen Kirche zu halten oder zu verwerfen ist, innere Zustimmung mit vollem Glaubensgehorsam verlangten (1049 B-C).

433) M 51,1021 D.

434) Vgl. M 51,1005 D. 1014 B.

435) M 51,1028 D-1029 A; vgl. 1009 C ("definit quid in rebus fidei et morum ... sit credendum"; Kanon).

436) M 51,1021 D.

437) M 51,1017 A.

438) Vgl. M 51,1047 B.

439) Vgl. M 51,1039 D.

440) Vgl. M 51,1021 D. 1024 A.C.

441) Vgl. M 51,1013 C-D. 1017 B. 1031 C. 1041 D-1042 A. 1045 C.D. 1059 A.

442) Vgl. M 51,1019 D. 1032 A. 1054 B.

443) Vgl. M 51,995 D-996 A. 1001 B. 1005 B-C. 1009 A. 1014 B. 1038 B. 1045 B. 1065 C-D.

444) Vgl. M 51,1040 A ("Romanum pontificem in rebus fidei et morum ex cathedra definiendis errare non posse, et obiectum magisterii infallibilis idem esse Romani pontificis atque ecclesiae"); ferner 1020 B ("... et omnino coincidere", so dass man mit der einen notwendig auch die andere leugne).

445) Vgl. M 51,1014 A. Zur Abhängigkeit von der Unfehlbarkeit des Papstes vgl. 997 A-B. 1014 A.D. 1023 B. 1036 B. 1037 D. 1058 A-B.

446) Vgl. M 51,986 A. 986 D-987 A. 995 C. 1045 C.

447) Vgl. M 51,1025 A-B. ("vix erit ullum pontificis decretum quod ad obiectum infallibilitatis referri nequeat").

448) Vgl. M 51,1043 C.

449) M 51,995 C.

450) M 51,1017 B. 451) Vgl. oben S. 239.

452) Vgl. M 52,13 A. 18 C-D. 20 A-C. - Die Relatio observationum gliedert sich in einen sehr kurzen allgemeinen (8 A-B) und einen speziellen Teil (8 C-28 D), der sich in einem kurzen Abschnitt auf das Vorwort und die ersten drei Kapitel (8 C-12 C), überwiegend jedoch auf das 4. Kapitel bezieht. Diese letzteren "Observationes in caput de suprema et infallibili Romani pontificis in rebus fidei et morum definiendis auctoritate" werden in drei Gruppen unterteilt, je nachdem eine vollständige oder doch wesentliche Beibehaltung (I.), eine vollständige Umarbeitung (II.) oder die Weglassung des Schemas (III.) ausgesprochen wird. Diese letzte Gruppe gliedert sich wiederum in zwei Gruppen, deren eine die "fundamenta" oder die "elementa" der Definition und deren andere generell die Wahrheit, Opportunität und Notwendigkeit derselben angreift.

453) Vgl. M 52,21 C-22 D.

454) Vgl. M 52,23A-C.

455) Vgl. M 52,24B.

456) Vgl. M 52,23D-24A.

457) Vgl. M 52,24D-26A (-C).

458) Vgl. DS 3007.

459) Über das Objekt selbst verlautet dabei nichts. Nur will man dem Irrtum ausweichen, dass "aliis decretis apostolicae sedis, quae non sunt dogmatica, veram obedientiam praestandam non esse" (M 53,238D). Auch wünscht ein Mitglied, dass der aus "Unam sanctam" hergeleiteten Schwierigkeit im Dekret selbst entgegengetreten würde (240A).

460) Vgl. M 53,242B-243A. 243C-244A.

461) Vgl. M 53,242B-243B.

462) Vgl. M 53,243C-D.

463) Vgl. M 51,1045C-D; ferner 1013C-D (RAESS).

464) Vgl. M 53,243D-244A; zur Verpflichtungskraft: 244A. 248A-B.D. 249 A-D. 251C. 255D.

465) Geändert werden u.a. der Titel (Singular; vgl. M 53,255A; dazu 252, Anm. 1), der Einleitungssatz, nach welchem nunmehr der Primat die höchste Lehrgewalt einschliesst (250C. 255C; dazu 247B. 248B. 249C), und der unter den Zeugnissen schliesslich auch die Tradition der Kirche erwähnt (255A; dazu 247B. 248A). Die an die Definitionsgegner gerichtete Erklärung, dass die Glieder der Kirche nicht vom Haupt, die Kirche nicht von ihrem Fundament getrennt werden könne, so dass der Papst niemals "allein" sei (247B-C), geht nicht in die Texte ein. Während ferner der neue Paragraph inhaltlich übernommen wird, ist vom Kanon als solchem - der Gedanke von der Irreformabilität wird herausgegriffen - kaum die Rede (vgl. 249A). In der Definitionsformel selbst wird u.a. "pro auctoritate" in "pro apostolica sua auctoritate" geändert (247A. 250A.D. 251C. 255C). Dass der Papst seine Definitionsabsicht zum Ausdruck bringen müsse (247A), wird nicht aufgegriffen. Ferner will man die Rede von einem doppelten Subjekt der Unfehlbarkeit vermeiden (248A-B) und von e i n e r kirchlichen Unfehlbarkeit sprechen (244A. 248B-C. 249A-B. 251A.C. 252B. 255D; vgl. 249D). Tatsächlich ist in den Texten nur von einer doppelten Betrachtungsweise (Modalität) die Rede (243C-D. 248D).

466) M 53,248B.

467) Vgl. M 53,249A.

468) M 53,250A.

469) Vgl. M 53,247B.

470) M 53,249A.

471) Vgl. M 53,249 B-C.

472) Vgl. M 53,248 D.

473) M 53,249 D-250 A.

474) M 53,249 D; vgl. 250 A.

475) M 53,281 D-282 A; vgl. 282 A-B.

476) M 53,250 D. Dass diese Formel, wie in M 53,250, Anm. 1 bemerkt wird, von MARTIN an BILIO übergeben wurde, ist durch SENESTREYS Tagebuch nicht ausgewiesen (vgl. M 53,282 C); es dürfte sich um eine Verwechslung mit der folgenden Formel (C) handeln; vgl. auch Th. GRANDERATH, Geschichte III,125.

477) Vgl. M 53,251 A.

478) Vgl. M 53,282 B-C.

479) Vgl. M 53,282 C; dazu 251 A. Nach GRANDERATH handelt es sich bei den Genannten um PERRONE und FRANZELIN (Geschichte III,125).

480) M 53,251 C-D; vgl. 282 C.

481) Vgl. M 53,282 C; Th. GRANDERATH, Geschichte III,125 (FRANZELIN).

482) Vgl. M 53,282 C. Unentschieden zeigt sich nach GRANDERATH GASSER, ablehnend MANNING und SENESTREY (Geschichte III,126).

483) Vgl. M 53,251 C-D.

484) Vgl. M 53,252 A.

485) Vgl. M 53,282 D-283 A.

486) Vgl. M 53,252 A-B.

487) Vgl. M 53,252, Anm. 1; CL VII,1685, Anm. 2.

488) M 53,255 D.

489) Vgl. M 53,283 A-B.

490) "Caput IV. De Romani pontificis infallibilitate. In suprema autem apostolicae iurisdictionis potestate, quam Romanus pontifex tamquam Petri principis apostolorum successor in universam ecclesiam obtinet, supremam quoque magisterii potestatem comprehendi, haec sancta sedes semper tenuit, perpetuus ecclesiae usus comprobat, ipsaque oecumenica concilia tradiderunt" (M 52, 6 C; es folgen die Konzilszeugnisse : 6 C-7 A). "Hinc, sacro approbante concilio, docemus et tamquam dogma fidei declaramus, Romanum pontificem, cui in persona beati Petri ab eodem Domino nostro Iesu Christo praeter alia dictum est: Ego rogavi pro te, ut non deficiat fides tua, et tu aliquando conversus confirma fratres tuos (Anm. : Lk 22,32), vi assistentiae divinae ipsi promissae errare non posse, cum supremi omnium christianorum doctoris munere fungens pro apostolica sua auctoritate definit, quid in rebus fidei et

morum ab universa ecclesia tamquam de fide tenendum vel tamquam fidei contrarium reiiciendum sit; et eiusmodi decreta sive iudicia, per se irreformabilia, a quovis christiano, ut primum ei innotuerint, pleno fidei obsequio excipienda et tenenda esse. Quoniam vero infallibilitas eadem est, sive spectetur in Romano pontifice tamquam capite ecclesiae, sive in universa ecclesia docente cum capite unita, insuper definimus, hanc infallibilitatem etiam ad unum idemque obiectum sese extendere. Si quis autem huic nostrae definitioni contradicere (quod Deus avertat) praesumpserit, sciat se a veritate fidei catholicae et ab unitate ecclesiae defecisse" (7A-C). - Ein Vergleich allein dieser Definitionsformel mit ihrer endgültigen Fassung (vgl. oben S. 252) lässt die beachtlichen Veränderungen erkennen, die die Debatte der Konzilsväter herbeiführen wird.

491) Vgl. M 52,35B-36B.

492) M 52,23D; vgl. oben S. 310.

493) Vgl. M 52,36C-D.

494) Vgl. M 52,36B.

495) Vgl. M 53,256D-257A; dazu CL VII,1685c-1686a; ferner M 53,283C.

496) Vgl. M 52,479C-D. 769D-770A. 798B-C. 916B. 1074C. 1149C; zur Ausdrucksweise "unfehlbare Wahrheit" vgl. 738A. 741D. 742A. 1020B. 1024C. 1069A; "unfehlbares Dekret": 747A. 1128C.

497) Zur Konzilsdebatte über die Unfehlbarkeit vgl. Th. GRANDERATH, Geschichte III,137-292. 376-454; BUTLER-LANG 267-294. 311-345; R. AUBERT, Vaticanum 250-255. 261-265; U. BETTI, La costituzione 180-240. 317-433.

498) Lähmende Unsicherheit, exzessive und beängstigende wie restriktive und entkräftende Auslegung sollen vermieden werden; vgl. M 52,1150B-C. 1156 C-D. 1157C-D. 1161B. 1190B-D. Was gemeint sei, muss man nach Bischof ULLATHORNE auch zum Ausdruck bringen; die Definition läsen ja mehr, als ihre Erklärung hören; sie müsse sich selbst interpretieren (vgl. 1164B).

499) Vgl. M 52,801B. 841C. 903B. 1046A-B. 1136A-D (Emendationes).

500) Vgl. u.a. M 52,860A-B. 879C. 880A. 888A. 901D; kritisch dazu: 955A. 1156D-1157C. 1162C-1163A. 1185D-1186A.

501) Vgl. M 52,409C. 728A-C. 745D. 746C. 753D. 754A. 919B. 978A-B. 1164C. - Vielfach wird der Lehrakt anders formuliert, vgl. 1166C (definire + proponere); 1185A, vgl. 767B. 1167B (definire + docere); 1170B. 1171C. 1185B-C (definire + tradere); 108A. 949D. 1052A. 1057A. 1058C. 1182A, vgl. 1178A (decernere); 932, Anm. 1, 1005C. 1011C. 1050C. 1058C-D. 1133A. 1152B-C u. Anm. 3, 1178D. 1182C (proponere); 1181B (praedicare + definire); 812D. 1125C. 1153B (proponere + praecipere); 1168B-C (tradere ac praecipere); 1149C. 1186C (finaliter determinare); 178B. 243B. 320B. 833A. 901D. 933B. 934D. 955A.

984 B. 994 B. 1005 C. 1011 C. 1031 A. 1070 B. 1073 C. 1074 A. 1133 A. 1167 A-B. 1186 C. 1187 D (docere); 179 A-B. D. 182 C. 248 D. 832 A (loqui); 177 D (decidere); 801 C (iudicare).

502) Vielfach wird die Notwendigkeit eines Konsenses zur Irreformabilität der Entscheidungen ausdrücklich ausgeschlossen, vgl. M 52, 226 A. 345 D-346 A. 747 D-748 A. 754 B-C. 819 C. 822 C. 823 A. 913 D-914 A. 933 B. 1062 D. 1132 B. 1139 D. 1149 A. 1152 C. 1169 A u. Anm. 3, 1185 D.

503) Zum Ausdruck "ex cathedra" vgl. M 52, 367 B. 370 B-C. 745 A-C. 812 C-D. 829 D-830 B. 831 B. 891 A. 914 D. 919 B. 987 A. 1043 C. 1070 A. 1152 C. 1162 C-1127 A. 1130 A. 1149 C. 1153 B. 1168 B. 1169 A. 1175 B-C. 1178 D. 1182 C-D. 1183 A. 1188 C-D. 1194 B.

504) Vgl. M 52, 837 A. 505) M 52, 860 A.

506) M 52, 864 A.

507) Vgl. M 52, 752 A. 754 A. 919 D. 920 B. 1130 D. 1135 A; anders formuliert: 754 B ("iudicium in fidei et morum quaestionibus ad aedificationem doctrinae christianae pertinentibus").

508) Vgl. M 52, 1148 D-1149 A.

509) Vgl. M 52, 1149 B; dazu DS 3007.

510) Vgl. M 52, 853 C. 855 A. B. 858 C; anders 859 A ("in rebus fidei et morum").

511) Vgl. M 52, 853 C-854 C. 1132 C-D (Emendatio). Die Fussnote 854, Anm. 1 muss lauten: Lib. V, cap. V, q. 5 (= M. CANO, Opera 151 f; vgl. oben Anm. I/455).

512) Vgl. M 52, 986 B. 1130 B. 1132 D (Emendationes).

513) M 52, 885 D.

514) Vgl. M 52, 969 C.

515) Vgl. u.a. M 52, 1139 C. 1147 B. D. 1148 C. 1149 A. 1169 D. 1183 A. 1185 A. 1193 D (res); 1132 B. 1139 D. 1144 D (quaestiones); 1128 B (causae); 1130 D. 1146 C. 1183 A. 1185 C (controversiae); 1138 C. D. (veritates).

516) Vgl. M 52, 752 A. 1135 A: "Itaque... docemus et divinitus revelatum dogma esse definimus: Romanum pontificem ... cum doctrinam de fide vel moribus pro sua in universam ecclesiam auctoritate definit, per assistentiam Spiritus sancti, ea infallibilitate gaudere, qua divinus redemptor ecclesiam suam instructam esse voluit; ideoque haec Romani pontificis decreta ex sese irreformabilia esse. Si quis autem..." (Emendatio 68).

517) Vgl. M 52, 920 B. 1130 D. 1166 C; ferner 878 D. 952 B. 1126 A. 1134 A. 1138 D. Zum Lehrcharakter der Aussagen (doctrinae, doctrina) vgl. 1005 C.

1011 C. 1128 B. 1133 A. 1166 C. 1185 B. 1193 D.

518) Vgl. M 52,276 B. 409 D. 805 D. 948 C. 1122 C. 1123 D. 1124 A (in credendo et colendo Deo). 1146 B. 1146 B. 1153 B. - 1124 B: "Porro obiectum magisterii infallibilis apostolici primatus est omnis doctrina fidei et veritatis ad cultum Dei et salutem aeternam fidelium a Romano pontifice definita"; Emendatio 12).

519) Vgl. M 52,1146 B. 1161 B. 1181 B.

520) Vgl. u.a. M 52,1124 A. 1128 B. 1138 C. 1139 C-D. 1145 B-D. 1146 A-C. 1175 B. 1179 C. 1181 B.

521) Vgl. M 52,1147 B (in aliqua re de religione controversa). 1177 D (in religionis causis).

522) Vgl. M 52,1148 A (quae ad doctrinam pertinent). 1166 D (catholica doctrina). 1181 B (in doctrina divina).

523) M 52,1163 A-B.

524) Vgl. M 52,1074 A-B.

525) Vgl. M 52,116 B. 331 B.D. 334 B. 346 A. 732 B. 733 B. 746 C-D. 747 B. 774 C-D. 775 B. 854 D. 864 C. 914 C. 920 A. 928 A. 934 D. 975 A. 979 B-C. 983 A. 1022 A. 1035 C. 1038 C-D. 1079 D. 1121 C-D. 1122 B-C. 1123 C-D. 1124 A-B. 1125 B.D. 1126 B. 1128 D. 1139 A-B. 1144 C. 1148 C-D. 1149 B. 1161 B. 1163 C. 1169 A-B. 1170 A.C. 1177 B-D. - Dem steht die Ergänzung (doctoris) "et pastoris" nicht entgegen, vgl. 822 C. 1043 C. 1126 C. Auch wird "Lehramt" in einem weiteren Sinne genommen, vgl. 770 B-C (betreffend "tam disciplinae quam fidei et morum controversias"). 966 B. 1122 A ("magisterium in docendo"). - Nach Kardinal MERTEL könne man den päpstlichen Definitionsakt auch nicht am Objekt erkennen, da viele von solchen Akten, auch wenn sie "ad fidem et mores pertineant", dennoch nicht "pro dogmaticis" gehalten würde. Als Beispiel führt er die Honorius-Briefe sowie zwei Daten aus dem Kirchenrecht an: die spätere Erlaubnis de Ehe bei Impotenz und die Aussage ALEXANDERS III., dass seine Vorgänger über die Gültigkeit einer ersten Ehe auch anders entschieden hätten. Obwohl es hier "de substantia sacramenti ac de regula morum" gehe, handele es sich doch nicht um d o g m a t i s c h e Definitionen (1189 C-1190 A).

526) Vgl. M 52,108 A. 109 D. 215 C-D. 228 C-D. 248 B-C. 299 C. 375 C. 390 A-B. 409 A-B. 725 A-B. 746 A. 770 A. 775 A. 812 D. 824 B. 842 A-B. 872 A-B.D. 874 A. 877 D-878 B. 885 C-886 B. 889 B. 891 B.D. 893 A-C. 905 C. 906 C. 935 A. 984 A. 1127 A-B. 1128 C. 1129 A-D. 1132 B. 1148 B. 1153 B. 1161 B. 1162 A-B. 1163 C-1164 B. 1167 A. 1169 A-C. 1170 B. 1174 A. 1179 C. 1180 A. 1181 B-1182 B. 1183 D. 1184 A-C. 1185 B. 1186 C. 1187 A.D.

527) Vgl. M 52,217 B-C. 390 A. 411 A-D.

528) Vgl. u.a. M 52,108A. 179D-180A. 243B. 421B. 741C. 747A-B. 806B. 857D. 858A. 878B. 915A. 989A. 1135D. 1140D. 1171B. 1174A. 1178D. 1182C. 1194A.

529) Vgl. M 52,915A. 1005C. 1140A.C.

530) Vgl. M 52,809D. 822D. 830B. 932, Anm. 1, 950D-951B. 954C. 955A. 1127A. 1132C. 1134D. 1135B. 1139 A-B.D. 1157C. 1160C-D. 1163B. 1166C. 1173D. 1185A. 1193D.

531) Vgl. M 52,1005C. 1011C. 1133A. 1194A.

532) Vgl. M 52,775B. 933C-D. 954C. 1133A. 1139A-1140A. 1144D. 1148C. 1153A. 1160C.D. 1185A-D.

533) Vgl. M 52,263A. 822A. 1035D. 1058C-D. 1179A-B.

534) Vgl. M 52,950C-953C. 1133B-1134C.

535) Vgl. M 52,1140D. 1141C. 1142C-1144C.

536) Vgl. M 52,1144D-1145B.

537) Vgl. M 52,1145C-1146C.

538) M 52,1148C.

539) Vgl. M 52,1146D-1148B. 1148D-1151C.

540) Vgl. M 52,1155A-1156A; dazu oben S. 222f.

541) Vgl. M 52,1168C u. Anm. 7.

542) Vgl. M 52,1170D-1171A.

543) M 52,752A. 1135A; vgl. oben Anm. 516.

544) Vgl. M 52,993C. 545) Vgl. M 52,72C. 936C.

546) Vgl. M 52,914C-D (1132B-C); ferner 408A (REGNAULT).

547) Vgl. M 52,224B. 893C. 936C-D. 1073A. 1122C. 1123D-1124B. 1170B.

548) Vgl. M 52,954C. 1139D. 1170C. 1173C.

549) Vgl. M 52,316B. 317A. 412A-B. 746C. 860A-B. 876B. 919B. 936D. 1135C. 1178B.

550) M 52,753D-754A.

551) Vgl. M 52,42-45. 65-71. 85-92. 138-144. 163-170. 220-225. 249-261. 285-289 (529f. 544-548). 760-767. 790-797. 937-944.

552) Vgl. M 52,791A-C. 1136D-1137B (Emendatio).

553) Vgl. M 52,943A-D. "Insuper animarum pastores omnesque, quibus in sancta ecclesia munus docendi incumbit, monemus et in Domino obsecramus, ut definitam hanc de Romani pontificis infallibili magisterio doctrinam populo chri-

stiano solerter ac fideliter exponere satagant. Imprimis vero sollicite curent, ut Christi fideles iis aures non praebeant, qui perversis et sinistris interpretationibus hanc salutarem doctrinam, ad alienum sensum detortam, turpiter offuscare conantur. Quapropter fideles sibi commissos ... moneant, Romani pontificis in obeundo suo supremo magisterio infallibilitatem minime confundendam esse cum impeccabilitate. Neque eam adinstar aliarum personalium proprietatum Romano pontifici tanquam personae privatae inhaerere, sed potius ipsi tanquam universalis ecclesiae doctori, et quidem hoc munus suum actu administranti competere. Nec divinam assistentiam, quae Romanum pontificem in fungendo supremo suo docendi munere ab errore praeservat, inspirationi prophetarum vel apostolorum aequiparandam esse. Nam illa divina assistentia Petri successoribus non ideo promissa est, ut ecclesiae novas doctrinas patefacerent, sed ut depositum fidei integre custodirent, intemerateque exponerent, dicente Domino: Ego rogavi pro te, ut non deficiat fides tua. Et quamquam haec Domini, qui fidelis est, promisso effectu suo nunquam carere potest, tamen humanam operam et industriam minime excludit. Immo potius, qui Romanis pontificibus in persona beati Petri inerrantiae praerogativam promisit, idem Dominus non permisit (id quidem ex constanti Romanorum pontificum agendi ratione clarescit) neque permittet, ut iidem summo magisterio suo fungentes debita media ad veritates christianas in deposito fidei contentas rite cognoscendas, quasi tentantes Deum, unquam praetermittant. Denique praemuniantur Christifideles ab errore vel fictione eorum, qui dictitare non verentur, definita hac Romani pontificis inerrantia, inter hunc ipsum Romanum pontificem et inter ecclesiam sive coetum episcoporum separationem statui; ac si Romanus pontifex, cum tanquam caput ecclesiae agat, et ex deposito fidei veritatem hauriat, i.e. ex sacra Scriptura et divina traditione, quae in omnium ecclesiae saeculorum monumentis fulget, ac in ipsius ecclesiae sensu et conscientia vivit, dici possit ab ecclesia separatus, et non potius intime cum eadem coniunctus agere. Nunquam profecto Petrus in successoribus suis ab ecclesia separari potest ..." (1137 B-1138 A; Emendatio).

554) Vgl. M 52,941 C-942 A. "Huic igitur pastorali muneri ut satisfacerent, praedecessores nostri indefessam semper operam dederunt, ut salutaris Christi doctrina apud omnes terrae populos propagaretur, parique cura vigilarunt, ut, ubi recepta esset, sincera et pura conservaretur. Quocirca totius orbis antistites nunc singuli, nunc in synodis congregati 'longam ecclesiarum consuetudinem' et 'antiquae regulae formam sequentes', ea praesertim pericula, quae in negotiis fidei emergebant, ad hanc sedem apostolicam retulerunt, ut ibi potissimum resarcirentur damna fidei, ubi non potest fides sentire defectum. Romani autem pontifices, prout temporum et rerum conditio suadebat, nunc convocatis oecumenicis conciliis aut rogata ecclesiae per orbem dispersae sententia, nunc per synodos particulares, nunc per se ipsi, adhibitis quae Spiritus sanctus suggerebat auxiliis, ea tenenda definiverunt, quae sanctis Scripturis et apostolicis traditionibus consentanea Deo adiutore cognoverant. Quorum quidem 'apostolicam doctrinam omnes venerabiles patres amplexi, et sancti doctores orthodoxi venerati atque secuti sunt'; plenissime scientes,

in hac s. Petri sede, secundum Domini nostri Iesu Christi sententiam, immaculatam semper catholicam servari religionem et sanctam celebrari doctrinam, nec in communione ecclesiae catholicae permanere posse, nisi qui huic sedi apostolicae consentiant. At vero cum hac ipsa aetate ... non pauci insurrexerint, qui illius auctoritati obtrectant; necessarium omnino esse censemus, veritatis et fidei non deficientis charisma ... adversus prava hominum studia asserere" (1122 D-1123 B; Emendatio). Vgl. DS 3069-3072, wo der endgültige Text an mehreren Stellen dieser Emendatio gegenüber geändert oder ergänzt erscheint.

555) Vgl. M 52,141 A.

556) Vgl. M 52,164 A. 168 B. 169 D. 767 B. 791 A.D. 795 A. 1123 C. 1193 A ("aut explicat, aut definit, aut vindicat").

557) Vgl. M 52,164 A. 169 C-D. 795 A.C-D. 939 D. 1139 C. 1194 B.

558) M 52,941 B. 1122 B (Emendatio; MARTIN). Vgl. auch 69 B ("veritas de suprema auctoritate doctrinali"). 166 A. 222 B. 251 B. 1151 D. 1152 B. 1178 D. 1193 A-B; dies gilt trotz der Rede vom Hirtenamt (941 C. 942 A. 1122 D. 1123 B. 1152 B).

559) Vgl. M 52,87 B; ferner 1183 B. 1193 A.D. 1194 B. 1195 C-D; bemerkenswert auch 1167 B-C (vgl. die folgende Anm.).

560) Vgl. M 52,287 D. 794 C. 795 A.D. 1179 A. 1183 B. 1193 A.B. 1194 B. Erwähnung verdient hier die Auffassung, die den Papst "docentem de rebus fidei et morum" (wenn kein Bischof Widerspruch erhebt), auf einem Konzil jedoch "definientem de rebus omnibus" für unfehlbar hält (1167 B-C). Danach erstreckt sich also die Unfehlbarkeit des Konzils weiter als auf die "res fidei et morum"; vgl. auch die Formulierung, das Konzil sei unfehlbar "in iis quae circa res sacras, fidem et mores credenda fidelibus imponit" (1187 C). An anderer Stelle ist die Rede von Akten, die nicht eigentlich "de rebus fidei et morum" handeln, "sed res fidei et moribus affines seu connexas quomodocumque explanant" (1190 B).

561) Vgl. M 52,66 D-67 A. 222 B-C. 285 B. 286 D. 767 B. 791 D. 795 A.C (Zitat aus ANTONIN: "in his, quae pertinent ad fidem"). 786 B.

562) Vgl. M 52,939 D. 1134 D.

563) Vgl. M 52,1193 D.

564) Vgl. M 52,1152 B-C u. Anm. 2.

565) Vgl. M 52,286 D. - SCHMALZGRUEBER (über ihn: LThK IX,427) fährt nach seiner Aussage über den Papst als "certa, et infallibilis Regula Veritatis et supremus Iudex controversiarum Fidei" (Judex 444) fort: "Papa, ut universalis Ecclesiae Episcopus, est infallibilis regula morum, ita ut Decreta eiusdem, quibus aliquid ut honestum, vel inhonestum licitum, vel illicitum universali Ecclesiae proponit, praecipit, vel prohibet, necessario vera, nullique errori obnoxia esse possint" (445 f). Dafür beruft er sich u.a. auf

CANO und BELLARMIN und ergänzt die Argumente aus THOMAS (S.th. II-II, q.1, a.10) und den Schriftstellen Lk 22,32; Mt 16,18 und Joh 21, 17 durch die folgenden: "1. quia ita omnino necessarium erat, ne Ecclesia gravissimis damnis, et perpetuis animarum periculis, ac dispendiis obiiceretur, 2. quia Summi Pontificis Decretis, etiam quoad mores, sine maximo piaculo obedientia negari non potest; videtur autem absurdum esse Ecclesiam universalem cogi ad parendum illis Decretis, quae erronea esse possint, ergo etc. 3. Fide certum est, Summum Pont. in pascendis ovibus errare non posse, hae autem pascuntur non solum fidei, sed etiam morum doctrina, ergo etc." (446).

566) Vgl. M 52,796B. - Über F.P KENRICK: LThK VI,117; zitiert wird "The Primacy of the Apostolic See and the Authority of General Councils" (Philadelphia 1837; deutsch: Das (sic!) Primat des Apostolischen Stuhls, New York (3)1853).

567) M 52,87B; vgl. ferner 791D. 793C. 941C. 943B-C. 1123A. 1137C.D.

568) Vgl. M 52,1178D. 1187D. 1193A-B (Glaubenszustimmung); 1179A. 1183B. 1194B (tenendum).

569) Vgl. M 52,795C, wo ANTONIN zitiert wird: "Licet papa in particulari errare possit, ut in iudicialibus, in quibus proceditur per informationem ..." (alias in his, quae pertinent ad fidem; vgl. oben Anm. 561); vgl. ANTONIN, Summa IV,450.

570) "Cum formula de obiecto infallibilitatis summi pontificis multis reverendissimis patribus etiam e numero eorum, qui definitionem desiderant, non arrideat", fragt BILIO die Deputation am 22. Mai, ob man eine neue Formel vorbereiten solle (man will jedoch zunächst Vorschläge der Väter abwarten; M 53,256D-257A).

571) Vgl. M 53,259A-B. Anschliessend begründet KLEUTGEN die Streichung des Satzes von der einen und selben Unfehlbarkeit ("Quoniam ..... unita") damit, dass das Gesagte wohl nicht in jeder Hinsicht gelte (259B).

572) Der Text des neuen 4. Kapitels: M 53,257B-258B. Die Definitionsformel: "... docemus et divinitus revelatum dogma esse declaramus: Romanum pontificem ... (Mt 16,18; Lk 22,32); cum supremi doctoris munere fungens quaestiones de fide et moribus suo iudicio definit, per Spiritus sancti assistentiam ab errore immunem servari, et has eius definitiones sive decreta, per se irreformabilia, a quovis christiano, ut primum ei innotuerint, pleno mentis assensu et fidei obsequio excipienda et tenenda esse. Definimus insuper, hanc Romani pontificis infallibilitatem ad idem obiectum porrigi, ad quod infallibilitas ecclesiae extenditur. Si quis autem ..... defecisse" (258A-B). Zum Einschub im Einleitungsteil ("Huic vero pastorali muneri ..... asserere"; 257C-258A) vgl. oben Anm. 554.

573) Vgl. M 53,258B-D.

574) Vgl. M 53,259C-262D. Einfache Zustimmung äussern, obgleich nicht ohne

eine gewisse Zurückhaltung, HASSUN, LEDOCHOWSKI und REGNIER (vgl. 259 B.C); die übrigen wünschen zugleich verschiedene Änderungen oder bringen auch ihre Unzufriedenheit zum Ausdruck.

575) Vgl. M 53,259 C-D.

576) Vgl. M 53,260 D-261 A.

577) Vgl. M 53,261 D-262 A.

578) Vgl. M 53,262 A-B.

579) Vgl. M 53,261 C.

580) Vgl. M 53,259 D; dazu 261 A. 262 A.B.

581) Vgl. M 53,261 A.

582) Vgl. M 53,262 D.

583) Vgl. M 53,260 D.

584) Vgl. M 53,261 C.

585) Vgl. M 53,262 A ("illud tamen 'fidei obsequio', omnibus definitionibus vindicatum, aliquem scrupulum sibi creare").

586) Vgl. M 53,260 D. 261 B. 262 B-C (res fidei et morum).

587) Die Adnotatio geht (unter 4.) von der Frage nach dem Begriff einer Glaubensdefinition aus, "quaenam sit definitio quaestionis fidei, num ea tantum, qua aliquid fide divina credendum proponitur, an eae quoque, quibus de facto dogmatico decernitur, aut censura minor infra haeresim infligitur etc.", auf die eine ausreichende Antwort zu geben sei. Die (im Schema über die Kirche) vorgesehene Definition des Objektes der kirchlichen Unfehlbarkeit würde zugleich das Objekt der päpstlichen Unfehlbarkeit bestimmen. Komme es nicht zu dieser Definition, habe von letzterem das nämliche zu gelten als von ersterem, "nempe dogma fidei esse, Romanum pontificem non posse errare, cum divina fide credenda proponit, et theologice certum esse, eum etiam in aliis rebus declarandis ab errore immunem esse" (M 53,258 C-D). Das Schema nun sucht diese Absicht, das Objekt der päpstlichen Unfehlbarkeit ganz nach dem der Unfehlbarkeit der Kirche (es mag definiert werden oder nicht) zu bestimmen, mit einer zweifachen Definition auszudrücken. Nachdem es als Glaubenssatz definiert hat, der Papst könne in der Definition von "quaestiones de fide et moribus" nicht irren und diese Entscheidungen verlangten vollen Glaubensgehorsam, definiert es ferner ("definimus insuper"), dass sich die Unfehlbarkeit des Papstes so weit erstrecke wie die der Kirche (M 53,258 A-B). Diese zweite Definition soll die erste hinsichtlich des Objektes ergänzen und einer Beschränkung auf eigentliche Glaubensaussagen vorbeugen. Indem das Schema jedoch nur eine additive, keine kausale Verbindung beider Definitionen formuliert, schliesst es nicht aus, die Gleichsetzung umgekehrt auszulegen und das Objekt der kirchlichen Unfehlbarkeit auf das von der päpstlichen Ausgesagte, nämlich das

eigentlich Glaubenspflichtige einzuschränken. In diesem Zusammenhang ist auch die - gegensätzlich motivierte - Kritik an "... et fidei obsequio" bemerkenswert, worin MANNING eine Einschränkung der Unfehlbarkeit auf das Glaubenspflichtige (M 53,260 D), PIE hingegen eine Ausdehnung der Glaubenspflicht auf den gesamten Unfehlbarkeitsbereich erblickt (261 C). Die Formel bedarf hier ohne Zweifel einer präzisierenden Revision.

588) Vgl. M 53,264 C.

589) Der Text des neuen 4. Kapitels: M 53,265 A-266 A. Die Definitionsformel: "... docemus et divinitus revelatum dogma esse definimus: Romanum pontificem ... (Mt 16,18; Lk 22,32); - cum doctrinam de fide vel moribus pro sua in universam ecclesiam auctoritate definit, per assistentiam Spiritus sancti ea infallibilitate pollere, qua divinus Redemptor ecclesiam suam instructam esse voluit; ideoque haec Romani pontificis decreta ex sese irreformabilia esse. Si quis autem ..... defecisse" (265 D-266 A); vgl. dazu oben Anm. 516. CULLEN, selbst kein Mitglied der Deputation (gegen R. AUBERT, Vaticanum 345, Anm. 8), hatte die neue Formel wohl in BILIOS Auftrag vorgelegt (vgl. M 53,283 D: "proposuit emendationem, quam ipsi Cardinalis Bilio suggesserat").

590) Vgl. M 53,267 B; zu den Verfassern, beide - wie CULLEN - Mitglieder der Postulatenkongregation, vgl. M 53,284 A. Die neue Definitionsformel: "... docemus et fidei dogma esse declaramus, Romanum pontificem, quando ex cathedra loquitur, id est, quando supremi pastoris et doctoris munere fungens, res fidei et morum ad aedificationem doctrinae christianae pertinentium definit, per assistentiam divinam Petro promissam aeque esse infallibilem, ac si easdem una cum episcopis in concilio generali congregatis definiret, atque huiusmodi iudicia Romani pontificis esse ex sese irreformabilia. - Canon: Si quis dixerit, Romanum pontificem ex cathedra loquentem non esse infallibilem, aut eius iudicia in rebus fidei et morum ad aedificationem doctrinae christianae pertinentium non esse irreformabilia, antequam consensus ecclesiae accesserit; anathema sit" (267 B-C).

591) Vgl. M 53,268 B-C.

592) M 53,268 C-269 C.

593) Vgl. M 53,269 D-270 C. Eine andere Formel MANNINGS findet sich unter den privaten Emendationes; danach sollte den Worten des Florentinums (im 4. Kapitel der Konzilsvorlage) angefügt werden: "ideoque Romani pontificis de fide et moribus decreta ... interno mentis assensu plenoque fidei obsequio esse suscipienda" (M 52,1194 A). In einem Kanon wird sodann ausgeschlossen, dass der Papst "in rebus fidei et morum ecclesiae errorem credendum praescribat" (ebd).

594) M 52,1194 B.

595) Vgl. M 53,270 D-271 A; dazu 52,1121 C-1123 B (Emendationes 1-10).

596) Vgl. M 53,271 B-C; dazu 52,1193 D-1194 A.

597) Vgl. M 53,272 D.

598) M 52,1193A.

599) Vgl. M 53,272C.

600) Vgl. M 53,273A.

601) Vgl. M 53,273B-274C; zum neuen Einschub (273C-274B) vgl. oben Anm. 554. Den gleichen Aufbau und nahezu den gleichen Wortlaut hat die private Emendatio des Bischofs C. FOCACCETTI (M 52,1167C-1168B).

602) Vgl. M 53,274B-D.

603) Vgl. M 52,1194B-1195D; vgl. oben Anm. 76.

604) Vgl. M 52,1235C-1236C.

605) Der ganze Text: M 52,1204A-1230D. Zum Aufbau vgl. 1204B-C. 1212 B-C. 1225B-1227C. Das unter GASSERS Nachlass aufgefundene Manuskript-Fragment der Rede enthält nach dem Abschnitt "A. Status quaestionis" noch einen zweiten "B. Formula Definitionis infallibilitatis R.P.", der jedoch nach 13 Textzeilen abbricht.

606) Vgl. M 52,1205A-D. 1206A-B.D. 1208A-C. 1209B-C. 1210B-D. 1211C. 1213A-C. 1214A.C. 1215A.C-D. 1217A-C. 1218B.

607) M 52,1213C.

608) M 52,1214A-B. Zur "infallibilitas absoluta" setzt GASSER in seinem Manuskript mehrmals an. Auf einem separaten Bogen konzipiert er, dass 1) negativ keine Bedingungen aufgestellt werden, nämlich jeder Konsens davon ausgeschlossen wird ... (der Text bricht nach sechs Zeilen ab). Auf einem weiteren Bogen skizziert er u.a. die Unfehlbarkeit als eingeschränkt hinsichtlich Subjekt, Objekt und Akt. Auf dem 4. Manuskriptbogen beginnt dann jener Text, wie ihn, von geringfügigen Abweichungen und Kürzungen abgesehen, auch die Akten enthalten.

609) Vgl. M 52,1214B-C.

610) Vgl. M 52,1214C-1217D.

611) Text auf einem gesonderten Bogen des Manuskripts; vgl. oben Anm. 608.

612) DS 930f (Hier wird die Streitfrage, ob die Behauptung, Christus und die Apostel hätten weder für sich noch gemeinsam etwas besessen, häretisch sei, vom Papst definitiv bejaht, da sie ausdrücklich der Schrift widerstreite).

613) Vgl. M 52,1218C-1219B; dazu 1121C-1122B (Emendationes 1-8); M 53, 270D (Deputation). - GASSERS nachgelassenes, sechs Bogen (ohne Separatbogen) umfassendes Manuskript endet vor der Besprechung der Emendationes. Die nach der Darlegung der Fragestellung ("primo status quaestionis"; M 52,1212C. Ein "secundo" unterbleibt) als zweiten Schritt noch in Angriff genommene Erklärung der Definitionsformel (vgl. oben Anm. 605) trägt GASSER nicht anschliessend, sondern innerhalb seiner (ziemlich unvermittelt

einsetzenden; vgl. 1218C) speziellen Relatio, und zwar nach der Besprechung der Emendatio 53 und anhand der Emendatio 68 vor.

614) Vgl. M 52,1219B-1221D; dazu 1122C-1125C (Emendationes 9-22).

615) Vgl. M 52,1222C-D; dazu 1126C-1127A (Emendatio 30f).

616) Vgl. M 52,1223B-1224D; dazu 1128A-1132A (Emendationes 36-53).

617) M 52,1130B; vgl. oben S. 324f.

618) Vgl. M 53,272A. Danach ist sie "reiiecta ob eandem causam", wobei es zu Emendatio 44 hiess, ihr erster Teil sei bereits im 3. Kapitel berücksichtigt, ihr zweiter beschränke den Papst bei der Definition (ebd).

619) Vgl. M 52,1224A. - Die zweiteilige Emendatio (1130A-C; vgl. 1223D) bringt in die Definitionsformel ein, dass der Papst "post inquisitionem iure praescriptam, ex fide ecclesiae docentis depromit", und ändert das Objekt zu "quid in rebus fidei morumque p r i n c i p i i s ... de fide c r e d e n d u m sit". GASSER berührt die erstgenannte Bedingung ("valde vaga et ambigua") nur kurz und wendet sich hauptsächlich dem Ausdruck "morum principia" zu. Das betonte "credendum" übergeht er.

620) M 52,1224A.

621) Vgl. M 52,1228A-B; dazu 1132C-D (Emendatio 58).

622) Vgl. M 52,1225A-1228A.

623) Vgl. M 52,1225B-C: "Formula ista (sc. ex cathedra) utique in schola est recepta, et sensus huius formulae uti habetur in ipso corpore definitionis est sequens; scilicet quando summus pontifex loquitur ex cathedra, primo non ..., sed docet supremi omnium christianorum pastoris et doctoris munere fungens. Secundo non sufficit quivis modus proponendi doctrinam ..., sed requiritur intentio manifestata definiendi doctrinam, seu fluctuationi finem imponendi circa doctrinam quamdam seu rem definiendam, dando definitivam sententiam, et doctrinam illam proponendo tenendam ab ecclesia universali." Hoc ultimum est quidem aliquid intrinsecum omni definitioni dogmaticae de fide vel moribus, quae docentur a supremo pastore et doctore ecclesiae universalis et ab universa ecclesia tenenda: verum hanc proprietatem ipsam et notam definitionis proprie dictae aliquatenus saltem etiam debet exprimere, cum doctrinam ab universali ecclesia tenendam definit". - Gerade den Definitionscharakter hat man somit nach GASSER als ein entscheidendes Kriterium einer Ex-cathedra-Aussage zu betrachten. Man wird dies nicht "pressen" dürfen (GASSER wird darauf noch einmal zurückkommen), wird aber auch nicht fehlgehen, wenn man (auch hinsichtlich früherer päpstlicher Entscheidungen) einen derartigen Fall als Ausnahme versteht.

624) M 52,1225D. - Vgl. auch das Fragment zu einem Hirtenschreiben (im Nachlass GASSERS), worin dieser erklärt: "3. in welchen Dingen ist der Pabst unfehlbar? Darauf antwortet das Konzil: In Dingen, die den Glauben und die Sitten betreffen. Der Pabst ist ... bestellt als der ... unfehlbare Wächter des Schatzes der Wahrheit, den er (= Christus) in seiner Kirche

hinterlegt hat. Darum bezieht sich auch seine Unfehlbarkeit nur auf dieses hinterlegte Gut, oder mit anderen Worten auf die den Glauben und die Sitten betreffende Lehre" (10). Ferner sagt GASSER in seinem Hirtenbrief vom 19. April 1874, dass "sich nicht absehen lässt, was diese Erklärung über die Unfehlbarkeit des Papstes, welche sich auf die christlichen Glaubens- und Sittenlehren beschränkt, mit dem österreichischen Konkordate zu schaffen hat" (Brixener Diözesanblatt 18 (1874) 37).

625) M 52,1226A-C: "Iam hic 1° certum est, infallibilitatem a Deo promissam, sive in tota ecclesia docente, cum in conciliis veritates definit, sive in ipso summo pontifice per se spectetur, ad eundem omnino ambitum veritatum extendi... 2° In eo ipso verbo Dei, quo infallibilitas ad custodiam depositi ... promissa est, continetur etiam indubitanter hanc infallibilitatem extendi saltem ad ea, quae per se depositum fidei constituunt, ad dogmata nimirum fidei definienda, et, quod eodem redit, ad haereses condemnandas. Hinc sane de fide creditur et credendum est ab omnibus filiis s. matris ecclesiae, ecclesiam in proponendis ac definiendis dogmatibus fidei infallibilem esse" (dies hat auch für den Papst zu gelten). "At vero 3° cum dogmatibus revelatis ... veritates aliae magis vel minus stricte cohaerent, quae licet in se revelatae non sint, requiruntur tamen ad ipsum depositum revelationis integre custodiendum, rite explicandum et efficaciter definiendum; huiusmodi igitur veritates, ad quas utique etiam per se pertinent facta dogmatica, quatenus sine his depositum fidei custodiri et exponi non posset, huiusmodi, inquam, veritates non quidem per se ad depositum fidei, sed tamen ad custodiam depositi fidei spectant. Hinc omnes omnino catholici theologi consentiunt, ecclesiam in huiusmodi veritatum authentica propositione ac definitione esse infallibilem, ita ut hanc infallibilitatem negare gravissimus esset error. Sed opinium diversitas versatur unice circa gradum certitudinis, utrum scilicet infallibilitas in hisce veritatibus proponendis, ac proinde in erroribus per censuras nota haereseos inferiores proscribendis debeat censeri dogma fidei, ut hanc infallibilitatem ecclesiae negans esset haereticus; an solum sit veritas in se non revelata, sed ex revelato dogmate deducta, ac proinde solum theologice certa".

626) M 52,1226C-D.

627) M 52,1226D-1227C. "Proinde in tota hac definitione tria sequentia continentur: 1° Romanum pontificem ... esse infallibilem, cum pro suprema sua auctoritate doctrina ab universa ecclesia tenendam definit seu, ut plures theologi loquuntur, definitiva ac terminativa sententia proponit; 2° obiectum harum infallibilium definitionum esse doctrinam de fide vel moribus; 3° in hoc obiecto ita generice enuntiato infallibilitatem pontificis nec minus nec magis late patere, quam pateat infallibilitas ecclesiae in suis definitionibus doctrinae de fide et moribus... In illis .. in quibus theologice quidem certum, non tamen hactenus certum de fide est ecclesiam esse infallibilem, etiam infallibilitas pontificis hoc decreto sacri concilii non definitur tanquam de fide credenda. Qua vero certitudine theologica constat haec alia obiecta praeter dogmata fidei comprehendi inter ambitum infallibilitatis, qua pollet ecclesia in suis definitionibus, eadem certitudine tenendum est ac erit ad

haec etiam obiecta extendi infallibilitatem in definitionibus editis a Romano pontifice" (1227B-C). - Auch wenn die vatikanische Definition nur die Unfehlbarkeit des Papstes in Glaubensdogmen selbst zum Dogma erhebt, impliziert die darin ausgesagte Gleichsetzung mit dem Unfehlbarkeitsobjekt der Kirche, dass dessen - "certitudine theologica" - grösserer Umfang auch für den Papst (mit der nämlichen Gewissheitsqualität) zu gelten habe. - Vgl. K. MARTIN, Der wahre Sinn 27-52.

628) Vgl. M 52,1227C-1229B.

629) Vgl. M 52,1229B-1230B.

630) Vgl. M 52,1231A-1232A.

631) M 52,1233D-1235C.

632) M 52,1276B-1302D (Exceptiones 49-163).

633) Vgl. Exceptiones 59-64 (das über das bisherige Vorgehen des Papstes Gesagte soll auch für künftige Definitionen gelten). 67. 70. 74c. 105. 108-120. 124. Demgegenüber wird auch die Unabhängigkeit des Papstes betont, vgl. Exceptiones 66. 68f. 74a-b. 75. 121f. 132. Gegen den Dogmencharakter der Aussage: Exceptio 49f, vgl. 140; gegen Kanon oder Anathem: Exceptiones 153-158; für einen Kanon dagegen: Exceptiones 52. 149. 159-161, vgl. 158.

634) Vgl. Exceptio 52 ("De primatus pontificis Romani infallibili magisterio"; M 52,1278A) und 53 ("De Romani pontificis, ecclesiae capitis, infallibili magisterio"; 1279C).

635) Vgl. Exceptio 54f ("ab errore immunis", "immunitas ab errore"; 1280A).

636) Vgl. Exceptio 138 ("definit vel proponit"), ferner 104. 128. 134. 146; Verurteilungen beziehen ein: Exceptiones 128f. 134-136. 139 ("tenendam aut reiiciendam"). - Der Ausdruck "ex cathedra" wird beibehalten (vgl. Exceptio 158), aber auch weggelassen (Exceptio 114). Man will ihn nicht auf die "doctrina de fide vel moribus" einschränken (Exceptio 52), aber auch als die Vorlage eines "de fide divina tenendum vel reiiciendum" definieren (Exceptio 128), nicht jedoch eine konziliäre Aussage des Papstes damit bezeichnen (Exceptio 74b).

637) Vgl. Exceptio 148 (M 52,1300B).

638) Vgl. Exceptiones 97. 97 1/2. 115. 125. 161.

639) Vgl. Exceptiones 133. 139-144 (M 52,1296B-C. 1298A-1299B). Die Bezugnahme fehlt in den Exceptiones 130 und 161. Die Formulierung "ea infallibilitate" wird auch kritisiert, da sie nur auf die Qualität der Unfehlbarkeit abstelle (Exceptiones 145. 150).

640) Vgl. Exceptiones 51. 113. 125. 128f. 136 (M 52,1277C.D. 1292A. 1294B-D. 1297B).

641) M 52,1302B (Exceptio 159).

642) Vgl. Exceptiones 52. 126. 130. 134. 139 (M 52,1279 B. 1294 B-C. 1295 A. 1296 C-D. 1297 D).

643) Vgl. Exceptiones 52. 115. 159 (M 52,1278 A-B. 1279 A-B. 1293 B. 1302 B).

644) Vgl. Exceptiones 50-52. 87. 104 1/2. 113 f. 129. 134 f. 137. 141. 143. 146. 159. 161 (M 52,1276 C. 1277 A.B. 1278 A.D. 1279 B. 1287 D. 1290 D-1291 A. 1292 A. 1293 A. 1294 D. 1295 A. 1296 D-1297 A. 1297 C.D. 1298 A.D. 1299 D-1300 A. 1302 B.C).

645) Vgl. M 52,1278 A (Exceptio 52; CAIXAL).

646) Vgl. M 52,1290 C-D.

647) Vgl. M 52,1294 C.

648) Vgl. M 52,1294 D-1295 A.

649) Vgl. M 52,1297 C-D.

650) Vgl. M 52,1297 C.

651) Vgl. M 52,1295 B-C.

652) Vgl. M 52,1295 C-1296 A.

653) Vgl. M 52,1299 D-1300 A.

654) Vgl. M 52,1253 D-1255 A; dazu oben S. 340 f.

655) Vgl. M 52,1255 A-1256 B.

656) Vgl. M 52,1259 A.

657) Vgl. M 52,1259 D.

658) Vgl. M 52,1257 A-B.

659) Vgl. M 53,275 D; dazu Exceptiones 52. 76-90. 92. 144.

660) Vgl. M 53,276 B; dazu 52,1262 A-C (vgl. oben Anm. 81). 1256 B (BERARDI).

661) Vgl. M 52,1314 D-1316 A.

662) Vgl. M 52,A-B. - Wie kein zweites Wort ist dieses betonte "ex sese ..." zum Charakteristikum und zur Angriffsfläche der vatikanischen Definition geworden. Vielfach hat man - gegen ihren Wortlaut - von der Unfehlbarkeit des Papstes aus sich und ohne Einflussnahme der Kirche (Bischöfe) gesprochen (vgl. I.v. DÖLLINGER, Erklärung (Juni 1871) 2928; J.F.v. SCHULTE, Die Stellung 307 f. 310 f; J. FRIEDRICH, Der Altkatholizismus 31 f. 41; J. PAFFRATH, Die Infallibilitätshäresie 58. 61); dabei ist festzuhalten, dass das Vatikanum zwar die Gültigkeit der (zustande gekommenen) Definitionen aus sich und unabhängig von einem weiteren Kriterium statuiert, nicht aber vom Zustandekommen der Definitionen die Mitwirkung der übrigen Kirche ausschliesst (vgl. DS 3069 f; ferner: W.E.v. KETTELER,

Das unfehlbare Lehramt 24-27; MOLITOR-SCHEEBEN, Die ... Constitution über die Kirche 61, Anm.; H. KÜNG, Strukturen 334f; R. AUBERT, Die Ekklesiologie 326; L. SCHEFFCZYK, Primat 101; A. GRILLMEIER, Konzil 345-347). Wenn man gleichwohl von "Unfehlbarkeit des Papstes aus sich" spricht (vgl. F. MICHELIS, Der häretische Charakter 37; U. KÜRY, Die altkatholische Kirche 55), so mag dies dadurch veranlasst sein, dass das Vatikanum auch für das Zustandekommen einer Definition den Konsens nicht unabdingbar fordert. Nicht unfehlbar aufgrund des Konsenses, ist der Papst aber auch nicht unfehlbar aus sich ("ex sese" bezieht sich auf "definitiones"), sondern durch den göttlichen Beistand, der für die dem Papst aufgegebene Entscheidung - hier stellt sich die Frage nach dem Verhältnis von päpstlichem und bischöflichem Lehramt (die nicht Gegenstand dieser Untersuchung ist) - bürgt. - Vgl. G. DEJAIFVE, Ex sese; H. FRIES, Ist der Papst.

663) Vgl. M 52,1316A-B.

664) Vgl. M 52,1316B-1317A.

665) Dieses Urteil des Augsburger Bischofs P.v. DINKEL kann man nicht teilen (vgl. R. AUBERT, Vaticanum 284; H. TÜCHLE, In beiden Lagern 46f; K. SCHATZ, Kirchenbild 491f). Dennoch wird immer wieder anerkannt, dass das Vatikanum nicht die extremen Auffassungen der Neo-ultramontanen bestätigt, sondern eine in mehrfacher Hinsicht eingeschränkte Unfehlbarkeit des Papstes definiert habe; vgl. R. AUBERT, Vaticanum 293; ders., Motivations théologiques 97; W. BRANDMÜLLER, Damals 48; E.E.Y. HALES, Pius IX., 437; H. KÜNG, Strukturen 330f; R. LILL, Historische Voraussetzungen 302; E. OLLIVIER, L'Eglise II,371; J.de SAVIGNAC - M. STRACMANS, Lettre 65; L. SCHEFFCZYK, Primat 100f; P. de VOOGHT, Die wirklichen Dimensionen 232f. 252f; Sacramentum Mundi IV,72. Daran hat die Minorität oder die "dritte Partei" (vgl. dazu: R. AUBERT, Documents concernant le tiers parti au Concile du Vatican, in: Abhandlungen über Theologie und Kirche (FS K. Adam), Düsseldorf 1952, 241-259) ohne Zweifel ihren Anteil. Vergegenwärtigt man sich die anhaltenden Angriffe der Opposition (vgl. J. FROHSCHAMMER, Über die religiösen 21; I.v. DÖLLINGER, Erklärung (Juni 1871) 2928; J.H. REINKENS, Glaube und Unterwerfung 43-45) und das Zögern der Minoritätsbischöfe, darf man wohl em ehesten sagen, das Konzil bewege sich in der Mitte zwischen den Extremen; vgl. J. COLLANTES, La cara oculta (EE) 434. Nicht allein ein maximalistisches Verständnis von Unfehlbarkeit, wie es immer wieder zurückgewiesen wird (vgl. J. FESSLER, Das Vaticanische Concilium 1f; K. MARTIN, Die Arbeiten 15f; Hirtenbrief der deutschen Bischöfe (Mai 1871): M 53,924C-925B; neuerdings auch W. KASPER, Zur Diskussion 79f, gegen H. KÜNG, Unfehlbar 84), wird dem Vatikanum nicht gerecht; auch eine minimalistische Fehldeutung ist grundsätzlich möglich (vgl. die Kritik von M. HOFMANN in ZkTh 26(1902) 299-322, bes. 303f, an A. EHRHARD).

666) Der von einer enttäuschten Opposition gegen die Minoritätsbischöfe erhobene Vorwurf vom "Fall" (REINKENS), von der "Unterwerfung" (ders.) und der "Wortbrüchigkeit" (FRIEDRICH) überschätzt deren Gegnerschaft, unter-

schätzt die Möglichkeit einer akzeptablen Interpretation und verkennt die Bedeutung der am 18. Juli erlassenen Definition. Vgl. dazu: K. SCHATZ, Kirchenbild 226-252. 482-494.

667) Diese Desiderate sind unerfüllt geblieben. Erst das 2. Vatikanum hat als Konzil dieses Thema aufgegriffen (vgl. dazu: Y. CONGAR, Le problème; V. CONZEMIUS, Die Minorität auf dem Ersten Vatikanischen Konzil: Vorhut des Zweiten Vatikanums, in: ThPh 45 (1970) 409-434; O. MÜLLER, Die päpstliche Unfehlbarkeit; J. O'RIORDAN, The Infallibility; A. POMPEI, Il Magistero). PIUS IX. hatte eine formelle Interpretation als nicht nötig erachtet; wohl fügen sich seine späteren Äusserungen dazu durchaus in das Bild einer eher zurückhaltenden Auslegung, wie sie u.a. FESSLER und die deutschen Bischöfe vertreten haben. Die leidige Frage nach der zutreffenden Interpretation des Vatikanums (vgl. A.W.J. HOUTEPEN: "Hoe kwam men ertoe in 1870 een dogma te formuleren, dat 100 jaar later (nog) zoeveel vragen oproept...?"; Onfeilbaarheid 333) ist somit doch keine aussichtslose Frage, auch wenn dieses kirchliche Lehrereignis, das spürbar der geschichtlichen und menschlichen Kontingenz nicht enthoben ist, der Integration in eine umfassende und ausgewogene Ekklesiologie bedarf, die nicht zuletzt um einen ökumenischen Konsens in der Lehramts-, Primats- und Unfehlbarkeitsfrage (vgl. H. OTT, Die Lehre; ferner oben Anm. E/170) bemüht bleibt.

B I B L I O G R A P H I E

Es werden nicht sämtliche in dieser Arbeit erwähnten Titel aufgeführt. Anonyme und pseudonyme Schriften werden, sofern ihr Verfasser (Name in Klammern gesetzt) nicht bekannt ist, unter ihrem ersten Titelwort (ausser Artikel und Präposition) eingereiht. Zum leichteren Auffinden ist auch bei den Werken ein und desselben Verfassers die alphabetische Reihenfolge beibehalten. Sammelwerke und Lexika sind ebenfalls nach ihrem Titelwort eigens zusammengestellt. Das Verzeichnis der gebrauchten Abkürzungen steht am Ende der Bibliographie.

I. QUELLEN

1. Unveröffentlichte Quellen

ARCHIVIO SEGRETO VATICANO:
Acta theologorum qui ad res theologico-dogmaticas in concilio Vaticano pertractandas sua studia contulerunt, 3 Bde, Ex typographia Vaticana 1875.

COLLEGIUM VONZENTINUM, BRIXEN:
Nachlass Fürstbischof Vinzenz Gasser.

2. Veröffentlichte Quellen

Acta et decreta sacrosancti et oecumenici concilii Vaticani ..., Freiburg 1871.

Actenstücke des Ordinariates des Erzbisthums München und Freising betreffend das allgemeine Vatikanische Concil, Regensburg - New York - Cincinnati 1871.

Canones et decreta sacrosancti oecumenici concilii Tridentini .../Beschlüsse und Glaubensregeln des hochheiligen allgemeinen Concils zu Trient ..., Regensburg 1903.

CECCONI, E., Storia del ecumenico concilio Vaticano scritta sui documenti originali. Parte prima: Antecedenti del concilio, 2 Bde in 4, Rom 1873-1879.

(Collectio Lacensis) Acta et decreta sacrorum conciliorum recentiorum. Collectio Lacensis, Bd. I - VI, Freiburg 1870-1882; Bd. VII: Acta et decreta sacrosancti oecumenici concilii Vaticani ... Auctoribus presbyteris S.I. e domo B.M. V. sine labe conceptae ad lacum, Freiburg 1892.

Conciliorum oecumenicorum decreta, edidit Centro di Documentazione, Istituto per le Scienze Religiose - Bologna, Freiburg... ^{2}1962.

Concilium Tridentinum. Diariorum, actorum, epistularum, tractatuum nova collectio, edidit Societas Goerresiana, Bde. I, II, IV, V, X, XII, Freiburg 1901-1930.

Decreta et canones sacrosancti et oecumenici concilii Vaticani .../Beschlüsse und Glaubensregeln des hochheiligen und allgemeinen Vaticanischen Concils ..., Regensburg ^{2}1884.

DENZINGER, H. (- SCHÖNMETZER, A.), Enchiridion symbolorum, definitionum et declarationum de rebus fidei et morum, Freiburg... [33]1965.

FRIEDBERG, E., Aktenstücke die altkatholische Bewegung betreffend, mit einem Grundriss der Geschichte derselben..., Tübingen 1876.

-- Sammlung der Aktenstücke zum ersten (sic!) vaticanischen Concil mit einem Grundrisse der Geschichte desselben, Tübingen 1872.

FRIEDRICH, J., Documenta ad illustrandum Concilium Vaticanum anni 1870, Nördlingen 1871.

GAMS, P.B., Verhandlungen der Versammlung katholischer Gelehrten in München vom 28. September bis 1. Oktober 1863, Regensburg 1863.

(GREGOR XVI.) Acta Gregorii Papae XVI (hrsg. v. A.M. Bernasconi), 4 Bde, Graz 1971.

KREMER-AUENRODE, H.v., Actenstücke zur Geschichte des Verhältnisses zwischen Staat und Kirche im 19. Jahrhundert, 4 Bde, Hildesheim - New York 1976.

(LEO XIII.) Leonis XIII Pontificis Maximi acta, 23 Bde, Graz 1971.

MANSI, G.D. (- PETIT, L. - MARTIN, J.B.), Sacrorum conciliorum nova et amplissima collectio, Bd. 43, 44, 47, 48 (= Synodi occidentales 1846-1867), Paris 1910-1915; Bd. 49-53 (= Concilium Vaticanum), Arnhem - Leipzig 1923-1927.

MARTIN, K., Omnium Concilii Vaticani quae ad doctrinam et disciplinam pertinent Documentorum Collectio, Paderborn 1873.

NEUNER, J. - ROOS, H., Der Glaube der Kirche in den Urkunden der Lehrverkündigung, Regensburg [7]1965.

Das ökumenische Concil vom Jahre 1869. Periodische Blätter ... (hrsg. v. M.J. Scheeben), 3 Bde, Regensburg - New York - Cincinnati 1870-1871.

Das Oekumenische Concil. Stimmen aus Maria Laach (hrsg. v. F. Riess u. K.v. Weber), 12 Hefte, Freiburg 1869-1870.

(PIUS IX.) Pii Pontificis Maximi acta. Pars prima, 7 Bde, Graz 1971.

ROSKOVANY, A.v., Beata Virgo Maria in suo conceptu immaculata ex monumentis omnium saeculorum demonstrata, 12 Bde, Budapest 1873-1881.

SCHNEEMANN, G., Lateinisch-deutsche Handausgabe der Decrete und der hauptsächlichsten Acten des hochheiligen ökumenischen Vaticanischen Concils ..., Freiburg 1895.

Das Zweite Vatikanische Konzil. Dokumente und Kommentare: Lexikon für Theologie und Kirche, 3 Ergänzungsbände, Freiburg - Basel - Wien 1966-1968.

II. SCHRIFTEN AUS DER ZEIT UM DAS 1. VATIKANUM

ACTON, J.J.E, Lord, Essays on Freedom and Power, Boston 1949.

-- Zur Geschichte des Vaticanischen Conciles, München 1871.

-- Sendschreiben an einen deutschen Bischof des Vaticanischen Concils, in: D. MC ELRATH, Lord Acton, 228-239.

ANDRIES, J.B., Cathedra Romana oder der Apostolische Lehrprimat. Nach Massgabe der Lehrbestimmung des Concilium Vaticanum. I. Bd: Wesen und Grenzen der katholischen Glaubenslehre nach den Theologen der Vorzeit, Mainz 1872.

(-) Petra Romana, oder: Die Lehre von der Unfehlbarkeit des Pabstes. Zeitgemäss beleuchtet und gewürdigt, Regensburg 1869 (Ps. Rudis, P.P., u.a.).

(-) Prolog und Epilog zur zweiten unveränderten Auflage der Petra Romana. Eine Rechtfertigung gegen ... Dr. Reusch ..., Regensburg 1869 (Ps. Rudis, P.P.).

BÄCKER, J.P., Conciliumspredigten oder Unterweisungen über das Lehramt und die Concilien der Kirche ..., Mainz 1870.

BALLERINI, P., De vi ac ratione Primatus Romanorum Pontificum et de ipsorum infallibilitate in definiendis controversiis fidei, Münster 1845.

BAUER, M., Unfehlbarkeit päpstlicher Entscheidungen ex cathedra, in: Jahresbericht über das k. Lyceum... Passau... 1863/64, 3-39.

BERCHTOLD, J., Die Bulle Unam sanctam, ihre wahre Bedeutung und Tragweite für Staat und Kirche, München 1887.

-- Die Unvereinbarkeit der neuen päpstlichen Glaubensdekrete mit der bayerischen Staatsverfassung, München 1871.

BIANCHI, R., De constitutione monarchica Ecclesiae et de infallibilitate Romani Pontificis iuxta D. Thomam Aquinatem eiusque scholam in Ordine Praedicatorum, Rom 1870.

BOTTALLA, P., L'autorità infallibile del Papa nella Chiesa e le sue relazioni collo Stato, Palermo 1880.

BOUIX, D., Tractatus de Papa ubi et de concilio oecumenico, 3 Bde, Paris 1869-1870.

(BRENTANO, F.), Einige Bemerkungen über die Frage: Ist es zeitgemäss, die Unfehlbarkeit des Papstes zu definieren?, in: Th. FREUDENBERGER, Die Universität Würzburg, 407-437.

Das Büchlein von der Unfehlbarkeit. Für den Bürger und Landmann, München 1872.

CARDONI, G., Elucubratio de dogmatica Romani Pontificis infallibilitate eiusque definibilitate, Rom 1870.

CERCIA, R., Demonstratio catholica sive tractatus de Ecclesia vera Christi et de Romano Pontifice, 2 Bde, Neapel ^{3}1858.

Der Conflikt zwischen Staat und Kirche in Bayern. Eine kirchen-staatsrechtliche Studie von einem katholischen Juristen, Regensburg - New York - Cincinnati 1872.

CREMER, Ch.J., Die politische und sociale Bedeutung der vaticanischen Definition: Vom unfehlbaren Lehramte des römischen Papstes, Krefeld (1876).

DECHAMPS, V.A., Die Unfehlbarkeit des Papstes und das allgemeine Concil, Mainz 1869.

DEHARBE, J., Das unfehlbare Lehramt der katholischen Kirche. Separat-Abdruck ..., Paderborn 1872.

Demonstratio catholica seu tractatus de vera Ecclesia Christi et de Regula fidei ad usum alumnorum seminarii Archiepiscopalis Mechliniensis, Mecheln 1891.

Denkschrift der am Grabe des heiligen Bonifazius versammelten Erzbischöfe und Bischöfe über die gegenwärtige Lage der katholischen Kirche im deutschen Reiche, Paderborn 1872.

DESJACQUES, F., L'autorité dogmatique du Syllabus, in: Etudes 48(1889)623-626

-- Le Syllabus. Son autorité dogmatique, son histoire, in: Etudes 47(1889) 353-379.

DÖLLINGER, I.v., Briefe und Erklärungen über die Vatikanischen Dekrete 1869-1887, München 1890.

-- Das Concilium und die Civiltà, in: W. BRANDMÜLLER, Ignaz v. Döllinger, 147-180.

-- Erklärung (Juni 1871), in: (Augsburger) Allgemeine Zeitung (Beilage), 13.6. 1871, 2928-2929.

-- Erwägungen für die Bischöfe des Concilium's über die Frage der päpstlichen Unfehlbarkeit, Regensburg 1869.

-- (Janus) Der Papst und das Concil. Neubearbeitung der Artikel in der Augsburger Allgemeinen Zeitung, Leipzig-München 1869.

-- Die Speyerische Seminarfrage und der Syllabus, in: ders., Kleinere Schriften, gedruckte und ungedruckte, gesammelt und herausgegeben von F.H. Reusch, Stuttgart 1890, 197-227.

-- (- FRIEDRICH, J.), Das Papsttum. Neubearbeitung von Janus, Der Papst und das Concil, im Auftrag des inzwischen heimgegangenen Verfassers, München 1892.

Il domma dell'infallibilità pontificia. Dialogo tra un cattolico laico e un teologo Romano, Neapel 1870.

DUMAS, H., Questions sur le Syllabus. Le livre de Mgr. Fessler, in: Etudes 34 (1876) 384-408.

-- Questions sur le Syllabus. Soumission due au Syllabus, in: 33(1875)247-267.

-- Questions sur le Syllabus. Valeur doctrinale du Syllabus, in: Etudes 32(1875) 736-753.

DUPANLOUP, F., Über das nächste allgemeine Concil, Freiburg 1869.

EBERHARD, A., Der Fels des Glaubens. Entwickelung der Lehre der Unfehlbarkeit des Papstes an der Hand der Tradition, Landshut 1872.

EBERHARD, M., Hirtenschreiben an den Clerus seiner Diöcese über die Unfehlbarkeit des päpstlichen Lehramtes, Trier 1870.

EGGER, F., Enchiridion theologiae dogmaticae generalis, Brixen ^{3}1899.

-- Das neu erklärte Dogma von der Unfehlbarkeit des Papstes beleuchtet, Brixen 1870.

ELVENICH, P.J., Der 18. Juli 1870. Zweiter Vortrag: Der Papst und die Wissenschaft, mit besonderer Rücksicht auf die Jesuiten, Breslau 1875.

-- Pius IX. und die Altkatholiken. Zwei Vorträge, München 1876.

FELIX, J., L'infaillibilité pontificale. Une conférence a Notre-Dame, Paris 1870.

FERRE, P.M., La Costituzione dogmatica intorno alla fede cattolica Dei Filius ..., Casale 1874.

-- La Costituzione dogmatica prima intorno alla Chiesa di Cristo Pastor aeternus ..., 3 Bde, Casale 1877.

FESSLER, J., Das letzte und das nächste allgemeine Concil, Freiburg 1869.

-- Das Vaticanische Concilium, dessen äussere Bedeutung und innerer Verlauf, Wien - Gran - Pest 1871.

-- Die wahre und die falsche Unfehlbarkeit der Päpste. Zur Abwehr gegen Hrn. Prof. Dr. Schulte, Wien - Gran - Pest ^{2}1871.

FRANZELIN, J.B., Tractatus de divina traditione et scriptura, Rom ^{3}1882.

FRIEDBERG, E., Die Gränzen zwischen Staat und Kirche und die Garantieen gegen deren Verletzung. Historisch-dogmatische Studie..., Tübingen 1872.

FRIEDRICH, J., Der Altkatholizismus im Lichte der geschichtlichen und christlichen Wahrheit. Eine apologetische Antwort ..., München 1888.

-- Meine Briefe an Döllinger aus dem Konzilsjahre 1869/70, in: IKZ 24(1916) 27-55. 174-214. 300-334. 401-453.

-- Geschichte des Vatikanischen Konzils, 3 Bde, Bonn 1877-1887.

-- Tagebuch. Während des Vaticanischen Concils geführt, Nördlingen 1871.

FROHSCHAMMER, J., Beleuchtung der päpstlichen Encyclika vom 8. December 1864 und des Verzeichnisses der modernen Irrthümer, Leipzig ^{2}1870.

-- Das Christenthum Christi und das Christenthum des Papstes, Bonn 1876.

-- Die politische Bedeutung der Unfehlbarkeit des Papstes und der Kirche, München ^{2}1869.

-- Über die religiösen und kirchenpolitischen Fragen der Gegenwart. Gesammelte Abhandlungen, Elberfeld 1875.

FUGGER-GLÖTT, H.J. Graf, Die Staatsgefährlichkeit der römisch-katholischen Kirche, Regensburg - New York - Cincinnati 1875.

GAREIS, C., Irrlehren über den Cultur-Kampf, Berlin 1876.

GHILARDI, G.T., Vantaggi religiosi e sociali della dommatica definizione dell' infallibilità pontificia ..., Turin 1870.

GLADSTONE, W.E., The Vatican Decrees in Their Bearing on Civil Allegiance: A Political Expostulation, London 1874, in: NEWMAN and GLADSTONE, The Vatican Decrees, 1-72.

-- Vaticanism. An Answer to Reproofs and Replies, London 1875.

GRANDERATH, Th., Constitutiones dogmaticae sacrosancti oecumenici Concilii Vaticani ex ipsius eius actis explicatae atque illustratae, Freiburg 1892.

-- Zum tridentinischen und vatikanischen Decrete über die Auslegung der heiligen Schrift, in: Katholik 68(1898/II) 289-316. 385-411.

GREITH, C.J., Die Autorität eines allgemeinen Konziliums und die Aufgabe des nächsten. Hirtenbrief, St. Gallen 1869.

GUERANGER, P., Die höchste Lehrgewalt des Papstes, Mainz 1870.

HERGENRÖTHER, J., Anti-Janus. Eine historisch-theologische Kritik der Schrift: "Der Papst und das Concil" von Janus, Freiburg 1870.

-- Eine Erstlingsfrucht der Nürnberger Konferenz, in: AkathKR 25(1871) CXVII-CXXXI.

-- Katholische Kirche und christlicher Staat in ihrer geschichtlichen Entwickelung und in Beziehung auf die Fragen der Gegenwart. Historisch-theologische Essays und zugleich ein Anti-Janus vindicatus, Freiburg 1872.

-- Kritik der v. Döllinger'schen Erklärung vom 28. März d.J., Freiburg 1871.

HERGENRÖTHER, Ph., Die päpstliche Unfehlbarkeit, das ist Die Unfehlbarkeit der über Glaubens- und Sittenlehren vom Papste als Hirten und Lehrer der ganzen Kirche erlassenen Entscheidungen, Mainz 1870.

HETTINGER, F., Die kirchliche Vollgewalt des Apostolischen Stuhles, Freiburg [2]1887.

HINSCHIUS, P., Staat und Kirche. Aus Marquardsen's Handbuch des Öffentlichen Rechts, Freiburg 1883.

-- Die Stellung der deutschen Staatsregierungen gegenüber den Beschlüssen des vatikanischen Koncils, Berlin 1871.

-- System des katholischen Kirchenrechts mit besonderer Rücksicht auf Deutschland, 5 Bde, Berlin 1869-1895.

HIZETTE, J.E., Definitionis Vaticanae de infallibili Romani Pontificis magisterio commentarium theologicum, Dissertatio dogmatica..., Löwen (1883).

HUBER, J., Der Papst und der Staat. Wider den Anti-Janus, München 1870 (= Stimmen aus der katholischen Kirche I,1-84).

Infallibilität und Täuschung, oder Wahrheit über die Wahrheit. Zur ruhigen Beherzigung vorgelegt von einem unparteiischen Wahrheitsfreunde, Wien 1870.

KENRICK, P.R., Concio in Concilio Vaticano habenda at non habita, in: J. FRIEDRICH, Documenta I, 187-246.

KETTELER, W.E. Frhr.v., Das Allgemeine Concil und seine Bedeutung für unsere Zeit, Mainz ^{3}1869.

-- Freiheit, Autorität und Kirche. Erörterungen über die grossen Probleme der Gegenwart, Mainz 1862.

-- Das unfehlbare Lehramt des Papstes nach der Entscheidung des vatikanischen Concils, Mainz ^{2}1871.

KLEUTGEN, J., Institutiones Theologicae in usum Scholarum, Regensburg - New York - Cincinnati I 1881.

(-) Die oberste Lehrgewalt des Römischen Bischofs, Trier 1870.

-- Die Theologie der Vorzeit vertheidigt, Münster I^{2} 1867, II^{2} 1872, III 1870, IV^{2} 1873, V^{2} 1874.

-- Über die Wünsche, Befürchtungen und Hoffnungen in Betreff der bevorstehenden Kirchenversammlung, Münster 1869.

KNOX, Th.F., Wann spricht die Kirche unfehlbar? Oder: Natur und Zweck des kirchlichen Lehramts, Regensburg $^{(2)}$1874.

KOERNER, Th., Das Dogma der Unfehlbarkeit des römischen Papstes vor dem Richterstuhle des Rechts ..., Thorn 1871.

Kritische Beleuchtung der Verdächtigungen der römisch-katholischen Kirche durch die Döllinger-Katholiken. Von einem katholischen Laien, München 1871.

LAMBRUSCHINI, A., Polemische Dissertation über die unbefleckte Empfängniss Mariä, Schaffhausen 1843.

Die Lehre von dem unfehlbaren Lehramte des römischen Papstes und ihr wahrer Sinn. Ein belehrendes Wort der Schweizerischen Bischöfe an ihre Diözesanen, Einsiedeln - New York - Cincinnati 1871.

Zur Lehre von der kirchlichen Unfehlbarkeit, in: Katholik 50 (1870/I) 687-698; 51 (1870/II) 25.53. 272-296.

LEITNER, F.X., Der hl. Thomas von Aquin über das unfehlbare Lehramt des Papstes. Inaugural-Dissertation, Freiburg 1872.

LIBERATORE, M., La Chiesa e lo Stato, Neapel 1871.

-- Del diritto pubblico Ecclesiastico Trattato, Prato 1887.

LIERHEIMER, F.X., Der Papst und seine lehramtliche Unfehlbarkeit. Neue Kanzelvorträge, Regensburg - New York - Cincinnati 1871.

LORINSER, F., Vor dem Concil, Breslau ^{2}1869.

MAASSEN, F., Die Stellung der Staaten gegenüber dem Vaticanischen Dogma. Rede, gehalten auf dem Alt-Katholiken-Congress zu Köln am 22. September 1872, Köln - Leipzig 1872.

MACCOLL, M., Papal Infallibility and its limitations, o.O. 1873.

MANNING, H.E., Das Centenarium des heiligen Petrus und das allgemeine Concilium, Mainz 1867.

-- Due effetti indubitabili del concilio, Neapel 1869.

-- The Oecumenical Council and the Infallibility of the Roman Pontiff: A pastoral letter to the clergy etc., London [2]1869.

-- The Vatican Council and its Definitions: Pastoral letter to the Clergy, New York [2]1871.

-- Die Vatikanischen Dekrete in ihrer Wirkung auf die Pflichten der Unterthanen gegen die Regierungen, Mainz 1875.

-- Vernunft und Offenbarung, Oder: Das Wirken des heiligen Geistes auf Erden, Regensburg 1867.

-- Die wahre Geschichte des Vaticanischen Concils, Berlin 1877.

MARET, H.L.C., Das allgemeine Concilium und der religiöse Frieden, 2 Bde, Regensburg 1869.

MARTENS, W., Das Vaticanum und Bonifaz VIII. Eine Auseinandersetzung mit Herrn Professor Berchtold, München 1888.

MARTIN, K., Die Arbeiten des Vatikanischen Concils, Paderborn 1873.

-- Katechismus des römisch-katholischen Kirchenrechts, Münster 1875.

-- Der wahre Sinn der Vatikanischen Lehrentscheidung über das unfehlbare päpstliche Lehramt, Paderborn [3]1871.

MATIGNON, A., L'action sociale de l'Eglise dans les Conciles, in: Etudes 4. 4. Serie/I (1868) 5-30. 482-506; II, 161-187. 751-776.

(MAYER, S.), De summi pontificis infallibilitate personali, Neapel 1870.

MERKLE, M., Kritik des Gutachtens, das die Majorität der Münchener theologischen Fakultät über den Begriff einer päpstlichen Lehrentscheidung ex cathedra abgegeben hat, Dillingen 1869.

MEYER, Th., Die Grundsätze der Sittlichkeit und des Rechts. Nach Massgabe der im Syllabus § VII. verzeichneten Irrthümer beleuchtet, Freiburg 1868.

MICHELIS, F., Der häretische Charakter der Infallibilitätslehre. Eine katholische Antwort auf die römische Exkommunikation, Hannover 1872.

MOLITOR, W. (-SCHEEBEN, M.J.), Die Constitutionen des Vaticanischen Concils. In deutscher Übersetzung ... nebst erläuternden Bemerkungen, Regensburg - New York - Cincinnati 1870 (Die Constitution über den katholischen Glauben; Die Constitution über die Kirche).

MONTPELLIER, Th. de, Le Concile Oecumenique du Vatican. Instruction pastorale, Lüttich ^{2}1869.

MURRAY, P., Tractatus de Ecclesia, 3 Bde, Dublin 1860-1866.

NEWMAN, J.H., Ein Brief an Seine Gnaden den Herzog von Norfolk anlässlich der jüngst erschienenen Beschwerdeschrift Mr. Gladstones, in: Ausgewählte Werke (hrsg. v. M. Laros u. W. Becker), 4. Bd (Polemische Schriften. Abhandlungen zu Fragen der Zeit und der Glaubenslehre), Mainz 1959, 111-229.

-- Postscriptum; a.a.O. 230-251.

NEWMAN and GLADSTONE, The Vatican Decrees. With an Introduction by A.S. RYAN, Notre Dame, Ind. 1962.

Observations d'un théologien sur la Bulle de Pie IX relative a la Conception de la Sainte Vierge, Paris 1855.

OLLIVIER, E., L'Eglise et l'Etat au concile du Vatican, 2 Bde, Paris 1879.

ORTH, H., Die göttliche Auctorität der Kirche, dargestellt im Vaticanischen Concil, in: Das Oekumenische Concil. StML VI,70-105.

PACHMANN, Th. v., Ein ernstes Wort zum Verständniss der Lehre von der Unfehlbarkeit ..., Wien - Gran - Pest 1871.

PAFFRATH, J., Die Infallibilitätshäresie oder Versuch einer Darstellung des wahren dogmatischen Gegensatzes des Alt- und Neukatholicismus, Münster 1874.

Papal Infallibility and Persecution. Papal Infallibility and Usury. By an English Catholic, London 1870.

Der Papst, der Absolutismus und das Concil, München 1869.

Papstthum und Concil. Antwort auf die 21 Canones und das Unfehlbarkeits-Dogma .., Leipzig ^{2}1870.

PERRONE, G., Ist die unbefleckte Empfängnis der seligsten Jungfrau Maria dogmatisch definierbar?, Regensburg 1849.

-- Praelectiones theologicae..., 2 Bde, Paris 1864.

-- Praelectiones theologicae in compendium redactae, 2 in 1 Bd, Regensburg 1856.

-- De Romani Pontificis infallibilitate seu Vaticana definitio contra novos haereticos asserta et vindicata, Turin 1874.

PHILLIPS, G., Kirchenrecht, 7 Bde, Regensburg 1845-1872.

PICHLER, A., Die wahren Hindernisse und die Grundbedingungen einer durchgreifenden Reform der katholischen Kirche zunächst in Deutschland erörtert, Leipzig 1870.

PLANTIER, C.H.A., Über die allgemeinen Kirchenversammlungen. Anlässlich des ... einberufenen ökumenischen Concils, Freiburg 1869.

PONLEVOY, A. de, La définition, in: Etudes 25 (1870-1871) 280-292.

(QUARELLA, F.), Quaestio (Ad instar Manuscripti impressum), o.O. o.J; in: J. FRIEDRICH, Documenta I, 1-128.

QUIRINUS (Ps.), Römische Briefe vom Concil, München 1870.

R., Beiträge zur Frage über Galileo Galilei und seine römische Verurtheilung, in: HPBl 56 (1865/II) 421-440.

RADZIWILL, E. Prinz, Die kirchliche Autorität und das moderne Bewusstsein, Breslau 1872.

RAUSCHER, J.O., Hirtenbriefe, Reden, Zuschriften, N.F., 3 Bde, Freiburg 1875-1889.

(-) Observationes quaedam de infallibilitatis Ecclesiae subiecto, Wien 1870.

(REBBERT, J.), "Unwissenheit oder Bosheit?" oder Prediger Diestelkamp und die kirchenfeindliche Tagespresse über die Unfehlbarkeit des Papstes und das Vaticanische Concil. Ein Wort der Belehrung und Beruhigung für das katholische Volk von einem "Römischen", Paderborn [3]1870.

REINKENS, J.H., Glaube und Unterwerfung, Münster 1871.

-- Die Infallibilisten und der moderne Staat. In ihrer Unverträglichkeit nachgewiesen. Münster 1871.

-- Ist an die Stelle Christi für und der Papst getreten? Rede..., Würzburg 1873.

-- Über päpstliche Unfehlbarkeit. Einige Reflexionen, München 1870 (= Stimmen aus der katholischen Kirche II, 325-486).

-- Die Unterwerfung der deutschen Bischöfe zu Fulda in ihren Gründen geprüft, Münster 1871.

-- Vortrag, gehalten ... zu Olten am 1. Dezember 1872, Bern 1872.

RIEDEL, A., Die Unfehlbarkeit des Papstes in seinem obersten Lehramte ..., Augsburg 1871.

RIESS, F., Eine Vorfrage über die Verpflichtung, Freiburg 1865 (= Die Encyclica Papst Pius' IX. vom 8. Dezember 1864. StML, I.).

RINALDI, C.G., Il valore del Sillabo. Studio teologico e storico, Rom 1888.

RIVE, B., Die Unfehlbarkeit des Papstes mit Rücksicht auf die neueste Controverse. Fünf Vorträge, Paderborn 1870.

ROTH, L.M., Beleuchtung der in der v. Döllinger'schen Erklärung vom 19. Januar 1870 ausgesprochenen Principien, Paderborn (1870).

SAVIGNAC, J. de - STRACMANS, M., Lettre de Sir Peter Le Page-Renouf au Chanoine Döllinger sur l'infaillibilité attribué aux Papes per le Concile du Vatican, in: RHPhR 36 (1956) 61-72.

SCHAEZLER, C.v., Neue Untersuchungen über das Dogma von der Gnade und das Wesen des Glaubens ..., Mainz 1867.

SCHAEZLER, C.v., Die päpstliche Unfehlbarkeit aus dem Wesen der Kirche bewiesen. Eine Erklärung der ersten dogmatischen Constitution des vaticanischen Concils über die Kirche, Freiburg 1870.

SCHEEBEN, M.J., Art. "Glaubens- und Sittensache", in: Wetzer-Welte[2] V, 694f.

-- Handbuch der katholischen Dogmatik. Erstes Buch: Theologische Erkenntnislehre, Freiburg [2]1948 (= Gesammelte Schriften, III.).

-- Immakulata und päpstliche Unfehlbarkeit (neu hrsg.v. J. Schmitz), Paderborn 1954.

(-) Neue Erwägungen über die Frage der päpstlichen Unfehlbarkeit, aus den anerkannten historischen Werken Döllinger's urkundlich zusammengestellt, Regensburg - New York - Cincinnati 1870.

-- Der Papst und seine neuesten Verläumder, Frankfurt 1869.

SCHMITT, J., Döllinger, seine "Erklärung" und sein Anhang. Gemeinverständlich besprochen, Freiburg 1871.

-- Die Lehre von der päpstlichen Unfehlbarkeit für das katholische Volk dargestellt und beleuchtet, Freiburg 1870.

SCHNEEMANN, G., Die kirchliche Lehrgewalt, Freiburg 1868 (= Die Encyclica Papst Pius' IX. vom 8. Dezember 1864. StML, X.).

(SCHRADER, C.), Der Papst und die modernen Ideen, (1. Heft) Wien 1864; 2. Heft (Die Encyclica vom 8. December 1864 ...) Wien 1865; 3. Heft (Pius IX. als Papst und als König dargestellt aus den Akten seines Pontificates) Wien 1865.

-- De theologia generatim commentarius in sacram doctrinam ὁδηγός, Poitiers 1874.

-- Theses theologicae quas in Vindobonensi Academia synopsis instar auditoribus tradidit. Series septima (= De Ecclesia Christi), Wien 1869.

-- De unitate Romana Commentarius. Liber I. διδακτικός ; Liber II. πραγματικός, 2 Bde, I Freiburg 1862, II Wien 1866.

SCHULER, M., Die Landlügen der Döllinger-Secte wider das unfehlbare Lehramt des Papstes. Zur religiösen Aufklärung allseitig beleuchtet, 10 Hefte, München 1871.

SCHULTE, J.F.v., Der Altkatholizismus. Geschichte seiner Entwicklung, inneren Gestaltung und rechtlichen Stellung in Deutschland ..., Giessen 1887.

-- Denkschrift über das Verhältniss des Staates zu den Sätzen der päpstlichen Constitution vom 18. Juli 1870, gewidmet den Regierungen Deutschlands und Österreichs, Prag 1871.

-- Die Macht der römischen Päpste über Fürsten, Länder, Völker, Individuen, nach ihren Lehren und Handlungen seit Gregor VII. zur Würdigung ihrer Unfehlbarkeit beleuchtet und den entgegengesetzten Lehren der Päpste und Concilien der ersten 8 Jahrhunderte über das Verhältniss der weltlichen Gewalt zur Kirche gegenübergestellt, Prag 1871.

SCHULTE, J.F.v., Die Stellung der Concilien, Päpste und Bischöfe vom historischen und canonistischen Standpunkte und die päpstliche Constitution vom 18. Juli 1870. Mit Quellenbelegen, Prag 1871.

SCHWETZ, J., Theologia fundamentalis seu generalis, 2 Bde, Wien [5]1867.

SEGUR, L.G.A. de, Das Concil. Ein Büchlein für das katholische Volk, Mainz 1869.

-- Das Papstthum, seine Begründung und seine Bedeutung in der Kirche, Mainz 1863.

-- Was ist die Kirche? Ein Büchlein für das Volk, Mainz 1861.

SIMOR, J., Hirtenbrief gelegentlich seiner Reise zum Concilium Vaticanum, Wien 1869.

SPRINZL, J., Die allgemeinen Concile überhaupt und das bevorstehende allgemeine Concil insbesonders. Sechs Casino-Vorträge, Linz 1869.

-- Handbuch der Fundamental-Theologie als Grundlegung der kirchlichen Theologie vom religionsphilosophischen Standpunkte bearbeitet, Wien 1876.

Stenographischer Bericht über die Verhandlungen des Katholiken-Congresses, abgehalten vom 22. bis 24. September 1871, München 1871.

Der Syllabus des römischen Papstes Pius IX. in seinen Hauptsätzen für das katholische Volk erklärt von den Verfassern des "Kleinen Katholischen Katechismus von der Unfehlbarkeit", Köln - Leipzig 1872.

THIEL, A., Meine Auseinandersetzung mit den Janus-Christen, Leipzig - Braunsberg 1872.

THISSEN, E.Th., Das grosse Missverständniss in Sachen der päpstlichen Unfehlbarkeit. Ein Wort zur Verständigung, Limburg 1870.

TOSI, J., Vorlesungen über den Syllabus errorum der päpstlichen Encyclica vom 8. Dezember 1864, Wien 1865.

Très-humble remontrance a Mgr. L'Archevêque de Paris a propos de son mandement pour le carême de cette année 1855, Paris 1855.

ULLATHORNE, W.B., On Certain Methods of the Rambler and the Home and Foreig Foreign Review. A Second Letter to the Clergy of the Diocese of Birmingham, London 1863.

-- A Letter on the Rambler and the Home and Foreign Review Addressed to the Clergy of the Diocese of Birmingham, London 1862.

Das Unfehlbarkeitsdogma und die kath. Kirchengemeinde in Königsberg. Königsberg / 1872.

VACANT, J.M.A., Etudes théologiques sur les constitutions du concile du Vatican d'après les actes du concile: La constitution Dei Filius, 2 Bde, Paris - Lyon, 1895.

-- Le magistère ordinaire de l'Eglise et ses organes, Paris - Lyon 1887.

Das Vatikanische Concil und die Württembergische Staatsgesetzgebung, Stuttgart 1871.

Die vaticanischen Decrete und das bayerische Staatsrecht, in: (Augsburger) Allgemeine Zeitung 1871, Nr. 155 (4. Juni), Beilage, 2777f; Nr. 156 (5. Juni), 2785-2787; Nr. 158 (7. Juni), Beilage, 2821-2823; Nr. 161 (10. Juni), 2869-2871.

Die Verhandlungen des zweiten Altkatholiken-Congresses zu Köln. Officielle Ausgabe, Köln - Leipzig 1872.

WARD, W.G., De infallibilitatis extensione theses quasdam et quaestiones theologorum iudicio subiicit (... Ward), London 1869.

Warum glauben wir nicht an die päpstliche Unfehlbarkeit? Offener Brief eines Altkatholiken an seine neukatholischen Mitbürger, Erlangen 1872.

WEBER, Th., Staat und Kirche nach der Zeichnung und Ansicht des Ultramontanismus. Urkundlich dargestellt, Breslau 1873.

WENINGER, F.X., Pie IX est-il infaillible? L'infaillibilité du Pape devant la raison et l'écriture, les Papes et les conciles, les pères et les théologiens, les rois et les empereurs, Besançon 1869.

WERVICQ, C. de, Le Concile. Discours prononcés en l'église Notre-Dame a Anvers, Brüssel 1870.

WESTERMAYER, A., Die altkatholische Verirrung katholisch und leichtfasslich erklärt, Regensburg - New York - Cincinnati [3]1872.

-- u.a., Offene Erklärung (der katholischen Pfarrer der Stadt München; 13. April 1871), in: Das Oekumenische Concil. StML XII, 80-83.

Wie es auf dem Concil zugeht, in: Stimmen aus der katholischen Kirche II (München 1870), I-VI. 1-128.

WIESER, J.Ev., Die Unfehlbarkeit des Papstes und die Münchener "Erwägungen", Graz 1870.

ZINELLI, F.M., Intorno alla infallibilità del Romano Pontefice ..., Treviso 1870.

III. NEUERE DARSTELLUNGEN UND BEITRÄGE

ADRIANYI, G., Ungarn und das I. Vaticanum, Köln - Wien 1975.

ALBRECHT, D., Döllinger, die bayerische Regierung und das erste vatikanische Konzil, in: Spiegel der Geschichte (FS M. Braubach), Münster 1964, 795-815.

AUBERT, R., La composition des commissions préparatoires au premier concile du Vatican, in: Reformata - Reformanda II, 447-482.

-- Die Ekklesiologie beim Vatikankonzil, in: Das Konzil und die Konzile. Ein Beitrag zur Geschichte des Konzilslebens der Kirche, Stuttgart 1962, 285-330.

-- Motivations théologiques et extra-théologiques des partisans et des adversaires de la définition dogmatique de l'infaillibilité de pape à Vatican I, in: L'infallibilità 91-103 (dazu: 105-111).

AUBERT, R., Le pontificat de Pie IX (1846-1878), Paris [2]1963 (= Histoire de l'Eglise depuis les origines jusqu'à nos jours, hrsg. v. A. FLICHE u. V. MARTIN, XXI.).

-- Vaticanum I, Mainz 1965 (= Geschichte der ökumenischen Konzilien, hrsg. v. G. DUMEIGE u. H. BACHT, XII.).

BETTI, U., La costituzione dommatica "Pastor aeternus" del concilio Vaticano, Rom 1961 (= Spicilegium Pontificii Athenaei Antoniani, XIV.).

BEUMER, J., Die dogmatische Konstitution "Pastor aeternus" und ihr Rückgriff auf die Theologie der Vorzeit, in: EE 45 (1970) 339-358.

BLEI, K., De onfeilbaarheid van de Kerk, Kampen 1972.

BRANDMÜLLER, W., Damals geschehen, heute diskutiert: Das Erste Vatikanische Konzil 1869/70. Katholische Kirche und Arbeiterschaft im 19. Jahrhundert, St. Ottilien 1977.

-- Ignaz v. Döllinger am Vorabend des I. Vatikanums. Herausforderung und Antwort, St. Ottilien 1977 (= Kirchengeschichtliche Quellen und Studien, IX.).

-- Die Publikation des 1. Vatikanischen Konzils in Bayern. Aus den Anfängen des bayerischen Kulturkampfes, in: Zeitschrift für bayerische Landesgeschichte 31 (1968) 197-258. 575-634.

BUTLER, C., Das Vatikanische Konzil. Seine Geschichte von innen geschildert in Bischof Ullathornes Briefen; übersetzt und erweitert von H. LANG, München 1933 ([2]1961; zitiert wird die 1. Auflage).

CAUDRON, M., Magistère ordinaire et infaillibilité pontificale d'après la Constitution "Dei Filius", in: EThL 36 (1960) 393-431.

CECCUTI, C., Il Concilio Vaticano I nella stampa italiana (1868-1870), Rom 1970.

COLLANTES, J., La cara oculta del Concilio Vaticano I, in: EE 45 (1970) 417-435.

CONGAR, Y. de, Le problème ecclesiologique de la Papauté après Vatican I et Vatican II, in: EE 45 (1970) 401-416.

CONZEMIUS, V., Das I. Vatikanum im Bannkreis der päpstlichen Autorität, in: Die päpstliche Autorität... 53-83.

DEJAIFVE, G., "Ex sese, non autem ex consensu Ecclesiae", in: Salesianum 24 (1962) 283-297 (auch in: De doctrina Concilii Vaticani Primi 506-520).

DOMINGUEZ, J., La moral y el objeto de la infalibilidad del Papa y de la Iglesia en el Concilio Vaticano I (Diss. masch.), Löwen 1969.

FRANZEN, A., Die katholisch-theologische Fakultät Bonn im Streit um das Erste Vatikanische Konzil. Zugleich ein Beitrag zur Entstehungsgeschichte des Altkatholizismus am Niederrhein, Köln - Wien 1974.

FRIES, H., Ist der Papst allein unfehlbar? Ein umstrittener Satz des Ersten Vatikanischen Konzils (1869/70), in: Wort und Antwort 9(1968) 65-72. 112-118.

FREUDENBERGER, Th., Die Universität Würzburg und das erste vatikanische Konzil. Ein Beitrag zur Kirchen- und Geistesgeschichte des 19. Jahrhunderts. 1. Teil: Würzburger Professoren und Dozenten als Mitarbeiter und Gutachter vor Beginn des Konzils, Neustadt/Aisch 1969.

GADILLE, J., Albert du Boÿs. Ses "Souvenirs su concile du Vatican, 1869-1870". L'intervention du gouvernement impérial à Vatican I, Löwem 1968.

GOMEZ-HERAS, J.M.G., Témas dogmaticos del Concilio Vaticano I. Aportación de la Comisión Teológica preparatoria a su obra doctrinal. Votos y esquemas inéditos, 2 Bde, Vitoria 1971.

GONI GAZTAMBIDE, J., Un decenio de estudios sobre el Vaticano I (1960-1969), in: Salmanticensis 19(1972) 145-203. 381-449.

GRANDERATH, Th., Geschichte des Vatikanischen Konzils von seiner ersten Ankündigung bis zu seiner Vertagung. Nach den authentischen Dokumenten dargestellt (hrsg. v. K. KIRCH), 3 Bde, Freiburg 1903-1906.

-- Der Umfang der päpstlichen Unfehlbarkeit nach dem Lehrdecrete des vatikanischen Concils, in: StML 38(1890) 49-69. 162-183.

GRISAR, J., Die Circulardepesche des Fürsten Hohenlohe vom 9. April 1869 über das bevorstehende Vatikanische Konzil, in: Bayern. Staat und Kirche, Land und Reich ... (FS W. Winkler), München 1961, 216-240.

HORST, F. van der, Das Schema über die Kirche auf dem I. Vatikanischen Konzil, Paderborn 1963.

HOUTEPEN, A.W.J., Hundert Jahre nach dem Ersten Vatikanum. Auf dem Weg zu einer Erhellung des Unfehlbarkeitsbegriffs, in: Concilium 9(1973) 219-226.

-- Onfeilbaarheid en hermeneutik. De betekenis vat het infallibilitas-concept op Vaticanum I, Brügge 1973.

KOVACS, E., Die Bedenken des Kardinals Joseph Othmar von Rauscher, Fürsterzbischof von Wien 1853-1875, zur Dogmatisierung der päpstlichen Unfehlbarkeit während des Ersten Vaticanums 1869/70, in: Festschrift F. Loidl, III (Wien 1971), 94-121.

LILL, R., Historische Voraussetzungen des Dogmas vom Universalepiskopat und von der Unfehlbarkeit des Papstes, in: StdZ 186(1970) 289-303.

-- Zur Verkündigung des Unfehlbarkeitsdogmas in Deutschland, in: Geschichte in Wissenschaft und Unterricht 14(1963) 469-483.

MC ELRATH, D., Lord Acton. The Decisive Decade 1864-1874. Essays and Documents (zus. mit J. HOLLAND, W. WHITE, S. KATZMANN), Löwen 1970.

-- The Syllabus of Pius IX. Some Reactions in England, Löwen 1964.

MÜLLER, O., Die päpstliche Unfehlbarkeit nach den Aussagen des ersten und zweiten Vatikanischen Konzils. Eine ökumenische Darstellung, in: Sapienter ordinare (FS E. Kleieidam), Leipzig 1969, 339-370.

O'RIORDAN, J., The infallibility of the Pope in the first and second Vatican Councils, in: Studia Moralia 8 (1970) 449-463.

OTT, H., Die Lehre des I. Vatikanischen Konzils. Ein evangelischer Kommentar, Basel 1963.

POMPEI, A., Il Magistero dopo i Concili Vaticano I e II, in: MF 70 (1970) 367-402.

PORT, J., Die Reaktion auf den Syllabus Pius IX. in den deutschsprachigen Ländern (Diss. masch.), Rom 1965.

POTTMEYER, H.J., Der Glaube vor dem Anspruch der Wissenschaft. Die Konstitution über den katholischen Glauben "Dei Filius" des 1. Vatikanischen Konzils und die unveröffentlichten Voten der vorbereitenden Kommission, Freiburg - Basel - Wien 1968.

-- Unfehlbarkeit und Souveränität. Die päpstliche Unfehlbarkeit im System der ultramontanen Ekklesiologie des 19. Jahrhunderts, Mainz 1975.

REICHARDT, A., Ignaz von Döllingers Stellung zum Infallibilitätsdogma (Diss. masch.), Erlangen 1953.

RIVINIUS, K. J., Bischof Wilhelm Emmanuel von Ketteler und die Infallibilität des Papstes. Ein Beitrag zur Unfehlbarkeitsdiskussion auf dem Ersten Vatikanischen Konzil, Bern - Frankfurt 1975.

RONDET, H., Vatican I, Paris 1962.

SCHATZ, K., Kirchenbild und päpstliche Unfehlbarkeit bei den deutschsprachigen Minoritätsbischöfen auf dem 1. Vatikanum, Rom 1975.

SCHAUF, H., De Corpore Christi Mystico sive De Ecclesia Christi Theses. Die Ekklesiologie des Konzilstheologen Clemens Schrader S.J. an Hand seines veröffentlichten und unveröffentlichten Schrifttums zusammengestellt, herausgegeben, kommentiert und mit dem 1. Schema De Ecclesia Christi verglichen, Freiburg 1959.

THILS, G., L'infaillibilité pontificale. Source - conditions - limites, Gembloux 1969.

-- La primauté pontificale. La doctrine de Vatican I. Les voies d'une révision, Gembloux 1972.

TÜCHLE, H., In beiden Lagern. Deutsche Bischöfe auf dem Konzil, in: Hundert Jahre nach dem Ersten Vatikanum 31-49.

WEBER, M., Das I. Vatikanische Konzil im Spiegel der bayerischen Politik, München 1970.

IV. WEITERE LITERATUR ZUM THEMA

ANTONINUS von Florenz, Summa theologica in quattuor partes distributa ..., 4 Bde, Verona 1740, Ndr. Graz 1959.

AUBERT, R., Die Geschichte der Kirche als unentbehrlicher Schlüssel zur Interpretation der Entscheidungen des Lehramtes, in: Concilium 6 (1970) 501-507.

-- Art. "Syllabus", in: LThK IX, 1202 f.

AUER, A., Autonome Moral und christlicher Glaube, Düsseldorf 1971.

BELLARMIN, R., Opera omnia, 12 Bde, Paris 1870, Ndr. Frankfurt 1965.

BERNARDI, O., De formula "fides et mores" in Conciliis oecumenicis (Diss. masch.), Rom 1965.

BERNARDS, M., Zum Anteil der Provinzialkonzile am Ausbau der Ekklesiologie im 19. Jahrhundert. Die Kölner Partikularsynode von 1860, in: Die Kirche im Wandel der Zeit 149-167.

BERTETTO, D., Le prove del domma dell' Immacolata Concezione negli atti preparatori alla definizione e nel Magistero pontificio, in: Salesianum 16 (1954) 586-621.

BEUMER, J., Res fidei et morum. Die Entwicklung eines theologischen Begriffs in den Dekreten der drei letzten Ökumenischen Konzilien, in: AHC 2 (1970) 112-134.

BEVENOT, M., "Faith and Morals" in the Councils of Trent and Vatican, in: The Heythrop Journal 3 (1962) 15-30.

-- "Traditiones" in the Council of Trent, in: The Heythrop Journal 4 (1963) 333-347.

BILANIUK, P.B., De magisterio ordinario Summi Pontificis (Diss. masch., polygr.), Toronto 1966.

BIRKE, A., Bischof Ketteler und der deutsche Liberalismus. Eine Untersuchung über das Verhältnis des liberalen Katholizismus zum bürgerlichen Liberalismus in der Reichsgründungszeit, Münster 1971.

BÖCKLE, F., Fundamentalmoral, München 1977.

-- Die Funktion der Moraltheologie in Kirche und Gesellschaft, in: Die Funktion der Theologie in Kirche und Gesellschaft 61-74.

-- Glaube und Handeln, in: Concilium 12 (1976) 641-647.

-- Glaube und Handeln, in: MySal V, 21-115.

-- Zur Krise der Autorität. Randbemerkungen aus Anlass eines Buches, in: WuW 20 (1965) 805-813.

-- Maximale und minimale Verpflichtung in der Kirche, in: Civitas (Monatsschrift des Schweizer. Studentenvereins), 3.11.1965, 125-137.

-- La morale fondamentale, in: RSR 59 (1971) 331-364.

BÖCKLE, F., Theonome Autonomie. Zur Aufgabenstellung einer fundamentalen Moraltheologie, in: Humanum. Moraltheologie im Dienst des Menschen (hrsg. v. J. GRÜNDEL, V. EID, F. RAUH), Düsseldorf 1972, 17-46.

-- Unfehlbare Normen?, in: Fehlbar 280-304.

-- Wiederkehr oder Ende des Naturrechts?, in: Naturrecht in der Kritik 304-311.

BONAVENTURA, Opera omnia, Quaracchi 1886ff.

BRIGUE, L., Art. "Syllabus", in: DThC XIV/2, 2877-2923.

BRÜCK, H., Die Culturkampfbewegung in Deutschland (1871-1900). Historisch dargestellt, 2 Bde, Münster 1900-1905.

-- Geschichte der katholischen Kirche in Deutschland im neunzehnten Jahrhundert, 4 Bde, Mainz bzw. Münster (2)1901-1908 (fortges. v. J.B. KISSLING).

BUCHHEIM, K., Ultramontanismus und Demokratie. Der Weg der deutschen Katholiken im 19. Jahrhundert, München 1963.

CALVEZ, J.Y. - PERRIN, J., Kirche und Wirtschaftsgesellschaft. Die Soziallehre der Päpste von Leo XIII. bis zu Johannes XXIII., 2 Bde, Recklinghausen 1964-1965.

CANO, M., Opera (hrsg. v. H. SERRY), Venedig 1759.

CHOUPIN, L., Valeur des décisions doctrinales et disciplinaires du Saint-Siège .., Paris [3]1928.

COLLANTES, J., Magisterio de la Iglesia y ley natural, in: EE 44(1969)45-67.

CONGAR, Y.M.J., Die Tradition und die Traditionen I, Mainz 1965.

CONZEMIUS, V., Katholizismus ohne Rom. Die altkatholische Kirchengemeinschaft, Zürich - Einsiedeln - Köln 1969.

COSTANZO, J.F., Papal Magisterium and "Humanae Vitae", in: Thought 44 (1969)377-412.

DAVID, J., Diskussion um "Glaube und Sitten", in: Or 35(1971)70-72.

-- Glaube und Sitten: eine missverständliche Formel, in: Or 35(1971)32-34.

-- Grenzen der kirchlichen Lehrautorität in Fragen des natürlichen Sittengesetzes, in: Echo der Zeit, 19.2.1967, 10.

-- Kirche und Naturrecht. Versuch einer neuen Grenzziehung, in: Or 30(1966) 129-133.

-- Das Naturrecht in Krise und Läuterung. Eine kritische Neubesinnung, Köln 1967.

-- Neue Aspekte der kirchlichen Ehelehre, Bergen-Enkheim [2]1966.

-- Neue Aspekte und neue Akzente der kirchlichen Ehelehre nach dem zweiten Vatikanum, in: Or 30(1966)3-7.

-- Unkatholisch?, in: Or 31 (1967)90f.

DEMMER, K., Kirchliches Lehramt und Naturrecht, in: ThGl 59 (1969) 191-213.

DENEFFE, A., Der Traditionsbegriff, Münster 1931.

DIBBLE, R.A., John Henry Newman: The Concept of Infallible Doctrinal Authority, Washington 1955.

DRINKWATER, F.H., "Ordinary and Universal", in: The Clergy Review 50 (1965) 2-22.

ERMECKE, G., Kirche und Naturrecht. Ein Diskussionsbeitrag, in: ThGl 57 (1967) 56-61.

-- Wo steht die offizielle Lehre der Kirche in der Frage der Geburtenregelung?, in: Echo der Zeit, 22.10.1967, 8f.

ERNST, W., Moraltheologie und kirchliches Lehramt, in: Einheit und Vielfalt (FS H. Aufderbeck), Leipzig 1974, 170-191.

FINSTERHÖLZL, J., Die Kirche in der Theologie Ignaz von Döllingers bis zum ersten Vatikanum (aus dem Nachlass hrsg.v. J. BROSSEDER), Göttingen 1975.

FORD, J.C. - KELLY, G., Contemporary Moral Theology, 2 Bde, Westminster 1958-1963.

FRANSEN, P., "Geloof en zeden": notitie over een veelgebruikte formule, in: Tijdschrift voor Theologie 9 (1969) 315-326.

FRANZ, G., Kulturkampf. Staat und katholische Kirche in Mitteleuropa von der Säkularisation bis zum Abschluss des preussischen Kulturkampfes, München 1954.

FRINS, V., Art. "Syllabus", in: Wetzer-Welte[2] XI, 1018-1031.

FUCHS, J., Lex Naturae. Zur Theologie des Naturrechts, Düsseldorf 1955.

-- Moraltheologie und Dogmatik, in: Gr 50 (1969) 689-717.

GAGERN, F.E.Frhr.v., Geburtenregelung und Gewissensentscheid. Die bekanntgewordenen Dokumente der päpstlichen Ehekommission. Mit Einführung und Ausblick, München 1967.

GAGNEBET, R.M., The Authority of "Humanae Vitae", in: Doctrine and Life 18 (1968) 603-612.

GEISELMANN, J.R., Die Heilige Schrift und die Tradition. Zu den neueren Kontroversen über das Verhältnis der Heiligen Schrift zu den nichtgeschriebenen Traditionen, Freiburg - Basel - Wien 1962.

-- Das Konzil von Trient über das Verhältnis der Heiligen Schrift und der nicht geschriebenen Traditionen ..., in: Die mündliche Überlieferung (hrsg. v. M. SCHMAUS), München 1957, 123-206.

GIULIO DA NEMBRO, La definibilità dell' Immacolata Concezione negli scritti e nell'attività di Giovanni Perrone, S.J., Mailand 1961.

GÖRRES, A., Der unüberwindliche Zweifel. Psychologische Bemerkungen zur Enzyklika "Humanae vitae", in: Ehe in Gewissensfreiheit 90-104.

GÖTZ, L.K., Der Ultramontanismus als Weltanschauung auf Grund des Syllabus quellenmässig dargestellt, Bonn 1905.

GOYAU, G., Bismarck et l'Eglise. Le Culturkampf 1870-1878 (1887), 4 Bde, Paris 1911-1913.

GREEN, A.E., Art. "Faith and Morals", in: New Catholic Encyclopedia V, 805 f.

GRILLMEIER, A., Konzil und Rezeption. Methodische Bemerkungen zu einem Thema der ökumenischen Diskussion der Gegenwart, in: ThPh 45 (1970) 321-352.

GRUBER, S., Mariologie und katholisches Selbstbewusstsein. Ein Beitrag zur Vorgeschichte des Dogmas von 1854 in Deutschland, Essen 1970.

GRÜNDEL, J., Wandelbares und Unwandelbares in der Moraltheologie. Erwägungen zur Moraltheologie an Hand des Axioms "agere sequitur esse", Düsseldorf ^{2}1971.

GÜNTHÖR, A., Die Bischöfe für oder gegen "Humanae vitae"? Die Erklärungen der Bischofskonferenzen zur Enzyklika, Freiburg 1970.

-- Die Formel "Glaube und Sitten", in: Or 35 (1971) 70 f.

-- Kommentar zur Enzyklika "Humanae vitae", Freiburg 1969.

HALES, E.E.Y., Pius IX. Europäische Politik und Religion im 19. Jahrhundert. Mit einem Nachwort von A. POSCH, Graz - Wien - Köln 1957.

HÄRING, B., Das Gesetz Christi. Moraltheologie. Dargestellt für Priester und Laien, 3 Bde, München - Freiburg ^{8}1967.

HARRIS, P., Faith and Morals, in: The Way 11 (1971) 211-218.

HEINER, F., Der Syllabus in ultramontaner und antiultramontaner Beleuchtung, Paderborn 1905.

HOFMANN, R., Moraltheologische Erkenntnis- und Methodenlehre, München 1963 (= Handbuch der Moraltheologie, hrsg. v. M. REDING, VII.).

HOLSTEIN, H., La Tradition d'après le Concile de Trente, in: RSR 47 (1959) 367-390.

HÖRMANN, K., Die Zuständigkeit der Kirche für das Naturrecht nach der Lehre Pius' XII., in: Naturordnung in Gesellschaft, Staat, Wirtschaft (hrsg. v. J. HÖFFNER, A. VERDROSS, F. VITO), Innsbruck 1961, 139-150.

HUGHES, G.J., Infallibility in Morals, in: ThSt 34 (1973) 415-428.

HULL, R., The Council of Trient and Tradition, in: AER 81 (1929) 469-482. 602-615.

HÜRTH, F., Lehräusserungen der Kirche. Litterae Encyclicae "Casti connubii" Pii Pp. XI., in: Scholastik 6 (1931) 248-255.

JEDIN, H., Geschichte des Konzils von Trient, 4 Bde, Freiburg 1957-1975.

-- Kleine Konziliengeschichte, Freiburg ^{7}1966.

KARRER, O., Newmans Weg in die Kirche und sein Weg in der Kirche, in: Sentire Ecclesiam (FS H. Rahner), Freiburg 1961, 676-742.

KASPER, W., Zur Diskussion um das Problem der Unfehlbarkeit, in: Fehlbar 74-89.

-- Die Lehre von der Tradition in der Römischen Schule (Giovanni Perrone, Carlo Passaglia, Clemens Schrader), Freiburg - Basel - Wien 1962.

KISSLING, J.B., Geschichte des Kulturkampfes im Deutschen Reiche ..., 3 Bde, Freiburg 1911-1916.

KÖCK, H.F., Zur Frage der Zuständigkeit der Kirche für das Naturrecht. Unter besonderer Berücksichtigung der Lehren des Zweiten Vatikanischen Konzils. Ein Diskussionsbeitrag, in: Ordnung im sozialen Wandel, Berlin 1976, 75-93.

KÜMMERINGER, H., Es ist Sache der Kirche, "iudicare de vero sensu et interpretatione scripturarum sanctarum". Zum Verständnis dieses Satzes auf dem Tridentinum und Vaticanum I, in: ThQ 149 (1969) 282-296.

KÜNG, H., Im Interesse der Sache. Antwort an Karl Rahner, in: Fehlbar 19-68.

-- Die Kirche des Evangeliums, in: Diskussion um Hans Küng "Die Kirche" (hrsg. v. H. HÄRING u. J. NOLTE), Freiburg - Basel - Wien 1971, 175-221.

-- Kleine Bilanz der Unfehlbarkeitsdebatte, in: Concilium 9 (1973) 226-230.

-- Strukturen der Kirche, Freiburg - Basel - Wien 1962.

-- Unfehlbar? Eine Anfrage, Zürich - Einsiedeln - Köln 1970.

-- Wahrhaftigkeit. Zur Zukunft der Kirche, Freiburg - Basel - Wien 1968.

KÜRY, U., Die altkatholische Kirche. Ihre Geschichte, ihre Lehre, ihr Anliegen, Stuttgart 1966.

LANG, A., Der Auftrag der Kirche. Fundamentaltheologie II, München ^{3}1962.

-- Der Bedeutungswandel der Begriffe "fides" und "haeresis" und die dogmatische Wertung der Konzilsentscheidungen von Vienne und Trient, in: MThZ 4 (1953) 133-146.

LANG, H., Die Versammlung katholischer Gelehrter in München - St. Bonifaz vom 28. IX. bis 1. X. 1863, in: HJ 71 (1952) 246-258.

LENNERZ, H., Scriptura sola?, in: Gr 40 (1959) 38-53.

LOPEZ RODRIGUEZ, T., "Fides et mores" en Trento, in: Scripta Theologica 5 (1973) 175-221.

LUGO, J. de, Disputationes scholasticae et morales, 8 Bde, Paris 1868-1869.

MACKEY, J.P., Faith and Morals, in: The Furrow 19 (1968) 699-710.

-- La funzione del magistero nel campo della fede e della morale, in: Il magistero morale: compiti e limiti, Bologna 1973, 153-183.

MAGUIRE, D., Morality and Magisterium, in: Cross Currents 18 (1968) 41-65.

MARTINA, G., Nuovi documenti sulla genesi del Sillabo, in: AHP 6 (1968) 319-369.

-- Osservazioni sulle varie redazioni del "Sillabo", in: Chiesa e Stato nell'Ottocento (FS P. Pirri), Padua 1962, 419-523.

MAUSBACH, J. (- ERMECKE, G.), Katholische Moraltheologie, 3 Bde, Münster I [9]1959, II [11]1960, III [10]1961.

MC GRATH, P., Der Begriff der Unfehlbarkeit, in: Concilium 9 (1973) 185-191.

MC REAVY, L.L., Immutability of the Church's Teaching on Contraception, in: The Clergy Review 49 (1964) 705-708.

MERKS, K.-W., Zum moraltheologischen Anspruch kirchlicher Autorität, in: Autorität (hrsg.v. H.J. TÜRK), Mainz 1973, 239-252.

MICHELITSCH, A., Der Syllabus Papst Pius' IX. vom 8. Dezember 1864, München 1907.

MÜLLER, A., Autorität und Gehorsam in der Kirche, in: Concilium 2 (1966) 354-361.

-- Das Problem von Befehl und Gehorsam im Leben der Kirche. Eine pastoraltheologische Untersuchung, Einsiedeln 1964.

MÜLLER, G., Die Immaculata Conceptio im Urteil der mitteleuropäischen Bischöfe. Zur Entstehung des mariologischen Dogmas von 1854, in: KuD 14 (1968) 46-70.

-- Theologische Erkenntnis und päpstliche Infallibilität. Vicenzo Tizzani über die Lehre von der Immaculata Conceptio am Vorabend ihrer Dogmatisierung, in: Humanitas - Christianitas (FS W.v. Loewenich), Witten 1968, 182-192.

-- Die unbefleckte Empfängnis Mariens im Urteil päpstlicher Ratgeber 1848-1852, in: ZKG 78 (1967) 300-339.

MURPHY, J., The Notion of Tradition in John Driedo, Milwaukee 1959.

NOACK, U., Katholizität und Geistesfreiheit. Nach den Schriften von John Dalberg-Acton 1834-1902, Frankfurt 1936.

NOONAN, J.T., Empfängnisverhütung. Geschichte ihrer Beurteilung in der katholischen Theologie und im kanonischen Recht, Mainz 1969.

OCHOA, X., Index verborum cum documentis Concilii Vaticani Secundi, Rom 1967.

ORTIGUES, E., Ecritures et Traditions apostoliques au Concile de Trente, in: RSR 36 (1949) 271-299.

PEIFFER, A., Die Enzykliken und ihr formaler Wert für die dogmatische Methode. Ein Beitrag zur theologischen Erkenntnislehre, Freiburg/Schweiz 1968.

PESCE, P.G., Magistero e diritto naturale, in: Il matrimonio dopo l'Humanae vitae, 107-142.

RANFT, J., Der Ursprung des katholischen Traditionsbegriffs, Würzburg 1931.

RATZINGER, J., Ein Versuch zur Frage des Traditionsbegriffs, in: K. RAHNER - J. RATZINGER, Offenbarung und Überlieferung, Freiburg - Basel - Wien 1965, 25-69.

REICHLE, W., Zwischen Staat und Kirche. Das Leben und Wirken des preussischen Kultusministers Heinrich von Mühler, Berlin 1938.

REUSS, J.M., Soll man auf eine päpstliche Entscheidung über die Empfängnisregelung drängen?, in: Diakonia 2(1967) 193-224.

RODRIGO, L., La potestad magisterial de la Iglesia para interpretar la ley o derecho natural, Madrid 1960.

ROTTER, H., Kann das Naturrecht die Moraltheologie entbehren?, in: ZkTh 96 (1974) 76-96.
-- Strukturen sittlichen Handelns. Liebe als Prinzip der Moral, Mainz 1970.

Sacrosanctum Oecumenicum Concilium Vaticanum Secundum. Constitutiones, Decreta, Declarationes. Cura et studio Secretariae Generalis Concilii Oecumenici Vaticani II, Typis polyglottis Vaticanis 1966.

SALAVERRI, J., La Tradiciôn valorada como fuente de Revelaciôn en el concilio de Trento, in: EE 20(1946) 33-61.

SANTOS, B. Beni dos, Lei Natural e Magistério, in: REB 31(1971) 273-283.

SARDAGNA, C., Theologia Dogmatico-Polemica ..., 4 Bde, Regensburg 1770-71.

SARTORI, L., La legge naturale e il magistero cristiano, in: La legge naturale, 219-244.
SCHAUF, H., Die Kirche ist die Lehrerin der Wahrheit, in: Echo der Zeit, 19.2. 1967, 18.
-- Natürliches Sittengesetz und kirchliche Lehrautorität, in: Echo der Zeit, 5.2. 1967, 10.
SCHEFFCZYK, L., Primat und Episkopat in den Verhandlungen und Entscheidungen des Ersten Vatikanischen Konzils, in: Hundert Jahre nach dem Ersten Vatikanum, 87-107.
-- Satz-Wahrheit und "Bleiben in der Wahrheit", in: Zum Problem Unfehlbarkeit, 148-173.
SCHENK, M., Die Unfehlbarkeit des Papstes in der Heiligsprechung. Ein Beitrag zur Erhellung der theologiegeschichtlichen Seite der Frage, Freiburg/Schweiz 1965.

SCHMALZGRUEBER, F., Judex ecclesiasticus seu Decretalium Gregorii IX. Pont. Max. Liber I. Brevi Methodo ad discentium utilitatem expositus ..., Ingolstadt 1719.
SCHMIDT-VOLKMAR, E., Der Kulturkampf in Deutschland 1871-1890, Göttingen 1962.
Schreiben der deutschen Bischöfe an alle, die von der Kirche mit der Glaubensverkündigung beauftragt sind (22.9.1967). Sonderdruck (Trier).

SCHÜLLER, B., Bemerkungen zur authentischen Verkündigung des kirchlichen Lehramtes, in: ThPh 42(1967) 534-551.

SCHUMACHER, J., Der "Denzinger". Geschichte und Bedeutung eines Buches in der Praxis der neueren Theologie, Freiburg - Basel - Wien 1974.

SCHWAIGER, G., Die Münchener Gelehrtenversammlung von 1863 in den Strömungen der katholischen Theologie, in: Kirche und Theologie im 19. Jahrhundert, 125-134.

SILBERNAGL, I., Die kirchenpolitischen und religiösen Zustände im neunzehnten Jahrhundert. Ein Kulturbild, Landshut 1901.

SPEE, H., Wat kan bedoeld zijn als gesproken wordt over de kerkelijke onfeilbaarheid inzake het zedelijke?, in: Werkgenootschap van Katholieke Theologen in Nederland, Jaarboek 1967/68 (Hilversum 1968), 105-119.

SPEIGL, J., Traditionslehre und Traditionsbeweis in der historischen Theologie Ignaz Döllingers, Essen 1964.

STERN, J., L'infaillibilité de l'Eglise dans la pensée de J.H. Newman, in: RSR 61 (1973) 161-183.

STÜTTLER, J.A., Die Fülle der Wirklichkeit verdorrte. Das "Naturrecht" in seiner Geschichte, in: Echo der Zeit, 26.3.1967, 18f.

TIERNEY, B., Infallibility in Morals: A Response, in: ThSt 35 (1974) 507-517.

TILLMANN, F., Handbuch der katholischen Sittenlehre, Bd. III - IV, Düsseldorf 41950-1953.

VERMEERSCH, A., Annotationes (zu "Casti connubii"), in: PerRMCL 20 (1931) 42-68.

-- Definitio infallibilis in Encyclica "Casti Connubii" (...), in: DTh(P) 35 (1932) 405-411.

VICENTINI, O., Autorità e valore del magistero in re morali, in: Theologia morale e Magistero della Chiesa 43-53.

VISINTAINER, S., Rilievi in margine all'intervento del magistero "in re morali", in: StPat 15 (1968) 94-104.

VOOGHT, P. de, Die wirklichen Dimensionen der päpstlichen Unfehlbarkeit, in: Katholische Theologie (hrsg.v. P. KNAUER u. F. MENNEKES), Ratingen - Kastellaun 1975, 231-256.

WEBER, L.M., Exkurs über "Humanae vitae", in: LThK Vat III, 607-609.

ZALBA, M., La encíclica "Humanae vitae", in: EE 43 (1968) 507-530.

-- Num magisterio Ecclesiae commissa fuerit propositio et interpretatio declarativo-comprehensiva authentica iuris naturalis, in: Doctor Communis 22 (1969) 109-144.

-- "Omnis et salutaris veritas et morum disciplina". Sentido de la expresion "mores" en el Concilio de Trento, in: Gr 54 (1973) 679-715.

-- Theologiae moralis compendium, 2 Bde, Madrid 1958.

ZOBL, J., Vinzenz Gasser, Fürstbischof von Brixen, in seinem Leben und Wirken dargestellt, Brixen 1883.

V. SAMMELWERKE, LEXIKA

Die Autorität der Freiheit. Gegenwart des Konzils und Zukunft der Kirche im ökumenischen Disput (hrsg.v. J.Ch. HAMPE), 3 Bde, München 1967.

Dictionnaire de théologie catholique, 15 Bde + Register, Paris 1903 ff.

Dizionario del Concilio ecumenico Vaticano Secundo (hrsg.v. S. GAROFALO), Rom 1969.

Dizionario Enciclopedico di Teologia Morale (hrsg.v. L. ROSSI u. A. VALSECCHI), Rom [2]1973.

De doctrina Concilii Vaticani Primi. Studia selecta annis 1948-1964 scripta denuo edita ..., Libreria Editrice Vaticana 1969.

L'ecclésiologie au XIXe siècle, Strassburg 1960.

Ehe in Gewissensfreiheit (hrsg.v. A. GÖRRES), Mainz 1969.

Empfängnisverhütung in der christlichen Ehe (hrsg.v. Th. ROBERTS), Mainz 1966.

Die Encyclica Papst Pius' IX. vom 8. Dezember 1864. StML, 12 Hefte, Freiburg 1865-1869.

Die Enzyklika in der Diskussion. Eine orientierende Dokumentation zu "Humanae vitae" (hrsg.v. F. BÖCKLE u. C. HOLENSTEIN), Zürich - Einsiedeln - Köln 1968.

Erstes Echo auf "Humanae vitae" (hrsg.v. F. OERTEL), Essen 1968.

Fehlbar? Eine Bilanz (hrsg.v. H. KÜNG), Zürich - Einsiedeln - Köln 1973.

Die Funktion der Theologie in Kirche und Gesellschaft. Beiträge zu einer notwendigen Diskussion (hrsg.v. P. NEUENZEIT), München 1969.

Handbuch der Kirchengeschichte (hrsg.v. H. JEDIN), Bd. VI, Freiburg - Basel - Wien 1971-1973.

Hundert Jahre nach dem Ersten Vatikanum (hrsg. v. G. SCHWAIGER), Regensburg 1970.

L'infaillibilité de l'Eglise. Journées oecuméniques de Chevetogne 25-29 Septembre 1961, Chevetogne 1963.

L'infallibilità. L'aspetto filosofico e teologico. Atti del convegno indetto dal Centro internazionale di studi umanistici e dall'Istituto di studi filosofici, Roma 5-12 Gennaio 1970 (hrsg.v. E. CASTELLI), Rom 1970.

Die Interpretation des Dogmas (hrsg.v. P. SCHOONENBERG), Düsseldorf 1969.

Die Kirche im Wandel der Zeit (FS J. Höffner, hrsg.v. F. GRONER), Köln 1971.

Kirche und Theologie im 19. Jahrhundert (hrsg.v. G. SCHWAIGER), Göttingen 1975.

Kirchliches Handlexikon (hrsg.v. M. BUCHBERGER), 2 Bde, Freiburg 1907-1912.

Konzil und Papst. Historische Beiträge zur Frage der höchsten Gewalt in der Kirche (FS H. Tüchle, hrsg.v. G. SCHWAIGER), Paderborn 1975.

La legge naturale, Bologna 1970.

Lexikon der christlichen Moral (hrsg.v. K. HÖRMANN), Innsbruck - Wien - München ²1976.

Lexikon des katholischen Lebens (hrsg.v. W. RAUCH), Freiburg 1952.

Lexikon für Theologie und Kirche (zweite, völlig neu bearbeitete Auflage), 10 Bde + Register; dazu 3 Ergänzungsbände: Das Zweite Vatikanische Konzil, Freiburg 1957-1968.

Il matrimonio dopo l' "Humanae vitae", Bologna 1969.

Mysterium Salutis. Grundriss heilsgeschichtlicher Dogmatik (hrsg.v. J. FEINER u. M. LÖHRER), 5 Bde, Einsiedeln - Zürich - Köln 1965-1976.

Naturgesetz und christliche Ethik. Zur wissenschaftlichen Diskussion nach Humanae Vitae, München 1970.

Das Naturrecht im Disput. Drei Vorträge beim Kongress der deutschsprachigen Moraltheologen 1965 in Bensberg, herausgegeben und zur Diskussion gestellt von F. BÖCKLE, Düsseldorf 1966.

Naturrecht in der Kritik (hrsg.v. F. BÖCKLE u. E.-W. BÖCKENFÖRDE), Mainz 1973.

New Catholic Encyclopedia, 14 Bde + Register, New York... 1967.

Die päpstliche Autorität im katholischen Selbstverständnis des 19. und 20. Jahrhunderts (hrsg.v. E. WEINZIERL), Salzburg - München 1970.

Zum Problem Unfehlbarkeit. Antworten auf die Anfrage von Hans Küng (hrsg.v. K. RAHNER), Freiburg - Basel - Wien 1971.

Probleme der Autorität (hrsg.v. J.M. TODD), Düsseldorf 1967.

Reformata - Reformanda (FS J. Jedin; hrsg.v. E. ISERLOH u. K. REPGEN), 2 Bde, Münster 1965.

Sacramentum Mundi. Theologisches Lexikon für die Praxis, 4 Bde, Freiburg - Basel - Wien 1968-1969.

Teologia morale e Magistero della Chiesa, Padua 1968.

Wetzer und Welte's Kirchenlexikon oder Encyklopädie der katholischen Theologie und ihrer Hülfswissenschaften, 2. Auflage (hrsg.v. J. HERGENRÖTHER bzw. F. KAULEN), 12 Bde + Register, Freiburg 1882ff.

VI. ABKÜRZUNGSVERZEICHNIS (nach LThK I,16⁺-48⁺)

AAS	Acta Apostolicae Sedis
AER	American Ecclesiastical Review
AHC	Annuarium Historiae Conciliorum

AHP	Archivum historiae Pontificiae
AkathKR	Archiv für katholisches Kirchenrecht
CIC	Codex Iuris Canonici
CivCatt	La Civiltà Cattolica
CL	Collectio Lacensis (s. unter I.)
COD	Conciliorum Oecumenicorum Decreta (s. unter I.)
DS	DENZINGER - SCHÖNMETZER (s. unter I.)
DThC	Dictionnaire de théologie catholique (s. unter V.)
DZh (P)	Divus Thomas (Piacenza)
EE	Estudios eclesiásticos
EThL	Ephemerides Theologicae Lovanienses
FS	Festschrift
Gr	Gregorianum
HerKorr	Herder-Korrespondenz
HJ	Historisches Jahrbuch der Görres-Gesellschaft
HKG	Handbuch der Kirchengeschichte (s. unter V.)
HPBl	Historisch-politische Blätter für das katholische Deutschland
IkathZ	Internationale katholische Zeitschrift
IKZ	Internationale kirchliche Zeitschrift
JESt	Journal od Ecumenical Studies
KuD	Kerygma und Dogma
LThK	Lexikon für Theologie und Kirche (s. unter V.)
LThK Vat	Zweites Vatikanisches Konzil, Ergänzungsbände zum LThK (s. unter I.)
M	MANSI (- PETIT - MARTIN), Sacrorum conciliorum ... collectio (s. unter I.)
MF	Miscellanea francescana
MThZ	Münchener Theologische Zeitschrift
MySal	Mysterium Salutis (s. unter V.)
NRTh	Nouvelle Revue Théologique
Or	Orientierung
PerRMCL	Periodica de re morali canonica liturgica
Proceedings	Proceedings of the ..th Annual Convention of the Catholic Theological Society of America

Ps	Pseudonym
REB	Revista Eclesiástica Brasileira
RevSR	Revue des Sciences Religieuses
RHE	Revue d'histoire ecclésiastique
RHPhR	Revue d'histoire et de philosophie religieuses
RSR	Recherches de science religieuse
RSTI	Rivista di storia della chiesa in Italia
RThL	Revue théologique de Louvain
RTM	Rivista di teologia morale
SC	La Scuola Cattolica
StdZ	Stimmen der Zeit
StML	Stimmen aus Maria Laach
StPat	Studia Patavina
ThdG	Theologie der Gegenwart
ThGl	Theologie und Glaube
Thomist	The Thomist
ThPh	Theologie und Philosophie
ThPQ	Theologisch-praktische Quartalschrift
ThQ	Theologische Quartalschrift
ThSt	Theological Studies
TThZ	Trierer Theologische Zeitschrift
Wetzer-Welte[2]	Wetzer und Welte's Kirchenlexikon, 2. Auflage (s. unter V.)
WuW	Wort und Wahrheit
ZKG	Zeitschrift für Kirchengeschichte
ZkTh	Zeitschrift für katholische Theologie